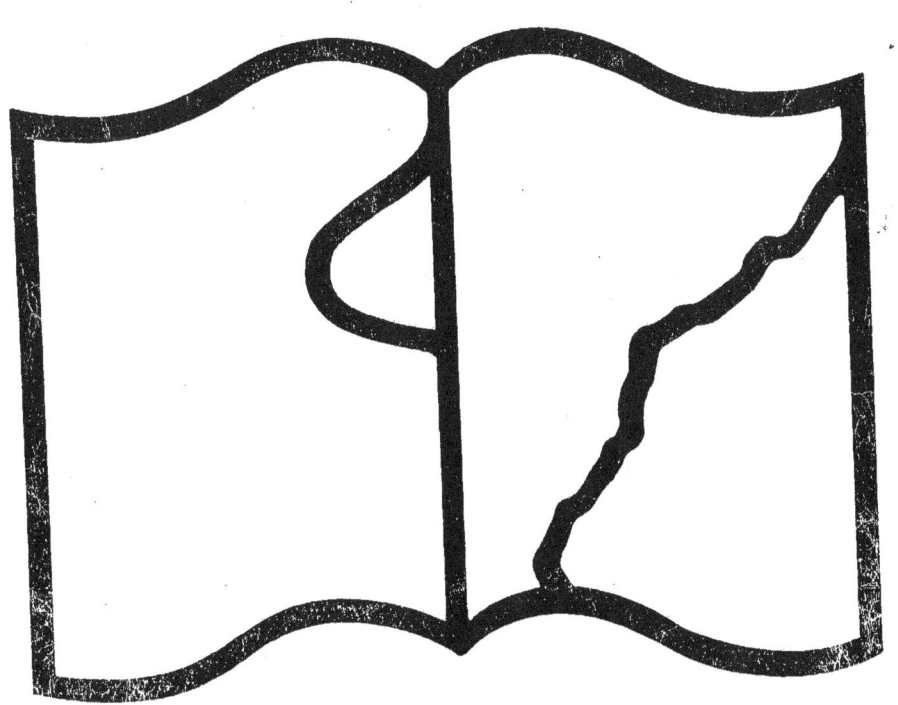

Texte détérioré — reliure défectueuse

NF Z 43-120-11

Contraste insuffisant

NF Z 43-120-14

BIOGRAPHIE
DES
PERSONNAGES NOTABLES DU DÉPARTEMENT DE L'AIN

GALERIE MILITAIRE DE L'AIN

DEPUIS LES TEMPS LES PLUS RECULÉS JUSQU'À NOS JOURS

AVEC L'INDICATION DES HOMMES DE GUERRE QUI, NÉS HORS DU DÉPARTEMENT
S'Y SONT FAIT REMARQUER
DANS LEURS FONCTIONS OU PAR LEURS ÉCRITS

PAR

C.-J. DUFAŸ

Chevalier de la Légion d'honneur et de l'ordre des saints Maurice et Lazare,
Membre de plusieurs Sociétés savantes.

BOURG
L. GRANDIN, LIBRAIRE-ÉDITEUR
RUE DES HALLES, 5

1874

DICTIONNAIRE BIOGRAPHIQUE
DES
PERSONNAGES NOTABLES DU DÉPARTEMENT DE L'AIN

DEPUIS LES TEMPS LES PLUS RECULÉS JUSQU'A NOS JOURS

AVEC L'INDICATION DE CEUX QUI, NÉS HORS DE CE DÉPARTEMENT, SE SONT FAIT REMARQUER PAR LEURS ACTIONS, LEUR SCIENCE ET LEURS ÉCRITS

PAR

C. - J. DUFAY

Chevalier de la Légion d'Honneur et de l'Ordre des Saints Maurice et Lazare, Membre de plusieurs Sociétés savantes.

FORMANT AU MOINS TROIS VOLUMES IN-8° DE 600 PAGES ENVIRON.

La biographie des hommes célèbres du département de l'Ain, par M. Depéry, chanoine, vicaire général de Belley, publiée en 1835, est devenue aujourd'hui un ouvrage rare et insuffisant par l'œuvre du temps.

En effet, depuis sa publication, il s'est écoulé une période de 34 ans pendant laquelle une génération nouvelle a accompli sa révolution sociale parmi les Breffans dignes de mémoire.

Nous n'entendons pas continuer cette œuvre *sous la même dénomination*. Un titre plus modeste, celui de *Dictionnaire biographique des personnages notables du département de l'Ain*, nous paraît plus conforme au but que nous nous propofons, celui d'ouvrir un cadre large et mieux approprié à toutes les intelligences qui se sont fait remarquer dans tous les genres et à toutes les époques de l'hiftoire de notre province.

Les hommes tels que Favre, Vaugelas, La Lande, Bichat, Riboud, Joubert, sont des célébrités incontestables. Ne pouvant former qu'une phalange trop reftreinte, ils appartiennent à toutes les biographies. Nous penfons qu'il eft préférable de mentionner avec eux, sur le livre annoncé, les noms d'un plus grand nombre de nos concitoyens qui, sans avoir atteint la *célébrité*, n'en sont pas moins reftés dignes de la reconnaiffance de la poftérité par leurs écrits et leur mérite.

Chaque province poffède des hommes célèbres ; mais, c'est le plus petit nombre. On ne doit pas la flaterie aux morts, on leur doit la vérité.....

Un travail neuf, une révision complète des anciens documents sont devenus néceffaires, parce que les nouvelles recherches sont aujourd'hui de nature à faire modifier les anciennes appréciations dont on s'est servi.

En ajoutant la galerie récente des compatriotes qui se sont diftingués dans les sciences, les arts et les lettres depuis 1835, on aura ainfi réuni, en un seul faifceau, toutes les gloires locales anciennes et modernes affirmées par l'opinion publique jufqu'en 1868 inclufivement, sauf les suppléments annuels qui seront la conféquence forcée de ce genre de publication.

On ne se bornera pas à faire connaître seulement les citoyens nés dans le département de l'Ain, on publiera également les notices de ceux qui, étrangers à ce département, y auront joué un rôle utile par leurs fonctions et leurs écrits.

Quant à l'appréciation des caractères, les faits motiveront *seuls* la bafe de nos jugements. Toute idée préconçue, tout syftème équivoque seront soigneufement écartés. La louange ou le blâme ne seront pas dévolus à tel drapeau, telle secte, telle politique : les contraftes, dans la vie publique et privée, sont parfois refpectables : le doute, l'indulgence, l'impartialité et la modération sont des lois indispensables aux appréciations du biographe.

C'est une tâche difficile que celle de coordonner un grand nombre de matériaux ; de réunir les meilleurs renfeignements ; de lutter contre certaines sufceptibilités, et cependant, nous ne voulons que la vérité partout et pour tous...... Il faut faire la part des omiffions, des lacunes qui ne pourront être remplies que *subfidiairement* à la suite de longues et nombreufes démarches. C'est dans le but de les éviter le plus poffible, que nous sollicitons, dès aujourd'hui, l'appui et le concours des hommes de lettres du pays ; la coopération des littérateurs que renferment la Société impériale d'Emulation et d'Agriculture de Bourg et les autres Sociétés savantes du département de l'Ain.

Nous faisons auffi un appel sérieux aux familles en les priant de nous venir en aide, en les engageant à nous soutenir dans notre œuvre, par la communication des titres réguliers extraits de leurs archives particulières. — Nous leur rappellerons que les bons exemples donnés par les ancêtres, servant d'encouragement à la jeuneffe, elles doivent se montrer jaloufes de concourir à la gloire de leur pays, en les faifant connaître.

Nous efpérons que nos bonnes intentions nous vaudront l'eftime et l'approbation de nos compatriotes (1).

(1) S'adresser *franco* à l'auteur, rue de Varenne, à Bourg.

AVIS DE L'ÉDITEUR

Bien que nous ayons entre nos mains le manuscrit complet de l'ouvrage annoncé plus haut, il nous est impossible de promettre, pour une date certaine, l'apparition du dernier volume d'un travail aussi important, qui, sans doute, vu les documents et les rectifications que nous sollicitons de la bienveillance des personnes s'intéressant à notre œuvre, sera plus considérable que nous ne pouvons le prévoir ; néanmoins, nous prenons l'engagement de livrer le premier volume actuellement sous presse, d'ici au 1er novembre de la présente année, et d'en faire paraître un successivement de six mois en six mois.

A partir de ce jour et jusqu'à la mise en vente du tome premier, les personnes qui voudront souscrire à l'ouvrage entier, ne paieront que trois volumes, quel que soit le nombre de ceux à paraître, soit dix-huit francs, somme qui ne sera exigible qu'après sa publication complète.

L'ouvrage, sortant des presses de M. VINGTRINIER, de Lyon, bien connu pour ses belles exécutions typographiques et dont nous donnons ci-contre une page spécimen, sera imprimé dans les mêmes conditions, avec les mêmes caractères, sur le même papier et du même format que le présent prospectus.

Il sera tiré pour MM. les amateurs qui le désireront quelques exemplaires en grand papier vergé, dont le prix sera ultérieurement fixé et en rapport au nombre de demandes.

Les souscriptions sont reçues à la librairie GROMIER aîné, rue Neuve, à Bourg (Ain) et chez tous les libraires du département. Il suffit de signer le bulletin ci-inclus, de l'affranchir et de le mettre à la poste.

LYON. — IMP. D'AIMÉ VINGTRINIER.

DALLEMAGNE (Claude), baron de l'Empire, général de division, commandeur de l'ordre impérial de la Légion d'honneur, commandeur de l'ordre de la Couronne de fer et chevalier de Saint-Louis, né à Peyrieu, près de Belley, le 8 novembre 1754, mort à Nemours (Loiret), le 25 juin 1813. Il a son nom inscrit sur l'arc de triomphe de l'Etoile, à Paris.— Engagé volontairement à 19 ans comme soldat, le 24 décembre 1773, dans le régiment de Hainault, devenu en 1791 le 50ᵉ régiment d'infanterie de ligne, il gagnait ses premiers grades en Corse.—Le 17 mai 1777, il demandait à faire partie de l'expédition d'Amérique, et séjournait pendant six ans dans les colonies, où il assistait aux luttes sanglantes de la Dominique, au combat de Saint-Vincent, à l'assaut de Grenade, à la prise de l'île Sainte-Lucie et à Saint-Christophe.

Blessé d'un coup de feu au genou droit, il entra en France après le traité de paix de Versailles et fut proposé pour *officier*, grade qu'il n'obtint qu'en septembre 1791. En ce temps-là l'avancement dans l'armée était long et difficile ; les grades et les faveurs étaient presque exclusivement réservés aux fils de familles nobles, et Dallemagne aurait pu attendre longtemps encore l'épaulette de *sous-lieutenant*, si un événement grave et spontané, l'insurrection de Nancy, en 1790, ne l'eût fait connaître d'une manière toute spéciale pour sa conduite honorable et sa fermeté dans l'accomplissement de son devoir militaire.— Il obtint la croix de Saint-Louis le 10 juin 1792 ; quelques jours après, il était nommé *lieutenant* dans la nouvelle organisation de son régiment, et *capitaine* le 25 septembre suivant.

Dallemagne, adoptant les principes de la révolution, apporta le même dévoûment que par le passé au service du nouveau gouvernement, dont le drapeau était toujours celui de la France... Il a montré depuis, qu'il était digne de figurer au premier rang dans l'histoire militaire de la république et de l'empire.

Il prit part à la conquête de Nice et à celle de Chambéry en 1793. Au début de cette campagne, il faisait partie de la brigade Brunet ; il enleva le défilé du Moulinet, y fut blessé d'un coup de feu qui lui brisa l'avant-bras droit.

GALERIE MILITAIRE

DE L'AIN

Bourg, imprimerie Eugène Chambaud.

PRÉFACE

La biographie des hommes célèbres du département de l'Ain, par M. l'abbé Depéry, chanoine, vicaire général de Belley, publiée en 1835, est devenue, aujourd'hui, un ouvrage rare et insuffisant par l'action du temps. Il s'est écoulé une période de près de 40 ans, pendant laquelle une génération nouvelle a accompli sa révolution sociale parmi les hommes de notre pays dignes de mémoire. C'est donc un livre à refaire. Nous désirons continuer cette œuvre sous un titre plus modeste, afin d'avoir un cadre plus large et mieux approprié pour contenir le plus grand nombre possible des intelligences qui se sont fait remarquer dans tous les genres et à toutes les époques de l'histoire de notre province. — Le nouveau titre portera : BIOGRAPHIE DES PERSONNAGES NOTABLES DU DÉPARTEMENT DE L'AIN, DEPUIS LES TEMPS LES PLUS RECULÉS JUSQU'A NOS JOURS. — Et pour entrer dans cette voie, nous commençons cette publication par la Galerie militaire de l'Ain, parce que les biographes précédents ont commis, pour les hommes de guerre, une lacune qu'il importe de combler au plus tôt.

Les volumes qui suivront ne traiteront donc que la partie civile, sur le plan que nous venons d'indiquer.

On ne se bornera pas à faire connaître seulement les notables nés dans l'Ain; il a paru nécessaire de publier aussi les notices biographiques des personnages qui, étrangers à ce département, y ont joué un rôle utile par leurs fonctions ou leurs écrits.

Quant à l'appréciation des caractères, on s'est appliqué à écarter soigneusement toute idée préconçue, tout système équivoque, afin de demeurer équitable et sincère.

Bourg, le 1ᵉʳ juillet 1873.

DUFAŸ.

GALERIE MILITAIRE DE L'AIN

ACHARD DE MONTMERLE, vaillant chevalier de la puissante famille des Enchaînés, qui possédait des fiefs considérables en Dombes, en Bresse et dans le Mâconnais, au XIe siècle.

Il se croisa avec d'autres seigneurs ses voisins, en 1096, et fit cession de tous ses biens, situés à Lurcy en Dombes, au profit de l'abbaye de Cluny, se réservant personnellement la condition de réachat, à son retour de la Palestine.

Dans le cas où il viendrait à mourir en terre sainte, ou sans enfants, toutes ses possessions devaient appartenir à perpétuité au monastère de Cluny dont il reçut 2,000 sols, *monnaie de Lyon, et deux mules*, pour prix de cet engagement.

Achard fit preuve d'un grand courage en combattant les infidèles ; mais il perdit la vie dans cette guerre, au mois de juin 1099, dans une reconnaissance du côté de Jaffa.

Michaud, l'historien des croisades, a placé Achard de Montmerle au nombre de ceux qui suivirent Godefroy de Bouillon en Palestine.

Orderic Vital dit que ce seigneur se signala, parmi les plus intrépides, avec Raymond Palud et Guillaume de Sabran. Il était parti avec Hugues-le-Grand, comte de Vermandois, frère du roi de France, le duc de Normandie et les comtes de Flandre, de Blois et de Boulogne.

(Fustailler, Cartulaire de Cluny. — Guichenon, Histoire de Bresse et du Bugey.)

ADELER (Frédéric d'), major d'infanterie, décoré de l'ordre de Saint-Louis et de celui de la Légion d'honneur, né le 26 avril 1789, à Strandet (Danemark), d'une famille honorable qui vint se fixer en France, dans les premières

[...] le 9 septembre 1868.

Le jeune d'Adeler entra à l'Ecole militaire en 1807; il en sortit le 22 juin 1808, avec le grade de sous-lieutenant au 15ᵉ régiment d'infanterie légère, et fit, avec la grande armée, la campagne d'Allemagne.

Le 19 avril 1809, il était grièvement blessé d'un coup de feu au bras gauche, à la bataille de Traun. A Wagram, il fut atteint de deux coups de sabre à la tête. Sa conduite, dans ces deux journées, lui valut le grade de *lieutenant,* le 12 août 1809. Il passa en Allemagne les années 1810 et 1811.

Nommé *capitaine* au 33ᵉ régiment d'infanterie légère, le 11 avril 1812, à l'âge de 23 ans, il fit, avec la grande armée, la campagne de Russie. Jeune, vigoureux, aimé de ses chefs et de ses soldats, il voyait une belle carrière militaire s'ouvrir devant lui; les désastres de la campagne et les événements qui suivirent firent évanouir ses espérances. Après être allé jusqu'à Moscou et avoir enduré les souffrances de la retraite, il fut fait prisonnier, le 17 novembre 1812, sur le champ de bataille de Krasnoï où, blessé d'une balle à la jambe gauche, de trois coups de sabre et de cinq coups de lance, il échappa presque seul à la destruction de son régiment.

Emmené dans l'intérieur de la Russie, il rentra en France le 28 juillet 1814.

Replacé dans l'armée quelques mois après, il servit successivement dans la légion de Vaucluse; puis au 18ᵉ léger, et enfin au 34ᵉ régiment de ligne où il fut nommé *major,* le 21 octobre 1830.

Il reçut la croix de chevalier de la Légion d'honneur, le 10 avril 1832; déjà, il avait été décoré de l'ordre royal de Saint-Louis, le 29 octobre 1828.

Il prit sa retraite en 1839, et se fixa à Bourg, où il s'était allié à une famille distinguée du pays. Il avait épousé Mˡˡᵉ Carrelet, fille de l'officier général de ce nom.

En 1848, M. d'Adeler fut élu lieutenant-colonel de la garde nationale de cette ville, et se montra digne des suffrages de ses concitoyens par une sage fermeté de caractère et par son amour du bien public.

M. d'Adeler avait abjuré le protestantisme pour se faire

après une vie bien remplie.

Généreux et bienveillant, il a donné de fréquentes preuves de son humanité envers les malheureux. Constamment accessible à tous, il savait allier la dignité du grade avec une douce familiarité qui lui attirait l'affection générale. Aimé et estimé, il a laissé, au milieu de nous, d'unanimes regrets et d'impérissables souvenirs.

Son fils est aujourd'hui officier supérieur dans l'armée.

ADOR (Jean), capitaine, chevalier de la Légion d'honneur, né dans le département de l'Ain, le 11 avril 1773.

Soldat, le 2 janvier 1793, dans le 2º régiment de chasseurs à cheval, il fit les campagnes de la Révolution, de 1792 jusqu'à l'an IX (1800-1801) de la république, pendant lesquelles il reçut plusieurs blessures.

Brigadier, le 16 thermidor an II (3 août 1794), — *maréchal des logis*, le 1ᵉʳ fructidor an VIII (19 août 1800), — *maréchal des logis chef*, le 12 messidor an IX (1ᵉʳ juillet 1801), il tint garnison à Dôle, pendant les années X à XIII (1801 à 1804).

Membre de la Légion d'honneur, le 25 prairial an XII (14 juin 1804), — *sous-lieutenant*, le 16 nivôse an XIII (6 janvier 1805), il servit en Autriche, en Prusse et en Pologne, de 1806 à 1807, avec la division de cavalerie du 3ᵉ corps de la grande armée.

Il prit part aux opérations de l'armée d'Allemagne en 1809, où il obtint le grade de *lieutenant*, le 25 mai de la même année. — On lui confia les fonctions d'adjudant-major, le 12 août suivant. — Ayant fait la campagne de Russie en 1812, il fut nommé *capitaine* à Witepsk, le 12 août suivant. — Ador est mort, le 30 septembre de la même année, à son corps, avec la réputation d'un courageux soldat et d'un officier distingué.

AILLAUD (Pierre-Gilbert-Marie), capitaine du génie, chevalier de la Légion d'honneur et de Saint-Louis, médaillé de Sainte-Hélène, né le 2 février 1782, à Saint-Bonnet-le-Château (Loire), mort le 12 décembre 1864, à Thoissey.

Son père, trésorier dans l'armée, le destinait aussi à la carrière militaire. — Le jeune Aillaud avait fait de très-bonnes études à Bourg. Il avait obtenu le 1er prix de mathématiques à l'Ecole centrale de l'Ain lorsqu'il fut admis, à l'âge de 20 ans, à l'Ecole polytechnique. Son admission fut signée par Fourcroy, alors ministre de l'instruction publique, le 18 frimaire an XI (9 décembre 1802). On le désigna pour l'arme du génie. — A cette époque, les élèves recevaient à l'Ecole militaire, le traitement de sergent d'artillerie ; ils bénéficiaient de quatre années de service, à titre d'études préliminaires, comme étant passés de l'Ecole polytechnique à l'Ecole d'application de l'artillerie. Ces avantages stimulaient le zèle des jeunes gens qui se consacraient à l'arme du génie et y attiraient les sujets les plus distingués des départements. — M. Aillaud passa, l'année suivante, à l'Ecole d'application de l'artillerie et du génie, à Metz, où il obtint le grade de *sous-lieutenant*. — Sorti, en 1805, de cette Ecole, il fut envoyé, comme *lieutenant*, à l'île d'Elbe ; puis, successivement, à Piombino, à Sienne et dans la place de Livourne, pour coopérer aux travaux du génie. Il obtint, dans cette dernière place, en 1809, les épaulettes de *capitaine*.

Le 8 mars 1811, se trouvant à Milan, il y reçut l'ordre de se rendre à Chioggia, pour diriger la construction du fort de Brendolo, l'un de ceux qui défendaient le passage de l'Adriatique dans les lagunes de Venise.

En septembre de la même année, il fut appelé à l'armée d'Aragon, commandée par le maréchal Suchet, et prit une part active au siège de Valence, entrepris par trois divisions françaises et italiennes, contre une forte armée espagnole chargée de défendre cette place.

Le rôle du capitaine Aillaud fut, d'abord, de jeter un pont sur chevalets pour faire passer la division du centre sur le Guadalavir, rivière qui séparait les deux armées, et ensuite, d'investir, avec plusieurs compagnies, une partie de la place, prêtant ainsi son utile concours armé à une opération militaire qui se termina, en moins de quinze jours, par la capitulation de Valence où la garnison fut faite prisonnière de guerre.

Au siége de Tarragone, par les Anglais, le capitaine

Aillaud fut chargé de miner les fortifications et de les faire sauter avant la venue de l'ennemi.

Après la paix de 1814, il repassa les Pyrénées, assista à la bataille de Toulouse, livrée par le maréchal Soult, et vint à Mont-Dauphin pour organiser la défense de cette place. On sait que pendant l'invasion de la France, en 1815, la garnison réussit à la conserver intacte, avec toutes ses munitions de guerre et de bouche. — Employé pendant la restauration, à Lyon, à Clermont et à Toulon, il reçut, dans cette dernière ville, le brevet de *chevalier de la Légion d'honneur.* Cette distinction lui fut accordée le 10 octobre 1821. Elle fut suivie, le 17 août 1822, du titre de chevalier de Saint-Louis. — Sous le deuxième empire, en 1852, il porta la médaille de Sainte-Hélène comme ayant servi pendant la période de 1792 à 1815.

Cependant, en 1827, ses services réunis ne constituaient pas encore des droits entiers à la pension de retraite pour ancienneté. Le ministre de la guerre lui continua, à titre de réforme, un traitement d'activité pendant quatre ans, ce qui compléta ses annuités de service au 31 décembre 1831.

M. Aillaud ayant demandé la liquidation de sa pension de retraite, le 4 octobre de la même année, elle fut fixée définitivement sur le grade de *chef de bataillon*, par ordonnance royale du 3 juin 1832.

Vers l'année 1826, il avait épousé Mme veuve Lorin, née Berthelon de la Vennerie, de Thoissey, qu'il eut le malheur de perdre 22 ans plus tard ; mais cette alliance le fixa dans cette ville qu'il aima toujours comme sa patrie adoptive.

Le dévouement aux intérêts publics est l'apanage des grandes âmes. M. Aillaud qui s'était voué, dans sa jeunesse, à la défense du pays, voulut consacrer le reste de sa vie à se rendre utile à ses concitoyens. Il a exercé, jusqu'à sa mort, les fonctions de conseiller municipal de Thoissey, celles de membre de la commission administrative des hospices, du bureau de bienfaisance et de délégué cantonal pour l'instruction primaire. — Il s'est éteint, à 82 ans, regretté par la population toute entière. Sa dépouille mortelle a été inhumée à côté de celle de sa femme, dans un tombeau de famille, au cimetière de Mogneneins.

M. Aillaud n'était pas seulement un mathématicien distingué, un brave officier; il aimait les lettres. Il n'a rien fait imprimer, mais il a laissé des manuscrits qui témoignent de l'ornement de son esprit. On distingue parmi ses écrits : un *Recueil de conversations philosophiques* tirées des Mémoires de Mme d'Epinay; de Rousseau; de Diderot, etc. — Un autre *Recueil sur les principaux personnages du* XVIIIe *siècle.* (Napoléon Ier, Carnot, Lafayette, Montholon, Ouvrard, etc.) — *Observations sur la frontière ; les places de la Catalogne, et les Voyages en Espagne,* d'après Pons et Bory-Saint-Vincent ; des *Fragments de l'histoire des institutions de Moïse;* — *de celles de Louis XII, François Ier et de la monarchie française.* — Un *Relevé des conseils généraux,* avec notes. — Enfin, *Extrait sur l'histoire des mathématiques et sur la chimie appliquée à l'agriculture,* d'après le comte Chaptal, etc.

Ces documents littéraires et scientifiques sont entre les mains de la famille Baudouin, de Bourg, qu'il a faite héritière de ses biens.

AIMARD (François), fusilier à la 106e brigade de ligne, né vers 1772, à Echallon, canton d'Oyonnax, arrondissement de Nantua.

Entré au service militaire au commencement de la Révolution, il se fit bientôt remarquer par son courage. Aimard se distingua au blocus de Gênes et particulièrement aux affaires du 10 floréal an IX (30 avril 1801).

Une pièce de campagne venait d'être précipitée, par l'ennemi, de la montagne où elle avait été placée en batterie. Aimard s'en aperçoit, la suit en courant et la *rapporte à sa place.*

Le 5 nivôse an X (26 décembre 1801), il faisait partie d'un détachement chargé de reconnaître un poste avancé occupé par des troupes autrichiennes dans les environs de Monzambano (passage du Mincio); ce détachement avait reçu pour instruction de s'emparer de la position dans le cas où les forces ennemies ne seraient pas trop supérieures en nombre. Le commandant donna l'ordre de se préparer au combat. On s'avance, la baïonnette en avant. Aimard s'élance, un des premiers, s'empare d'une pièce de canon, fait trois prisonniers et contribue ainsi au succès de cette audacieuse entreprise.

Le premier Consul informé de ces deux actions d'éclat, donna l'ordre, le 6 vendémiaire an XI (28 septembre 1802), d'expédier à l'intrépide Aimard, le brevet d'un *fusil d'honneur.* — Ce militaire a été admis à la retraite en 1804.

ALARIC IIe, roi des Visigoths, de 484 à 507, était fils d'Euric. — Il régna sur l'Espagne et sur la partie des Gaules comprise entre les Pyrénées, le Rhône et la Loire. Il livra à Clovis le général romain *Syagrius* qui s'était réfugié près de lui ; mais cette lâcheté n'empêcha pas le roi des Francs, qui convoitait les riches provinces du Midi, de lui déclarer la guerre. Alaric périt dans la mêlée, de la main même de Clovis, à la bataille de Vouglé, près Poitiers. — On croit que la ville de Belley, très-splendide alors, fut mise à feu et à sang par Alaric qui s'empara de ses richesses.

Ceci résulterait d'un poëme latin mentionné par Guichenon (*hist. du Bugey*), où on lit ces vers :

« Gotthica gens flammis urbem ferroque coegit ;
« Romanas et opes armis obtinuit audax
« Alaricus.....

ALBERT (Georges), colonel, baron de l'empire, chevalier de la Légion d'honneur, de l'ordre de la Réunion et de Saint-Louis, né en Bresse, à Saint-Maurice-d'Echazeaux, canton de Treffort, le 18 juin 1776, mort à Cornod (Jura), le 17 janvier 1855, dans sa 79e année.

Il entra au service militaire, à 16 ans, comme volontaire dans le 10e bataillon du Jura. — Le 10 août 1792, il fut nommé *lieutenant;* — le 7 brumaire an V (28 octobre 1796), *capitaine de grenadiers* à la 69e demi-brigade, et le 28 mars 1807, capitaine de grenadiers à pied de la vieille garde. — *Chef de bataillon*, le 21 juin 1811, — *colonel* du 1er régiment des tirailleurs de la jeune garde, le 3 janvier 1814, et au 4e régiment des tirailleurs, le 13 avril 1815. — *Chevalier de la Légion d'honneur*, le 14 avril 1807 ; — *officier*, le 5 juin 1809 ; — *chevalier de l'Ordre impérial de la Réunion*, le 6 août 1813 ; — *baron de l'Empire*, le 14 septembre 1813 ; — *chevalier de Saint-Louis*, le 8 août 1825.

Les grades et les récompenses honorifiques accordés à cet officier supérieur distingué, furent le prix mérité de son dévouement à la patrie, de son courage et de sa haute capacité militaire.

M. Albert s'est fait remarquer pendant toutes les campagnes de la République et de l'Empire, sur le Rhin, aux Alpes, en Italie, en Egypte où il fut blessé plusieurs fois ; en Autriche, en Prusse, en Russie et enfin en France, pendant les invasions de 1814 et 1815.

Le 22 ventôse an IX (13 mars 1801) il reprit, à la tête de sa compagnie de grenadiers, deux pièces de canon qu'une colonne anglaise avait enfermées dans un carré, et les ramena à l'armée française malgré une vigoureuse résistance de l'ennemi.

A 39 ans, il déposa son épée et se retira dans son pays. Il ne voulut pas reprendre du service en 1830, il préféra se dévouer aux intérêts de son pays dans la commune de Cornod, où il fixa sa résidence. Devenu maire, membre du Conseil d'arrondissement, et plus tard, colonel de la garde nationale du canton, président du Comice agricole, il fit preuve d'une rare intelligence des affaires publiques et d'une expérience consommée. — M. Albert a illustré le pays qui l'a vu naître.

Il avait pour gendre M. Reydellet, sous-préfet de Nantua, mort aussi à Cornod, en 1856.

ALBINUS (Decimus-Clodius-Septimus), général romain sous Marc-Aurèle, Commode et Pertinax, compétiteur de Septime Sévère, à l'Empire qui livra bataille à Montribloud (mons terribilis) près de Trévoux, entre cette ville et Lyon. On a bâti dans le moyen-âge, sur la colline qui porte ce nom, un château dont on voit encore les restes.

Les deux armées se battirent avec acharnement. Albinus tomba au pouvoir de son adversaire qui lui fit trancher la tête, en l'an 198.

(Dion-Cassius. — Chorrier.)

ALBON (Jacques d'), marquis de Fronsac, plus connu sous le nom de *maréchal de Saint-André*.

— 15 —

Il obtint cette dignité en 1547. — Il fut un des plus grands capitaines de son temps.

Henri II lui accorda l'*esmolument du greffe du baillage de Bresse*, depuis le 1ᵉʳ janvier 1550 jusqu'au dernier jour d'avril 1554, en raison des bons services qu'il lui avait rendus pendant la guerre contre les calvinistes. En 1549, il était gouverneur du Lyonnais et de la Dombes.

Ce personnage fut tué à la journée de Dreux, le 10 décembre 1562. — Il fut le dernier rejeton de la branche cadette de la maison d'Albon. — Son père Jean d'Albon, seigneur de Saint-André, avait été le deuxième gouverneur de la Dombes, en 1529.

Voici la pièce inédite qui constate ce don :

« Henry, par la grâce de Dieu, roy de France, à nostre amé et féal conseiller le trésorier des finances en nostre pays et duché de Bourgoigne, Bresse, Beugé et Valromey, salut et dilection,

Nous voulons, nous mandons que par nostre recepveur des finances de Bourg en Bresse et aultres, vous ferez payer bailler et délivrer comptant à nostre cher amé cousin Jacques d'Albon, seigneur de Saint-André, comte de Fronssac, maréchal de France, tous et chacun les desniers qui sont provenus en proffit revenu esmolument du greffe du baillage de Bresse et ce depuis le 1 jour de janvier M Vᶜ, cinquante jusqu'au dernier jour d'apvril M Vᶜ, LIIII. Et encore, depuis le xxᵉ octobre ensuyvant jusques et comprins le dernier jour de may dernier passé, que le greffe a esté exercé sous nostre main, desquels desniers en faveur considération des bons graces et agreables services que nostre d. cousin aura paravant et de longtemps faictz tant au fait de noz guerres que à la conduicte et direction de noz plus grandes importantes affaires, luy avons, oultre par dessus les aultres dons, pensions, gaiges, estats et bienfaits qu'il peut avoir eu par le passé, et pourra à l'avenir avoir de nous pour semblable cause, fait et faisons don par ces présentes et ce à quelque somme value estimation qu'ilz soyent et puissent monter, et que rapportant ces d. présentes signées de nostre main avec quittance d'icelles nostre dit cousin sur ce suffisante seulement, nous voulons la somme à quoy se pourront monter les susdits desniers estre passée et allouée à la despense des comptes rabattue de la recette de nostre dict receveur du greffe par nos améz et féaulx les gens de nos comptes auxquels nous mandons ainsi le faire sans aulcune difficulté, car tel est nostre bon plaisir, nonobstant que la somme à quoy se peuvent monter les dits desniers ne soit en aultrement spécifiée et déclarée que telz dons ne deussent estre faictz, passés et vériffiés que pour la moitié ou le tiers, les ordonnances tant anciennes que modernes faictes sur l'ordre et distribution de nos finances et l'apport d'icelles en nos coffres du Louvre, et que par les édicts par nous dernièrement faicts sur l'érection et établissement des trésoriers des finances généraux de noz finances, nous ayons deffendu, vériffié telz semblables dons, quelqu'expresse jussion que vous en puissons fayre expédier, en quoy nous voulons que nostre dit cousin estre aulcunement comprins ni entendu comme l'en avons excepté et réservé, exceptons et réservons et aux dits édictz et ordonnances ensemble à la dérogatoire et contenue et à quelconques aultres ordonnances restrictives ou déffenses à ce contraire. Nous avons pour ce regard et sans préjudice en aultres choses desrogé, desrogeons par ces d. présentes.

Donné à Offremont, le XXIXᶜ jour de may, l'an de grâce m. vᶜ, LIII, et de nostre règne le VIIIᶜ, signé Henry, et plus bas, Bourdin. Scellé à cire jaulne à simple queue pendant. »

(Dépôt des archives de Dijon, page LXIII, tome 7, édits.)

ALEMAN (Louis), chevalier, seigneur d'Arbent, de Mornay, de Coiselet et de la Marche, dernier du nom, au XVᶜ siècle.

Il fut un vaillant homme de guerre et expérimenté en armée de mer, suivant l'expression de Philippe de Commines. — Il servit longtemps, avec distinction, Charles, dernier duc de Bourgogne, tué à la bataille de Nancy. Il s'était emparé du chateau de Joux, en Comté, qu'il défendit contre le roi de France, Louis XI; cependant, il le rendit, le 27 avril 1480, par composition avec le seigneur d'Andelot. — En 1494, il assistait à la conquête de Naples avec le dauphin Charles VIII, comme lieutenant de sa compagnie d'hommes d'armes. L'année suivante, il fut chargé de la conduite d'une armée navale, composée de 2,000 Gascons et Suisses, pour protéger les côtes de Naples soumises à la France; mais sa flotte, dispersée par la tempête, fut forcée de rentrer au port de Livourne, sans avoir pu combattre.

Il testa, le 18 juillet 1494, et ne laissa pas d'enfants de Jeanne du Chastelet, sa femme, dame de la Marche et de Grandson. — En lui faillit la maison des Aleman, seigneurs d'Arbent.

(Guichenon, *Hist. de Bresse et du Bugey.*)

ALLOMBERT-MARÉCHAL (Jean-Claude), maire de la commune du Poizat, en Bugey, né vers 1773, mort le 13 mai 1856.

Parti pour l'armée, avec le 5e bataillon des volontaires de l'Ain, en 1792, il fit les campagnes d'Italie. — Rentré dans ses foyers sous l'Empire, il se consacra à l'agriculture. — Nommé maire de sa commune, en 1830, il cessa ses fonctions en 1854. — Son administration de vingt-quatre ans, n'a été qu'une suite d'utiles actions au profit de ses concitoyens. Il demanda et obtint la séparation du Poizat de Lalleyriat; fit allouer au Poizat une partie des riches forêts qui couvrent ce territoire; établit des fontaines publiques et des puits-citernes; fit ouvrir des chemins et s'employa, avec ardeur, aux progrès matériels et moraux de son pays qui lui a consacré un durable souvenir. — Il s'est éteint à l'âge de 83 ans.

AMAND (François), soldat, chevalier de la Légion d'honneur, né le 4 septembre 1774, à Bourg en Bresse.

Il entra au service, comme volontaire, le 5 octobre 1792, dans le 7e bataillon de Rhône-et-Loire, compris, plus tard, dans la 59e demi-brigade de bataille, le 28 floréal, an II, devenue, après plusieurs changements successifs, le 102e régiment de ligne, le 1er vendémiaire an XII (24 septembre 1803).

Amand fit, comme soldat, toutes les campagnes de 1792 à 1801, dans les différentes armées de la République. — Le 3 vendémiaire an VIII (25 septembre 1799), à la retraite de Zurich, on le vit s'élancer, *seul*, au milieu d'un bataillon ennemi, enlever un drapeau et tuer trois soldats autrichiens qui cherchaient à le reprendre. — Dans la même journée, secondé par quatre de ses camarades, il fit mettre bas les armes à 14 *officiers* et à 105 *soldats*. — Après la bataille, il remit lui-même, au général en chef Masséna, le drapeau qu'il avait si glorieusement conquis. — Le 16 messidor, an XIII (5 juillet 1805), le gouvernement le nomma légionnaire, par décret du 25 prairial an XII (14 juin 1804) ; mais il ne jouit pas longtemps de cette juste récompense de sa valeur héroïque ; il mourut de la fièvre, à Alexandrie (Italie), le 28 fructidor suivant (15 septembre 1805); il n'avait que 31 ans.

AMÉDÉE ou **AMÉ III**, 7ᵉ comte de Savoie, seigneur du Bugey, fils de Humbert II et de Gilles ou Gisèle de Bourgogne, né le 1ᵉʳ août 1090, mort le 1ᵉʳ avril 1149, à Nicosie, capitale de l'île de Chypre.

Il fut un prince belliqueux. On en a la preuve par sa défense du château de Montmélian contre les Dauphinois en 1130 ; il combattit avec intrépidité et rompit plusieurs lances avec des cavaliers qu'il tua de sa main : le dauphin Guy, son beau-père et un autre seigneur. — En expiation de ce malheur, Amé dota richement la chartreuse d'Arvières près Seyssel, sur le revers occidental du Mont-Colombier, à 4 kilom. environ, à l'orient de la paroisse de Lochieu.

Le roi Louis le Gros, qui avait épousé Alix, sœur d'Amé III, voyant que ce prince n'avait pas d'enfants, voulut s'emparer de ses biens. — Il envoya des troupes qui inquiétèrent les places les plus importantes du Bugey et de la Savoie. — Amé prévoyant les malheurs qui devaient résulter de cette guerre, fit vœu de faire bâtir une abbaye s'il lui survenait un héritier. — Ses désirs furent exaucés; il eut un fils (1ᵉʳ août 1136) auquel il donna le nom d'Humbert III.

Telle fut l'origine de l'abbaye de Saint-Sulpice, en Bugey.

Amé III fonda aussi, en 1140, l'abbaye de Chézery, dite *d'Entremonts*, à cause de sa situation dans la vallée étroite et profonde, arrosée par la Valserine ou *Vauférine (Vallis fera)*.

Enfin, Amé III se croisa, en 1147, sous la conduite de son neveu Louis VII, dit le Jeune, roi de France. — Le rendez-vous des croisés français eut lieu à Metz, au nombre de 200,000. — Parmi les seigneurs qui accompagnèrent le comte de Savoie, on cite : Guéric, sire de Coligny ; Humbert, sire de Thoire ; Didier de la Balme ; Guillaume de Châtillon ; Pierre de Seyssel ; Humbert de Luyrieux ; Jehan de Bussy ; Bernard de Rossillon ; Pierre de la Palud, etc.

L'expédition fut très-malheureuse. — Le comte Amé, embarqué sur un navire Pisan qui devait le ramener à Gênes, fut obligé de relâcher dans l'île de Chypre, où il succomba d'épuisement et de fatigues à l'âge de 59 ans.

A l'exemple des Barons français, il avait adopté un emblème particulier pour ses enseignes et l'écu de ses armes, la *croix blanche*, qui remplaça en Savoie, l'aigle des rois Bourguignons, et qu'on voit encore en usage, aujourd'hui, dans la république suisse.

(Brossard, *Hist. de Gex*. — M. Victor de Saint-Genis, *Hist. de Savoie*.)

AMÉ IV, 10ᵉ comte de Savoie, fils de Thomas Iᵉʳ, seigneur du Bugey, né en 1197, à Montmélian, où il est mort le 24 juin 1253.

Il succéda à son père en 1233, à l'âge de 36 ans. — Ce comte porta les armes pour le maintien de son autorité et l'agrandissement de sa maison. — L'empereur Frédéric II, passant en Italie pour punir la révolte des Milanais, fut magnifiquement reçu par Amé IV, auquel il conféra le titre de *duc* de Chablais et d'Aoste. Celui-ci s'était porté, de sa personne, à son aide, pour forcer le passage des Alpes du Tyrol. Il avait pris une part brillante à la journée de Cortenuova (1237), où l'Empereur porta de rudes coups aux libertés mourantes de l'Italie. Cependant il sut s'arrêter devant la lutte des Gibelins et des Guelfes. Sans s'y mêler, il se prêta, avec une merveilleuse entente des affaires, au rôle délicat de négociateur entre le Pape et l'Empereur.

Amé IV, veuf d'Anne de Bourgogne, se remaria à Cécile de Baux, surnommée Passe-Rose *(plus belle que rose)*, fille du baron de Baux, prince d'Orange et de Venaisin, vicomte de Marseille. Cette famille de Baux s'est éteinte en 1373, et le fief d'Orange passa dans la maison de Châlons, qui éteinte elle-même en 1530, le légua à la maison de Nassau. La branche directe des Nassau s'étant éteinte à son tour, en 1702, Louis XIV réunit cette principauté à sa couronne, malgré la protestation des Nassau-Dietz (1714), qui n'ont pas cessé d'en porter le titre.

Amé IV, par son testament du 9 septembre 1252, institua Boniface son fils, son héritier universel, et légua 1000 sols à la chartreuse d'Arvières, autant à l'abbaye de Saint-Sulpice.

(Gacon, *Hist. de la Bresse et du Bugey*. — M. Victor de Saint-Genis, *Hist. de Savoie*.)

AMÉ V, dit le Grand, 14e comte de Savoie, seigneur de Bresse et du Bugey, né le 4 septembre 1249, mort le 16 octobre 1323.

Petit-fils du comte Thomas, il fut élevé auprès de son oncle Philippe, archevêque de Lyon, qui, l'ayant pris en affection, lui donna pour femme Sibille de Baugé, héritière de la seigneurie la plus importante de la Bresse. Cet archevêque étant devenu lui-même souverain de Savoie, lui remit, en mourant, l'administration de son pays.

Amé V fut un prince belliqueux. Il prit parti pour les Gibelins dans leur lutte contre les Guelfes ; ce qui lui valut, de la part de l'empereur d'Allemagne, Henri VII, l'investiture du comté de Savoie et des duchés de Chablais et d'Aoste. Il le créa, lui et ses successeurs, princes de l'Empire.

En 1315, il porta secours aux chevaliers de Saint-Jean-de-Jérusalem et délivra l'île de Rhodes de l'invasion des Turcs.

L'année suivante, il rassembla une armée en Bresse pour se venger de la tentative faite par le dauphin du Viennois qui s'était emparé de l'abbaye et du bourg d'Ambronay, sans provocation. Le comte reprit cette place, investit Saint-Germain-d'Ambérieu et enleva la ville d'Ambérieu de vive force.

Marié deux fois, Amé V épousa d'abord, en 1272, Sibille

de Baugé, dont il eut sept enfants, et ensuite, Marie de Brabant, en 1304, qui lui donna quatre filles. — Edouard et Aimon ont régné après lui.

D'après l'historien Guichenon, Amé V fit bâtir la ville de Châtillon-les-Dombes. — En 1319, il accorda les premières franchises au bourg de Ceyzériat. — Il a gouverné la Bresse pendant 50 ans.

Durant ce long règne, il faut reconnaître, à la louange d'Amé V, que la France lui dut, sous Philippe-le-Bel, d'avoir été un allié fidèle dans la guerre contre la Flandre lilloise devenue française en 1303, et d'avoir servi de médiateur habile de la paix avec les Anglais; mais l'histoire inexorable lui reproche d'avoir fait mourir, dans une cage de fer, le marquis de Montferrat, Guillaume V vaincu et prisonnier à Alexandrie, en 1290.

AMÉ VI, dit le comte *Vert,* parce qu'il avait assisté, à l'âge de 14 ans, à un tournoi à Chambéry, vêtu, avec ses tenans, d'un costume complet de couleur verte, était fils d'Aimon le Pacifique.

Né le 4 janvier 1334, à Chambéry, il est mort le 2 mars 1383, près San-Stefano (Pouille). — Il était seigneur de Bresse et du Bugey. — La ville de Bourg reçut de lui de grands priviléges et les armoiries qu'elle porte encore aujourd'hui : *la croix d'argent tréflée sur un champ mi-partie de sable et de sinople,* en souvenir de l'expédition qu'il fit en Orient pour aller au secours de Jean Paléologue.

En 1349, eut lieu la dernière guerre entre les Dauphinois et les Savoyards; le château du Saix, près Bourg, fut mis à feu et à sang. Cette guerre se termina, en 1355, par un échange de territoire entre le comte de Savoie et le roi de France, et le traité de paix fut suivi du mariage du comte Vert avec Bonne de Bourbon.

En 1355, le prince acheta les terres de Faucigny et de Gex, acceptant le cours de Guier, qui se jette dans le Rhône, pour limite de ses Etats ; — il fut le premier comte de Savoie qui joignit à ses titres celui de *Baron de Gex.* Il s'attacha aux intérêts de la France qu'il servit utilement contre les Anglais. — En 1356, il fonda le couvent des Cordeliers de Bourg, et plus tard, la Chartreuse de

Pierre-Châtel. En 1362, il institua l'ordre du *collier* nommé depuis, l'ordre de l'Annonciade.

Parvenu à rétablir la paix, en l'année 1367, et devenu l'arbitre des différends qui divisaient les Etats italiens, il déposa les armes. Il mourut à l'âge de 49 ans, avec la réputation de *grand prince*.

AMÉ VII, surnommé le *Comte Rouge*, à cause de la couleur de sa livrée, fils du précédent, né en 1360, mort le 1er novembre 1391, à Ripaille.

Il fut apanagé des seigneuries de Bresse et de la Valbonne ; prit le titre de *Baron de Baugé* et convoqua ses vassaux à Bourg, pour se faire reconnaître en cette qualité.

Le sire de Beaujeu lui ayant refusé l'hommage pour les villes de Lent, Thoissey, Chalamont, Montmerle, Villeneuve et Beauregard en Dombes, Coligny et Buenc en Bresse, fut attaqué par les troupes d'Amé VII, qui s'empara d'assaut du château de Beauregard, et par composition, de sa ville de Lent, et des autres places ; mais le roi de France, les ducs de Bourgogne, de Berry et de Bourbon, s'étant rendus médiateurs entre lui et le sire de Beaujeu, en 1383, Amé rendit au sire de Beaujeu toutes les villes qu'il lui avait prises, à l'exception de Beauregard, et celui-ci se soumit à l'hommage de vassal.

Amé VII, à l'exemple de son père, servit la France de son épée. Suivi des principaux seigneurs de sa cour, il assista à la bataille de Rosbecque et au siége d'Ypres. Il est mort des suites d'une chute de cheval qu'il avait faite à la chasse. On accusa un empirique, Jehan de Grandville, son médecin, de l'avoir empoisonné. — Il a laissé trois enfants légitimes et un fils naturel nommé Humbert, comte de Romont, qui a rendu de grands services à la maison de Savoie. — Amédée VIII, son héritier et son successeur, fut élevé sous la tutelle de Bonne de Bourbon, sa grand'mère, à l'exclusion de sa mère, Bonne de Berry.

(Gacon, *Hist. de Bresse et du Bugey.*)

ANDELIN (Alexandre-Joseph d'), capitaine d'artillerie, chevalier de Saint-Louis, né en 1730, à Bourg, où il est mort vers 1799.

Il était fils d'Alexandre d'Andelin, seigneur de Montbègue en Bresse, ancien officier d'infanterie et de Antoinette de Raffort, de Bourg. — La famille d'Andelin, originaire de la Bresse, avait eu des représentants aux assemblées de la noblesse de cette province, dès 1665. Ses armoiries portaient : « *d'or à 3 grenouilles de sinople, 2 et 1.* »

Entré, fort jeune, dans le bataillon de la milice de Bourgogne, à Autun, Alexandre-Joseph fut nommé *lieutenant*, le 18 mai 1744. — Passé à l'école d'artillerie et du génie de Metz, au mois de juillet 1747, il s'y fit remarquer par son activité et son aptitude aux mathématiques. — Fait *officier pointeur*, le 19 février 1748 ; *lieutenant en 2e*, en janvier 1755, puis *lieutenant en 1er* en avril 1760, il obtint une commission de *capitaine*, le 1er janvier 1761.

Employé comme capitaine de *sapeurs* dans le régiment de Grenoble en 1769, il commanda, en 1772, une compagnie de *bombardiers* et se retira du service en 1775, étant capitaine de *canonniers*. — Il avait reçu la croix de Saint-Louis en 1771. — Il demanda et obtint le réglement de sa pension de retraite, le 1er janvier 1777.

M. d'Andelin avait assisté à *trois* siéges : ceux de Maëstrick, de Rhinfeld et de Meppen. — Il avait combattu vaillamment dans *onze* batailles, de 1745 à 1762 ; avait été blessé à la tête de *deux coups de sabre*, et avait perdu, deux fois, ses équipages dans le cours de la guerre dite de *sept ans*, sans en recevoir aucun dédommagement. — Il comptait 47 ans d'âge et 47 ans de services, campagnes comprises. Il reçut une pension annuelle de 800 livres, réduite à 600 pendant la République.

Marié, à Bourg, le 8 avril 1769, avec Dlle Anne Berthod, fille de Nicolas Berthod, écuyer, seigneur de Pirajoux et du Tremblay en Bresse, il devint veuf, en 1784, sans avoir eu d'enfants.

Aussi savant que brave, il fallait à sa solitude un puissant aliment d'activité : il se présenta et fut admis membre de la Société d'Emulation et d'agriculture de l'Ain, réorganisée depuis 1783. — M. d'Andelin proposa de comprendre la *météorologie* dont il s'occupait, au nombre des branches scientifiques patronnées par elle.

En 1793, M. d'Andelin était devenu vice-président de

cette Société lorsqu'il suspendit ses séances à la suite d'un vote patriotique de 800 livres, destinées à équiper les volontaires de l'Ain, dirigés sur la frontière pour défendre notre pays contre les armées étrangères. — Il partit avec eux et entra dans les rangs de la nouvelle armée républicaine.

Déjà, en mars 1790, la milice bourgeoise de Bourg l'avait choisi pour chef. Au mois d'août de la même année, on avait craint, de ce côté de la France, une invasion ennemie ; M. d'Andelin, qui avait de grandes connaissances comme ingénieur militaire, fut chargé par le ministre de la guerre de faire la visite des places frontières. Il présenta au Gouvernement un projet de défense, sur l'emplacement de l'ancienne citadelle Saint-Maurice de Bourg, consistant en une place d'entrepôt entourée d'une fortification en terre, sous la forme d'un hexagone avec demi-lune et fossés, en donnant à la place une capacité suffisante pour contenir un corps de casernes, un hangar à canons, une poudrière, une chapelle, enfin tout ce qui est nécessaire à une garnison.

Dans son rapport au ministre Duportail, M. d'Andelin exprimait son opinion sur l'ancienne citadelle : « La forme « topographique du terrain ne laisse rien à désirer. C'est « un plateau rasant et dominant tous les environs ; aussi « passait-elle, en 1550, pour une place très-forte, compa- « rée à celle de Turin, quoique d'une construction qui « paraîtrait aujourd'hui vicieuse. Les bastions n'avaient « point assez de capacité ; les angles saillants en étaient « assez aigus ; les oreillons trop petits et les flancs trop « courts. »

Malgré ces défauts, cette citadelle n'en a pas moins joué un rôle important par sa belle défense contre l'armée victorieuse de Henri IV. Ce monarque ne put s'en emparer qu'en faisant des offres avantageuses au gouverneur Jehan Amé de Bouvens, qui en sortit avec les honneurs de la guerre, suivi d'un petit nombre de soldats ayant survécu aux horreurs d'une famine supportée pendant 7 mois.....
— Voyez *Bouvens*.

ANDELOT. — Voyez *Coligny*.

ANDRÉ (Sébastien-Marie), chef d'escadron, officier de la Légion d'honneur, né à Pont-de-Vaux, le 22 septembre 1767. Son frère aîné Charles-Joseph, avocat, mort en 1844, qui fut maire de cette ville en 1830, avait épousé Charlotte-Denise Joubert, sœur du célèbre général de ce nom.

Sébastien-Marie s'était engagé comme volontaire, le 29 juillet 1792, dans le 6e bataillon de l'Ain, devenu, par amalgame, 20e demi-brigade d'infanterie, puis 18e demi-brigade d'infanterie légère.

Elu capitaine, le 2 août 1792, il fit toutes les campagnes de la République jusqu'à l'an VI (1797 et 1798), aux armées des Alpes et d'Italie. Il fut blessé d'un coup de feu à la cuisse gauche à la bataille de la Favorite. — Il était capitaine à la 18e demi-brigade d'infanterie légère, commandée par le général Joubert, à l'affaire de Corona.

Le 16 nivôse an V (5 janvier 1797), il devint aide-de-camp de ce général; prit une part brillante aux deux batailles de Rivoli et à l'expédition du Tyrol. — Le 10 germinal an VI (26 mars 1798), il entra dans la gendarmerie départementale où il fut promu, le 1er frimaire an VIII (22 novembre 1799), chef du 24e escadron de la 12e légion.

Membre de la Légion d'honneur, le 25 prairial an XII (14 juin 1804), il passa, sur sa demande, au 13e escadron de gendarmerie d'Espagne (2e légion); il suivit toutes les opérations de guerre dans la Péninsule en 1807, et jusqu'au 7 janvier 1812, jour où il fut fait prisonnier. — Il ne rentra en France qu'en 1814 et se retira dans sa ville natale. Il est mort à Saint-Martin-de-Sénozan, près Mâcon, en décembre 1854, à l'âge de 87 ans.

ANDRÉ D'ARBELLES, ancien officier de l'armée royale avant la première Révolution française, né à Montluel, en 1770, mort au Mans (Sarthe), le 28 septembre 1825.

Il était le frère cadet de l'évêque de Quimper, **André** (Claude), mort en 1818, et de **André** (Pierre), notaire à Lyon, mort sur l'échafaud révolutionnaire, le 21 nivôse an II (10 janvier 1794).

Le jeune André d'Arbelles fit de bonnes études à Lyon. Venu à Paris, à l'âge de 18 ans, il entra en qualité de secrétaire chez le comte Stanislas de Clermont-Tonnerre, diplomate de la cour de Versailles. — Il émigra avec lui, en 1792, n'ayant pas encore réussi à se créer une position. Il entra, comme simple cavalier, dans l'armée des Princes, où il fut connu sous le nom de M. de Montluel. Il servit dans les dragons de Latour, avec lesquels il fit plusieurs campagnes. Revenu en France, en 1798, il fut employé par M. de Talleyrand, ministre des affaires étrangères, à différents travaux politiques : il concourut à la rédaction du *Messager du soir*, à celle d'un journal anglais du nom d'*Argus,* subventionné par le ministère français ; enfin, il se fit connaître par la publication de brochures politiques de circonstance. Nommé historiographe, en 1808, il prit le nom d'*Arbelles*, seconda, de tous ses efforts, la Restauration des Bourbons, en 1814, ce qui lui fit obtenir la décoration de la Légion d'honneur. — Il comptait sur de plus grandes récompenses, lorsque le retour de Napoléon Ier, de l'île d'Elbe, vint faire échouer ses espérances. M. André refusa de prêter serment à l'Empereur et perdit son emploi. Mais à la rentrée en France de Louis XVIII, il fut nommé, par le roi, préfet de la Mayenne et maître des requêtes. Ce fut alors qu'il prit ouvertement le titre de *marquis* ou celui de *baron*, qu'il quitta un peu plus tard.

Après l'ordonnance du 5 septembre 1815, si funeste au parti royaliste, M. André fut révoqué par le ministère Decazes, et obtint, en 1820, la préfecture de la Sarthe, où il est mort accidentellement. M. le ministre de Clermont-Tonnerre s'étant rendu au Mans pour y faire une inspection, le préfet s'empressa d'approcher de sa voiture ; il fut renversé par un cheval de l'escorte, foulé aux pieds et blessé à mort. — On dit que son administration fut douce et paternelle ; qu'il emporta les regrets de ses administrés.

Ses publications, toutes anonymes, sont mentionnées ci-après :

Précis des causes et des événements qui ont amené le démembrement de la Pologne, formant l'introduction des *Mémoires sur la révolution de la Pologne*, par le quartier-maître général de Pirlton, trouvés à Berlin, in-8, Paris, imprimerie Impériale, 1806. — *Réponse au manifeste du roi de Prusse*, in-8, Paris, 15 novembre 1807. — *De la politique et des progrès de la puissance russe*, in-8, Paris, 15 novembre 1807. — *Que veut l'Autriche ?* Paris, imprimerie Impériale, 1809. — *Tableau historique et politique de la Cour de Rome, depuis l'origine de sa puissance temporelle jusqu'à nos jours*, in-8, Paris, 1810. Cet ouvrage est une justification des actes de Napoléon s'emparant des Etats du Pape. — *Mémoire sur la conduite de la France et de l'Angleterre à l'égard des neutres*, in-8, Paris, 1820, imprimerie Impériale.

M. André eut pour collaborateur M. Le Sur. Le *Dictionnaire des anonymes* a attribué à ce dernier publiciste le mérite de ces écrits; mais M. l'abbé Depery, dans sa biograhie des hommes célèbres du département de l'Ain, affirme que, d'après des renseignements certains, il n'est pas permis de douter que la plus grande partie ait été composée par M. André d'Arbelles.

ANDREVET, barons de Corsant, seigneurs de Montfalcon, en Bresse.

ARMOIRIES : *D'argent à 3 faces de sable à la bande de gueules brochant sur le tout.*
Cimier : *Un levrier de sable accolé d'argent.*
Supports : *Deux levriers de même.*

Cette famille est originaire de Savoie et remonte au XIVe siècle. — Le plus remarquable des hommes de guerre de cette maison vivait en 1430.

Philibert Ier fut fait chevalier de la main de Philippe, duc de Bourgogne, lors de la bataille de Saint-Riquier, à laquelle il assista et se fit remarquer par son intrépidité. — Jean Ier, duc de Bourbon, prisonnier du roi d'Angleterre à la funeste journée d'Azincourt, ayant prié Amédée Ier, duc de Savoie, d'intervenir pour obtenir sa rançon et sa délivrance, envoya Philibert pour négocier cette affaire importante ; mais elle ne réussit pas : Philibert offrit dix mille écus d'or qui furent refusés, et le duc de Bourbon mourut en Angleterre en 1434. — Devenu conseiller et chambellan du duc de Savoie, Philibert fit son testament, le 12 octobre 1337, et fut inhumé, après sa mort, dans la chapelle des Colomb, qu'il avait fondée à l'église de Pont-de-Veyle. — Il s'était marié, le 10 juin 1423, avec Antoinette de Coligny, dont il eut un fils et une fille.

Philibert III, conseiller et chambellan de Charles, duc de Savoie, qui vivait en 1507, se battit en duel contre le seigneur de Chandieu, à Milan, et le vainquit en présence du roi de France, Louis XII.

(Guichenon, *Hist. de Bresse et de Bugey.)*

ANGELONI de SIZAC (François-Joseph-Anasthase), chirurgien militaire italien, né à Poge Sainte-Cécile, en Toscane, en 1770; mort à Bourg, le 22 décembre 1850.

Reçu docteur en médecine à l'Université de Sienne, en 1797, il occupa un emploi supérieur à Rome; mais il quitta l'Italie, exerça la médecine à Nyon, près de Genève, d'où il vint s'établir à Bourg, en 1801. D'après les notes laissées par l'astronome Lalande, M. Angeloni avait été employé comme *chirurgien militaire* en Italie. Il était venu en France avec la Légion Italique, après la bataille de Novi, où le général Joubert fut tué, le 15 août 1799.

Outre sa science médicale, M. Angeloni était un érudit. Il aimait les lettres et cultivait la littérature de son pays avec amour. Il a composé plusieurs tragédies, dont une intitulée : *Sylla.*

Lié d'amitié avec l'un de nos meilleurs poètes de la Bresse (M. Gabriel de Moyria), on a su, par lui, que le docteur Angeloni fut un littérateur très-distingué.

ANGEVILLE, seigneurs du Vidonat de Bornes, de Doudans et de Montvéran.

ARMOIRIES : *De sinople à 5 faces ondées d'argent.*
Devise : *In his renascimur omnes.*

Cette maison, originaire du Bassigny, a fourni les seigneurs de Montvéran et de Cules, en Bugey.

Le premier des d'Angeville qui vint s'établir en Savoie, vers l'année 1440, se nommait *Robert.* — Il était écuyer de Louis, duc de Savoie. — Il fut marié avec Jacquemine de Lucinge.

Les principaux hommes de guerre de cette maison sont :

Christophe, député de Jacques de Savoie, duc de Nemours, comte de Genevois, qui fut chargé, en 1555, de renouveler les alliances avec les cantons suisses, et fut récompensé par la charge de président de Genevois, par provisions du 16 juillet 1561.

Jérôme, petit fils du précédent, qui fut gouverneur de Verceil et maréchal de camp dans les armées de Savoie. Il se maria avec Claudine de Bouvens, fille du seigneur de Bouvens, gouverneur de la citadelle de Bourg (1605).

Claude, capitaine au régiment de Nemours, lieutenant d'une compagnie de chevau-légers, en Savoie, dans le régiment du marquis d'Aix. — Il commandait l'arrière-ban du Bugey, lors du voyage en Lorraine (1635).

Guillaume-Philibert, capitaine en Savoie ; plus tard, major du régiment de cavalerie de Mazarin, en France, et capitaine de cavalerie au régiment du comte de l'Islebonne ; il a laissé une réputation de bravoure très-méritée.

Depuis 1650, cette maison s'est divisée en trois branches. Les d'Angeville de *Lompnès;* ceux de *Luyrieux* et ceux de *Montvéran*, figurant dans les assemblées de la noblesse du Bugey jusqu'en 1789.

Les descendants, aujourd'hui, sont :

Henri-Guillaume-Marguerite, comte d'Angeville, — *agronome distingué,* né à Hauteville, en Bugey, le 16 mars 1790; mort au Golet de la Rochette, le 4 décembre 1850.

Il prit du service militaire à l'époque de la Restauration, et entra dans la garde royale en 1816, à l'âge de 26 ans.

Il était capitaine au 1er régiment des grenadiers à cheval lorsque la révolution de 1830 éclata. Il s'était marié, le 28 mars 1826, avec Mlle Marguerite-Hélène de Bécloz. Trois ans après, le 21 juin 1829, il était resté veuf avec deux fils. — Rentré dans la vie civile, M. le comte d'Angeville se livra, dans ses domaines, à l'agriculture. Il se voua à l'étude de la culture dans la vallée du Bugey; fit des expériences de tous genres : des dessèchements de marais, des ensemencements, des ouvertures de chemins dans le Valromey ; il publia ses observations, fruits de son activité et de son expérience, et devint président du comice agricole d'Hauteville, en 1842. — Maire de la commune de Passin, M. le comte d'Angeville a rendu d'utiles services au pays par son initiative dans les travaux de cette commune, par ses soins et ses conseils qu'il ne cessa de prodiguer aux habitants, dans l'intérêt général. Il a porté également le même dévouement aux intérêts particuliers de son canton, comme membre du Conseil général du département de l'Ain, dont il a fait partie depuis 1832 jusqu'à sa mort. Il a succombé à une attaque d'apoplexie foudroyante, en traversant la montagne pour se rendre dans son domaine du Valromey. La consternation et les regrets de la population bugésienne ont été le meilleur éloge qu'on puisse faire de cet homme de bien.

Il a publié un ouvrage estimé, intitulé : *Recherches sur les Améliorations agricoles applicables aux cantons de Brénod, Champagne, Hauteville et Saint-Rambert, avec tableaux et documents divers, à l'usage de tous les cultivateurs*, par le comte Henri d'Angeville, président du comice. In-8° de 144 pages. Lyon, L. Perrin, 1842.

Alexandre-Jacques-Gustave, frère puîné du précédent, — conseiller à la Cour royale de Paris, né à Lompnès, le 15 août 1791 ; mort à Paris, le 24 janvier 1848.

Appelé à faire partie de l'armée impériale en 1811, M. d'Angeville entra dans la garde, où il servit jusqu'à la chute de l'Empire, en 1814. Il n'avait alors que 23 ans. — Il se voua à la carrière de la magistrature, pour laquelle il se sentait une aptitude toute spéciale. En conséquence, il fit ses études de droit à Dijon ; s'y fit recevoir avocat. Nommé substitut du procureur du roi, il exerça, dans cette ville, pendant quelque temps ; fut ensuite envoyé procureur à Lyon, où il devint conseiller à la Cour royale, en 1822.

Pendant les vingt-deux ans que M. d'Angeville a exercé ces dernières fonctions, il a fait partie de toutes les Commissions de surveillance pour les hospices, les écoles, les prisons. Son dévouement a été mis constamment à l'épreuve, et il s'est fait remarquer par l'empressement et le savoir qu'il apportait à faire le bien. En 1844, il fut appelé à siéger

— 31 —

comme conseiller à la Cour royale de Paris, brillant avancement dû à ses talents judiciaires. Cette nomination lui fut d'autant plus agréable qu'elle le rapprochait de son frère Adolphe, député de l'Ain ; ce qui lui permit de jouir, pendant quatre ans, de cette excellente union ; mais l'année 1848, qui devait renverser un trône, fut aussi une année néfaste pour la famille d'Angeville. La fièvre typhoïde enleva le conseiller d'Angeville à l'âge de 57 ans, aimé et regretté de ses confrères ; vénéré, dans son pays natal, pour ses belles qualités personnelles et pour le lustre qui s'est attaché à son nom.

La seule publication qu'on connaisse de lui, est celle-ci :
Discours prononcé par M. d'Angeville, conseiller délégué pour recevoir le serment de MM. les membres du tribunal de Bourg, le 18 septembre 1830. In-8º de 4 pages. Bourg, Bottier, 1830.

Adolphe, frère cadet du précédent, ancien député de l'Ain au Corps législatif, de 1834 à 1848, et membre du conseil général du département, pendant 20 ans.

Né au château de Lompnès, le 20 mai 1796 ; mort à Hauteville, le 16 mai 1856. — M. le comte d'Angeville s'était voué, dans sa jeunesse, à la carrière maritime. Devenu officier dans l'armée de mer, il fit deux campagnes aux Indes, et fut nommé chevalier de la Légion d'honneur.—Il donna sa démission pour se livrer exclusivement à l'étude de l'agriculture.

Elu député de l'arrondissement de Belley, en 1834, il prit une large part aux travaux parlementaires et resta constamment fidèle aux principes conservateurs.

On lui doit l'utile loi, adoptée en 1845, sur les irrigations, fruit de sa persévérance et de son initiative.

Dans son pays, il donna tous ses soins au développement *des fruitières*, dont la création était due à la prévoyance de son frère aîné, dans les vallées du Bugey. On lui doit aussi d'utiles voies de communication, au moyen desquelles le canton d'Hauteville, jusque-là déshérité, a pu se mettre en rapport avec les contrées voisines.

Une disposition testamentaire témoigne du vif intérêt que portait M. le comte d'Angeville à la cause persévérante de la vicinalité : il légua au chemin de communication nº 9, de

Tenay à Brénod, une belle maison de cantonnier qu'il avait fait construire au lieu dit : *les Cascades*. — Il a voulu que les habitants se souvinssent qu'il fut le créateur de cette route hardie, l'une des plus audacieuses conceptions de ce genre. — Les bienfaits et les services de M. le comte Adolphe d'Angeville ont rendu sa mémoire impérissable parmi ses concitoyens.

Outre des rapports intéressants sur l'amélioration des grands ports de commerce et de navigation intérieure, il est l'auteur : 1° d'une brochure intitulée : *La vérité sur la question d'Orient (1841)* ; 2° d'un *Aperçu sur nos colonies et notre marine militaire (1832)* ; 3° d'un *Essai sur la statistique de la population française (1836)*, qui lui a valu le titre de correspondant de l'Institut.

On connaît aussi de lui :

Discours sur la question de la civilisation, ou des forces progressives de l'opinion et des idées en France, l'an 1830, avec des considérations sur la variation des probabilités de la durée de la vie, par un correspondant de l'Académie de Lyon, lu dans sa séance du 30 mars 1830, in-8°, Bourg, Bottier, 1830. — *L'un des 221 aux électeurs de Beltey*, in-8°, Bourg, Dufour, 1839. — *Développement de la proposition de M. le comte d'Angeville, député, sur les irrigations.* Séance du 23 mai 1843, in-8°. — *Rapports sur les chemins vicinaux*, par M. d'Angeville, in-8° de 24 pages, Bourg, Dufour, 1850.

ANSELMIER (Claude-Marie), chef de bataillon du génie, officier de la Légion d'honneur, né à Chambéry, en 1788, mort à Belley, le 19 février 1865.

Le jeune Anselmier fit ses études classiques à Grenoble. Premier lauréat du collége et présenté en 1805, à Napoléon 1er, lors de son passage dans cette ville, on sollicitait pour lui une place dans une Ecole du Gouvernement ; l'Empereur le fit admettre, l'année suivante, à l'Ecole polytechnique, et bientôt l'élève Anselmier s'y fit remarquer par son aptitude spéciale aux mathématiques.

Envoyé à l'Ecole de Metz, en 1808, il en sortit avec le grade de *lieutenant* du génie, pour se rendre en Hollande, dans l'île de Cadzand, à la défense de laquelle il fut employé. Il dirigea habilement les travaux de fortifications qui lui furent confiés, et bientôt il gagna le grade de *capitaine* avec lequel il fut chargé d'organiser successivement la défense des places de Berkens, Flessingue, Rammekens, et en France, celles de Dunkerque, Phalsbourg, Sarrelouis et Petite-Pierre.

Partout M. Anselmier se montra actif, vigilant et habile ingénieur ; rien n'échappait à son coup d'œil sûr et rapide. Comme chef de service, il réunissait à une grande fermeté de caractère une bienveillance toute paternelle. On ne le vit jamais s'écarter de la justice et de la modération. Ces qualités qui le distinguaient lui valurent, pendant toute sa carrière, l'estime de ses supérieurs et l'affection de ses subordonnés.

Après avoir été chef du génie à Valence, à Pierre-Châtel et au fort l'Ecluse, depuis 1830, M. Anselmier compléta la défense de cette dernière place par la construction d'un fort supérieur qui commande, aujourd'hui, tous les points où l'ennemi pouvait se loger. Cette forteresse, dominée par le pic Vittoria, point culminant du Mont-Wuache où les Autrichiens avaient placé du canon, tomba en leur pouvoir dans les jours néfastes de 1814 et de 1815. De nos jours, le génie militaire a épuisé toutes ses ressources dans la construction du fortin de l'Ecluse. La montagne, depuis le bas jusqu'au sommet, dit le *replat du rocher*, est hérissée de batteries, de terrasses, redoutes, casemates, passages couverts, réduits, pont-levis, fossés, qui en défendent l'entrée. Un escalier entièrement creusé dans le roc, à l'abri du boulet et de la bombe, relie par 1,188 degrés les deux forts superposés, ainsi que toutes leurs dépendances. Notre ingénieur, en exécutant, aussi habilement qu'il l'a fait, les plans arrêtés par le général du génie Haxo, s'est rendu immortel et digne de la reconnaissance de l'armée, des Bugistes et des Gessiens.

M. Anselmier, nommé *chef de bataillon* du génie et *officier de la Légion d'honneur* en récompense de ses importants services, quitta son épée, comme le soldat antique, pour conduire sa charrue. Père de treize enfants, qu'il a instruits lui-même, il s'était préparé une tranquille vieillesse. Sa vie simple et patriarcale s'est éteinte à Belley, au milieu de l'estime et de la vénération publiques, à l'âge de 77 ans.

APCHON (Antoine-Marie-Saint-Germain d'), comte d'Apchon, baron de Corgenon, lieutenant général des armées du roi, sous la minorité de Louis XV. — Ce seigneur avait acheté le fief de *Bondillon*, en Bresse, par échange de messire de Borssac, en 1765. — Il se fit représenter à l'Assemblée de la noblesse en 1789, à l'occasion de la Convention des Etats généraux, par M. *Palluat de Jalamondes*, chevalier, seigneur des Sardières, ancien capitaine de carabiniers. M. Antoine-Marie d'Apchon, chevalier des ordres du roi, était gouverneur des ville, château et comté de Blaye.

Son frère, **Antoine-Louis-Claude**, marquis de Saint-Germain d'Apchon, était seigneur de Saint-Trivier, en Bresse. — Il avait le grade de maréchal des camps et armées du roi, lieutenant-général de la province de Bourgogne, au baillage du Mâconnais (3 mars 1789).

Il existait aussi, à cette même époque, un parent de cette famille du nom de *marquis de* **Montrond d'Apchon** qui n'appartenait pas à l'armée.

(M. J. Baux. — *Nobiliaire du département de l'Ain*.)

APVRIEULX (Marie-Philibert-Flavien d'), chef d'escadron de gendarmerie, chevalier de la Légion d'honneur, né le 31 octobre 1800 à Bourg, où il est mort le 12 mars 1870.

Il était issu de la famille noble de **Pralies**, du pays de Gex, qui portait pour armoiries : *d'Azur à un phénix d'argent posé sur un bûcher ardent de gueules et regardant un soleil, de même, posé en chef.*

Son grand-père, **Louis-Anthelme**, chevalier, officier au régiment du Dauphiné, et son grand-oncle, **Gabriel-Victor**, aussi officier au régiment d'Anjou, avaient signé, en mars 1789, le cahier général des doléances, plaintes et remontrances de la noblesse du baillage de Gex, présenté au roi Louis XVI, à l'occasion de l'assemblée des Etats généraux de France.

Marie-Philibert-Flavien était fils de **Louis-Anselme**

d'Apvrieulx, maire de la ville de Bourg, où il est mort en 1800. — Il embrassa, de bonne heure, la carrière des armes. A 17 ans, il s'engagea volontairement au régiment de dragons de la Saône, devenu 9e régiment de dragons, le 10 janvier 1817. Promu *brigadier* le 24 mars suivant et *maréchal des logis* le 16 janvier 1820, il fit la campagne d'Espagne en 1823, où il se distingua par son courage.

Nommé garde du corps du roi Louis XVIII (compagnie de Luxembourg), le 11 novembre 1824, il fut licencié le 11 août 1830, après la révolution de Juillet.

Il entra, comme *sous-lieutenant*, au dépôt de remonte de Saint-Lô, le 25 août même année ; puis, au dépôt de remonte de Caen, deux mois après. — Passé au 8e régiment de dragons, le 25 octobre 1831, il fut promu *lieutenant*, le 18 décembre 1832. — Admis avec son grade, dans la gendarmerie (compagnie de Saône-et-Loire), le 31 décembre 1835, il devint *capitaine* à la compagnie du Puy-de-Dôme, le 1er mai 1849, et *chef d'escadron* à la compagnie de l'Ardèche, le 1er juillet 1854.

M. d'Apvrieulx fut décoré de la croix de chevalier de la Légion d'honneur, le 16 février 1844. — Il fut admis à la retraite, le 5 mars 1859, et vint habiter Bourg où il s'est éteint à l'âge de 70 ans.

Il avait un frère, M. **Gabriel** d'Apvrieulx, qui avait embrassé la carrière de la magistrature, et une sœur, Mlle **Marie-Simonne-Victorine** d'Apvrieulx, née à Izernore en Bugey, vers 1792 ; décédée à Bourg, en 1869. Elle a laissé, à Nantua, un nom vénéré pour ses bonnes œuvres.

ARLOS (d'), seigneurs de la Servette, du Chaffaut et de Chareysia, en Bugey.

ARMOIRIES : *De sable à un lion d'argent.*
Cimier : *Un lion aussi d'argent.*
Supports : *Deux lions de même.*

Cette maison date de 1245; son fondateur se nommait **Jean d'Arlos**, chevalier.

Ses hommes de guerre les plus marquants, sont :

Gilles III, chevalier, qui fut chargé de la garde du château de Chazey remis, par le dauphin du Viennois Humbert, à Philippe, roi de France, en 1343. Il suivit le comte Vert dans la guerre que ce prince entreprit contre Milan, en 1340. Il était commis à la garde de la bannière de Savoie qu'il portait les jours de bataille. — Il est mort en 1350.

Jacques, seigneur de la Servette et de Leymen. Il fut grand écuyer de Philiberte de Savoie, duchesse de Nemours, en 1504.

Claude II, commandant en 1596, une compagnie d'infanterie au régiment de Chauvirey, en Savoie.

Son petit-fils, **Claude III**, seigneur du Chaffaut, était capitaine au régiment français de la Motte-Houdancourt. Il fut tué, au mois de juin 1638, près de Raon, au comté de Bourgogne, en allant reconnaître l'ennemi. — En lui s'est éteinte la famille d'Arlos.

(Guichenon. — *Histoire de Bresse et du Bugey.*)

ARMAND (**Claude-Joseph**), colonel, baron de l'Empire, commandeur de la Légion d'honneur et chevalier de Saint-Louis, né le 19 novembre 1764, à Bourg, où il est mort, le 21 janvier 1840.

A l'âge de 18 ans, il entra, comme soldat, au régiment de la Couronne en 1782. — Il servit dans la compagnie de Chalains et devint *caporal* de chasseurs (compagnie Gélis), le 10 octobre 1785.

La compagnie ayant été dédoublée, il se trouva sous les ordres de M. Chossat de Saint-Sulpice, capitaine en second, qui fut, dans la suite, maire de Bourg, en 1800.

Le jeune Armand acheta son congé en 1788. — Après 6 ans il n'avait pu obtenir, encore, que les galons de *sous-officier ;* il était découragé. — Il rentra dans son pays n'ayant que 24 ans; mais lorsque la République fut proclamée en 1792, au premier appel de la patrie en danger, M. Armand voua sa vie à la gloire et à la grandeur de son pays. Il fut l'un des premiers enfants de la Bresse qui se réunirent, sur la frontière, en bataillons de volontaires et formèrent ces phalanges immortelles qui ont étonné l'Europe par leur courage et leur audace.

Déjà exercé au métier des armes, il fut élu *lieutenant* par ses camarades dans le 3ᵉ bataillon de l'Ain, le 14 septembre 1792. Ce corps fut amalgamé, à l'époque de la formation des brigades, dans la 51ᵉ demi-brigade devenue, plus tard, le 51ᵉ régiment d'infanterie de ligne.

Nommé *capitaine adjudant-major*, le 12 décembre 1792, il prit une part active et glorieuse aux campagnes de 1792 et de 1793, à l'armée du Rhin et de la Moselle.

Fait prisonnier par les Prussiens à la sanglante affaire de Kaiserlautern, le 14 prairial an II (2 juin 1794), il rentra en France le 26 messidor an III (14 juillet 1795). — Bientôt il reprit sa place dans les rangs de notre armée et combattit dans les Alpes, en Italie, et contre les révoltés belges, pendant les années III, IV, V, VI et VII (1794 à 1798).

Le 12 août 1799, il fut promu *chef de bataillon auxiliaire*, en récompense des services qu'il avait rendus par l'expulsion d'une bande de brigands qui infestait le département de la Dyle, épouvanté par les cruautés du terrible *Charles Loupogne*. Ce redoutable brigand, surpris à la suite des bonnes dispositions militaires concertées par notre officier, fut tué. — Envoyé à l'armée de Batavie et d'Allemagne, pendant les années VIII et IX (1799 à 1801), M. Armand se distingua dans plusieurs occasions nouvelles, notamment à l'affaire de *Castricum*, le 5 octobre 1798, où il fut blessé d'un coup de feu à la cuisse droite.

La 51ᵉ demi-brigade vint tenir garnison à Boulogne; de là, à Montreuil; puis à Lille, pendant les années X et XI (1801 à 1803). — Passé *chef de bataillon titulaire* au 2ᵉ régiment d'infanterie légère et admis *chevalier de la Légion d'honneur*, le 25 prairial an XII (14 juin 1804), il fut envoyé à l'armée du Nord et à la grande armée, de 1805 à 1807. — Les bulletins témoignent de l'intrépidité dont il fit preuve, dans les mémorables combats livrés en Autriche, en Prusse et en Pologne.

Dans le mois de mars 1807, M. Armand, se trouvant à Wollin, petite ville de Poméranie, et n'ayant avec lui que 100 hommes du 2ᵉ régiment d'infanterie légère, fut surpris de nuit par 600 fantassins et cavaliers de la bande de Schill, soutenus par deux pièces de campagne. — Cette troupe, guidée par les habitants du pays, s'était introduite dans la ville et comptait sur une victoire facile; mais le courageux Armand, que des hussards ennemis réclamaient à grands cris, s'échappe à peine vêtu, par une croisée, et, le sabre à la main, parcourt les rues en criant : « *A moi, chasseurs !* » On l'entend : sa voix est reconnue. 6 soldats se joignent à lui ; il recrute jusqu'à la place d'Armes d'autres soldats, fait feu sur 30 partisans, les attaque à la baïonnette et les tue. — Cette explosion donne l'éveil ; officiers et soldats sont debout. Ils s'embusquent au coin des rues pour attendre l'ennemi. Tout ce qui se présente est fusillé. — Le chef de bataillon Armand, couvert d'une capote de bure, rallie sa petite troupe, la conduit hors la ville, vers le seul point de retraite offert aux Prussiens. — Déjà il s'est emparé de leur artillerie, il la fait tourner contre eux, leur fait mettre bas les armes et rentre triomphant, avec ses prisonniers, dans Wollin. — 250 soldats ennemis demeurent sur le champ de bataille. Par un hasard inouï, il n'avait eu qu'un seul homme tué et 21 blessés.

Cette action d'éclat valut au commandant *la croix d'officier de la Légion d'honneur*. — D'autres exploits l'attendaient au siége de Dantzig : Une île occupée par l'ennemi, située entre la Vistule et son canal, gênait la communication de la presqu'île avec le corps principal de l'armée française. Le maréchal Lefebvre résolut de s'en emparer. Dans la nuit du 6 au 7 mai 1807, 800 hommes choisis dans les troupes du blocus et guidés par l'adjudant-commandant Aymé, furent chargés d'assurer ce passage. — Les embarcations suffisaient à peine à 250 soldats, le chef de bataillon Armand s'avance sans bruit avec ce faible détachement. A peine se trouve-t-il au milieu du fleuve, que l'ennemi, l'ayant aperçu, le foudroie de coups de canons chargés à mitraille. Les postes avancés font aussi feu sur les embarcations. « *A terre ! vaincre ou mourir !* » s'écrie Armand. — Il se saisit d'une rame ; les autres officiers suivent son exemple, et en peu d'instants ils débarquent... La petite troupe s'élance sur l'ennemi qu'elle chasse de ses retranchements, enlève plusieurs redoutes, notamment la *grande redoute russe de la basse Vistule* défendue par 15 bouches à feu et 600 grenadiers ennemis. — Pendant ce temps, le reste du détachement, composé de 50 hommes résolus de la garde de Paris, ayant à sa tête le capitaine Avis, aide-de-camp du général Drouot, se porte sur la droite et enlève, de vive force, une redoute prussienne.

L'action avait été si prompte et si décisive que le général russe Kalkreuth eut peine à croire au rapport qui lui fut fait sur ces deux opérations aussi hardies que périlleuses : on s'était emparé de l'île de Holm et de son artillerie avec une poignée d'hommes ; mais ils avaient été conduits par l'énergique Armand ! — On avait tué 300 Russes parmi lesquels se trouvait le major commandant de l'île, et l'on avait fait 500 prisonniers. — Ce coup de main compléta le blocus de Dantzig et accéléra la reddition de cette place importante..

Le maréchal Lefebvre étant venu reconnaître, avec son état-major, les positions d'où l'on avait chassé l'ennemi, s'approcha du chef de bataillon Armand qu'il complimenta, et lui dit : « *Quand nous aurons pris la place, je t'en ferai le commandant.* »

Dantzig ayant capitulé le 26 mai, à midi, le maréchal Lefebvre tint sa parole. M. Armand exerça le commandement jusqu'à l'arrivée de l'aide-de-camp Rapp, envoyé par Napoléon, comme gouverneur de cette province. — Après avoir rendu compte de ce succès à l'empereur, le maréchal écrivit la lettre suivante au chef de bataillon Armand :

« L'empereur me charge de vous témoigner sa vive sa-
« tisfaction sur votre conduite à la prise de l'île de Holm.
« Je m'acquitte avec d'autant plus de plaisir de cette com-
« mission qu'elle me procure l'occasion de *rendre un hom-*
« *mage particulier aux talents et à la bravoure que j'ai*
« *remarqués en vous, toutes les fois que j'ai pu vous*
« *employer.*

« Agréez l'assurance de mon estime particulière.

« *Le maréchal d'Empire*, Lefebvre.

« Sdictrfendorff, 11 mai 1807. »

Quelques jours après, M. Armand était nommé *colonel* au 22ᵉ régiment d'infanterie légère, et s'acheminait avec lui sur Heilsberg, pour prendre part à la célèbre bataille de Friedland où il se couvrit de gloire et fut grièvement blessé d'un coup de feu à la jambe gauche.

Le colonel Armand était d'une taille élevée, d'une tenue imposante. Il avait la voix forte, énergique, propre au commandement. Robuste et résolu, il était doué d'une intrépidité toute chevaleresque. Avec de tels avantages il fut facilement remarqué, et Napoléon Ier qui se connaissait en braves, s'empressa de le distinguer. Le 17 mars 1808, il lui accorda le titre de *Baron de l'Empire*, avec une dotation de 4,000 fr. sur le royaume de Westphalie, et le droit de porter des armoiries ainsi enregistrées : « *d'azur au dextrochère d'or mouvant de senestre, tenant une bannière déployée, aussi d'or, et accompagnée de deux palmes d'argent.* » En outre, le 22 décembre 1809, l'empereur lui remit, de sa main, *la croix de commandeur de la Légion d'honneur*.

Tous ces honneurs auraient pu éblouir, enivrer, émouvoir l'orgueil d'un militaire moins modeste que ne l'était le colonel Armand ; mais il avait le cœur trop bien placé pour en tirer vanité, et nous allons pouvoir juger l'homme par les sentiments affectueux qu'il a décrits si bien. — Voici la lettre qu'il adressait à son beau-frère :

Schwedt, le 14 avril 1808.

« Vous n'apprendrez pas sans plaisir que S. M. l'empe-
« reur vient de me donner en gratification, pour mes ser-
« vices dans cette campagne, un domaine en Westphalie,
« d'un revenu net de 4,000 francs de rentes, toutes charges
« et contributions payées. Ce sont les expressions de S.
« Exc. le prince Berthier qui m'annonce cette bonne nou-
« velle. Ce don m'est d'autant plus avantageux que je
« puis facilement établir un majorat en faveur de mon
« cher fils. — S. Exc. le ministre de la guerre doit in-
« cessamment me faire connaître cette propriété que je
« ne pourrai vendre, dit la lettre d'avis, qu'en rachetant,
« en France, un autre bien avec la valeur de la vente.
« Ainsi, il sera possible, un jour, de vendre ce domaine
« et d'acheter, en Bresse, une jolie propriété pour y pas-
« ser mes vieux jours, si d'ici à cette époque, un boulet
« ne vient pas détruire mes beaux projets. Alors, je
« n'aurai plus besoin de rien, et je laisserai à mon fils

« de la fortune et une épée. Dieu veuille qu'il sache
« s'en servir (1) !

« Comme je ne veux pas jouir seul des bienfaits de S.
« M. l'empereur, je vous prie (quoique je ne sache pas
« quand je pourrai jouir des revenus de mon nouveau
« domaine), de donner, par mois, à ma mère, *une aug-
« mentation de pension pour son café, à commencer du
« 1er mai*, jour heureux que je ne pourrai partager avec
« vous ! — Ne m'oubliez pas lorsque vous serez à table,
« et, dans la crainte que cela n'arrive, je vous prie d'y
« placer, à mon compte, 12 bouteilles de vin de Bour-
« gogne, et du meilleur, afin qu'on puisse boire plus gaie-
« ment à ma santé ! »

Le colonel Armand fut du petit nombre de ces hommes
d'élite qui allièrent à leurs vertus guerrières un noble
désintéressement et l'absence de toute ambition personnelle. Dans sa bonne fortune, il ne manquait pas de rap-
porter aux siens le bien qu'il en éprouvait, et chose plus
remarquable encore, il se souvenait des mauvais jours
passés pour mieux jouir des avantages actuels de sa position. — Sa correspondance naïve et pleine de douces
appréciations à ce sujet, ne laisse aucun doute sur sa
sincérité toute militaire.

« Le titre de baron, écrivait-il, le 20 juin 1808, ne doit
« pas faire présumer un nouveau grade, comme vous le
« dites. *Je vous assure que je suis trop content à la tête
« du 22e léger pour désirer autre chose.....*

« Je ne puis vous dire où nous irons : peut-être en
« Autriche, en Portugal, en Espagne. Il vaudrait mieux
« que ce fut en Angleterre : *C'est là où est l'ennemi de
« la France.* »

En attendant que le sort des batailles lui offrit un nouveau théâtre pour ses exploits, notre compatriote écrivait
encore, de Dresde, à sa famille pour lui faire part de son
immobilité et de son heureuse position de fortune. — Voici
dans quels termes :

« Je ne sais ce que l'avenir me prépare, mais j'ai été

(1) Quel singulier rapprochement !... Ce fils de M. le baron Armand a
a été tué dans un duel *à l'épée*.

« bien heureux depuis mon entrée en Prusse. J'ai joui de
« 3,500 fr. par mois, non compris mes appointements,
« dotation et décorations. Je crois que cela m'a mis à
« même d'économiser 24,000 fr. Mon régiment a été
« très-bien reçu à Dresde. Le lendemain de mon arri-
« vée, j'ai dîné chez le roi ; j'étais à table à côté de la reine
« qui a eu la bonté de converser avec moi. Cette souve-
« raine est dévouée de cœur à l'empereur Napoléon.
« Mes réflexions se sont portées sur la roue de la for-
« tune, qui est si mouvante et si imprévue !... Il y a 26
« ans, je mangeais avec avidité, à la main, le pain de la
« caserne de Lille, étant alors au régiment de la Cou-
« ronne..... Il y a 18 ans, je n'avais qu'une perspective
« pénible et peu lucrative.... Et me voilà, aujourd'hui, à
« la table d'un roi !

« Je ne sais, je vous le répète, ce qui m'attend, mais
« je suis heureux. Mon régiment est fort de 3,000
« hommes, il est très-beau et bien discipliné. Le prince
« Berthier a la bonté de l'appeler le *beau 22ᵉ*.

« Si la guerre recommence contre l'Autriche, nous
« sommes sur ses derrières, alors j'espère que mon régi-
« ment compensera le temps perdu, etc. »

L'année 1809 n'était pas achevée que l'on préparait déjà les campagnes de 1810 et de 1811, en Espagne et en Portugal. Le colonel Armand y fut appelé avec son régiment qui fit partie du corps d'armée du maréchal Masséna. Dans une rencontre avec la cavalerie anglaise, M. Armand fit former le carré et se défendit avec une telle intrépidité qu'il parvint à effectuer une retraite honorable, presque sans perte. Cette belle conduite fut mise à l'ordre du jour de l'armée française.

Après l'affaire de Salamanque, le colonel Armand, souffrant de ses blessures et de l'intempérie des bivouacs, demanda et obtint sa retraite en 1811. Il revint à Bourg chercher la paix et le calme qu'on ne trouve, au déclin de la vie, que dans l'amour et l'affection de la famille.

Le 16 janvier 1815, au retour des Bourbons en France, son nom ne fut pas oublié sur la liste des défenseurs de la patrie et des survivants de notre gloire. Il fut même nommé **chevalier de Saint-Louis**, par le roi Louis XVIII.

En 1830, ses concitoyens l'élurent *colonel de la garde nationale de la ville de Bourg;* il accepta avec empressement, et malgré ses 66 ans, il mit toute l'activité désirable à former l'instruction de la milice citoyenne. Son air digne, ses cheveux blancs et sa vivacité d'action en imposaient encore à la masse populaire. Il était la représentation vivante du dévouement patriotique, à cette époque qui voyait revivre les couleurs nationales du drapeau de l'empire. Le colonel Armand, fier de l'ardeur et de l'enthousiasme révolutionnaires, rajeunissait au milieu de ses compatriotes devenus ses soldats ; mais ce dernier bonheur fut, pour lui, de courte durée ; il succomba de maladie en janvier 1840, quelques jours après M. Bernard, son ami et son compagnon d'armes au siége de Dantzig. — Voyez *Bernard.*

AUBARÈDE (d'), ancienne famille du Bigorre, province de Gascogne, qui possédait, dès le xive siècle, la terre d'*Aubarède* située près de la ville de Tarbes.

Plusieurs membres de cette famille ont exercé la fonction de Capitoul à Toulouse, de 1298 à 1596. — La ville de Lyon a compté un échevin du même nom, dans le xviie siècle; **Paul,** qui y est mort, le 10 juillet 1687. Il avait épousé Françoise Valentin, fille d'un procureur-ès-cour de Lyon.

Leur fils, **Hugues,** écuyer, baron de Saint-Laurent-de-Chamousset, seigneur de Briole, etc., né le 26 février 1651, se maria, le 27 août 1683, avec Jeanne de Sève, fille de Guillaume de Sève, comte de Laval, premier président du parlement de Dombes.

Les armoiries confirmées par le roi Louis XIV, et enregistrées à l'Armoirial général dans le registre de Lyon, dont le brevet a été délivré par Charles d'Hozier, conseiller du roi, à Paris, le 10 octobre 1697, portent : *d'Azur à l'aigle éployée d'argent.*

Les d'Aubarède étaient alliés aux familles du marquis de Moncault ; du comte d'Autrey ; des ducs de Crillon et de Mahon ; des comtes de Riccé, en Savoie, et de Ros, en Roussillon. — La plupart d'entr'eux ont servi dans le régiment de la Sarre, savoir :

Paul-Alexandre, fils ainé de Hugues, baron de Saint-

Laurent de Chamousset, seigneur de Laval, chevalier de Saint-Louis, né le 13 mars 1684, lieutenant des gardes de la porte du roi. — Il avait épousé demoiselle Marie-Anne de Tricaud de la Moutonnière, en Bresse.

Guillaume-Claude, fils aîné du précédent, marquis d'Aubarède, comte de Laval, baron des Bruyères, colonel, lieutenant de roi, chevalier de Saint-Louis, né à Lyon, le 17 juin 1717, mort le 13 avril 1795.

Entré au régiment de la Sarre, à l'âge de douze ans, comme *enseigne*, le 8 juin 1729, il fut *lieutenant*, le 2 juin 1733 ; *capitaine*, le 18 novembre 1734. *Aide-major général* (colonel), le 7 septembre 1746. Deux ans après, il commandait la compagnie des grenadiers du même régiment et ne cessa ce service que le 2 octobre 1750. Colonel réformé pour cause de blessures et mis à la suite, le 6 novembre suivant, il obtint le commandement de la place de Belfort avec le titre de *lieutenant de roi*, le 29 décembre 1754 ; remplacé dans cet emploi, le 27 août 1762, sur sa demande, et par un de ses neveux, il fut admis à la retraite le 1er avril 1779. Sa pension fut élevée exceptionnellement au taux de celle de maréchal de camp, le 1er mars 1791, en raison de ses brillants services et le règlement en fut définitivement décrété, le 13 novembre 1792.

Aide-de-camp du maréchal de Maillebois, et capitaine à 17 ans, M. d'Aubarède se fit remarquer par son intrépidité à la bataille de Parme où il fut blessé d'un coup de feu à la tête, le 29 juin 1734. Officier supérieur, il eut son cheval tué sous lui, à la bataille de Plaisance, le 16 juin 1746, en abordant audacieusement l'ennemi, et deux mois plus tard, à l'affaire de Tridone, sa belle conduite fut tellement admirée, qu'elle lui valut le brevet de colonel *dans les deux armées alliées de France et d'Espagne*, avec une lettre de félicitations du ministre de la guerre de la part du roi Louis XV. Dans l'action, il avait été atteint de deux autres coups de feu, et eut un second cheval tué sous lui. — Au mois de février de la même année, il avait reçu *la croix de chevalier de Saint-Louis*.

Marié avec demoiselle Jeanne-Marie de Beauchamp, en 1756, il n'en eut qu'un fils, dont le nom suit :

Guillaume-Claude-François-Marie, capitaine de

dragons, né à Belfort, le 22 juillet 1757, mort à Séville, le 12 juillet 1831.

Entré au service, comme cadet gentilhomme au régiment de Provence-infanterie, en 1778, il fut nommé *sous-aide-major* (lieutenant) dans la légion de Nassau-Siégen, l'année suivante, et devint aide-de-camp de M. le duc de Crillon et de Mahon, son cousin, au siège de Gibraltar. Promu *capitaine* de dragons au régiment de Pavie, il passa au service de l'Espagne, en 1783. Il se maria, deux ans après, en 1785, avec Raymonde Perès de Oteira Quinonès, descendante de la famille du dernier gouverneur de la Franche-Comté, à l'époque de la conquête par Louis XIV. M. d'Aubarède en eut cinq fils et une fille. Son titre de *comte* fut confirmé par le roi Charles IV. (Ordonnance du 7 septembre 1804.)

Jean-Maximilien, deuxième fils de **Paul-Alexandre** et oncle du précédent, lieutenant-colonel, chevalier de Saint-Louis, né à Lyon, le 20 février 1721, mort à Bourg, le 20 mars 1815, à l'âge de 94 ans.

Il débuta dans l'armée, à l'âge de 12 ans, comme enseigne au régiment de la Sarre, le 17 septembre 1733. — Nommé *lieutenant*, le 24 août 1738 ; puis *lieutenant* à la compagnie Colonelle, le 15 mai 1742, il fut breveté *capitaine*, le 10 février 1744 et devint titulaire d'une compagnie, le 17 septembre de la même année. — Trois ans après, il se signalait par une action d'éclat qui lui mérita, comme récompense, la décoration de chevalier de Saint-Louis, le 30 août 1747, à l'âge de 26 ans. A l'affaire de Casteldappie, en Italie, il fut blessé grièvement dans une charge contre l'ennemi. M. d'Aubarède soutint, avec 150 hommes seulement, les efforts de 10,000 Autrichiens et Piémontais réunis dans un défilé très-resserré où ils voulaient couper l'armée française.

Dix ans après, M. d'Aubarède quittait le régiment de la Sarre, pour infirmités résultant de ses blessures, et acceptait le commandement des *bas officiers des invalides servant aux Tuileries de Paris* ; puis, il fut placé à la tête de la 68e compagnie de vétérans nationaux, et admis lui-même à l'hôtel national des Invalides, le 25 décembre 1766. — Nommé *chef de bataillon* en 1770, il reçut, pour la fixation de sa retraite, la qualification du grade supérieur, celui de *lieutenant-colonel* en 1780, ce qui lui donnait droit à une pension viagère de 2,500 fr. reconnue par un décret de la Convention nationale du 21 messidor an II de la République (9 juillet 1794); mais cette pension fut réduite à 1,600 fr. en exécution de la loi du 28 fructidor, an VII (14 septembre 1799). — Cet officier distingué avait servi sa patrie pendant 60 ans d'âge et avait justifié de 14 campagnes de guerre et de plusieurs blessures.

Marié, le 2 mai 1753, avec demoiselle Antoinette d'Andelin, fille d'Alexandre d'Andelin, seigneur de Montbègue, en Bresse, il en eut deux fils qui ont porté aussi les armes (**Alexandre** et **Jean-Joseph-Henri**), dont les articles suivent :

Jean-Anthelme, frère cadet du précédent, 3e fils de Paul-Alexandre d'Aubarède, lieutenant-colonel, chevalier de Saint-Louis, né à Lyon, le 23 novembre 1722, mort à Paris sur l'échafaud révolutionnaire, le 24 juillet 1794.

Admis dans le régiment royal (artillerie de Besançon), comme cadet gentilhomme, le 1er novembre 1736, il passa ensuite, volontairement, au régiment de Bretagne-infanterie, où il fut nommé *lieutenant en 2e*, le 15 avril 1740. Fait enseigne dans le même corps, cette année, il fut promu *lieutenant en 1er*, en octobre 1741, et fut breveté *capitaine*, le 1er août 1743, à 21 ans, après avoir été autorisé à acheter une compagnie dans le régiment de Brancas-cavalerie, dit Royal-Lorraine.

Réformé pour cause de blessures, le 3 avril 1749, il ne fut remis en activité que 8 ans après, en 1757, époque à laquelle il acheta une nouvelle compagnie dans le même régiment (colonel de Salles). Il y reçut la croix de chevalier de Saint-Louis, sous la date du 16 avril 1757. — Devenu capitaine avec le rang de *major*, il fut chargé de conduire un détachement de cavaliers à l'école d'Acquitaine formée dans le but de faire des élèves instructeurs d'équitation. M. d'Aubarède remplit cette mission importante, en 1766, organisa et dirigea l'instruction militaire de cette école pendant 6 ans, et se retira du service actif avec une commission de *lieutenant-colonel*, grade dans lequel il fut retraité, le 14 janvier 1772. — Il comptait alors 50 ans d'âge

et 32 ans de services et s'était fait remarquer, dans sa carrière militaire, par son zèle et son dévouement patriotiques.
— Il pouvait espérer vivre paisiblement, entouré de l'estime et de l'affection de sa famille ; mais la Révolution de 1789 suivie de celle de 1792, en fit une victime de nos agitations politiques.

Profondément affligé des malheurs de la famille royale déchue du trône de France, au 10 août 1792, et sous l'impression pénible du massacre des royalistes, opéré dans les prisons de Paris, à la même date, M. d'Aubarède avait écrit ces lignes qu'il adressait à un ami, sous la date du 17 août :
« Je ne restai que quelques minutes sur le pont royal, pen-
« dant lesquelles j'entendis les propos les plus affreux con-
« tre le roi et la reine, les prêtres et les nobles. Je revins
« sur mes pas, en gémissant dans le secret de mon cœur,
« car il aurait été dangereux de témoigner la moindre
« peine de tout ce qui se passait alors... On ne lit, dans
« aucune histoire, autant de scélératesses et de crimes
« réunis qu'il s'en est commis les 10 et 11 août, à Paris,
« et jamais aucun roi, ni reine, sans en excepter David,
« n'a éprouvé autant d'opprobres et d'humiliations que
« Louis XVI et Marie-Antoinette, etc. »

Cette lettre, saisie plus tard, a motivé son arrestation. Une perquisition, faite ensuite chez lui, amena la découverte d'une lettre de sa *cousine*, *Virginie de Crillon*, manifestant ses désirs de voir finir bientôt le nouveau régime de la France. Il n'en fallait pas davantage pour perdre le noble cousin. Il fut décrété d'arrestation par ordre du tribunal criminel révolutionnaire de Paris, du 6 thermidor an II (24 juillet 1794) *trois jours seulement avant la chute de Robespierre*. L'extrait du jugement lu à l'audience publique de ce jour, portait ce qui suit :

« Sur la déclaration du jury de jugement portant que
« Jean *Anselme* d'Aubarède et autres, dénommés en la mi-
« nute du jugement, sont convaincus de s'être déclarés les
« ennemis du peuple, en entretenant des intelligences et
« correspondances avec les ennemis intérieurs et exté-
« rieurs de la République, et en les instruisant, par les cor-
« respondances, des mesures du gouvernement français, etc.
« L'accusateur public entendu sur l'applicaton de la loi ;

« appert, le tribunal avoir condamné à la peine de *mort*, Jean
« *Anselme* d'Aubarède, ex-noble, âgé de 72 ans, né à Ville-
« affranchie (Lyon), ex-capitaine de cavalerie ayant le rang de
« lieutenant-colonel, demeurant à Paris, rue Saint-Jacques
« n° 182 ; et déclaré ses biens acquis à la République. »

Il manque la signature de l'accusateur public. A signé seul l'archiviste adjoint, *Tavernier*.

Le jour même du 24 juillet 1794, le vieux guerrier Jean Anthelme d'Aubarède expirait sous la hache du bourreau.

Alexandre, fils aîné de Jean-Maximilien d'Aubarède et d'Antoinette d'Andelin, capitaine d'infanterie, né à Bourg, en 1754.

Il fut admis, de bonne heure, au régiment de la Sarre, fut nommé *sous-lieutenant* à 18 ans, en 1772 ; *lieutenant*, en 1774. Embarqué pour l'Amérique, il en fit les principales campagnes sous M. de Guichen. — On ignore la date de sa mort.

Jean-Joseph-Henri, seigneur de Chavannes, en Bresse, frère du précédent, capitaine, chevalier de Saint-Louis et de Saint-Lazare, né à Bourg, le 14 janvier 1755, mort à Lyon, le 27 août 1847.

Elève de l'Ecole militaire en 1765, le jeune d'Aubarède reçut, à 17 ans, le brevet de chevalier de Saint-Lazare, et passa, ensuite, au régiment d'Artois-infanterie, devenu plus tard, 48ᵉ régiment de ligne. — Nommé *sous-lieutenant* le 12 septembre 1772; *lieutenant en 2ᵉ*, le 1ᵉʳ décembre 1779 ; puis *lieutenant en 1ᵉʳ*, le 18 septembre 1781, il devint *capitaine en 2ᵉ*, le 4 avril 1785.

Embarqué à Toulon, sur la frégate *la Précieuse*, le 19 octobre 1778, il fit campagne dans l'Archipel, avec un détachement de son régiment. Rentré, le 17 mars 1779, il se rembarquait à Cadix, pour aller combattre en Amérique, sous les ordres du comte d'Estaing.

Il revint en France le 17 avril 1783. — Deux ans après, il contractait mariage à Bourg, avec demoiselle Marie-Henriette Renaud, le 24 janvier 1786.

Cinq ans après, il retourna à Saint-Domingue avec le 2ᵉ bataillon du régiment d'Artois, y fit la campagne de 1791 et revint en France où il débarqua le 22 mars 1792. A cette époque, les services de M. d'Aubarède lui donnèrent droit à sa retraite qu'il obtint avec le brevet de chevalier de Saint-Louis, le 12 juin 1792.

AUBRY de la BOUCHARDERIE (Claude-Charles), général de division et comte de l'Empire, commandeur de la Légion d'honneur, né à Bourg, le 25 octobre 1773; tué à Leipsik, le 10 novembre 1813.

Il était fils de Nicolas Aubry, qui fut ingénieur en chef des ponts et chaussées des provinces de Bresse et Bugey en 1770, et neveu de M. Gauthier-Desiles, dont la sœur aînée avait épousé M. Aubry, père.

Entré le 10 mars 1792, comme élève *Sous-Lieutenant*, à l'Ecole d'artillerie de Chalons, il en sortit le 1er septembre suivant, comme *Lieutenant en 2e*, pour entrer dans le 3e régiment d'artillerie à pied. Promu *Lieutenant en 1er*, le 15 avril 1793, il fut nommé *Capitaine* dans le 6e régiment d'artillerie à cheval, le 1er août suivant.

M. Aubry fit les campagnes de 1792 et 1793 aux armées du Centre, de la Sarre et de la Moselle, sous les ordres des généraux Kellermann, Moreau et Hoche. Il se distingua à la bataille d'Arlon, le 28 germinal an II (18 avril 1794), contre les Autrichiens. Il montra la même ardeur aux armées du Nord, sous Pichegru; dans celles de l'intérieur, sous Bonaparte, et sur le Rhin, avec Moreau.

Capitaine commandant, depuis le 22 frimaire an II (13 décembre 1793), M. Aubry donna sa démission qui fut acceptée, le 12 germinal an V (1er avril 1797).

Remis en activité, deux ans après, il fut employé à l'armée d'Italie. Il se trouva au passage du Grand Saint-Bernard, du 18 au 21 mai 1800, étant chargé de l'important transport de l'artillerie. On ne peut rappeler cette opération gigantesque sans faire un juste éloge du chef ingénieux qui conçut l'habile manœuvre des *arbres creusés* sur lesquels on plaçait les canons. On les traîna, à force de chevaux, à travers des rampes escarpées et des chemins à peine frayés, où les essieux et les affûts eussent été infailliblement brisés, sans cette précaution, jusqu'au dernier. Ce transport eut un plein succès.

Dans la même année, il se distingua par son courage, au passage du Mincio. Le général Brune, témoin de sa belle conduite, dans cet engagement, sollicita, pour lui, une paire de *pistolets d'honneur*. Commandant l'avant-garde de l'artillerie, M. Aubry concourut à sauver la division du général Moncey (26 décembre 1800).

Passé, sur sa demande et avec son grade, dans l'artillerie de marine, il fit partie de l'expédition de Saint-Domingue, sous le général Leclerc (14 décembre 1801). Dans une affaire qui eut lieu le 10 mai suivant, M. Aubry reçut, en pleine poitrine, une balle qui ne put être extraite. Il fut récompensé par le grade de *Chef de bataillon* dans l'artillerie de terre. On lui confia, alors, les fonctions de *Directeur de l'artillerie* dans l'île. Le 29 fructidor an X (16 septembre 1802), il conduisit, avec beaucoup d'habileté, une attaque dirigée contre les nègres, près de Léogane, et, l'année suivante, il contribua puissamment à la prise de Port-de-Paix. Son intrépidité reconnue lui mérita, le 3 prairial an XI (23 mai 1803), le brevet de *Major* (lieutenant-colonel).

Revenu de Saint-Domingue en Europe, après les désastres de l'armée française et ramenant une partie des débris des troupes expéditionnaires, le premier Consul le nomma *Colonel* du 8ᵉ régiment d'artillerie à pied, le 6 brumaire an XII (29 octobre 1803). Fait chevalier de la Légion d'honneur, le 19 frimaire suivant, il fut promu officier de cet ordre, le 25 prairial même année (14 juin 1804).
— Plus tard, désigné pour faire partie du camp de Boulogne, en 1805, et des campagnes de 1806 et de 1807, il y exécuta d'importants travaux. Il rejoignit, ensuite, la grande armée d'Allemagne.

Nommé *chef d'état-major de l'artillerie* du général Masséna, dans sa campagne de 1809, il concourut, par son habileté ordinaire, à jeter plusieurs ponts qui devaient porter l'armée française sur la rive gauche du Danube. On le vit construire, *en trois heures*, sous le feu de l'ennemi, un pont sur le fleuve et donner, de sa personne, de nouvelles preuves de bravoure à la bataille d'Essling, où il fut blessé grièvement. Le pont qu'il avait établi sur le troisième bras du Danube, entre les villages de Gross-Aspern et d'Essling, avait 70 toises de largeur. 13 pontons suffirent pour le former. Il servit au passage de Napoléon se rendant dans l'île de Lobau, le 20 mai. — Déjà, le 4 du même mois, l'Empereur s'étant porté sur Enns, à la tête du 4ᵉ corps d'armée, avait chargé le général Pernety de jeter un pont de bateaux au-dessous de la ville. Les reconnaissances découvrirent des bateaux et des agrès dans les îles du Danube ; mais il n'était pas facile de les amener à Enns ; il fallait leur faire suivre la rive gauche du fleuve sous le feu des postes ennemis et les faire, ensuite, remonter le long de la rive droite de l'Enns, parce que la rive gauche était impraticable au halage. Pernety surveilla cette manœuvre avec deux bataillons du 24ᵉ régiment d'infanterie légère ; cependant, il fallut toute l'activité et l'intrépidité du colonel Aubry pour passer dans ces îles et en ramener 14 bateaux et 3 nacelles. Le pont d'Enns, jeté par Aubry, dans l'après-midi du 5 mai, vers trois heures du soir, fut terminé le lendemain, à la chute du jour.

Nommé *Général de brigade*, le 7 juin 1809, il reçut de Napoléon le titre de *Baron de l'Empire*, le 15 août suivant, avec une dotation de 4,000 fr.

Il rentra en France, après la paix faite avec l'Autriche. Envoyé en Illyrie, il y fut chargé de plusieurs inspections aussi fatigantes que périlleuses.

En 1810, l'Empereur lui donna un emploi moins pénible comme *Directeur de l'Ecole d'artillerie d'Alexandrie* (Piémont) ; mais M. Aubry ne devait pas jouir longtemps de cette heureuse position. Après avoir inspecté l'île de Corse et toutes les places fortes de l'Italie, il fut appelé au commandement de l'artillerie du 2ᵉ corps à la grande armée, dès le commencement de 1812. Il reçut même, à cette occasion, le 18 juin, la décoration de *Commandeur de la Légion d'honneur*. Il prit une part active et très-glorieuse aux batailles de Smolensk, de Polotsk et aux combats de Wiazma et de Volontina. — Dans le 14ᵉ bulletin de la grande armée, inséré au *Moniteur* du 5 septembre 1812, le comte Gouvion Saint-Cyr s'exprimait ainsi : « Je « ne puis faire trop d'éloges des généraux Legrand, de « Vrède, Deroy, Raclowitsh et *du général Aubry qui a* « *dirigé l'artillerie du 2ᵉ corps avec une rare distinction.* »

Après la victoire de la Moskowa, il fallut organiser la retraite de Russie, et ce fut surtout, dans cette funeste expédition, que le général Aubry déploya toutes les ressources de son talent et de son expérience : il construisit ce pont miraculeux de la *Bérézina* qui sauva l'Empereur et les débris de la grande armée. On avait été obligé d'abandonner tous les pontons sur la route de Moscow, pour en atteler les chevaux aux pièces d'artillerie, ou pour les manger. Ce pont de la Bérézina fut établi en 24 heures, sans autres ressources que des bateaux de pêcheurs et quelques solives de maisons démolies. Trois fois brisé par les glaces, sous le poids de l'artillerie, des équipages et de la masse des fuyards qui s'y précipitaient, trois fois les intrépides constructeurs le rétablirent sous le feu de l'ennemi.

M. Aubry reçut, pour récompense de son zèle, le titre de *Comte* et le grade de *Général de division*, le 21 novembre 1812.

Enfin, l'année suivante, il se rendit en Saxe. Là, il se fit encore remarquer aux batailles de Bautzen et de Lutzen ; mais à Leipsick, troisième journée (18 octobre 1813), il eut la cuisse droite emportée par un boulet, et il mourut des suites de l'amputation, à l'âge de 40 ans.

Le nom de ce général est inscrit sur les tables de bronze du musée de Versailles et sur l'Arc-de-Triomphe de l'Etoile, à Paris.

Dans tous les actes de la vie officielle et privée, la bonté de cœur de M. Aubry et l'aménité de son caractère contrastaient avec la rigidité du devoir. Ses traits doux et réguliers respiraient cette candeur que décèlent, presque toujours, le repos de la conscience et la sévérité des mœurs.

Cet homme rare par sa science et son courage, taillé à l'antique, après avoir largement pourvu à l'illustration de sa vie, s'est endormi dans la douleur, consacrant encore ses derniers instants à l'amour de sa patrie, heureux, disait-il, de mourir pour elle... Il a été de ceux qui ont mérité, le mieux, les souvenirs de la postérité et les regrets du département de l'Ain, dont il fut l'un des enfants les plus glorieux.

AUSSENAC (Pierre-Gabriel), baron, maréchal de camp qui commandait le département de l'Ain en juillet

1815; né le 30 mars 1764, à Carcassonne (Aude), mort à Auch (Gers), le 27 février 1833. — Cet officier général jouissait d'une grande célébrité par sa résistance héroïque lors de la défense de Barcelone, où il commandait comme *colonel* du 7ᵉ régiment de ligne. — Il avait combattu avec distinction, de 1801 à 1804, à Saint-Domingue; en 1809, en Espagne; en 1812, aux siéges de Girone et de Tortose.

Nommé *général de brigade*, le 6 août 1811, il fut élu *Officier de la Légion d'honneur* et *Baron de l'Empire* pour sa belle conduite pendant le siége de Taragonne. — Retraité en août 1814, il fut fait *Commandeur du mérite militaire*, le 10 décembre suivant. Ce général, nommé *Commandant* du département de l'Ain, le 20 juin 1815, au retour de Napoléon de l'île d'Elbe, a remplacé M. le général Jeannet, que l'Empereur appelait au quartier général. — Voyez *Jeannet*.

AVIGNAN (Antoine), chasseur de la garde impériale, chevalier de la Légion d'honneur, né à Billiat, en Bugey, vers 1769; mort à Nantua, le 31 décembre 1846.

Parti avec les premiers volontaires du département de l'Ain, ce brave militaire servit dans les armées de la République et du premier Empire, depuis 1792 jusqu'en 1815. — Couvert de blessures à la suite d'actions héroïques sur plusieurs champs de bataille, en Europe et en Orient, il voulut accompagner son Empereur à l'île d'Elbe. Napoléon le récompensa, de sa main, par la décoration de la Légion d'honneur, pendant les Cent jours (1815). Il survécut à la défaite de Waterloo et vint finir ses jours dans son pays natal, avec une modique retraite, au milieu de la considération publique la mieux méritée. — Avignan a été le modèle vivant de la fidélité et de l'honneur français.

(Fastes de la gloire.)

AYMON, seigneurs de Montépin et de Nicudey en Bresse, dont les membres ont été anoblis dans le xvıᵉ siècle, par les ducs de Savoie, Philibert et Charles III.

Armoiries : *D'azur à un besant d'or posé en abîme ou en cœur.*

Plusieurs descendants de cette famille se sont faits remarquer au service de la France, dans le xvııᵉ siècle.

On cite : 1º **François Ier** de Montépin, qui se distingua au siége de la Rochelle, en 1628.

2º **François II,** gendarme d'ordonnance du duc de Bellegarde.

3º **Hercule,** homme d'armes de la compagnie de la reine mère, Marie de Médicis.

4º **François III,** *Enseigne,* puis *Lieutenant* au régiment de Champagne, qui fut blessé au bras droit, lors de la descente des Anglais dans l'île de Rhé, en 1627. — Fait prisonnier par le marquis de Buckingham, il recouvra sa liberté peu de temps après, et combattit encore au siége de Privas, où il reçut deux mousquetades à travers le corps. Il a laissé une réputation de bravoure incontestable.

(Guichenon, *Hist. de Bresse et du Bugey.*)

BACHEVILLE (Barthélemy), capitaine de la garde impériale sous Napoléon Ier, officier de la Légion d'honneur, né à Trévoux en 1782, mort à Paris en 1835.

Ses parents, honnêtes commerçants, l'avaient destiné à une profession industrielle ; ils lui firent donner une instruction peu étendue, et jamais, sans doute, il n'eût acquis la célébrité qui s'est attachée à son nom, sans les persécutions politiques dont il fut l'objet, ainsi que son frère, à l'époque de la Restauration des Bourbons, en 1816.

Doué d'une belle intelligence, d'une excellente constitution physique et animé d'un penchant irrésistible pour l'état militaire, le jeune Barthélemy, à peine âgé de 19 ans, s'engagea volontairement dans un régiment de ligne partant, en 1801, pour l'Italie, sous les ordres du général Murat. Il s'agissait, alors, de contraindre la cour de Naples à participer au blocus continental décidé contre l'Angleterre. Barthélemy prit part aux batailles de Caldiero, de Vérone, de Bassano, en 1805, sous Masséna. — Pendant l'expédition de l'île de Capréa, où un grand nombre de barques furent submergées, notre compatriote tomba du haut d'un mât dans la mer ; il parvint à regagner le rivage et rejoignit sa compagnie, après s'être frayé un passage à travers l'ennemi. Cet accident qui pouvait lui être fatal, décida son avancement. Il n'avait encore pu obtenir que le grade de *sergent,* il fut choisi pour entrer dans la garde impériale en 1807. Admis, comme *soldat*, dans le 1er régiment de chasseurs à pied de la garde, il servit en Espagne, assista aux prises de Madrid, de Burgos, de Rio-Secco, de Benevente, de 1808 à 1811. — Il obtint l'épaulette de lieutenant en second.

L'année suivante, il fit la campagne de Russie, se signala à l'attaque de Smolensk, à la bataille de Polotsh, à celle de la Moskowa, aux passages de la Bérézina et du Niémen. — Il eut les pieds gelés à Moscou. — En Saxe, il combattit à Lutzen, à Bautzen, à Dresde et à Leipsik. — Atteint de plusieurs coups de feu, il ne s'arrêta pas ; mais dans la campagne de France, en 1814, il fut frappé d'une balle à la tête, à l'affaire de Château-Thierry, où il fut laissé pour mort. Cependant, secouru à temps, il fut bientôt remis de sa blessure et cité dans un ordre du jour, pour une action d'éclat à Montmirail.

Le major de son régiment l'avait prévenu que, dans une ferme voisine, un bataillon d'infanterie prussienne s'était installé dans de vastes cours pour s'y abriter. Barthélemy pénétre dans cette ferme à la tête d'un peloton de 30 hommes, aborde l'ennemi à la baïonnette et force le commandant à se rendre. Les Prussiens avaient cru voir, devant eux, l'avant-garde d'un régiment de la vieille garde, et, saisis d'une véritable panique, ils avaient spontanément mis bas les armes. — Napoléon le complimenta et le nomma *capitaine*.

Après la première abdication de l'Empereur, il fut du petit nombre des officiers français qui l'accompagnèrent à l'île d'Elbe ; au retour, en 1815, il reçut en récompense de ses services, la croix d'officier de la Légion d'honneur.

Blessé à Waterloo, il rentra, le 11 novembre 1815, dans ses foyers à Trévoux. — Il y arriva avec son frère Antoine ; tous deux ne tardèrent pas à être inquiétés par la réaction bourbonnienne. — On connaissait leur attachement et leurs regrets, pour le régime impérial, ils furent menacés dans leur liberté. — Le lundi, 4 mars 1816, les deux frères s'étaient rendus à Villefranche, chez leur oncle ; le maréchal des logis de la gendarmerie de cette résidence ayant voulu saisir au collet Barthélemy qu'il était chargé d'arrêter, celui-ci s'écria : *pas de violence !* et montra le bout d'un pistolet. On alla chercher la force armée et, lorsqu'elle arriva, Bacheville avait gagné le port de Frans, sur la Saône. — Il était monté dans une barque, et, comme il s'éloignait de la rive à force de rames, pour traverser la rivière, le maréchal des logis donna l'ordre à ses gendarmes de faire feu sur le fugitif. Berthélemy riposta avec son pistolet, étant déjà au milieu de la Saône et, par conséquent, hors de portée. Obligé de fuir, il se cacha dans le bois de Riottier pour ne pas être saisi dans son domicile, à Trévoux ; il n'y rentra, avec son frère, que dans la nuit et tous deux décidèrent que, pour éviter des poursuites judiciaires, il vallait mieux quitter la France pendant un certain temps. Cette détermination prudemment arrêtée, des amis et des voisins se dévouèrent pour les aider dans leur fuite ; dès le lendemain, ils quittèrent le petit port appelé le *Quart*, situé à 4 kilomètres au-dessus de Trévoux, descendirent la Saône jusqu'à Lyon, cachés dans une barque de pêcheurs. — Ils apprirent alors, par des affiches publiques, que *cent louis* étaient promis, par le ministre de la police, à quiconque les arrêterait. — La cour prévôtale était déjà saisie du procès et les journaux annoncèrent que *deux officiers de l'ex-garde, les frères Bacheville, étant allés à Villefranche dans l'intérêt d'une conspiration qui devait renverser le gouvernement, se trouvaient porteurs d'écharpes tricolores sous leurs habits, et les poches pleines de proclamations ; mais que, grâce à la fermeté des autorités, ce projet avait échoué et que les coupables, qui avaient d'abord échappé à la gendarmerie, ne pouvaient manquer d'être saisis prochainement.*

A quelque temps de là, un arrêt fut rendu qui portait : 1° *Condamnation à mort*, contre Barthélemy Bacheville ayant tenté d'assassiner un maréchal des logis de gendarmerie. — 2° *Une peine de deux ans d'emprisonnement* pour Antoine Bacheville qui avait assisté son frère dans la perpétration de son crime.

Le 15 avril 1816, les deux condamnés déguisés en *charretiers*, prirent donc, avant la nuit, la route de Lyon en Suisse, par Saint-Clair, Miribel, Montluel, Cerdon, Nantua et Saint-Claude. Après avoir erré en Suisse, sous le faux nom de Lions, avec un passeport *d'horlogers*, ils traversèrent l'Allemagne, la Pologne, où ils furent bien accueillis par la comtesse Dembinska ; de là, ils passèrent en Moldavie. A Jassy, les deux frères se séparèrent pour ne plus se revoir.... Barthélemy, après s'être fait *maître de langue française*, en octobre 1817, s'embarqua en mai suivant, pour Constantinople où il apprit qu'on négociait son extradition. Il visita Smyrne, l'île de Naxos où un Grec lui enseigna à composer un parfum appelé l'*eau des odalisques;* il s'arrêta quelque temps à Athènes et à Janina. Le pacha Ali voulut le retenir pour *apprendre la science de la guerre ;* mais Barthélemy indigné de ses cruautés, quitta son service en s'embarquant furtivement dans l'île Saint-Maur, pour se rendre à Corfou, puis à Trieste, d'où il fit voile pour l'Italie. — Il avait été accueilli à Trieste, avec une grande bienveillance, par M. le duc de Bassano, il fut également bien reçu à Rome par le prince Louis Bonaparte, comte de Saint-Leu, qui lui remit une lettre pour son frère Joseph retiré en Amérique ; mais Barthélemy renonça à son projet de parcourir le Nouveau-Monde et s'achemina, en janvier 1819, sur Florence et Livourne, pour rentrer en France par Gênes, Turin et Chambéry.

Le 5 septembre de la même année, il reçut, dans cette ville, la visite d'un cousin qui était venu au-devant de lui pour lui servir de conducteur et le ramener à Lyon : « *tout fait présager*, lui dit-il, *que ton jugement sera cassé.* »

Barthélemy, abreuvé de chagrins, s'écria en l'embrassant :
« O France, je te rends un fils que des méchants ont
« proscrit, mais qui n'a jamais cessé de te chérir ! Oh !
« mon frère, que n'es-tu près de moi !.... »

Arrivé à Lyon, il se constitua prisonnier. Après 40 jours de détention, la cour royale ordonna sa mise en liberté à défaut de preuves de sa culpabilité. Il fut ramené en triomphe à Trévoux. — Deux ans après, on lui accorda une demi-solde avec les arrérages depuis 1815, et désormais, Barthélemy aurait pu voir la fin de ses malheurs s'il eut pu se consoler de la perte de son frère.

En 1822, Barthélemy résidait à Paris où il fabriquait, pour vivre, l'*eau des odalisques*. Le gouvernement de juillet 1830, se souvenant que ce patriote avait été condamné à mort, exécuté en effigie, exilé pendant 4 ans, voulut le récompenser en lui rendant son grade acheté par 15 ans de services, 20 campagnes et 4 blessures ; il le nomma commandant du fort l'Ecluse, et, peu de temps après, commandant de la citadelle de Montpellier. — Il a succombé en 1835, sous le poids de son chagrin et de ses douleurs physiques contractées dans l'exil et dans ses campagnes de guerre.

Il a publié un volume intéressant, intitulé : *Voyage des frères Bacheville, capitaines de l'ex-garde impériale, chevaliers de la Légion d'honneur, en Europe et en Asie, après leur condamnation par la cour prévôtale du Rhône, en 1816*. 1 vol. in-8 de 430 pages (2e édition). Paris, Bochet, 1822. — Cette œuvre a été attribuée, en partie, à M. L'Héritier (de l'Ain), homme de lettres à Paris.

BACHEVILLE (Antoine), frère du précédent, capitaine de la garde impériale et chevalier de la Légion d'honneur, né à Trévoux, vers 1785, mort à Mascate (Asie), en juin 1820.

Il entra, en 1806, dans les chasseurs-vélites. Cinq ans après, il était capitaine et décoré. — Parti simple soldat, il avait combattu en Allemagne, en Prusse, sous les ordres du général Bonnet, avec le 122e régiment d'infanterie de ligne. — De 1808 à 1812, quoique blessé plusieurs fois, Antoine Bacheville assista à tous les combats livrés dans les Asturies, et fut cité à l'ordre de sa division. Son audace, mise souvent à l'épreuve pendant la guerre, lui avait fait une réputation de bravoure poussée jusqu'à l'héroïsme. — Son frère a écrit que pendant la campagne de Saxe, en 1813, le régiment d'Antoine se trouvant en face de l'ennemi à Erheinbreschtein, il obtint, par urgence, la permission de venir passer un jour auprès de lui à Mayence. Des blessés arrivèrent devant la porte de la maison où il se trouvait avec plusieurs amis. Antoine ayant reconnu, parmi eux, son lieutenant mortellement blessé, prit subitement la résolution de le venger. Sans dire mot, il retourne à sa compagnie qu'il harangue avec chaleur, se met à sa tête, se précipite sur l'ennemi avec elle et parvient à le mettre en fuite. Blessé grièvement dans l'action, il fut secouru et présenté à son frère Barthélemy qui lui rapportait son sabre et son schako laissés à Mayence.....

Jusqu'au dernier moment, Antoine se montra infatigable défenseur du sol français. Un coup de sabre le priva presque totalement de l'usage de sa main droite, dans la campagne de 1814. — Il suivit Napoléon à l'île d'Elbe. Au retour, il concourut à arborer le drapeau tricolore sur le château des Tuileries à Paris, avec le général Excelmans. Il reçut le commandement d'une compagnie dans les tirailleurs de la garde. — Après Waterloo, où il ne put trouver la mort, malgré des prodiges de valeur, il revint à Trévoux, le 11 novembre 1815, en compagnie de son frère.

Sa part de souffrances dans les persécutions politiques, en 1816, est mentionnée dans la relation publiée par ce frère qu'il accompagna dans son exil volontaire. — Antoine voyagea avec lui jusqu'en Moldavie ; là, il crut devoir s'en séparer pour lui faciliter les moyens de se rendre à Constantinople, et de là, en Amérique ou en Perse ; mais ils ne purent se rejoindre.

Antoine était demeuré à Jassy, chez un riche boyard, ami du prince Gallimachi, qui lui avait offert une généreuse hospitalité. Il y attendit des nouvelles de son frère. Elles lui apprirent bientôt que Barthélemy avait été mal reçu par l'autorité française à Constantinople. Il voulut alors tenter, à son tour, d'obtenir un passeport pour aller en France purger sa contumace ; mais l'ambassadeur, M. le marquis de Rivière, s'y refusa. Ce diplomate avait décidé qu'on signalerait, sur cet acte, que le porteur devait être conduit de Marseille à Lyon, sous l'escorte de la gendarmerie, de brigade en brigade, comme un réfractaire aux lois de la France.

Antoine ne douta plus que son frère, ayant trouvé la même résistance à Constantinople, se fût résolu à porter ses pas vers d'autres climats lointains ; il en perdit la trace. Prenant ce contre-temps pour un avertissement du Ciel qui lui défendait de revoir sa patrie, sort qu'il croyait devoir partager avec Barthélemy, il se décida à visiter l'Egypte et l'Asie.

Arrivé à Tripoli, il suivit deux officiers français allant mettre leur épée au service du schah de Perse ; la caravane attaquée, près de Bagdad, par des tribus errantes qui infestaient le pays, fut complètement dépouillée ; cependant, parvenus à Kermancha, résidence du prince Ali-Mirza, nos voyageurs engagèrent leurs services entre ses mains ; mais la troupe de ce prince n'était qu'un amas d'hommes ignorants peu aptes à la discipline militaire ; Antoine se dégoûta de les commander, et, après s'être lié avec un italien nommé *Ventura*, qui lui proposa de se rendre à Mascate, auprès de l'*Iman*, notre malheureux compatriote accepta cette offre. — Arrivé au détroit d'Ormus où se trouve *Mascate*, à qui son climat brûlant et malsain a fait donner le nom d'*enfer* par les Persans eux-mêmes, il y succomba de fatigues et par suite du chagrin d'être séparé de son frère dont il crut avoir causé la mort par ses conseils.

A ce souvenir qu'on nous permette de joindre, ici, celui d'un éloquent et digne magistrat qui voulut bien défendre la cause des frères Bacheville dans la séance de la Chambre, du 14 juillet 1821, où notre député, M. de Corcelles, fit entendre ces nobles paroles : « La justice, messieurs, « trop souvent a besoin d'introducteurs ; et si quelques « mots prononcés à son appui, dans cette enceinte, pou- « vaient servir de passeport au malheur, vous ne con- « damnerez pas nos efforts en faveur de ceux qui souffrent « et qui comptent sur votre bienveillance... » Cet exorde n'a pu profiter qu'à Barthélemy Bacheville.

BACHOD, seigneurs de la Verdatière et de Saint-Denis-le-Chosson, en Bugey.

ARMOIRIES : *D'azur à une montagne, ou rocher de trois pointes d'or, surmonté d'une étoile, de même, en chef, accosté de deux croisettes d'argent.*
Cimier : *Un aigle d'or.*

Cette maison, originaire de la terre de Varey, en Bugey, doit sa puissance à **François Bachod**, grand dataire de Sa Sainteté, qui fut abbé d'Ambronay et de Saint-Rambert, évêque de Genève et nonce de deux Papes (1556).

Ses descendants se sont voués, en grand nombre, à l'Eglise ; cependant, elle a donné plusieurs hommes de guerre :

1º **Charles-Emmanuel,** fils de **Louis** et de Charlotte de Chassincourt, dame d'honneur de Marguerite de

France, duchesse de Savoie. Il fut *capitaine* d'une compagnie de chevau-légers ; puis, *colonel* d'un régiment d'infanterie pour le roi d'Espagne, dans les Pays-Bas. — Il est décédé à Bruges (1640).

2° **Emmanuel-Philibert,** neveu du précédent, page de l'archiduc Albert, jusqu'à l'âge de 14 ans.

Entré dans l'armée espagnole des Pays-Bas, il se fit remarquer à la bataille de Nieuport et dans plusieurs affaires importantes. Il en fut récompensé par une pension viagère de 1200 livres sur la saulnerie de Salins (1611).

3° **Jean-Baptiste,** fils de **Claude,** écuyer, seigneur de Nercia, a été longtemps *capitaine d'infanterie* de la garnison de Bourg (1612).

(Guichenon, *hist. de Bresse et du Bugey*.)

BAILLOD (Jean-Pierre), baron de l'Empire, général de division, né à Songieu, arrondissement de Belley, le 20 août 1771, mort à Valognes (Manche), le 1er mars 1853.

Elève du collége de Belley, il y fit de bonnes études. Elles étaient à peine terminées lorsque la France, menacée par l'étranger, réclama les bras de ses enfants pour la défendre. Le jeune Baillod répondit, l'un des premiers, à cet appel, et, le 22 septembre 1793, il était incorporé, comme soldat, dans le 11e bataillon de l'Ain, amalgamé dans la 22e demi-brigade d'infanterie légère, devenue plus tard, 22e régiment de même arme.

Son instruction le fit immédiatement remarquer. On avait, alors, autant besoin d'officiers que de soldats, à cause des levées en masse, et, cinq jours après son arrivée, il était élu *capitaine*. — Doué d'un physique agréable, d'un air de dignité peu ordinaire, d'une belle taille, il en imposait par sa prestance et la distinction de ses manières. Des propos inconsidérés de sa part, sur le gouvernement déchu, lui attirèrent quelques désagréments ; dénoncé comme *aristocrate* par son chef de bataillon, il fut traduit devant le tribunal révolutionnaire de Lyon. — Cette ville, après une résistance désespérée, venait de faire sa soumission et l'échafaud moissonnait ceux que la guerre civile avait épargnés. Le jeune capitaine n'eût, sans doute, pas trouvé grâce devant le redoutable tribunal, si, dans l'un de ses juges, il n'eût rencontré un ancien professeur, un ami véritable qui répondi de son *civisme* et lui fit rendre la liberté Rétabli dans son grade, le jeune officier se vengea noblement de son dénonciateur : le même chef de bataillon ayant encouru, par sa dureté, l'aversion de ses soldats, ceux-ci se révoltèrent contre lui, menacèrent sa vie, et il ne fut sauvé que par l'énergie du capitaine Baillod qui fit arrêter les meneurs, au nom de la discipline outragée, et calma ainsi les esprits par de sages et prudentes observations sur le mauvais effet d'une sédition devant l'ennemi. — Ce fait important peint l'homme droit et honnête au début de sa carrière. Il fut tel toute sa vie

Envoyé à l'armée des Alpes, il y fit les campagnes de l'an II et de l'an III. Adjoint provisoire, en l'an IV, à l'adjudant général Destabenrath, il servit sous ses ordres, dans la 8ᵉ division militaire, jusqu'au 5 vendémiaire, an V (26 septembre 1796). Ce jour là, il obtint la confirmation de son emploi et passa à l'armée d'Italie, comme attaché à l'Etat-major général.

Promu, le 11 pluviôse, an VIII (31 janvier 1800), chef de bataillon, il entra, le 30 nivôse, an X (20 janvier 1802), au 22ᵉ régiment d'infanterie légère et quitta de nouveau ce corps pour rentrer à l'Etat-major.

Le 30 pluviôse, an XII (20 février 1804), il fut envoyé au camp de Boulogne, et recevait, le 25 prairial de la même année (14 juin), la croix de chevalier de la Légion d'honneur nouvellement instituée.

A la levée de ce camp, le 27 août 1805, il partit avec la 1ʳᵉ division commandée par le général Saint-Hilaire ; à dater de ce moment, il ne quitta plus la grande armée et fit, avec elle, les campagnes d'Allemagne, de Prusse et de Pologne. Il prit une part aussi large que glorieuse à toutes ces grandes batailles qui couvrirent d'un nouvel éclat les armes de la France impériale. A Austerlitz, le 2 décembre 1805, il eut un cheval tué sous lui; un autre au combat d'Heislberg ; à Eylau, 8 février 1807, une balle lui traversa le flanc droit, et sa belle conduite, dans cette dernière bataille, lui valut le grade d'adjudant-commandant et celui d'officier de la Légion d'honneur.

Le 8 avril 1809, il entra au deuxième corps de l'armée d'Allemagne. Commandeur de la Légion d'honneur, le 23 du même mois, il reçut à Essling, le 22 mai, un coup de biscaïen au genou droit, et le 20 août 1810, il devint chef d'Etat-major de la 14ᵉ division militaire. Nommé, le 6 avril 1811, général de brigade et baron de l'Empire, il vint prendre le commandement du département de la Manche.

Le 22 mars, le général fut appelé au camp de Boulogne; il y commandait le camp de gauche, quand il reçut, le 18 janvier 1813, des lettres de service qui lui conféraient les fonctions de chef d'Etat-major au corps d'observation sur l'Elbe. Le 20 janvier 1813, il quitta le camp de Boulogne pour se rendre à son nouveau poste. Il y reçut la décoration de chevalier de la Couronne de fer, le 30 septembre suivant. Le 13 octobre, il prit part au combat de Gossa, et eut encore un cheval tué sous lui.

Le marquis de Lauriston l'avait recommandé spécialement à l'Empereur : on était à la veille de Leipsick. Nous nous battrons demain, avait répondu Napoléon, et la première division vacante sera pour lui. On se battit en effet. Le général Baillod eut la mâchoire inférieure fracassée par un éclat d'obus ; et, quand Lauriston réclama de l'Empereur l'exécution de sa promesse : où est-il ? demanda celui-ci : — à l'ambulance, Sire, répondit le général. L'invasion était imminente ; il fallait des chefs valides, et le général Baillod fut oublié. — Décidément le sort lui était contraire : Proposé pour le grade d'officier de la Légion d'honneur, à la suite de la bataille d'Austerlitz, il fut, par erreur, porté sur le tableau des simples légionnaires dont il avait le brevet depuis 1804, et n'obtint la croix d'officier qu'après de nouveaux combats. Après les batailles de Wagram en 1809, et de Wurchen en 1813, le maréchal Oudinot et le général en chef marquis de Lauriston, trompés par le port de la décoration qui n'établissait, alors, aucune différence entre l'*officier* et le *commandeur*, demandèrent, pour lui, ce dernier grade qui lui avait été conféré, dès 1809, par l'Empereur lui-même, sur le champ de bataille de Ratisbonne. Si ces faits eussent été connus, il n'est pas douteux que cette double erreur eût été réparée depuis deux ans, et que la grand-croix qu'il avait méritée, dès 1809, eût enfin brillé sur sa poitrine.

Après la bataille de Leipsick, le général Baillod, forcé de rentrer en France pour se guérir de ses blessures, reprit le commandement du département de la Manche. Survint alors la première Restauration qui le maintint dans son commandement, et, le 30 janvier 1815, Louis XVIII lui accorda la croix de Saint-Louis.

Le 24 mars 1815, l'Empereur était revenu de l'île d'Elbe ; le général Baillod fut appelé de nouveau au grade de chef d'état-major, sous les ordres de M. le lieutenant-général Lemarois, commandant supérieur des 14e et 15e divisions militaires, dont le quartier général était à Rouen.

Le 3 août, il lui fut accordé, pour rétablir sa santé altérée, un congé de trois mois, à l'expiration duquel il fut mis en disponibilité. — Classé, suivant son rang d'ancienneté, dans le cadre de l'état-major général, le 30 décembre 1818, il fut admis à la retraite à partir du 1er janvier 1825. Le 1er novembre 1826, Charles X l'éleva au grade de lieutenant-général honoraire. Ici se termine sa vie militaire.

Candidat aux élections de 1827, le général Baillod fut nommé député, en 1830, par le collége départemental de la Manche ; il se plaça dans l'opposition et vota avec MM. Lafitte et Casimir Perrier. — En 1831, l'arrondissement de Valognes lui confia un nouveau mandat, et le général Baillod continua de voter avec l'opposition.

Compris comme maréchal de camp disponible dans le cadre d'activité de l'état-major général, le 22 mars 1831, il fut définitivement admis à la retraite, le 5 octobre 1833, conformément à l'ordonnance du 5 avril 1832, et, en 1834, le général Baillod se retira dans sa famille.

Le 28 janvier 1802, il avait épousé Mlle Nathalie Gillard ; l'Empereur avait signé au contrat, et, de cette union, sont nés cinq enfants, tous dignes de leur père.

Le vendredi, 18 février 1853, une attaque de congestion cérébrale ne permit plus de douter que l'instant fatal ne fut arrivé pour le général Baillod. On appela ses enfants, il put encore les reconnaître, et s'éteignit dans leurs bras, le 1er mars, à une heure du matin.

L'Arc-de-Triomphe de l'Etoile, à Paris, a transmis à la postérité le nom du général Baillod, l'un des enfants les plus glorieux du département de l'Ain.

BARGE (**Nicolas-Gabriel-Léopold**, *marquis* **de la**). Colonel de cavalerie, officier de la Légion d'honneur, né à Bourg en 1799, mort au château de Proby, près Lons-le-Saulnier (Jura), le 5 juin 1873.

Il était fils cadet du général *Bonnard*, premier mari de sa mère, Mlle Palluat de Jalamondes. Cette dame, étant devenue veuve, épousa, en secondes noces, M. le marquis de la Barge, autorisé judiciairement à donner son nom au jeune Bonnard qui, admis, en 1818, dans les gardes du corps du roi, y resta jusqu'en 1830. En dernier lieu, il faisait partie de la compagnie de Luxembourg, comme garde d'honneur de 1re classe, ce qui lui donnait le rang de *lieutenant* dans l'armée de ligne.

M. de la Barge ayant accompagné le roi Charles X jusqu'à Cherbourg, après la révolution de juillet 1830, donna sa démission ; mais, replacé trois ans après, il fut envoyé *lieutenant* au 7e régiment de chasseurs, et fut nommé *capitaine* la même année. — Promu *chef d'escadrons* au 3e régiment de chasseurs en 1846, il fut élevé au grade de *lieutenant-colonel* au 3e régiment de spahis, en Algérie, et devint *colonel* du 6e régiment de cuirassiers en 1856. — Il fit, avec ce dernier corps, la campagne de Crimée.

Ayant sollicité la fixation de sa pension de retraite, elle lui fut accordée le 31 octobre 1859, et M. de la Barge se fixa, pour en jouir, dans le département du Jura. — Il était *chevalier* de la Légion d'honneur depuis le 25 avril 1840, il fut nommé *officier* du même ordre, le 7 août 1859.

M. de la Barge est décédé au château de Proby, près de Lons-le-Saulnier, à l'âge de 74 ans, entouré de l'estime et de l'affection publiques. — Militaire dévoué à ses devoirs ; d'un courage chevaleresque et d'une bienveillance notoire pour ses subordonnés, quoique sévère pour lui-même dans le service, il a laissé une réputation de justice invariable pour tous. Il voulait qu'on pratiquât l'obéissance passive dans l'armée, parce que, suivant lui, c'était pour elle la cause majeure de sa force et de sa puissance, en paix comme en guerre. — Chrétien par conviction, sa dernière parole a été pour Dieu. — Voyez *Bonnard* et *Brosse de la Barge*.

BASSET de MONTCHAT (**Anthelme de**), seigneur de Sainte-Croix, Joyeux, Versailleux, Meximieux et Montellier, admis dans les assemblées de la noblesse de Bresse, le 21 avril 1763.

M. Basset, ex-lieutenant au régiment de Picardie, était né à Montluel en 1723 ; il est mort, en 1794, à Lyon, sur l'échafaud révolutionnaire, victime de son dévouement à la royauté.

Dans son jugement daté du 14 nivôse an II de la République, une, indivisible et démocratique (3 janvier 1794), on lit ce qui suit : « Condamné à mort pour avoir donné « asile et protection aux prêtres réfractaires ; pour avoir « méprisé l'uniforme national et pour être un contre- « révolutionnaire. »

BAUDIN (Pierre-Camille), chirurgien de la marine militaire, né à Pont-de-Vaux en 1777, mort le 5 juillet 1853, à Nantua.

Il fut le condisciple des généraux Joubert et Pannetier nés dans la même ville. — La révolution de 1789 trouva le jeune Baudin étudiant en médecine chez un patricien, ami de son père, et qui ne négligea rien pour son instruction professionnelle. — A 16 ans, il fut accepté comme *sous-aide* dans la marine militaire ; fit l'expédition d'Irlande, sous les ordres du général Hoche, et devenu chirurgien *aide-major*, il suivit l'armée française en Egypte sous le commandement du général Bonaparte. — A son retour en France, la corvette *la Marguerite*, qui le portait, fut capturée par les Turcs ; prisonnier sur son bâtiment, il subit de mauvais traitements ; puis il fut conduit à Constantinople où la prison fut moins dure. — Avec l'appui du consul de Hollande dans cette ville, M. Baudin y obtint l'autorisation de prodiguer ses secours médicaux aux nombreux blessés français enfermés dans les bagnes. Notre chirurgien ayant même pu ouvrir un hôpital, en fit confectionner les trente lits par les mains de ses convalescents et parvint, par son intelligence, son activité et surtout son habileté, à guérir les malades confiés à ses soins.

Ce succès lui gagna la bienveillance du Pacha qui le nomma Directeur des hôpitaux turcs. — M. Baudin resta, pendant quatre ans, chargé de ce service important ; puis il rentra, libre, en France, ayant profité de l'occasion d'un échange de prisonniers. — A son arrivée, il fut admis, comme *chirurgien-major*, dans les hôpitaux de Paris et s'y fit recevoir docteur. — Démissionnaire, il revint à Pont-de-Vaux auprès de sa famille ; mais ses parents avaient changé de résidence, il alla les rejoindre à Nantua où il se fixa définitivement.

Reçu *major* de l'hôpital de cette dernière ville, il en a exercé les fonctions jusqu'à sa mort. Il s'y est fait remarquer par son adresse, son habileté dans les opérations chirurgicales et par son infatigable activité.

Appelé, en 1815, à diriger l'administration de l'arrondissement de Nantua, il a su le préserver du pillage et de l'incendie dont les Autrichiens l'avaient menacé. Enfin, M. Baudin s'est acquis, par ses soins de tous genres, la vénération de ses concitoyens qui lui donnèrent le surnom de *Père des pauvres*. — Espérons que ce souvenir sera conservé. — Il a laissé trois fils, dont deux ont embrassé la carrière de la médecine.

BAUDIN (Jean-Baptiste-Alphonse-Victor), fils du précédent, médecin militaire et représentant du peuple à l'assemblée législative en 1848, né à Nantua le 23 octobre 1801, tué, le 3 décembre 1851, sur une barricade du faubourg Saint-Antoine, à l'angle de la rue Sainte-Marguerite, à Paris.

Doué d'une intelligence remarquable, à 12 ans il faisait avec succès sa troisième au collège de Saint-Amour (Jura). Il termina ses études classiques au lycée de Lyon. Là, il obtint deux prix d'honneur en philosophie. A la fin de 1828 il commença à suivre, dans cette ville, les cours de médecine de l'hôpital et se livra, avec ardeur, à l'étude de l'anatomie. Appelé, sur sa demande, au Val-de-Grâce, au mois d'octobre 1830, il arriva à Paris, avide de s'instruire.

Pendant le terrible choléra de 1832, le jeune élève se signala par ses connaissances médicales, son zèle, son sang-froid et son courage ; il fut *lauréat* et pouvait, à ce titre, devenir chirurgien dans l'un des hôpitaux militaires de Paris ; mais il s'occupait de politique et, mal noté, sous ce rapport, il fut envoyé à l'hôpital militaire de Toulon, en septembre 1832. — De Toulon, M. Baudin se rendit en

Afrique, comme chirurgien, au régiment de zouaves où servait alors Cavaignac, dont il devint l'ami.

Après deux ans de service, il quitta la chirurgie militaire pour se livrer à la médecine civile; il revint à Paris et s'y fit recevoir docteur. — Il avait 34 ans. « Dès lors, a écrit « l'un de ses biographes (M. Jules Lermina), commença « pour Baudin une double existence de patriote et de « praticien qui justifie, à tous les titres, cette appellation « d'*honnête homme* que son dévouement a immortalisée. »

M. Baudin n'avait aucune fortune personnelle, aucun patrimoine, et, cependant, il donnait aux pauvres; il prodiguait les trésors de sa science aux malheureux. Lié, en raison de ses relations politiques, avec les ouvriers, il s'enquérait avec sollicitude des souffrances qui demandaient un soulagement, et le docteur en médecine ne reculait devant aucune démarche, ni devant aucun sacrifice pécuniaire.

M. Baudin croyait sincèrement que la république était la meilleure forme de gouvernement possible. — Il aimait aussi la science; il étudiait avec ardeur toutes les branches des connaissances humaines; il possédait plusieurs langues et les parlait même avec facilité. Les doctrines de Gall et de Lavater le séduisirent et il fit, lui-même, des cours publics de *phrénologie* qui eurent du succès.

Lors de la révolution de 1848, M. Baudin l'accueillit avec joie; il propagea les idées socialistes, dont il était l'un des adeptes les plus convaincus, avec un zèle qui motiva son arrestation, le 18 mai de cette même année, et sa détention préventive à la Conciergerie; mais il ne tarda pas à être remis en liberté. — Il n'en persista pas moins à refuser de se rallier au parti du général Cavaignac qu'il accusait d'avoir porté un coup mortel à la république, par la répression sanglante de juin.

Elu par le département de l'Ain à l'Assemblée nationale, par 46,739 suffrages, le docteur Baudin, qui avait une élocution brillante et facile, siégea à la montagne. — La première fois qu'il prit la parole, ce fut dans la séance du 7 juin 1849, pour expliquer une dénégation par laquelle il avait interrompu le ministre Léon Faucher disant que *la hausse des fonds était un signe de la prospérité du pays :*

« Il faut aux nations pour leur bonheur, s'écria le député
« de l'Ain, non pas seulement des satisfactions matérielles,
« mais encore des satisfactions du cœur et de l'intelligence.
« La hausse ne constate pas toujours la prospérité du pays :
« ainsi, les fonds ont monté à la nouvelle de la défaite de
« Waterloo ; il est vrai qu'ils sont tombés après notre
« victoire à Austerlitz. Et si nous jetons un coup d'œil sur
« l'histoire de la Bourse, nous verrons que la Bourse a
« toujours été dominée par la peur et l'égoïsme..... »

Le 13 juin, M. Baudin signa le manifeste de la montagne et l'appel au peuple. — Le 8 janvier 1850, il s'éleva contre le projet de loi conférant aux préfets la faculté de *nommer et de révoquer les instituteurs communaux.* — Il demanda *l'instruction gratuite et obligatoire.* — Il réclama la levée de l'état de siége imposé à la 6e division militaire dans laquelle le département de l'Ain se trouvait compris.

Esprit vif, prompt à la riposte et plus prompt, encore, à l'attaque, l'orateur montagnard n'avait pas toujours la patience d'écouter sans interrompre. — On se souvient qu'un jour (8 février 1851), le président Dupin lui ayant dit : « *Monsieur Baudin vous êtes d'une fécondité désespé-*
« *rante.* » Celui-ci lui répondit : « *Si le ministre avait été*
« *plus fécond lui-même, je n'aurais pas mérité votre*
« *reproche.* — *Taisez-vous donc, monsieur Baudin,* lui
« répliqua le Président, *vous ne cessez de penser à haute*
« *voix, accoutumez-vous à penser tout bas, cela vaudra*
« *mieux.* »

On était en juin 1851. Quelques mois plus tard, en revenant de Nantua où il était allé passer les vacances de la législature, M. Baudin s'arrêta à Dijon. — Là, dans une réunion d'amis, il fit cette déclaration prophétique : « *Demain,*
« *je serai à Paris, et si la république est attaquée, je jure,*
« *ici, de me faire tuer pour sa défense.* » L'événement devait s'accomplir.... Le 3 décembre suivant, au matin, une douzaine de représentants de la montagne se trouvaient réunis à la salle Roysin, dit un témoin oculaire (M. Amable Lemaitre, typographe au journal le *Temps);* ceints de leur écharpe, ils sortirent de cette salle, se mirent à parcourir le faubourg Saint-Antoine, devant la troupe de ligne sous les armes, et essayèrent vainement d'entraîner les ouvriers

à la résistance. Ceux-ci étaient là, mêlés à leurs femmes ; les paroles enthousiastes n'avaient pas trouvé d'écho ; on voyait l'indifférence peinte sur les visages des faubouriens. C'est alors qu'une femme du peuple, qui était dans un groupe, et qui paraissait très-exaltée, dit en s'adressant aux représentants : « *Ah ! vous croyez donc que nos hommes vont aller se faire tuer pour vous conserver vos 25 francs !*
« — *Attendez un peu*, répliqua M. Baudin, avec un sourire amer, *vous allez voir comment on meurt pour 25 francs.* »
— Cette ferme réponse parut ranimer, un instant, l'ardeur des ouvriers ; trois ou quatre voitures de maraîchers passaient, en ce moment, au coin de la rue Sainte-Marguerite. Elles furent tout à coup arrêtées ; on détela les chevaux et l'on commença une barricade. Quelques instants après, le général Marulaz organisait des compagnies d'attaque à 300 mètres de distance. Les représentants vinrent se placer résolûment devant la barricade ; derrière, se tenaient les insurgés composés de 2 à 300 hommes armés avec les fusils enlevés à un poste militaire voisin. Les soldats s'avancèrent lentement ; les représentants leur firent signe de s'arrêter. Le capitaine Petit, en tête de la troupe, répondit par un geste négatif, recommandant, cependant, de ne pas faire usage de la baïonnette. — Tout à coup une balle partit de derrière la barricade ; un militaire tomba mortellement frappé. La troupe riposta par une décharge générale ; M. Baudin enveloppé d'un drapeau tomba foudroyé ; il avait reçu une balle qui entra par l'angle interne de l'œil gauche et sortit derrière l'oreille droite.

D'une taille au-dessus de la moyenne, M. Alphonse Baudin avait les cheveux châtains, assez longs ; il portait des favoris, avait de grands yeux bleuâtres, un peu saillants, la figure pleine et pâle, la bouche grande, des dents blanches et bien rangées. Il était très-voûté et ne se redressait que lorsqu'il parlait en public.

Il a publié un travail estimé sur *la Dothinentérite* (inflammation des intestins), thèse inaugurale. Paris, in-4°, 1837.

(M. Larousse. — *Grand dictionnaire.*)

BAUME (de la), comtes de Montrevel, marquis de Saint-Martin en Bresse.

Armoiries : { *D'or, à la vivre d'azur posée en bande.*
Cimier : *Un cygne d'argent.*
Supports : *Deux griffons d'or.*
Cri : *La Baume!*
Devise : *L'honneur guide mes pas.*

Cette famille puissante dont l'origine remonte au XIIᵉ siècle, d'après l'historien Guichenon, a donné à l'Eglise des archevêques, des évêques; aux souverains de France et de Savoie, des gouverneurs de province, des conseillers, des chambellans, des baillis, des prévôts, et aux armées, des généraux distingués.—Parmi ces derniers, qui furent nombreux, nous mentionnons, ici, ceux qui vécurent au XVIIIᵉ siècle, savoir :

Nicolas-Auguste, maréchal de camp.—Il entra dans les mousquetaires de Savoie, en 1695. — *Sous-lieutenant* au régiment du roi en 1696. — *Lieutenant* en 1697; il fit les campagnes de ces trois années. Il leva, le 5 février 1701, une compagnie dans le régiment de dragons de Sainte-Hermine; quitta cette compagnie; en obtint une dans le régiment royal-Piémont, le 11 avril 1703, la commanda aux siéges de Brisach et de Landau et à la bataille de Spire, la même année. — Nommé *mestre de camp* d'un régiment de cavalerie de son nom, à la suite de la démission du chevalier de Montrevel, son oncle (commission du 3 juin 1704), il le commanda à la bataille d'Hochstedt, au mois d'août suivant, et à l'armée du Rhin, en 1705; à la prise de Drusenheim, de Lauterbourg et de l'île du Marquisat, en 1706; à toutes les expéditions du maréchal de Villars, en Franconie et en Souabe, en 1707; à l'armée d'Allemagne, en 1708, et enfin, aux siéges de Landau et de Fribourg, en 1713. — Son régiment ayant été réformé, le 10 novembre de la même année, il fut incorporé, avec sa compagnie, dans le régiment de Marcillac, et fait brigadier, le 1ᵉʳ février 1729. Mestre de camp du régiment de cavalerie de son nom, il combattit aux siéges de Saint-Sébastien, de Fontarabie et d'Urgel, et à l'armée d'Italie en 1733.

Promu *maréchal de camp*, le 20 février 1734, il se démit de son régiment et quitta le service. Il est mort le 13 janvier 1740.

Nicolas-Auguste, 11ᵉ comte de Montrevel, maréchal de France, né le 23 novembre 1645, mort à Paris le 11 octobre 1716. — Il fut élevé à la cour de France avec les enfants de Henri de Lorraine, comte d'Harcourt.

Nommé capitaine au régiment de la reine-cavalerie, à la mort de son frère, le 13 mai 1657, une affaire d'honneur qu'il eut à Lyon, l'obligea de quitter le royaume ; en conséquence, il se démit de sa compagnie le 20 juin suivant.

Rentré en France en 1667, il servit au siége de Tournay, à ceux de la Chapelle, de Douai, de Courtray et d'Oudenarde.

Capitaine au régiment de colonel-général de la cavalerie, il se distingua au siége de Lille, en combattant contre le prince de Ligne. En 1668, il fut dangereusement blessé à la cuisse, en dégageant avec son régiment, un convoi que l'ennemi avait enveloppé au pont d'Epierres.

En 1672, il était sous les ordres de Turenne, à la prise de Buric et au passage du Rhin. — Il y reçut plusieurs blessures, entr'autres un coup de sabre au visage. — Il se trouva successivement à la prise du Nimègue, à Graves, à la soumission de l'île et ville de Bommel.

Nommé mestre de camp lieutenant du régiment d'Orléans-cavalerie, lors de la démission du chevalier de Larochefoucault, le 1er mars 1673, il servit en Hollande, sous le duc de Luxembourg, et au siége de Maëstricht. — Employé sous le prince de Condé, en 1674, il combattit à Seneff et au siége d'Oudenarde.

Promu lieutenant-général des provinces de Bresse, Bugey, Valromey et Charolais, le 22 février 1675, il n'en continua pas moins son service militaire. — Il prit une part active au siége de Limbourg ; obtint le commandement du régiment-royal, se démit du régiment d'Orléans, et acheva la campagne d'Allemagne. — En 1676, il était encore présent aux siéges de Condé, de Bouchain, d'Aire.

Fait brigadier des armées du roi, le 25 février 1677, il se trouva aux siéges de Valenciennes, de Courtray ; combattit à Cassel et marcha sur Saint-Omer, qui se rendit.

Commissaire-général de la cavalerie, il contribua à la prise de Saint-Guilain, aux siéges de Gand et d'Ypres. C'est après tant de succès qu'il se démit de sa lieutenance générale de Bresse, en juillet 1679.

Elevé au grade de maréchal de camp, le 24 août 1688, il fut employé dans l'armée de Flandre, sous le maréchal

d'Humières, et combattit, le 27 août 1689, à Valcourt.
Il contribua au gain de la bataille de Fleurus contre l'armée hollandaise, le 1er juillet 1690, se signala encore à Mons et au siége de Namur.

Récompensé par le brevet de lieutenant-général, le 30 mars 1693. il fut attaché à l'armée sur la Moselle ; il combattit encore en Flandre en 1694, au siége d'Ath en 1697 et entra à Liége en 1701, avec le maréchal de Boufflers.

Enfin créé maréchal de France, le 14 janvier 1703, il fut nommé gouverneur du Languedoc, et plus tard, de la Guyenne.

Il battit, en 1704, les Camisards dans les Cévennes. — Chevalier des ordres du roi, le 2 février 1705, il obtint, 8 ans après, le commandement de l'Alsace et de la Franche-Comté.

Il est peu d'hommes de guerre qui aient pu réunir dans leurs états de services autant de succès brillants ; cependant le duc de Saint-Simon a écrit que le vaillant soldat qui avait tant de fois bravé la mort sur les champs de bataille et dans plusieurs combats singuliers, se trouvant à dîner chez le duc de Biron, vit avec effroi *une salière se renverser sur lui ;* il pâlit aussitôt, s'écria qu'il était mort et tomba en défaillance. On le transporta chez lui ; la fièvre le prit, et il en mourut quelques jours après.

Florent-Alexandre-Melchior, 12e comte de Montrevel, parent du précédent, maréchal de camp, député de la noblesse de Mâcon aux Etats généraux, en 1789.

Né à Châlon-sur-Saône, le 18 avril 1736, il est mort sur l'échafaud révolutionnaire, à Paris, le 10 juillet 1794. En lui finit la maison de la Baume-Montrevel en Bresse.

A 23 ans, il avait été reçu *chef de brigade* des gardes du corps du roi de Pologne. Trois ans après, il était nommé *colonel* d'un régiment portant son nom, et qu'il échangea contre celui de Berry, en 1762. Brigadier d'infanterie la même année, il fut promu *maréchal de camp,* le 3 janvier 1770.

Au moment de la Révolution française en 1792, il se retira du service pour habiter Thiars près de Choizy-le-Roy.

Rallié, l'un des premiers, aux réclamations du Tiers-Etat, il fut, cependant, arrêté en 1793, comme suspect et conduit à Paris, où il fut enfermé au Luxembourg ; amené devant le tribunal révolutionnaire et condamné à mort comme *aristocrate*.

En 1769, il avait épousé Mlle de Grammont. Ce mariage ne fut pas heureux. On assure que le comte de Montrevel tenait sa femme enfermée dans l'un de ses châteaux du Mâconnais, et que, sur la plainte de la famille de Grammont, le roi Louis XVI lui fit défense de reparaître à la cour.

Ce fut, sans doute, pour chasser ses ennuis et charmer son exil qu'il fit exécuter tant de constructions splendides dans son château de Challes, à Bourg, et donna de si belles fêtes dans cette ville et à Mâcon.

En 1776, ce grand seigneur avait ouvert de superbes chasses aux cerfs dans les environs de Bourg. Ce souvenir n'est pas encore effacé dans ce pays. (Voir le livre des *Gentilshommes chasseurs* par M. de Foudras). Le château de Challes était le rendez-vous des plus nobles familles de France. On y jouait la comédie sur un théâtre qui reçut les célébrités artistiques de l'époque. La magnificence du comte de Montrevel domina en Bresse jusqu'à ce qu'il eût fait construire, à Mâcon, le riche hôtel qu'il alla habiter, et qui sert encore aujourd'hui d'hôtel-de-ville, de salle de spectacle, de salle de bal, de concert, etc.

En 1787, les jardins de Challes étaient vastes et embellis avec un grand luxe. On y voyait la *Charbonnière*, la *Grotte de Diane*, le *Kiosque*, le *Temple d'Apollon*, le *Temple de l'Amitié*, la *Table ronde*, avec les devises des chevaliers. Dans le grand parc, le *Chalet*, le *Lac*, l'*Ermitage* où était la glacière, le *Rocher* d'où sortait une fontaine jaillissante, de 7 mètres de hauteur, l'*Ile d'Apollon* dans les amadis ; l'*Arc des loyaux amants*, la *Chambre défendue*, etc., etc.

Le comte étant tombé gravement malade à Bourg en 1785, se vit entouré de la vive sympathie qu'il avait inspirée aux habitants ; sa reconnaissance se manifesta par l'édification, dans son château de Challes, d'une *colonne* qui fut le prétexte d'une fête splendide donnée aux Bressans. Deux ans après, en septembre 1787, on pouvait lire sur cet obélisque, les inscriptions suivantes :

A l'occident :

A. M. de Balmà XV comes Montisrevelii, die 11 aug. 1785.
Vitæ redditus, Deo, amicitiæ, Sebusianis gratissimus erexit.
(A. M. de la Baume, 15⁰ comte de Montrevel, rendu à la vie, a érigé
cette colonne, comme témoignage de sa reconnaissance à Dieu,
à l'amitié, aux Bressans, le 11 août 1785.)

Au midi : *Sebusianorum dolor* (douleur des Bressans). — A l'orient :
Amicitiæ sollicitudines (sollicitudes de l'amitié). — Au nord : *Medicorum scientiæ* (à la science des médecins).

C'est ce monument qui fut transporté de Challes sur la place Joubert de Bourg, tel qu'on le voit encore de nos jours, portant de nouvelles inscriptions à la louange de ce héros, monument malheureusement trop mesquin pour une si grande renommée, dans la capitale de la Bresse, son pays natal. — Le caractère d'infériorité de cet obélisque est tel, qu'il a donné lieu à une fable populaire accréditée pendant longtemps, à savoir que ces pierres provenaient des débris d'un monument érigé par le comte de Montrevel, en souvenir d'un de ses chiens.

On dit qu'en juillet 1789, de formidables attroupements du peuple bressan se dirigèrent sur le château de Challes pour le détruire ; mais que le maire de Bourg (M. de Corcelles), parvint, avec le secours de la garde nationale, à dissiper les rassemblements. Cette demeure princière fut sauvée de la ruine et de l'incendie. — Le comte de Montrevel écrivit au maire ce qui suit : « *Je vous en aurai toute ma vie, la plus vive obligation ; si je dois perdre mon château et l'amitié du peuple, je sacrifierai volontiers le premier pour conserver la seconde.* » Et déjà, par sa lettre, il annonçait qu'il laisserait chasser librement dans ses forêts.

Toute concession était désormais inutile. Le temps avait marqué l'heure des réformes et, comme dans le fleuve de la vie, le flot qui coulait ne pouvait pas remonter à sa source, il entraîna rapidement l'ancien régime politique.

M. le comte de Montrevel a écrit un *Discours sur la bienveillance et les priviléges de la noblesse* (15 décembre 1783-1784). — On lui attribue un *plan d'administration proposé à la province de Bresse, par un gentilhomme bressan,* in-8⁰ de 12 pages, 1789.

(Saint-Simon, *Mémoires.* — Lebas, *Dict. encyclopédique de la France.* — Firmin-Didot, *Nouvelle biogr. universelle,* 1859. — *Cour-*

rier de l'Ain, n° 77, *1864*. — Lalande, journal intitulé : *Anecdotes de la Bresse*. — M. Edmond Chevrier, *Notice sur M. de Corcelles.)*

BÉATRIX (Jean-Baptiste), soldat, né à Lalleyriat, en Bugey, vers 1772, mort sur le champ de bataille, le 11 frimaire an VII (1er décembre 1798).

Cet intrépide militaire, enrôlé en 1792, dans le 3e bataillon des volontaires de l'Ain, fit les campagnes d'Italie de 1794 à 1796, sous les généraux Masséna, Scherer et Bonaparte. Il prit une part active aux batailles de Lonato, d'Ormea, de Garessio, de Melogno, d'Arcole, de Rivoli, où il fut plusieurs fois blessé.

En 1798, combattant avec fureur les Napolitains commandés par Mack, à Porto-di-Fermo, il se jeta sur une colonne en déroute, fit cinq prisonniers de sa main et tomba mortellement frappé de plusieurs coups de feu, devant le général Rusca, témoin de sa valeur.

BÉATRIX (Joseph), colonel des corps francs du Bugey, chevalier de la Légion d'honneur, né vers 1780, à Collonges, où il est décédé le 30 décembre 1855.

Lorsque, dans les jours néfastes de 1814, le sol français fut foulé par les Autrichiens, le comte Bubna, général de l'armée ennemie, fit établir une batterie de canons sur la *croix-major*, devant le fort l'Ecluse, alors défendu par le capitaine Bonnet, officier de la milice Bugeysienne, et une petite garnison de 100 hommes seulement. Cet officier et sa troupe se défendirent en héros; ils furent habilement secondés par M. Joseph Béatrix, adjoint municipal de Collonges qui avait été élu *capitaine de corps francs*. Ce brave citoyen, à la tête des partisans du pays de Gex et d'une compagnie de gardes nationaux de Châtillon-de-Michaille, fit couronner les hauteurs occupées par l'ennemi, malgré les neiges considérables qui les couvraient, et engagea une vive fusillade. Cette attaque, conduite avec une intrépidité et une constance admirables, eut un plein succès : l'ennemi quitta successivement ses positions, fut rejeté sur sa batterie qui eut été inévitablement enlevée si le général Klebelsberg n'avait fait atteler promptement les pièces d'artillerie et ordonner la retraite.

La conduite du capitaine-commandant Béatrix et des volontaires de la Michaille, de Léaz, de Lancrans et de Chézery, fut aussi honorable que la belle défense du capitaine Bonnet et de ses soldats. Mais la trahison fut plus funeste à la France que les armées étrangères. Le 23 mars, toute la garnison du fort l'Ecluse fut, par ordre supérieur, obligée d'évacuer la place.

Napoléon, après sa première abdication, se rendit à l'île d'Elbe. A son retour en France, en mars 1815, il fit ravitailler toutes les places de guerre, et au mois de juin 1815, lorsqu'il partit pour Waterloo, le maréchal Suchet reçut le commandement de l'armée du midi. Il envahit la Savoie, livra bataille aux Autrichiens sur plusieurs points. Dans ces combats partiels les aigles françaises furent toujours victorieuses. Mais après la perte de la bataille de Waterloo, le maréchal Suchet fut forcé d'évacuer la Savoie, et de porter son quartier-général de Chambéry à Pont-d'Ain. Le général Dessaix se rendit avec sa division à Seyssel, fit démolir le pont et se dirigea sur Châtillon-de-Michaille pour seconder les opérations du général Maransin et garder les défilés du Jura.

La division Maransin était composée de gardes nationaux mobilisés. Elle occupa le pays de Gex. Le quartier-général fut établi à Collonges; la brigade Beuret fut placée à Saint-Genis et à Gex; la brigade Guillet à Châtillon-de-Michaille.

Un décret impérial avait ordonné l'organisation de corps francs dans les départements frontières. Le maréchal Suchet qui connaissait la belle conduite de M. Joseph Béatrix en 1814, le patriotisme et la bravoure dont il était animé, le nomma, le 2 juin, *colonel de tous les corps francs de l'Ain.*

Notre compatriote adressa immédiatement une circulaire aux maires du canton de Collonges et de l'arrondissement de Nantua, les invitant à recevoir les enrôlements volontaires. Cet appel du colonel fut entendu : 543 hommes se formèrent bientôt en compagnies. Le nombre des volontaires ne tarda pas de s'augmenter, et tous se rangèrent sous le commandement de M. Joseph Béatrix qui défendit avec habileté les abords du fort l'Ecluse contre les Autrichiens. Il se signala dans plusieurs rencontres, au milieu des gorges du Jura, et c'est pour le récompenser de ses brillants exploits, qu'il fut décoré de la Légion d'honneur.

Les forces de l'armée autrichienne étaient telles que l'on fut obligé d'évacuer le pays de Gex. Le colonel Béatrix réunit toutes ses forces au sommet du Jura et exécuta, avec audace, sa retraite sur Nantua. De là, les corps francs furent dirigés sur Maillat et suivirent le quartier-général du maréchal Suchet jusqu'à Roanne.

Le colonel Béatrix fut obligé de fuir en Savoie avec son père, puis en Suisse, dans le canton de Vaux. Leur exil ne cessa que lorsque le calme fut rétabli en France.

Après avoir déposé l'épée, M. Béatrix revint à Collonges où il exerça les fonctions de notaire : il succéda à son père.

Nommé maire de cette commune, il apporta, dans l'administration des affaires politiques, le même tact et le même zèle dont il avait fait preuve, comme militaire. Il s'est fait remarquer par son dévouement pour les intérêts de ses administrés et par son grand amour pour la patrie.

Dans ses dernières années, il se consacra à l'application des meilleures méthodes agricoles et servit encore son pays en lui donnant l'exemple de la bonne culture. Il s'est éteint à l'âge de 75 ans, au milieu des regrets publics, laissant une des plus belles réputations, comme patriote et comme administrateur.

(Béatrix, *hist. de Gex* et le journal l'*Abeille du Bugey et du pays de Gex*.)

BÉATRIX (Antoine-Auguste-Aimé), neveu du précédent, capitaine d'artillerie, né à Nantua, le 13 septembre 1814, mort devant l'ennemi, près de Tenès (Algérie), en 1845.

Il était fils de Jean-François Béatrix, avocat et historien. Le jeune Antoine avait fait de bonnes études au collège de Nantua. Doué des plus brillantes facultés, il eut pu réussir facilement dans les lettres ou les sciences, mais il voulut embrasser la carrière des armes, et à peine âgé de 18 ans, il s'engagea volontairement dans l'arme de l'artillerie. — Incorporé au 4ᵉ régiment, il acquit tous ses grades inférieurs en peu de temps. — Nommé *sous-lieutenant*, en Algérie, il prit une part active dans les différents engagements que nos troupes eurent à soutenir contre les Arabes. Remarqué pour son courage et son activité, notre compatriote avait conquis l'estime et la considération de ses chefs assez tôt pour obtenir, vers 1838, le grade de *lieutenant en 2ᵉ*. Plus tard, il était devenu *lieutenant en 1ᵉʳ*, lorsqu'il fut détaché de sa batterie, au commencement de 1844, en qualité de *chef du bureau arabe de Tenès*, poste important situé à l'est du golfe d'Oran, sur le bord de la Méditerranée.— Là, le lieutenant Béatrix, qui avait une connaissance parfaite de la langue arabe et qui possédait la fermeté nécessaire pour maintenir énergiquement l'influence française dans son arrondissement, pensa, cependant, qu'à l'aide d'une surveillance forte et incessante, on pouvait gagner l'amitié des cheiks (chefs de tribus), en attirant à soi leur confiance. M. Béatrix, généreux et brave, pensait rendre notre joug moins pénible en adoptant un système temporisateur, et usant de persuasion pour aboutir à une meilleure perception des impôts du pays ; il comptait sans le caractère national africain qui ne respecte que la force chez son vainqueur.

En 1845, M. Béatrix, promu *capitaine*, confiant dans sa politique amicale, refusa de croire à la trahison des chefs arabes qui paraissaient soumis, quoiqu'ils fussent soulevés en secret depuis le traité de la Tafna, conclu entre Abd-el-Kader et le maréchal Bugeaud. Il voulut, enfin, visiter les douars de son cercle et s'assurer, par lui-même, de l'esprit des tribus sous son commandement.

Il se mit en route, accompagné de quelques cavaliers seulement. — Le troisième jour de voyage fut marqué par un crime : Au sortir d'un bois, le capitaine Béatrix et sa petite troupe furent attaqués. Spontanément enveloppés par une foule furieuse, et bientôt mis hors de combat à la suite d'une lutte aussi glorieuse qu'impuissante de leur part, ils furent lâchement assassinés. M. Béatrix blessé, hors d'état de se défendre, fut emporté par les Arabes qui se firent un jeu de ses souffrances. Pendant douze heures, ils lui firent subir les affreuses tortures du bâton et du yatagan ; puis il eut la tête tranchée, qu'ils fixèrent au bout d'une pique et qu'ils promenèrent, plusieurs jours, au milieu des populations arabes révoltées.

Cette trahison eut pour résultat une guerre de plusieurs

années qui finit par la bataille d'Isly et l'expédition de Kabylie.

Quant au sol de Tenès, sur lequel s'est accompli ce drame sanglant, foulé, depuis cet évènement, par d'autres Français dont quelques-uns avaient connu le brave capitaine Béatrix, rien n'y rappelle ostensiblement, ont-ils dit, ce triste souvenir. La terre est restée nue après la vengeance française, et l'histoire seule s'est chargée du soin de rappeler l'héroïque Bugiste à l'admiration de ses concitoyens.

(M. Marcotte de Quivières. *Deux ans en Afrique.* — MM. Arène et Carrier. *Journal l'Abeille du Bugey et du pays de Gex,* 1873.)

BELLATON (Pierre-Marie), chef d'escadrons, chevalier de l'Empire, officier de la Légion d'honneur et chevalier de Saint-Louis, né le 29 octobre 1762, à Ambronay en Bugey, mort le 2 août 1834, à Saint-Clément, près Mâcon.

Issu d'une famille aisée de cultivateurs, il fit de bonnes études à Lyon. Il se voua, d'abord, à la médecine ; puis il se fit soldat au 1er régiment de Champagne (7e d'infanterie) dans l'ancienne armée royale, le 1er février 1782. Il devint caporal, le 11 mai 1785 ; sergent, le 26 octobre 1788 ; sergent-major, le 1er janvier 1791, et exerça les fonctions d'instructeur pendant sept ans.

Doué d'une belle intelligence et d'un courage à toute épreuve, le sous-officier Bellaton fut heureux de trouver, dans la révolution de 1792, les moyens de mettre ses talents militaires en évidence. — Il entra, lors de la réorganisation de l'armée, comme *sous-lieutenant* dans une demi-brigade avec laquelle il fit la campagne du Piémont, sous le général de Montesquiou.

Promu *lieutenant*, le 26 juin 1793, il fut employé à l'armée des Pyrénées-Orientales, en l'an III (1795). — A la tête de la 3e compagnie des grenadiers de la 19e demi-brigade d'infanterie de ligne, il combattit sous les ordres de l'adjudant-général Foignet dont il devint l'adjoint, le 1er germinal an II (21 mars 1793). — Passé en Corse, en l'an VI, il y fit preuve de sang-froid et de fermeté à l'occasion d'une insurrection presque générale dans l'île, notamment à Corté où son régiment tenait garnison. — Sa conduite honorable dans toutes les affaires lui mérita les éloges du général Vaubois qui sollicita pour lui un *sabre d'honneur* que le Directoire lui accorda en germinal an VI (mars 1798).

Embarqué avec l'armée d'Orient, le 19 mai, même année, il fut promu *capitaine*, le 5 frimaire an VII (25 novembre suivant). — Il se distingua à la bataille des Pyramides, au combat de Nazareth, à l'affaire du Mont-Thabor, les 26 et 27 germinal an VII (15 et 16 avril 1799).

Mis à l'ordre du jour plusieurs fois, pour ses actes de bravoure, il fut remarqué par le général en chef Bonaparte qui l'appela à faire partie de la garde des consuls, à son retour en France, lors du 18 brumaire.

Les campagnes d'Allemagne, de Prusse et de Pologne, offrirent encore au capitaine Bellaton, l'occasion de déployer son intrépidité. — Après la bataille de Wagram où il commandait un bataillon du 1er régiment de chasseurs à pied de la garde impériale, il reçut le brevet de *Chevalier de l'Empire*, avec une dotation de 2,000 fr., inscrite sur le grand livre du Monte-Napoleone, de Milan. Ses armoiries portaient : « *tiercé en bandes, d'or, à l'épée haute en*
« *pal de sable accompagnée de deux étoiles d'azur; de*
« *gueules au signe de chevaliers; d'azur à la pyramide*
« *d'argent maçonnée et ouverte, à senestre, de sable.* »

Légionnaire dès la création de l'ordre de la Légion d'honneur, il en était *officier* par décret du 25 prairial an XII (14 juin 1804).

Envoyé en Espagne, à la tête du 13e escadron de gendarmerie, il fit encore les campagnes de 1810 et 1812, avec ce corps. — Il prit sa retraite après 34 ans de glorieux services, le 30 juin 1815. Il avait reçu du roi Louis XVIII, la croix de Saint-Louis, le 1er novembre 1814.

Fixé à Saint-Clément, près Mâcon, et entouré de l'estime générale, il accepta, après la révolution de Juillet 1830, le commandement de la garde nationale, qui lui fut offert par une députation des habitants du canton ; mais il ne jouit pas longtemps de cet honneur ; il succomba quelques années après, en 1834, à l'âge de 72 ans.

Cet officier supérieur a laissé un fils, M. le chevalier Jean-Baptiste Bellaton, qui est devenu chef d'une des principales maisons de la fabrique lyonnaise. Ce nom est resté populaire dans le département de l'Ain.

BELLAY (François-Philibert), chirurgien militaire, né à Lent, en Dombes, le 26 août 1762, mort à Mâcon, le 28 septembre 1824.

Orphelin de bonne heure, son oncle, curé de Chalamont, se chargea de son éducation; il fit de bonnes études classiques, suivit les cours de chirurgie à l'hôpital de Bourg et à celui de Lyon où il se fit remarquer par son aptitude spéciale pour la science médicale. En 1787, il recevait un prix d'encouragement qui décida de sa vocation.

Marié à 27 ans, le 14 mai 1789, il se fit recevoir *bachelier* en médecine, à l'université de Valence, la même année ; ensuite *docteur*, le 28 octobre 1790.

Après avoir exercé pendant quelque temps à Chalamont, il alla s'établir à Lyon, où il continua ses recherches favorites et se fit connaître par une notice intéressante sur la *guérison des hernies* (1791).

Lors du siége de Lyon, par la Convention nationale, en 1793, M. Bellay combattit dans les rangs des Lyonnais et succomba avec eux dans cette lutte inégale. Il fut dénoncé aux vainqueurs comme ayant fait partie de la municipalité ; il dut, pour cette cause, chercher un refuge contre la persécution : il le trouva dans l'armée française, par la protection d'un républicain exalté, mais sincère. M. Gauthier des Orcières (de l'Ain), l'un des représentants du peuple, ne put se décider à sévir contre un compatriote qu'il considérait comme entraîné malgré lui dans l'égarement des passions politiques dont il pouvait apprécier la puissance mieux qu'un autre, par sa propre expérience.

M. Bellay entra dans l'armée républicaine et fit les campagnes des Alpes et d'Italie. — Il s'enrôla d'abord comme chirurgien aide-major dans la 99e demi-brigade d'infanterie, et débuta dans le comté de Nice, sous les ordres du général en chef de Montesquiou; puis, le 29 septembre 1794, il se trouvait au col de Tende, avec le général de division Macquard ; enfin, il assista à la prise de Loano, où l'infatigable Joubert donna des preuves de son intrépidité héroïque, et qu'il devait payer de sa vie si prochainement à Novi, le 15 août 1799.

Après cinq ans d'absence, le chirurgien-major Bellay revint à Lyon. Malgré l'incessante mobilité des armées, il avait recueilli une ample moisson d'observations pour occuper ses loisirs pendant la paix ; il traduisit de l'italien Joseph Pasta, plusieurs ouvrages importants, notamment un opuscule très-remarquable sur les *devoirs du médecin*. — Au mois de février 1798, il entreprit la rédaction d'un journal de médecine. Cet écrit périodique, paraissant tous les dix jours, était intitulé : *Le conservateur de la santé, journal d'hygiène et de prophylactique.*

M. Bellay essaya d'élever l'enseignement de la médecine au niveau brillant de la chirurgie, sa rivale. — Grand propagateur de la découverte de Jenner, il favorisa la *vaccine,* comme un bienfait, au moyen des souscriptions, et expérimenta journellement à l'hospice de la Charité de Lyon, avec son savant confrère Martin, de Saint-Rambert, en l'année 1801. — Il fut honoré des suffrages de ses collègues à la Société de médecine, qui le nommèrent successivement *secrétaire* et *président* de cette compagnie. Dans ses rapports avec les sociétés savantes, il se montra toujours exact et laborieux dans ses fonctions de président ; il se fit remarquer par la sagesse des délibérations, la facilité et l'esprit juste d'analyse qu'il possédait au plus haut degré.

Elu, au concours de septembre 1811, médecin en chef des hospices de Lyon, il se montra praticien assidu, observateur judicieux, d'une parfaite droiture et doué d'une grande bonté. — Son naturel était peu expansif ; il sortait rarement des bornes d'une froide civilité. Ses manières se ressentaient d'une certaine brusquerie qui n'avait cependant rien d'offensant, quoique empreinte d'une grande réserve.

En 1822, lors de la retraite de M. Sauzet, médecin de l'hospice de la Charité de Lyon, ce fut M. Bellay qui fut appelé à le remplacer : il avait alors 60 ans. Ce poste convenait à son âge et aux habitudes simples qu'il s'était créées. Il se consacra tout entier aux devoirs de sa place et à l'éducation de son fils devenu un peintre très-distingué. — Le jeune artiste ayant témoigné le désir de s'établir à Paris pour mieux suivre les progrès de l'art, le vieux médecin abandonna sans regret sa place, sa clientèle, et suivit son fils dans la capitale, vers 1823 ; mais il y tomba malade et voulut revenir à Lyon, malgré les efforts de sa famille pour le retenir auprès d'elle. M. Bellay partit de Paris souffrant et débile, se trouva défaillant à Mâcon et succomba, le 28 septembre 1824, de la courte et fatale maladie qui le minait.

Outre les ouvrages déjà cités, il a publié, depuis la cessation de son journal jusqu'en 1813 : 1° Sous le titre de *Météorologie médicale*, une brochure contenant des *Observations barométriques et thermométriques, accompagnées d'un précis sur les maladies régnantes.* — 2° *Tableaux historiques de la vaccination pratiquée à Lyon, depuis le 3 avril 1801 jusqu'au 31 décembre 1809*, en collaboration de M. Brion, son ami (1810).

BELLET (François-Elisabeth), baron de Saint-Trivier en Dombes, capitaine du génie de l'ancienne armée royale, chevalier de Saint-Louis, né en 1743 à Trévoux, où il est mort en 1823.

Il était petit-fils de **Nicolas Bellet**, chevalier, seigneur de Tavernost, premier président du Parlement de Dombes. — Son fils **Antoine** et lui ont assisté à l'Assemblée de la noblesse de Dombes, du 24 mars 1789.

M. le baron Paul de Tavernost, membre du Conseil général du département de l'Ain, pour le canton de Bâgé-le-Châtel, appartient à cette famille.

BÉRARD (Louis), chef de bataillon, chevalier de la Légion d'honneur, né le 3 mai 1758, à Bourg, où il est mort le 28 mai 1832.

Soldat au régiment d'Auvergne, devenu 17e régiment d'infanterie, le 11 mai 1775, il fit les campagnes de 1781 à 1783, dans l'Amérique septentrionale. — Congédié, avec le grade de sergent, le 1er juillet 1790, il revint dans ses foyers. — L'année suivante, il reprenait du service comme volontaire, et fut élu *capitaine* par ses camarades, dans le 3e bataillon de l'Ain, qu'il commandait le 14 fructidor de l'an II de la République (31 août 1794). — Il y avait même obtenu le grade de *chef de bataillon*, depuis le 2 mars de cette année.

On ne doit pas oublier que c'est à son initiative, comme

le plus élevé en grade, qu'est due la remarquable adresse envoyée aux officiers municipaux de Bourg, datée du bivouac de la *Montagne verte*, près Trèves, à l'occasion de l'arrivée, dans le département de l'Ain, du représentant du peuple Boisset, venu de Paris pour rétablir le calme politique troublé par les *hébertistes* du pays. — Cette adresse qui témoigne des honorables sentiments de nos concitoyens dans l'armée, est ainsi conçue :

« Les volontaires soussignés du 3ᵉ bataillon de l'Ain à
« la commune de Bourg, *à présent régénérée* :

« Chers citoyens,

« Nous pouvons donc nous livrer à la joie ! Le bonheur
« a reparu dans la cité qui nous a vu naître. Les chaînes
« sous le poids desquelles la tyrannie faisait gémir nos
« parents, sont brisées : le patriotisme et la vertu ne sont
« plus dans les cachots. Combien de fois nous avons frémi
« au récit des maux qui pesaient sur nos concitoyens !
« Maintenant nos cœurs peuvent s'épancher dans le cœur
« de nos amis ; nous pouvons nous entretenir avec nos fa-
« milles, sans craindre que le civisme que respirent nos
« lettres n'en fasse des lettres de cachet pour ceux à qui
« nous les écrivons. Nous savons qu'on n'enchaînera plus
« nos parents, tandis que nous combattons pour la Liberté.
« L'idée de leurs malheurs ne viendra plus attrister nos
« âmes et les rendre insensibles à nos propres succès.
« Quand la République aura triomphé des rois conjurés
« contre elle, nous trouverons dans nos pays la paix qu'un
« digne Représentant vient d'y apporter au nom de la
« Convention.

« Les signataires de cette lettre ne sont pas en grand
« nombre. Ce sont les restes de vos enfants qui prirent les
« armes au premier cri de la Patrie. Ceux qui sont morts
« partageoient nos sentiments, ils partageroient nos trans-
« ports.

« Ils ont succombé dans les tems malheureux où l'igno-
« rance et l'immoralité abusoient de tous les pouvoirs ;
« plus heureux qu'eux, si nous mourons, nous descendrons
« au tombeau avec la douce certitude que nos Concitoyens
« jouissent de la Liberté et du bonheur. Adieu, chers Con-
« citoyens, recevez les embrassements de vos fidèles amis.

« *Signés :* Morel, Sous-lieutenant ; Marion, Caporal-four-
« rier ; Rodet, Sergent-major ; Marion, Quartier-maître-
« trésorier ; Duhamel, Sergent-major ; Bérard, Chef de
« bataillon ; Chabaud, Lieutenant, et Aillaud, Sergent.

« Nous, Officiers municipaux de la Commune de Bourg,
« chef-lieu du Département de l'Ain, attestons que la pré-
« sente copie de lettre est conforme à la lettre originale
« adressée aux Officiers municipaux et déposée aux mi-
« nutes du Secrétariat de la Commune. — Bourg, Maison
« commune, le vingt-sixième Fructidor, an deuxième de la
« République une et indivisible. — *Signés :* Paquet, Offi-
« cier municipal ; Chêne, Maire ; Brangier, Agent natio-
« nal ; Bouveyron, Officier municipal ; Genevois, Janin,
« Doyen, Notables ; Petit, Officier municipal ; Guillot
« cadet, Officier municipal ; Chevrier et autres, Municipaux.

« Les députés de la commune de Bourg réépuré, chef-
« lieu du département de l'Ain. — *Signés :* Bottier, *hor-*
« *loger ;* Bouveyron, *cordonnier ;* Montbarbon, *marchand*
« *drapier ;* Guy, *épicier ;* Grosbon, *boulanger ;* Reymond,
« *teinturier.* »

M. Bérard avait fait la campagne des Alpes en 1792, celles d'Italie et du Rhin en 1793 et 1794. Il fut incorporé dans la 199e demi-brigade de bataille, amalgamée, plus tard, dans la 51e demi-brigade de ligne, et devenue le 51e régiment de ligne, à l'organisation en 1804. — Blessé, une première fois, d'un coup de sabre à la tête, au col de Tende, le 5 prairial an II (24 mai 1794), il fut, une seconde fois, blessé d'un éclat d'obus à la poitrine, à la prise de Kayserlautern, le 17 juillet de la même année.

Rentré en France, après la paix, il alla tenir garnison à Lille, où, vingt ans auparavant, il s'était trouvé comme sous-officier du régiment d'Auvergne ; il y reçut la décoration de chevalier de la Légion d'honneur, le 25 prairial an XII (14 juin 1804).

M. Bérard fit encore partie du camp de Bruges en 1804 et 1805, et prit part à la campagne d'Autriche de l'an XIV (1805-1806) avec la première division du 3e corps de la grande armée. — Ses blessures et ses infirmités contractées, de bonne heure, dans le service militaire, le forcèrent à demander sa retraite qu'il obtint le 12 novembre 1806.

Il n'avait encore que 48 ans. — Il vint se fixer à Bourg où il fut nommé membre du collège électoral de l'arrondissement, le 18 avril 1807. Il est mort à l'âge de 74 ans, entouré de la considération et de l'estime publiques.

BERGER (Jean-Claude), chef de bataillon, chevalier de la Légion d'honneur, né le 26 octobre 1774, à Saint-Didier-d'Aussiat.

Il entra au service, le 22 août 1792, en qualité de *lieutenant* dans le 6e bataillon des volontaires de l'Ain, devenu successivement 200e demi-brigade de bataille, en l'an II (1794) ; 18e demi-brigade d'infanterie légère, en l'an IV (1796), et 18e régiment même arme, en l'an XII (1804). Elu *capitaine* la même année, il fit avec honneur les campagnes de 1792 à 1795 à l'armée des Alpes, celles d'Italie et de Hollande, de 1796 à 1800, et en Batavie (1801).

Sa bravoure à l'affaire de Piscanta, le 10 germinal an VII (30 mars 1799), lui valut le grade de *chef de bataillon*, le 1er floréal (20 avril suivant). Il y avait reçu un coup de feu à la jambe droite.

A l'affaire d'Imbech (Hanovre), pendant la campagne de l'an IX (1801), il fut blessé d'un nouveau coup de feu à la tête. La colonne qu'il commandait s'étant trouvée coupée, il manœuvra avec une telle rapidité, qu'il parvint à lui faire traverser un fleuve sur des bateaux et la reconduisit saine et sauve au quartier-général. Epuisé par la perte de son sang, ses forces l'abandonnèrent ; mais, pour qu'il ne tombât pas au pouvoir de l'ennemi, ses soldats le portèrent depuis le champ de bataille jusqu'au bivouac du corps d'armée. Il guérit.

Après avoir tenu garnison à Lille, pendant les années X et XI (1802 et 1803), il fit partie des troupes réunies au camp d'Utrech, en l'an XII (1804), et, l'année suivante, reçut la décoration de membre de la Légion d'honneur. Il fut admis à la retraite, le 24 brumaire an XIII (1805), pour cause d'infirmités incurables. — Il est mort à Thoissey, le 21 novembre 1822, avec la réputation méritée d'un officier distingué et d'un excellent patriote.

BERNARD (Pierre-Marie), capitaine adjudant-major, chevalier de l'Empire, député, maire de la ville de Bourg et membre du conseil général du département de l'Ain, né le 25 décembre 1777 à Bourg, où il est mort le 9 décembre 1839.

Il était fils d'un ancien conseiller au bailliage et en l'élection de Bourg, botaniste distingué, l'ami du célèbre Commerson. Jean Bernard fit donner à son fils une bonne éducation. Celui-ci fut un des meilleurs élèves du collége de Bourg ; il compléta son instruction en mathématiques à Paris.

Envoyé, à l'âge de 15 ans, auprès d'un oncle qui habitait la capitale, et qui était chargé, par la Convention nationale, en 1792, de présider une commission des travaux publics ayant mission de préparer la création de l'Ecole polytechnique, le jeune Bernard fut admis, l'un des premiers, dans cette école, comme préparateur de chimie.

De là, il entra dans les gardes de la Convention ; puis dans un régiment de l'armée comme volontaire, et fut versé bientôt dans les premiers bataillons républicains appelés à défendre la patrie en danger. — Il acquit facilement les grades inférieurs qui furent le prix de sa bravoure et de son mérite personnel. — En 1799, il se fit remarquer à Novi où fut tué le général en chef Joubert, son compatriote : il lui servait de secrétaire. — Un autre bressan, le général Puthod, l'employa aussi près de lui, comme officier d'ordonnance ; et plus tard, comme aide de camp. — Il prit une part active dans les guerres d'Italie et d'Allemagne et s'éleva au grade de capitaine qu'il avait lors du siége de Dantzig, sous le commandement du général de division Lefebvre qui le fit nommer chevalier de la Légion d'honneur, en mai 1807. Mis à l'ordre de l'armée pour sa belle conduite, Napoléon lui conféra le titre de *chevalier de l'Empire,* avec dotation.

En 1809, à la paix, M. Bernard quitta le service militaire et se retira dans ses foyers. Il avait épousé Mlle Emilie Soëncke, d'une ancienne famille de magistrats de la ville libre de Dantzig et dont la fortune, le dévoûment et le caractère aimable et généreux ont contribué à la considération dont il a joui toute sa vie.

Nommé maire de Bourg dans les jours difficiles de

1815, c'est-à-dire pendant le temps de l'occupation étrangère appuyant le rétablissement du règne des Bourbons, M. Bernard sut, par sa prudence, sa fermeté, contenir les exigences des troupes alliées et empêcher d'amères représailles de la part de leurs chefs.

Elu député en 1830, il fit preuve, pendant trois sessions consécutives, d'une parfaite indépendance de caractère et d'un patriotique dévoûment.

Membre du conseil général de l'Ain, il apporta dans cette assemblée, la même fidélité de principes, la même austérité dans ses devoirs, comme défenseur des intérêts publics.

M. Bernard, enlevé prématurément à son pays et à sa famille dont il était chéri, à l'âge de 62 ans, a laissé des souvenirs ineffaçables dans la mémoire de ses concitoyens.

Le conseil municipal de Bourg a voté et arrêté que l'emplacement de l'ancien cimetière de cette ville porterait le nom de ce magistrat intègre (place Bernard), et qu'il serait orné d'une fontaine publique sur laquelle on rappellerait ses services et ses vertus.

Il a laissé deux fils, dont l'un, M. **Charles Bernard**, qui a été également maire de la ville de Bourg, est aujourd'hui (1873), député du département de l'Ain.

BERTHET (Jean-Philibert), capitaine, chevalier de la Légion d'honneur, né le 6 octobre 1774, à Bourg, où il est mort le 28 septembre 1837.

Ce brave officier s'est élevé par son mérite et son courage : Volontaire en 1790, il servit, depuis 1792 jusqu'en 1809, dans les armées d'Italie, de Flandre et d'Allemagne. Il fut blessé à l'affaire de Hondtschote, à Marengo, et devant Heilsberg, le 10 juin 1807.

Depuis la Restauration, M. Berthet commandait la compagnie des pompiers de Bourg. Il faisait partie, depuis 20 ans, de la commission des prisons. — Ses services militaires et civils l'ont rendu digne des souvenirs de ses concitoyens.

BERTHET (Laurent-Joseph), capitaine, chevalier de la Légion d'honneur, né à Belley le 5 août 1771, mort à Vienne (Autriche), le 30 décembre 1834.

Il entra au service, le 5 août 1793, comme *lieutenant* de la compagnie franche de Belley, devenue 8e bataillon de l'Isère, le 2 brumaire an II (23 octobre 1793) et amalgamée dans la 146e demi-brigade d'infanterie en l'an III (1795), plus tard 46e provisoire.

Promu capitaine le 11 messidor an III (29 juin 1795), il fit les campagnes des années II, III et IV, à l'armée des Alpes (1794 à 1796). — Mis à la suite, lors de la formation de la 5e demi-brigade de ligne, le 1er ventôse an IV (20 février 1796), par l'amalgame de la 46e provisoire, il passa, le même jour, *adjudant de place* à Annecy (Mont-Blanc), fonctions qu'il remplit jusqu'au 29 ventôse de l'an V (19 mars 1797). — Remis en activité à cette époque, en qualité de *capitaine titulaire*, à la 5e demi-brigade de ligne, devenue le 5e régiment même arme, en l'an XII (1804), il prit part aux opérations des armées d'Italie, du Rhin et d'observation du Midi, de l'an V à l'an X (1797 à 1802). Blessé de deux coups de feu à la jambe droite et au pied gauche, le 16 germinal an VII (5 avril 1799), à l'affaire de Vérone, il obtint la croix de la Légion d'honneur, le 25 prairial an XII (14 juin 1804). Il était en Italie en 1805 et en Dalmatie en 1806.

Admis à la retraite le 1er avril 1807, pour cause de blessures, après 14 ans de services militaires, il est resté en Autriche où il est mort prématurément à l'âge de 36 ans.

BERTHIER (Nicolas-Emmanuel), capitaine, chevalier de la Légion d'honneur, né le 26 décembre 1771, à Ambérieu-en-Bugey.

Il était entré, le 1er vendémiaire an II (22 septembre 1793), comme *capitaine*, au bataillon des volontaires de Montferme (Basses-Alpes).

Incorporé, le 9 germinal an IV (29 mars 1796), dans la 45e demi-brigade de ligne, devenue 45e régiment de ligne, en l'an XII (1804) ; il fit les campagnes de l'an II à l'an VIII (1794 à 1800) aux armées des Alpes et d'Italie.

Le 16 germinal an VII (5 avril 1799), à la bataille de Vérone, chargé avec 4 compagnies de la défense du poste important de Bouta-Preda, il soutint le choc des Autrichiens avec une grande vigueur et fit une retraite si bien ordonnée qu'il donna le temps aux colonnes françaises de venir à son secours et de garantir le quartier-général qui allait être investi.

Passé, en l'an IX (1801), à l'armée des Grisons, il servit successivement à celles de l'Helvétie et du Hanovre, de l'an X à l'an XIII (1802 à 1805) et fut nommé membre de la Légion d'honneur, le 25 prairial an XII (1804). — Dirigé sur la grande armée, il y fit les campagnes de 1805 à 1807 en Autriche, en Prusse et en Pologne. — Envoyé en Espagne après la paix de Tilsitt, il prit part aux opérations du 1er corps d'armée, de 1808 à 1811.

Il est mort sur le champ de bataille de Sainte-Marie, le 5 mars 1811, à la veille d'obtenir un grade supérieur, en récompense de sa belle conduite.

BERTRAND (Pierre-Marie), lieutenant de cavalerie, chevalier de la Légion d'honneur, né vers 1788, à Pont-de-Veyle, où il est mort le 14 janvier 1842.

Engagé volontaire en 1805, dans le 9e régiment de hussards, il a fait successivement les campagnes d'Allemagne, de Prusse, d'Espagne et de Russie, il conquit ses grades par des actions d'éclat, dans chaque bataille, notamment à Wagram, en juillet 1809, où, dans un engagement avec un corps de cavalerie autrichienne, il parvint à enlever un étendard à l'ennemi, après avoir tué d'un coup de sabre l'officier qui le portait.

Prisonnier en Russie, le lieutenant Bertrand s'échappa, comme par miracle, et rejoignit le corps d'armée auquel il appartenait, malgré les blessures dont il souffrait.

En 1814, il se trouvait au camp de Limonest, près Lyon, combattant contre les troupes étrangères coalisées. Après le licenciement de l'armée, il rentra dans sa ville natale et devint le protecteur de sa famille.

Il avait été nommé chevalier de la Légion d'honneur dans les derniers jours de l'Empire ; mais les événements n'avaient pas permis qu'il en reçut le brevet ; la croix de cet ordre lui fut remise après 1830, sous le gouvernement du roi Louis-Philippe.

Ce brave officier est mort prématurément à 54 ans.

BÉVY. — Voyez *Perruquet*.

BILLIÉMAZ (Jean-Claude), capitaine, né à Murs, canton de Belley, en 1773, mort au même lieu, le 23 décembre 1861.

Issu d'une honorable famille de cultivateurs, le jeune Billiémaz s'engagea comme soldat, en décembre 1792, dans le 5e bataillon des volontaires de l'Ain. Il fit successivement dans différents corps, les campagnes d'Italie, de 1795 à 1797 ; celles d'Orient, de 1798 à 1801 ; de Naples et de Calabre, de 1806 à 1811 ; enfin il se trouvait en 1812, à la grande armée (corps d'occupation d'Italie).

M. Billiémaz gagna ses grades sur les champs de bataille où il se fit remarquer par sa bravoure. Capitaine au 1er régiment d'infanterie légère, en 1816, il fut admis à la retraite après 23 ans de services et plusieurs blessures. Rentré dans son pays natal, il s'y maria, et fut nommé maire de sa commune pendant le gouvernement des Bourbons. Il en a rempli les fonctions avec une grande droiture d'esprit, pendant de longues années. En 1848, pendant la République, M. Billiémaz s'est fait remarquer par sa prudence et l'habileté de sa conduite. Comme père d'une nombreuse famille, il a donné l'exemple des vertus civiques et religieuses. Comme magistrat populaire, aimé et respecté de tous, son nom rappelera, longtemps encore, le type du bon citoyen.

BILLON (Guillaume de), seigneur de Prugne et de Biard, en Dombes, maréchal de camp et intendant des fortifications, né vers 1600, mort en 1662.

Il servit, jeune, dans l'ancienne armée royale ; assista au siége de La Rochelle ; commanda une compagnie en Hollande, dans le régiment de Charvais, en 1634. Passé dans les gardes du cardinal de Richelieu, il fut nommé aide-de-camp et intendant des travaux et fortifications au siége de Corbie. Il se signala à celui d'Arras, où il fut blessé à l'assaut d'une demi-lune. Le 22 septembre 1640, il reçut du roi une compagnie au régiment de Champagne qu'il conserva pendant 7 ans. Nommé écuyer de la grande écurie royale, le 22 août 1647, il fut blessé à la cuisse d'un coup de canon, en Catalogne, au passage de la rivière de Sègre. La reine-mère le fit récompenser par le grade de *lieutenant de roi* au gouvernement de Tours de La Rochelle, le 5 octobre 1647. Deux ans après, il servait en qualité de *maréchal de bataille* et recevait, le 11 octobre 1651, le brevet de *maréchal-de-camp*.

Après avoir été employé à l'armée de Guyenne, sous les ordres du comte d'Harcourt, il fut pourvu du gouvernement de la ville et château de Montluel en Dombes, le 14 juillet 1653. Envoyé au siége de Gravelines, il reçut encore une blessure au front. A la paix, il fut successivement gouverneur d'Ypres, sous le marquis d'Humières en 1658, et à Hesdin en 1660 ; il fut chargé, en outre, des fortifications de l'Artois, du Hainaut et du Luxembourg. Sa conduite fut partout celle d'un intrépide capitaine. (Aubret, *Histoire manuscrite de la Dombes.*)

BIRON (Charles de Gontaut, Duc de), maréchal de France, conquérant du territoire formant, aujourd'hui, le département de l'Ain, sur le duc de Savoie, au XVIe siècle ; né en 1562, décapité à Paris, le 31 juillet 1602.

Henri IV disait de lui : « *Nul n'a l'œil plus clair à reconnaître l'ennemi, et la main plus prompte pour dissiper une armée.* »

Il se couvrit de gloire aux batailles d'Arques et d'Ivry, aux siéges de Paris, de Rouen et aux combats d'Aumale et de Fontaine-Française, où Henri IV lui sauva la vie.

Colonel des Suisses, dès l'âge de 14 ans, il fut *maréchal-de-camp* à 21 ans, puis *lieutenant-général* en 1586, *amiral* en 1592, enfin *maréchal de France*, gouverneur de Bourgogne, en 1594.

Il hérita de son père, Armand de Gontaut, des vertus d'un grand général ; prudence dans le conseil, vivacité dans l'exécution, popularité parmi les soldats, intrépidité dans l'action ; mais il avait les vices de ses qualités : prodigue, présomptueux, sans moralité, son ambition insatiable le perdit. Il ne craignit pas de trahir son pays, de traiter avec l'Espagne en s'engageant à livrer un tiers du royaume, à condition d'en avoir la souveraineté avec la main d'une des filles du duc de Savoie. — Un gentilhomme nommé Lafin, livra à Henri IV la copie du traité passé par Biron avec l'Espagne, ainsi que sa correspondance où tous ses projets étaient dévoilés. Ce monarque voulut pardonner celui qui avait été son ami ; il le pressa d'avouer son crime, mais en vain. Biron se retrancha dans un silence opiniâtre, ou, s'il fit des aveux, ils furent incomplets : bientôt arrêté et jugé, il fut condamné, pour crime de lèse-majesté, à avoir la tête tranchée ; il fut décapité dans l'intérieur de la Bastille, à l'âge de 40 ans.

Biron avait commandé une première expédition en Bresse en 1595, contre le marquis de Treffort, capitaine du duc Charles-Emmanuel de Savoie. Après avoir conquis la Dombes, il avait envahi la Bresse. Cette expédition avait été ordonnée par Henri IV pour obtenir, par crainte, la levée de l'excommunication lancée contre lui. Le pape effrayé des conquêtes du roi de France négocia lui-même la paix générale qui fut signée à Vervins en 1598.

Deux ans après, Biron s'empara de la ville de Bourg (13 août 1600), après un siége de 7 mois entiers, de la citadelle *Saint-Maurice* qui défendait cette place. Ce laps de temps lui permit de conquérir le Bugey et le pays de Gex.

La garnison de Bourg, réduite par la famine, se rendit par ordre du duc de Savoie. L'acte de rémission fut rédigé, le 12 mars 1601, par Biron et le conseiller Boursyer, en exécution du traité de Lyon qui réunit nos contrées à la France, le 27 janvier de la même année.

On raconte qu'après la reddition de la citadelle Saint-Maurice de Bourg, Henri IV, informé d'une partie seulement des intrigues de Biron, le prit, un jour, à part dans le cloître des Cordeliers de Lyon, et là, lui demanda de s'expliquer sur le complot dont on commençait alors à l'accuser. Biron dit « qu'il n'aurait accueilli aucune proposition « contre son roi, si *celui-ci ne lui avait pas refusé le gou-* « *vernement de la citadelle de Bourg-en-Bresse.* »

« *Bien !* » lui aurait répondu Henri IV, en l'embrassant : « *Maréchal, ne te souviens jamais de Bourg et je ne me* « *souviendrai jamais aussi de tout le passé.* » Mais Biron continua ses sourdes menées dont il fut puni justement. (Voyez *Bouvens.*)

BLANCHET (Louis-Benoît), soldat, chevalier de

la Légion d'honneur, né en Bugey, vers 1774, tué devant l'ennemi en Espagne, le 14 juin 1809.

Réquisitionnaire au 1ᵉʳ bataillon de la République, le 12 mai 1793, il passa, le 27 vendémiaire an II (18 octobre 1793), au 3ᵉ régiment d'artillerie à pied. Après avoir fait, avec distinction, les campagnes de la Liberté aux différentes armées de la République, il fut nommé légionnaire, le 15 pluviôse an XII (5 février 1804). Il assista à toutes les batailles livrées par la grande armée en Autriche, en Prusse et en Pologne, pendant les campagnes de 1805 à 1807. Passé à l'armée d'Espagne, l'année suivante, il y périt en montant, l'un des premiers, à l'assaut de la redoute de Girone en 1809. Il n'avait que 35 ans.

BLANCHIN (Pierre-Joseph), chirurgien militaire, né à Lagnieu en Bugey, vers 1790, mort à Lyon, le 17 mars 1824.

Il fut élevé par un oncle oratorien qui, ayant reconnu dans le jeune homme une aptitude toute spéciale pour la culture des sciences, se plut à développer en lui le germe des heureuses dispositions dont il était doué.

Après avoir fait de bonnes études classiques à Lyon, il se voua à la carrière de la médecine et suivit assidûment les cours de l'Hôpital et ceux de la Charité de cette ville. Il était depuis quelque temps interne dans ce dernier établissement, lorsqu'il fut atteint par la conscription de l'année 1810. Parti comme *sous-aide*, avec le patronage de M. Royer-Collard, il fut employé dans les campagnes d'Allemagne, d'Espagne et de Prusse. Il y obtint successivement les grades d'*aide-major* et de *chirurgien-major*. — Fait prisonnier à Bautzen en 1813, il fut conduit au fond de l'Allemagne où sa parfaite connaissance de la langue latine adoucit sa captivité.

Rentré en France, en 1814, il se rendit à Paris pour compléter son instruction médicale, et se présenta aux examens de la faculté. Il obtint le titre de *docteur*, à la suite d'une thèse savante sur la *physiognomonie*.

M. Blanchin s'établit à Saint-Chamond (Loire), auprès de son oncle ; il y exerça son art, avec succès, jusqu'à son mariage avec Mˡˡᵉ Durif, d'une famille honorable de Lyon.

L'administration des hospices et le conseil d'instruction

publique ayant établi une école secondaire de médecine à l'Hôtel-Dieu de Lyon, les chaires de pathologie interne et de médecine furent mises au concours. M. Blanchin fut nommé médecin suppléant, et plus tard, il fut admis à la société de médecine où il se fit remarquer par ses écrits, notamment par un mémoire important sur les *maladies du cerveau.*

M. Blanchin était sensible, affectueux et modeste ; ses manières simples et polies, sa physionomie douce et spirituelle inspiraient la confiance et l'amitié. C'est avec ces avantages que, sans fortune, il commença l'exercice de la médecine et qu'il pratiqua la science sans charlatanisme, secourant, plus particulièrement, les pauvres que les riches et aimant la science pour elle-même. Ses observations sur les travaux de Lavater, de Camper et de Gall ont été imprimées et ont donné une opinion très-favorable de son esprit observateur et judicieux. — Mort à 34 ans, il a été enlevé trop tôt à la science et à son pays.

BOCHARD (**Jean-Stanislas**), officier d'infanterie et homme politique, né à Marboz, le 19 janvier 1777 ; mort à Bourg, le 20 février 1857.

Il avait 15 ans lorsque son père, parti pour défendre notre frontière de l'Est menacée par l'ennemi, emmena avec lui ses deux fils qu'il fit incorporer dans le 3e bataillon de l'Ain stationné à Gex. Tous les trois firent partie du camp défensif commandé par le général Anselme, sur le Var. Après la prise de Nice, ils se séparèrent : le fils aîné continua à servir auprès de son parent Joubert, devenu général de division, dans la suite. — M. Bochard père, devenu chef de bataillon, après 7 ans d'absence, rentra en France avec son fils cadet qui n'avait obtenu que l'épaulette de *lieutenant.*

En 1799, le père reprit son étude de notaire et le fils aîné se voua à la profession d'avocat. **Stanislas** alla se faire recevoir à Dijon ; puis revint à Bourg, où il acheta une étude d'avoué, lors de la réorganisation des tribunaux. — Devenu jurisconsulte habile, il a exercé avec la plus grande distinction.

Il avait conservé de son jeune âge les idées libérales de

la première Révolution de 1789 ; il fut désigné, en 1848, pour représenter le département de l'Ain à l'Assemblée constituante. Elu député, le *sixième*, sur *neuf*, par 72,122 voix, il vota avec l'extrême gauche, et, après l'élection du *10 décembre*, il fit une opposition constante au prince Louis-Napoléon. Réélu député, le *deuxième* sur *huit*, à l'Assemblée législative, il combattit la politique du Président de la République, et, après le coup d'Etat du 2 décembre 1851, il rentra dans la vie privée. Il reprit bientôt sa place au barreau de Bourg, où il retrouva les amitiés qu'il avait laissées dans toutes les opinions politiques de la cité, parce qu'on le connaissait pour un *honnête homme convaincu de ses principes*, quelque exagérés qu'ils eussent pu paraître ; mais l'âge et les infirmités lui firent une loi de s'abstenir, à l'avenir, de toute polémique, et il succomba dans une retraite absolue, à l'âge de 80 ans, au milieu des témoignages de la considération publique qui l'accompagnèrent jusqu'à sa mort.

Sa femme, née Marie-Thérèse-Mélanie Legrand, qui était fille de l'imprimeur Legrand, l'une des victimes du régime de la Terreur, en 1793, l'avait précédé de six jours seulement dans la tombe, à l'âge de 64 ans.

BOGET (Joseph), capitaine, chevalier de la Légion d'honneur, né le 3 mai 1774 à Belley.

Il fut élu dans ce grade, lors de la formation de la *compagnie franche de Belley*, en août 1793, laquelle devint 8ᵉ bataillon des volontaires de l'Isère, le 2 brumaire an II (23 octobre 1793), et successivement 146ᵉ demi-brigade d'infanterie ; 46ᵉ provisoire ; 5ᵉ demi-brigade de bataille, en l'an IV (1796) et 5ᵉ de ligne en l'an XII (1804).

Il fit les campagnes des ans II et III (1794 et 1795) à l'armée d'Italie et à celle des Alpes, et de 1796 à 1799 en Italie. — Il se fit remarquer à la bataille de Castiglione, le 18 thermidor an IV (5 août 1796). — Pendant la campagne de Naples, il fut fait prisonnier en combattant vaillamment. Rendu par échange, le 10 ventôse an IX (1ᵉʳ mars 1801), il passa à l'armée d'observation du Midi.

Membre de la Légion d'honneur le 25 prairial an XII (14 juin 1804), se trouvant à Turin, il suivit le 8ᵉ corps de la grande armée en l'an XIV (1805), et fit la campagne de Dalmatie en 1806.

Admis à la retraite, le 16 mai 1807, pour cause de blessures, il est mort à Lyon, le 29 mai 1823, à l'âge de 52 ans.

BOHAN. — Voyez *Loubat de Bohan*.

BOISSIEU (Gustave de), capitaine d'infanterie, chevalier de la Légion d'honneur et de l'ordre de Saint-Grégoire-le-Grand, né à Varambon, vers 1838, mort devant l'ennemi à la première prise d'Orléans, le 11 octobre 1870.

Il était fils de M. Alphonse de Boissieu, propriétaire du château de Varambon. — Sorti de l'école de Saint-Cyr le 1ᵉʳ octobre 1857, le jeune de Boissieu entra comme *sous-lieutenant* au 2ᵉ bataillon de chasseurs à pied, avec lequel il fit la campagne de Chine. Son courage mis à l'épreuve à Ta-Kou et à Pali-Ka-o le fit remarquer et lui valut le grade de *lieutenant*. — En Cochinchine, il eut encore lieu de se distinguer par son intrépidité et son mépris des dangers. Il fut du petit nombre des officiers de son bataillon qui purent rentrer sains et saufs en France, à la suite des maux engendrés par un climat malsain qui a fait tant de victimes.

En 1865, M. Gustave de Boissieu prit du service dans l'armée romaine pour défendre la cause du pape Pie IX; sa noble conduite à Mentana fut récompensée par la décoration militaire de Saint-Grégoire-le-Grand. De retour en France, il passa au 16ᵉ bataillon de chasseurs à pied, où il fut promu *capitaine* au mois d'octobre 1869.

L'année suivante, la guerre avec la Prusse fut déclarée, et, bien qu'il eût prévu les malheurs qui devaient fondre sur la France, on le vit encourager ses compagnons d'armes par son exemple et par son dévouement à la cause de la patrie. De Wissembourg jusqu'à Sedan, il avait pu échapper aux balles prussiennes; le 1ᵉʳ septembre 1870, placé aux avant-postes, il lui fallut assister au poignant spectacle d'une armée française, luttant *un* contre *cinq*, écrasée, non sans gloire, mais forcée de rendre les armes à son vainqueur. Après huit jours passés au camp de Glaire, au milieu de ses soldats dont il était aimé, M. le capitaine de Boissieu ne voulut pas se séparer d'eux; c'est à lui qu'échut la pénible mission de les constituer prisonniers des Prussiens. Cependant l'énergie de son caractère lui donna la force de s'échapper personnellement des mains de ses gardiens, au péril de sa vie. Il revint dans sa famille embrasser, une dernière fois, ceux qui lui étaient chers, et retourna au combat sous les murs d'Orléans. C'est là que, le 11 octobre 1870, se trouvant isolé, notre jeune officier succomba à la tête d'une poignée de braves qu'il avait électrisés par son audace. Il n'avait que 32 ans.

En août de la même année, il avait reçu la croix de chevalier de la Légion d'honneur.

Ses restes mortels, d'abord inhumés dans le cimetière de Fleury, près Orléans, ont été rapportés au village de Varambon, le 14 octobre 1871, entourés d'une députation des officiers et sous-officiers du 16e bataillon de chasseurs, ayant à leur tête le commandant d'Hugues. Ils étaient tous venus déposer sur son cercueil un dernier hommage au nom de ce bataillon.

M. l'abbé Boulet, curé de Versailleux, ancien aumônier de la garde mobile de Trévoux, a terminé l'éloge funèbre de ce jeune et brillant officier par ces nobles paroles : « Ferme chrétien autant que soldat intrépide, Gustave de « Boisssieu pouvait, à ce premier titre, être glorifié par « l'Eglise qui, tout en priant pour les défaillances inévita- « bles de l'homme, se souvient des services qui lui sont « rendus et en honore les auteurs. »

Ajoutons que la patrie reconnaissante doit un souvenir à ses défenseurs, et que ce jeune héros ayant consacré un immortel exemple pour ses compatriotes, ceux-ci se proposent d'en éterniser la mémoire au milieu d'eux, par un monument digne de lui.

BOISSON (Joseph), soldat, chevalier de la Légion d'honneur, né à Coligny, le 18 juin 1773.

Réquisitionnaire au 21e régiment de cavalerie, le 1er vendémiaire an II (1er septembre 1793), il se distingua, le 16 brumaire (7 octobre suivant) à l'affaire de Bruges : suivi de quatre de ses camarades, il s'élança sur les retranchements ennemis et s'empara de deux pièces de canon, après avoir sabré les canonniers qui les servaient.

Passé à l'armée du nord, le 30 fructidor an IV (16 septembre 1796), au 2⁰ régiment de carabiniers, il combattit jusqu'à la paix de Lunéville, et ensuite aux armées de Rhin et Moselle, de Mayence et du Rhin.

Il se trouvait encore en l'an VIII (1799), au passage du Danube et à la bataille d'Hochstedt, où son corps reçut le nom glorieux de *grenadiers de la cavalerie*.

Admis le 24 floréal, an X (14 mai 1802), dans les grenadiers à cheval de la garde des consuls, et nommé chevalier de la Légion d'honneur au camp de Boulogne, le 25 prairial an XII (14 juin 1804), il mourut à l'hôpital de la garde, le 13 février 1806, à l'âge de 33 ans seulement, laissant une réputation justement acquise de soldat intrépide.

BOIVIN (François de), baron de Villars, officier supérieur de cavalerie, conseiller du roi et bailli de Gex, mort vers 1620.

Intime ami de Charles de Cossé-Brissac, maréchal de France, il le suivit, pendant neuf ans, dans toutes ses campagnes. — Boivin avait même obtenu les bonnes grâces du roi Henri II, fils de François Ier, qui lui confia plusieurs missions politiques et un grade d'officier supérieur dans l'armée.

Il a laissé plusieurs écrits parmi lesquels on cite : — *Mémoires sur les guerres, démêlés tant dans le Piémont qu'au Montferrat et duché de Milan, par Charles de Cossé, comte de Brissac, maréchal de France, lieutenant général delà les monts, depuis 1550 jusqu'en 1559, et ce qui s'est passé, les années suivantes, pour l'exécution de la paix jusqu'en 1561.* In-4⁰, 1607, Paris, et in-8⁰, Lyon, 1610. 3⁰ édition, continuée jusqu'en 1629, par C. M. (Claude Malingre), historiographe. Paris, 1630, 2 vol. in-8⁰. — *Instructions sur les affaires d'Etat, de la guerre et des parties morales.* Lyon, 1610, in-8⁰. — *Négociations du sieur de Brissac en Italie.*

René de Lucinge, dans son livre intitulé : *Manière d'écrire l'histoire*, page 29, loue la *diligence et le jugement* de Boivin.

BOMBOY (Jean-Claude), sous-officier de cavalerie,

né à Samognat, canton d'Izernore en Bugey, vers 1790, mort au même lieu, le 10 mai 1869.

Le jeune Bomboy appelé, par la conscription, à servir son pays, prit les armes en 1813, et fit partie d'un régiment de chasseurs à cheval qui combattit glorieusement à Lutzen, à Bautzen, à Dresde et à Leipsick. — Le maréchal des logis Bomboy reçut une blessure à la tête dans cette dernière bataille. — D'abord envoyé en Italie en 1814, il revint ensuite assister à de nouveaux combats dans la campagne de France, où il fut encore blessé. Il fut licencié, l'année suivante, avec l'armée de la Loire.

De retour dans ses foyers, n'ayant encore que vingt-cinq ans, Bomboy s'y maria et se livra aux soins de l'agriculture avec un succès qui témoignait d'une parfaite méthode, d'un esprit d'ordre et d'économie peu commun. — Son intelligence et ses connaissances acquises le recommandaient à ses concitoyens qui l'appelèrent à présider le Conseil municipal de sa commune en 1854. Dès lors il prit une part active dans les affaires administratives de Samognat. Le zèle et le dévouement dont il fit preuve, pendant cinquante-quatre ans de sa vie publique, comme maire, ont fourni d'utiles exemples à ses contemporains reconnaissants. — On lui doit la restauration de l'église du lieu ; celle du presbytère, l'établissement de belles fontaines terminées par ses soins, en 1866.

On peut donc dire de M. Bomboy qu'il a été aussi vaillant soldat que citoyen recommandable par ses vertus civiques.

BONNARD (Louis-Charles-Robert), général de division, né à Avallon (Yonne) vers 1743, mort à l'armée, dite d'Angleterre, en décembre 1799.

Incorporé, à l'âge de dix-huit ans, dans le régiment de Thiange, il acquit tous ses grades subalternes dans l'ancienne armée royale. Il combattit sous les ordres de Kellermann, près de Wesel, et dans l'affaire d'Orsten, en Allemagne, il fut blessé en chargeant l'infanterie avec une bravoure des plus entraînantes.

Il était *capitaine* lorsque les troubles de 1789 amenèrent la réorganisation de l'armée ; il comptait alors vingt-huit ans de services militaires effectifs. Le nouvel horizon politique qui s'ouvrait devant lui ne pouvait tarder de favoriser sa carrière momentanément interrompue. Il avait adopté, avec enthousiasme, les idées d'affranchissement et de liberté qui fermentaient de toutes parts.

Entré dans la garde nationale de Paris, en 1792, comme *chef de bataillon,* il fut envoyé à Grenoble pour aider le général Carteaux chargé de hâter la levée de trois cent mille hommes destinés à former nos régiments contre la coalition des puissances étrangères. — Carteaux avait débuté dans le même corps que celui de Bonnard ; ils étaient amis, et le général Carteaux demanda M. Bonnard comme aide de camp.

Après avoir accompli leur mission de recrutement, ils se rendirent dans le midi de la France agité par la guerre civile : ils combattirent ensemble les insurgés qui avaient pris les armes pour s'opposer à la formation du Comité de Paris.

Le 31 août 1793, M. Bonnard reçut l'ordre de porter à la Convention nationale trois drapeaux conquis sur les rebelles de Marseille. Notre chef de bataillon parut à la barre et s'exprima ainsi :

« Citoyen président, j'arrive de l'armée des Alpes ; notre
« camp est situé aux portes de Marseille ; les rebelles oc-
« cupaient cinquante lieues du territoire de la République;
« ils en ont été chassés, battus et défaits en trois semaines.
« 250 des leurs sont restés sur le champ de bataille à
« Salons; un de leurs commandants a été tué dans les
« vignes en se sauvant; j'ai conservé son épée pour armer
« le premier brave parisien qui partira aux frontières.
« Nous occupons Aix et toutes les villes voisines ; voilà,
« citoyen président, les trois drapeaux que vous présente
« le général Carteaux. C'est tout ce que, les rebelles pos-
« sédaient. Il y a deux mois que j'ai apporté à la Conven-
« tion nationale l'adresse des citoyens de Grenoble et le
« vœu de toute l'armée ; pas un soldat n'a manqué à sa
« parole. *Mourir à son poste. Vivent la Convention et la*
« *République! Mort aux rebelles!* Voilà leur serment. »

Cette harangue militaire fut applaudie et le président **répondit** :

« Vaincre ou tomber avec gloire, voilà les destinées des
« défenseurs de la liberté. La Convention reçoit, avec trans-
« port, les gages précieux de votre courage et du triomphe
« de la République. Dites à vos frères d'armes que les
« représentants du peuple sont contents de leur bravoure.
« Dites-leur que nous déploierons, ici, contre les ennemis
« de la République, l'énergie qu'ils montrent dans les
« combats. La Convention vous invite aux honneurs de la
« séance. »

M. Bonnard rejoignit l'armée dans les murs de Toulon qu'il avait contribué à enlever glorieusement aux Anglais. Il en fut récompensé par le grade de *colonel*, puis bientôt par celui de *général de brigade*. — C'est en cette dernière qualité qu'il vint commander, successivement, les troupes républicaines stationnées dans l'Ain, dans Saône-et-Loire, la Haute-Saône, la Marne et plusieurs autres départements de l'Est.

Il se fit remarquer, à Bourg, par sa vigilance pour le maintien de l'ordre ; réprima les émeutes, protégea de son mieux les citoyens au milieu des excès des terroristes ; mais il sentait que sa place était plus utile sur les champs de bataille, il demanda du service actif et fut envoyé à l'armée du Rhin ; de là, il passa à celle de Sambre-et-Meuse, où le général en chef Jourdan commandait 76,000 combattants (65,000 d'infanterie et 11,000 de cavalerie). Le général Bonnard, placé derrière Boun, avec 2,500 fantassins et 400 chevaux, attendait le moment favorable d'attaquer l'ennemi. — Le 6 juin 1796, il commença l'investissement du fort d'Ehrenbreitstein avec six bataillons. Il tint la garnison en échec et observait la basse Lahn au-dessous de Nassau. Il avait sous ses ordres la 48e demi-brigade d'infanterie légère venant de Belgique. — La réserve du général Bonnard s'avança en colonne serrée sur la route de Friedberg. Après avoir passé la Nidda sur Wilbel, elle poursuivit sa marche jusqu'à Francfort en faisant tête à l'ennemi, qu'il battit dans plusieurs rencontres. — Il s'était déjà distingué à Fleurus ; il se fit remarquer de nouveau à la bataille d'Altenkirchen où fut tué le jeune général Marceau. M. Bonnard eut l'occasion d'y déployer ses talents militaires. La victoire dépendait, en quelque sorte, de l'impétuosité avec laquelle l'ennemi devait être abordé. Il marcha rapidement sur la Lahn avec plusieurs bataillons, culbuta les Autrichiens qui tentèrent de l'arrêter dans les défilés, et parvint à destination malgré la résistance la plus opiniâtre de l'ennemi.

En septembre 1798, lorsque l'Angleterre suscitait une nouvelle coalition contre la France, le général Bonnard commandait l'aile droite de l'armée dite d'Angleterre, et mettait à l'abri d'une invasion toute l'étendue des postes menacés par l'escadre anglaise en croisière sur les côtes de la Hollande. Ses dispositions furent faites avec tant de sagesse que l'ennemi n'osa pas l'attaquer.

Nommé *général de division* et commandant de la 24e division militaire, M. Bonnard reparut, en 1799, à Bruxelles et s'occupait de la défense de l'embouchure de l'Escaut, lorsqu'il tomba malade et fut promptement enlevé, à l'âge de 56 ans, à sa famille, à l'armée et aux habitants qui lui avaient voué une estime particulière et une reconnaissance justement méritée pour ses habiles travaux.

Il avait épousé à Bourg, en 1794, Mlle Palluat de Jalamonde, fille d'un chef d'escadron de l'ancienne armée royale. Il en eut deux fils restés en bas âge au moment de son décès. — Mme Bonnard s'étant remariée, quelques années après, avec M. Louis César, marquis de Brosse de la Barge, dont le père avait été gouverneur à l'île Bourbon, ses beaux-fils adoptés par lui furent autorisés judiciairement à ajouter à leur nom celui de leur beau-père.

BONNARD de BROSSE de LA BARGE (Ambroise-Constant), fils aîné du précédent, chef d'escadron de cavalerie, officier de la Légion d'honneur, né à Mâcon, le 16 février 1795, mort à Bourg le 14 août 1861.

Il fit de bonnes études classiques à Mâcon et se voua très-jeune à la carrière des armes. Il entra à l'école militaire de la Flèche en 1810, puis à l'école de Saint-Cyr en 1812. L'année suivante, il en sortait avec le grade de *sous-lieutenant*, et débutait, dans l'armée, par les campagnes de 1813 et 1814, où il conquit ses grades de *lieutenant* et de *capitaine* sur les champs de bataille. Il se signala surtout à Montmirail, à Arcis-sur-Aube et à Champ-

Aubert, sous le maréchal Lefebvre. — En 1815, pendant les Cent-Jours, il fut enfermé à Strasbourg, puis licencié lors de la deuxième restauration.

En 1816, M. Bonnard de la Barge fit partie de la maison du roi Louis XVIII et fut incorporé dans les gardes du corps (1re compagnie de Luxembourg), où il obtint la première classe assimilée au grade de *capitaine* dans l'armée de ligne. Il fit partie de l'escorte du roi Charles X jusqu'à Cherbourg, où il fut relevé de son serment au moment du départ de ce monarque pour l'Angleterre.

Rentré, après 1830, dans l'armée, avec le grade de capitaine dans les carabiniers, il fut nommé bientôt après *chef d'escadron* au 4e régiment de dragons ; puis il passa dans le recrutement où il commanda, successivement, les dépôts de Bordeaux et de Lyon et fut nommé *officier de la Légion d'honneur*.

Retraité vers 1840, il vint se fixer à Bourg où il est décédé à l'âge de 66 ans.

BOSSU (Jacques), chef de bataillon, officier de la Légion d'honneur, né en 1774, à Chevry, arrondissement de Gex, où il est mort, le 25 août 1830.

N'ayant d'autres recommandations que sa jeunesse et une bouillante ardeur, Bossu entra au service à peine âgé de 18 ans. — Sa carrière militaire a été glorieusement remplie depuis les premiers jours de 1792 jusqu'au licenciement de l'armée, en 1815. Chacun de ses grades fut la récompense d'une action d'éclat. Nous n'en citerons qu'une, extraite des bulletins de l'armée d'Helvétie commandée par Masséna.

Sous-lieutenant en 1799, et se trouvant à la tête des grenadiers de la 1re compagnie de la 38e demi-brigade, il rencontra une colonne ennemie qui s'avançait dans le pays des Grisons, entre Vasen et le Pont-du-Diable ; sans hésiter, il la chargea à la baïonnette, culbuta tout ce qui lui présentait de la résistance et fit 600 prisonniers, dont 25 officiers.

Ce brave officier supérieur, rentré dans ses foyers lors de la seconde Restauration, en 1815, ne cessa pas de se montrer utile à ses concitoyens dans les emplois publics, comme membre de la municipalité de Chevry, et membre de l'administration des hospices. — Il succomba de maladie dans la chambre où il était né, à l'âge de 56 ans, aimé et regretté de tous.

BOULAYE. — Voyez *Dubuisson de la Boulaye*.

BOURDET (Jean), fusilier à la 30° demi-brigade d'infanterie de ligne, né à Trévoux, vers 1777.

Le 14 juin 1800, à Marengo, où une balle frappa le brave Desaix en pleine poitrine, il se fit des prodiges de valeur autour de lui : quatre militaires de la 30° demi-brigade de ligne se précipitèrent sur un peloton autrichien auquel ils enlevèrent un drapeau, en faisant un grand nombre de prisonniers. L'un de ces quatre Français se fit remarquer par son intrépidité ; le fusilier Bourdet ne voulut pas quitter le champ de bataille quoique grièvement blessé : « *Allons, camarades*, s'écria-t-il, *courage, je ne me reti-*« *rerai pas que nous n'ayons pris le drapeau !* » Il succomba des suites de ses blessures.

Ce même soldat avait déjà reçu un fusil d'honneur pour sa belle conduite, le 15 août 1799, lors de la bataille de Novi où fut tué son compatriote, le général Joubert.

BOURDIN (Benoît-François), capitaine d'infanterie, né à Saint-Rambert en Bugey, le 10 avril 1770, mort à Belley, le 4 août 1824.

A douze ans, le jeune Bourdin fut reçu dans l'ordre de Malte, parmi les frères *Chapelains*, qui formaient une compagnie spéciale. — Son bref d'admission était signé par les frères *Bajut* et *Almayda*, visé par le grand-maître *Emmanuel de Rohan* dont le scel, en cire noire, représentait son effigie.

Sept ans après, le 24 septembre 1789, il s'engagea volontairement dans le régiment de Bourgogne, devenu 38° demi-brigade. Il fit les campagnes de la République, en Savoie, dans la Tarentaise, à l'armée des Alpes, au siége de Toulon et en Italie, sous les généraux de Montesquiou, Dornac, Kellermann, Dumerbion, Vaubois, Serurier et Schérer.

Il fut nommé *sous-lieutenant*, le 16 floréal an III (5 mai

1795), en récompense de sa bravoure. Puis vint la lutte terrible du pont d'Arcole, où notre officier fut blessé grièvement, le 16 novembre 1796, par une balle qui lui traversa l'omoplate gauche.

Pendant trois jours, deux divisions françaises soutinrent le plus sanglant combat ; ce ne fut que le troisième jour où l'ennemi céda devant la bravoure et l'audace de notre infanterie. Les événements qui suivirent achevèrent bientôt l'entière défaite des Autrichiens, et la nouvelle de ce succès, connue à Paris, y excita l'enthousiasme du Corps législatif qui décréta que les drapeaux républicains portés à Arcole par les généraux Bonaparte et Augereau, leur seraient donnés, à titre de récompense, par la nation.

M. Bourdin, promu *lieutenant* le 4 nivôse an V (24 décembre 1796), combattit vaillamment à la bataille de Rivoli.

Il fut fait *capitaine* le 1er floréal an IX (21 avril 1801), et espérait atteindre l'épaulette d'officier supérieur ; mais sa santé laissait à désirer ; ses blessures et les fatigues de la guerre avaient fortement altéré sa délicate constitution physique ; il se décida à demander sa retraite pour cause d'infirmités, ne comptant que douze ans de services actifs ; elle lui fut accordée le 15 juin 1803. — Le chiffre de sa pension était peu élevé ; le gouvernement impérial, faisant droit aux bonnes notes de ses chefs militaires et à une requête qu'il avait adressée directement à l'empereur Napoléon Ier, lui donna l'emploi de percepteur du canton de Saint-Rambert. Il exerça cette recette pendant plusieurs années ; se retira ensuite à Belley où il se maria et y succomba des suites d'une maladie du cœur dont il était atteint, n'étant âgé que de 54 ans. Il n'a pas laissé d'enfants.

François Bourdin ne fut pas seulement un vaillant soldat ; dans sa vie privée, animé d'un parfait désintéressement, d'une charmante bonté, d'une exquise aménité, il ne cessa de se montrer affectueux et charitable envers les malheureux, dévoué aux intérêts de son pays et de ses concitoyens qui l'entourèrent, jusqu'à la fin de sa vie, de leur estime et de leur considération.

BOURDIN (Emmanuel-Joseph-Frédéric), frère du précédent, lieutenant-colonel d'artillerie, officier de la

— 108 —

Légion d'honneur, né à Lagnieu, le 24 décembre 1772, mort à Douai (Nord), le 4 mai 1818.

Après avoir fait de bonnes études chez les Oratoriens de Belley, où il avait commencé ses cours de mathématiques, il entra, en 1793, comme élève à l'école d'artillerie de Châlons-sur-Marne.

Sorti de cette école avec le grade de *sous-lieutenant*, il fut nommé *lieutenant* au 4ᵉ régiment d'artillerie à pied, deux ans après, et envoyé à l'armée de Sambre-et-Meuse ; là, sous les ordres du général Bernadotte, il combattit avec intrépidité près des hauteurs d'Ehrenbreitstein, en 1795, et assista aux combats de Creutznack, de Bendorff et d'Offenheim.

Récompensé par le grade de *capitaine*, en 1805, il fit toutes les campagnes d'Allemagne et d'Espagne, de 1808 à 1813. Il prit une part active aux batailles de Medina-del-Rio-Secco, de Somosierra, de Guadalaxara. — A Wagram, commandant une batterie de la grande armée, il fut témoin de la chute du maréchal Bessières, duc d'Istries, renversé de son cheval par un boulet, dans une charge contre l'archiduc Charles : « *Bessières*, lui dit l'Empereur, *voilà un « beau boulet : il a fait pleurer ma garde.* » En effet, lorsque ces braves virent tomber leur chef qu'ils adoraient, ils versèrent des larmes, et ce tribut de la valeur honora presqu'autant ceux qui le donnèrent que celui qui en fut l'objet. — On était alors au mois de juillet 1809, le même maréchal fut encore frappé d'un boulet de canon, dans le défilé de Rippach, lors de la bataille de Lutzen, le 1ᵉʳ mai 1813 ; mais, cette fois, il ne se releva pas.... M. Bourdin, qui avait été honoré de l'amitié de ce général, témoigna ses vifs et sincères regrets de la perte de cet illustre chef.

Notre compatriote fut élevé au grade de *major* au 6ᵉ régiment d'artillerie, le 22 juillet 1813, et devint *chevalier de la Légion d'honneur* le 25 novembre suivant.

Après la première abdication de Napoléon Iᵉʳ, lors de ses touchants adieux à l'armée, dans son palais de Fontainebleau, le 20 avril 1814, le major Bourdin, qui s'était joint au petit nombre des serviteurs reconnaissants envers un maître malheureux, lui témoigna le chagrin personnel qu'il éprouvait de se séparer de lui ; il entendit le monarque

déchu s'exprimer ainsi : « Servez les Bourbons, servez-les
« bien ; il ne vous reste pas d'autre conduite à tenir. S'ils
« se comportent avec sagesse, la France, sous leur auto-
« rité, peut être heureuse et respectée. » — L'âme un peu
allégée par ces paroles, le major qui sentait son activité et sa vigueur assez fortes pour servir encore la
France, accepta du général Dupont, nouveau ministre de la
guerre, la sous-direction de l'artillerie, à Douai, le 8 juin
1814. Il quitta ce poste important au retour de Napoléon
de l'île d'Elbe, et resta dans ses foyers, à Lagnieu, pendant les Cent-Jours, au milieu du calme et de l'étude dont
il faisait son occupation favorite. Il ne reparut dans l'armée
qu'en 1816, avec le grade de *lieutenant-colonel*.

Le 24 juillet 1817, il était nommé *chevalier de Saint-Louis* par le roi Louis XVIII, puis *officier de la Légion d'honneur*, le 30 avril 1818.

Un mois après, il mourait prématurément, à 46 ans, ayant repris son emploi de directeur de l'artillerie à Douai, laissant une réputation bien acquise de bravoure, de savant ingénieur des fortifications et de bon patriote.

Dès l'année 1805, étant *capitaine*, il avait eu l'idée, *l'un des premiers*, d'éterniser le souvenir de nos victoires par un splendide trophée vraiment national. Il prit l'initiative d'une proposition faite au gouvernement, d'employer à cette œuvre le bronze provenant des canons conquis sur nos ennemis. En conséquence, il fit construire un petit modèle re-
présentant une colonne dédiée à *Napoléon Ier* et *à la grande armée*, monument qu'on pouvait établir, disait-il, à Paris, sur la place de la Madeleine, comme ayant un rapport di-
rect avec le temple de la Gloire qu'il était alors question d'y bâtir, et dont les décorations intérieures devaient s'har-
moniser avec celles de l'extérieur.

Plus tard, en 1807, après la bataille de Friedland, il avait mis la dernière main à ce projet. D'après les indications d'un mémoire imprimé dont il est l'auteur et que nous avons sous les yeux, il s'exprimait ainsi :

« L'accueil favorable que ce projet a reçu du public, le
« désir qu'ont manifesté un grand nombre d'officiers de
« toutes armes et de tous grades de le voir réaliser, m'ont
« engagé à le revoir dans son ensemble et dans ses détails,

« afin de le rendre plus digne de son objet. Aussi j'ai fait
« quelques changements dans l'arrangement des pièces,
« pour que dans la construction, on ne fût pas obligé d'em-
« ployer du fer pour assujétir les canons et pour qu'il n'y
« eût point de massif de maçonnerie dans l'intérieur du
« fût. *La colonne, étant à jour, en sera plus légère, plus*
« *élégante et en même temps plus solide.*

« La hauteur totale du trophée devait être de 34 mètres
« (un peu plus de 100 pieds).

« Le piédestal devait être composé de mortiers et de
« pièces de gros calibre, disposés de manière à encadrer
« *quatre grands bas-reliefs*. Le premier offrirait le portrait
« en pied de SA MAJESTÉ L'EMPEREUR *passant en re-*
« *vue son armée* ; le second, la *bataille d'Austerlitz ;* le
« troisième, celle d'*Iéna ;* et sur la quatrième face, serait la
« *bataille de Friedland*. Aux quatre angles supérieurs du
« piédestal, il y aurait *quatre trophées d'armures*.

« Le fût de la colonne à jour serait composé de six rangs
« de canons de hauteur ; ces rangs présenteraient chacun
« douze pièces (ce qui fournirait la surface du fût). Le cha-
« piteau, formé de petites pièces, supporterait un gros
« trophée d'armes et d'armures en bronze, le tout surmonté
« de *l'aigle française.*

« Aux quatre angles, on déposerait quatre piles de bom-
« bes ; ces piles seraient incomplètes, et l'on y établirait,
« comme sur une base, *quatre armures antiques et com-*
« *plètes rapportées de l'arsenal de Vienne.*

« L'enceinte, formée de canons de fer, supporterait une
« *grille composée de canons de fusils garnis de leurs baïon-*
« *nettes.*

« Tel est le monument ou faisceau de dépouilles que je
« propose. Il serait, selon moi, le plus beau trophée qu'on
« puisse élever à la gloire de S. M. l'Empereur et de la
« grande armée.

« La nouveauté de sa composition serait de nature à ré-
« veiller les sentiments les plus vifs d'admiration et d'or-
« gueil national. *Quel Français, en effet, pourrait être in-*
« *sensible à l'honneur de conserver et de défendre un tel*
« *dépôt, témoignage authentique de la bravoure de ses*
« *ancêtres ?* On peut imaginer des monuments qui se pré-

« teraient mieux aux ressources de l'art, pour la forme et
« pour les ornements ; mais il n'en est point dont l'*effet*
« *moral soit aussi certain que celui-ci*, etc. (1). »

Suivent les indications propres à l'ajustage et à la pose de ce monument dû à la conception ingénieuse de M. Bourdin. Il était tout à la fois imposant, élégant et solide. Il n'aurait coûté, pour sa construction, qu'une dépense relativement peu considérable, puisqu'il n'exigeait que l'emploi de la dixième partie du bronze déjà conquis, sans autre maçonnerie que celle de la base ; mais, une fois l'idée monumentale admise, on lui préféra le modèle exécuté sur la place Vendôme, en 1810, par les architectes Denon et Goudoin. On sait que cette colonne, construite en pierre de taille et en briques, recouverte de plaques de bronze, a coûté 1,775,417 fr., et que son renversement a été décrété par la *Commune*, le 12 avril 1871.

Ce fait d'histoire contemporaine n'en est pas moins utile à noter ici, puisque la première pensée appartient à un enfant du Bugey, dont la famille conserve encore religieusement la médaille d'or, de grand module, que l'Empereur Napoléon lui fit remettre pour honorer son zèle et ses talents.

BOURG (du), seigneur de Sainte-Croix, d'Argit et de Montgrillet.

Armoiries : *D'azur à un dragon d'or*.

L'origine de cette maison remonte au xive siècle.

Deux frères, **Antoine** et **Humbert**, ont courageusement défendu la ville de Montluel en 1468, contre les Dauphinois commandés par le comte de Comminges, et qui tentèrent d'envahir la Valbonne, la Dombes et la Bresse, sous le règne d'Amé ou Amédée IX, duc de Savoie.

L'historien Guichenon raconte, dans son *Histoire de Bresse et du Bugey* que la place assiégée de Montluel fut vigoureusement défendue par les deux frères du Bourg et qu'ils ne la rendirent que par suite du défaut de secours qu'ils attendaient du duc de Savoie.

(1) On sait aujourd'hui ce qu'il faut attendre de cet *effet moral* et de *l'admiration* de certains patriotes-démolisseurs qui ont fait leurs preuves pendant le règne de la Commune, en mars 1871.

BOUVENS, seigneur du lieu et de Ciriès, en Bugey.

Armoiries :
- De gueules, à une croix dentelée d'argent.
- Supports : *Un sauvage batonné d'or, à droite, et un lion aussi d'or, à gauche.*
- Cimier : *Un taureau d'or.*
- Devise : *Plus n'est possible.*

Cette famille dont la généalogie remonte au xive siècle, eut pour chef, **Henri** *de Bouvens*, juge-mage de Bresse en 1306 et en 1320. Les principaux hommes de guerre de cette maison, sont :

André, capitaine, en 1447, à l'armée du duc de Bourgogne, en Guienne et en Languedoc. Il testa le 3 février 1447.

Janus, petit-fils du précédent, conseiller et chambellan du duc de Savoie, mort en 1526. — Il fut d'abord lieutenant d'une compagnie de 100 lances commandée par Julien de Médicis, duc de Nemours, en 1505 ; il devint ambassadeur à Rome pour Charles, duc de Savoie, en 1815, et servit ensuite dans les Gentilshommes de François 1er. Enfin, il fit hommage au duc de Savoie et se maria en 1519, avec Jeanne de la Palud.

Jean-Amé, lieutenant-général, commissaire de la cavalerie en Savoie et commandant de la citadelle de Saint-Maurice, de Bourg, né vers 1550, mort en 1616.

Ce vaillant capitaine possédait les seigneuries de Châtillon, de Musinens en Michaille, de Saint-Julien-sur-Cerdon.

Son père **Charles-Philibert**, homme d'armes de la compagnie du comte de Montrevel, avait fait hommage au roi de France Henri II, en 1552. — Sa mère, Philiberte de Gingin, était fille de François de Gingin, baron de la Serra et de Divonne.

Ecuyer du duc de Savoie en 1581, Jean-Amé devint conseiller d'Etat et chambellan de ce prince. Capitaine d'une compagnie de chevau-légers, il fut pourvu, le 10 janvier 1596, du commandement de la citadelle de Bourg, dont il prit possession le 8 mars suivant.

Marié, le 15 décembre 1578, à Hélène de Châtillon-de-Michaille, dont il eut sept enfants, il est mort à l'âge de soixante-six ans.

Il a laissé une réputation des plus honorables, par suite de sa belle défense contre l'armée française commandée par Henri IV en personne, lors de la conquête de la Bresse en 1600.

Cette défense avait duré sept mois entiers; la place fut réduite à toute extrémité. Pendant les derniers trois mois, la garnison assiégée ne vivait que de chats, de rats et de chevaux.

L'historien Guichenon a publié la lettre du roi de France adressée à Bouvens pour lui demander la remise de cette citadelle, ainsi que la réponse faite par ce vaillant officier. Nous les reproduisons succinctement :

1° Lettre du Roi :

« M. de Bouvens, à présent que j'ai plus d'occasion que je n'avais d'espérer d'avoir bientôt raison de la place que vous gardez, je veux vous faire reconnaître l'estime que je fais de ceux qui vous ressemblent en qualité de vertu et valeur et vous témoigner ma bonté en vous conviant de traiter avec moi d'une chose qui ne me peut fuir avec le temps, soit que la guerre continue, ou que la paix se fasse, etc.

« J'ai demandé raison au duc de plusieurs prétentions bien fondées que la couronne de France a sur ses pays qui ne seront pas vidés assez tôt pour vous tirer de peine d'avantage, quand bien je me contenterais de traiter seulement du marquisat de Saluces, ledit duc offre déjà de me laisser la Bresse, avec votre place, pour partie de récompense d'icelui; de sorte qu'il ne tiendra qu'à moi qu'elle ne demeure mienne, soit par la guerre, soit par la paix. Quoi étant, vous amenderiez grandement votre condition si, dès à présent, vous voulez traiter avec moi et me contenter, car je vous donnerai occasion de vous louer de ma bonté. Vous avez fait jusqu'à présent tout ce qu'un gentilhomme d'honneur et de courage peut pour défendre et conserver cette place, ayant en ce devoir surpassé tous les autres en pareille charge que j'ai attaqués, nul n'est obligé à faire l'impossible. C'est la nécessité des vivres et des autres choses qui vous défaillent, qui vous donne la loi avec le peu d'apparence qu'il y a maintenant d'espérer que vous soyez secouru. Résolvez-vous donc de faire ce que vous ne pouvez éviter ; vous y êtes conseillé et convié par un prince qui fait profession de gloire et d'aimer et d'estimer les gens d'honneur, si vous considérez l'estat particulier auquel vous vous trouvez, etc...

« Que je sache donc votre délibération par le retour de ce trompette que j'envoie exprès devant vous avec la présente, etc.... »

2º Réponse du commandant de Bouvens :

« Sire,

« Quand cette place me fut remise par Monseigneur le duc de Savoie, mon maistre, je fis délibération de m'y ensevelir et d'y rendre le devoir d'un homme de bien ; je ne regrette sinon que je voy que Vostre Majesté n'en veut point faire la preuve par la force ; toutefois, je n'espère pas moins acquérir de gloire, surmontant les nécessités auxquelles Votre Majesté croit que je sois, que résistant à ses efforts. Sur ce, je la supplie de croire que je demeureray toute ma vie, de Vostre Majesté, le très humble et très obéissant serviteur. »

La place ne fut rendue que sur un ordre exprès du duc de Savoie qui, pour récompenser la belle conduite de Bouvens, l'éleva au grade de lieutenant-général. Ses lettres de provisions, datées du 26 juin 1601, portaient ce passage explicatif :

« Pour les services rendus en plusieurs occurrences de
« guerres passées et pour avoir généreusement et très-
« honorablement soutenu un cruel siége de sept mois dans
« la citadelle de Bourg ; l'avoir défendue et gardée contre
« les forces de la France, avec tant de magnanimité et de
« courage, que sa valeur n'avait pas été vaincue par les
« forces des ennemis jusques à ce que, ayant reçu le contre-
« seing et commandement exprès de remettre la place ès
« mains du Roi, il en sortit avec l'honneur en main. »

Bouvens reçut encore des terres du duc de Savoie dans le comté de Saint-Pierre, au marquisat de Saluces et les revenus du château de Chambéry.

Le contre-seing du duc consistait en *une moitié d'écu d'or*, accompagnée de ces mots :

« Vous avez répondu aux lestres du Roi et du mareschal
« de Biron aussi galamment qu'il se pouvait ; je me suis

« tousjours promis de vous, ce que j'en vois ; aussi n'ou-
« blierois-je point vos services et vous et les vostres vous
« en ressentirez. »

La citadelle de Saint-Maurice, de Bourg, fut rendue le 12 mars 1601 (1), suivant l'acte rédigé par le conseiller Boursyer, document que nous avons trouvé dans le dépôt des Archives du département de la Côte-d'Or, et qui est ainsi conçu :

Acte de rémission de la citadelle de Bourg-en-Bresse au duc et mareschal de Biron, au nom du roy de France, par les sieurs de Bouvens et Pierre Boursyer, au nom du duc de Savoie, Charles-Emmanuel Ier, en exécution du traité de paix de Lyon, de la même année 1601.

Nous Charles de Gontaut, duc de Biron, pair et mareschal de France, mareschal de camp, général des armées du roy, capitaine de cent hommes d'armes des ordonnances de Sa Majesté, gouverneur et lieutenant général de Sa Majesté en ses pays et duché Bourgoigne et comté de Bresse, Beugey, Veromey et Gex, certifions à tous qu'il appartiendra que cejourd'hui douziesme jour de mars mil six cent et ung, sur les deux heures après midy, le sieur de Bouvens, assisté de noble Pierre Boursyer, conseiller et secrétaire de très-excellent prince Charles-Emmanuel, duc de Savoye, s'est fait conduire et présenter devant nous, et en présence et assistance dudit sieur Boursyer, nous a requis, au nom dudit seigneur duc, recepvoir en noz mains la place et cytadelle de Bourg, conformément et en exécution du traicté de paix accordé par Sa Majesté audict seigneur duc, nous requérant acte de son offre et de la consignacion actuelle qu'il entend présentement nous faire de la dicte place, laquelle consignacion nous avons accepté au nom du roy, dont nous lui avons ordonné estre délibéré le présent acte pour lui servir en temps et lieu ainsy qu'il appartiendra.

Fait à Bourg, le dict jour XII de mars 1601.

BIRON.

Charles-Emmanuel, fils aîné du précédent, premier capitaine lieutenant-colonel du régiment du Chesnay, sous

(1) D'après l'historien Guichenon, cette date serait du 9 mars 1601 ; c'est évidemment une erreur.

le duc de Nemours, en 1614. Il était né vers 1580. Il avait été page du duc de Savoie, dans sa jeunesse, et gentilhomme de la chambre en 1606. Il se maria, en 1611, avec Luciane de Chalant, dame d'honneur.

Joachim, son frère, fut également page du duc de Savoie, Emmanuel-Philibert, et devint capitaine d'infanterie au régiment de Cassin en Savoie. Il combattit avec succès à Palestro en Piémont, et fut employé ensuite sur mer, sous Jacques d'Urfé, sur les galères, en 1627. Devenu chef d'un régiment d'infanterie au premier siége de Verrüe, il y fut blessé d'un coup de mousquetade ; mais il survécut à sa blessure et vivait encore en 1650.

Les différentes branches de la maison de Bouvens sont :
1º Les seigneurs *de Boys et de Ruffieu ;*
2º Ceux *de la Roche,* en basse Bretagne.

BOUVÉRON (Claude), canonnier, chevalier de la Légion d'honneur, né le 8 février 1774, à Cuisiat, où il est mort le 10 avril 1840.

Arrivé au 5ᵉ régiment d'artillerie à cheval, en qualité de réquisitionnaire, le 20 thermidor an II (7 août 1794), sortant de la 18ᵉ compagnie d'artillerie à cheval où il servait depuis le 20 pluviôse de la même année, il fit toutes les campagnes de la République aux armées du Rhin, d'Italie et d'Orient. — A la bataille d'Aboukir, le 7 thermidor, an VII (25 juillet 1799), il fit preuve d'un grand courage : resté avec un camarade près d'une pièce de 8, sur laquelle les Turcs dirigeaient un feu très-vif, il soutint la retraite et sauva cette pièce.

Au siége du Caire, le 30 vendémiaire, an VII (21 octobre précédent), il fut blessé à la joue droite en arrachant une autre pièce de canon des mains de l'ennemi, et ne quitta point son poste malgré la douleur qu'il éprouvait de sa blessure.

Le 15 pluviôse, an XII (5 février 1804), il fut nommé légionnaire et passa dans l'artillerie à cheval de la garde impériale, le 1ᵉʳ avril 1806.

Après avoir fait les campagnes de Prusse, d'Allemagne et de Russie, de 1807 à 1812, il prit sa retraite le 6 février 1813, et rentra dans son village où il est mort aimé et estimé de tous.

BOUVIER des ÉCLAZ (Joseph), baron de l'empire, général de brigade, commandeur de la Légion d'honneur, chevalier de Saint-Louis, né le 7 décembre 1759, à Belley, où il est mort le 12 janvier 1830.

Dragon au 11⁰ régiment, le 7 novembre 1778, il fit, l'année suivante, la campagne de Hanôvre, sous l'ancienne monarchie. Il devint *brigadier* le 4 avril 1782 ; *maréchal des logis* le 13 septembre 1784 ; *maréchal des logis chef* le 10 mai 1786, et *adjudant sous-officier* le 1ᵉʳ mars 1789.

Au licenciement de l'armée royale, M. Bouvier des Eclaz n'avait que 30 ans. — Il aimait la carrière des armes et se trouvait en position de devenir officier. — Peut-être ses opinions politiques le portaient-elles à servir une révolution qui, en 1790, ne semblait pas donner carrière aux crimes qui ont suivi, depuis, les réformes sociales ; il accepta une *lieutenance* dans la cavalerie de la nouvelle armée républicaine, le 3 juin 1792. Il servit, durant cette année et la suivante, à l'armée du Rhin, sous les généraux Custines et Beauharnais. — Le 8 mars 1793, il était promu *capitaine* à l'armée de Sambre-et-Meuse.

A la bataille de Fleurus, il se distingua par sa bravoure, eut un cheval tué et un autre blessé sous lui. — En avant de Bamberg, il chargea l'ennemi et lui fit plusieurs prisonniers. — Le 23 ventôse, an V (18 mars 1797), sa belle conduite à la bataille de Friedberg lui valut, le même jour, le grade de *chef d'escadron provisoire*, donné par le général Hoche.

Pendant les campagnes de 1798 et de 1799, il remplit les fonctions de chef d'état-major de la division du général Klein, à l'armée dite *d'Angleterre* et à celle d'Helvétie. Il fut confirmé dans son grade de chef d'escadron par un arrêté du 28 pluviôse, an VII (16 février 1799).

Employé, l'année suivante, à l'armée du Rhin, il se fit remarquer à la bataille de Hohenlinden : chargé par le général Lecourbe, au milieu de l'action, de se porter, avec 1,200 hommes, sur les derrières de l'ennemi, il exécuta ce mouvement avec autant de promptitude que d'énergie et contribua au succès de cette journée.

Nommé *major* du 17⁰ régiment de dragons, le 6 brumaire, an XII (29 octobre 1803), il combattit à Austerlitz où il mérita la croix de *chevalier* de la Légion d'honneur, qui lui fut remise le 4 germinal suivant (25 mars 1804).

Le 20 septembre 1806, M. Bouvier des Éclaz reçut le brevet de *colonel* du 14e régiment de dragons, et celui d'*officier de la Légion d'honneur*, le 14 mai 1807.

Envoyé en Espagne en 1808, il se signala de nouveau par son intrépidité et par tant de succès, qu'il fut élevé au grade de *général de brigade* le 8 octobre 1810. — A la suite de la bataille de Gebora, le 19 février 1811, mentionné honorablement dans le rapport du maréchal duc de Trévise, l'Empereur lui conféra le titre de *baron de l'empire*.

Le 15 juin suivant, s'étant couvert de gloire à Santa-Marta et à Villalba, il obtint, le 6 août, même année, la croix de *commandeur de la Légion d'honneur*. — En Russie, placé à la tête d'une brigade de carabiniers, il déploya la plus intrépide valeur à la bataille de la Moscowa où il mérita les éloges du prince Eugène, sous les ordres duquel il se trouvait.

Rentré en France, le 3 mars 1813, il commanda successivement le département de la Frise, du 17 juillet au 6 septembre, et celui des Bouches-de-la-Meuse, depuis le 7 septembre jusqu'à l'évacuation de la Hollande par les troupes françaises. — Chevalier de Saint-Louis, le 19 juillet 1814, il resta en non-activité jusqu'au retour de Napoléon de l'île d'Elbe. L'Empereur lui confia, le 14 avril 1815, le commandement et l'organisation des gardes nationales de la 6e division militaire.

Admis à la retraite, le 9 novembre suivant, il rentra dans son pays natal qu'il a illustré par ses vertus militaires et civiles. Il y est mort à l'âge de 71 ans.

M. Bouvier des Éclaz fut un des meilleurs généraux de l'empire et l'émule des Joubert et des Dallemagne. Son nom est inscrit sur l'Arc de Triomphe de l'Etoile, à Paris, côté nord.

BREVET (Jean), capitaine, chevalier de la Légion d'honneur, né le 13 novembre 1771, à Fleyriat, commune de Viriat, où il est mort vers 1846.

Entré au service militaire, comme réquisitionnaire, le 24 septembre 1793, dans le 10e bataillon de l'Ain, devenu 39e régiment de ligne, il fut fait *caporal* le 11 décembre 1794, *sergent* le 5 juillet 1801, *sous-lieutenant* le 2 mars 1811 ; *lieutenant* le 24 décembre de la même année, et *capitaine* le 22 juillet 1813.

Ce brave officier n'a appartenu qu'au 39e régiment de ligne, pendant toute la durée de sa carrière active, jusqu'au 10 août 1814, c'est-à-dire pendant 21 ans. — Placé à la suite du 39e régiment d'infanterie de ligne, comme capitaine, pour attendre le réglement de sa pension de retraite pour blessures ; puis, au 12e régiment de ligne pendant les années 1814 et 1815 ; il est rentré dans ses foyers après le licenciement de l'armée de la Loire, le 21 septembre 1815.

Il a fait, avec distinction, les campagnes de 1793 à l'an VIII (1799-1800), aux armées des Alpes et d'Italie. — Celles d'Allemagne, d'Espagne et de Portugal, de l'an XII à 1812. — Enfin il s'est trouvé au blocus de Landau en 1814.

M. le capitaine Brevet a été blessé trois fois : il a reçu un coup de feu à la cuisse droite, au pont du Var, le 15 floréal an VIII (5 mai 1800). — Le 5 juin 1807, il fut blessé d'un nouveau coup de feu à la jambe gauche, à Altkirk, dans un combat contre les Russes conduits par le prince Bagration, qui voulait s'emparer de cette position défendue par le maréchal Ney. — Le 39e, placé en avant de ce village, ne se retira qu'après avoir jonché de morts le pied des retranchements. (*Hist. de l'Empire*, par M. Thiers.) Blessé grièvement une troisième fois à la même jambe, à Leipsick, le 18 octobre 1813, il en fut récompensé par un brevet de chevalier de la Légion d'honneur daté du 10 novembre suivant.

M. Brevet, rendu à la vie civile, a vécu loin du bruit et des affaires publiques, s'occupant de travaux d'agriculture au milieu de l'estime et de la considération de ses concitoyens. Il est mort célibataire à l'âge de 75 ans, regretté de tous ceux qui l'ont connu.

BRILLAT-SAVARIN (Frédéric), colonel, officier de la Légion d'honneur, chevalier de l'empire, né le 30 décembre 1768, à Belley, où il est mort le 4 octobre 1836.

Son père le destinait à la carrière de la magistrature ; mais la Révolution de 1789 lui donna une autre direction.

Il entra d'abord comme *trésorier* dans le 1ᵉʳ bataillon des volontaires de l'Ain, le 1ᵉʳ septembre 1793. Il passa ensuite, le 1ᵉʳ octobre suivant, dans le 11ᵉ bataillon des volontaires du même département, comme *adjudant-major*, et fut incorporé bientôt dans la 22ᵉ demi-brigade d'infanterie légère.

Dans les années 1794 à 1797, il servit aux armées des Alpes et d'Italie, et de 1798 à 1800, à celles d'Orient. Il se signala par son intrépidité à la prise de Jaffa et au siége de Saint-Jean-d'Acre.

Rentré en France en l'an X (1801), il fut nommé, le 25 février 1804, *chef de bataillon*, et *chevalier de la Légion d'honneur*, le 14 juin suivant. — Après les campagnes des années 1804 et 1805, à l'armée des côtes de l'Océan, il suivit le 22ᵉ léger à la grande armée. — Il combattit en 1806 et 1807, en Allemagne, en Prusse et en Pologne.

Officier de la Légion d'honneur, le 14 mai 1807 et *major* du 28ᵉ régiment de ligne, le 6 septembre 1808, après être resté attaché au dépôt pendant un an, il rejoignit les bataillons de guerre, en Espagne, en 1810.

Passé avec son grade, le 27 avril 1811, dans le 15ᵉ de ligne, puis *colonel* du 134ᵉ de ligne, le 28 janvier 1813, il fit, à la tête de son régiment, la campagne de Saxe. A son retour en France, il fut récompensé par le titre de *chevalier de l'Empire* sous la date du 14 août 1813. L'Empereur lui attribua les armoiries suivantes : *D'azur à un chevron cousu de gueules, du tiers de l'écu, chargé du signe des chevaliers de l'Empire et accompagné de deux roses d'or en chef et d'une grenade allumée de même, en pointe.*

Placé en non activité, le 13 octobre 1814, par le gouvernement des Bourbons, il fut réemployé, le 26 mai 1815, au retour de Napoléon Iᵉʳ de l'île d'Elbe, comme commandant d'un régiment de la garde nationale de Paris. Mais après la seconde rentrée des Bourbons en France, il fut licencié le 1ᵉʳ août suivant et admis à la retraite le 10 juillet 1816.

M. le colonel Brillat-Savarin était le frère cadet d'Anthelme, l'auteur de la *Physiologie du goût* et magistrat distingué, qui fut maire de Belley en 1793, mort en 1826.

Le colonel lui a survécu pendant vingt ans, laissant aussi une réputation d'homme aimable, de citoyen honnête, et de plus, celle de vaillant soldat.

BROSSE DE LA BARGE (**Louis-César,** *marquis* **de**), chef d'escadron, chevalier de Saint-Louis et de l'ordre du Saint-Sépulcre de Jérusalem, né à l'île Bourbon, le 26 décembre 1776; mort à Ceyzériat, près Bourg, le 12 septembre 1867.

Issu d'une ancienne famille de Lyon, son père, qui était gouverneur de l'île Bourbon, étant rentré en France en 1789, lors de l'assemblée des Etats-Généraux, prit parti contre les républicains en 1793, pendant le siége de Lyon et paya de sa tête son dévouement à la cause royale. Il périt sur l'échafaud révolutionnaire en février 1794.

M. de Brosse de la Barge émigra. Il servit, de 1814 jusqu'en 1822, dans l'armée du prince de Condé et dans la maison du roi, comme garde du corps. Il accompagna le roi Louis XVIII à Gand, pendant les Cent-Jours.

Marié avec la veuve du général Bonnard (Mlle Palluat de Jalamonde), il adopta les deux fils de cette dame, qui furent autorisés judiciairement à ajouter à leur nom de Bonnard, celui de Brosse de La Barge.

Il est mort à 91 ans, entouré de l'estime publique et de la reconnaissance des pauvres dont il fut la providence par sa charité.

BROUILLET (**Philippe**), soldat, né en Bugey, en 1768, qui s'est fait remarquer, dans les campagnes de la République, par son intrépidité et son sang-froid devant le danger.

Fusiller à la 106e demi-brigade de ligne, il se distingua particulièrement au combat de Montefacio (Italie), le 17 germinal, an VIII (7 avril 1800) : envoyé en tirailleur, et se trouvant entouré par six Autrichiens, il en tua deux, fit deux autres prisonniers et mit les deux derniers en fuite.

Cette action d'éclat lui fit décerner, le 26 fructidor, an IX (13 septembre 1801), *un fusil d'honneur*. — Retiré du service en 1804, il devint électeur de l'arrondissement d'Orléans où il est mort.

BRUAND (**Anne-Joseph**), sous-lieutenant, né le 20 janvier 1787, à Besançon (Doubs); mort à Belley, le 19 avril 1820.

Doué d'une imagination vive et d'une intelligence développée par de bonnes études classiques, il s'enrôla, à l'âge de 16 ans, comme soldat dans l'infanterie et fut admis, en 1803, dans les chasseurs d'élite où il fut nommé *sous-lieutenant*, après avoir combattu avec courage, à l'affaire de Wertingen, près d'Ulm, le 8 octobre 1805, où il fut blessé près du colonel Maupetit.

Ayant quitté l'armée, en 1806, il commença ses études de droit et se fit recevoir avocat ; cependant, il préféra suivre la carrière de l'administration et entra comme chef de bureau à la préfecture du Jura, puis successivement dans les préfectures de la Haute-Garonne et d'Indre-et-Loire, où il accompagna M. Destouches, préfet, son ami. Il avait fondé un musée pendant son séjour à Lons-le-Saunier.

Nommé lui-même sous-préfet à Vitry, en 1815, sous le gouvernement provisoire, il montra, après Waterloo, autant de sagesse que de courage dans ce moment difficile, en contenant avec fermeté les factieux. Sa conduite prudente lui valut l'estime des honnêtes gens et les félicitations des ministres du roi Louis XVIII.

Après le 5 septembre 1816, M. Bruand fut appelé à la sous-préfecture de Barcelonnette et ensuite à celle d'Yssoire, où il fit une *statistique* et un mémoire intéressant sur *l'histoire des monuments anciens*, écrits qui lui ouvrirent les portes de l'Académie des inscriptions.

Nommé sous-préfet à Belley, il explora cet arrondissement ; il fit la description érudite des *monuments antiques de l'époque gallo-romaine* (pierres funéraires et cippes) épars sur divers points du Valromey ; encouragea l'utile méthode de l'enseignement mutuel dans les écoles, et se fit remarquer par les soins constants qu'il donna à son administration préfectorale.

D'heureux résultats eussent certainement couronné ses efforts pour le bien public. Comme habile administrateur, il pouvait espérer un avancement brillant et mérité lorsqu'il succomba prématurément à l'âge de 33 ans.

M. Bruand était membre de la Société des antiquaires de Paris, et correspondait avec plusieurs Académies de province, dont il avait reçu des témoignages flatteurs d'estime et d'affection.

Il a coopéré à la biographie des *Hommes vivants*, et publié les ouvrages suivants :

1º *Annuaires du jour.* In-8º, 1813-1814 (annuaires hist., statistiq. et archéolog. du Jura, avec cartes et gravures en taille douce et 22 dessins sur bois). — 2º *Mélanges littéraires*. Toulouse, 1815, in-8º. — 3º *Essais sur les effets de la musique chez les anciens et les modernes.* Tours, 1815, in-8º. — 4º *Dissertation sur la musique antique*. In-4º, 1815, Tours. — 5º *Dissertation sur une mosaïque trouvée près de Poligny.* In-8º, Tours, 1815. Avec deux planches in-8º, Paris, 1816. — 6º *Exposé des motifs qui ont engagé, en 1808, S. M. Ferdinand VII à se rendre à Bayonne,* « présenté à l'Espagne et à l'Europe par Don Juan Escoï- « quiz..., traduit littéralement de l'espagnol en français ; « augmenté de notices historiques sur le dit Don Juan, etc., « où l'on trouve des pièces authentiques sur le massacre « de Madrid. » In-8º, Paris, Michaud, 1818.

BRUN (Numa-Adrien), capitaine, né à Saint-Rambert en Bugey, le 1ᵉʳ floréal an II (21 avril 1794), mort à Bourg, le 28 septembre 1857, à l'âge de 63 ans.

Il entra au service militaire, à l'âge de 18 ans comme élève à l'Ecole militaire de Saint-Cyr, le 18 août 1812; il en sortit *sous-lieutenant*, le 22 décembre 1813, et fut admis, avec ce grade, dans le 24ᵉ régiment d'infanterie légère, amalgamé avec le 6ᵉ régiment, même arme. — Il fit, avec ce corps, la campagne de France de 1814, et fut licencié le 10 août de cette année. Ici se place un souvenir que M. Brun se plaisait à rappeler :

Le 1ᵉʳ mars 1815, Napoléon Iᵉʳ, revenant de l'île d'Elbe, débarquait à Cannes, se dirigeant sur Paris par Grenoble, Lyon, Mâcon, Auxerre, Fontainebleau, avec ses fidèles Drouot, Bertrand et Cambronne. Il avait recruté pendant sa route, avec 1,100 hommes de débarquement, toute une armée résolue à le suivre et conduite par d'anciens généraux de l'Empire flottant dans une irrésolution de conduite bien pardonnable, dans ce singulier événement d'où dépendait la fidélité du serment prêté aux Bourbons et l'attachement voué à l'ancien maître. Enfin M. Brun vit à Bourg, le 13 mars, le 76ᵉ régiment d'infanterie de ligne s'insurgeant et se mêlant aux habitants de la Bresse, pour arborer les trois couleurs. Le 15ᵉ régiment d'infanterie de ligne en faisait autant à Saint-Amour (Jura) ; le 6ᵉ hussards se portait au galop sur Dijon pour en ouvrir les portes, et depuis Grenoble, une multitude d'officiers à demi-solde, réunis sous le nom de *Bataillon sacré*, commandé par des chefs de leur choix, s'efforçait de faire escorte à Napoléon Iᵉʳ. Notre sous-lieutenant entra dans les rangs à Mâcon, le 13 mars, échangeant ainsi son épée pour un mousquet d'infanterie, dans le but de défendre son Empereur. Arrivé le 20 mars à Paris, il vit au Carrousel le plus jeune de nos officiers généraux, le brave Excelmans faisant descendre, sur le front du bataillon sacré, le drapeau blanc du château des Tuileries pour arborer le drapeau tricolore, au milieu de la joie des assistants. — Ainsi s'était accomplie, en 20 jours, cette étrange prophétie que *l'aigle impériale volerait sans s'arrêter, de clocher en clocher, jusqu'aux tours de Notre-Dame !*

Le capitaine Brun ne tarda pas à être replacé. Il fut envoyé au 6ᵉ régiment de ligne, le 8 avril suivant ; mais après la deuxième abdication de l'Empereur, en juillet de la même année, il fut encore licencié, et retomba dans la position difficile d'un officier en demi-solde, pendant 4 ans, du 13 août 1815 à 1819. — Enfin, lors de la réorganisation de l'armée Royale, il fut désigné comme sous-lieutenant à la légion de la Sarthe, par décision ministérielle du 18 novembre 1819. — Trois ans après, cette légion était dirigée, avec le corps d'observation, sur les Pyrénées, s'apprêtant à faire la campagne d'Espagne de 1823, sous le commandement du duc d'Angoulême.

M. Brun resta les années 1823, 1824 et 1825 en Espagne (armée d'occupation), combattit vaillamment au siége de la Corrogne, et mérita, par sa belle conduite, le grade de *lieutenant* qui lui fut accordé le 21 avril 1824. — Six ans après, il était promu *capitaine* au 37ᵉ régiment de ligne, le 8 septembre 1830, et s'embarquait pour l'expédition de l'Algérie, sous les ordres du maréchal Bourmont.

Notre capitaine séjourna en Afrique, avec son régiment, du 11 mai 1830 au 1ᵉʳ mars 1831. Il lui fallut déployer beaucoup d'activité dans les premiers temps de cette conquête que la France a conservée. M. Brun n'avait encore que 36 ans. Il était actif, vigilant et ponctuel dans son service ; il fit partie des colonnes mobiles qui fouillaient le pays, et ses reconnaissances furent poussées jusqu'au Mont-Atlas, où le moins grave accident qu'il subit fut de perdre momentanément la vue par suite de la blancheur uniforme des sables du désert. — Enfin, son régiment rentra en France, et 6 ans après, le capitaine Brun, réunissant 25 ans de services effectifs et 7 campagnes, demanda le réglement de sa pension de retraite. Il l'obtint par une ordonnance royale du 21 novembre 1838, à partir du 6 janvier, même année. — Ce brave officier s'est marié à Bourg, où il avait acquis une considération très-méritée par ses rapports affectueux avec tous, pendant 20 ans de sa vie civile. Son souvenir restera durable.

BUGET (Claude-Joseph), baron de l'empire, lieutenant général honoraire, commandeur de la Légion d'honneur, né à Bourg le 10 septembre 1770, mort à Perpignan le 2 octobre 1839.

Son père, qui était chirurgien à l'hôpital de Bourg, avait destiné Claude-Joseph à l'état ecclésiastique et l'avait placé au séminaire pour faire ses études. La Révolution française changea la vocation du jeune homme. Il s'enrôla comme grenadier dans le 3e bataillon des volontaires de l'Ain, le 22 septembre 1791. — Caporal le 29 mai 1792 ; — sergent le 1er septembre suivant, Buget fit la campagne de 1792, sur le Rhin, avec M. de Montrichard qui, plus tard, devint aussi officier général.

Le sergent Buget se distingua à l'attaque d'une petite île sur le bord du fleuve, en avant du fort de Kehl. De là, passé en Champagne, il prit une part active à l'affaire du Camp de la Lune, à la prise de Verdun et de Longwy et à la conquête de la Hollande.

Sous-lieutenant, le 6 mars 1793, au 81e régiment de ligne, ci-devant Barrois, il fit la campagne de Nice ; assista ensuite au siége de Toulon où il entra, l'un des premiers, dans la redoute de Gibraltar. On raconte à ce sujet que, repoussé deux fois dans l'attaque, il s'introduisit dans la redoute, à la troisième tentative, par une embrasure de canon, et que, porté sur les épaules de ses chasseurs, il les aida, à son tour, à monter à l'escalade ; mais que l'ennemi étant revenu à la charge, il se fit un affreux carnage au milieu duquel le sous-lieutenant Buget tua de sa main quatorze anglais et fit prisonniers douze officiers. Lui-même fut atteint de deux coups de feu, en s'emparant d'une pièce de canon de 36.

Son frère, lieutenant au régiment de Barrois, qui l'avait courageusement secondé, était couvert de blessures. Le général en chef, le voyant expirer à l'hôpital où il avait été porté, s'approcha des deux frères et, pressant Claude-Joseph sur son cœur, lui dit : « *Je n'oublierai jamais com-* « *ment ton frère et toi vous vous êtes battus pour la Répu-* « *blique : aujourd'hui, tu es mon aide-de-camp ; demain,* « *tu seras mon adjudant général.* »

En effet, Dugommier le fit passer à l'armée des Pyrénées-Orientales. M. Buget combattit, sous ses ordres, à la bataille de Boulon, au siége du fort Saint-Elme, à la prise de Collioure, à celles de Bellegarde, de Figuières et de Roses.

C'est ainsi que notre compatriote, proposé pour le grade d'adjudant général (chef de bataillon) par Dugommier, sur le champ de bataille de Boulon, obtint sa nomination sans avoir passé par le grade de capitaine. — Sa nomination, datée du 30 frimaire, an II (20 décembre 1793), par les représentants du peuple à l'armée, fut confirmée, le 12 fructidor suivant (29 août 1794), par la Convention nationale.

Après la prise de Roses et du fort de la Trinité, le général de brigade Beaufort fut opposé à l'armée espagnole commandée par le général Urutta, l'un des plus habiles tacticiens de l'Europe; le 1er mars 1795, le général Beaufort, ayant avec lui le brave Buget, passa la Fluvia, enleva Bascara, culbuta les avant-postes jusqu'à Villaveni et soutint, avec 4,000 hommes, pendant six heures, un combat acharné contre 8,000 Espagnols. Le général de division Pérignon lui ordonna d'opérer sa retraite qu'il effectua en bon ordre, faisant face à l'ennemi qui ne put jamais parvenir à l'entamer. A cette occasion, Pérignon compara cette action aux plus belles retraites des anciens, et complimenta, dans son ordre du jour, le général Beaufort et ses adjudants généraux

Buget et Lagrange qui l'avaient parfaitement secondé. Urutta lui-même en fit un éloge public dans la relation qu'il en donna à son gouvernement.

Le 25 prairial, an III (13 juin 1795), M. Buget fut élevé au grade d'*adjudant général chef de brigade* (colonel), avec mission de faire procéder à l'échange des prisonniers entre la France et l'Espagne. — Réformé avec les états-majors des deux armées des Pyrénées, il fut remis en activité le 5 fructidor, an VI (22 août 1798), et rejoignit l'armée de Mayence, puis celle d'Italie. Il se fit remarquer à la bataille de Legnago, où il fut blessé d'un coup de feu au bras droit. Le Directoire lui décerna, à cette occasion, un *sabre d'honneur* en récompense de sa belle conduite. La lettre de félicitations qui accompagnait cet envoi était datée du 4 floréal, an VII (23 avril 1799). — Déjà il s'était signalé à la bataille de Vérone gagnée par les Autrichiens, le 15 germinal de la même année (4 avril 1799). M. Buget avait chargé une colonne ennemie qu'il avait mise en déroute. Dans cette affaire, il eut un cheval tué sous lui. — Quelque temps après, à la bataille de Cassano, on le vit s'acharner sur l'ennemi avec une intrépidité furieuse, mais sans succès ; Souvarow était vainqueur. — Au combat de San-Juliano, commandé par Moreau, le 27 floréal (16 mai 1799), le colonel Buget fut encore atteint d'un coup de feu à la jambe gauche.

Le 14 juin suivant, M. Buget reprenait sa vie active des champs de bataille et assistait à la lutte de Marengo où des chances très-variées tinrent, pendant plusieurs heures, la victoire incertaine. Il fit là, à la tête du 39e régiment de ligne, une charge qui arrêta 30,000 Autrichiens poursuivant l'armée française sur la Bormida. Dès le matin, la division Victor était en déroute ; Lannes, sur la droite, faisait des prodiges de valeur. Victor accourut auprès du général Buget pour l'inviter à charger à la baïonnette : « *Marche à la victoire ou à la mort*, lui cria-t-il, *mais ne reviens pas sans avoir culbuté les Autrichiens...* » — « *C'est bon, mon général*, lui répondit Buget. *Tambours ! battez la charge et en avant !* » Il enleva sa troupe, se fraya un passage, repoussa l'ennemi et reçut deux coups de feu dont l'un lui traversa la jambe. Il continua sa marche, mais bientôt il fut forcé de battre en retraite, et il l'effectua avec un ordre admirable. — « *C'est bien*, lui dit Victor, *sans toi nous allions boire dans la Bormida. Tu peux te flatter d'avoir sauvé aujourd'hui l'armée d'Italie.* »

Ce fait de guerre important, rappelé dans un rapport officiel émané de ce général devenu duc de Bellune et ministre de la guerre, sous la Restauration, motiva la demande faite par ce ministre, de conférer à M. Buget le grade de *lieutenant-général* qu'il avait si justement mérité et qu'il obtint.

Nommé *général de brigade*, le 22 messidor an VII (10 juillet 1799), on le chargea, l'année suivante, de la défense de Savone, sur la rivière de Gênes, contre Mélas. Il s'y défendit avec la plus grande bravoure. Il reçut de nuit, dans cette place, la 93ᵉ demi-brigade conduite par Soult ; mais il n'y avait déjà plus de vivres. Il ne resta plus bientôt ni un sac de grains, ni de farine, et le général Buget dut recourir aux forces françaises les plus à proximité pour en obtenir. Ce fut Suchet qui lui expédia, par Finale, quelques provisions de bouche au moyen de bateaux. Ce secours était insuffisant ; il dura peu. Après quarante jours d'un blocus étroit, sans espoir d'être soutenu, entouré de malades et de la plus affreuse détresse, le général fut contraint de capituler. Lui et la garnison de Savone, forte d'environ 1,000 hommes, dont 48 officiers, furent faits prisonniers et conduits à Alexandrie de la Paille, le 18 mai 1800. — Le général fut dirigé sur la Carinthie et ne revint qu'après une captivité de six mois.

Rentré en France à la fin de l'an VIII (1800), il accepta, l'année suivante, le commandement du département des Pyrénées-Orientales, dans la 10ᵉ division militaire ; de là, il passa dans la 2ᵉ division, à Mézières, le 29 fructidor an IX (16 septembre 1801), et dans l'Ariége, en l'an XI (1802).

Nommé chevalier de la Légion d'honneur, le 4 frimaire an XII (26 novembre 1803), il fut employé aux cantonnements de Saintes, pendant les années 1804 et 1805. C'est dans ce poste qu'il fut breveté du grade de *commandeur*, dans le même ordre, par décret du 25 prairial (14 juin 1804), sans avoir passé par celui d'*officier*. A la même époque, il était fait *baron de l'Empire* avec une dotation en Westphalie.

Il commandait le département du Rhône en 1806, lorsque l'Empereur lui confia une des brigades du 8ᵉ corps de la grande armée, en Prusse et en Pologne, pendant les années 1806 et 1807. Il concourut à l'invasion de la Poméranie suédoise, au siége de Stralsund et à la bataille d'Heinsberg où son cheval fut tué sous lui.

D'après un récit qu'il a fait lui-même de cette bataille, l'empereur Napoléon, le voyant à la tête de sa brigade, prêt à fondre sur l'ennemi, s'approcha de lui au moment même où il recevait une charge de mitraille qui ne l'atteignit pas. Se précipitant alors au-devant de l'Empereur, pour le saluer, le général lui dit : *Sire! que ne suis-je mort sous vos yeux dans cette journée, pour le service de Votre Majesté!* « Napoléon lui répondit : « *Général Buget, je vous ordonne de vous tenir toujours à la gauche du feu.* » Voulant dire, sans doute, par ces mots, que la prudence devait lui conserver un général aussi brave que lui.

A la bataille de Friedland, le 14 juin 1807, la brigade de notre général était composée du 57ᵉ régiment de ligne, surnommé *le Terrible*, et du 46ᵉ où avait servi Latour d'Auvergne. Avec de pareilles troupes, un chef est invincible. On les vit charger l'ennemi à outrance et s'emparer de sept pièces de canon. Dans cette bataille meurtrière où 30,000 hommes furent tués, les Français remportèrent une victoire complète sur les Russes. M. Buget eut une noble part dans ce succès.

Deux jours après, le 16 juin, l'Empereur ayant dirigé les troupes commandées par Murat, Davoust et Soult sur la place de Kœnigsberg où s'était réfugié un corps considérable de l'armée ennemie, l'attaque fut prompte et vigoureuse; dès le soir, nos soldats enlevèrent les faubourgs de la ville, du côté de la rive gauche de la Pregel. Dans l'un de ces combats, le général Buget eût le bras droit emporté par un boulet. Les Prussiens évacuèrent Kœnigsberg qui fut occupé immédiatement par l'armée française. On y trouva d'abondantes ressources en vivres et munitions de tous genres. L'ennemi y laissa 20,000 blessés prussiens et russes, avec 16,000 fusils.

C'est de cette ville que M. Buget, heureusement amputé, voulut en donner lui-même la nouvelle à sa femme, *en lui écrivant de la main gauche et avec sa gaieté ordinaire.* Cet autographe est précieusement conservé dans la famille du général. — Il avait épousé Mlle de Selva, de Perpignan, dont il eut une fille (Espérance Buget), mariée à M. de Lon.

Treize jours après ce triste événement où le moral du général s'était fait admirer dans ce qu'il possédait de plus héroïque : la résolution, l'abnégation et l'énergie, le général se replaçait à la tête de sa brigade émerveillée de tant d'ardeur ; mais la paix de Tilsitt, en juillet 1807, vint interrompre le cours de ses exploits.

Six mois après, sur ses instances pour être employé activement, l'Empereur l'envoya au corps d'observation des côtes de l'Océan, et de là, à l'armée d'Aragon où il servit jusqu'en 1811.

En juin 1808, il prenait part au siége de Saragosse sous les ordres du général de division Lefebvre-Desnouettes ; il y recevait une nouvelle blessure. Puis, combattant au siége de Lérida où l'énergie des assiégés n'eut d'égale que l'ardeur des Français, un boulet emporta son chapeau et brisa sa longue vue dans la main qui lui restait. On le vit monter à l'assaut à la tête de huit compagnies d'élite tirées des 114e et 121e régiments de ligne et du 3e régiment de la Vistule, appuyées de 400 travailleurs armés de pelles et de pioches ; il entra, l'un des premiers, dans la place. A ce moment, il eût sa montre brisée dans son gousset par une balle, reçut un second coup de feu dans la cuisse et un coup de baïonnette à la tête.

La santé du général exigeait du repos, il fut mis en disponibilité le 23 décembre 1811. Cependant, l'année suivante, on lui donna le commandement de Belle-Isle-en-Mer qu'il ne quitta que le 21 juin 1814, pour reprendre son ancien commandement des Pyrénées-Orientales. De là il fut envoyé à Vienne, en Dauphiné, le 19 septembre suivant, et à Montlouis, du 30 décembre au 12 avril 1815.

Employé à la défense de Paris, le 14 juin 1815, il s'y montra, comme toujours, empressé et dévoué pour les intérêts de sa patrie ; mais l'heure du repos avait sonné pour lui, comme pour tant d'autres défenseurs de la France; il fut mis à la retraite le 18 octobre suivant.

Le roi Louis XVIII, sur sa demande appuyée par le duc de Bellune, alors ministre de la guerre, lui conféra, à la date du 28 mai 1823, le *grade honorifique* de *lieutenant-général*.

Le 17 août 1830, de Perpignan où il s'était définitivement retiré, le général écrivit au ministre de la guerre pour réclamer de l'activité, mais sans succès.

Le général Buget était un de ces hommes rares, qui, sous un extérieur simple et modeste, cachent une grande âme et des talents supérieurs. La droiture, l'humanité et l'amour de la patrie formaient la base de son caractère. Sa vie publique et privée, comme son nom, sont sortis purs du milieu de nos orages politiques. Il n'est que juste de lui donner une place parmi les hommes de bien et les illustrations militaires qui ont acquis des droits imprescriptibles au souvenir de la postérité.

BULLIFFON (Joseph-Marie), chef de bataillon, chevalier de la Légion d'honneur, né à Saint-Jean-le-Vieux, le 7 avril 1772, où il est mort le 13 août 1836.

Fils d'honnêtes cultivateurs, le jeune Joseph-Marie n'ayant reçu que de bons principes de sa famille et les éléments d'instruction donnés dans son village, annonça de bonne heure ce qu'il devait être un jour, un homme de résolution, courageux jusqu'à l'héroïsme, et merveilleusement doué des solides qualités du cœur.

Il avait 20 ans, en 1792, alors que la patrie, menacée par les armées étrangères, appelait toute la jeunesse française à la défense du sol ; Joseph se présenta pour être enrôlé dans l'un des bataillons des volontaires de l'Ain.

Nommé *lieutenant* au bataillon de Montferme (Saint-Rambert-en-Bugey) devenu la 45ᵉ demi-brigade, le 1ᵉʳ vendémiaire an II (22 septembre 1793), il fit les campagnes d'Italie, de 1793 à 1798 et son nom fut glorieusement cité à l'ordre de l'armée. Dans les premiers jours de thermidor an III (juillet 1795), il attaque, avec un détachement de son régiment, une colonne d'infanterie ennemie qui se formait en bataille près de l'Arche, dans la vallée de la Stura, il la met en déroute et fait 50 prisonniers. — Embarqué pendant 2 mois de la même année, sur le *Tonnant*, sous les ordres du général Laharpe, tué quelques temps après à Fombio, dans une reconnaissance de nuit (18 floréal an IV), le lieutenant Bulliffon exerça une surveillance armée sur les côtes de Bretagne, et mérita les éloges de son général pour son intelligence et son activité.

En brumaire, an V (novembre 1796), il se trouvait à Caldiero où il se signala par sa bravoure ; il combattit à Arcole, à Rivoli ; puis, employé à l'armée de Grisons, il reçut un coup de feu à la cuisse. Pendant la campagne d'Helvétie, en l'an VII (1798-1799), il fut blessé, de nouveau, à la bataille de Zurich.

Promu *capitaine*, le 27 octobre 1800, M. Bulliffon fit les campagnes du Hanovre (de 1800 à 1805) et celles d'Espagne, à la grande armée, de 1806 à 1808. — Après la prise de Dantzig il fut nommé *chevalier de la Légion d'honneur* en avril 1807. Il assista ensuite au siége de Saragosse, le 4 août 1808.

Enfin, élevé au grade de *chef de bataillon* au 34º régiment de ligne, le 10 mai 1813, en Allemagne où il avait combattu depuis 1809, il fut fait prisonnier de guerre le 27 novembre 1813 devant Leipzig ; il rentra en France le 22 juillet 1814. Mis en non activité sous la Restauration des Bourbons, et cependant décoré, par eux, de la croix de Saint-Louis, le 19 décembre 1823, il s'est retiré dans son pays natal avec une pension de retraite fixée en 1816.

Il comptait en dernier lieu, pour la solde, au 33º régiment d'infanterie de ligne, à Givet, jusqu'au 1ᵉʳ janvier 1815.—Ce brave officier supérieur, qui a laissé un souvenir si honorable parmi ses compatriotes, et qui avait pu échapper aux dangers continuels de nos 20 ans de guerre pendant la première République et l'Empire, a terminé fatalement sa carrière par un accident dans son pays. Il a été renversé de sa voiture en quittant Bourg, où il avait été appelé pour affaires. Son cheval, mal attelé, prit le mors aux dents sur la route de Pont-d'Ain, le 13 août 1836, et M. Bulliffon fut rapporté mort à Saint-Jean-le-Vieux au milieu de la consternation publique. Il avait 64 ans et avait passé 21 ans à faire le bien dans sa famille et au milieu de ses concitoyens, de 1815 à 1836.

BURDET (Alexis), fusilier au 30º régiment de ligne, né à Champfromier, en Bugey, vers 1740, mort en 1816.

Il se fit remarquer à l'attaque d'une redoute ennemie dont il franchit, le premier, le revêtement. Récompensé pour ce fait d'armes, Burdet reçut le brevet d'un *fusil d'honneur*, qui lui donna le droit d'être admis chevalier de la Légion d'honneur, à la création de l'ordre en 1802.

Il rentra dans ses foyers, en 1804, avec une pension de retraite et a fait partie du collége électoral de Nantua.

CABUCHET (Charles-Eugène), chef d'escadrons, chevalier de la Légion d'honneur et de l'ordre de Saint-Ferdinand d'Espagne, né le 27 avril 1790, à Bourg, où il est mort le 17 octobre 1857.

Il était le fils cadet de M. **Marie-Claude-Eugène-Balthazar Cabuchet**, conseiller du roi au présidial de Bourg, et de *Jeanne-Péronne Monnier*, fille de M. Monnier, médecin à Bourg.

Entré au 4ᵉ régiment des gardes d'honneur, en 1813, le jeune Charles-Eugène Cabuchet fut immédiatement dirigé sur l'armée d'Allemagne. Il prit une part active aux batailles de Bautzen et de Lutzen et fut témoin de nos revers. — Dans un dernier combat, placé en sentinelle perdue, et oublié dans son poste périlleux au moment où l'armée française battait en retraite, il faillit périr victime de sa consigne ; cependant il resta inébranlable et ne rejoignit son corps que sur un ordre spécial de son capitaine.

Pendant la première moitié de l'année 1814, il défendit vaillamment le sol de la patrie. Il reçut une blessure qui lui valut une proposition pour la croix de la Légion d'honneur ; mais le gouvernement impérial étant renversé, il ne put obtenir assez tôt cette récompense. — Licencié le 10 juin 1814, il entra le 16 du même mois, comme garde du corps, dans la compagnie de Luxembourg, au moment de la formation de la maison militaire du roi Louis XVIII. Il dut justifier de la qualité de noble, et présenta le certificat dont la teneur suit :

« Nous soussignés, anciens gentilshommes de la province
« de Bresse : *Laurent*, comte de Loras, ancien chevalier
« de Malte, — *Claude-Marie Palluat*, ancien capitaine au
« corps des carabiniers de *Monsieur* (maintenant Louis
« XVIII), chevalier de Saint-Louis, — *Jean-Joseph-Henri*

« *d'Aubarède*, chevalier de Saint-Louis et des Saints-Mau-
« rice et Lazare, — *Frédéric-Joseph de Bachet*, ancien
« officier de cavalerie, certifions et attestons que *Charles-*
« *Eugène Cabuchet*, garde d'honneur du 4e régiment, est
« d'une très-ancienne famille de Bourg, capitale de la pro-
« vince de Bresse, qui y a toujours vécu noblement et a
« rempli, avec honneur, des charges soit de magistrature,
« soit dans la municipalité ; que son père était conseiller
« au bailliage et présidial ; son aïeul, maire et lieutenant-
« général de police ; que le chevalier Monnier, ancien di-
« recteur et colonel du génie militaire envoyé, par le roi,
« aux Échelles du Levant, était chevalier de Saint-Louis,
« officier de la Légion d'honneur et l'oncle maternel du dit
« sieur Charles-Eugène Cabuchet. — En foi de quoi nous
« avons apposé le sceau de nos armes et avons signé avec
« son oncle, à Bourg, ce 7 mai 1814. » Suivent les signatures.

M. Cabuchet n'avait encore que 24 ans ; il tenait à l'armée de la France, quel qu'en fut le drapeau. Il fut accepté garde du corps, et trois ans après, le 19 avril 1817, le roi réalisant la promesse faite sous le règne précédent, le nomma *chevalier de la Légion d'honneur*, faisant remonter la date du brevet au 3 septembre 1814.

Le 15 juin 1823, il faisait la campagne d'Espagne, pendant laquelle on lui conféra, à la date du 10 mars 1824, le grade de *brigadier* des gardes du corps. Le 27 juin suivant, il recevait le brevet de la décoration de *Saint-Ferdinand*, de 1re classe.

On sait la fidélité des gardes du corps au vieux roi Charles X, lors de la Révolution de juillet 1830. Ils l'accompagnèrent jusqu'à Cherbourg et donnèrent ensuite leur démission. M. Cabuchet fut un de ceux auxquels M. le duc de Raguse crut devoir délivrer une attestation écrite constatant son dévouement à ses devoirs.

Le 23 août suivant, le maire et la commission municipale de Saint-Lô mettaient à l'ordre du jour le zèle et l'intrépidité que la milice royale avait montrés pendant l'incendie qui, la veille, avait détruit un quartier de la ville. On la remerciait de la générosité dont elle avait fait preuve, en versant une somme de 2,000 fr. pour venir en aide aux incendiés. M. Cabuchet s'était fait particulièrement remarquer, à l'occasion de ce sinistre, par son activité et les soins prodigués aux victimes.

Le 1er octobre 1830, ayant reçu un brevet de *chef d'escadrons*, il fut envoyé dans un régiment de dragons où il resta peu de temps ; il quitta l'armée et revint à Bourg où, admis à la pension de retraite, il ne s'occupa plus, désormais, que du soin d'élever sa nombreuse famille. — Il y est mort à 67 ans, emportant l'estime publique, les regrets de ceux qui avaient apprécié son caractère loyal, sa bravoure chevaleresque et la sincère droiture de ses sentiments patriotiques.

CANCALON (Pierre-François-Célestin), major de cavalerie, officier de la Légion d'honneur, chevalier de l'ordre de Charles III d'Espagne, membre du Conseil général de l'Ain et maire de Coligny, né le 8 mai 1797, dans cette commune où il est mort, le 26 octobre 1865.

Sa famille, très-ancienne, comptait, au dernier siècle, **Joseph-François Cancalon**, son aïeul, juge châtelain de Coligny ; plus tard, visiteur général aux gabelles ; allié aux familles des deux jurisconsultes éminents de la Bresse, *Collombet* et *Revel*.

Pierre-François-Célestin, auquel nous consacrons cette notice, était fils de **Claude-Marie Cancalon**, ex-officier dans l'armée républicaine et de *Adélaïde Renaud*, de Saint-Amour.

A seize ans, il s'embarquait comme *apprenti marin* et devenait *aspirant* dans la même année 1813. Fait prisonnier de guerre en vue des côtes d'Espagne et conduit sur les pontons anglais, il rentra en France le 23 mai 1814. Son ardeur pour la carrière des armes ne se refroidit pas. Il reprit du service volontairement, l'année suivante, dans le 1er régiment de dragons, dit *du Roi*. Licencié à la fin de 1815, il passa en qualité de *maréchal des logis* aux dragons du Doubs (2e régiment de l'arme), le 17 janvier 1816 et devint *sous-lieutenant* le 9 janvier 1822.

Nommé *garde du corps* dans la compagnie de Noailles, le 1er mai suivant, le ministre de la guerre, maréchal duc de Bellune, ne réussit pas à faire accepter cette position au jeune officier qui désirait un service plus actif ; en conséquence il fut réintégré, en juillet 1822, avec son grade, au 2ᵉ régiment de dragons qu'il suivit dans la campagne d'Espagne de 1823. Sa bravoure le fit décorer de la Légion d'honneur et de l'ordre de Charles III. — Promu *lieutenant* le 14 décembre 1825, puis *adjudant-major* le 5 août 1831, il fut élevé au grade de *capitaine* le 14 décembre 1832 et fit la campagne de Belgique. Cinq ans après, il acceptait les fonctions de *trésorier* et le 13 novembre 1838, il était *capitaine-commandant*.

En octobre 1840, après l'échauffourée de Boulogne, il fut chargé de conduire au château de Ham, prison d'Etat, le prince Louis Bonaparte devenu, en 1852, l'empereur *Napoléon III*. Enfin, le 20 février 1842, il était nommé *major*.

Le roi Louis-Philippe lui donna, de sa main, la croix d'officier de la Légion d'honneur en 1846. Au mois de septembre 1848, à la veille de recevoir le grade de *lieutenant-colonel* d'un régiment de chasseurs, M. le major Cancalon se décida à prendre sa retraite : il comptait 35 ans de service et aspirait au repos. Il vint habiter le château de Coligny devenu, par héritage, la propriété de sa femme.

Un officier supérieur qui a acquis l'expérience des hommes et des choses, dans une longue carrière militaire, est ordinairement un bon choix pour gérer l'administration municipale quelle qu'elle soit. La ville de Coligny sollicita M. Cancalon pour faire partie de son conseil en 1850 ; il refusa. Quatre ans après, une pétition des habitants de la même commune l'ayant demandé comme Maire, au Préfet de l'Ain, il fut installé, en cette qualité, à Coligny et plusieurs décrets impériaux confirmèrent cette nomination, en 1854, 1860 et 1865. Pendant dix ans il remplit ses fonctions de maire avec un zèle remarquable et un rare dévouement, consacrant ainsi à son pays son énergie peu commune.

On lui doit la majeure partie des améliorations suivantes dont jouit la ville de Coligny, de nos jours : construction d'une grenette ; — installation d'un poids public ; — tribunal de la justice de paix dans la mairie ; — création d'une salle d'asile où les enfants sont reçus de 2 à 6 ans ; — réorganisation de l'hôpital avec pharmacie et distribution gratuite de remèdes aux indigents sur l'ordonnance du médecin chargé de cet établissement ; — ouverture et rectifications de chemins d'utilité publique, notamment celui de Coligny à Marboz par Pirajoux ; — mise en valeur de plusieurs propriétés communales ; — création d'une fruitière dont les produits, justement estimés, procurent aux intéressés un revenu annuel de 1,000 à 1,500 fr. ; — embellissement de l'église paroissiale avec le concours de M. le curé Magaud ; — enfin ouverture du cimetière.

M. Cancalon a remplacé au Conseil général du département, M. Leroy de la Tournelle, mort en 1861. Le vote du canton avait réuni presque tous les suffrages des habitants (1,631 voix sur 1,724 votants). Un tel honneur équivaut au meilleur éloge du candidat.

M. Cancalon est mort à l'âge de 68 ans, dans son château de Coligny, quelques heures après son petit-fils, M. Brangier de la Touvière, enlevé, comme lui, à l'affection de ses compatriotes.

Voyez *Renaud*.

CARDON (Joseph de), baron de Sandrans, capitaine au régiment de Rohan-Rochefort avant la révolution française de 1789, né au château de Sandrans près Châtillon-lès-Dombes, vers 1730, mort le 3 septembre 1797.

Il descendait de la maison de *Folch*, mayor de Cardona-Aragon, titulaire du duché de Cardone, en Catalogne. La branche de cette famille établie en France, depuis la fin du xve siècle, avait quitté l'Espagne pour se rendre à Lucques. — *Horace Folch de Cardon* et *Jacques* son frère, les premiers qui se fixèrent à Lyon, avaient obtenu de Henri IV, en 1605, des lettres de naturalisation en récompense des services qu'ils rendirent au roi, en défendant contre les ennemis appelés par la ligue, les portes d'Ainay et de la Guillotière, à Lyon. (*Histoire littéraire de la Ville de Lyon*, du P. Colonia, 2e vol. chap. 13, art. 3, pag. 612.)

Joseph de Cardon, qui fut président de l'administration municipale de Châtillon-lès-Dombes, se distingua par ses connaissances littéraires, son caractère noble et généreux. Il fut député de la noblesse de Bresse aux États-Généraux en 1789 ; devint membre de l'Assemblée constituante en 1792 et dut à ses belles qualités de n'avoir pas été persécuté, pendant la Terreur, en 1793.

Il a laissé trois fils dont les noms, connus dans l'armée, sont :

1º **Paul-François de Cardon**, baron de Sandrans, né le 24 novembre 1781, au château de Sandrans, mort à Paris, le 1er octobre 1848, sous-intendant militaire, chevalier de Saint-Louis et de la Légion d'honneur.

2º **Alexandre de Cardon**, garde du corps du roi, né le 12 janvier 1787, mort en 1849.

3º **Frédéric de Cardon**, garde d'honneur, puis garde du corps de *Monsieur ;* devint capitaine au 5e régiment d'infanterie de la garde royale, et chevalier de la Légion d'honneur. — Il était né en juin 1795. — Retiré en 1824, il est mort à Mâcon en 1870.

Ennemond-Corentin, fils du précédent, capitaine, chevalier de la Légion d'honneur, né à Dracy-le-Fort (Saône-et-Loire), le 16 août 1829, mort à l'ambulance de Reischoffen, le 6 août 1870.

Engagé volontairement au 11e régiment d'infanterie légère, le 9 mai 1848, il était caporal le 18 décembre de la même année ; sergent le 31 août 1850 et fut *adjudant* le 30 août 1853. Admis à l'École militaire, il en sortit *sous-lieutenant* au 13e bataillon des chasseurs à pied, le 30 septembre 1854. — Nommé *lieutenant* le 12 août 1857, il fit partie du bataillon des chasseurs à pied de la garde impériale le 20 décembre 1858 et fit la campagne d'Italie, avec ce corps, du 1er mai au 2 août 1859. — Rentré au 13e bataillon de chasseurs à pied, il fut promu *capitaine*, le 20 janvier 1864. — Mortellement blessé à Frœschwiller, le 6 août 1870, en chargeant les Prussiens à la tête de sa compagnie, il est mort à l'ambulance de Reischoffen le même jour. — Déjà M. *Cardon de Sandrans* s'était distingué à Magenta (Italie); il avait été contusionné à la région épigastrique, à Solférino, le 24 juin 1859, et par suite, décoré de la croix de la Légion d'honneur, le 19 du même mois. — Il réunissait, en 1870, 21 ans de services et 10 campagnes dont 8 en Algérie. M. *Cardon* a fait preuve du plus beau dévouement à ses devoirs militaires ; il a mérité de ses frères d'armes et de ses concitoyens la meilleure récompense, celle du souvenir pour sa brillante bravoure.

Il s'était marié, le 25 septembre 1865, avec Mlle *Claire-Marie-Henriette-Alix Reynold de Sérézin*, née en Bugey.

CARRELET (Henri), lieutenant de vaisseau, chevalier de la Légion d'honneur, né à Bourg en 1818, mort aux Greffets près de Viriat, le 9 août 1859. — Il était fils d'un officier général.

Après avoir fait de brillantes études commencées au collége de Bourg et continuées au lycée de Dijon, le jeune Carrelet entra à l'École polytechnique. — Sous-lieutenant d'artillerie à l'École de Metz, il déposa l'épaulette pour se vouer à la carrière de marin, pour laquelle il avait un goût particulier. — Il se fit admettre sur le vaisseau *le Souverain*, et peu de temps après son embarquement, on lisait déjà son nom sur un ordre du jour portant qu'il avait sauvé, avec un élan remarquable, un matelot dans une tempête.

Lors de l'expédition de l'amiral Dupetit-Thouars dans l'Océanie, M. Carrelet fut chargé, à cause de ses connaissances spéciales dans le génie et l'artillerie, de la construction du fort Vohitahu dans l'archipel des Marquises et dont il reçut le commandement; mais le repos lui pesait; il préférait la vie active pour ses hasards et ses dangers; il obtint de s'embarquer à bord d'une corvette pour Vanicoro, lieu illustré par le naufrage et la mort de Lapeyrouse. M. Carrelet monta sur l'*Embuscade* qui s'échoua en vue des mêmes lieux pour avoir voulu recueillir les débris de l'équipage de ce célèbre navigateur, et s'être mesuré avec les féroces habitants de ces plages. — Il ne revint en France qu'après avoir voyagé quatre ans dans l'Océanie. Il y avait couru de graves dangers et cependant il se montrait plus avide que jamais d'en affronter d'autres.

Il repartit pour la Nouvelle-Calédonie. La frégate *la Seine* fit naufrage; l'équipage fut sauvé, mais les vivres devinrent si rares qu'on jugea nécessaire d'en détacher les hommes les plus turbulents et de les envoyer à la Nouvelle-Zélande. Jetés sur un sloop anglais mal appovisionné, les hommes indisciplinés accueillirent avec bonheur M. Carrelet pour les commander. La traversée fut de 28 jours. Il fallut lutter contre une mer difficile et contre la disette. Beaucoup de passagers périrent de maladie et de misère; l'énergie du jeune commandant maintint l'obéissance et sauva le reste du détachement. L'équipage exténué arriva à Sidney, dans un tel abattement de forces, qu'on fut obligé de porter à bras les marins du bâtiment jusqu'à terre.

De retour en Bresse, il s'y maria avec Mlle d'Adeler, fille d'un major de l'armée française, retraité près de Bourg. Cette nouvelle position n'affaiblit pas chez notre marin l'ardeur qui l'animait pour sa périlleuse carrière : il s'embarqua de nouveau pour les colonies où, après avoir subi l'influence pernicieuse d'un climat malfaisant, et s'être arrêté peu de temps à Saint-Jean-d'Ulloa, il fut ramené mourant dans sa patrie, survivant presque *seul* à 80 hommes d'équipage atteints de dyssenterie.

A peine rétabli, il sollicita l'honneur de faire partie d'une expédition pour *La Plata*. La petite vérole décima l'équipage ; atteint lui-même de cette maladie, il encourageait ses marins par son exemple, leur prodigua des consolations, et revint encore en France n'ayant pu affronter d'autres périls que ceux du fléau. — Pendant le temps qu'il mit à rétablir sa santé en Bresse, il fut choisi pour aide de camp par M. de Chasseloup-Laubat, ministre de la marine. Cet honneur fut la récompense de travaux intéressants sur la Nouvelle-Calédonie, dont il était l'auteur, et qu'il avait déposés au ministère. Ils lui valurent sa nomination de *chevalier de la Légion d'honneur*.

Quelques mois plus tard, le 2 décembre 1851, lors du coup d'État de Napoléon III, notre marin, sachant le danger que courait son père, commandant la 4e division militaire à Paris, quitta le cabinet du ministre, monta à cheval, et vint se placer à ses côtés, dans cette journée mémorable qui devait avoir, pour les destinées du pays, une si haute importance.

Nommé directeur du port de Bordeaux, M. Carrelet fut chargé de l'amélioration de la navigation de la Gironde. Il ordonna et surveilla d'importants travaux qui lui méritèrent l'approbation du ministre.

Suivant ses désirs, il obtint le commandement d'un bâtiment à vapeur ; puis la guerre le porta vers la Crimée, en 1854. Sa mission fut l'une des plus délicates et des plus dangereuses : elle avait pour objet le débarquement de nos troupes et le transport des cholériques dans les hôpitaux des Dardanelles. Il ne fut pas épargné par la contagion qui le força encore à revenir dans son pays natal.

Remis bientôt, il alla rejoindre l'escadre de guerre dans

la Baltique, devant Cronstadt ; mais, cette fois, sa santé affaiblie ne put résister à tant de fatigues. Rentré au sein de sa famille, il lutta en vain contre ses souffrances physiques et succomba, après trois ans d'un repos forcé qui allait peu à son caractère et qui ne fut qu'une longue agonie.

M. Carrelet a suivi avec éclat les traditions d'honneur de sa famille ; son nom vivra dans le souvenir de la Bresse qu'il aimait tant.

CARRIER (Louis), maréchal de camp, chevalier de la Légion d'honneur et de l'ordre de Saint-Louis, né à Saint-Martin-de-Bavel, en Bugey, le 30 mars 1773, mort au même lieu, le 30 octobre 1838.

A l'âge de 19 ans, le jeune Carrier, plein d'ardeur pour la carrière des armes qu'il choisit, se fit remarquer à son début, par le zèle qu'il porta aux principes nouveaux de 1789. Il lui valut d'être élu, en 1792, commandant en chef de la légion des Milices nationales du district de Belley. Ce fait est constaté dans un discours imprimé qu'il prononça le jour de la fédération, le 14 juillet de la même année.

L'année suivante, il entrait comme *lieutenant*, dans le 11ᵉ bataillon des volontaires du département de l'Ain, où il fut nommé *capitaine*, le 25 septembre 1793. Passé, avec ce dernier grade, dans la 22ᵉ demi-brigade d'infanterie légère, à la formation de ce corps, le 8 juillet 1794, il fit successivement et sans interruption, les campagnes de 1794 jusqu'en 1798, aux armées des Alpes et d'Italie ; prit une part active à l'enlèvement des retranchements du col de l'Assiète, à la prise de la Chessal, aux combats devant Mantoue et Vérone, où il se distingua particulièrement par son intrépidité.

La 22ᵉ demi-brigade ayant fait partie de l'expédition d'Orient, le capitaine Carrier suivit le premier consul Bonaparte, en Egypte, et combattit sous ses ordres, jusqu'en 1801. Il assista à la prise d'Alexandrie, aux batailles de Chebreyss, des Pyramides, d'Héliopolis et de Koraïm, où son nom fut plusieurs fois mis à l'ordre de l'armée : le 6 février 1799, un parti considérable de Mamelucks et d'Arabes ayant attaqué, à Bénésonef, le bataillon où il commandait une compagnie d'élite, ce bataillon exécuta un

mouvement de retraite pendant lequel M. le commandant Pouillet fut blessé mortellement. Quoique notre capitaine ne fût pas le plus ancien du régiment, dans ce grade, il fut désigné par acclamations pour prendre le commandement resté vacant. Assailli par une masse considérable de Bédouins armés de fusils et de piques et entouré par 300 cavaliers arabes, on le vit, à la tête de sa troupe composée de 350 fantasins seulement et d'une pièce de campagne, repousser l'effort vigoureux de l'ennemi, et ramener, après sept heures de combat, son bataillon dans ses cantonnements, à une distance de six lieues du point où la retraite avait commencé, n'ayant laissé au pouvoir des Egyptiens, ni soldat français vivant, ni le chef de bataillon Pouillet, transporté, selon ses ordres, par quatre grenadiers se relevant alternativement pendant la route. Dans cette brillante affaire, la majeure partie des hommes du bataillon étaient blessés, et M. Carrier avait reçu deux balles : l'une à l'épaule droite, et l'autre qui enleva son épaulette gauche.
— Il fut récompensé par un sabre d'honneur.

De retour en France, M. Carrier fut employé, pendant seize mois, à l'armée de l'Océan, dans la division des grenadiers réunis commandés par le général Junot. De là, il fut envoyé en Italie où, le 30 octobre 1805, il commandait encore huit compagnies de grenadiers formant l'avant-garde des troupes du général Partouneaux, lors de la bataille de Caldiero. Vers quatre heures du soir, les Autrichiens ayant fait avancer leur réserve composée de 24 bataillons de grenadiers soutenus par cinq régiments de cavalerie, le maréchal Masséna fit également porter en avant la division Partouneaux forte de onze bataillons ; la cavalerie française culbuta celle des Autrichiens et nos grenadiers, conduits par M. Carrier, ayant chargé à la baïonnette, décidèrent la victoire. Il reçut une balle dans ses habits, sans en être atteint, et fut nommé *chevalier de la Légion d'honneur* pour sa belle conduite.

L'année suivante, après la conquête du royaume de Naples, on tira des corps qui avaient servi à cette expédition, quatre compagnies d'élite qui furent désignées pour former la garde d'honneur du nouveau roi que Napoléon Ier venait de donner à ce pays. M. Carrier, commandant cette fraction de troupes, passa au service de *Joseph Bonaparte*. Il obtint bientôt sa confirmation de *chef de bataillon*, le 12 décembre 1808, et ensuite, le grade de *major* au 4e régiment de ligne, le 28 août 1809. Plus tard, M. Carrier fut promu *colonel* du régiment des voltigeurs devenu 2e *des vélites à pied*, le 25 mars 1811.

Joachim Murat ayant remplacé le roi *Joseph* passé au trône d'Espagne, venait d'unir sa cause, comme roi de Naples, à celle des puissances étrangères, contre la France ; il voulut s'assurer de la fidélité des officiers français restés à son service, et fit proposer à notre compatriote, dont les talents militaires lui étaient connus, de le maintenir, auprès de lui, avec le grade de *général de brigade* qu'il lui conférait sous la date du 25 janvier 1814. M. Carrier, indigné qu'on pût le croire capable de servir contre sa patrie, au prix d'un avancement quelconque, refusa tous les avantages qui lui furent promis. Il donna sa démission, sacrifiant ainsi à son devoir de Français, la faveur d'un prince qui assurait sa fortune par une trahison.

Le colonel Carrier quitta Naples le 30 janvier 1814, et revint en France où le roi Louis XVIII l'éleva au grade de *maréchal de camp* par ordonnance du 9 septembre, même année. Ce prince le nomma *chevalier de l'ordre royal et militaire de Saint-Louis*, le 9 septembre suivant. Placé dans le cadre des officiers généraux en non activité, après les Cent-Jours, il sollicita et obtint sa retraite, en 1815 ; puis, il se retira dans le lieu de sa naissance pour s'y occuper d'agriculture, restant étranger aux divisions politiques qui agitèrent la France lors de la deuxième Restauration.

Tel fut le général Carrier, l'une des plus pures illustrations militaires du département de l'Ain.

CARRIER (Louis), maréchal des logis d'artillerie, né à Brénod en Bugey, vers 1822, mort le 9 décembre 1851, victime de son dévouement et de sa générosité.

Son père, *Guy Carrier*, vieux soldat du Ier empire, était parti pour l'armée en remplacement de son frère aîné, alors que la guerre offrait des chances si diverses pour l'avenir des jeunes gens du commencement du xixe siècle. Après treize ans d'absence et couvert d'honorables cicatrices, ce valeureux enfant du Bugey était rentré au foyer paternel et vivait heureux au milieu de sa famille.

Un jour, son fils, le jeune Louis, enflammé d'une secrète ardeur par les récits belliqueux qu'il avait souvent entendu vanter par son père, voulut aussi servir sa patrie. A l'époque de la conscription, il tira au sort; mais il fut exempté par un bon numéro et son frère aîné, *Jean-François*, moins favorisé par le hasard, partit pour l'armée. Ce frère entra dans l'arme du génie, où il fit un deuxième congé, en 1851.

Louis serait bien parti comme remplaçant de son frère ; mais celui-ci avait refusé cette offre parce qu'il voulait aussi tenter la fortune des camps. — Louis fut donc forcé de modifier ses projets d'avenir et d'appliquer son ambition aux soins plus paisibles de la ferme. Cependant, un sinistre arrivé chez lui, vint ranimer ses désirs. — La maison du père Carrier fut incendiée, en 1843, et le vieux brave entreprit de réparer ses ruines ; il essaya de relever sa demeure ; hélas! ses ressources restèrent insuffisantes. Louis n'y tint plus. Il remplaça un jeune conscrit du village et laissa à son père le prix de ce remplacement.

Il arriva donc à Bourges, en 1844, dans le 2e régiment d'artillerie qui lui avait été désigné, et ses chefs appréciant ses honorables sentiments, l'élevèrent promptement aux grades de *brigadier* et de *maréchal des logis*. Il fut même proposé pour l'école de Saumur ; mais au moment où il comptait sur son admission dans cette école pour devenir instructeur, une ordonnance ayant fixé la limite d'âge qu'il dépassait, lui en ferma l'entrée. Louis s'en consola aisément à cause de l'estime de ses chefs qui paraissaient s'ingénier à lui rendre le service aussi doux que facile. On l'employait volontiers à des missions de confiance, soit pour porter la solde aux détachements de son régiment dans différentes places de garnison, soit pour remplir l'office de vaguemestre.

Le 2 décembre 1851, lors du coup d'État de Louis-Napoléon, il y eut une émeute populaire à Crest (Drôme), où il ne se trouvait pas de garnison. Il fallait protéger les habitants paisibles et garantir les propriétés publiques : Louis Carrier demanda à son capitaine la faveur d'être employé à la défense de cette petite ville. Cinq jours après, on l'envoyait avec 8 hommes, dans un poste important, avec ordre de poursuivre les insurgés mis en déroute. En effet, après l'échange des premiers coups de feu, les émeutiers s'enfuirent. « Ces 8 cavaliers (dit M. le *général Lapène*, dans son rapport au ministre), sortent alors et les chargent. Le maréchal des logis Carrier est à leur tête ; il atteint un insurgé et au lieu de l'abattre d'un coup de pistolet, il le somme de se rendre et de livrer son arme. Celui-ci reconnaît cette générosité par un coup de fusil, à bout portant, dirigé sur Carrier qui, atteint mortellement, mais soutenu par son courage, revient à cheval au poste, en s'écriant : *Mes amis, à moi, je suis blessé.* Il tomba. 48 heures après il était mort... Il avait 29 ans ! »

Il n'est pas inutile de dire que le père Carrier, surnommé le *Chasseur*, âgé, en 1851, de 72 ans, mutilé à Wagram et jouissant d'une modique pension de 150 francs par an, ne recevant plus rien des épargnes de son fils Louis, fut recommandé au président de la République qui augmenta sa pension de 500 francs.

Le frère cadet Carrier, aussi maréchal des logis d'artillerie en 1855, a été décoré de la *médaille militaire* sous les murs de Sébastopol.

La famille Carrier, de Brénod, essentiellement militaire, a donc laissé des souvenirs glorieux et d'utiles exemples à ses compatriotes.

CERISIER (Jean-Baptiste), chef de bataillon, chevalier de la Légion d'honneur, né à Châtillon-les-Dombes, le 12 juin 1770, mort à Fuenza (Etats-Romains), le 20 septembre 1832.

Engagé volontairement à 17 ans, le 23 décembre 1787, dans la compagnie Saint-Monvieux (bataillon auxiliaire des colonies), il fut incorporé, l'année suivante, dans la compagnie Mansogne (régiment de l'île Bourbon), et versé, le 28 décembre 1789, dans le régiment de Pondichéry. Il fit les deux campagnes de mer de 1788 et 1789. Caporal le 20 février 1790 ; sergent-fourrier le 12 août 1792, il s'embarqua volontairement sur la frégate l'*Embuscade* et fit la campagne de 1793-1794. Pendant le combat qui eut lieu entre cette frégate et le vaisseau anglais le *Boston*, près New-York, le

2 août 1793, il hissa trois fois, sur la dunette, le pavillon français que le feu de l'ennemi avait abattu et eut son chapeau emporté par la mitraille.

Nommé *sous-lieutenant* de la légion de l'escadre d'Amérique, le 10 du même mois et *capitaine adjudant-major*, le 28, il empêcha l'assassinat du contre-amiral Cambis, commandant la station navale, poursuivi par une partie de son équipage insurgé.

De retour à Brest, avec la flotte, à bord de la *Ville de Lorient*, le 6 messidor an II (24 juin 1794), il fut promu *adjudant de place* à Brest, le 26 germinal an III (15 avril 1795).

Adjoint à l'état-major de l'expédition de Saint-Domingue et embarqué sur le *Nicodème*, il arriva au Cap français, le 27 prairial an IV (15 juin 1796). Aide de camp du commissaire Leblanc, il fut promu *chef de bataillon* le 29 vendémiaire an V (20 octobre 1796). Dans ce grade, il fut chargé d'une mission importante dont il s'acquitta avec bonheur et courage : attaché à la commission de Saint-Domingue, il passa, dans un canot, sous le canon d'un vaisseau anglais, le *Canada*, en décembre de la même année, pour porter au commandant de la frégate la *Sémillante*, que la division anglaise empêchait d'entrer, l'ordre d'appareiller et d'aller mouiller dans la rade du port français. Il rentra au Cap ayant dans son canot 12,000 francs que lui avait remis la *Sémillante*. Destitué par les commissaires Sonthonax et Raymond pour avoir voulu suivre leur collègue Leblanc qui, en désaccord avec eux, retournait en France, le ministre de la marine fit annuler cette décision et lui rendit son grade. Passé dans la gendarmerie du Jura, le 13 ventôse an VI (3 mars 1798), il fut ensuite incorporé, le 9 pluviose an VIII (29 janvier 1800), dans la 38e demi-brigade de ligne avec laquelle il combattit à l'armée du Rhin. Enfin, chef de bataillon dans la 1re demi-brigade d'infanterie légère, il fit les campagnes d'Italie et de Naples, dans les ans XI et XII (1802 à 1804) et fut décoré de la croix de la Légion d'honneur, le 25 prairial an XII (14 juin 1804).

Retiré dans les Etats-Romains, après avoir donné sa démission en 1805, il a succombé de maladie à Fuenza, à l'âge de 62 ans.

CHABERT (Anthelme), lieutenant, chevalier de la

Légion d'honneur, né à Belley, le 13 février 1773, mort sous les drapeaux, le 22 mai 1806.

Entré, le 5 août 1793, comme sergent dans la compagnie franche de Belley, et incorporé dans le 8ᵉ bataillon des volontaires de l'Isère devenu 135ᵉ demi-brigade de ligne, puis, 46ᵉ demi-brigade provisoire, et enfin 5ᵉ régiment de ligne, le jeune Chabert servit à l'armée des Alpes et à celle d'Italie, de l'an II à l'an IV (1794 à 1796).

Nommé *sous-lieutenant* de grenadiers, le 10 prairial an V (29 mai 1797), il combattit vaillamment à la bataille de Legnago, sur l'Adige, où il fut blessé d'un coup de feu au pied gauche. Envoyé ensuite à l'armée du Rhin, à celle d'observation du Midi et en Italie, de 1800 à 1804, le brave Anthelme Chabert reçut la croix de la Légion d'honneur, le 25 prairial an XII (14 juin 1804). — Il suivit la grande armée en 1805 et 1806, en Autriche et en Prusse où il fut nommé *lieutenant* au 56ᵉ régiment de ligne ; son brevet ne parvint à ce corps que le 18 juillet 1806, deux mois après son décès.

CHABERT (Jean-Baptiste), capitaine, chevalier de la Légion d'honneur, né à Bresson (Isère), vers 1760, mort à Bourg, le 23 juillet 1853.

Enrôlé, en 1792, dans le 1ᵉʳ bataillon des volontaires de l'Ain, devenu 85ᵉ régiment d'infanterie de ligne, il obtint rapidement ses grades inférieurs et l'épaulette de *sous-lieutenant,* en 1795. *Lieutenant* en 1797, à l'armée d'Italie, il devint *capitaine* au 88ᵉ régiment de ligne, à l'armée d'Orient et de Syrie, en 1799. Il combattit encore avec bravoure en Autriche, en Prusse, en Pologne et en Saxe, de 1806 à 1813, et mérita, par sa belle conduite, la croix de *chevalier de la Légion d'honneur*, en 1807.

Dans la campagne de Piémont, en 1792, M. Chabert fut grièvement blessé à la tête, à la redoute de Montmeillan. A la bataille des Pyramides, en Egypte, il reçut un coup de feu à la poitrine. Il fut atteint d'une balle à la jambe droite, lors de la reddition du Caire ; fut encore blessé d'un coup de sabre à la main, à la bataille d'Iéna (Saxe) et d'un biscaïen au siége de Mantoue (Italie). Enfin il fut laissé pour mort sur le champ de bataille de Waterloo. — Licencié en 1815, au retour des Bourbons, il comptait alors 23 ans de services et 16 campagnes ; il sollicita une pension de retraite qui lui fut accordée, et dont il a joui à Varambon, à partir de l'année 1816.

Les qualités personnelles du capitaine Chabert lui avaient attiré les suffrages de ses concitoyens qui le placèrent à la tête de l'administration municipale, de 1817 à 1830. Dans cette dernière année, il vint s'établir à Bourg, où il s'est fait remarquer par sa coopération empressée à toutes les œuvres de bienfaisance. Il est décédé à l'âge de 93 ans.

CHABERT (Pierre - Frédéric), commandant du 9e bataillon de chasseurs à pied, chevalier de la Légion d'honneur, né à Lans (Isère), le 7 octobre 1829, mort à Metz, le 19 octobre 1870.

Cet officier supérieur, frère de M. Chabert, actuellement notaire à Trévoux, était capitaine adjudant-major du 5e bataillon, même arme, lorsqu'il a été blessé mortellement à la bataille de Borny (1870).

Le jeune Pierre-Frédéric commença ses études à Grenoble ; il alla les terminer au collège Charlemagne de Paris. Reçu, en 1848, à l'école spéciale militaire de Saint-Cyr, il en sortit en 1850, avec distinction. Nommé *sous-lieutenant*, le 1er octobre de cette dernière année, il alla rejoindre le 59e régiment de ligne ; puis il passa, avec le même grade, au 6e bataillon de chasseurs à pied.

Promu *lieutenant*, le 1er juin 1854, au 13e bataillon, il fit la campagne de Kabylie, en Algérie, et eut l'honneur d'être cité à l'ordre du jour, pour s'être emparé d'un village important. Sa brillante conduite lui mérita le grade, au choix, de *capitaine* dans le 19e bataillon de chasseurs à pied, le 30 août 1859.

Chevalier de la Légion d'honneur le 5 mars 1865, il devint, trois ans après, en août 1868, capitaine adjudant-major au 5e bataillon de chasseurs à pied. C'est avec ce bataillon, compris dans le 4e corps d'armée commandé par le général Ladmirault, que M. Chabert fit cette désastreuse guerre contre la Prusse, en 1870, et qui a coûté à la France, tant de sang et tant d'or. Associé aux opérations de la défense de Metz, il prit une part active et glorieuse à la bataille de Borny, livrée le 14 août, sous les forts de cette ville.

Le 5e bataillon avait six compagnies placées aux avant-postes ; elles étaient commandées par l'adjudant-major Chabert. Il s'empara de plusieurs positions avec intrépidité, et à la fin de la journée, chargeant à la baïonnette toute une division ennemie, il parvint, malgré des pertes sensibles, à déloger une batterie ennemie du point qu'elle occupait et qui devait assurer le succès de nos armes. Il était six heures du soir. Il fallait se maintenir dans cet endroit ; mais nos compagnies décimées par le feu prussien, n'étaient plus assez fortes pour résister aux colonnes qui avançaient en grossissant leur nombre. M. Chabert prit le parti d'envoyer demander du renfort ; il réunit ce qui lui restait des débris de ses six compagnies, se mit à leur tête et chargea résolûment les troupes allemandes qu'il avait devant lui. Il se croyait soutenu par une brigade française qui fit défaut et bientôt après, on le vit tomber frappé de plusieurs coups de feu : une première balle lui traversa le genou gauche ; une seconde balle vint se loger à côté de la première blessure. Il en reçut une troisième à la cuisse gauche. — Son ordonnance court chercher du secours : huit hommes arrivent et veulent l'emporter : « *Non, mes « amis*, leur dit le capitaine Chabert, *laissez-moi mourir « ici, allez rejoindre vos compagnies qui ont besoin de « vous.* » Le chirurgien-major veut l'amputer, mais le capitaine s'y refuse. Il est emporté sur un brancard et arrive à dix heures du soir à Metz où il fut installé à l'École d'application qui a servi d'ambulance à nos officiers. Deux mois après, il expirait des suites de ses blessures, à l'âge de 41 ans seulement.

Une telle bravoure devait être récompensée. M. Chabert fut mis à l'ordre de l'armée, et nommé, le 24 août, *chef de bataillon*, commandant le 9ᵉ bataillon de chasseurs à pied. Hélas ! la mort ne lui permit pas de jouir de ses succès. L'ordre du jour suivant a laissé un témoignage de la sympathie de l'armée envers ce vaillant officier.

Ordre du 5ᵉ bataillon de chasseurs à pied.

« Le commandant est heureux d'annoncer au bataillon que, par arrêté du 24 août, le maréchal commandant en chef l'armée du Rhin, a nommé provisoirement M. le capitaine Chabert au grade de chef de bataillon et au commandement du 9ᵉ bataillon de chasseurs à pied. Le commandant se fait l'interprète de tous, en exprimant au commandant Chabert la vive satisfaction que chacun éprouve de voir une récompense aussi bien placée et pour lui donner l'assurance du souvenir sympathique qui lui sera conservé par tous les militaires du bataillon. Ceux qui ont combattu sous ses ordres, dans la journée du 14 août, ne sauraient oublier combien il fut brillant ce jour-là, et le 5ᵉ bataillon fait des vœux pour que les trois blessures du nouveau commandant du 9ᵉ soient assez vite cicatrisées pour qu'il puisse bientôt rendre de nouveaux services à son pays, à la tête de son bataillon.

« Au camp, sous Metz, le 26 août 1870. »

Le chef de bataillon, Carré.

CHEREL (Claude-Marie), chef de bataillon, chevalier de la Légion d'honneur, né à Hautecour (Revermont), le 10 janvier 1757, mort à Bourg, le 28 décembre 1828.

Entré à 25 ans, comme soldat, dans le régiment de Béarn (ancienne armée royale), le 25 avril 1782, il était passé, ensuite, au régiment du Hainault, en 1789. Il ne comptait donc que 7 ans de services militaires lorsque la révolution de 1789 éclata, et à cette date, il n'avait encore franchi que les grades inférieurs. Il rentra dans sa famille. Mais en 1792, à l'appel de la patrie en danger, Cherel s'empressa de reprendre les armes et à la formation des nouveaux corps de troupes, il fut élu *capitaine* au 5ᵉ bataillon des volontaires de l'Ain, faisant partie du 21ᵉ régiment d'infanterie légère.

Il prit une part active aux glorieuses campagnes de la République aux armées d'Italie, du Rhin, d'Égypte et des côtes de l'Océan. Il fut signalé, plusieurs fois, pour sa bravoure et fut fait *chef de bataillon*, le 15 pluviose an IX (4 février 1801) et nommé chevalier de la Légion d'honneur, le 3 messidor an XII (22 juin 1804).

Proposé pour la retraite, le 8 juin 1806, pour cause d'infirmités résultant des fatigues de la guerre, il rentra en France, ayant plus de vingt ans de services et treize campagnes qui lui assuraient des droits à une pension honorable. Il quitta donc l'armée le 25 janvier 1807, étant à Wesel (duché de Berg).

Cependant, M. Cherel n'avait pas encore 50 ans d'âge : l'oisiveté lui pesait. Il sollicita un emploi dans l'administration des contributions indirectes et obtint, par décret impérial du 12 avril 1811, l'emploi d'entreposeur général des tabacs, pour le département de l'Oise, à Beauvais. Il entra en fonctions la même année et ne les quitta qu'en 1817, pour revenir habiter ses foyers en Bresse. A son passage à Lyon, il s'y arrêta quelque temps pour épouser Marie-Anne-Joséphine Neumann, avec laquelle il vint s'établir définitivement à Bourg où il a fini ses jours, à l'âge de 71 ans.

Le chef de bataillon Cherel se trouvait, en l'an IX, avec son régiment à l'armée d'Orient: il reçut du général de division Lagrange, chef de l'état-major général, l'ordre de se rendre *à Alexandrie*, pour prendre le commandement de cette place importante. Le général Friant y exerçait alors les fonctions de commandant supérieur. Il fut si satisfait de la manière de servir de Cherel, qu'il avait, d'ailleurs, rencontré plusieurs fois, sur le champ de bataille, qu'il le complimenta avec effusion; et lorsque plus tard, celui-ci eut à se recommander de cet illustre général pour obtenir un emploi, M. Friant lui accorda, sans hésiter, la preuve écrite de son estime personnelle ainsi exprimée :

« Camp de Bruges, 12 prairial an XIV (2 mai 1806).

Friant, général de division, déclare que pendant tout le temps que le chef de bataillon Cherel a été employé sous ses ordres, il n'a eu que des louanges à lui donner sur *sa bonne manière de servir, sur ses talents militaires et sur son extrême bravoure. Si on ne spécifie pas ici les différentes affaires où il s'est particulièrement distingué, c'est qu'il s'est distingué dans toutes celles où il s'est trouvé.* Dans toutes les circonstances, le soussigné se fera un devoir, de rendre justice au mérite du chef de bataillon Cherel, en le priant de recevoir la présente déclaration comme un *témoignage non équivoque de son estime toute particulière*. — FRIANT. ».

COLIGNY (de). Ancienne famille de la Bresse dont l'origine remonte aux comtes de Bourgogne dont elle paraît avoir emprunté le blason, portant: « *de gueules, à un aigle « d'argent, couronné d'azur, langué d'or.* »

Devise : « *Je les espreuve toutes.* »

Elle possédait le territoire occupé depuis Orgelet et Arinthod jusqu'aux bords du Rhône, à Villebois et tout le pays qui s'étend de la Bresse, entre la rivière de Reyssouze et celle de l'Ain, en y ajoutant les seigneuries de Vieux, Varey et de Saint-Sorlin en Bugey.

Les hommes de guerre de cette famille commencent à **Manassès Ier**, fondateur de la Maison de Coligny, en 863. Il aida Richard, comte de Bourgogne, à repousser les Normands.

Manassès II, son fils, fit subir une nouvelle défaite aux Normands, en 925.

Humbert Ier se croisa, avec six de ses enfants, en 1146. Il accompagna l'empereur Conrad II à la Terre-Sainte. En 1131, il avait fondé l'abbaye du Miroir, près de Cuiseaux. Ce monastère fut, pendant trois siècles, le lieu de sépulture des sires de Coligny. On attribue à l'un de ses fils la fondation de la Chartreuse de Seillon, près de Bourg.

Guéric Ier, fils du précédent, suivit son père à la Terre-Sainte, en compagnie d'Amé III, comte de Savoie.

Humbert II, fils du précédent, se croisa, en 1171. Il accompagna, en Palestine, le comte de Bourgogne. Il eut huit enfants qui partagèrent la sirerie de Coligny, en 1190. C'est lui qui passe pour avoir reconnu, le premier, la suzeraineté de la maison de Savoie.

Hugues II, seigneur de Marboz et de Treffort, fils du précédent, se croisa aussi, en 1200, donnant, avant de partir pour la Terre-Sainte, aux Chartreux de Seillon, le Val de Saint-Martin, aujourd'hui *Sélignat*, pour construire une Chartreuse. Il est mort dans cette expédition, ne laissant qu'une fille, Béatrix de Coligny, qui épousa, en 1220, le sire de la Tour-du-Pin, auquel elle apporta en dot un grand nombre de possessions, passées plus tard, par alliance, au Dauphin du Viennois.

Jacques Ier, Seigneur de Coligny et d'Andelot, en 1401. Il suivit en Hongrie le comte de Nevers et combattit vaillamment à Nicopolis, en 1396. Il accompagna le duc de Bourgogne, avec vingt écuyers, lorsque ce duc alla demander au Roi de France vengeance de la mort de son père.

Guillaume II, fils du précédent et seigneur d'Andelot. Il prêta son concours, dans la guerre de Hongrie, au comte de Nevers, et assista le duc de Savoie dans son traité de 1455 avec le roi de France Charles VII. Il épousa Catherine de Saligny, qui apporta aux Coligny le château de Châtillon-sur-Loing, où est né l'amiral.

Jean III, fils du précédent, est le premier seigneur de Coligny qui prit sa résidence en France. Il fut le grand-père de Gaspard II, l'amiral de France. Il prit parti pour Louis XI dans la guerre du bien public contre Charles-le-Téméraire. — Il se distingua à la bataille de Montlhéri, en 1433.

Jacques II, fils aîné du précédent, fut un grand capitaine. Il accompagna le roi Charles VIII à la conquête du royaume de Naples (1494). — Louis XII étant allé combattre les Turcs, en Grèce, en 1500, avait confié un commandement important à Jacques II qui monta, le premier, à l'assaut du fort de Métélin. Il fut renversé d'un coup de pierre à la tête ; mais il n'en mourut pas. — A son retour il épousa Blanche de Tournon, en 1505.

Il assista encore à la bataille d'Aguadel et fut tué au siége de Ravenne, à côté du célèbre Bayard. — Il n'eut point d'enfants et laissa tous ses biens à son frère Gaspard Ier, dont l'article suit.

Gaspard Ier, comte de Coligny, seigneur de Châtillon, d'Andelot, etc., chambellan et conseiller des rois Charles VIII, Louis XII, François Ier, chevalier et maréchal de France, était né en 1472, au château de Châtillon-sur-Loing. Il est mort à Dax ou Acqs, en Gascogne, le 24 avril 1522.

Gaspard Ier se distingua en Italie, en combattant les Espagnols, en 1500. A la bataille de Marignan (1515), il commanda un corps considérable de troupes. François Ier le récompensa de ses services, pendant la conquête du duché de Milan, en lui conférant le grade de *maréchal de France*. Il le nomma aussi son *Lieutenant* en Champagne et en Picardie. En 1518, il prit possession de Tournay (Flandre); deux ans après, il assistait à l'entrevue de François Ier et de Henri VIII d'Angleterre au camp du Drap-d'Or. Lieutenant général des armées françaises en Espagne, il portait secours à la place de Fontarabie assiégée par Charles-Quint, lorsqu'il tomba malade et mourut laissant trois enfants en bas âge, issus de son union, en 1514, avec Louise de Montmorency, sœur du connétable Anne et veuve du sieur de Mailly. — « *C'était*, dit Brantôme, *un bon et sage* « *capitaine du conseil duquel le roi s'est fort servi tant qu'il* « *a vescu, comme il avait raison, car il avait bonne tête et*

« *bon bras.* » C'est à lui que revient l'honneur, au moins en partie, d'avoir établi, dans l'armée française, une sévère discipline qui mit fin aux *brigandages et pillardises des bandes de soudards* du xvie siéle. — Ses trois fils sont : *Odet* qui suit, *François Ier* et *Gaspard II*.

Odet, connu sous le nom de *Cardinal de Châtillon*, né en 1515, mort en Angleterre, le 14 février 1571.

Il prit parti contre la Ligue et, après avoir revêtu la cuirasse, combattit glorieusement à la bataille de Saint-Denis où il se montra *noble, vaillant et généreux*. (Brantôme.) A la suite de cette journée, venu en Angleterre pour échapper à une prise de corps exercée contre lui, il se disposait à rentrer en France lorsqu'il succomba, victime d'un empoisonnement commis par l'un de ses valets de chambre.

A vingt ans, il s'était voué à l'Église, sans prendre les ordres, et avait reçu la pourpre de *cardinal* des mains du Pape Clément VII. Il accepta l'évêché de Beauvais et l'archevêché de Toulouse ; mais les écrits de Calvin le déterminèrent à embrasser la réforme et il se fit protestant. Il fut excommunié par Pie IV. — Odet de Coligny épousa alors Elisabeth de Hauteville qui, présentée à la cour de France, y fut appelée *Madame la Cardinale* ou *la Comtesse de Beauvais*.

François Ier, frère du précédent, connu sous le nom d'*Andelot*, né à Châtillon-sur-Loing, en 1521, mort à Saintes, en 1569.

Il fit ses premières armes en Italie et fut fait *chevalier* sur le champ de bataille de Cérisolles, en même temps que son frère **Gaspard II**, par le comte d'Enghien. Il embrassa aussi, de bonne heure, la religion protestante et s'en montra l'un des plus zélés défenseurs.

Nommé colonel-général de l'infanterie, en 1551, il défendit, avec l'amiral son frère, la place de Saint-Quentin ; se distingua à la bataille de Dreux (1562); fit la guerre en Bretagne et dans le Poitou ; assista à la bataille de Jarnac, et mourut deux mois après cette célèbre journée (1569).

Gaspard II, frère du précédent, comte de Coligny, seigneur de Châtillon, d'Andelot, Beaupont, Chevignat, etc., colonel capitaine-général d'infanterie, amiral de France, né en 1517, au château de Châtillon-sur-Loing, mort assassiné à Paris, dans la nuit de la Saint-Barthélemy du 24 août 1572.

Dans sa jeunesse, on l'appelait seigneur *de Fromente*, nom d'un castel très-ancien situé sur la rivière du Suran, à 15 kilomètres de Bourg, et dont on voit encore les ruines aujourd'hui.

Il embrassa, de bonne heure, la carrière des armes, fut armé *chevalier* à la journée de Cérisolles par le duc d'Enghien qui le présenta au roi François Ier, dont il sut facilement conquérir l'estime et la faveur par sa bravoure. Il fut rarement heureux dans les grandes batailles qu'il a livrées ; mais, il savait réparer promptement ses désastres par une habileté prodigieuse qui l'a fait considérer comme l'un des premiers hommes de guerre de son siècle. Sa renommée remplissait le monde entier, et l'historien Brantôme a écrit de lui que : « *de l'amiral de Coligny, il en « était plus parlé que du roi de France.* » On ne peut lui reprocher d'avoir fait la guerre par système de parti ou d'ambition : il n'eut toujours en vue que la grandeur de la France au dehors et la paix dans l'intérieur. — Coligny fut le premier qui pensa sérieusement à créer nos colonies ; il en fonda même deux de sa propre initiative : l'une, au Brésil, l'autre, dans l'Amérique du Nord. Elles furent ruinées, plus tard, par les Espagnols.

Nommé *colonel-général de l'infanterie*, il s'attacha à épurer l'armée française, alors composée de bandes de pillards, connus sous le nom de *Ribauds*. Il chassa les Anglais de Boulogne ; se distingua au siége de Perpignan ; aux combats de Renti ; assista aux siéges de Damvillers, de Montmédi, de Chimai et de Saint-Quentin. Fait prisonnier, dans cette dernière place, par les Espagnols commandés par le duc de Savoie, il fut conduit à Anvers où il ne recouvra sa liberté qu'en payant une rançon de 50,000 écus.

Élevé au rang d'*amiral de France*, sous Henri II, en 1552, il n'épargna ni son expérience, ni ses soins dans les nombreuses conférences diplomatiques ou dans les guerres du temps. Il perdit, conjointement avec le prince de Condé, la bataille de Dreux, contre le duc de Guise qui fut assassiné devant Orléans. Ils livrèrent bataille au connétable de Montmorency, à Saint-Denis, en 1567 ; ils furent battus à la journée de Jarnac où Condé perdit la vie. — Coligny fut blessé d'une balle à la joue, à Montcontour. — Doué d'une hardiesse incroyable qui mit le sceau à sa réputation d'*homme de génie*, il sortit de la Rochelle où il s'était réfugié ; rallia les protestants du Languedoc et du Dauphiné, avec des secours venus d'Allemagne, et marcha sur Paris. Le 25 juin 1570, l'armée royale s'opposa à cette marche par une rencontre qui donna lieu à la paix, le 8 août de la même année. Coligny fut bien accueilli par Charles IX et par Catherine de Médicis qui dissimulèrent leurs ressentiments à son égard. Ils l'attirèrent à Paris par la promesse de lui confier une expédition ayant pour but de chasser les Espagnols de la Flandre ; mais, en réalité, pour se débarrasser de ce grand général. La cour avait tramé l'assassinat des Protestants. Charles IX en pressa l'exécution : le 12 août 1572, Gaspard II, sortant du conseil du roi, reçut un coup d'arquebuse tiré d'une fenêtre de la rue ; il fut blessé au bras gauche et eut l'index de la main droite emporté. Cette tentative d'assassinat n'ayant pas réussi, il devint, bientôt après, l'une des principales victimes du massacre de la Saint-Barthélemy qui eut lieu dans la nuit du 24 au 25 août. — L'Allemand Besme dont le vrai nom était Charles Dianowich, assassin à la solde des Guise, pénétra dans la chambre de l'amiral, lui plongea son épée dans la poitrine et jeta son cadavre par la fenêtre de la rue, où le duc de Guise put venir le reconnaître et le fouler aux pieds.

L'amiral fut marié deux fois : sa première femme se nommait Charlotte de Laval dont il eut **François II**, qui lui succéda, et **Charles** qui a continué la lignée et laissé tous les biens situés en Bresse, à son neveu **Gaspard III** mentionné ci-après.

Sa fille, Louise de Coligny, veuve de *Téligny*, épousa Guillaume d'Orange, *fondateur de la République hollandaise*. Elle fut la grand'mère de ce *Guillaume III* qui renversa les Stuart et *fonda la Monarchie constitutionnelle d'Angleterre*.

Gaspard II épousa en deuxièmes noces, à La Rochelle, et contre le consentement du duc de Savoie, une noble héritière du Bugey, Jacqueline, comtesse d'Entremont, qui possédait plusieurs châteaux sur les bords de la rivière d'Ain et ceux du Rhône. Après la mort de Coligny, sa veuve fut l'objet d'indignes persécutions de la part de ce duc.

L'amiral reconnaissait lui-même qu'il était Bressan, avant tout, lorsqu'il prenait soin de constater juridiquement qu'il continuerait la suite des sires de Coligny, lui, 20e du nom. En effet, après la mort du roi Henri II, Coligny s'était retiré momentanément dans ses terres et se livrait à l'étude des livres de controverse religieuse qui le convertirent au protestantisme. C'est à cette cause qu'il faut reporter la confiscation des seigneuries d'*Andelot* et de *Coligny-le-Vieux*, faite par le roi d'Espagne en sa qualité de souverain de la Franche-Comté ; mais Gaspard II réclama auprès du duc de Savoie qui lui fit rendre ses biens, sauf l'hommage.

Le corps de l'amiral de Coligny, conduit de Paris à Châtillon par des serviteurs de sa famille, demeura dans l'oubli jusqu'en 1786, époque à laquelle le marquis de Montesquiou-Fézenzac obtint du duc de Luxembourg, devenu seigneur de Châtillon-sur-Loing, l'autorisation de transporter ce corps dans sa terre de Maupertuis où il fut déposé dans un sarcophage de marbre noir. Pendant la première Révolution française, ce monument passa au musée de la rue des Petits-Augustins à Paris.—On conserve, à la Bibliothèque nationale, *les lettres et les négociations de l'amiral*.

François II, fils du précédent, colonel-général de l'infanterie et amiral de Guyenne, né en 1557, mort en 1587.

Echappé au massacre de la Saint-Barthélemy, il se réfugia à Genève ; puis à Bâle où il trouva, avec sa famille, l'hospitalité la plus cordiale. — Rentré en France, en 1575, il se joignit aux mécontents commandés par le duc d'Alençon, et prit une part active à toutes les batailles qui amenèrent Henri IV sous les murs de Paris. Il fixa la victoire à Arques par une charge impétueuse, et reçut, après la paix, la récompense méritée de sa valeur : il fut nommé *colonel capitaine-général de l'infanterie* et *gouverneur de Montpellier*. Rentré en posession de ses biens de famille, après la réhabilitation de la mémoire de son père, il fut fait *amiral de Guyenne* et comblé de faveurs et de dignités par le roi Henri IV. Il est mort, à 30 ans, dans la religion protestante et a laissé, dans l'histoire, la réputation d'avoir été **l'un des plus braves seigneurs de France.**

On croit qu'il n'eut que deux fils: *Henri*, l'aîné, et *Gaspard III*.

Henri, succéda à son père dans l'emploi d'*amiral de Guyenne* ; il fut tué à l'âge de 20 ans, au siége d'Ostende, en 1601, sous Henri IV.

Gaspard III, seigneur de Beaupont, en Bresse, frère du précédent auquel il succéda comme *amiral de Guyenne*, né en 1584, mort en 1646.

Le roi Louis XIV le fit *maréchal de France* en 1643, et érigea, en sa faveur, la terre de Châtillon-sur-Loing et ses autres biens en Bresse, en *Duché-pairie*, sous le nom de *Coligny*. Il avait fait ses premières armes en Hollande contre les Espagnols. Il combattit vaillamment en Savoie, en 1630, et remporta d'importants succès en Flandre et en Picardie, de 1635 à 1639 ; cependant, il fut vaincu, en 1641, à la bataille de Marfée, par le comte de Soissons qui paya sa victoire de sa vie. — Marié avec Anne de Polignac, il en eut plusieurs enfants, dont l'aîné des fils suit :

Gaspard IV, marquis d'Andelot, fait *maréchal de France* après la bataille de Rocroi, fut tué en 1649, à Charenton, pendant les guerres de la Fronde.

Comme il avait abjuré le protestantisme, Louis XIV confirma, en 1646, l'érection en duché, de la terre de Châtillon-sur-Loing. Il laissa d'Elisabeth de Montmorency, sa femme, un fils qui était le 24e du nom de Coligny, mort célibataire, en 1657, à la suite d'un duel. Ce fils du nom de **Henri-Gaspard**, a été le dernier de la branche aînée des sires de Coligny, féconde en grands hommes de guerre, et illustrée par de puissantes alliances.

(Biographie universelle. — Guichenon, *Hist. de Bresse et du Bugey.*—M. Ed. Chevrier, *La maison de Coligny au moyen âge.*—Brantôme, etc.)

COSTE (Jean-François), médecin militaire, commandeur de la Légion d'honneur, chevalier de l'ordre de Saint-Michel, né à Ville en Michaille, le 14 juin 1744, mort à Paris, le 8 novembre 1819.

Il était fils d'un médecin qui exerça avec honneur en Bugey et qui le recommanda au célèbre Antoine Petit, professeur à Paris, en 1758. — Jean-François avait fait de bonnes études classiques chez les Oratoriens de Lyon. Il avait de l'aptitude pour la carrière médicale, il suivit avec assiduité les cours de la Faculté de médecine. Bien qu'il débutât à dix-sept ans, Il se fit recevoir, à vingt-deux ans, docteur à Valence, en 1763.

De retour dans son pays natal, il eut l'occasion de prouver sa science ; il arrêta en trois mois les effets d'une épidémie qui exerçait ses ravages dans la commune de Collonges, arrondissement de Gex. — Le jeune médecin, très-empressé auprès de ses malades de Ferney, s'étant fait remarquer par son zèle, s'attira l'attention, la bienveillance et l'estime de Voltaire qui le patrona auprès du ministre, M. de Choiseul et le fit nommer, en 1769, médecin de l'hôpital militaire de Versoix, d'où il passa à celui de Nancy, en 1772, et le 4 décembre 1775, à l'hôpital militaire de Calais.

Cinq ans après, il partit pour l'Amérique comme premier médecin de l'armée française, lors de la guerre de l'Indépendance. Le dévouement et l'activité qu'il déploya dans ce poste lui valurent la considération et les suffrages de Franklin, l'amitié même de Washington. Il sauva les jours du général Rochambeau atteint du typhus. — De retour en France, en 1783, il refusa la place de premier médecin de l'hôpital militaire de Strasbourg et reprit son service à celui de Calais. — En 1784, le maréchal de Ségur l'appela près de lui avec le brevet de premier médecin des camps et armées du Roi. — L'année suivante, il fut nommé inspecteur de santé des six provinces militaires du Nord, et le 5 août 1788, il fut désigné premier médecin des troupes du camp de Saint-Omer. — Il voyagea en Angleterre cette même année, revint à Versailles dont il fut élu maire, de 1789 à 1791. — Chargé, le 7 juillet 1792, de l'inspection du service de santé des hôpitaux à la suite des armées du Nord, du Centre et du Rhin, il fut envoyé à l'armée des Pyrénées-Orientales, le 11 août suivant, puis dans les départements de l'Ouest, le 14 septembre de la même année, pour y arrêter les progrès d'une dyssenterie épidémique.

Nommé membre du conseil de santé des armées, le 12 pluviose an III, et successivement *inspecteur général*, le 7 floréal an IV, médecin en chef de la maison nationale des Invalides, le 8 thermidor suivant, premier médecin des armées, le 4º jour complémentaire an VIII, enfin médecin en

chef de l'armée des côtes de l'Océan, le 17 frimaire an XI, il fut élu chevalier de la Légion d'honneur, le 14 juin 1804.
— Appelé, en 1805, à l'armée du Centre, il suivit le mouvement de ce corps sur Strasbourg, fit avec lui les campagnes de la grande armée et fut fait officier de la Légion d'honneur, le 26 décembre 1806.

Autorisé à rentrer en France en convalescence, le 30 mars 1807, après la campagne de Prusse, M. Coste partit pour l'Italie, le 27 juin 1808, avec la mission d'inspecter le service de santé des hôpitaux d'Aqui et de Milan. — En 1809, il reprit ses fonctions de médecin en chef de l'Hôtel des Invalides et fut conservé, dans cette position, sous les première et deuxième Restaurations des Bourbons. Le roi Louis XVIII le fit commandeur de la Légion d'honneur, le 17 janvier 1814 et chevalier de l'ordre de Saint-Michel en 1816. Ce prince s'était souvenu que M. Coste avait accepté, en 1791, le périlleux honneur de diriger la première magistrature populaire, comme maire de Versailles. En effet, il avait offert dans ce poste, à plusieurs reprises, le sacrifice de sa vie et celui de sa fortune. Il ne sauva que sa tête en acceptant, comme médecin, de servir dans les armées républicaines ; ce qu'il a fait, d'ailleurs, avec un noble dévouement.

M. Coste est mort à l'hôtel des Invalides des suites d'une affection de poitrine, au milieu des témoignages publics d'estime que lui avaient assurés ses talents et sa haute position médicale. — Il est décédé à l'âge de 78 ans. Il a beaucoup écrit sur la science et correspondait avec les Académies de France et de l'étranger. Son éloge a été prononcé par les docteurs Broussais, Brassier et Vaidy.

COURT de la BRUYÈRE (Claude-Elisée de), vice-amiral, grand'croix de Saint-Louis, né à Pont-de-Vaux, le 16 février 1666, mort dans sa terre de Gournay (Oise), le 19 août 1752, à l'âge de 86 ans.

Son père **Charles-Caton de Court**, était gentilhomme ordinaire de la chambre de Louis XIV, et avocat au siège présidial de Bourg. Sa mère *Anne de Saumaise*, née à Dijon, était la nièce du célèbre commentateur de ce nom.

Il entra dans la marine militaire, le 6 janvier 1684, comme

élève. Deux ans après, il était *enseigne* de vaisseau et s'élevait successivement dans les grades jusqu'à celui de vice-amiral, le 7 février 1750.

Il commanda la flotte combinée espagnole et française, devant Toulon, le 22 février 1744, ayant près de 80 ans. — Il s'y montra aussi hardi marin que bon *général*, dont il possédait le grade depuis le 27 mars 1726.

On sait qu'après la paix d'Utrech, les Anglais, qui jouissaient de l'île Minorque et de Gibraltar, avaient encore obtenu de la cour de Madrid des priviléges dont les Français, ses défenseurs, avaient été privés : l'esprit anglais aspirait alors à la liberté des mers, c'est-à-dire que les Anglais voulaient pouvoir envoyer sur les côtes d'Amérique autant de vaisseaux de leur nation qu'ils le jugeaient à propos pour leur trafic, au détriment des Espagnols. Un patron de vaisseau, nommé Jenkins, vint en 1739 se plaindre à la Chambre des Communes d'Angleterre d'avoir été maltraité par un capitaine espagnol qui avait *saisi le vaisseau de Jenkins, mis l'équipage aux fers, et fait fendre le nez et couper les oreilles du patron* : « Messieurs, dit-il, quand « on m'eut ainsi mutilé, on me menaça de mort, je l'atten- « dais, je recommandai mon âme à Dieu et *ma vengeance* « *à ma patrie.* » L'assemblée, indignée, résolut la guerre contre l'Espagne, dans la même année, et bientôt la mer fut couverte de corsaires des deux nations qui allaient, en Europe et en Amérique, attaquer les vaisseaux marchands et ruiner réciproquement le commerce pour lequel ils combattaient.

L'année suivante, l'amiral Vernon pénétra dans le golfe du Mexique, y attaqua et prit la ville de Porto-Bello, véritable entrepôt des trésors du Nouveau-Monde, et les Anglais espérèrent conquérir l'Amérique espagnole. — La France n'avait qu'une marine faible qui secourait les Espagnols. Il y avait, dans Toulon, une flotte de 16 vaisseaux espagnols retenue continuellement dans le port par une flotte anglaise croisant dans la Méditerranée. — Les canonniers espagnols n'étaient pas experts dans leur art ; on les exerça dans le port de Toulon pendant 4 mois, et lorsqu'ils se furent rendus habiles, on fit sortir de la rade l'escadre espagnole commandée par Don Joseph Navarro. Elle n'était que de 12 vaisseaux, les Espagnols n'ayant pas assez de matelots et de canonniers pour en manœuvrer 16; elle fut secourue par 14 vaisseaux français, 4 frégates et 3 brulôts, sous les ordres du lieutenant-général de Court, chargé du commandement de cette escadre.

Il y avait quarante ans que M. de Court s'était trouvé au combat naval de Malaga où il avait servi en qualité de *capitaine*, sur le vaisseau amiral (1696), et depuis ce temps, il ne s'était livré de bataille sur mer, en aucune autre partie du monde que celle de Messine, en 1718. — L'amiral anglais Matthews se présenta devant les deux escadres combinées de France et d'Espagne, avec 45 vaisseaux, 5 frégates et 4 brulôts. — M. de Court l'attaqua avec intrépidité. La victoire fut indécise comme dans tant d'autres batailles navales pour lesquelles le résultat d'une longue action est de tuer du monde de part et d'autre et de démâter les vaisseaux. Cependant, malgré leur grande supériorité numérique, les Anglais se retirèrent à Port-Mahon pour radouber leurs vaisseaux maltraités ; les Français et les Espagnols, maîtres momentanément de la mer, firent passer librement en Italie des provisions de bouche et de guerre nécessaires aux Espagnols. La victoire resta donc du côté des Français.

On dit que malgré mille preuves de bravoure données par l'amiral Matthews, l'orgueil anglais humilié de ce qu'il n'avait pas vaincu, le fit traduire devant une cour martiale, dans son pays, qui le jugea *incapable*.

Le vaillant de Court qui avait sauvé l'amiral espagnol d'une perte certaine, fut accusé, par lui, de ne l'avoir pas secouru en temps utile.... et l'historien Anquetil prétend qu'il fut *relégué dans ses terres*. — Cette disgrâce n'est pas prouvée et n'est pas admissible, puisqu'il reçut, postérieurement à cette action, le 7 février 1750, le *grade de vice-amiral* et *la plaque de grand'croix de Saint-Louis*. — Les faveurs de la cour de Louis XV l'ont suivi dans toutes les époques de sa carrière. Il fut nommé gouverneur du 4ᵉ duc d'Orléans qui épousa Mme de Montesson et fut le grand-père de Louis-Philippe Iᵉʳ. — Le roi Louis XV lui fit don de 12 pièces de canon qu'il avait prises sur l'ennemi, le 22 février 1744. L'amiral les fit placer sur son château de Confrançon, en Bresse. Le comte de Loriol, son arrière-neveu, les donna à la ville de Pont-de-Vaux ; on dit que la ville de Bourg qui les avait empruntées en 1816, pour le passage du comte d'Artois, ne les a pas rendues.

Le vice-amiral de Court avait trois frères, dont le plus jeune fut tué en 1684, major de l'armée, au siége de Strasbourg. Les deux autres sont : 1° l'aîné, **Charles Caton**, né en 1654, précepteur du *duc du Maine*, qu'il accompagna au siége de Phalsbourg, et au camp de Vignamont, où il mourut de maladie à 40 ans ; 2° **Louis**, abbé de Saint-Serge d'Angers (ordre de Saint-Benoît), mort en 1732, auteur de plusieurs ouvrages en vers et en prose.

CROZET (**Joseph**), chef de bataillon des gardes nationales mobilisées de l'Ain (1870-1871), né à Lyon, le 31 août 1838, mort à Serans, commune de Mogneneins, arrondissement de Trévoux, le 21 septembre 1872.

Issu d'une honorable famille du Forez, le jeune Crozet commença ses études classiques au collége de Thoissey et les termina à Paris où il fut reçu bachelier ès-sciences. Il avait un goût prononcé pour la carrière des armes et se disposait à entrer à l'École militaire de Saint-Cyr quand la mort de son père vint le frapper et changer tout à coup ses projets. Il s'engagea, comme soldat, au 1er régiment de chasseurs à cheval, le 3 août 1858. Il suivit son régiment en Algérie, heureux de faire partie d'une colonne expéditionnaire envoyée dans le Maroc, sous les ordres du général Durrieu, pour faire rentrer dans le devoir les tribus arabes révoltées contre l'autorité française. — La vie des camps, avec son imprévu et ses dangers, avait exalté son imagination ardente ; il fit une campagne de trois mois dans le Tell, sur les confins du petit Sahara. Le courage qu'il déploya, dans les différentes rencontres, contre les cavaliers arabes lui méritèrent les éloges de ses chefs, et son premier grade de brigadier fut la récompense de sa belle conduite.

— Crozet fut désigné par son colonel pour venir en France suivre les cours de l'École d'équitation de Saumur. Le 1er régiment de chasseurs voulait former des instructeurs habiles. Cette mission séduisit notre compatriote qui acquit, en peu de temps, les connaissances hippiques qu'il devait enseigner lui-même. — Il fut récompensé de son zèle par le grade de *maréchal des logis*, aussitôt son arrivée au corps et y professa avec une véritable distinction.

Peu de temps après, il fut proposé pour le grade de *sous-lieutenant*; mais, alors, des raisons de famille lui firent quitter le service militaire. Il revint dans ses foyers à l'expiration de son engagement, le 2 août 1865. — De ses espérances d'avenir et de gloire, il ne rapporta en France qu'une maturité d'esprit précoce, à 27 ans, et un témoignage honorable de satisfaction que lui remit son colonel : c'était un écrit que, dans sa modestie, il cachait à tous les yeux: le relevé de ses services portait ces mots : « *Regretté de ses supé-* « *rieurs, de ses égaux et de ses inférieurs.* » — M. Crozet, rendu à la vie civile, s'adonna bientôt à d'autres soins auprès de sa mère, devenue veuve, et d'un frère cadet qu'il voulait protéger. — Cinq ans après, survint la guerre de la France avec la Prusse. Ce grand événement nous a révélé tout ce que cachait de faiblesse notre force militaire apparente; nos désastres n'ont pas seulement mis en évidence nos fautes et nos pertes ; il est né quelques vertus de nos malheurs mêmes, et si nous nous appliquons à les faire connaître, aujourd'hui, dans leur isolement, c'est pour montrer que, si elles ont fleuri, au milieu de nos ruines, leur prestige bienfaisant nous défend aussi de désespérer de l'avenir... En septembre 1870, notre armée régulière fut vaincue, écrasée, malgré des prodiges de valeur, par le nombre trop disproportionné de nos ennemis (cinq contre un). — Les Prussiens avaient envahi le sol français. Il avait fallu leur opposer de nouvelles troupes en mettant sur pied nos gardes nationales inexpérimentées, surprises d'une telle spontanéité, bien qu'animées d'un chaleureux élan; mais les armées ne s'improvisent pas; il faut du temps pour les former. Cependant, à l'appel de la patrie en danger, surgirent, de toutes parts, nos bataillons de gardes mobiles.

Dans le département de l'Ain le choix des officiers fut généralement heureux. Parmi eux figurait M. Crozet, élu commandant du 1er bataillon de la 3e légion de l'Ain (arrondissement de Trévoux). Il accepta cet honneur avec reconnaissance, mais il ne se fit aucune illusion sur l'importance de la tâche qu'il s'imposa. Il s'occupa sans relâche de l'instruction militaire, du bien-être matériel, des détails administratifs et s'appliqua à établir une discipline juste et sévère. Avec un tact parfait et une simplicité de forme qui n'excluait pas la dignité, M. Crozet cimenta l'union des chefs avec leurs subordonnés, de manière à obtenir par l'affection, l'obéissance qu'on devait rechercher par-dessus tout. — Lui-même en donna l'exemple, et sa prévoyance judicieuse lui a servi.

Le 24 janvier 1871, plusieurs bataillons mobilisés de l'Ain furent dirigés sur le camp de Sathonay, comme point de concentration de troupes. Il se trouvait, dans cette dernière place, des milices réunies provenant de quatre autres départements du midi et de l'est de la France. Elles devaient renforcer l'armée du général Pélissier. On y attendait l'ordre de départ de ces troupes, qui devait être exécuté le lendemain. Il arriva. Tout à coup, dans la soirée, on entendit, dans le camp, de fâcheux murmures. On y blâmait hautement la défectuosité des armes distribuées, à cause de leur *trop faible portée*, et *de la lenteur du tir. Les fusils Ensfield et Spencer étaient*, disait-on, de *mauvaise qualité*. Il fallait donner des *chassepots* à tout le monde pour aborder l'ennemi. — De là le refus de partir... — Des fauteurs de désordre exploitant la situation, se répandirent immédiatement dans les chambrées, poussant les soldats à la désobéissance. Ils ne tardèrent pas à donner à la foule des mécontents l'aspect calculé d'une *émeute*. — Il était minuit. — Le commandant Crozet avait eu soin d'entretenir des rondes, dans le baraquement de ses soldats, pour éviter toute surprise. Il devina aisément qu'au petit jour on tenterait de les intimider. Il prit à l'instant une résolution énergique mais dangereuse. Il prévint le général M..., commandant le camp, que, dès le matin, son bataillon se mettrait, le *premier*, en route. Puis, montant à cheval, il réunit ses officiers, désigna le lieu du rassemblement et s'y porta, à l'aube du jour, avec ses hommes prévenus à temps et disposés à obéir. — Les révoltés se présentèrent en foule sur le front de bandière. Ils articulèrent des menaces contre ceux qui voulaient partir. Quelques-uns essayèrent même de les intimider par des détonations de fusil; mais l'élan était donné : Le commandant impassible, établit son ordre de bataille, donna le signal du départ. Il put même habilement maîtriser son cheval, cabré par la douleur d'une légère piqûre de la baïonnette d'un émeutier ; les tambours battirent la marche, et la colonne s'ébranla en bon ordre. L'énergie avait triomphé ; l'émeute fut vaincue.

Sur les hauteurs du camp, le brave général M... serra la main du commandant Crozet et cria à nos fantassins : *Bravo, mes amis, bravo !* — Le 1er bataillon de la 3e légion de l'Ain fut mis, le même jour, à l'ordre de la division. — Dans la journée, les autres bataillons mobilisés suivirent le même mouvement, et tous quittèrent le camp pour rejoindre l'armée. — Tant il est vrai que le sentiment du devoir est profondément enraciné dans le cœur français, même dans un jour de défaillance..... Il suffit de posséder le secret de l'émouvoir.

Le lendemain, 1er février, à huit heures du matin, notre 1er bataillon de Trévoux occupa le village de Panessière, à 8 kilomètres de Lons-le-Saulnier (Jura), où les hulans prussiens avaient déjà poussé une reconnaissance. Il resta dans cette halte jusqu'à la retraite ordonnée par le général, et se replia en bon ordre par Lesay et Champagne, sur Beaurepaire. Partout les troupes du général Pélissier avaient été forcées de se retirer, et revenu à Coligny, le bataillon y apprit, enfin, la conclusion de l'armistice, préliminaire de la paix. On procéda même aux élections du nouveau gouvernement français, dans ce dernier gîte, et après le 15 mars, les mobilisés furent licenciés à Villars en Dombes.

A son retour à Mogneneins, où la reconnaissance publique l'attendait, M. Crozet fut nommé *adjoint au maire* de cette commune, fonctions qu'il remplit avec zèle jusqu'à sa mort survenue inopinément, un an après, en 1872.

Il est peu d'hommes qui aient emporté dans la tombe autant de regrets que cet honnête citoyen. Ce fait a été constaté par l'un de ses compagnons de la mobile, M. le capitaine Perraud, son ami et son compatriote, auquel nous devons ces renseignements. « M. Crozet, a-t-il dit,
« était aimé et estimé de tous ceux qui ont servi sous
« ses ordres. C'est avec justice et fierté que nous ren-
« dons hommage à ce digne et vaillant chef dont le cœur
« fut toujours accessible aux vertus militaires et civiles. »

CROZET de LAFAY (Georges-Marie), caporal, né au château du Molard, commune de Saint-Sorlin en Bugey, le 10 septembre 1850, mort à Beaumont en Argonne, devant l'ennemi, le 30 août 1870.

Ce militaire, victime de son dévouement à la patrie, était le dernier rejeton de l'ancienne famille des Jailler du Molard, seigneurs de Ruffieu, de Chenavel et de Hautepierre. — Dès le début de la guerre fatale entre la France et la Prusse, en 1870, le jeune Crozet, doué des sentiments les plus honorables, voulut prendre une part active à la défense de son pays. Sa famille était parvenue à modérer ce généreux élan, en raison de sa santé délicate qui semblait ne pas lui permettre de s'exposer aux rudes fatigues des camps. Il était même allé prendre les eaux d'Allevard lorsqu'il y apprit nos désastres de Reischoffen. Crozet n'y tint plus : il écrivit à sa mère ces deux mots datés du 8 août 1870 : « *J'arrive et je m'engage.* » — En effet, il revint près de sa famille et toute considération fut inutile pour le retenir. Il se rendit à Chambéry. Incorporé, le 14 août, au 47ᵉ régiment d'infanterie de ligne, il demanda la faveur de suivre un bataillon qui partait le 16, pour l'armée. — Le 18, il était au camp de Châlons-sur-Marne. Ce camp fut levé dans la nuit du 20 au 21, et notre jeune soldat commença une série de marches et de contre-marches qui, loin de le rebuter, ne firent qu'accroître son entrain et son courage. Cette vie active et violente, subitement acceptée, avait meurtri son corps ; il refusa toute aide, tous services protecteurs, et toujours d'avant-garde, le sac sur le dos, sa belle contenance le fit nommer caporal, le 28 août, à Vouziers. Mais, le 30, son bataillon, campé dans un pré à Beaumont, ayant été surpris par l'arrivée des Prussiens, notre jeune compatriote se battit intrépidemment à la tête de sa compagnie, et tomba avec son capitaine (M. Ziegler), tous deux frappés mortellement par les balles ennemies. — Le lendemain, à Sedan, des officiers du 47ᵉ régiment de ligne qui s'intéressaient à l'avenir du jeune Crozet, l'ayant réclamé pour le féliciter de son courage, apprirent sa disparition. Des recherches actives furent faites dans les ambulances françaises, même en Allemagne ; on interrogea les champs de bataille. Enfin on apprit par des témoins oculaires, qu'il avait succombé le 30 août, à Beaumont. Il n'avait que 20 ans.

CYVOCT (Anthelme-César), chef de bataillon, chevalier de Saint-Louis, né à Thézillieu, canton de Belley, le 21 janvier 1760, mort à Bourg, le 8 avril 1838.

Issu d'une ancienne famille du Bugey, le jeune Anthelme entra à 18 ans, comme *cadet gentilhomme*, au régiment de Vivarais, le 7 août 1778. — Il fut nommé *sous-lieutenant* le 8 avril 1779. — *Lieutenant en second* le 1er octobre 1784. — *Lieutenant en premier* le 26 avril 1788. — *Capitaine* en 1789. — *Chef de bataillon* le 1er octobre 1799.

Admis, avec son grade de capitaine, dans l'armée républicaine, à la réorganisation de 1791, cet officier distingué combattit en Piémont, en Italie, sous les généraux de Montesquiou, Masséna, Schérer, Bonaparte et Joubert, de 1792 à 1799. Il a servi le Consulat et l'Empire avec honneur sur les champs de bataille de Syrie, à Jaffa, à Saint-Jean-d'Acre ; puis en Espagne, en Saxe et dans la campagne de France, en 1814.

En 1816, il obtint la croix de Saint-Louis du roi Louis XVIII et compléta son temps pour la retraite, dans l'armée royale. Il avait reçu pendant le règne de Charles X, une pension civile qui lui avait été accordée en considération de ses services et de ceux de ses père et grand-père, qui avaient été également *officiers* dans le régiment de Vivarais, sous l'ancienne monarchie ; mais après juillet 1830, sous le roi Louis-Philippe, le ministre de la guerre lui fit liquider sa pension militaire de retraite, en supprimant la pension civile. M. Cyvoct ne s'en montra ni moins humain, ni moins généreux envers les malheureux dont il était la providence à Bourg ; ce fut souvent aux dépens du nécessaire dont il se privait volontairement. — Avec lui s'est éteinte la branche des Cyvoct, de Thézillieu, qui a fourni tant de glorieux défenseurs à la France, pendant trois générations, dans l'ancien régiment de Vivarais.

CYVOCT (François-Marie), chirurgien militaire, né à Virieu-le-Grand, en 1771, mort au même lieu, le 31 octobre 1855.

Contemporain des docteurs Richerand, Récamier et Pacoud, il suivit quelque temps, comme chirurgien, les armées de la République, en 1792. — Praticien aussi modeste qu'habile, il a prodigué sa science avec un dévouement au-dessus de tout éloge, à une époque où les secours de l'art, sur les champs de bataille, étaient réclamés avec empressement. — Rentré dans son pays natal, en 1815, il ne l'a plus quitté jusqu'à son dernier jour, à l'âge de 84 ans.

DAGALLIER (Claude-Joseph), chef d'escadrons, officier de la Légion d'honneur, né à Bâgé-le-Châtel, le 9 mars 1762, mort à Etampes (Seine-et-Oise), le 16 août 1837.

Entré à 23 ans, dans les gendarmes de la garde du roi Louis XVI, depuis le 8 avril 1785 jusqu'à la réforme de ce corps, le 1er avril 1788, le jeune Dagallier passa *lieutenant* au régiment de Guienne où il servit jusqu'au licenciement des troupes royales de l'ancienne monarchie. — Appelé, avec son grade, le 12 janvier 1792, à la formation du 21e régiment d'infanterie de ligne, il fut envoyé à l'armée du Rhin. — Promu *capitaine* le 24 mai de la même année, il alla rejoindre en Italie le 1er bataillon de son régiment.

De 1792 jusqu'au commencement de 1799, il assista aux opérations de l'armée d'Italie ; devint *aide-de-camp* du général en chef Joubert, son compatriote, le 10 frimaire an VII (30 novembre 1798), et passa en qualité d'adjoint auprès de l'adjudant général Puthod, le 4 mars de la même année.

M. Dagallier reprit ses fonctions auprès du général Joubert le 19 juillet suivant, et lorsque cet illustre chef eut été tué, le 15 août 1799, sur le champ de bataille de Novi, son aide-de-camp fut employé auprès du commandant en chef Championnet.

Nommé *chef d'escadrons* à Mondovi, le 15 frimaire an VIII (6 décembre 1799) et attaché momentanément au 12e régiment de dragons, il reprit son service d'aide de camp auprès du général Puthod, le 1er pluviôse de la même année (21 janvier 1800). — Après la bataille de Hohenlinden, il obtint un emploi de son grade dans le 27e escadron de gendarmerie nationale (14e légion). — Fait *chevalier de la Légion d'honneur*, le 14 juin 1804, il fut employé, sans interruption, à Orléans, jusqu'à l'époque de sa mise à la retraite en 1816. Trois ans avant d'obtenir sa pension militaire, il avait été promu *officier de la Légion d'honneur*. — Retiré du service à 54 ans, il a vécu encore 21 ans au milieu de ses concitoyens dont il avait gagné l'estime et la considération par son noble caractère.

DAGALLIER (Joseph-Melchior), capitaine de cavalerie, né en 1796 à Bourg, où il est mort le 5 avril 1873.

A l'âge de 17 ans, le jeune Dagallier entra au 4° régiment de la garde d'honneur (1), au moment de la formation de ce corps, en 1813, après les désastres de l'expédition de Russie qui avait anéanti notre cavalerie. Il fit avec ce régiment, avant son licenciement en 1814, la dernière campagne d'Allemagne et celle de France. Il assista à toutes les batailles et combats auxquels les gardes d'honneur prirent part. Et malgré sa grande jeunesse, il a été un modèle de bravoure, de fermeté et de fidélité au drapeau.

Admis dans les gardes du corps du roi en 1815, il y servit jusqu'en 1830 et accompagna le roi Charles X à Cherbourg. Il était alors garde de 1re classe, grade équivalent à celui de capitaine de cavalerie. Il faisait partie de la compagnie de Luxembourg, dans laquelle figuraient plusieurs jeunes gens du département de l'Ain. — Lors de la révolution de Juillet, le capitaine Dagallier se retira du service, bien que n'ayant pas de fortune. Son dévouement aux Bourbons était complet : pour satisfaire ses convictions politiques, il a su vivre de privations pendant bien des années.

Ayant obtenu sa retraite, il se fixa d'abord à Paris, où se trouvaient la plupart de ses compagnons d'armes et surtout un ami dévoué, comme lui enfant de Bourg, auprès duquel il passa bon nombre d'années. Pourtant M. Dagallier avait conservé l'amour de son pays natal et il y venait, chaque année, passer régulièrement quelques semaines à l'automne.

---

(1) En avril 1813, il fut créé quatre régiments de gardes d'honneur affectés à la garde de l'Empereur et offrant une force de 10,000 hommes. On y admettait les membres de la Légion d'honneur et leurs fils ; les membres de l'ordre impérial de la Réunion ; les chevaliers, les barons, comtes et ducs de l'Empire et leurs fils ; les membres des colléges électoraux, des conseils généraux et municipaux, leurs fils et neveux. Le 1er, le 3° et le 4° régiments de cette garde se distinguèrent plus particulièrement dans la campagne de France, à l'affaire de Rheims où le 3°, commandé par le comte Philippe de Ségur, enfonça un corps de cavalerie russe et prit 14 pièces de canon. — Les gardes d'honneur s'habillaient, s'équipaient et se montaient à leurs frais. Il furent licenciés en 1814.

Des affaires de famille l'y rappelant fréquemment, il finit par s'y fixer tout à fait.

M. Dagallier voulut bien, dans les dernières années de sa vie, accepter les fonctions de membre de la commission de la caisse d'épargne de Bourg. Il s'est montré aussi dévoué dans cette tâche que dans toutes celles qu'il avait remplies dans d'autres temps. Il est mort en chrétien et avec la satisfaction d'avoir conservé intacte la foi qu'il avait jurée à son roi.

DALLEMAGNE (Claude), baron de l'Empire, général de division, commandeur de la Légion d'honneur, commandeur de l'ordre de la Couronne de fer et chevalier de Saint-Louis, né à Peyrieu près de Belley, le 8 novembre 1754, mort à Nemours (Loiret), le 25 juin 1813.

Ayant perdu son père à l'âge de 10 ans, il fut élevé par sa mère qui s'attacha à développer en lui les bonnes dispositions que la nature lui avait données.

Sorti des écoles de Belley avant la première révolution française, il s'engagea volontairement comme soldat, le 24 décembre 1773, dans le régiment de Hainault, devenu, en 1791, le 50ᵉ régiment d'infanterie de ligne. Il gagna ses premiers grades en Corse. — Le 17 mai 1777, il demanda à faire partie de l'expédition d'Amérique, et séjourna, pendant six ans, dans les colonies, où il assista aux luttes sanglantes de la Dominique, au combat de Saint-Vincent, à l'assaut de Grenade, à la prise de l'île Sainte-Lucie et à Saint-Christophe. — Monté, l'un des premiers, à l'assaut du château de *Savannah*, capitale de la Géorgie, il en fut récompensé par le grade de *sergent*, le 10 octobre 1779. — A l'affaire de *Sainte-Lucie*, il fut blessé d'un coup de feu au genou droit. — Il rentra en France après le traité de paix de Versailles et fut proposé pour *officier*, grade qu'il n'obtint qu'en septembre 1791. En ce temps-là l'avancement dans l'armée était long et difficile ; les grades et les faveurs étaient presque exclusivement réservés aux fils de familles nobles, et Dallemagne aurait pu attendre longtemps encore l'épaulette de *sous-lieutenant*, si un événement grave et spontané, l'insurrection de Nancy, en 1790, ne l'eût fait connaître d'une manière toute spéciale pour sa conduite honorable et sa fermeté dans l'accomplissement de son devoir militaire. — Il obtint la croix de Saint-Louis le 10 juin 1792 ; quelques jours après, il était nommé *lieutenant* dans la nouvelle organisation de son régiment, et *capitaine* le 25 septembre suivant. — Il prit part à la conquête de Nice et à celle de Chambéry, en 1793. Au début de cette campagne, il faisait partie de la brigade Brunet ; il enleva le défilé du Moulinet, y fut blessé d'un coup de feu qui lui brisa l'avant-bras droit. — Le lendemain de cette affaire, son général lui envoyait son aide-de-camp pour le complimenter, et s'informant des suites de sa blessure, il lui faisait dire : *Qu'un officier ne doit pas s'exposer comme un simple grenadier.*

En décembre 1793, le capitaine Dallemagne reçut l'ordre d'aller joindre le corps de siége de Toulon ; il y arriva assez tôt pour s'y faire remarquer parmi les plus braves : il fut nommé *adjudant général* (chef de bataillon), dont le brevet ne lui fut délivré que le 7 nivôse an II (27 décembre 1793), par le représentant du peuple Ricord. — Dans le même temps, sur le rapport qui fut fait de son intrépidité à l'attaque des forts Lartigue et Sainte-Catherine, la Convention nationale lui envoya une commission de *général de brigade* pour l'armée des Pyrénées-Orientales ; mais il fut conservé à l'armée d'Italie où il servit sous les ordres du général de division Macquard. — On commença les opérations par occuper les retranchements d'Iola, on s'empara d'Orméa ; puis on enleva le fort de Saorgio qui maîtrisait la route de Nice à Turin.

Dallemagne, à la tête de l'avant-garde de sa colonne, força les postes de Rauss, d'Aution, du Morignon et du Baolet où il s'établit. On le vit, avec quatre compagnies de grenadiers, surprendre l'ennemi, l'attaquer à la baïonnette et le culbuter ; emporter, successivement, les différents postes et faire de nombreux prisonniers. — Quelques jours après, il sauva le camp de Sospello par un coup de main hardi. Avec deux compagnies seulement il mit en déroute 600 barbets (1) cachés dans le bois de Lignière et qui de-

(1) On appelait ainsi des bandes de paysans piémontais organisés pour faire la guerre de partisans. Ils infestaient les Apennins, arrêtaient les courriers, pillaient les convois, massacraient les petits détachements français et assassinaient les soldats isolés.

vaient s'introduire, de nuit, dans ce camp pour égorger sa garnison. — Le 30 germinal, Dallemagne s'empara, une seconde fois, du défilé du Moulinet. — Le 10 floréal suivant, il força la redoutable position des *Mille fourches*, camp retranché, défendu par 12 pièces d'artillerie qui tombèrent entre ses mains avec les bagages et les munitions de l'ennemi. — A Lantosca, au Belvédère, à Rauss, à Péruse, au Baolet, à Aution, au Morignon, partout notre général avait bravé la mort, il ne fut que blessé ; d'abord, *à l'index de la main droite*, à l'affaire de Rauss; ensuite, *à la jambe gauche, au combat de Sospello.* — La prise du col de Tende et son occupation par Dallemagne, lui fournirent de nouvelles occasions de se signaler. — Ce défilé coûta aux Piémontais en retraite sur Limone, la perte d'une grande partie de leurs magasins, d'un fort, d'une centaine de bouches à feu et de 2,000 hommes tués, blessés ou faits prisonniers.

L'histoire a conservé le souvenir des efforts patriotiques du général, *comme militaire* et *comme administrateur*, afin de se maintenir dans cette position : usant de ses propres ressources pécuniaires pour alimenter ses soldats ; organisant ses ambulances avec soin ; et lorsque, pendant l'hiver rigoureux de 1794, pour ne pas exposer ses troupes à geler au milieu des neiges du col de Tende, il dut former des bivouacs dans la plaine, on le vit multiplier ses moyens de surveillance et ses encouragements, afin de prévenir les désordres et un désastre presque certain : le froid devint si violent qu'il fallut relever les bataillons du col de Tende *tous les dix jours*. Il tomba trois pieds de neige. Les soldats qui s'écartaient des bivouacs trouvaient une mort assurée. L'eau-de-vie même gelait dans les bidons. Voilà l'épreuve qu'eut à subir le bataillon de l'Ain, fort d'environ 1,016 hommes, que le général Dallemagne recommandait, dans ses rapports au général en chef de l'armée d'Italie, *comme s'étant montré admirable de patience, de courage et de résignation.*

Le 6 juillet suivant, le prince de Carignan voulut, à son tour, forcer le passage du col de Tende avec des forces supérieures. Les postes de Sabione et du col de Roses furent encore assaillis avec vigueur et défendus avec non moins de bravoure par Dallemagne et Lebrun qui, soutenus à propos par des renforts du général Macquard, maîtrisèrent les efforts des assaillants dont plusieurs centaines furent tués ou faits prisonniers.

Le 12 juillet, le général Dallemagne donna une nouvelle preuve d'audace. Chargé de prendre l'offensive contre l'ennemi, il se porta sur le poste de Limone avec deux détachements de grenadiers. Les Piémontais pleins de sécurité, se laissèrent surprendre. Le poste fut tourné et enlevé sans brûler une amorce. Les sentinelles *seules* avaient été tuées, et toute la troupe qui devait défendre le poste de Limone fut faite prisonnière.

Ce fut à la suite de cette action brillante que le général en chef Kellermann écrivit au général de division Macquard, cette lettre du 20 juillet 1795 :

« J'ai appris avec beaucoup de plaisir le coup de main
« heureux qu'a fait le général Dallemagne. Témoignez-lui
« ma satisfaction, ainsi qu'à l'adjudant Abbé, en lui disant
« de faire une demande au comité de Salut public pour une
« place de la nomination de la Convention. Vous y mettrez
« votre apostille et j'y joindrai la mienne. Je vous autorise à
« délivrer en gratification à la troupe la prise qu'elle a faite,
« mais dans le plus grand ordre. »

Dallemagne, aussi modeste que brave, se borna à demander de l'avancement pour son adjudant-général Abbé.

Lors de la campagne suivante, ouverte par le jeune général Bonaparte, en mai 1796, Dallemagne, qui commandait l'avant-garde, attaqua le bataillon de Nadasty, lui fit repasser l'Adda et s'empara d'un de ses canons. Il se fit encore remarquer au passage du pont de Lodi défendu par 20 pièces d'artillerie. — L'épée à la main, il s'élança sur le pont, encouragea par son exemple, trois bataillons de grenadiers qui l'avaient suivi et le traversa au pas de course, aux cris de : *Vive la République !* Cet exemple fut imité par les intrépides généraux Berthier, Masséna, Cervoni, le chef de brigade Lannes et le chef de bataillon Dupas. Le lendemain, notre compatriote se portait, avec ses grenadiers, sur Créma où il recevait, des mains du général en chef, un *sabre d'honneur* en récompense de cette nouvelle action d'éclat. — Elle lui valut aussi une lettre de félicitations du Directoire, sous la date du 29 floréal an IV (18 mai

1796), dans laquelle on lit : « *Vous avez donné, citoyen
« général, un glorieux exemple de dévouement à la patrie
« en contribuant à forcer le pont de Lodi, manœuvre auda-
« cieuse qui a décidé de la victoire. Le Directoire exécutif
« se réjouit et vous félicite de voir votre nom attaché à cette
« action éclatante.* » Une gravure de l'époque représente le
général Dallemagne, à la tête de ses grenadiers, le sabre à la
main, passant le pont de Lodi, sous le feu de l'ennemi. Ce
souvenir s'est perpétué, dans la famille du général, par la
représentation, dans ses armoiries, *d'un pont à quatre arches,*
en exécution des ordres de Napoléon Ier. Ces armoiries sont :
*coupé en chef au 1er, d'azur à la tour d'or, ouverte, ajourée
et maçonnée de sable, surmontée de trois étoiles d'argent;
au 2e, de gueules, à l'épée d'argent.* En pointe : *d'or, au pont
de sable terrassé de sinople.* (L'écu surmonté d'une couronne de baron.) La tour rappelle la *forteresse d'Ehrenbreitstein rendue entre les mains de Dallemagne, en 1797.*

Bonaparte, maître de Peschiera, résolut d'assiéger Mantoue ; il ordonna à Augereau de faire une reconnaissance
de cette place et de ses faubourgs. Le 2 juin, ce général porta
son avant-garde à Bancole; le 3, Dallemagne marcha sur
le défilé de Saint-Georges, attaqua ce faubourg dont il délogea l'ennemi ; mais il fallut ajourner l'opération pour s'opposer à l'arrivée en Italie de Wurmser à la tête 60,000
Autrichiens.

Le 30 juillet, le général en chef Bonaparte avait ordonné
d'envoyer Dallemagne à Masséna, qui devait prendre position avec ses troupes entre *Lonato* et *Castiglione*, afin
d'appuyer une attaque d'Augereau sur Brescia. Dallemagne
attaqua l'ennemi résolûment : les Autrichiens forcés de
se réfugier dans la ville, en furent chassés de maison en
maison ; après une résistance vigoureuse, l'avantage longtemps indécis, resta enfin aux Français. Dallemagne, vainqueur, fit 600 prisonniers. Mais, le 3 août, cette même place
devait être le théâtre d'une bataille bien plus considérable.
Il fallait acheter le succès à quelque prix que ce fût pour
s'opposer à la jonction des colonnes de Bayalistch et de
Quardanowich descendues le long des deux rives du lac de
Garde, dans la vue de se réunir et d'accabler l'armée française. — Bonaparte s'était laissé envelopper avec un im-

perturbable sang-froid ; après avoir jeté quelques tirailleurs sur les ailes menacées de son corps d'armée, il forma les 18e et 32e demi-brigades d'infanterie en colonne serrée, les fit appuyer par le 15e régiment de dragons et fondit, tête baissée, sur le centre de l'ennemi qui s'était affaibli pour s'étendre. Il renversa tout avec sa brave infanterie et perça ainsi la ligne des Autrichiens. Depuis le matin, Augereau combattait avec une admirable bravoure à Castiglione et Dallemagne fit des prodiges de valeur à Lonato. — Les résultats de cette journée furent considérables. On avait pris 20 pièces de canon, fait 3,000 prisonniers à la division coupée et rejetée sur Salo. On avait fait 1,500 prisonniers à Castiglione. On avait tué ou blessé 3,000 hommes. La victoire était complète.

En rendant compte de cette journée mémorable, Bonaparte écrivait au Directoire ces lignes, qui sont un éternel honneur pour ceux qui les méritèrent :

« *Le succès fut longtemps incertain ; mais j'étais tran-*
« *quille, la brave 32e demi-brigade, commandée par Dal-*
« *lemagne, était là.* »

Dans ses mémoires, Napoléon rappelant cette héroïque bataille de Lonato, s'exprime ainsi :

« *La brigade Dallemagne se couvrit de gloire. La 32e*
« *demi-brigade en faisait partie. Les braves qui la com-*
« *posaient montrèrent autant de héros qu'ils étaient de*
« *soldats. Aussi, je leur dis : qu'avec eux je ferais le tour*
« *du monde.* »

Un tel éloge, sous une telle plume, dispense de tout commentaire.

Le 4 août, à la tête d'un seul bataillon de la 11e demi-brigade, notre général fondit sur les Autrichiens qu'il culbutta ; mais, entouré tout à coup par des forces supérieures, il ne parvint à leur échapper qu'en trouant leurs rangs à la baïonnette.

Le lendemain, Dallemagne reçut le commandement provisoire de la division du général Sauret, malade. On lui donna l'ordre de défendre le pays ; ce dont il s'occupa avec son zèle accoutumé. Il surprit une division autrichienne à Rocca d'Anfo, lui coupa la retraite sur Trente, et s'empara de ses canons. — Le général Davidowich avait été délogé de sa forte position derrière le *Lavis* (Aviso), sur la route de Botzen. Cette rivière, qui est un affluent de l'Adige, défendait avantageusement l'ennemi qui s'y était formé une bonne retraite. Elle n'avait qu'un pont dont le débouché était couvert par une nombreuse artillerie. Une première attaque fut repoussée ; mais, à l'arrivée de la division Vaubois, Dallemagne s'étant placé à la tête de la 25ᵉ demi-brigade, se précipita sur le pont et le traversa avec sa troupe, au pas de course, sous une pluie de mitraille, renouvelant ainsi son immortel passage du pont de Lodi. Le village fut enlevé, les canonniers sabrés et l'ennemi mis en déroute. Dallemagne avait ainsi concouru, avec bonheur, au succès de nos armes ; il obtint, par décret du 28 thermidor an IV (15 août 1796), sa nomination de *général de division*, sollicitée par le général en chef Bonaparte, auprès du Directoire.

Bientôt il coopéra à la prise de Mantoue qui fut forcée de capituler le 2 février 1797. — Son séjour devant cette place de guerre avait fortement altéré sa santé. Bonaparte lui accorda un repos urgent, en lui confiant le gouvernement de la Lombardie.

En administrateur habile, il comprit avec un tact parfait que sans encourager les nouvelles idées démocratiques, il fallait cependant les favoriser de manière à ne pas nous attirer des complications politiques de la part de nos ennemis en Italie ; de sorte que, servant la diplomatie du moment, celle qui rentrait dans les vues du Directoire, il se montra prudent à propos quoique républicain dévoué. Il laissa s'établir à Milan un gouvernement municipal chargé d'administrer les affaires du pays.

Dès le 5 novembre 1796, les Milanais avaient proclamé leur indépendance, et le 29 juin suivant, ils installèrent le *Directoire de la République cisalpine*.

Envoyé à Bologne, il se borna à discipliner la jeune république née des insurrections populaires de Bergame, de Brescia, de Crema, de Ferrare et de Bologne. — Justice, police, commerce, armée, toute l'organisation nouvelle fut son œuvre, il s'en tira à la satisfaction générale, malgré le désordre des idées, celui des esprits et les mouvements d'une populace violente qu'il fallut souvent contenir.

Bonaparte chargea encore Dallemagne de protéger la révolution d'Ancône. L'intelligence et la bonne direction apportées à la chose publique furent justifiées par la fermeté bien entendue que Dallemagne déploya en cette nouvelle occasion, notamment en empêchant la populace effrénée d'aller, *nuitamment*, insurger et peut-être piller Sinigaglia et Macerata, dépendances des Etats du Pape. La ville et ses faubourgs se constituèrent *République ancônitaine*, avec bannière tricolore : *bleu, rouge et jaune*, le 29 brumaire an VI (19 novembre 1797).

Lorsque Bonaparte quitta l'Italie, on le disait chargé d'effectuer une descente en Angleterre. Dallemagne se promit de lui demander à servir sous ses ordres; mais, dans le même temps, les médecins de l'armée conseillèrent à Dallemagne de faire usage des eaux du Mont-Blanc et il vint à Belley pour y rétablir sa santé. — Il avait à peine obtenu une amélioration peu sensible qu'il s'adressa à Bonaparte pour être employé à l'armée d'Angleterre.

« J'apprends, lui écrivit-il, que vous rassemblez un corps de 60,000 hommes pour une expédition dont on ne dit pas le nom. Je vous demande en grâce, si cela est vrai, d'y être employé, quoique je ne marche que difficilement; *mais, une fois à cheval, je n'en descendrai plus*.... »

Bonaparte lui répondit immédiatement : « J'apprends avec plaisir, mon cher général, que vous êtes guéri de vos blessures et que vous êtes dans le cas de faire partie de l'armée d'Angleterre. *Je serai fort aise d'avoir, dans cette expédition difficile, un homme qui a rendu à l'armée d'Italie des services essentiels. Je vous salue et vous aime.* »

Dallemagne reçut même, quelques jours après, une lettre de service qui lui conférait le commandement d'une division à l'armée d'Angleterre. Mais on sait que cette expédition n'eut pas lieu, et que Bonaparte s'embarqua pour l'Egypte, le 30 floréal suivant (19 mai 1798).

Rappelé à l'armée d'Italie par le général en chef Berthier, Dallemagne qui se disposait à aller prendre les eaux d'Aix, ne crut pas devoir refuser l'appel fait à son patriotisme. Il partit pour Rome, où il arriva à la fin de janvier 1798. — Le général Duphot avait été victime, dans cette ville, d'un lâche assassinat, non puni par le gouvernement du pape;

le Directoire autorisa des représailles. Rome ouvrit ses portes le 18 février; l'armée française vint l'occuper. Le pape fut transféré à la Chartreuse de Pise, puis à l'abbaye de San-Cassano, près de Florence.

Dallemagne commandait une division active de 7,500 hommes baraqués à Ponte-Molle. — Berthier, inquiet de l'état déplorable de son armée, réduite, par le défaut de solde, à un affreux dénuement, avait demandé son changement; mais le Directoire jugea à propos de le maintenir. Il lui adjoignit Masséna auquel il donna aussi le commandement en chef, avec des pouvoirs mal définis. Dans le cas où une puissance étrangère, et notamment le roi de Naples, se disposeraient à nous attaquer, Masséna devait prendre les ordres de Berthier. C'était affaiblir le pouvoir et exposer l'armée, placée entre deux chefs, à souffrir un conflit d'autorité. Cependant il fallut obéir.

Le 1er ventôse (19 février), Masséna fut reconnu de l'armée, en qualité de *général en chef*. — Ici se place, dans la vie du général de division Dallemagne un fait honorable entre tous, que l'histoire a enregistré comme une preuve de son noble caractère et de son désintéressement : depuis deux ans déjà, les charges de l'occupation française pesaient sur l'Italie. Les contributions, frappées sur des populations ruinées, étaient abondantes. L'absence de contrôle avait encouragé les exactions qui se commettaient avec une impunité révoltante. Masséna n'avait pas cette horreur du désordre qui caractérisait Bonaparte, il fut accusé d'avoir donné le premier exemple. On accusa aussi les fonctionnaires publics, les officiers supérieurs d'avoir enlevé, sans pudeur, dans les musées, dans les palais, dans les couvents, et jusque dans les maisons des simples particuliers, des objets précieux, qu'ils vendaient, à vil prix, à des juifs qui suivaient l'armée. Les soldats et les officiers subalternes manquaient de solde, de vêtements et de pain. Il s'indignèrent de voir leurs chefs se gorger de dépouilles et compromettre la gloire du nom français, sans aucun profit pour l'armée. Il y eut une révolte contre Masséna. Les officiers se réunirent au Panthéon, et déclarèrent qu'ils ne voulaient plus servir sous lui. Une partie du peuple, qui était mal disposée pour les Français, se préparait à saisir le moment favorable pour profiter de cette mésintelligence et tenter un mouvement. — Berthier avait fait saisir l'argenterie des églises pour faire face aux besoins de l'armée. On l'accusa de vouloir partir de Rome avec *deux millions*. Les révoltés votèrent illégalement une adresse à Masséna, pour lui demander le paiement des arrérages de la solde et le châtiment des dilapidateurs. Masséna chargea le général Valette de sommer les insurgés de se disperser ; mais ce fut en vain. — Les chefs de corps essayèrent aussi, sans succès, d'user de leur influence. Une députation des révoltés viola même le domicile de Masséna. Elle lui signifia insolemment de recevoir sa pétition et d'y faire droit. Masséna répondit qu'il ne recevrait pas une pétition collective émanant d'une assemblée illégalement constituée. Il déplorait, disait-il, les souffrances de l'armée ; pour la soulager il n'avait pas cessé de presser la rentrée des contributions imposées par la capitulation de Rome. Il avait même autorisé l'administration des finances à s'emparer de l'argenterie des églises pour battre monnaie, dans le but de parer aux besoins les plus urgents. — Berthier parlementa aussi avec les révoltés et on lui fit promettre de ne pas quitter Rome. — Cependant il était dangereux de laisser plus longtemps, aux habitants de Rome, le spectacle de l'insubordination de l'armée. Masséna et Berthier sortirent de la ville le 7 ventôse (25 février), ils ordonnèrent aux troupes d'évacuer la cité, à l'exception de 4 bataillons destinés à y maintenir la tranquillité ; mais elles refusèrent d'obéir.

Masséna confia donc le commandement de l'armée au général Dallemagne, lui donnant *carte blanche* pour tout ce qui concernait la police et la sûreté de Rome. Ce commandement intérimaire était en bonnes mains.

« Le *général Dallemagne*, dit le général Koch, auteur
« des *Mémoires de Masséna* (tome III, p. 29), *était l'homme*
« *qui convenait le mieux à la circonstance*. Connu depuis
« longtemps dans l'armée, par des précédents extrêmement
« honorables, il n'en était pas à ses débuts, car il avait, à
« cette époque, 22 ans de services, ayant fait les campa-
« gnes d'Italie, où il s'était distingué ; *d'un esprit sagace,*
« *calme et observateur, d'une bravoure à toute épreuve,*
« *d'une loyauté proverbiale, il avait tout ce qu'il fallait*

« *pour arrêter un mouvement qui pouvait avoir des consé-*
« *quences terribles.* »

L'événement justifia cette mesure de prévoyance.

Il fallut que Dallemagne apaisât une insurrection romaine qui menaçait la garnison française. Il donna l'ordre au général Murat de marcher sur les rassemblements de paysans avec une colonne mobile de deux régiments d'infanterie et quelques escadrons de cavalerie. Il arrêta les assassinats et le pillage, fit rentrer les fonds dans les caisses du Trésor. Sa justice atteignit même un aide-de-camp du général Cervoni que son grade et l'amitié de son général ne purent sauver. Des exécutions rigoureuses, jointes à une juste modération dans l'application des mesures politiques qui blessaient trop vivement les croyances et la foi italiennes, domptèrent le peuple de Rome. — Quant à l'armée française, des menaces, des promesses, des appels à l'honneur faits par un cœur qui se connaissait en pareille matière; une juste fermeté, une inébranlable équité, la ramenèrent au devoir, et le 22 ventôse (12 mars), après un délai d'un mois environ, les troubles se trouvèrent apaisés et Masséna put se représenter à Ponte-Molle. — Le calme rétabli, Dallemagne remit le commandement à son successeur, le général Gouvion Saint-Cyr, nommé par le Directoire pour gouverner Rome. — Après avoir assisté à l'organisation de la République romaine avec les commissaires français, Daunon, Monge, Florens et Fraipoult, chargés de ce soin, Dallemagne retourna à Belley dans le but de rétablir sa santé altérée depuis Mantoue.

Avant de quitter la ville éternelle, il éprouva une douce émotion : la municipalité de Rome délégua auprès de lui une députation des plus notables citoyens romains, chargés de lui témoigner la reconnaissance publique pour ses bons offices, pendant sa courte administration. Ils lui firent présent *d'un petit monument en or et argent* représentant l'*Obélisque et la place Monte-Cavallo*. Ce précieux souvenir est religieusement conservé dans la famille du général.

Rentré dans ses foyers, il se rendit aux eaux d'Aix, et s'en trouvait bien, lorsque la 2ᵉ coalition contre la France éclata. Il fut appelé à l'armée de Mayence, le 29 thermidor (16 août 1798). Il y commanda successivement

les 3ᵉ, 4ᵉ et 5ᵉ divisions, sous le général en chef Jourdan.
— La 5ᵉ division fut installée à Coblentz, où il arriva le 27 octobre de la même année, pour remplacer le général Turreau, au blocus de Ehrenbreitstein, forteresse située au bord de la rive droite du Rhin, au confluent de la Moselle. Elle était assise sur une pointe de rocher très-escarpé qui commandait la rive gauche du fleuve, d'environ 350 pieds. Assiégée depuis neuf mois, elle capitula le 27 janvier 1799, c'est-à-dire, trois mois après l'arrivée de Dallemagne. On y trouva 166 bouches à feu, 6,000 fusils; une pièce d'atillerie monstrueuse de 150, appelée *le Griffon*, envoyée à l'arsenal de Metz avec douze canons de 24, nommés les *Douze Apôtres*. — La misère avait été affreuse dans la place de Ehrenbreitstein. La garnison fut réduite à se nourrir *de chiens, de chats et de rats* pour ne pas mourir de faim. Dallemagne, ému de pitié, écrivit au colonel prussien : « Lorsque vous jugerez convenable de me faire des propo-
« sitions acceptables pour la reddition de la place, je vous
« donnerai, pour vous et pour votre garnison, les facilités qui
« sont dues à des gens d'honneur, ayant rempli leurs de-
« voirs aussi scrupuleusement que vous l'avez fait. »

Après cette lettre la capitulation ne se fit pas attendre : le colonel Faber n'ayant reçu ni secours, ni argent, ni dépêches d'Augsbourg et de Rastadt, s'en remit à la générosité de son vainqueur qui lui accorda les honneurs de la guerre, en lui facilitant le transport et la conduite de ses bagages, pour lui et pour ses malades, jusqu'à la ligne de neutralité.

Le jour même de la reddition d'Ehrenbreitstein, le général sollicita son admission à la pension de retraite, par suite des rechutes continuelles de sa mauvaise santé. Le Directoire exécutif lui fit connaître que, n'ayant pas atteint le nombre de 30 années de services exigé par la loi, il était admis à jouir du traitement de réforme de son grade, par arrêté du 25 nivôse an VII (14 janvier 1799).

Le général en chef Jourdan ne voulut pas le laisser partir sans lui exprimer son estime particulière, dans deux lettres qu'il lui envoya successivement. Celle d'adieu portait ce qui suit : « C'est à votre activité, à votre zèle, à la sagesse de
« vos dispositions que la République doit *aussi tôt* la pos-

« session d'Ehrenbreitstein, ce boulevard de l'Empire ; vous
« emporterez, dans votre retraite, l'estime du gouverne-
« ment. *Quant à la mienne, vous la possédez entièrement,*
« *et il ne me reste que le regret de ne pas vous connaître*
« *personnellement.* »

Le général de division Ernouf, auquel Dallemagne, en quittant son poste, avait recommandé ses aides-de-camp Fouler et Quentin, lui répondit, le 4 février suivant, qu'il se ferait un véritable plaisir de saisir l'occasion de leur être utile, *afin de lui donner un témoignage particulier de son dévouement.*

« *Je suis fâché*, ajoutait-il dans sa lettre, *que votre santé*
« *vous force à nous abandonner; l'armée perdra en vous*
« *un officier général qu'elle aimait à compter au nombre de*
« *ses meilleurs soutiens, et je vous prie de croire que je par-*
« *tage sincèrement ses regrets.* »

Enfin le ministre de la guerre Schérer voulut compléter ces éloges par le sien : *Il le félicita d'avoir terminé sa carrière militaire par une victoire aussi importante.*

Le surlendemain, 7 février, Schérer lui annonçait l'envoi *d'un sabre et d'une paire de pistolets d'honneur,* offerts par le Directoire, comme un gage de son estime.

Dallemagne revint à Belley jouir des douceurs de la vie privée. Il y arriva assez tôt pour recevoir les derniers embrassements de sa mère expirante. Quelque temps après, il épousa Mlle Gaudet (1) dont il eut deux fils : le premier, né en 1800, mort à 20 ans ; le second, né en 1804, propriétaire à Belley, aussi décédé, le 14 avril 1867.

Rappelé à l'activité, le 8 août 1799, il fut nommé *inspecteur général de la 21e division militaire.* — Après le 18 brumaire, Bonaparte, premier consul, le fit entrer au Corps législatif.

Devenu empereur, Napoléon lui donna un commandement à la grande armée en 1807. — Revenu après la paix de Berlin, il fut chargé d'un autre commandement à Wesel, en 1809. Il servit encore en Hollande où il fut admis définitivement à la retraite, à partir du 14 février 1811. Il termina

---

(1) La veuve du général Dallemagne a épousé, en 2es noces, M. le baron de Villeneuve, maire de Belley, de 1815 à 1830.

sa carrière militaire réunissant 40 ans de services, campagnes comprises. Il avait justifié amplement cette devise qu'il avait adoptée depuis le jour où il était devenu officier : « *Tout à ma patrie.* » Cette devise qui, pour lui, fut toujours une vérité, figurait sur l'écu de ses armoiries et dans la vignette gravée en tête de ses lettres, suivant l'usage adopté aux armées pendant la République.

Désormais, Dallemagne se consacra aux travaux législatifs. Assidu aux séances de la Chambre, il en fut successivement *titulaire, secrétaire* et *vice-président*, de 1801 à 1812. — Il était en route pour Belley, lorsqu'il expira à l'âge de 59 ans. Son nom est inscrit sur l'Arc de Triomphe de la barrière de l'Étoile, à Paris. Dallemagne avait vécu en héros, il mourut en chrétien.

Le 4 frimaire an XII (26 novembre 1803), il avait été nommé *membre de la Légion d'honneur instituée le 19 mai 1802*. Le 25 prairial suivant (14 juin 1804), il avait été promu *commandeur de la même légion,* et commandeur *de la Couronne de fer,* en 1807.

Enfin, le 29 mars 1813, il fut créé *baron de l'Empire.* Son élévation dans l'ordre social fut une justice. — Sa vie militaire fut un exemple utile de dévouement à sa patrie. — Son éloge funèbre a été prononcé par M. le chevalier Riboud, à la tribune du Corps législatif, le 24 décembre 1813.

Loin d'exalter sa gloire, il la laissa parfois usurper, par respect pour la discipline et par une trop grande modestie, au milieu des bruyantes réputations de son temps. Aussi n'est-on que juste en conservant à Dallemagne un nom que certains écrivains n'ont oublié que parce que l'homme qui le portait fut l'un des moins ambitieux et l'un des plus purs citoyens de la République.

Comme général, il peut être placé au premier rang des illustrations militaires du département de l'Ain.

DÉCHER (André), sergent, chevalier de la Légion d'honneur, né le 19 mai 1787, à Bourg, où il est mort le 30 mai 1873.

Admis, le 1ᵉʳ mars 1807, comme soldat, au 2ᵉ régiment d'infanterie de la garde impériale, il suivait ce corps, le 14 juin suivant, à Friedland, dans la division du général Mortier, avec les troupes de la 15e brigade d'infanterie, et combattait impétueusement, contre les Prussiens, avec les fusiliers de la garde impériale. La mêlée fut horrible au milieu de cette malheureuse cité dévorée par les flammes. Quoique grièvement blessé d'un coup de feu à la cuisse droite, Décher put voir l'ennemi repoussé partout autour de lui. Acculée sur la rivière de l'Alle dont on avait détruit les ponts, une partie de l'armée prusso-russe se noya après avoir abandonné ses canons ; le reste parvint à trouver des passages guéables pour fuir. A dix heures du soir, le même jour, l'empereur Napoléon Ier, qui commandait en personne, avait remporté une victoire complète. Les Russes laissèrent sur le champ de bataille 15 à 18,000 morts et 80 pièces de canon.

Passé *sergent*, le 4 février 1809, dans le 2e régiment des tirailleurs de la jeune garde, et dirigé sur l'Allemagne, notre compatriote assista, en avril suivant, à la bataille de Traun, devant Ebersberg ; se signala, ensuite, à Wagram où il fut mis à l'ordre du jour de sa division, pour sa belle conduite devant l'ennemi. — Ayant suivi, plus tard, son régiment en Espagne, en 1811 et 1812, il se fit encore remarquer aux siéges de Tortose et de Tarragone. — Enfin, il fit la campagne de Saxe, en 1813, et rentra en France avec le 8e régiment d'infanterie de ligne qu'il quitta le 3 octobre 1814, par suite de sa réforme pour cause d'infirmités. Nommé *chevalier de la Légion d'honneur*, le 24 août suivant, il fut admis dans la gendarmerie à pied, compagnie de l'Ain, le 21 août 1816. Il a servi dans cette arme pendant 18 ans consécutifs, et a été admis à la retraite, le 11 mars 1834, après 27 ans de services effectifs et 8 campagnes.

Le gendarme Décher, qui était devenu *chef surveillant* à la mairie de Bourg, y a rendu d'excellents services dans sa modeste position pendant les 30 dernières années de sa vie.

DECROSO (Louis-Marie), chirurgien militaire, chevalier de la Légion d'honneur, né à Pont-d'Ain, en 1777 ; mort à Paris le 5 juillet 1862.

Il appartenait à l'une des plus honorables et des plus anciennes familles du département de l'Ain. — Engagé volontaire, en 1795, à l'âge de 18 ans, il fut presqu'aussitôt nommé, par le choix unanime de ses compagnons d'armes, *lieutenant de gendarmerie* et dirigé sur Grenoble ; mais ce service ne convenait point à l'ardeur de son tempérament. Un an après, le jeune officier déposa son épaulette, courut à la frontière et s'engagea, comme simple hussard, dans le 10ᵉ régiment de cette arme. — Il assista, en Italie, aux batailles de Montenotte, de Lodi, d'Arcole et de Rivoli. — Fait prisonnier, peu de temps après, il fut conduit en Hongrie et compris, quelques mois plus tard, dans un échange de prisonniers. — De retour en France, il rejoignit son régiment avec lequel il combattit glorieusement à la bataille de Marengo. La paix étant faite, il rentra dans ses foyers, couvert de blessures.

C'est à cette époque, de 1801 à 1804, qu'il se livra à l'étude de la médecine à Lyon, ensuite à Paris. — Les perpétuels orages politiques de l'époque ne permettaient guère à la jeunesse de cultiver les sciences ; M. Decroso trouva, dans les connaissances médicales qu'il avait acquises, un moyen efficace de servir de nouveau son pays ; il entra dans la marine comme chirurgien sous-aide. — Il s'embarqua sur une corvette de l'État qui faisait voile pour l'Islande. Après une croisière de quelques mois et un retour heureux sur notre continent par les côtes de Norwège, son navire fit naufrage à l'entrée même du port de Boulogne. — Des 150 hommes dont se composait l'équipage, 14 seulement réussirent à échapper à la mort ; notre chirurgien se sauva à la nage : par un hasard providentiel, il fut jeté par une lame sur la plate-forme d'un rocher, à quelques lieues de la côte ; il était vivant, mais il avait la jambe et le bras droit cassés. Trois jours se passèrent avant que la tempête permît aux marins de venir au secours des naufragés. Cet événement détourna M. Decroso de sa carrière de chirurgien de la marine ; il résolut de se consacrer désormais au service actif de terre. En 1805 il se trouvait à Austerlitz comme *aide-major*. Dans les années 1806-1807 et 1809, il prodigua ses soins empressés aux blessés qu'il secourut sur les champs de bataille d'Iéna, de Friedland, d'Eylau, d'Esling et de Wagram. — Cette belle conduite lui mérita le grade de *chirurgien-major*, au 26ᵉ régiment d'infanterie légère. Il fit, en cette qualité, une partie de la campagne de Russie, en 1812. Quelques jours avant la bataille de la Moskowa, son colonel reçut une balle à la jambe; *seul* contre l'avis de tous ses collègues, il s'opposa à l'amputation et répondit de la guérison du blessé confié à ses soins. Cette guérison eut lieu et prouva l'habileté de notre chirurgien qui revint en France avec son malade, échappant aux désastres de la retraite de Moscou. Ce jeune colonel est devenu plus tard, le général de division Guéhéneuc, mort du choléra à Bourges en 1842.

Présent partout où il y avait un danger à courir et des services médicaux à rendre, M. Decroso fit encore la campagne de 1813, comme chirurgien-major au 4e régiment des gardes d'honneur. — Il se signala de nouveau par son activité, son dévouement et son courage, à Dresde, à Leipsick, à Hanau, au milieu des *ambulances volantes* préconisées par le baron Larrey, leur inventeur.

Enfin, ayant été blessé dans la campagne de France en 1814, il fut nommé *chevalier de la Légion d'honneur*.

En 1818, il rentra, de nouveau, au service et y resta jusqu'en 1830, époque à laquelle il crut devoir prendre définitivement sa retraite.

Dans la vie privée, il ne chercha plus que l'occasion de se dévouer à la science et à faire le bien. C'est ainsi qu'on le retrouve en 1849, à l'âge de 72 ans, consacrant ses jours et ses nuits aux victimes du choléra qui ravageait Paris. Une *médaille d'argent* fut la récompense de son zèle. A partir de ce moment, les infirmités résultant de ses blessures et de ses campagnes, le condamnèrent à un repos forcé ; il vécut longtemps encore et s'est éteint, à 85 ans, plein de ce calme et de cette sérénité qui caractérisent l'homme de bien.

(E. Yemeniz. — *Notice nécrologique*, 1862.)

DEMAILLE (Claude-Joseph), lieutenant de cavalerie, officier de la Légion d'honneur, né à Nantua, le 18 avril 1757, mort à Vernon (Eure), le 25 avril 1823.

Soldat, le 29 février 1776, dans le régiment de Firmacon-dragons, devenu en 1791, 2e régiment de chasseurs à cheval, il fut nommé *brigadier* le 1er octobre 1784, — *maréchal des logis* le 23 mai 1792, et fit, pendant la même année, ses premières armes sur le Rhin. — Il se fit remarquer par son courage, devant Spire, le 30 septembre, dans une charge sur l'ennemi. — Au combat de Veilbourg, le 6 novembre suivant, quoique grièvement blessé d'un coup de sabre, il arracha un de ses camarades des mains des Allemands. — *Maréchal des logis chef*, le 24 mai 1793, il se trouva à la reprise des lignes de Weissembourg où il reçut un coup de feu à la jambe gauche. — Au combat de Worms, il eut la même jambe fracassée par un éclat d'obus. — Au mois de décembre 1794, dans une charge devant Mayence, on le vit s'élancer *seul* dans les rangs ennemis. — Le 17 décembre 1795, il sauva le drapeau de sa division, et, à la bataille de Rastadt, il combattit si vaillamment qu'il attira l'attention du général en chef Moreau.

Nommé *sous-lieutenant* à l'armée d'Allemagne, le 1er prairial an V (20 mai 1797), il passa à l'armée de l'Ouest. — Au combat livré contre les Vendéens à Grandchamp, près de Vannes, le 5 pluviôse an VIII (26 décembre 1799), il fut blessé dangereusement d'un coup de feu à la cuisse et obtint sur le champ de bataille, du général en chef Hédouville, le grade de *lieutenant* dont il reçut le brevet le 17 du même mois. Envoyé en Italie, il se distingua de nouveau à Marengo ; fut compris, l'année suivante, dans l'organisation de l'armée d'observation du Midi, et reçut, à Dôle, un *sabre d'honneur*, le 7 ventôse an XI (26 février 1803).

Le lieutenant Demaille, *chevalier* de droit, dans la Légion d'honneur, à sa création, fut fait *officier de cet ordre*, au camp de Saint-Omer, le 25 prairial an XII (14 juin 1804). — Il fit encore deux campagnes, en Autriche et en Prusse (1805-1806), avec la division Gudin et le 3e corps d'armée ; puis il prit sa retraite, le 21 septembre 1807.

Cet intrépide officier qui réunissait 31 ans de services effectifs, n'avait encore que 50 ans d'âge ; mais il avait reçu de nombreuses et graves blessures qui l'obligèrent à se retirer dans ses foyers, où il est décédé à 66 ans, laissant une réputation de bravoure incontestable.

DEMOUY (François-Joseph), sous-intendant militaire de 1re classe du département de l'Ain, chevalier de la

Légion d'honneur, né à Versailles, en 1781, mort à Bourg, le 12 janvier 1850.

Le jeune Joseph, élève distingué du lycée de Versailles, en était sorti à 18 ans. Il se voua à la carrière de l'enseignement et commença ses cours de professeur-adjoint des langues anciennes à l'École centrale de Seine-et-Oise, pendant les années VI et VII (1798-1799), de la première République. — Sur l'avis de sa famille qui préférait, pour son avenir, une profession plus libérale, il fut attaché, comme secrétaire, à l'illustre Benjamin Constant, en l'an VIII (1800) et au conseiller d'Etat Miot, ans IX et X (1801 et 1802), ce qui le mit en relation avec les sommités politiques et littéraires de l'époque. — Devenu chef du bureau de la correspondance de l'ordonnateur en chef du camp de Boulogne, de 1802 à 1804, M. Demouy porté, en l'an IX, sur la liste supplémentaire de la conscription, fut appelé sous les drapeaux en 1805. — Commissaire des guerres, le 27 septembre de la même année, et envoyé à la Grande armée, il prit part aux glorieuses campagnes d'Allemagne et assista à la bataille d'Austerlitz. — Appelé à Naples, puis en Espagne, il s'attacha à la fortune du roi Joseph-Napoléon Bonaparte, qu'il servit jusqu'en 1809, époque à laquelle il fut nommé inspecteur général du domaine de la couronne d'Espagne. Il occupa ce poste jusqu'au 8 septembre 1812. — Secrétaire général de la maison de Sa Majesté catholique jusqu'au 12 mars 1813, il fut employé dans le commissariat des guerres au service d'Espagne, puis au ministère de la guerre, en France, et dans l'inspection aux revues, du 13 mars 1813 au 1er juillet 1818. — M. Demouy fut alors placé dans le cadre des officiers en demi-solde ; c'était une disgrâce : elle lui venait de ce que le gouvernement de la Restauration l'ayant chargé, en 1816, de la partie administrative concernant la reconstitution de l'armée, il commit l'imprudence de prononcer à Cherbourg, se trouvant sous les ordres du lieutenant général d'Aumont, un discours qui rappelait trop la gloire de nos armes à Waterloo. Il ne put même obtenir que très-difficilement d'être réemployé au ministère de la guerre (bureau de la cavalerie), où la révolution de 1830 le trouva.

Le maréchal Soult, devenu ministre, qui connaissait, depuis le camp de Boulogne, les talents et le caractère honorable de M. Demouy, lui fit rendre son grade, en le nommant, d'abord, *adjoint à l'intendance militaire*; ensuite, *sous-intendant militaire de 2ᵉ classe* et *chevalier de la Légion d'honneur*; plus tard, il fut promu *sous-intendant de 1ʳᵉ classe*, grade dans lequel il prit sa retraite par ancienneté de services (ordonnance royale du 5 août 1844). M. Demouy comptait huit campagnes de guerre, savoir : 1803 et 1804 sur les côtes de l'Océan; — 1805, à Austerlitz; — 1806 et 1807 à l'armée de Naples; — 1809-1810 et 1813 en Espagne.

Administrateur intègre, bienveillant et instruit, M. Demouy exerça ses fonctions, dans le département de l'Ain, au milieu d'une population dont il avait conquis l'estime par son affabilité dans ses relations de service. — Les démarches honorables tentées auprès de lui pour lui faire accepter le titre de *maire* de la cité de Bourg, poste qu'il refusa modestement, le décidèrent à rester dans cette ville lorsqu'il lui fallut quitter l'armée.

Homme public ou privé, M. Demouy a été aimé et estimé pour ses brillantes qualités ; il a laissé un nom vénéré dans notre département.

DOUGLAS (**Louis-Archambaud-Georges**), lieutenant d'infanterie, né à Grenoble (Isère), le 3 janvier 1843; mort devant l'ennemi, à Montigny-la-Ferme (Moselle), le 25 août 1870.

Ce jeune officier était le fils aîné de M. le comte Douglas, propriétaire du château de Montréal, en Bugey, ancien membre du conseil général de l'Ain, l'un des descendants de l'ancienne et noble famille des Douglas d'Ecosse, qui ont donné tant de défenseurs à la France, depuis Charles VII jusqu'à nos jours.

Il avait fait d'excellentes études classiques au collége de Grenoble. A 15 ans, il était bachelier ès-lettres, avec dispense d'âge ; l'année suivante, il était bachelier ès-sciences, et quatre ans après, le 31 octobre 1860, il entrait à l'École de Saint-Cyr, se vouant ainsi à la carrière des armes, et suivant, en cela, les vieilles traditions de sa famille. — Il sortit de cette école, le 4 octobre 1862, avec le grade de *sous-lieutenant*.

Envoyé au 2ᵉ bataillon de chasseurs à pied où servait, depuis 1857, son compatriote M. Gustave de Boissieu, qui l'accueillit avec une sincère cordialité, M. Douglas fit preuve, dans son grade, de l'esprit le plus bienveillant, du patriotisme le plus ardent et de cette fermeté de principes qui engendre les nobles actions et fait les héros.

Aussi, lorsque le général Dumont l'eut admis auprès de lui, en qualité d'officier d'ordonnance, en 1867, comme défenseur de la cause du Saint-Siége, on put voir avec quelle ardeur il combattit à Mentana où il fut récompensé de sa brillante conduite par la décoration militaire instituée, à cette occasion, par le pape Pie IX.

Rentré au 2ᵉ bataillon des chasseurs à pied, l'année suivante, il y fut promu *lieutenant* en 2ᵉ, puis *lieutenant* en 1ᵉʳ, en juillet 1870.

Bientôt fut décidée la fatale guerre entre la France et la Prusse. Un champ plus vaste allait s'offrir à tous les courages. Un essor plus rapide devait être donné à l'avancement de nos jeunes officiers; mais combien l'espérance est fragile! Le lieutenant Douglas fut l'une des premières victimes!

Son bataillon avait été dirigé sur le 2ᵉ corps d'armée, aux ordres du général Ladmirault, vers Thionville et Sarreguemines; puis, à la suite des événements de la guerre, il se rapprocha de Metz quelques jours avant que cette place ne fut bloquée.

« Depuis le 13 août, écrivait à son père le lieutenant
« Douglas, sous la date du 15, nous sommes restés au
« camp devant Metz, ayant eu une alerte juste au moment
« d'être relevés : ce n'étaient que quelques hulans aux-
« quels nous avons adressé quelques coups de carabine
« sans succès... Le soir, à peine étions-nous couchés qu'on
« vint nous prévenir de plier bagages. Nous bivouaquâmes par
« une brume épaisse et un froid très-vif : c'est la 8ᵉ nuit
« pareille depuis 9 jours. A deux heures du matin, on nous
« laisse entendre que tout le monde va se replier derrière
« la Moselle. *Cela nous navre, car depuis 8 jours nous*
« *battons en retraite, et nous n'avons pas encore eu la*
« *chance de faire le coup de feu...* A 11 heures, le mouve-
« ment commence ; nous nous dirigeons sur deux ponts de

« bateaux jetés près de Metz et sur lesquels doivent passer
« l'infanterie et la cavalerie de nos deux divisions, pendant
« que l'artillerie, les bagages, les parcs, etc., traverseront le
« pont de pierre... Nous ne passons la rivière que vers 4
« ou 5 heures du soir.

« Il fait un temps horrible. Le canon tonne sur les hau-
« teurs que nous venons de quitter. On y avait laissé notre
« 2ᵉ division (général Grenier), pour faire politesse aux
« Prussiens. Au bruit croissant du canon et de la fusillade,
« la 1ʳᵉ division revenant sur ses pas, pose sacs à terre et
« remonte le plateau. Mon bataillon suit le mouvement,
« repasse l'eau vers 7 heures du soir. En haut, c'est une
« musique infernale : cela fait l'effet d'une forte meute de
« chiens à la chasse. On sent qu'il y a un fort engagement
« et on se hâte de grimper la côte... Au sommet, nous
« avions devant nous une ligne de combattants de 7 kilo-
« mètres, sur laquelle, des deux côtés, on entendait canons
« et fusils, et d'où partaient des éclairs et des obus avec
« leurs fusées enflammées traversant l'air... Quelques balles
« passent près de nous. On craint une surprise : nous de-
« vons y veiller et on ne nous engage pas. — Nous restons
« donc sur la crête et nous voyons revenir les blessés se
« traînant, les cacolets chargés, etc...

« L'obscurité venait rapidement et nous n'osions plus
« espérer d'être engagés. Enfin, à la nuit, on entend sonner
« le clairon : *Cessez le feu*. — Le canon s'arrête et la re-
« traite commence...

« Tout à coup, la fusillade reprend à 200 pas de nous,
« sur la grand'route. On entend crier : *Hurrah! hurrah!*
« pendant que les balles viennent, comme une grêle, tom-
« ber à la gauche de ma compagnie, et à 15 pas de ma
« gauche de section. C'était un régiment de cavalerie en-
« nemie qui était venu faire une décharge de ses fusils, au
« moment où l'on réattelait les pièces. C'était hardi ; mais
« cela a dû lui coûter cher... Cent mille Prussiens ont atta-
« qué notre corps d'armée à gauche, la garde au milieu, et
« le corps de Bazaine à droite, formant 65 à 70,000 Fran-
« çais. L'ennemi a reculé partout, et, si nous ne l'avons pas
« poursuivi, c'est parce qu'il s'agissait d'une bataille défi-
« nitive que nous livrions... Au milieu de la nuit, on a
« **quitté les positions pour repasser la Moselle.**

« Les Prussiens ont laissé énormément de monde sur le
« carreau : il parait qu'ils étaient couchés sur deux rangs,
« là où les mitrailleuses les ont atteints.

« *Enfin, nous n'avons pris part à rien, malheureusement,*
« *et nous attendons impatiemment notre tour.* »

Hélas! ce tour de combat, si ardemment désiré, ne se fit pas attendre. Trois jours après, le 18 août, eut lieu la terrible bataille de *Saint-Privat*, portant aussi le nom d'*Amanvillers*, où nos troupes se couvrirent de gloire en luttant avec acharnement contre un ennemi supérieur en nombre.

Le 41º régiment de ligne fut détaché du 3º corps d'armée pour soutenir et dégager le 2º corps. Le combat dura toute la journée; il ne fut interrompu que par la nuit.

Il s'y fit des actions d'éclat; l'une d'elles coûta la vie au lieutenant Douglas. S'étant élancé sur un drapeau prussien, il cherchait à s'en rendre maître lorsqu'il fut frappé, à la fois, de quatre blessures, qui le renversèrent presqu'expirant près de sa compagnie. Un sergent et un caporal du 2º bataillon de chasseurs à pied le transportèrent du champ de bataille jusqu'à la ferme Montigny, peu distante, qui n'avait d'une ambulance que le nom, puisqu'il ne s'y trouvait ni médecins, ni remèdes, ni secours organisés, pas même d'eau potable. — C'est là que l'intrépide lieutenant fut reconnu, au milieu de la nuit, parmi 5 à 600 blessés de tous grades, par son ancien commandant, M. de Charrant, lieutenant-colonel du 41º de ligne.

Après le combat et pendant l'heure du bivac, cet officier supérieur était entré dans la ferme, cherchant un repos réparateur après une si rude journée. Il vit Georges Douglas étendu sur la paille d'une cour, ayant les deux mains traversées, une balle dans la hanche, une autre balle à la jambe, et une 4º blessure dans les reins. — Quel fut son chagrin, dans l'impuissance où il était de porter secours à ce vaillant officier, qu'il connaissait tout particulièrement! Il eut même la douleur de le quitter forcément, pour obéir à un ordre urgent, lui enjoignant de faire replier sa troupe derrière la division, avant le jour qui allait poindre. Trois compagnies du 98º régiment de ligne faisaient même déjà évacuer la ferme de Montigny, afin de n'y laisser aucun homme armé, dans le but d'assurer, sans violence, la prise de possession de ce lieu par les Prussiens arrivant pour s'en emparer. — Il est à l'armée des nécessités cruelles. Celle-ci fut du nombre : cette séparation de deux cœurs généreux fut d'autant plus pénible qu'elle ne leur laissait que peu d'espoir de se retrouver.

Ces tristes adieux devaient être éternels ! Les Prussiens s'étant installés, le matin même, dans la ferme Montigny, leurs chirurgiens eurent à secourir les souffrances de nos malheureux blessés. En effet, M. Douglas vécut encore six jours; mais le septième (25 août 1870), il succombait des suites de ses blessures, à l'âge de 27 ans.

Mis à l'ordre du jour de l'armée, et présenté pour la décoration de chevalier de la Légion d'honneur, cette récompense, rendue aussi prompte que possible par les événements, n'a pu consoler le héros, qui servit la France avec tant de dévouement ! A défaut de couronne civique, le Bugey ne l'oubliera jamais !

Ces détails sont puisés dans une lettre du colonel de Charrant, adressée à M. le comte Douglas, de même que nous avons fait usage, pour les autres parties du récit, de la nombreuse correspondance d'officiers présents à la bataille de Saint-Privat et qui nous a été communiquée.

La sollicitude paternelle a su arracher cette chère dépouille du lieu où elle avait été inhumée. Elle repose aujourd'hui à Montréal, auprès de sa famille.

Le fils cadet de M. le comte Douglas, lieutenant au 4e régiment d'infanterie de marine, a défendu aussi, de sa personne, l'honneur du nom français dans cette funeste guerre : officier d'ordonnance du général Vassoigne, il fut renversé de son cheval et blessé, en portant, dans Sedan, un avis important qui exigeait la prompte sortie de la place, du maréchal Mac-Mahon, lequel ayant trouvé une action déjà engagée, fut blessé grièvement quelques heures après.

M. **Jacques** Douglas fut fait prisonnier, le 2 septembre 1870. Il refusa d'accepter la capitulation, suivit son général en Prusse et fut interné à Dresde.

Rentré en France et nommé chevalier de la Légion d'honneur, avec cette mention au *Moniteur :* « Campagnes du Rhin et de Paris, brillants services », dernièrement officier d'ordonnance du général Faron, il est aujourd'hui capitaine **au 3e régiment de marine, à Brest.**

DRUJON de BEAULIEU (François-Cécile), lieutenant de cavalerie dans les lanciers polonais, né le 6 décembre 1790, à Saint-Rambert, mort au château de Beaulieu, à Lavours, près de Belley, en 1859.

Issu d'une famille noble du Bugey, son aïeul **Laurent-Victor** *Drujon de Beaulieu*, avait été conseiller de la noblesse, en 1770.

Le jeune Drujon fit de bonnes études au collége de Belley. Il y fut le condisciple de Lamartine dont il resta l'ami. Engagé volontairement à 18 ans, il entra au service militaire dans les vélites-chasseurs de la garde impériale. Il fit la campagne de 1809, en Autriche; assista aux batailles de Ratisbonne, d'Essling, de Wagram et obtint rapidement l'épaulette de *sous-lieutenant*. — Passé avec le grade de *lieutenant* dans les lanciers polonais, colonel de Lubienski, il fit, avec eux, la campagne de Russie de 1812. M. Drujon de Beaulieu a écrit ce qui suit :

« Napoléon était entré dans Moscou vers le milieu de
« septembre, après avoir culbuté, à la Moskowa, l'armée
« russe qui avait tenté d'arrêter notre marche progressive;
« il n'y trouva que des monceaux de cendres et un immense
« pays ravagé, sans magasins de vivres ni places fortes :
« les Russes avaient pris le parti de tout détruire... Déjà
« la famine enlevait les hommes et les chevaux ; déjà le
« froid venait augmenter nos misères et le général français
« perdait à négocier un temps précieux qu'il aurait fallu
« employer à la retraite. Elle devint indispensable et les
« ordres furent donnés... »

M. Drujon évacua la position de Polotsk dans la nuit du 21 octobre, après une lutte sanglante où le général Corbineau se couvrit de gloire. — Il ajoute à son récit : « Dans
« l'une des charges de cavalerie, je me trouvai engagé,
« contre 8 cavaliers russes, combattant *seul*, lorsqu'un lan-
« cier de mon régiment accourut pour me délivrer et perça
« de sa lance celui qui me pressait le plus vivement. Il
« m'aida ainsi à me dégager ; je ne reçus qu'une légère
« blessure, mais j'eus la douleur de voir périr le brave qui
« m'avait sauvé la vie, et je ne rejoignis le régiment qu'a-
« près l'avoir vengé. »

Au retour, M. Drujon passa la Bérésina et resta avec une

partie de l'armée en Allemagne. Il prit, avec son régiment (le 8ᵉ lanciers), une part active aux différentes affaires dont la Saxe fut le théâtre; mais ce régiment, réorganisé, n'avait plus ses soldats de Russie ! — Après la bataille de Leipsick, se trouvant à l'arrière-garde, chargé de soutenir la retraite, il arriva sur les bords de l'Elster au moment où les ponts venaient de sauter, pour protéger notre armée poursuivie par les Russes.—M. Drujon se jeta dans la rivière en même temps que le général Poniatowski, qu'il vit périr près de lui dans les flots, atteint de deux balles ennemies et sans avoir pu lui porter secours, étant blessé lui-même. Plus heureux que ce brave général, le lieutenant Drujon put parvenir à l'autre rive. — Trois jours après, il fut blessé de nouveau et fait prisonnier par les Cosaques qui le dépouillèrent. — Un hasard l'ayant mis en présence du prince Bernadotte, celui-ci lui témoigna de l'intérêt en lui faisant délivrer un sauf-conduit avec lequel il put rentrer en France, à la condition de ne pas reprendre du service avant la paix. M. Drujon revint donc dans sa patrie, non sans courir de nouveaux dangers, et bientôt, il était au sein de sa famille, au château de Beaulieu, à Lavours, en 1813. — Il y obtint un traitement de réforme et ne quitta plus la vie civile, qu'il a partagée, jusqu'à sa mort, entre l'étude des lettres et l'agriculture.

On a de lui :

1° *Souvenirs d'un militaire pendant quelques années du règne de Napoléon Bonaparte*. In-8° de 90 p. avec une lettre autographe de l'auteur. — Belley, Verpillon.— 1831.

2° *Napoléon jugé par l'histoire ; un précis historique de la vie de cet empereur*. 1 vol. in-8°. — Lyon, L. Perrin. — 1844 et 1846.

DUBUISSON de la BOULAYE (Jean-Baptiste-Antoine-Georgette), vicomte, ancien commissaire de la marine militaire, chevalier de Saint-Louis, ancien député de l'Ain et littérateur, né à Versailles (Seine-et-Oise), le 11 novembre 1781, mort à Bourg, le 20 février 1856.

Il était le 9ᵉ enfant de M. **Georgette Dubuisson** *de la Boulaye*, gouverneur des pages de la chambre du Roi Louis XVI et de Dˡˡᵉ *Marguerite Dutillet*, arrière-petite-fille du célèbre historien de ce nom.

Entré, à 17 ans, dans l'administration de la marine, il se consacra au service du commissariat dans les ports de Brest, d'Anvers et de Flessingue, de 1798 à 1805. A cette dernière époque il se trouvait en Espagne, sous les ordres du vice-amiral Rosily. Il fut témoin de notre désastre de Trafalgar dû à l'imprudente conduite de l'amiral Villeneuve. Il quitta l'Espagne, en juillet 1806, pour ne pas se séparer de son chef, M. de Limeux, directeur de la marine à Cadix, que l'état de sa santé contraignit à rentrer en France. Le jeune de la Boulaye servait, alors, avec le titre de *sous-directeur*. — A son retour à Paris, il y fut employé dans les bureaux de l'administration centrale de la marine jusque vers le milieu de l'année 1808, comme *directeur*; puis, il reçut la mission de réorganiser le service des vivres sur l'escadre française mouillée à l'embouchure de l'Escaut. Sa tâche difficile et laborieuse dura un an à Flessingue, d'où il partit pour se rendre à Anvers pour raison de santé.

En 1809, M. de la Boulaye épousa la fille de M. *de la Chapelle*, ancien commissaire général de la maison du roi Louis XVI, mort sous la hache révolutionnaire, en 1794. Cette alliance favorisa sa carrière. Il avait 28 ans. — Il quitta le service actif des vivres pour entrer au ministère de la marine, en qualité de *chef du bureau de l'habillement et de l'équipement des équipages de ligne*, réorganisés sur un plan nouveau. Ce fut dans cette situation que le trouvèrent les événements de 1814.

Le beau-père de M. de la Boulaye avait reçu, avant la révolution, à titre de dépôt, des papiers appartenant à la maison du roi ; ils se trouvaient entre les mains de la veuve ; rapportés aux Tuileries, ils valurent au gendre la protection du ministre, M. de Blacas, qui le fit nommer *secrétaire général du ministère de la maison du roi Louis XVIII*. — Il quitta donc l'administration de la marine dans laquelle il comptait 16 ans de services, et se retira avec le titre de *commissaire honoraire*.

Pendant les Cent-Jours, M. de la Boulaye suivit le roi à Gand ; mais après Waterloo, il revint à Paris avec la famille royale et reprit son emploi auprès d'elle.

En 1821, on lui confia le poste important de *contrôleur général des dépenses*, sous le ministère de M. de Lauriston.

— Cinq ans après, il devint *intendant de la maison de Charles X*, et fut mis en disponibilité par suite de suppression d'emploi.

De cette époque date la résidence de M. de la Boulaye en Bresse où il possédait des propriétés léguées à sa femme par l'aîné de ses oncles, M. de la Chapelle, officier général avant la 1re Révolution.

Mme la vicomtesse de la Boulaye, née *Marie-Aloyse de la Chapelle*, avait aussi, à Bourg, une tante mariée à M. *Zacharie-Paradis de Raymondis*, lieutenant général au bailliage de Bresse, mort à Lyon, en 1800. Tous ces avantages d'intérêt et d'amitié avaient fixé M. de la Boulaye sur le sol bressan, où il aimait à passer le temps de ses vacances.

Mme de la Boulaye, pieuse et excellente dame, née vers 1788, est décédée à Bourg, le 26 novembre 1863. Elle a laissé, dans cette ville, un nom vénéré comme celui de son mari. Leurs qualités personnelles et leur inépuisable charité ont fait honorer leur mémoire.

Propriétaire de fermes importantes en Bresse et dans le département de Saône-et-Loire, M. de la Boulaye fut nommé député du département de l'Ain, en 1827. — Il fut réélu en 1830 ; mais cette deuxième fois, il donna sa démission, le 14 août, *après l'avénement du roi Louis-Philippe au trône*, pour n'avoir pas à prêter serment au nouveau gouvernement.

Il fut un homme politique de sens, plein de modération et de droiture. — Homme du meilleur monde, ses relations, dans la vie privée, furent toujours aimables et attrayantes. — Il tenait à honneur d'être député pour faire le bien et n'a jamais sacrifié sa dignité aux dépens de sa conscience honnête et loyale. — Celui qui écrit ces lignes a été souvent le témoin discret de son zèle pour les intérêts de son pays adoptif et de son extrême bienveillance pour appuyer de justes et pressantes réclamations des familles auprès du pouvoir administratif.

Retiré dans sa terre de Romenay, la culture des lettres devint pour M. de la Boulaye le charme et la distraction de ses vieux jours ; littérateur distingué, il se voua aux muses dont il était le favori, et s'appliqua même à traiter de difficiles questions d'utilité publique, tant son esprit était sûr et ses connaissances variées. On l'a vu résoudre, avec talent, des sujets d'économie politique, de morale et de philosophie, d'une portée très-élevée.

L'Académie de Lyon ayant mis au concours cette question : « *De la mission des Académies de province* », M. de la Boulaye remit un mémoire qui fut couronné. — Dans un autre concours de l'Académie de Besançon, il remporta un brillant succès sur cette question : « *De l'utilité de l'observation du Dimanche* ».

Plus tard, ayant eu à traiter successivement d'autres sujets, tels que : *De l'obéissance aux lois ;* — *De l'influence de Paris sur les mœurs ;* — *Des devoirs réciproques des domestiques et des maîtres ;* — *Du mariage ;* — *Du partage égal dans les successions ;* — *Des causes de l'affaiblissement de l'autorité paternelle;* — *De l'institution des salles d'Asile ;* il réussit avec bonheur et remporta d'honorables suffrages à Mâcon, à Metz, à Nîmes, et, en dernier lieu, à Besançon, où l'Académie avait proposé, en 1846, cette question importante : *Sur la passion du bien-être matériel, considérée dans ses effets, sur la moralité des peuples et des individus.* Le Mémoire produit par M. de la Boulaye fut imprimé et obtint le prix.

Membre de la Société d'émulation et d'agriculture de l'Ain, il s'y faisait souvent remarquer par des pièces de vers d'une agréable facture, d'une piquante gaieté et d'une fine ironie. Les Fables qu'il a composées sont remplies de sens, de bon goût et de grâce. Elles ont été réunies en un volume in-8°, 1857, à Bourg, publié par M. le vicomte Georgette Dubuisson de la Boulaye, son fils.

On connaît aussi de M. de la Boulaye deux brochures importantes : 1° *Opinion sur le projet de loi relatif à la dotation de la Chambre des pairs.* In-8°. Paris, 1829. 2° *Note historique sur M. le duc de Blacas.* In-8°. Paris, 1840.

DUCRET (Louis-Jérôme), chef de bataillon, chevalier de la Légion d'honneur, né à Comfort, arrondissement de Gex, le 23 février 1773 ; mort à Châtillon-de-Michaille, le 8 avril 1838.

Il s'engagea volontairement à 19 ans, dans le 7ᵉ bataillon de l'Ain, qui fit partie de la 67ᵉ demi-brigade d'infanterie de ligne.—Il conquit tous ses grades sur les champs de bataille, aux armées du Nord, de Sambre-et-Meuse, du Rhin, d'Italie, d'Espagne, d'Allemagne et dans nos guerres maritimes. — Le 3 mai 1800, Ducret, alors *sergent-major*, n'écoutant que son courage, arrêta, avec 17 hommes de sa compagnie, un fort détachement de grenadiers hongrois, qui voulaient s'emparer du drapeau de son régiment. — Nommé *sous-lieutenant*, en 1811, en récompense de cette action d'éclat, il gagna, l'année suivante, les épaulettes de *lieutenant*. — En combattant sur mer, le 3 thermidor an XIII (22 juillet 1805), il fut grièvement blessé au commencement de l'action ; Ducret ne voulut pas quitter le poste d'où il commandait le feu de sa troupe, à bord du vaisseau l'*Atlas*, contre les Anglais. — Le 21 octobre suivant, à Trafalgar, ce brave officier monté sur l'*Achille* et pressé par l'ennemi, pendant deux jours et deux nuits, préféra se jeter à la mer plutôt que de se rendre. Il avait reçu 13 blessures. Englouti dans les flots, il fut sauvé en saisissant une planche avec laquelle il aborda un vaisseau anglais qui le reçut après une heure et demie de naufrage. Sa belle conduite le fit nommer *chevalier de la Légion d'honneur*, en 1809.

Promu *capitaine*, il partagea les périls de l'intrépide 67ᵉ régiment de ligne, jusqu'en 1811, époque à laquelle il passa *chef de bataillon* au 3ᵉ régiment d'infanterie légère, commandé par le colonel Pochet, de Champagne, son compatriote. M. Ducret se fit encore remarquer, en 1813, à Bautzen et à Leipsick, où il affronta les plus grands dangers. Couvert de blessures, il resta au pouvoir de l'ennemi. — Rentré dans ses foyers, le 16 août 1815, avec une pension de retraite, il se fixa à Châtillon-de-Michaille. C'est là que pendant la Restauration des Bourbons, il chercha l'oubli des revers de la France, au sein de l'étude et des lettres qu'il n'avait jamais abandonnées, même dans les camps.

En 1830, il organisa dans la Michaille un bataillon de gardes nationaux de 1,800 hommes bien disciplinés. Ce fut le dernier service militaire qu'il rendit à son pays. Il avait alors 57 ans. — Huit ans après, pendant lesquels il fut successivement membre du conseil municipal, adjoint de la mairie, et suppléant du juge de paix du canton, il s'éteignit, en 1838, dans les bras d'un frère d'armes, M. Mermet, son intime.

Son amour du bien public, sa franchise et sa loyauté dans ses rapports sociaux, lui ont fait une large place dans l'estime de ses concitoyens qui n'ont cessé d'admirer en lui le vaillant guerrier et le citoyen austère, qui avait adopté cette noble devise : *Tout à mon pays!*

Voyez *Mermet*.

DUFAŸ (Thérèse-Pierre-François-Alphonse), officier d'administration des subsistances militaires, né à Bourg, le 25 juillet 1831, mort au Mexique, le 25 novembre 1864.

Engagé volontairement, à 17 ans, comme soldat, il passa successivement dans le 15e régiment de ligne et le 40e où il devint sergent, le 26 mai 1855. — Ayant suivi ce dernier régiment en Italie, il fit partie de l'occupation française à Rome, de 1853 à 1855. — Entré, l'année suivante, à la 13e section d'ouvriers d'administration, commandée par son père, alors officier d'administration comptable des vivres, à Oran (Algérie), le jeune sergent fut nommé *élève stagiaire* des subsistances militaires, le 31 décembre 1856 ; puis *élève titulaire*, le 25 août 1857, et *officier d'administration*, le 5 mai 1859.

La guerre ayant été déclarée au Mexique, le jeune officier voulut prendre sa part des travaux et des dangers de cette expédition lointaine : il demanda du service actif et fut bientôt commissionné. Parti pour Mexico, en mai 1864, il s'embarqua à Saint-Nazaire et fut employé, aussitôt après son arrivée sur le sol américain. — L'intendance militaire lui confia la gestion du magasin des vivres de Léon, ville importante de la région centrale de l'État mexicain.

Doué d'une constitution physique très-robuste, d'un caractère franc, loyal et enjoué, sa tâche lui fut rendue facile par ses bonnes relations avec l'armée et par le bienveillant encouragement de ses chefs ; il pouvait bien augurer de l'avenir qui lui était destiné ; mais il n'avait pas compté avec le climat *brûlant* qui devait lui être funeste et qui le tua six mois après son arrivée. Il succomba d'une insolation, contractée en voyageant à cheval pour son service militaire.

Le *Bulletin de l'Intendance et des services administra-*

tifs de l'armée de terre, 1865 (n° 120), lui a consacré l'article nécrologique qui suit :

Cet officier résidait à Léon et se trouvait à Guanajuato, le 28 novembre dernier, pour y inspecter le service des vivres, comme *annexe* de Léon, lorsqu'il y est mort subitement d'une attaque d'apoplexie foudroyante. — Un nombreux concours l'a accompagné à sa dernière demeure. Il se composait, entre autres officiers, de M. le général Brincourt, de passage à Guanajuato ; du colonel, du lieutenant-colonel et de tous les officiers du 7e régiment d'infanterie de ligne, en garnison dans cette ville ; les officiers mexicains, les résidents français ; une section du 7e de ligne en armes, la musique de ce régiment, et un grand nombre de sous-officiers et soldats complétaient le cortége. — M. Bianchini, officier d'administration des hôpitaux, a prononcé sur la tombe de Dufay, les paroles que nous reproduisons ci-après : « Lorsque, hier encore, mon camarade
« était plein de santé et dans la vigueur de l'âge, je ne
« pouvais guère m'attendre à avoir, le lendemain, la douleur
« de l'accompagner à sa dernière demeure. C'est aujour-
« d'hui qu'il voulait rentrer à Léon où je comptais le revoir
« deux jours après, et voilà que cette tombe le dérobe à mes
« yeux. Pourquoi, mon Dieu ! n'avez-vous pas permis à ce
« fils respectueux de faire un dernier adieu à son père, à
« sa famille ? Ah ! si quelque chose pouvait le consoler de la
« perte de son cher enfant, ce serait de savoir qu'il laisse
« des regrets unanimes à tous ceux de ses camarades qui
« avaient pu apprécier sa bonté d'âme et ses nobles senti-
« ments. — Cœur généreux et patriote, il a voulu venir
« partager nos fatigues ; la mort a brusquement arrêté sa
« carrière, et l'administration militaire, déjà bien éprouvée,
« compte encore une victime de plus. De lui, on pourra
« dire aussi : Il est mort pour la France !

« Adieu, mon cher camarade, repose en paix. Tes cen-
« dres resteront ensevelies sur cette terre étrangère que
« nous quitterons un jour ; mais, du moins, ta mémoire
« vivra dans le cœur de ton camarade qui fut aussi ton ami. »

DUFOUR (Francisque-Louis), capitaine d'artillerie, chevalier de la Légion d'honneur et de l'ordre de la

Couronne de fer, né le 8 mai 1836, à Bourg, où il est mort, le 1er septembre 1873.

Le jeune Louis commença ses études classiques au collége de Bourg et les termina à Lyon d'une manière brillante; à 17 ans, il était bachelier ès-sciences et fut admis à l'École polytechnique, le 1er novembre 1855.

Il en sortit deux ans après pour entrer à l'École d'application de Metz. — Nommé *lieutenant en 2e* au 16e régiment d'artillerie, le 1er octobre 1859, il passa au 20e régiment à cheval, 6 mois après, et fut promu *lieutenant en 1er* le 27 décembre 1861. — Il était *capitaine en 2e*, le 13 août 1865.

Son instruction, ses habitudes laborieuses, son zèle dans le service et son heureux caractère l'avaient fait remarquer dans l'accomplissement de ses devoirs ; on sut apprécier, en lui, l'officier d'avenir, l'homme au jugement sûr et l'observateur profond, on l'utilisa suivant ses aptitudes et on le plaça dans *l'état-major particulier de l'artillerie*, où sont dévolus d'ordinaire, aux officiers, des fonctions spéciales, soit dans les arsenaux, soit dans les directions du matériel des places.

M. le capitaine Dufour fut donc chargé de l'emploi d'*adjoint au directeur de la manufacture d'armes de Saint-Étienne* (Loire), établissement important propre à compléter les connaissances obligatoires de la fabrication des armes à feu. — Trois ans après, il passait successivement, en la même qualité, à la *direction de l'artillerie de Douai* (Nord), et à la *sous-inspection des forges de l'Est*, à Besançon (Doubs), le 3 mars 1869.

Désigné, le 4 juin précédent, pour faire partie de la commission envoyée à Liége (Belgique), et à Vienne (Autriche), pour procéder à la réception des fusils *chassepots*, du nom de l'inventeur français, fabriqués dans ces deux places, pour le compte de notre gouvernement, M. Dufour s'acquitta de sa mission, avec son zèle et sa ponctualité habituels. Il profita, en outre, de son voyage, en amateur sincère des beaux-arts, pour visiter et admirer les chefs-d'œuvre de peinture, de sculpture et les différents monuments de la Belgique, de la Hollande et de l'Italie. Il voulut approfondir les institutions militaires de ces pays comparées aux nôtres, et cette étude sérieuse ne fut pas réalisée sans fruits.

A Liége, notre capitaine fut frappé du soin apporté au développement intellectuel de l'enfance dans les écoles primaires. Il fixa son attention particulière sur la *méthode Frœbel*, employée dans les salles d'Asile de cette ville ; il s'entoura des renseignements propres à la faire connaître à nos concitoyens, et les bienfaits de cette méthode vont recevoir une application prochaine dans le département de l'Ain.

A Vienne, après avoir complété ses connaissances de la langue allemande, il se mit à rechercher les causes qui font vanter la supériorité de cette nation, au point de vue de l'organisation administrative en général, et des sciences en particulier ; sans omettre aussi le progrès de la force militaire de la Prusse. Dans ce but, il traduisit, avec succès, un opuscule sur la *responsabilité de la guerre*, ouvrage dû à la plume de l'archiduc Albert d'Autriche, publié à Vienne, après la campagne de 1866, et qui avait fait sensation dans le pays. — Cette traduction est un service réel rendu à l'armée, par M. Dufour, parce qu'elle donne le moyen d'apprécier sainement la cause des revers éprouvés dans les armées d'Autriche et de France, en signalant les moyens de les éviter dans l'avenir. Ce travail judicieux indique nettement la *part de responsabilité du général en chef aux armées ; celle des hommes d'Etat, des lieutenants-généraux, des chefs de corps et l'obligation forcée de combattre la tendance actuelle à se soustraire à la responsabilité de ses devoirs dans la guerre.* — Il faut compter, *d'une manière absolue*, sur le concours de tous, généraux et subordonnés *jusqu'au dernier degré de la hiérarchie militaire*, pour faire une armée véritablement forte, même *invincible*, sauf le cas de supériorité numérique trop élevée.

Le capitaine Dufour a publié, en outre, en novembre 1871, une autre brochure, également traduite de l'allemand, intitulée : *Emploi et instruction de la cavalerie*. Elle fait connaître le mode d'instruction adopté en Prusse, pour former les cavaliers dans les *reconnaissances ;* la base et le mécanisme de l'extension à donner à l'instruction de la cavalerie légère pour le service d'éclaireur. Ce travail révèle la *passion du mieux et de l'utile* que possède la nation prussienne ; son énergie obstinée à chercher, jusque dans le détail, *ce que l'étude et la réflexion démontrent bon et avantageux ;* enfin, cette sorte d'*entraînement* appliquée aux écoles, aux administrations, dans les casernes et les camps. — Tels sont les utiles écrits, les avis salutaires dus au zèle intelligent et au patriotisme éclairé de M. Dufour qui laisse ce dernier conseil à son pays : « Ce « n'est pas seulement en appelant et en préparant, dit-il, « tous les enfants d'un pays à la défense du territoire, c'est en « développant l'intelligence et la capacité de chacun d'eux ; « c'est en fortifiant dans le cœur de tous le sentiment du « devoir, qu'on a fait la Prusse si forte. La tâche est immense ; mais elle est digne de notre énergie nationale : « *Préparons laborieusement l'avenir et ayons confiance.* »

Le premier livre du capitaine Dufour lui a valu une récompense honorifique en Autriche, celle de la décoration de la Couronne de fer (1), à la date du 13 mai 1870. Son second ouvrage lui a mérité de ses compatriotes la plus vive sympathie pour ses efforts généreux dans l'œuvre régénératrice à laquelle il a voulu concourir en signalant le *mal et le remède.*

M. Dufour s'était marié, le 21 mars 1870, avec Mlle Adèle-Euphrasie-Cécile Bozonet, fille du docteur de ce nom, maire de la commune de Montrevel. Cette union lui promettait un avenir prospère. Hélas ! la guerre fatale de la France contre la Prusse, après 4 mois de douce espérance, est venue changer tout à coup ce séduisant horizon... Le capitaine, nommé adjudant-major au 19e régiment d'artillerie en avril 1870, fut attaché, le 21 juillet suivant, à la 4e batterie de campagne désignée pour l'armée du Rhin. Un officier français, un homme d'honneur, ne quitte pas sa compagnie la veille d'une bataille ; notre capitaine partit ; mais le sort avait pour lui des rigueurs funestes : il fut l'une des premières victimes glorieuses du champ de bataille de Sedan. Il fut atteint de deux blessures graves : 1° d'une balle en-

---

(1) L'ancien ordre de la Couronne de fer, réorganisé par Napoléon Ier, le 5 juin 1805, pour le royaume d'Italie, représentait une couronne de métal de fer ; l'aigle et l'anneau d'argent, le ruban jaune liseré de vert. Cet ordre, qui appartenait à l'ancien royaume Lombard-Vénitien, est aujourd'hui un ordre étranger dont l'Autriche dispose depuis 1815.

nemie qui lui traversa le coude droit en fracturant les os ; 2º d'un éclat d'obus à la partie supérieure de l'épaule gauche. Il n'évita une mort imminente que grâce à sa force d'âme et aux soins empressés de sa femme et de son beau-père accourus auprès de lui, à l'ambulance, au milieu des désastres de l'armée. — Le capitaine échappa donc, ce jour-là, à la mort, mais l'usage de son bras resta difficile, presque inerte, et le noble estropié quitta son épée, l'âme remplie d'amertume, sollicitant à regret sa retraite, pour cause de blessures. — Il venait d'être promu *capitaine en 1er* à son régiment, le 24 novembre 1870 ; il fut nommé *Chevalier de la Légion d'honneur*, le 31 mai suivant, et admis à la pension de retraite, le 12 octobre 1872.

Cependant M. Louis Dufour avait sa voie tracée au milieu de ses amis et de nos populations. Il s'associa à son frère **Adolphe** pour la rédaction du *Courrier de l'Ain*, journal libéral, héritage paternel après 60 ans de labeurs et de soins assidus. Le nouveau journaliste se consacra avec ardeur à cette tâche aussi pénible qu'honorable. Il devait y épuiser promptement ses forces physiques, par l'énergie de sa pensée et celle de son cœur. Sa constitution affaiblie depuis la guerre ne put résister à une affection abdominale portant un caractère endémique, pendant le mois de septembre 1873, et qui l'enleva presque subitement à sa famille et à ses concitoyens. Il n'avait que 37 ans.

Tel fut le capitaine Louis Dufour, martyr du devoir et victime de son dévouement comme militaire et comme journaliste.

DUHAMEL (Claude-Marie-Joseph), colonel directeur d'artillerie, commandeur de la Légion d'honneur, chevalier de Saint-Louis, officier de l'ordre du Sauveur de Grèce, né à Bourg, le 12 juillet 1785, mort à Lyon, le 13 février 1862.

Il appartenait à une famille noble et ancienne de protestants réfugiés, d'origine normande, qui vinrent se fixer en Dombes au XVIIe siècle. Les descendants ont contracté des alliances avec les Brunet, les Guillot de Turgon, les Frillet, les Cabuchet, etc. — Son père était procureur au présidial de Bourg et son oncle, *Benoît-Esprit-Zacharie Duhamel*, avocat, fut mis à mort en 1793, victime du régime de la Terreur. — Le jeune Claude-Marie-Joseph fit à Bourg ses études classiques qu'il termina à Paris, auprès de son parent Jérôme de Lalande, chez lequel il vécut pendant deux ans. C'est là qu'il connut les sommités de la science et, notamment, François Arago, qui fut son camarade à l'École polytechnique où il entra vers 1804. En sortant de cette école, il vint à celle d'application de Metz, et fut admis, ensuite, au 8e régiment d'artillerie avec le grade de *lieutenant en 2e*. — Il fit, avec ce corps, les campagnes d'Espagne, de 1808 à 1812 ; nommé bientôt *lieutenant en 1er*, puis *capitaine*, en récompense de ses bons services, il fut employé à la défense de Saint-Sébastien où le général de division Rey commandait en chef. Ce général ayant apprécié les talents et la bravoure du capitaine Duhamel, le désigna, en 1813, pour *chef de bataillon*. Il n'avait encore que 28 ans. — Un avenir brillant paraissait lui être réservé ; mais les événements de la guerre retardèrent son avancement : fait prisonnier, par les Anglais, lors de la capitulation de Saint-Sébastien, la paix de 1814 fit cesser la captivité de M. Duhamel, qui ne put être remis en activité qu'avec le grade de capitaine, à son retour des prisons d'Angleterre.

Après la seconde abdication de Napoléon Ier, en 1815, et le retour des Bourbons sur le trône de France, notre compatriote fut admis dans la nouvelle armée royale et compris dans l'*état-major particulier de l'artillerie*, en 1816. On l'employa, d'abord, comme commandant de son arme, dans les places de Bouchain et de Hesdin ; il passa, ensuite, à Besançon, comme *sous-inspecteur des forges*, chargé des fournitures du matériel de l'État. Là, il servit sous les ordres du colonel Lahitte devenu, plus tard, général de division. — Cet officier supérieur envoyé en Morée, en 1826, en qualité de commandant en chef de l'artillerie, dans l'armée du général Maison, se souvint de l'expérience et de l'honorabilité du capitaine Duhamel et n'hésita pas à lui offrir son appui pour obtenir la réparation du tort qui lui avait été fait dans son avancement. M. Duhamel fut envoyé en Morée et s'y montra aussi vigilant qu'intrépide. Il y fut blessé grièvement et augmenta ainsi ses titres à la bienveillance de ses chefs : il fut atteint d'une balle à la tête, étant de service à la tranchée du château de Morée. Laissé pour mort sur le lieu du combat, il s'était relevé et s'était rendu *seul* à l'ambulance du quartier général : il y fut pansé et soigné par les médecins ; mais il perdit l'œil droit.

— Réintégré dans son grade de *chef de bataillon*, il rentra en France, à la fin de la campagne de Grèce, d'où il rapporta la décoration du pays. Il avait déjà reçu la croix de la Légion d'honneur. Il fut même l'objet de la bienveillance particulière de la famille royale à laquelle il fut présenté. Le roi Charles X, s'intéressant à sa guérison complète, lui offrit son médecin, qu'il voulait lui envoyer. Sur le refus de M. Duhamel, le prince lui dit : « Soignez-vous, je vous le « demande, non pour vous, *mais pour nous* qui avons besoin « de conserver des serviteurs tels que vous. »

Quelques jours après, il lui faisait remettre la *croix de Saint-Louis*.

Nommé à un emploi de son grade à Besançon, puis à Belfort, il fut promu *lieutenant-colonel*, six ans après, et envoyé à Lyon pour prendre la direction de l'arsenal de cette ville. — Enfin, élevé au grade de *colonel*, en 1845, il reçut l'ordre de diriger le service de l'artillerie de la place de Mézières, et, successivement, de celles de Grenoble et de Montpellier.

M. Duhamel, devenu *officier* de la Légion d'honneur, reçut, dans cette dernière ville, le brevet de *commandeur* du même ordre, et fut obligé de quitter l'activité par suite de la rigoureuse application de la loi limitant l'âge des officiers pour l'obtention de leur retraite.

Revenu à Lyon, le colonel aimé et estimé de tous, était accueilli et recherché dans toutes les classes de la société de cette ville ; il s'y maria et vivait avec sa famille, dans une paix honorable, étranger aux agitations politiques, lorsque la Révolution de 1848 éclata. Il se trouva entraîné à accepter, par dévouement au pays, les fonctions de *maire du 2ᵉ arrondissement de Lyon*, et de membre du conseil général du département du Rhône. On lui proposa même une candidature aux élections, après la proclamation de la République ; mais il refusa cet honneur avec modestie, devant son compétiteur, M. Reveil, aussi maire à Lyon et qu'il savait, d'ailleurs, agréable au président Louis-Bonaparte.

M. Duhamel salua l'avénement du second Empire, en 1851, comme un souvenir heureux de sa jeunesse ; mais il ne voulut froisser aucune susceptibilité, et borna ses désirs à donner à l'administration municipale lyonnaise, tous les soins que comportait sa nouvelle organisation. Malgré ses 64 ans, actif et vigilant, il présidait la réunion des médaillés de Sainte-Hélène ; celles des sociétés de secours mutuels et autres ; publiait des mémoires d'utilité générale, et acquit, par son dévouement à la chose publique, une popularité de bon aloi très-méritée. — Elle ne lui a pas fait défaut jusqu'à sa mort qui fut un deuil public dans son arrondissement. — Par reconnaissance d'une magistrature ainsi exercée pendant 14 ans, l'édilité lyonnaise a voulu consacrer le nom de *M. Duhamel*, en le donnant, en 1860, à l'ancienne rue Penthièvre, traversant la place Napoléon, entre la Saône et le Rhône. — C'est un hommage glorieux qui se reflète sur la Bresse.

Le colonel Duhamel n'a laissé qu'une fille, mariée, en 1853, au fils de M. André, général d'artillerie, neveu du célèbre Joubert. — M. le docteur Sappey, conservateur de l'Ecole de médecine de Paris, auteur d'importants traités sur l'anatomie, est son neveu.

DULONG de ROSNAY (Eugène), soldat au 7e régiment d'infanterie de ligne, né à Thoissey, le 21 décembre 1852, mort à Stettin (Prusse), le 15 octobre 1870.

Engagé volontairement dès le début de notre dernière guerre contre la Prusse, en août 1870, ce brave militaire, qui n'avait encore que 17 ans, fut fait prisonnier par les Prussiens à Sedan, et fut emporté par le typhus à Stettin. Plein d'ardeur, le jeune Dulong s'était fait remarquer par son courage et une énergie peu commune au milieu des cruelles épreuves du champ de bataille. — Il est mort en soldat et en chrétien, digne de ses aïeux. — Il était, par sa mère, l'un des petits-fils de M. le baron Antoine-Jean-Marie Ducret de Langes. — Son grand-père avait été lieutenant-général sous le 1er Empire, attaché à la maison du roi, comme lieutenant-commandant des gardes du corps (compagnie d'Havré) en 1820, mort à Paris, le 20 mai 1828.

DUPARC (Vincent-François-Remy, de Peigné), lieutenant-colonel du génie, chevalier de la Légion d'honneur et de l'ordre royal de Saint-Louis, né à Grenoble, vers 1760, mort à Meximieux en mars 1833.

M. Duparc était ingénieur civil à Bourg en 1788, sous les ordres de l'ingénieur en chef Aubry, dont il épousa la fille, Mlle Antoinette-Joséphine, qui s'est montrée si généreuse envers la ville de Bourg, sa ville natale, en lui léguant, par testament, une importante rente pour ses établissements de Charité.

M. Duparc, officier distingué du génie, dès 1792, fit les campagnes du Piémont et d'Italie. Le premier consul Bonaparte le remarqua : il lui confia les fortifications importantes d'Alexandrie-la-Paille et celles du Helder qui complétèrent sa réputation d'habileté comme ingénieur militaire. — Il suivit l'armée dans toutes les conquêtes de la République et de l'Empire, jusqu'à la campagne de Russie en 1812 ; mais, atteint du choléra, il fut forcé de quitter le service pour rentrer dans ses foyers. — Il habitait Meximieux, depuis longtemps, lorsqu'il a été enlevé à sa famille et à ses amis, à l'âge de 73 ans.

DUPORT (Claude-François-Marie), *lieutenant* d'infanterie, né le 25 mai 1772, à Saint-Martin-du-Fresne, en Bugey, mort en 1807.

Il entra, le 3 septembre 1791, dans les chasseurs du Dauphiné, embrigadés avec le 1er bataillon franc et le 9e bataillon de l'Isère, devenus 12e régiment d'infanterie légère.

Il servit à l'armée des Alpes, de 1792 à 1796. — *Caporal* le 1er pluviôse an IV (21 janvier 1796), il suivit son régiment aux armées d'Italie, du Danube et du Rhin, de l'an V à l'an IX (1797 à 1801). — *Sergent*, le 1er vendémiaire an VI (22 septembre 1797), il se distingua, l'année suivante, à Tauffern, dans le Tyrol, où il entra, un des premiers, dans les lignes de l'ennemi et contribua à la prise de toute son artillerie.

Aidé de quelques camarades, Duport, devant le feu de 5 à 6,000 hommes, détruisit, à coup de sabre, les chevaux de frise qui masquaient le chemin, et ouvrit ainsi un passage à la colonne française avec laquelle il entra dans la redoute assiégée.

Quelques jours après, au même lieu, blessé d'un coup de feu à la jambe droite et d'un coup de sabre à la main droite, il fut fait prisonnier pendant trois mois. — Nommé *sergent-major* le 11 floréal an X (1er mai 1802), il reçut un *sabre d'honneur*, le 10 prairial an XI (3 mai 1803), et fut promu *sous-lieutenant*, le 19 du même mois (8 juin suivant).

A la suite des campagnes de l'an XIV, en Autriche, en Prusse et en Pologne, il obtint le grade de *lieutenant*, le 8 mars 1807. — Il est décédé des suites de ses blessures, vers la fin de cette année, à son retour en France.

DURAFOUR (Joseph-Marie), lieutenant, chevalier de la Légion d'honneur, né le 5 octobre 1776, à Saint-Martin-du-Fresne, où il est mort le 20 septembre 1840.

Soldat, le 7 janvier 1792, dans le 2e bataillon de l'Ariége; incorporé, en 1794, dans la 56e demi-brigade d'infanterie amalgamée, plus tard, dans la 85e demi-brigade de ligne, il fit les campagnes de 1792 à 1796 aux armées des Alpes et d'Italie.—Embarqué, avec le grade de sergent, pour l'Orient, il se signala en Egypte et en Syrie; notamment au siége de Saint-Jean-d'Acre, où il fut blessé grièvement à la tête. Il fut récompensé par une nomination de *sous-lieutenant*.

Rentré en France et admis, en l'an X (1801-1802), dans les grenadiers à pied de la garde des consuls, il fit partie des troupes rassemblées au camp de Boulogne et y reçut la décoration de *chevalier de la Légion d'honneur*, le 25 prairial an XII (14 juin 1804). — Pendant les années 1806 et 1807, il fit les guerres d'Autriche, de Prusse et de Pologne. Il suivit l'armée en Espagne, en 1808; fit la campagne de 1809, en Allemagne, et se trouva à Essling et à Wagram, où il se fit encore remarquer par sa bravoure. — Promu *lieutenant*, le 6 décembre 1811, dans le régiment des pupiles de la garde impériale, il prit part aux opérations de l'armée de Hollande, en 1813 et 1814, et fut blessé d'un coup de feu à la main droite, le 15 décembre 1813. — Placé, avec son grade, dans le 79e régiment de ligne, à la réorganisation de 1814, sous les Bourbons, l'Empereur, à son retour de l'île d'Elbe, l'envoya au 8e régiment de tirailleurs-grenadiers de la garde, par décision du 19 mai 1815. Licencié, le 20 août suivant et admis à la retraite, le 7 août 1816, il a vécu pendant 24 ans, dans cette dernière position, aimé et estimé de ses concitoyens qui lui offrirent l'épaulette d'officier dans la garde nationale du canton de Pont-d'Ain, après la Révolution de juillet 1830. — Il est mort dix ans après, à 64 ans, regretté de tous pour ses belles qualités et son passé glorieux.

DURAND (François-Marie), écuyer, général de brigade, chevalier de Saint-Louis, né à Lyon, le 22 mars 1741, mort au col de Frememorte (armée d'Italie), le 8 septembre 1794.

A peine âgé de 16 ans, il fit les guerres du Hanôvre, en qualité de volontaire aux dragons de Choiseuil, en 1757. C'était à l'époque de la guerre de *sept ans*, entre la France, l'Angleterre, l'Autriche et la Prusse. — Le jeune Durand combattit avec intrépidité à la bataille de Rosbach, sous les ordres du maréchal de Richelieu, contre les Prussiens, commandés par le roi Frédéric II, dit *le Grand*. — Pendant cinq années, M. Durand dut faire son apprentissage militaire à *ses frais* : à cette époque, tous les volontaires de l'armée royale n'étaient admis dans les rangs qu'après s'être habillés, armés, équipés par les soins de leur famille. — Or, celle de M. Durand était fortunée, bien que la douairière Durand sa mère, fut restée veuve fort jeune, avec sept enfants en bas âge (5 fils et 2 filles). Cette dame, aussi intelligente que distinguée, pourvut, avec une parfaite sollicitude, à leur éducation et à leur avenir.

L'aîné des fils de M. Durand fut guillotiné à Lyon, au commencement de 1793, comme ayant pris une part active à la défense de cette ville. — Il possédait, du chef de sa femme, la terre et le château de l'Eparvière, commune de Gigny-sur-Saône (Saône-et-Loire). Cette dame était fille de la baronne de Gérambe, d'une famille de Vienne (Autriche).

Le second fils épousa une demoiselle de Boisgermain ; émigré en 1792, il est mort à New-York.

François-Marie était son troisième fils, il avait choisi la carrière des armes. — Le 23 juillet 1763, il fut admis comme *prévôt* dans la maréchaussée de Bresse, en remplacement de M. Joachim Guimard Dandelot, qui venait de donner sa démission. — Cet office conférait le rang et le grade de *capitaine de cavalerie*, et le nouveau titulaire n'avait encore que 22 ans, 3 mois et quelques jours ; il lui fallut obtenir une dispense d'âge. Les candidats ne pouvant être reçus qu'après 25 ans révolus pour exercer les fonctions de prévôt, on s'adressa au roi Louis XV qui accorda une autorisation spéciale, par lettres patentes délivrées à Compiègne, le 12e jour de juillet 1763. Cette honorable exception aux règlements en vigueur donne le droit de préjuger déjà des éminentes qualités dont le jeune officier était doué. Cet emploi exigeait, d'ailleurs, des connaissances particulières : celles des procédures contre les crimes et délits des militaires de tous grades. Il était indispensable d'avoir une instruction solide, une véritable expérience administrative et une droiture d'esprit parfaite.

M. Durand réunissait tous ces avantages ; il exerça, pendant 25 ans, ses fonctions de prévôt, et fut nommé *chevalier de Saint-Louis*, le 20 janvier 1788, en récompense de ses services. — Trois ans après, le 12 juin 1791, il fut promu *lieutenant-colonel* de gendarmerie ; puis, à la réorganisation de l'armée, sous la première République, en 1793, il fut élevé au grade d'*adjudant-général, chef de brigade* (colonel).

C'est en cette dernière qualité que M. Durand servit à la prise de Toulon, sur les Anglais, la même année. Il commandait un régiment détaché de l'armée d'Italie, avec 4,000 hommes de troupes, sous les ordres du général Lapoype. Il coopéra vaillamment à l'attaque du fort Malbosquet, le 30 novembre ; fit reculer l'ennemi défendant le fort Faron, le 17 décembre suivant, sous le général Dugommier, et fut l'un des vainqueurs du fort l'Eguillette, ce qui décida de l'évacuation de Toulon par les Espagnols et les Anglais. — Ceux-ci, avant de se retirer, résolurent de brûler l'arsenal. En effet, 20 vaisseaux de notre marine parurent, tout à coup, en flammes, au milieu de la rade et excitèrent le désespoir chez les malheureux habitants. — Pas une chaloupe ne voulut secourir ces imprudents Français qui, suivant l'expression de M. Thiers, dans son *Histoire de la Révolution française*, « avaient mis leur confiance dans l'étranger et qui lui avaient livré le premier port de leur patrie. » De 36 vaisseaux ou frégates, il ne resta que 11 *vaisseaux* et 7 *frégates;* le reste avait été pris ou brûlé par les Anglais.

Bientôt aux horreurs du siége et de cette évacuation devaient succéder celles de la vengeance révolutionnaire : des représentants du peuple furent envoyés dans le midi de la France, avec ordre de sévir contre les coupables politiques, auteurs vrais ou présumés de ces désastres. — M. Durand fut nommé *général de brigade* et désigné pour exercer les fonctions de *commandant de place* de la malheureuse ville de Toulon. — C'est dans ces fonctions nouvelles et difficiles que M. Durand devait trouver l'occasion de développer les grandes qualités de son caractère généreux. Au lieu de se montrer soucieux de la faveur du gouvernement, en poursuivant rigoureusement les hommes égarés de nos troubles politiques, afin d'en tirer honneur et profit, pour lui-même, il eut le courage de s'effacer devant une odieuse et cruelle responsabilité qui pesait sur sa tête. Son humanité prévalut. Il sut allier les plus nobles sentiments à la puissance dont il était revêtu. Il modéra la rigueur du devoir, la sévérité de la règle avec la douceur, la patience et la fermeté dont il fit preuve. Sans se dissimuler les périls de sa position et ne s'occupant que du soin d'en surmonter les difficultés, il rendit d'importants services aux habitants honorables de Toulon. Il sauva même la vie à quelques citoyens d'Aix et de Marseille compromis et cachés dans cette ville.

Le général Durand se tira heureusement de sa mission et fut envoyé, en juillet 1794, à l'armée d'Italie où le général de division Garnier lui confia le commandement d'une brigade. Il prit pour aide-de-camp le lieutenant Dommanget, devenu, dans la suite, général de brigade et baron de l'Empire. Ce jeune lieutenant, sortant du 23e régiment de cavalerie (armée de Sambre-et-Meuse), venait d'être placé, en qualité d'adjoint aux adjudants généraux, auprès du colonel Cottin; mais cet officier supérieur affaibli par l'âge, n'était plus en état de faire la guerre. Dans cette occurrence, M. Dommanget chercha aussitôt un emploi qui lui offrit quelques chances de danger et de gloire; il s'adressa au général Durand qui connaissait sa bravoure et sa capacité. Admis auprès de notre général, en qualité d'aide-de-camp, il ne remplit ces fonctions que pendant deux mois seulement. Une mort fatale devait bientôt priver la France des services du général Durand. Un funeste événement arrêta court sa brillante carrière et l'enleva prématurement, à 53 ans, à son pays et à sa famille.

Le 22 fructidor an II (8 septembre 1794), l'ennemi devait attaquer la brigade Durand, au col de Frememorte. Dès le matin, l'aide-de-camp Dommanget avait été envoyé en reconnaissance pour observer les mouvements des Autrichiens. Il vint rendre compte à son général qu'ils étaient immobiles dans leurs positions, et que tout était tranquille. Vers trois heures de l'après-midi, survint un orage des plus violents, mêlé de tonnerre et de vents impétueux. Le lieutenant Dommanget était étendu à terre entre le général Durand et le capitaine Bodart, de la 84e demi-brigade, sous une tente adossée à un mur de rocaille supportant une tour élevée. La foudre tomba sur ce mur qui s'écroula et ensevelit la tente sous ses ruines. M. Dommanget en fut quitte pour quelques contusions ; mais lorsqu'on retira des débris le général Durand et le capitaine Bodart, ils étaient morts...

Tel fut le général Durand : bon administrateur de la justice ; organisateur intelligent et capable ; guerrier intrépide au feu ; droit et juste avec ses inférieurs, bienveillant et humain envers tous.

Il avait épousé, en 1766, une demoiselle de Saint-André, nièce de M. de Saint-André, inspecteur général des ponts et chaussées pour la province de Guyenne.

La terre et l'ancien fief de Chiloup n'ayant été achetés qu'en 1760, pour le général Durand, par son oncle maternel, qui s'en était réservé la jouissance, ce titre nobiliaire n'a été porté, par le fils du général, qu'après l'extinction de cette jouissance, vers 1801, c'est-à-dire 17 ans après la mort du général.

DURAND de CHILOUP (Jean-Jacques), fils du précédent, écuyer, lieutenant de cavalerie, officier de la Légion d'honneur, président du conseil général de l'Ain et maire de la ville de Bourg, né le 6 septembre 1770, en cette ville, où il est mort, le 17 octobre 1852.

A l'âge de 18 ans, il entra dans la maison militaire du roi Louis XVI. Il servit dans la gendarmerie de Lunéville (compagnie du dauphin).

Le jeune Durand, qui avait le grade de sous-lieutenant depuis le 1er janvier 1788, fut nommé à un emploi de ce grade dans le régiment de Vermandois-infanterie, lors du licenciement de la gendarmerie de Lunéville; mais ne voulant pas servir dans l'arme de l'infanterie, il s'engagea volontairement, comme soldat, le 22 mars 1791, dans mestre-de-camp, devenu 23e régiment de cavalerie. Il fit, avec ce corps, les mémorables campagnes de 1792 à 1795. — *Brigadier-fourrier* le 1er janvier 1792 ; — *maréchal des logis* le 15 juillet suivant ; — *sous-lieutenant* le 1er avril 1793, il était *lieutenant* le 20 mai 1795 et quitta le service le 3 février 1796.

M. Durand combattit en brave soldat à Valmy, à Jemmapes et à Fleurus. — Il avait été attaché quelque temps, comme aide-de-camp, auprès de M. le général Durand, son père, commandant la place de Toulon, à la fin du siége, en 1793. C'est après cette mission qu'il rejoignit l'armée de Sambre-et-Meuse commandée par Jourdan, en 1794.

Vers la fin de l'année suivante, notre compatriote ayant la vue très-fatiguée quoique jeune, rentra dans sa famille, et épousa, en janvier 1796, Mlle Sophie-Catherine Guillod des Bertrandières et de Corrobert, issue d'une ancienne famille de Bresse.

Il se consacra à l'agriculture, science pour laquelle il se sentait une aptitude toute spéciale. Dans ses mains, le domaine de Chiloup devint une propriété florissante; et comme il fallait à cet esprit actif et vigilant, une existence occupée des choses grandes et utiles, il accepta les fonctions de maire de Saint-Martin-du-Mont, depuis l'année 1805 jusqu'à la fin de 1815. C'est à sa persévérance, à sa ferme volonté, qu'est due la parfaite viabilité des chemins de cette commune. On n'oubliera jamais ses efforts incessants pour obtenir le concours des maires des communes de Pont-d'Ain, Druillat, Saint-Martin, la Tranclière, Dompierre, Saint-Paul-de-Varax, dans le but d'ouvrir le très-important chemin de *grande communication n° 17*, qui relie une grande partie du pays des étangs au Revermont et au bas-Bugey, par Châtillon-sur-Chalaronne, Romans, le Bouchoux, Saint-Paul-de-Varax, Dompierre, La Tranclière, Druillat, une partie de la commune de Saint-Martin-du-

Mont et Pont-d'Ain. — Personne n'ignore que M. Durand de Chiloup céda gratuitement la largeur de ce chemin, sur une longueur d'environ un kilomètre, pour stimuler le zèle des communes qui devaient concourir aux prestations volontaires pour obtenir une bonne circulation de Pont-d'Ain à Saint-Paul-de-Varax.

Mais ce n'est pas le seul service qu'il ait rendu à son pays natal; il importe de rappeler ici, qu'il a introduit, des premiers, en 1804, dans le département de l'Ain, les moutons mérinos, de race espagnole, et qu'il a pratiqué, avec succès, le croisement de ces mérinos avec l'espèce ovine des montagnes du Charolais, de 1808 à 1840. Il est parvenu à obtenir ainsi des *métis* dont la laine égalait presque, en finesse, les laines espagnoles.

Nommé maire de Bourg, le 8 février 1816, M. Durand déploya, en peu de temps, une parfaite connaissance du mécanisme administratif et une complète sollicitude des intérêts publics.

Ce qui devait contribuer le plus à sa réputation exceptionnelle, comme magistrat municipal du chef-lieu du département, ce fut sa noble conduite pendant les années calamiteuses de 1816 et de 1817, qui jetèrent une véritable panique dans l'esprit de nos populations, par suite de la cherté des blés et de la disette des récoltes. Toutes les céréales avaient atteint un prix exorbitant, sans qu'il fut possible de se procurer même le nécessaire pour vivre.

Notre nouveau maire, ferme dans ses décisions pour le bien, humain par caractère, prit l'initiative des secours, en argent et en nature, à apporter aux habitants peu aisés et aux indigents de la ville. — La dépense journalière du bureau de bienfaisance, s'élevait à 150 francs, sans qu'on pût subvenir aux besoins par des ressources régulières, on le vit organiser des quêtes publiques; provoquer, par son exemple, l'assistance des citoyens aisés, et pousser le zèle jusqu'à se rendre, lui-même, caution d'un emprunt de 12,000 francs, à rembourser par la caisse municipale sur ses budgets ultérieurs.

Et comme, à ses yeux, sa tâche n'était pas remplie tant qu'il restait quelque chose à faire, il ne borna pas là son dévouement à la chose publique. Il prit encore les mesures les plus prudentes et les plus efficaces pour prévenir le trouble et la violence qui, dans les temps d'agitations politiques, sont ordinairement les mauvais conseillers des classes laborieuses. Il se mit en rapport avec des négociants en grains de Lyon et de Marseille, pour faire verser des blés exotiques sur Bourg.

Naguère, la restauration des Bourbons, sur le trône de France, avait amené des divisions intestines, des manifestations révolutionnaires. M. Durand songea à apporter un frein sérieux aux passions du moment pouvant exercer une influence malsaine sur la misère du peuple. Il s'attacha à prévenir les discordes pour n'avoir pas à les faire comprimer. Il se concerta avec M. Clément, capitaine commandant la gendarmerie de l'Ain, pour l'encourager à exercer une surveillance active sur nos marchés, soit sous le rapport des arrivages de grains, leurs achats, leurs ventes et leurs transports sur les routes, soit pour éviter les accaparements, le pillage des denrées, soit pour faciliter les transactions commerciales. — Enfin, pour en imposer aux meneurs et aux fauteurs de troubles, il obtint de M. le colonel Moreau, frère du célèbre général de ce nom, que la garnison formée de la légion de la Loire, ferait l'exercice, tous les mercredis et jours de marchés publics, sur la promenade du Bastion qui joint le marché aux grains de la ville.

Pendant 14 ans consécutifs, M. le maire Durand n'a cessé de déployer ses éminentes qualités au profit de la prospérité de Bourg, et lorsqu'il donna sa démission, en 1840, pour obéir à ses convictions politiques, il fut accompagné, dans sa retraite, par la reconnaissance de tous. Il ne fit, alors, que changer de théâtre, sans changer de dévouement à la chose publique : membre du conseil d'arrondissement de Bourg, pendant quelque temps, il fut appelé au conseil général de l'Ain qu'il eût l'honneur de présider pendant 29 ans ; ce qui lui procura l'insigne avantage de représenter le département de l'Ain au sacre de S. M. le roi Charles X.

Pendant l'exercice de ses fonctions qui ont duré 32 ans, comme membre du conseil général, il a été l'auteur de plusieurs propositions très-utiles au département, accueillies avec bienveillance par ce conseil. Il importe surtout de citer celle qui concernait la création du haras départemental établi vers 1820.

Ancien officier de cavalerie et grand amateur de chevaux, ses connaissances spéciales lui avaient donné une certaine autorité pour traiter cette question. Le succès a justifié ses prévisions.

De tels services lui ont mérité les distinctions honorifiques de *chevalier* et d'*officier* dans l'ordre de la Légion d'honneur ; mais, pour lui, sa récompense la plus douce fut celle d'avoir obtenu la considération et l'estime générales.

De son mariage, M. Durand de Chiloup a eu cinq enfants dont quatre sont morts. Il ne reste aujourd'hui, qu'un fils, M. le colonel Camille Durand de Chiloup, écuyer, commandeur de la Légion d'honneur, membre du conseil général, pendant 18 ans. — Depuis son admission à la retraite, en 1857, il habite la terre de Chiloup, commune de Saint-Martin-du-Mont, où il s'occupe de sylviculture et de l'amélioration de l'espèce chevaline.

EDOUARD, 15ᵉ comte de Savoie, seigneur de Bresse et de Bugey, surnommé *le Libéral*, né à Baugé (Bagé), en Bresse, le 8 février 1284, mort à Paris, sans enfants mâles, le 4 novembre 1329.

Il était fils d'Amé ou Amédée V et d'Isabelle de Baugé. A l'âge de 20 ans il servit, en France, la cause du roi Philippe-le-Bel, contre les Flamands. Il se signala à la bataille de Mons où il fut fait chevalier de la main du roi. Après le siége de Tournay, Edouard revint dans ses Etats. Il battit Hugues, seigneur de Faucigny, son beau-frère, et s'empara du château de *Montforchier*, près des Alinges, sous prétexte que le terrain lui appartenait. — Il rasa le fort de *Compeys* et le château de *Lucinges*; assiégea le château de Varey, qui appartenait à son parent Hugues de Genève, vassal du dauphin ; mais Edouard fut vaincu. Fait prisonnier, il dut sa délivrance à deux braves seigneurs qui le conduisirent de l'autre côté de la rivière d'Ain, où il se renferma dans son château du Pont-d'Ain. La bataille eut lieu dans la plaine de Saint-Jean-le-Vieux, sous le château de Varey, le 7 août 1325.

Le comte de Savoie, pour effacer sa défaite de Varey,

envoya Galois de la Baume assiéger le château de Balon, entre le Credo et la Valserine, appartenant au sire de Villars, partisan du dauphin. — La place fut enlevée en quatre jours. — Edouard accorda 50 livres de rente à Galois de la Baume, à prendre sur les revenus du bailliage de Bourg-en-Bresse, pour le récompenser de sa victoire. L'acte de cette rente fut passé devant Balon, le 20 janvier 1326. En 1328, Edouard porta secours au roi de France contre les Flamands et se distingua encore à la fameuse bataille de Montcassel. Ce fut son dernier exploit.

Il avait épousé Blanche de Bourgogne, en 1307, fille de Robert II, duc de Bourgogne, de laquelle il n'eut qu'une fille nommée Jeanne, qui fut mariée, en 1329, à Jean III, duc de Bretagne et comte de Richemont. Devenue veuve, elle se retira en France où elle fit héritier universel de ses biens, Philippe de Valois, roi de France. Elle est morte à Paris, en 1344.

Edouard a été inhumé à Hautecombe, par son frère Aimon qui fit transporter sa dépouille mortelle de Paris en Savoie.

(Guichenon, *Hist. de Bresse.*)

EMMANUEL-PHILIBERT, 10ᵉ duc de Savoie, comte de Bresse, baron de Gex, seigneur du Bugey, fils de Charles III et de Béatrix de Portugal, né à Chambéry, le 8 juillet 1528, mort à Turin, le 30 août 1580.

Il était le filleul de Marguerite d'Autriche, fondatrice de l'église de Brou, près Bourg. — Il fut, d'abord, destiné à l'état ecclésiastique ; mais il avait le caractère très-belliqueux et devint un guerrier habile. Il servit, avec zèle et courage, l'empereur Charles-Quint contre la ligue des princes protestants d'Allemagne (1544).

A 13 ans, il demanda à ce monarque de le suivre au siège d'Alger ; ce prince s'y refusa ; mais à 18 ans, il fit ses premières armes dans l'armée de son oncle, et assista à la bataille de Nordlingue, à celle de Mulberg, le 13 avril 1547, où, sous le nom de *Prince de Piémont*, il commandait la cavalerie de l'Empereur. — En Italie, il combattit les Français commandés par le maréchal de Brissac ; prit part aux sièges de Metz, de Terouanne, d'Hesdin, de Cambrai où fut fait prisonnier Laurent de Gorrevod, comte de Pont-de-Vaux. — Philippe d'Espagne lui donna l'investiture du duché de Savoie, le 15 juillet 1554, après la mort de son père. — On doit à Emmanuel-Philibert d'avoir rétabli la discipline dans l'armée de l'Empereur. S'étant plaint que les reitres pillaient également en pays ami et ennemi, le comte de Valdek, leur chef, se permit une réponse inconvenante en mettant la main sur ses pistolets, Emmanuel le tua devant sa troupe. — Ce duc ayant repris son commandement à l'armée de Flandre, après la retraite de Charles-Quint, qui s'enferma dans un couvent, en 1555, il aida son fils Philippe à assiéger Vervins et gagna la bataille de Saint-Quentin (1557). A son retour dans ses Etats, il tenta de recouvrer la Bresse et le Bugey qui étaient passés sous la domination de Henri II, roi de France. Son entreprise, conduite par le baron de Polvilliers, ne réussit pas ; mais, en 1559, la paix de Cateau-Cambresis lui rendit ces provinces. — Emmanuel fit son entrée à Bourg, le 11 octobre de cette même année. — En 1563, le Piémont fut totalement évacué par les Français, par ordre de François II. Emmanuel-Philibert s'attacha à vivre en paix avec les autres souverains. Il fit construire la citadelle *Saint-Maurice*, de Bourg, le 8 août 1569.

L'année suivante, il rétablit l'ordre hospitalier et militaire de *Saint-Maurice* institué par Amé VIII; y ajouta, en 1572, celui de *Saint-Lazare*, encore en usage en Italie. — Déjà, en 1568, il avait reconstitué l'ordre de l'*Annonciade*.

Il n'a laissé qu'un fils (Charles-Emmanuel Ier), de son mariage avec Marguerite de France, fille de François Ier. On lui a donné le surnom de *Tête de Fer*, sans doute en raison de son opiniâtreté dans ses actions. Il fut, non-seulement un soldat heureux, mais aussi un prince honnête homme.

ESCODÉCA (**Pierre, de**) baron de Pardaillan, seigneur de Boisse, maréchal de camp, gouverneur de la ville et citadelle de Bourg-en-Bresse, en 1600.

Zélé sectateur de la religion réformée, cet intrépide officier obtint les bonnes grâces de Henri IV qui le nomma capitaine au régiment de Navarre. Nommé *mestre de camp* (colonel) du régiment de Champagne, il obtint, le 1er janvier 1592, de lever un régiment auquel il fut autorisé à donner son nom. A sa tête, il fit avec succès les siéges de Laon, de Dijon, de La Fère et d'Amiens. — Plus tard, il commanda le régiment de Navarre où il avait débuté. — Il était placé sous les ordres du maréchal de Biron, lorsqu'il participa à la conquête de la Savoie et de la Bresse.

Nommé *maréchal de camp*, le 22 mars 1619, il fut employé, en Guyenne, sous le duc de Mayenne qui pacifia cette province et celle d'Angoumois.

On lui prête l'intention d'avoir voulu abjurer le protestantisme, lorsqu'il fut assassiné, au mois d'octobre 1621, étant au siége de Montauban. — C'était un fameux duelliste qui s'était battu, dit-on, 22 fois et avait toujours tué son adversaire ; sa mort a bien pu être le résultat d'une vengeance.

M. de Boisse avait obtenu, à titre de bénéfice, l'abbaye de Saint-Sulpice en Bugey ; l'évêque de Belley, Jean-Pierre Camus, raconte dans son *Anti-Basilic*, que, pour accroître ses revenus, ce singulier abbé commandataire prit la fantaisie de faire un haras dans son couvent.

« Ayant rassemblé, écrit-il, quantité de cavales qui sont
« fort grandes et belles en Bresse, il fit venir des étalons
« d'Espagne et d'Allemagne et de grands ânes d'Auvergne
« pour faire des mulets.

« L'église, grande comme une cathédrale, servait à serrer
« les fourrages nécessaires à la nourriture de ces animaux,
« durant 4 à 5 mois d'hiver que la terre, dans ces monta-
« gnes, est toujours couverte de neige. A peine restait-il
« une partie du chœur, autour du grand autel, qui fut libre
« pour les moines, afin qu'ils pussent chanter leurs
« offices.

« Au reste, ne vous imaginez pas que les moines s'amus-
« sassent à catéchiser les soldats commis au haras... Ce
« couvent devint une église militante, car on ne voyait que
« moines avec les soldats ; tous, l'arquebuse sur l'épaule.
« Les moines ne sortaient que sur de grands chevaux et
« des meilleurs, selon la permission de M. l'abbé, toujours
« bien armés, avec l'épée et le pistolet et souvent la cara-
« bine ; on les voyait ordinairement en cet équipage, rouler
« dans le pays. Ce beau train dura de 8 à 9 ans... »

ESCRIVIEUX (Marie-Joseph-Alphonse d'), colonel de cavalerie, officier de la Légion d'honneur, né le 24 avril 1787, à Bourg où il est mort, le 3 février 1855.

Sa famille, anoblie au xive siècle, portait dans ses armoiries : d'*argent, au chevron de gueules.* — Plusieurs de ses ancêtres avaient porté l'épée dans l'ancienne armée royale, et son père **Marie-Jean-Baptiste,** seigneur des Couardes et de Montmoux, chevalier, officier de cavalerie, était conseiller de la noblesse de Bresse, en 1789.

Marie-Joseph-Alphonse s'engagea volontairement, à 17 ans, en 1804, dans le 10e régiment d'infanterie légère, et fit avec la grande armée impériale, les campagnes d'Allemagne, d'Espagne, de Saxe et de France. Il combattit avec ardeur et se fit remarquer, sur les différents champs de bataille, de 1805 à 1814, par plusieurs actions d'éclat.

Nommé *lieutenant,* après les victoires d'Ulm et d'Austerlitz, il fut promu *capitaine,* en 1809, ayant reçu trois blessures devant l'ennemi. — Le 13 mai de cette dernière année, avec une faible escorte, il chargea dans un faubourg de Vienne (Autriche), un bataillon ennemi auquel il fit mettre bas les armes ; il ramena 250 hommes prisonniers au maréchal Lannes qui le fit mettre à l'ordre de l'armée. — Le 11 octobre 1812, faisant partie de la division Abbé, en Biscaye, comme *chef de bataillon,* il atteignit, dans les montagnes, le chef espagnol Mina et le mit en déroute ; il contribua puissamment, par son courage, son sang-froid et son intelligence, à sauver une colonne française surprise par l'ennemi. Cette belle action eut pour témoin le major Jacquemet, son compatriote et son ami, devenu aussi *colonel* dans la suite. — M. d'Escrivieux fut fait *lieutenant-colonel,* en 1814, dans la campagne de France. Il commandait plusieurs bataillons de la jeune garde, à Arcis-sur-Aube et à Troyes. Il fut maintenu dans ce grade, lors de la restauration des Bourbons, en 1815.

Élevé au grade de *colonel de cavalerie,* après la révolution de Juillet 1830, il fut placé à la tête du 13e régiment de chasseurs à cheval dont la formation lui fut confiée, au moment de la guerre d'Orient, en 1840. — *Chevalier* de la Légion d'honneur, dès 1806, il reçut le titre d'*officier* du même ordre, à son retour en France, en 1845. — Il fut mis à la retraite après 45 ans de services effectifs et se retira à Bourg où il est mort, à 68 ans, d'une attaque d'apoplexie foudroyante, en revenant du manége où il dressait un jeune cheval; il tomba affaissé sur lui-même en donnant des ordres à son domestique. — L'estime et la vénération que M. d'Escrivieux avait inspirées parmi ses concitoyens, donna à sa fin inattendue le caractère d'un deuil public.

Mlle *Pauline d'Escrivieux*, sa fille, est morte à Saint-Rambert, en Bugey, en mars 1861. Elle a été inhumée à Bourg, auprès de son père.

Il laissa aussi deux frères, **Amédée** et **Gustave**, également défunts : M. *Gustave d'Escrivieux* est mort commandant d'état-major. — M. *Amédée d'Escrivieux* avait été garde du corps du roi Chales X. — Rentré dans la vie civile après la révolution de Juillet 1830, il avait été percepteur des contributions, à Louhans (Saône-et-Loire); puis il était venu résider à Bourg, son pays natal où, membre de la Société d'émulation et d'agriculture de l'Ain, et administrateur de la caisse d'épargne, il partageait son temps entre la culture des lettres et celle des fleurs. Il est mort à 78 ans, le 18 novembre 1868. Il a légué à la ville de Bourg le capital d'une rente viagère de 2,000 francs qu'il a constituée au profit d'une nièce, la seule parente qui lui restât. Il donna aussi une somme de 1,000 francs au bureau de bienfaisance de la même ville, et une autre somme de 1,000 francs à l'Asile des femmes incurables. Enfin, la bibliothèque de Bourg a hérité de lui d'une intéressante collection de documents administratifs ayant rapport à l'histoire de notre pays, de 1787 à 1792. Cette collection renferme, entre autres documents, les cahiers des trois ordres de la province dont les exemplaires sont devenus assez rares.

FERTORET (Etienne), capitaine, chevalier de la Légion d'honneur, né à Silans, canton de Seyssel, le 2 mai 1775, mort à Corbonod, en août 1844.

Engagé volontaire dans le 11e bataillon de l'Ain, le 22 septembre 1793, le jeune Etienne, d'une taille élevée, quoiqu'à peine âgé de 18 ans, et doué d'un caractère ferme et résolu, fut remarqué par ses camarades et élu, par eux, *sous-lieutenant* dans le même bataillon, pendant son séjour à Belley.' — Il suivit bientôt sa compagnie au col de Tende, sous les ordres du général Macquard; se fit remarquer, par sa bravoure, dans les combats journaliers livrés aux Piémontais; puis, dans les grandes batailles d'Italie, où, entré avec son grade, dans la 20ᵉ demi-brigade, il obtint l'épaulette de *lieutenant*, en 1797, après Montenotte, Arcole et Rivoli.

Passé à l'armée d'Egypte et de Syrie, l'année suivante, il combattit encore vaillamment à la bataille des Pyramides et au siége de Saint-Jean-d'Acre : le 25 juillet 1799, à l'assaut de la redoute d'Aboukir, il reçut sa première blessure. Il fut atteint d'un coup de feu à la cuisse droite.

Revenu en Italie, pour faire la deuxième campagne de 1800, notre lieutenant franchit le mont Saint-Bernard, assista aux victoires de Montebello et de Marengo, et fut décoré de la croix de la Légion d'honneur, dès la création de cet ordre, en mai 1802.

Dirigé, avec son régiment, sur le royaume de Naples, en 1805, il prit une part active dans les combats livrés en Italie et dans les Calabres : le 11 brumaire an XIV (2 décembre 1805), étant sur les hauteurs de San-Lonardo (rive gauche de l'Adige), il fut blessé grièvement d'un nouveau coup de feu à la jambe droite; il fut récompensé par le grade de *capitaine*; mais ces blessures successives sur le même côté du corps arrêtèrent sa carrière militaire.

Le capitaine Fertoret demanda sa retraite et rentra dans ses foyers en 1807, après avoir épousé, à Bologne, Marie Pazy, excellente mère de famille décédée en 1837.

M. Fertoret devenu maire de la commune de Corbonod, exerça ses fonctions, avec zèle et dévouement, pendant plus de 20 ans. — Lors de la révolution de Juillet 1830, il fut élu commandant en second des gardes nationales du canton de Seyssel. — Il a laissé dans sa carrière militaire et dans la vie civile de nobles exemples de patriotisme.

FORÊT (Louis-François-Marie, de la), comte de Divonne, maréchal de camp et ancien pair de France, né en 1763 au château de Divonne (pays de Gex), où il est mort le 11 juin 1838.

Son père, **Pierre *de la Forêt***, seigneur de Vesancy, haut-

Sergy, chevalier de l'Ordre royal et militaire de Saint-Louis, grand bailli d'épée du pays de Gex et chef de la noblesse de ce pays, présidait l'assemblée des trois ordres, le 1er avril 1789.

Le jeune comte fit des études de théologie au séminaire de Saint-Sulpice à Paris ; mais il céda aux volontés de son père qui ambitionnait, pour lui, la carrière des armes.— La première Révolution française trouva le comte de Divonne *major en second* dans un régiment de l'ancienne armée royale ; elle le força à s'expatrier, avec toute sa famille, pour échapper aux poursuites contre les aristocrates. Après avoir parcouru la Hollande et la Russie, ils se fixèrent en Angleterre.

Adonné à la botanique, le comte découvrit une nouvelle plante à laquelle il donna le nom de *Divonna*. — Rentré dans son pays par suite du décret consulaire du 3 mars 1800, il y attendit les événements qui ramenèrent le roi Louis XVIII sur le trône de France, en 1815. Ce monarque le nomma *maréchal de camp*, et lui confia le commandement de plusieurs places de l'intérieur, notamment, celle de Nîmes (Gard). — Il était pair de France lorsque la Révolution de Juillet 1830 éclata. — Il se retira, dans son château de Divonne, avec une pension militaire de retraite, se vouant au soulagement des malheureux dont il devint le bienfaiteur jusqu'à sa mort.

FRANGIN (Claude-Marie), chef de bataillon, officier de la Légion d'honneur, né, vers 1774, à Parcieux (Dombes), où il est mort le 7 mai 1847.

Incorporé, comme soldat, au 23e régiment d'infanterie de ligne, le 10 août 1793, il était *caporal* en septembre suivant ; *fourrier* le 21 décembre ; *sergent*, l'année suivante, et *sergent-major* le 21 mars 1798.

Passé au 32e régiment de ligne, le 14 juillet 1799, il y fut nommé *sous-lieutenant*, le 23 juillet 1800 ; *lieutenant* en 1805 ; *capitaine* le 3 mars 1807 et *chef de bataillon*, le 1er avril 1814.

Il fit les campagnes de la République, aux Alpes, en Italie et en Egypte, avec le Ier consul, du 10 août 1793 au 22 septembre 1801. Sous l'Empire, en Autriche, en Prusse et en Pologne, de 1804 à 1807.

Blessé, le 29 floréal an IV (18 mai 1796), sous les murs de Mantoue, il fut blessé, une seconde fois, au combat naval d'Aboukir, et fait prisonnier de guerre à bord du *Tonnant*, le 14 thermidor an VI (1er août 1798).

Son intrépidité à la bataille de Friedland lui mérita l'honneur d'être mis à l'ordre de l'armée. Napoléon Ier, ayant été témoin de sa valeur, le décora *de sa main*, en détachant la croix d'honneur que portait le général Berthier pour la remettre au capitaine Frangin, qu'il fit *chevalier* sur le champ de bataille.

Atteint de nouvelles blessures dans la campagne d'Espagne en 1808, et en Allemagne en 1809, notre compatriote demanda sa retraite ; mais les événements de la guerre le forcèrent à faire l'expédition de Russie en 1812 ; il ne quitta l'armée qu'après la deuxième abdication de Napoléon, en 1815.

Le nouveau gouvernement des Bourbons le nomma *officier de la Légion d'honneur* et lui fit liquider sa pension de retraite, pour en jouir à Parcieux, où il est mort à 73 ans, entouré de l'estime publique.

GAMET DE SAINT-GERMAIN (Adolphe), capitaine, chevalier de la Légion d'honneur, né, vers 1798, à Coligny, où il est mort le 28 octobre 1867.

Admis aux gardes du corps, compagnie du Luxembourg, lors de la Restauration des Bourbons en 1815, M. Gamet n'avait que 18 ans lorsqu'il entra dans la maison du roi Louis XVIII. Il a fait la campagne d'Espagne en 1823 et a servi les Bourbons jusqu'à la Révolution de Juillet 1830, époque à laquelle il accompagna Charles X à Cherbourg, lorsque ce monarque s'embarqua pour l'Angleterre. Ce fidèle officier qui ne comptait, alors, que 14 ans de services, se décida à continuer sa carrière militaire : son grade de 1re classe des gardes du corps équivalait à celui de capitaine dans l'armée de ligne ; il demanda à être employé activement et reçut du ministre, maréchal Soult, une commission de *capitaine-commandant*, au 12e régiment de chasseurs à cheval, signée par le roi Louis-Philippe.

M. Gamet s'est fait remarquer autant par ses qualités personnelles que par sa noble conduite dans les expéditions

faites, pendant cette royauté, de 1831 à 1849. Il a été mis à la retraite dans cette dernière année, après 33 ans de services, et se fixa à Coligny où il a résidé jusqu'à son décès.
— Il avait épousé, en 1830, Mlle *Félicie Maire*, fille aînée de M. *Maire*, sous-intendant militaire du département de l'Ain. Cette dame, décédée le 28 mai 1867, avait précédé son mari, dans la tombe, depuis cinq mois seulement.

Voyez *Maire*.

GARIN (Albert), capitaine de la 2e compagnie du 1er bataillon de la garde nationale mobile de Belley, né en 1839, tué, devant l'ennemi, à Change, près du Mans (Sarthe), le 11 janvier 1871.

Fils unique de M. J. Garin, avoué à Belley et petit-fils du valeureux colonel Guigard, le jeune Albert avait fait de bonnes études et se vouait à l'exercice du droit, lorsque les événements politiques amenèrent une mésintelligence sérieuse entre la France et la Prusse et, par suite, une guerre funeste qui devait bientôt prendre le caractère d'une calamité publique.

Les gardes mobiles et la garde nationale du département de l'Ain furent appelés à s'organiser, par ordre du comité de défense nationale de Paris, du 11 septembre 1870. Il s'agissait de remplacer notre armée régulière, en partie anéantie à Reischoffen, et de l'autre, réduite à l'inaction devant Metz, Sedan, Verdun, etc. — Les Prussiens venaient mettre le siége devant Paris; Orléans et les bords de la Loire devaient être défendus par les nouvelles levées françaises composées d'hommes courageux, sans doute, mais inhabiles à faire la guerre, et une sorte de guerre d'extermination. M. Garin fils fut conduit, avec son bataillon de Belley, au milieu des défenseurs de Nantes, du Mans et de la frontière de l'Ouest.

Nos jeunes et vaillants soldats de l'armée de la Loire eurent à poursuivre une rude campagne. Ils n'affrontèrent pas seulement le feu de l'ennemi bien supérieur par le nombre des combattants, dans la proportion de 1 à 5; mais ils eurent encore à supporter l'intempérie exceptionnelle de l'hiver de 1870-1871 : le froid, la pluie, les marches forcées, le sol humide pour coucher, la privation de nourriture, la maladie enfin, furent autant de causes de destruction pour nos jeunes troupes. — Qui n'a été touché de ce spectacle que nous avons vu, et n'a pas admiré la résignation touchante avec laquelle ces généreux enfants ont supporté, pour la France, de telles souffrances, et ont fait preuve de tels dévouements !

— Gardons-leur un éternel souvenir !

Répondant à l'appel de leurs chefs, les bataillons de l'Ain furent opposés aux Allemands, dans la journée du 11 janvier 1871 ; il fallait les empêcher de s'emparer des rives de la Loire, et la 2⁰ compagnie du 1ᵉʳ bataillon des mobiles de Belley dut se mesurer avec les Bavarois, au village de *Change,* près de la ville du Mans. On battit la charge, et nos fils, guidés par une bouillante ardeur, se précipitèrent en avant. — Dans le début de cette action, a écrit M. Carrier, aumônier de ce bataillon, témoin oculaire : « Un de nos capitaines s'est élancé au devant de ses soldats pour les entraîner par son exemple. Il brandit son sabre d'une main et tient son revolver de l'autre, sans qu'il soit possible de l'arrêter. Il se précipite sur l'ennemi. Ce capitaine, c'est *Albert Garin,* qui n'a pas tardé à être entouré et à disparaître au milieu des Prussiens... »

Héroïque jeune homme ! il avait un exemple à suivre dans sa famille. A l'heure suprême, il essaya de tenter la fortune des combats comme son parent Guigard ; mais les chances sont diverses à la guerre... Le jeune capitaine Garin est mort devant l'ennemi. Il a laissé un nom impérissable au milieu de ses concitoyens. — On a proposé d'élever à Belley, pour honorer sa mémoire, un modeste mausolée dans le cimetière de cette ville où repose sa dépouille mortelle ; ce doit être un *fût de colonne brisé,* portant l'inscription du lieu et de la date de l'événement. On ne peut qu'applaudir à cet affectueux témoignage d'admiration et de regret des Bugistes ; mais on pourrait ajouter à l'épitaphe, ces mots : « *A Albert Garin, la patrie reconnaissante.* »

Voyez *Guigard.*

GARNIER des GARETS (Marie-Joanny de), sous-lieutenant, né à Ars (Dombes), en 1832, mort devant l'ennemi, à Sébastopol, le 24 juin 1855.

Issu d'une famille noble qui avait fait profession des armes dans les XVIIᵉ et XVIIIᵉ siècles, le jeune Marie-Joanny voulut aussi servir sa patrie. — Après avoir fait de bonnes études classiques au collége des Minimes de Lyon, il entra à l'École de Saint-Cyr, en 1853. Son numéro de sortie de cette école lui donnant le droit de choisir l'arme dans laquelle il voulait se faire admettre, il choisit celle des *chasseurs à pied*. Désigné pour *sous-lieutenant* dans le 5e bataillon qui partait pour l'expédition de Crimée, il s'embarqua au port de Marseille, le 2 novembre 1854 et fut dirigé sur Kertch, ensuite sur Sébastopol.

Notre jeune sous-lieutenant ne tarda pas à prendre part aux dangers de la lutte avec les soldats de la Russie; il combattit valeureusement et sans blessures sérieuses dans les différents engagements qui précédèrent le siége de Sébastopol; mais, le 18 juin 1855, il venait de se lancer avec sa compagnie, dans les fossés de la tour Malakoff, lorsqu'il fut atteint d'une balle à la tête. A l'ambulance, cette blessure qui paraissait, d'abord, sans gravité, se compliqua d'accidents imprévus dont il mourut. — Martyr du devoir et du courage, cet officier d'avenir a laissé, à 23 ans, un bel exemple à suivre et un glorieux souvenir à ses concitoyens. Ils ne l'oublieront pas.

GAUTHIER (Hugues), capitaine, chevalier de la Légion d'honneur, né le 3 octobre 1764, à Sathonay, où il est mort, le 11 novembre 1828.

Soldat, le 25 juin 1778, dans le régiment de Muiron-suisse, ancienne armée royale, il partit, la même année, pour les Indes. — De retour en 1784, il quitta le service avec le grade de caporal, lors du licenciement des troupes en 1790.

Enrôlé volontairement, l'année suivante, dans le 3e bataillon de l'Ain devenu 51e demi-brigade d'infanterie de ligne, en 1795, et 51e régiment de ligne, en 1800, Hugues Gauthier fit les campagnes de 1792 à 1794, aux armées du Rhin et Moselle. — Il obtint l'épaulette de *sous-lieutenant* dans les canonniers du bataillon, le 12 septembre 1792; puis, le grade de *lieutenant*, commandant la 2e section du même bataillon, en 1793. — Fait prisonnier, le 2 prairial an II (21 mai 1794), il fut échangé au mois de juillet 1795. Il rejoignit son corps à l'armée des Alpes, accepta l'emploi de *sous-lieutenant* vacant à la 199ᵉ demi-brigade, et combattit en Italie, dans l'Ouest et sur le Rhin, pendant les guerres de 1796 à 1799.

Ayant repris son grade de *lieutenant*, le 1ᵉʳ ventôse an V (19 février 1797), il reçut un coup de feu à la cuisse droite, à la bataille de *Castricum*, gagnée par le général Brune sur les anglo-russes, le 14 vendémiaire an VIII (6 octobre 1799), et servit au camp de Boulogne, pendant les années 1804-1805.

Légionnaire, le 14 juin 1804, et fait prisonnier une seconde fois, le 25 floréal an XIII (15 mai 1805), il fut promu *capitaine*, pendant sa captivité, le 19 mai 1808. — Il ne rentra en France des prisons d'Angleterre que le 22 mai 1814.

Admis à la retraite par ancienneté de service, dans son grade de capitaine au 47ᵉ régiment de ligne (ex-51ᵉ régiment), le 4 janvier 1815, il revint dans son pays natal où il est décédé à 67 ans.

GAUTHIER (Valérien-Joseph), médecin militaire, né, le 4 janvier 1752, à Bourg, où il est mort le 12 avril 1839.

Il était frère aîné de M. **Gauthier** *des Orcières* et cousin germain de M. **Gauthier** *de Murnans*, dont l'article suit.

Excellent élève du collège de Bourg, *Valérien* fit de très-bonnes études classiques qu'il termina à Paris. Protégé par le savant Desault, premier chirurgien de l'Hôtel-Dieu, en 1788, et auquel il avait été recommandé pour suivre les cours de médecine, Valérien, qui possédait une grande aptitude pour cette science, se décida à en faire sa carrière dans l'armée. — Il s'engagea volontairement à 21 ans, en 1773, et réussit à prendre ses grades en chirurgie et en chimie, pour être employé avantageusement aux armées comme *aide-major*. Il fut même présenté et accepté, en 1777, pour médecin au corps expéditionnaire du jeune marquis de Lafayette, qui s'embarquait, à cette date, sur une frégate armée pour aller combattre dans la guerre d'Amérique contre la domination anglaise, lorsque M. Gauthier, qui avait pris ses dispositions pour partir, fut retenu et envoyé comme professeur à l'Hôpital militaire d'instruction de Lille. Il y devint aveugle à *force de travail*, à l'âge de 26 ans seulement, suivant le récit de l'astronome Lalande, son compatriote et son ami qui, dix ans après ce malheur, lui facilita la publication de ses articles scientifiques dans le *Journal des Savants*. Ce recueil contient, en effet, un certain nombre de lettres de notre jeune docteur, concernant l'hygiène et le perfectionnement de l'art médical. (Année 1788, page 787 et suivantes.)

La cécité prématurée de M. Gauthier avait compromis sa position d'avenir sans nuire à sa fortune. Il revint dans sa famille à Bourg, et acheta, en 1798, avec deux associés, le bâtiment des *Ursulines* de cette ville, abandonné par les religieuses depuis la Révolution de 1793 ; il devint donc propriétaire d'une partie importante de ce couvent dont il fit une charmante résidence.— Il se maria avec Mlle *Etienne-Félicité Champeaux*, dont il eut un fils **Emile** *Gauthier* qui, résidant à Bourg, en 1848, y exerçait, alors, l'emploi de chef de division à la préfecture de l'Ain.

Malgré son infirmité, le docteur Gauthier était un conteur agréable, spirituel et enjoué, très-fort numismate. Collectionneur infatigable, il a souvent étonné, par ses trouvailles, l'auteur de cet article, lorsqu'en 1829, il prenait plaisir à détailler, avec une patiente complaisance et une parfaite exactitude, les monnaies romaines de différents modules, qu'il ne reconnaissait, cependant, qu'avec le sens *du toucher*. M. Gauthier qui ne s'était fait que des amis par son aimable caractère et ses qualités personnelles, est décédé à l'âge de 77 ans.

(Lalande. — *Anecdotes de la Bresse*. — Archives de Lyon.)

GAUTHIER DE MURNANS (Jean-Bernard), oncle du précédent, général de brigade, chevalier de l'ordre de Cincinnatus, né à Bourg le 10 novembre 1748, mort au château de Noblens en Bresse, le 6 novembre an V (27 septembre 1796).— Il se livra, de bonne heure, aux études qui devaient préparer ses succès dans la carrière militaire que son goût le destinait à parcourir. Il se disposait à entrer dans le génie, lorsqu'une affaire de jeunesse, où il se montra plus brave que prudent, le força de passer en Russie. Voltaire, à la sollicitation de Lalande, le recommanda à la czarine qui l'envoya à Varnitz, vers la Russie blanche, avec un brevet de *capitaine du génie*. L'âpreté du climat, la jalousie qui s'éleva contre lui, et la rudesse des mœurs d'un peuple dont la civilisation était peu avancée, le dégoûtèrent de ce service. Le bruit de la guerre d'Amérique venait, d'ailleurs, de retentir en Europe. — Il se détermina, en 1777, à s'embarquer pour le nouveau monde, pour y servir la cause de la liberté : il fut employé dans l'armée américaine en sa qualité de capitaine du génie. MM. Duportail, Gouvion et Lafayette, qui faisaient aussi leurs premières armes en Amérique, ne tardèrent pas à le distinguer ; il lui firent obtenir un brevet de *major* du génie ; il eut occasion de rendre de grands et signalés services aux insurgés : il contribua puissamment à la prise de la ville de New-York sur l'armée anglaise. La décoration de l'ordre de Cincinnatus en fut la récompense. A la paix il revint en France où sa condition de roturier le priva de prendre du service. Il se retira au sein de sa famille jusqu'au moment où l'abolition des priviléges de la noblesse lui permit d'aspirer à l'avancement dans les grades de la nouvelle armée, en se rendant utile à son pays. En 1791 il fut promu *adjudant général* (chef de bataillon). — Ce fut en cette qualité qu'il fut employé, en 1792, au camp retranché de Sedan, et ensuite au camp de Famars. Le 10 août de la même année, il fut fait *colonel*, mais au lieu de commander un régiment, il préféra la position de *chef d'état-major* de l'armée de Pont-sur-Sambre. Peu de temps après, il fut désigné comme *flanqueur de gauche*, pour arrêter l'entrée des ennemis en Champagne, et il fit ainsi toute la campagne du Brabant. — Le 9 octobre suivant, il prit le commandement du 13e régiment de dragons, ci-devant *Monsieur*. — Au mois de janvier 1793, il commandait les *flanqueurs de droite* dans le pays de Juliers. Ses nombreux services et son infatigable activité lui méritèrent, le 5 avril de la même année, le grade de *général de brigade* et le commandement des flanqueurs de droite de l'armée du Nord, vers la forêt de Morenas. — Le 1er mai il attaqua l'ennemi et eut un cheval tué sous lui à Etrens, à 6 kilomètres de Valenciennes. — Le 23 du même mois, il couvrit la retraite de l'armée française au pont de Douché, à 4 kilomètres de Bouchain. Custines l'envoya, ensuite, avec 3,000 hommes, occuper le pays entre Cambrai et Cateau ; mouvement qu'il exécuta jusqu'au mois de juin, date à laquelle des tracasseries politiques l'obligèrent à se retirer du service. Ses ennemis, non contents de ce sacrifice, le poursuivirent jusque dans sa retraite. Sans avoir égard aux services qu'il avait rendus à la cause de la liberté, on l'emprisonna comme *suspect*. La réaction thermidorienne mit fin à sa détention ; mais sa santé, déjà altérée par les fatigues de la guerre, fut complètement détruite par le long séjour qu'il avait fait dans une prison humide et malsaine. Il mourut dans sa propriété de Noblens, paroisse de Villereversure, dans la 48me année de son âge.

M. Gauthier de Murnans eut les défauts inséparables d'une brillante jeunesse et d'un ardent courage : il les racheta, dans l'âge mûr, par les principes modérés d'une âme forte et les actions d'une valeur héroïque qu'il rendit utiles à son pays. Sous ce rapport il n'a laissé que des souvenirs honorables dans l'esprit de ses concitoyens.

GAUTHIER DES ILES (Antoine-Marie), frère du précédent, commissaire-ordonnateur, né à Bourg, le 7 mars 1767, mort dans cette ville, le 11 novembre 1823.

Issu d'une famille de magistrats, le jeune Gauthier fit de bonnes études classiques au collége de Bourg ; étudia, ensuite, la jurisprudence à Dijon et s'y fit recevoir avocat au Parlement.

Son père avait douze enfants qu'il désignait par un nom emprunté aux fermes et aux propriétés qu'il possédait en Bresse : c'est du *Bois des Iles*, situé le long de la rivière de la Veyle, commune de Polliat, que vient le surnom *des Iles* donné à Antoine-Marie, pour le distinguer de ses frères.

Le jeune avocat, avant de s'établir à Bourg, voulut visiter Paris où résidait son beau-frère, M. Aubry, qui occupait, alors, un poste élevé dans l'administration des ponts et chaussées. Celui-ci ayant reconnu, chez son parent une grande facilité d'élocution, se proposa de lui faire embrasser la carrière diplomatique ; mais les événements de la première Révolution mirent obstacle à ce projet, en 1790.

En arrivant à Paris, le jeune Gauthier se livra à son goût pour les études scientifiques : il suivit les cours des meilleurs professeurs, soit au collége de France, où notre célèbre astronome Lalande l'accueillit avec empressement, à cause de ses rapports de famille, soit à l'Athénée du Palais-Royal, dont les portes lui furent ouvertes, avec toutes facilités, pour s'instruire. Cependant, exalté par les opinions libérales du temps, il accepta l'offre qui lui fut faite d'un emploi dans les rangs de la garde nationale parisienne, en 1791 ; mais les excès qui se commettaient chaque jour, contre les personnes et les libertés publiques, l'ayant bientôt dégoûté de ce service, Antoine-Marie se décida à quitter la garde civique pour entrer dans un bataillon de volontaires qui était dirigé sur le camp de Châlons-sur-Marne, menacé par les Prussiens. Il avait répondu généreusement à l'appel de la patrie en danger, il partit comme soldat et se rendit à l'armée du Rhin, commandée par le général Custines qui s'empara de Mayence, le 29 octobre 1792. — Gauthier avait combattu avec bravoure ; il ne tarda pas à obtenir les grades inférieurs ; puis, son instruction aidant, il fut nommé successivement *sous-lieutenant* et *lieutenant*, de 1793 à 1795, époque à laquelle il suivit le général Hoche dans son expédition des côtes de l'Ouest, où il défit complètement les émigrés débarqués à Quiberon.

Après la pacification de la Vendée, notre compatriote fut promu *capitaine adjoint aux adjudants généraux* ; puis, il passa dans la marine, comme *officier d'administration* et s'embarqua, en 1796, pour Saint-Domingue, avec une commission de plusieurs membres du gouvernement français chargés d'aller administrer cette colonie. Les nouveaux services qu'il y rendit lui valurent le grade de *commissaire des guerres*, et quelque temps après, celui de *commissaire ordonnateur*. Telle était sa dernière qualité, lorsque la mésintelligence s'étant glissée dans la commission, les membres qui en faisaient partie, s'éloignèrent volontairement, ou se déportèrent, à l'exception d'un seul (Sonthonax), de Nantua, qui ne tarda pas à être remplacé par un agent particulier du directoire exécutif : c'était le général Hédouville, qu'il accompagna au port de Lorient et à Paris, après ses conférences avec Toussaint-Louverture, au cap français. Le soulèvement de la population de l'île Saint-Domingue força les colons à s'embarquer pour la France, afin d'éviter la fureur des noirs.

On confia à M. Gauthier la rédaction du rapport concernant les événements politiques survenus dans cette colonie : il en fut récompensé par le ministre de l'intérieur, François de Neufchâteau, qui lui donna la mission de venir exercer les fonctions de *commissaire du Directoire*, dans le département de l'Ain, auprès de l'administration centrale. Il les remplit avec distinction jusqu'à l'organisation des préfectures.

Nommé, ensuite, *membre du Conseil général de l'Ain et conseiller de préfecture*, il exerça, de 1801 à 1814 inclusivement, en administrateur habile, et mérita les suffrages de ses concitoyens. — On n'a pas oublié, à Bourg, que lors de l'invasion autrichienne, en 1815, ce fut lui qui reçut, dans cette ville, le comte Bubna, en l'absence du préfet, M. Rivet, et défendit les intérêts de cette cité menacée par ce général, pour cause de représailles dans les circonstances suivantes :

Une compagnie de francs-tireurs composée de patriotes plus zélés que réfléchis, ayant tendu une embuscade sur la route de Lons-le-Saunier, à Bourg, à peu de distance de cette dernière ville, fit feu sur les premières colonnes autrichiennes qui parurent. On tua quelques cavaliers, dont un prince allemand de la famille de Schwarzenberg.

Dans le premier moment d'exaspération, le général en chef, comte Bubna, ordonna d'incendier notre ville, après l'avoir livrée au pillage par ses soldats ; mais il réfléchit bientôt aux conséquences funestes qui pouvaient résulter, pour les troupes alliées, d'une pareille brutalité, au milieu des populations nombreuses et passionnées qu'elles devaient traverser ; il se borna à imposer les habitants de Bourg à la forte contribution de guerre de 100,000 francs. M. Gauthier, aidé du concours du curé, M. Chapuis, et du maire, M. Chossat de Saint-Sulpice, obtint, par une courageuse résistance, un dégrèvement de moitié de la somme ; M. le comte Bubna exigea que l'indemnité de 50,000 fr. fut payée immédiatement ; il voulut que l'administrateur Gauthier remplaçât le préfet titulaire absent pour l'exécution de la convention, et M. Rivet ne revint reprendre ses fonctions qu'après le départ du dernier Autrichien, c'est-à-dire, après le 10 mars 1814.

Pendant les *Cent-Jours*, M. Gauthier obtint les fonctions

de sous-préfet ; mais, lors de la deuxième restauration des Bourbons, en août 1815, il fut réintégré dans son ancienne position de conseiller de préfecture qu'il a conservée jusqu'à sa mort.

M. Gauthier, qui aimait les lettres, était membre de la Société d'émulation et d'agriculture de l'Ain, depuis 1807. Il en fut, quelque temps, *vice-président* et eut l'occasion de faire paraître, dans son recueil annuel, différents mémoires d'intérêt public, ainsi que des poésies du meilleur goût.

On a de lui : 1° la *Vaccine*, poème couronné par l'académie de Cambrai. 1807, in-8°. Paris, Michaud 1810. — 2° *Dialogue en vers, d'un poète et d'un prosateur*, lu en séance publique de la Société d'émulation de l'Ain, le 8 septembre 1808. — 3° *Compte rendu des travaux de la Société d'émulation et d'agriculture de l'Ain, pendant l'année 1811, et depuis le 1er septembre 1808*, in-8°. Bourg, 1811. — 4° *Poèmes et stances sur l'institution du jury et sur l'enseignement mensuel*, in-8°. Bourg, 1819.

GENIN (Joseph), médecin des armées, né à Châtillon-de-Michaille, vers 1703, mort à Paris, en 1775.

Il fut le compatriote, le collègue et l'ami de M. Passerat de la Chapelle, aussi médecin militaire, né dans le Bugey.

M. Genin, qui avait suivi ses cours à Montpellier et à Paris où il fut reçu docteur, fut employé comme premier médecin à l'armée d'Italie, en 1732, et à celle de Westphalie en 1743. — Il avait déjà reçu le titre de premier médecin de la reine d'Espagne, fille du régent. — Appelé à Paris pour donner ses soins aux personnages les plus considérables de la cour de France, il partagea, pendant 40 ans, la confiance du public éclairé avec les sommités de la science, telles que les du Moulin, les Sylva, les Vernage et les Astruc. — A la mort du professeur du Moulin, il obtint, en 1754, la place de médecin-consultant du roi Louis XV, avec la pension qui y était alors attachée.

GODET (Maurice), capitaine de la garde impériale, officier de la Légion d'honneur, né à Saint-Germain-de-Joux, en Bugey, le 15 avril 1773, mort à Rosey (Saône-et-Loire), le 10 février 1868.

Incorporé d'abord, comme soldat, le 10 août 1792, dans le 2ᵉ bataillon des volontaires de l'Ain, il y fut nommé à l'élection *sous-lieutenant*, le 15 du même mois et *capitaine adjudant-major*, en 1794.

Il fit les campagnes de 1792 à 1810 aux armées des Alpes, d'Italie, du Rhin, d'Orient et d'Espagne ; il a servi sous les généraux de Montesquiou, Joubert, Bonaparte, Petit, Friant, Soult, et comptait au moment de sa retraite, le 11 juin 1811, 19 ans de services effectifs. Il avait assisté à 16 batailles et reçu 7 blessures.

M. Godet n'avait encore que 38 ans lorsqu'il quitta l'armée, emportant dans sa retraite, pour cause d'infirmités résultant de ses blessures, les témoignages d'honorabilité de ses compagnons d'armes ; il se retira dans la commune de Rosey, canton de Givry, où il se maria. — Nommé entreposeur de tabacs à Mâcon, il put encore consacrer 50 ans de sa vie à l'administration civile qui, à plusieurs reprises, s'est plu à constater son zèle, son exactitude et sa sévère probité.

En 1815, il fut nommé, par ses concitoyens, *colonel* des gardes nationales de l'arrondissement de Mâcon. Cet honneur lui fut encore dévolu en 1831. Sa conduite honorable et l'énergie de son caractère furent remarqués à toutes les époques de sa carrière et n'ont pas peu contribué à sa réputation de vaillant soldat et d'honnête citoyen. — Il s'est éteint à 95 ans auprès d'un gendre qui a continué ses traditions d'honneur.

GORREVOD (de), ducs de Pont-de-Vaux, marquis de Marnay, princes du Saint-Empire.

ARMOIRIES :
D'azur, au chevron d'or.
Cimier : *Une licorne d'argent.*
Supports : *Deux lions d'or.*
Devise : *Pour à jamais.*

Cette maison, l'une des plus considérables de la Bresse, a été illustrée par un grand nombre de personnages mentionnés dans la généalogie que l'historien Guichenon en a donnée dans son *Histoire de Bresse et du Bugey*. — Elle remonte au XIIᵉ siècle.

Jean, chevalier, chambellan de l'empereur Charles-

Quint. Il accompagna ce prince dans tous ses voyages et ses expéditions militaires où il fut remarqué par sa bravoure. Né vers 1485, il est mort le 10 septembre 1544. Son corps fut inhumé en la chapelle des comtes de Pont-de-Vaux, à l'église de Brou, près Bourg, et son cœur a été porté à l'église de Pont-de-Vaux dans la chapelle des Gorrevod.

Laurent II, fils aîné du précédent, fut page de Charles-Quint. Il fit la guerre en Saxe; suivit l'Empereur au siége de Metz, en 1552, et fut fait prisonnier dans un combat, près de Cambrai, en France, l'année suivante. — Plus tard, il assista aux batailles de Saint-Quentin et de Gravelines ; se trouva au siége de Genève auprès de la personne du duc de Savoie. C'est là que, se rendant du quartier du duc à son camp, il se noya en traversant un torrent.

Laurent II était d'une intrépidité connue à la guerre ; on lui attribue la victoire de Saint-Quentin due à la vigueur des charges de sa cavalerie. — Il portait les cicatrices de 17 blessures sur son corps, qui fut inhumé dans l'église de Brou. — Marié, en 1560, avec Péronne de la Baume, fille de Claude de la Baume, gouverneur du comté de Bourgogne, il en eut un fils dont le nom suit.

Charles-Emmanuel, duc de Pont-de-Vaux, prince du Saint-Empire, chevalier de l'ordre de la Toison-d'Or, né à Bourg, le 13 décembre 1569, mort au château de Marnay, le 4 novembre 1625.

Page du duc de Savoie Charles-Emmanuel, il fut envoyé jeune à la cour d'Espagne, auprès de Philippe III, où il fut placé à la tête d'une compagnie de chevau-légers, au siége de Genève. — A 17 ans, il avait déjà commandé deux fois toute la cavalerie de Savoie.

Nommé grand chambellan de l'archiduc Albert, il fut chargé du gouvernement de Limbourg, et ce prince, en récompense de ses services, érigea, en sa faveur, le 4 mai 1600, la baronnie de Marnay, située au comté de Bourgogne, en *marquisat*.

Gorrevod se signala à la bataille de Nieuport, en tuant, de sa main, le cavalier qui avait démonté l'archiduc Albert et qui faillit lui ôter la vie, en levant son épée sur lui. — Après la mort de cet archiduc, en 1621, il fut accueilli en

France par Henri IV, en 1607. Ce monarque l'autorisa, sur sa demande, à se retirer en Flandre. Louis XIII, érigea le comté de Pont-de-Vaux en *duché*, par lettres patentes de février 1623. — L'empereur Ferdinand II d'Espagne, les créa, lui et les siens, *princes du Saint-Empire*.

Marié à Bruxelles, le 8 février 1621, avec Isabelle de Bourgogne, fille d'Herman de Bourgogne, chevalier, comte de Falaise, etc., il en eut une fille et deux fils, dont l'aîné **Philippe-Eugène** se signala au siége de Mardick, en 1646, où il fut blessé ; il combattit aussi avec intrépidité, à la bataille de Lens, où il était volontaire, dans l'armée française, sous le maréchal de Gassion, en 1647, et l'année suivante, sous Condé.

GRILLET (de), comtes de Saint-Trivier-de-Courtes, barons de Brissac et de Caumons, en Bresse.

ARMOIRIES :
De gueules, à la face ondée d'or, au lion léopardé passant en chef d'argent, et à trois besans aussi d'argent en pointe.
Cimier : *Un lion d'argent.*
Supports : *Deux lions d'argent.*

Cette famille de gentilshommes bressans descend de **Claude-Philippe** *de Grillet*, seigneur de Taillades et de La Roquette, au XVe siècle.

Elle a joui d'une grande considération dans tous les temps et a fourni des hommes distingués à l'Eglise, à la Cour de Savoie et dans ses alliances de maisons. — Ceux qui se sont fait remarquer, comme militaires, sont :

Philippe, seigneur de Pomiers, chevalier de Savoie, né le 28 avril 1554, mort le 17 juillet 1581. Il était fils de **Nicolas** et de Marie de Gondy, dame d'honneur de Marguerite de France, duchesse de Savoie et gouvernante de Charles-Emmanuel, prince de Piémont. — Il a servi comme *enseigne* de la compagnie de cent hommes d'armes du maréchal de Retz.

Charles-Maximilien, frère du précédent, chevalier, baron de Pomiers, seigneur de l'Isle et du Bessey, premier chambellan de Son Altesse de Savoie et son grand veneur en deçà des monts, capitaine de 50 hommes d'armes des ordonnances de France.

Charles-Maximilien de Grillet vint au monde en juillet 1558, après la mort de son père. Il fut tenu sur les fonts par Charles-Maximilien fils de France, depuis roi, sous le nom de Charles IX. — Dès son bas âge, il fut voué à l'Eglise. — Par résignation de Pierre de Gondy, archevêque de Paris, son oncle, il devint abbé de Chassaigne ; mais n'étant pas lié aux ordres, il rentra dans le monde pour donner lignée à sa famille, après la mort de Philippe, son unique frère qui lui laissa le comté de Saint-Trivier-de-Courtes en héritage.

Le 30 septembre 1582, il épousa Anne de la Baume, fille de François de la Baume, comte de Montrevel, gouverneur de Bresse et Bugey. — Charles-Maximilien de Grillet cultiva les lettres et passait pour un homme érudit ; mais aucune de ses productions n'est parvenue jusqu'à nous. Son tombeau se voit en l'église de Saint-Martin-du-Mont, avec une longue épitaphe citée par Guichenon, mais qui, occupant dans l'histoire de Bresse et Bugey, deux pages in-folio, ne peut trouver sa place ici. On se borne à citer ces quatre vers :

— ....
Passant, contentes-toi, tu ne peux davantage
En scavoir, maintenant achève ton voyage,
Et si tu es dévôt, jette au moins quelques pleurs
Sur cette tombe où gît le *Mignon des neuf sœurs.*

Charles-Emmanuel, fils aîné du précédent, fut page de Charles-Emmanuel, duc de Savoie, et filleul de ce prince qui lui confia, à l'âge d'homme, un régiment d'infanterie et une compagnie de chevau-légers avec laquelle il se distingua à la prise de Saint-Damien, en Piémont. — Plus tard, en 1635, il commanda, en France, la première compagnie du régiment d'infanterie de M. le duc d'Enghien, avec laquelle il fit le voyage de Lorraine. Il est mort de maladie sans laisser d'enfants.

Albert, écuyer, baron de Brissac, fils d'Alexandre de Grillet et de Jeanne des Gérards, a été capitaine au régiment des gardes du roi, en 1600, et gouverneur de la citadelle de Nancy.

Gabriel, son frère aîné, fut colonel général de l'infanterie française dans le comté venaisin.

Jacques, seigneur de la Sardière, était sergent-major de la citadelle de Bourg, en 1597.

(Guichenon, *Hist. de Bresse et du Bugey.*)

GUIGARD (Louis), colonel, officier de la Légion d'honneur et chevalier de Saint-Louis, né à Lhuis, en Bugey, le 6 février 1774, mort au même lieu, le 21 avril 1853.

Entré au service militaire, le 25 septembre 1793, comme *capitaine* dans le 11e bataillon des volontaires de l'Ain, devenu, en l'an IV (1796), 22e demi-brigade, et plus tard, 22e régiment d'infanterie légère, il fit les campagnes de 1794 à 1797, dans les Alpes et en Italie. — A la bataille de Rivoli, il enleva, à la tête de sa compagie, la chapelle *San-Marco*, dans laquelle l'ennemi s'était retranché. Il reçut dans cette affaire, un coup de feu à l'épaule gauche. — Passé à l'armée d'Orient, il combattit vaillamment, le 21 juillet 1798, à la bataille des Pyramides, où, commandant les grenadiers réunis, il coupa la retraite des Mamelucks de Mourad-Bey, au village de Embabé, et les rejeta dans le Nil.— Au siége de Jaffa, chargé de reconnaître la brèche, et n'écoutant que son courage il tenta l'assaut sans hésiter; parvint, le premier, au sommet de cette brèche et se trouva immédiatement entouré par l'ennemi. Le petit nombre de grenadiers qui avait pu le suivre soutint avec lui une lutte acharnée, et Guigard, blessé d'un coup de pistolet à la tête, tomba sur le rempart; mais le général Bonaparte, qui avait surveillé de l'œil ce mouvement, l'avait fait appuyer à temps par l'armée qui s'empara de la ville.

Cette action héroïque valut à notre officier un *sabre d'honneur*, portant cette inscription : « *Bonaparte, premier consul, au citoyen Guigard, — prise de Jaffa.* » Ce don fut approuvé par un décret du Directoire exécutif du 4 pluviôse, an IX.—A Héliopolis, il enleva la redoute de Matarich, avec la même audace, le 20 mars 1800. — Un mois après, au siége du Caire, par le général Kléber, il soutint trois assauts consécutifs que les Turcs lui livrèrent dans la redoute de *Santon*, où il s'était renfermé, et parvint à les décourager. Il s'empara d'une pièce de canon que l'ennemi avait établie en face de la redoute. — Rentré en France, après la capitulation d'Alexandrie, il fut placé dans la 7e cohorte de la Légion d'honneur, comme *officier* de cet ordre, le 14 juin 1804.

Après s'être guéri d'une ophtalmie de l'œil gauche qu'il avait contractée dans ses expéditions au milieu des sables blancs de l'Egypte, il reprit sa vie des camps, en Italie, avec le 22ᵉ régiment léger (1805) ; puis, en Calabre (1806 et 1807). A l'affaire de Lauria, il fut atteint d'un coup de feu, et en reçut un autre, au combat de la Serra.

Promu *chef de bataillon* au 18ᵉ régiment de ligne, le 1ᵉʳ juillet 1807, il fut dirigé sur l'armée d'Allemagne en 1808, et assista, le 21 mai de l'année suivante, à la bataille d'Essling, où il reçut deux contusions et fut blessé d'un coup de boulet à l'épaule droite.

Nommé *major* du 2ᵉ régiment de la Méditerranée, devenu 133ᵉ régiment de ligne, le 25 mars 1811, M. Guigard fit la campagne de Russie en 1812 et celles de Saxe en 1813. — Fait *colonel* du 21ᵉ régiment de ligne, le 28 juin de cette dernière année, il se distingua encore à la bataille de Dresde où il fut blessé, pour la *huitième fois*, d'un coup de feu à la figure : la balle lui traversa la mâchoire et lui fracassa les dents. — Il se trouva à l'armée de Belgique en 1814. — Les événements politiques, qui suivirent, le forcèrent à se retirer dans la position de non activité ; cependant, le 2 août 1815, le roi Louis XVIII le fit *chevalier de Saint-Louis*, et le nouveau gouvernement des Bourbons lui accorda sa pension de retraite, en octobre 1823.

Fixé dans son pays natal, M. Guigard a exercé les fonctions de maire, de 1827 jusqu'en 1853, époque de sa mort. Il s'est acquis l'estime générale, par ses vues élevées et par son application aux intérêts de la commune de Lhuis. Comme militaire, il a été l'une des grandes illustrations du département de l'Ain.

Voyez *Garin*.

HENRY (**François** *dit* **Guillaumin**), sous-lieutenant, né le 18 juillet 1797, à Pont-de-Vaux, où il est mort le 13 mars 1853.

Enrôlé volontairement, à 18 ans, dans le 36ᵉ régiment de ligne, le 9 mars 1815, il était voltigeur, le 30 mai, même année ; *caporal-fourrier*, le 21 mars 1819 ; *sergent*, le 1ᵉʳ janvier 1820 ; *sergent-major*, le 21 novembre 1826. Il fut nommé *sous-lieutenant*, le 21 novembre 1831, et *lieutenant*, le 9 avril 1838.

Il fit l'apprentissage de la guerre par la bataille du *Mont-Saint-Jean*, où il fut blessé, le 18 juin 1815, d'un coup de feu à la jambe droite. Cette bataille est la même que les Anglais ont appelé *bataille de Waterloo*, parce que le bulletin de la journée fut daté de ce village. — Rentré à son corps, après le licenciement des troupes impériales, il fit partie de l'armée royale, en 1816 et fit la campagne d'Espagne de 1823, suivie de l'occupation jusqu'en 1828. Il assista au blocus de Cadix. — Le sergent Henry fut mis à l'ordre de sa division pour sa belle conduite à l'affaire du 21 août 1823, devant le *Trocadero*. — Revenu en France en 1829, les services de ce sous-officier le recommandant à la bienveillance de ses chefs, il obtint l'épaulette et fut présenté pour la retraite, en novembre 1838, et admis, dans cette position, le 1er janvier suivant. — Retiré à Pont-de-Vaux, dans sa famille, il y vécut pendant 14 ans, estimé et honoré de ses concitoyens.

HUMBERT Ier, 2º comte de Savoie et de Maurienne, fils de Bérold et de Catherine, palatine de Schiren, né vers 998, et mort en 1048.

Humbert fut chargé du commandement des troupes allemandes et italiennes, sous l'empereur Conrad ; il s'avança, en 1034, *dans la plaine de Gex*, jusqu'aux portes de Genève et soumit les seigneurs bourguignons qui ne voulaient pas reconnaître la domination de l'Empereur.

Son surnom de Humbert *aux blanches mains* lui vient de l'esprit du temps qui caractérisait la sincérité d'une administration fiscale probre et honnête. Cette qualification répond, aujourd'hui, à notre expression : *avoir les mains nettes*. En effet, les premiers chefs de la maison de Savoie, Bérold et Humbert, en dehors de leurs commandements militaires sur la frontière des Alpes, ne furent que les *intendants, les administrateurs royaux des domaines particuliers du roi Rodolphe et de la reine Hermangarde*. — En 1033, il avait servi d'arbitre entre cette reine et l'empereur Conrad et il était intervenu, avec vigueur, dans la guerre de succession, ainsi que dans l'exécution du testament de Rodolphe III. — En récompense de ses services, Humbert reçut de Conrad l'investiture du Chablais et de la terre de Saint-Maurice en Valais.

L'historien Guichenon dit qu'en l'année 1030, Humbert aux blanches mains, devenu comte en Maurienne, donna à l'abbaye de Cluny quelques terres et des meix, situés sur le territoire de Belley. — Il passe pour être l'un des fondateurs du *prieuré de la Burbanche*. — On voit dans l'acte de fondation, que onze nobles se réunirent devant Aymon, évêque de Belley et *Humbert comte*, et son fils Amé ou Amédée, pour donner à l'abbaye de Savigny un territoire dans le but de fonder le prieuré, au lieu dit *Vulbaenchie* (Burbanche).

(Cibrario et Promis. — *Documenti inediti, etc., 1833.*)

HUMBERT II, *dit le Renforcé*, à cause de son embonpoint et de sa haute stature, fils d'Amé ou Amédée II de Savoie, lui succéda comme 6° comte de Savoie et de Maurienne. Il ajouta le Chablais, le Valais et le *Bugey* à ses États.

Il se croisa en 1096 avec Godefroy de Bouillon. — Son retour de la Palestine fut signalé, dans le département de l'Ain, par la donation qu'il fit, en 1100, à l'abbaye de Cluny, de la Montagne d'Innimont, pour le salut de son âme et de celles de sa famille.

Humbert II, né en 1048, est mort à Salins et fut enseveli à Moutiers, en 1103 ou 1109.

(Gacon, *Hist. de Bresse et Bugey.*)

HUMBERT de MOLARD (Jean-Claude-François), baron de l'Empire, maréchal de camp, officier de la Légion d'honneur et chevalier de Saint-Louis, né à Châtillon-les-Dombes, le 14 mai 1764, mort le 20 septembre 1833, à Beaujeux (Haute-Saône).

Gendarme dans la compagnie des Anglais, de la maison du roi Louis XV, le 25 avril 1783, M. Humbert avait appartenu à cette ancienne armée française d'où sont sortis tant de nobles défenseurs de la France, en 1792. — Il fut de ceux qui sauvèrent la République à son berceau. Ceux-là étaient, cependant, venus de ces vieux débris des armées léguées par la monarchie mourante ; de ces sous-officiers aguerris et, en quelque sorte, régénérés, pour lesquels de fatales barrières, dans la hiérarchie militaire, avaient refusé les grades supérieurs réservés exclusivement à la noblesse du sang. Ils ont su trouver, dans leur courage et dans leur intrépidité, sur les champs de bataille de la Révolution, une gloire et un avancement qui leur sont échus de droit.

M. Humbert avait été licencié avec le corps auquel il appartenait, le 1er avril 1788. Il rentra dans la nouvelle armée réorganisée en 1792, et passa, *lieutenant*, dans le 82e régiment d'infanterie de ligne, le 11 avril de cette même année. — Nommé *capitaine*, le 1er juillet suivant, il fit la campagne d'Allemagne ; fut blessé à la cuisse, le 2 décembre, à la reprise de Francfort par les Prussiens. Fait prisonnier de guerre, il fut enfermé, comme otage, avec 14 officiers français, dans la forteresse de Zeigenhaym, pour répondre des députés de la ville de Francfort envoyés à Paris.

Échangé, en prairial an III (mai 1795), il rejoignit la 152e demi-brigade dans laquelle son régiment avait été versé, et fut admis, le 8 frimaire an V (28 novembre 1796), dans les *grenadiers à pied de la représentation nationale*.

Le 29 pluviôse suivant (17 février 1797), il entra dans les *grenadiers à cheval de la garde du Directoire exécutif*. — Nommé *adjoint aux adjudants généraux*, c'est-à-dire chef d'escadrons provisoire et commandant le palais du Luxembourg, il fut reçu avec ce grade, dans la *garde des consuls*, le 13 nivôse an VIII (3 janvier 1800). — Promu *adjudant commandant*, c'est-à-dire chef d'escadrons titulaire, le 5 vendémiaire an XI (27 septembre 1802), il fut employé dans la république italienne, comme *chef d'état-major de la division de cavalerie*, à Lodi. — Sa belle conduite dans les différentes batailles où il combattit, le fit désigner, en 1804, pour la décoration d'*officier de la Légion d'honneur*. — L'empereur Napoléon Ier le nomma *baron de l'Empire*, avec dotation, et le 15 ventôse an XIII (6 mars 1806), il servit à l'état-major du 5e corps d'armée où il resta jusqu'à la paix de Presbourg, remplissant les fonctions de *chef d'état-major général de la division Suchet*, pendant la campagne de Prusse. — Il assista au combat de Saalfeld, à la bataille d'Iéna, fut grièvement blessé à la bataille de Pulotreck, où il eut un cheval tué sous lui. — En 1808, étant à Bayonne, et, le 2 mai, assistant à la prise de Madrid, il se montra très-utile à la 2e division du 3e corps, comme *chef d'état-major du général Musnier*, sous les ordres du maréchal Moncey. — M. Humbert prit encore une part active au siége de Saragosse, à la bataille de Tudella, aux combats de Belchitte et de Maria où il eut son 3e cheval tué sous lui. — Blessé gravement à la jambe droite dans une chute qu'il fit dans la sierra de Villa-Roya, il aurait pu demander quelque repos; mais il voulait faire face partout à l'ennemi, et ne s'arrêta qu'en mai 1810, après la soumission de l'Espagne.

Rentré en France, avec le grade de *maréchal de camp*, il fut appelé à commander le département des Hautes-Alpes, dans la 7e division militaire de l'intérieur, le 6 mars 1811. Maintenu à ce poste, lors de la paix, le gouvernement de la Restauration lui fit remettre la *croix de Saint-Louis*, en 1814.

Au retour de Napoléon de l'île d'Elbe, il fut envoyé à Lille (16e division militaire), comme *chef de l'état-major général*; mais en août 1815, il demanda et obtint sa retraite. —Le roi Louis XVIII lui confirma honorifiquement son grade de *général de brigade*, le 17 décembre 1817. — Il n'avait encore que 53 ans. Il se maria et vécut dans la famille de sa femme, à Beaujeux, où il est mort entouré de l'estime générale.

IVOLEY (d'), seigneurs de la Roche, en Revermont. L'origine de cette famille remonte à **Antoine** *d'Ivoley*, qui fut secrétaire des commandements du duc Philippe de Savoie, au xve siècle. Ce duc lui octroya des armoiries qui portaient : *d'azur, à 3 fers de lance d'argent. — 2 et 1.*

D'après l'historien Guichenon, **Jean** d'Ivoley fut attiré à la cour de Savoie, par *Jean-François Berliet*, seigneur de Chiloup, archevêque de Tarentaise, son oncle maternel, qui avait la principale direction des affaires d'Etat et des finances en Savoie. Ce personnage ayant fait preuve de grandes capacités, fut récompensé, en 1603, par la charge de conseiller d'Etat et de celle de procureur patrimonial du duc, en la chambre des comptes de Savoie.

La généalogie de la maison d'Ivoley indique qu'après *Antoine*, mentionné ci-dessus, et qui était originaire de la

Savoie, **Jean,** son fils, lui succéda et fut marié, en 1480, avec demoiselle d'Albon. — **Etienne,** son successeur, épousa demoiselle Berliet, nièce de l'archevêque de ce nom.

Les descendants d'Ivoley ont presque tous occupé l'emploi de conseiller d'Etat auprès des princes de Savoie, de 1477 à 1686. — Voici la liste des hommes de guerre connus d'après les titres de famille communiqués :

Jean, capitaine, commandait en 1599, une compagnie d'arquebusiers à cheval sous Charles-Emmanuel, duc de Savoie. Il épousa Catherine de Chaumes de Moutier, dont il eut 3 fils.

Guillaume, 2ᵉ fils du précédent, mort en 1660. — Il s'était fait remarquer au siége de Turin. En récompense de ses services, la reine Christine le gratifia, par une faveur spéciale, d'une *cornette* (1) pour la compagnie qu'il commandait dans les chevau-légers. (Lettres patentes du 12 mars 1641.) Le roi Emmanuel voulut, à son tour, récompenser la valeur et la fidélité du même capitaine qui avait refusé de prendre parti contre son souverain, en accueillant des propositions faites par ses ennemis. Ayant appris que, par l'effet d'une dure captivité, le capitaine Guillaume avait contracté des infirmités qui le mettaient dans l'impossibilité de continuer son service, ce prince créa spécialement, pour lui, « une compagnie de cavalerie entretenue « avec les mêmes émoluments que les autres compagnies « et lui accorda l'*agrément* de demeurer chez lui. » (Lettre du 1ᵉʳ janvier 1650.)

Jacques, neveu du précédent, capitaine distingué du régiment des gardes de Victor-Amédée où ce prince l'avait fait entrer, dès l'âge de 11 ans. Sa brillante conduite à l'armée lui ayant mérité la confiance de Charles-Emmanuel, fils du roi, ce prince lui confia plusieurs missions délicates dont il s'acquitta sagement. On le chargea de la défense du château d'Acqui. Il ne le quitta que lorsque cette forteresse fut à moitié écroulée. Cet officier, resté en activité jusqu'à l'âge de 80 ans, n'est mort qu'en 1771.

Joseph, frère cadet du précédent, fut également favorisé

---

(1) *Etendard à cornes*, aux couleurs du capitaine, qui était porté dans chaque compagnie de cavalerie, au XVIIᵉ siècle.

très-jeune, par son admission dans les gardes du corps. Il entra, plus tard, dans le régiment de Tarentaise où il a servi avec distinction, pendant 30 ans. Ses blessures l'ayant mis hors d'état de continuer son service, le roi Charles l'autorisa à se retirer et lui accorda une pension. Il l'honora aussi de la croix de l'ordre de Saint-Maurice.

Hugues-Victor, maréchal des camps et armées du roi Louis XVI. Il était le fils aîné de **François-Joseph** d'Ivoley, conseiller d'Etat, mort en 1691. Cet officier général, né le 29 juin 1722, est mort en 1792. Il a fourni une belle carrière dans l'artillerie française. — Entré à 12 ans, à l'Ecole militaire, il en est sorti, à 17 ans, avec le grade de *sous-lieutenant* ; fait *lieutenant en 2e* en 1743, il était *lieutenant en 1er* en 1745; *capitaine* en 1750; *major* en 1754; *lieutenant-colonel* en 1756 et *colonel* en 1763.

Nommé *brigadier* des armées du roi en 1784, il a été promu directeur du corps royal de l'artillerie et fait chevalier de Saint-Louis. En 1790, il est devenu *maréchal* des camps et armées.

Hugues-Victor a présidé à Bourg, le 23 mars 1789, l'assemblée générale de la noblesse de Bresse, à l'occasion de la convocation des Etats-Généraux. — Il avait épousé, le 13 février 1753, demoiselle Catherine Négroni, d'une noble famille génoise, dont il eut 5 fils qui ont tous pris du service en France. — L'un d'eux, **Jean**, capitaine d'artillerie, né le 9 juillet 1767, à Saint-Martin-du-Mont, est mort vers 1830. — Elève de la Flèche, le 1er septembre 1782, il était lieutenant en 2e, le 6 janvier 1785; lieutenant en 1er, le 1er mai 1789; capitaine en 2e, le 25 juillet 1791; il donna sa démission le 20 octobre de la même année.

Jean-Louis, frère du précédent, est devenu lieutenant-colonel, après 37 ans de service, dans le régiment d'Auvergne. Il n'a laissé qu'un fils du nom de **Henri-Charles**, né le 13 mars 1764, lequel a servi dans la gendarmerie de France et dans le régiment de Mestre-de-camp, en 1788.

Claude-Marie, 2e frère de *Hugues-Victor*, fut chef de bataillon au régiment d'Auvergne-infanterie. Il était chevalier de Saint-Louis, et comparut dans l'assemblée des Nobles de Bresse. (Séance du 25 avril 1781.) — Un 3e frère de Hugues-Victor, nommé **Claude-Louis**, fut aussi chef de bataillon au régiment d'Auvergne, en 1787.

JACOB de la COTTIÈRE (de), seigneurs de la Cottière, du Chatelard, de Pennessuy, de Bezeneins, etc.

Cette famille, originaire de l'ancienne principauté de Dombes, fut anoblie au xvɪe siècle.

Armoiries : *Ecartelé : Aux 1 et 4, au chevron ondé d'argent, accompagné de 3 têtes de léopard d'or, languées de gueules,* qui est de Jacob ; *aux 2 et 3 de gueules au sautoir d'or, engoulé de 4 têtes de léopard, mouvantes des angles, chargé en cœur d'une autre tête de léopard du champ,* qui est de Guichenon.
Devise : *Soing et valleur.*

Antoine Jacob, capitaine et châtelain du Chatelard, fut pourvu de ces emplois par Henri II, roi de France, en 1557.

Jean de Jacob, fils du précédent, remplit les mêmes charges par provisions du 11 avril 1575, délivrées par Louis II de Bourbon, duc de Montpensier. Il fut anobli par Charles-Emmanuel, duc de Savoie, le 13 octobre 1589.

Scipion, frère du précédent, lui succéda dans les mêmes fonctions, le 26 novembre 1588. (Lettres de François, duc de Montpensier, confirmées par Henri de Bourbon, devenu duc de Montpensier, souverain des Dombes, le 14 décembre 1595.) — Mort sans enfants.

Guillaume, 2e fils de Jean ci-dessus indiqué, écuyer, devint capitaine et chatelain par lettres du 26 juin 1609 et lieutenant de roi à Châtillon-lès-Dombes. Il testa le 4 janvier 1645.

Philippe, son fils aîné, 1er du nom, écuyer, lieutenant au régiment de la Motte-Houdancourt (1640), et lieutenant de roi à Châtillon, fut promu par Louis XIV, le 18 avril 1646 ; il fut maintenu dans sa noblesse par ordonnance du 8 février 1666. Il combattit, le 7 avril 1652, à la bataille de Bleneau, comme commandant supérieur de dragons sous les ordres du maréchal d'Hocquincourt. — Il quitta le parti du cardinal Mazarin pour celui du prince de Condé.

Claude, fils du précédent, fut lieutenant au régiment de Picardie.

Jean-Baptiste, son frère, aussi lieutenant, mort en 1733, à l'armée d'Italie.

Jean-Joseph, 2e fils de **Philippe** ci-dessus, né en 1656, lieutenant au régiment de Piémont (1676) ; puis capitaine. Il épousa, le 29 avril 1679, Antoinette de Guichenon, fille de Samuel de Guichenon l'historien, seigneur de Pennessuy et de dame Claudine Polliat. Leur fils aîné, **Jean-Louis,** né en 1688, fut capitaine au régiment de Marcilly, le 27 octobre 1708.

Joseph-Marie, fils aîné de **Jean-Louis,** né en 1714, mort en 1731, était cadet gentilhomme au régiment de Picquigny, chevalier des ordres de N.-D. du Mont-Carmel et de Saint-Lazare de Jérusalem.

Pierre-Marie, 2ᵉ fils de **Jean-Louis,** né en 1717, fut fait chevalier des ordres royaux de N.-D. du Mont-Carmel et de Saint-Lazare de Jérusalem, le 28 août 1730; il fut reçu cadet gentilhomme dans la compagnie de Metz, le 10 mai 1733. — Lieutenant au bataillon de Franche-Comté, et ensuite, lieutenant en second au régiment de Bourbonnais (1734). — Il a été syndic de la Noblesse de Bresse (1739).

Jean-Louis-Victor, fils aîné du précédent, né en 1741, chevalier, seigneur du Chappuis, lieutenant au régiment Royal-Barrois, a été nommé capitaine aide-major, au régiment de Foix et fait chevalier de Saint-Louis. — Il épousa, en 1772, Catherine de Wendel d'Hayange, dont il eut un fils dont le nom suit :

Pierre-Victor, officier aux hussards de Rohan, chevalier de Saint-Louis (1817); il était né à Metz, en mai 1777. — Il est mort en 1825.

Antoine-Victor, fils aîné du précédent, colonel du 19ᵉ régiment d'infanterie de ligne, commandeur de la Légion d'honneur, décoré de la médaille de la valeur militaire de Sardaigne, né à Forbach (Moselle), le 28 décembre 1818, mort à Brest (Finistère), le 23 février 1872.

Elève à l'école de Saint-Cyr, en 1840, le jeune Victor en sortit *sous-lieutenant* au 19ᵉ régiment d'infanterie légère, en 1842. — Passé *lieutenant* au 94ᵉ régiment de ligne, en 1846, il fut promu *capitaine-adjudant-major* en 1850, et dix ans après, *chef de bataillon* au 14ᵉ régiment d'infanterie ; il fut admis, avec ce dernier grade, dans la garde impériale (1865). — Il avait acquis ses grades inférieurs sur les champs de bataille de l'Algérie, de 1844 à 1850. — Pendant la campagne d'Italie de 1859, M. de Jacob de la

Cottière reçut une blessure à Solférino ; prit une part active dans toutes les affaires de cette campagne, et fut porté plusieurs fois à l'ordre de l'armée pour sa bravoure. — Sa brillante conduite lui mérita la *médaille de la valeur militaire du roi de Sardaigne;* puis il reçut successivement la croix de *chevalier* et celle d'*officier de la légion d'honneur.*

Elevé au grade de *lieutenant-colonel* du 16e régiment de ligne, le 22 décembre 1868, il devint *colonel* au même corps, deux ans après.

Le 13 décembre 1870, pendant notre dernière guerre avec la Prusse, notre compatriote fut nommé *général de brigade,* et le 17 novembre suivant, *commandeur de la Légion d'honneur,* en récompense d'une action d'éclat à la journée de Coulmiers : à la tête de son régiment, il s'était signalé à la prise du château de la Renardière, défendu par des forces ennemies très-supérieures. Il avait eu son cheval tué sous lui, et son régiment avait perdu 800 hommes.

La commission de révision des grades le remit colonel au 19e régiment d'infanterie de ligne, après l'armistice en 1871, par suite d'une mesure générale motivée par la trop grande profusion de nominations faites à la fois dans chaque grade. — M. de Jacob de la Cottière accepta cette décision avec la résignation de l'honnête homme qui ne relève que de sa conscience et l'on eut soin de l'informer que son avancement n'était différé que pour peu de temps ; mais ce délai a trop duré puisqu'il a permis à la maladie de le frapper avant que justice lui fut rendue.

Ce brave officier supérieur avait perdu son fils unique pendant la même guerre de 1870. — Une autre épreuve douloureuse était venue l'atteindre : sa femme succombait, quelques mois plus tard, à ses chagrins. Il n'a pu survivre à toutes ces pertes ; une affection du cœur a terminé prématurément la carrière de ce chef regretté de tous ceux qui l'ont connu et qui a laissé de lui les plus beaux souvenirs. Il n'avait que 52 ans.

Edmond-Albert-Marie-Pierre-Adrien, fils du précédent, né à Metz, le 7 décembre 1850, élève à l'Ecole centrale, volontaire au 16e régiment de ligne, pendant la campagne de 1870 contre les Prussiens, est mort à l'armée de la Loire le 29 octobre 1870.

Antoine, 2e fils de **Pierre-Marie** ci-dessus mentionné (branche cadette), écuyer, capitaine au régiment de Foix, chevalier de Saint-Louis, était né le 9 juin 1749. Il assista, le 23 mai 1789, à l'assemblée de la Noblesse de Bresse. — Il avait épousé, le 17 janvier 1780, Jeanne-Marie Perret de Charéziat; il en eut 3 fils dont l'aîné, **Agricole-Catherin-Victor,** est le père de **Jean-Etienne-Eugène** de Jacob de la Cottière, littérateur, résidant actuellement à Lyon, né le 12 janvier 1828, et marié, le 24 janvier 1853, avec Elise-Turin-Chalandon, décédée le 11 janvier 1854, puis, en secondes noces, le 8 juin 1857, avec Sophie Nouvellet.

JACQUEMET (Michel), colonel, officier de la Légion d'honneur, chevalier de Saint-Louis, né, le 21 septembre 1771, à Collonges ; mort à Challex, le 26 septembre 1839.

Entré, en 1792, dans le 7e bataillon des volontaires de l'Ain, il y fut élu *capitaine*. — Incorporé dans le 21e bataillon des réserves, devenu successivement 67e demi-brigade de bataille, en l'an IV (1796), et 67e régiment de ligne, en l'an XII (1803-1804), le jeune capitaine Jacquemet fit, avec distinction, les campagnes de Belgique, sous les généraux Dumouriez, Custines, Houchard et Pichegru. Le 25 juin 1793, il déploya une grande intrépidité au combat devant Pont-à-Marcq, près de Lille, où il fut blessé d'un coup de feu à la jambe gauche, et ne voulut pas quitter sa compagnie pour être porté à l'ambulance. — Nommé capitaine de grenadiers à l'armée de Sambre-et-Meuse, il se signala de nouveau, le 30 thermidor suivant (17 août 1796), à la bataille de Sulzbach où, séparé de sa ligne de tirailleurs, il pénétra *seul*, dans un bois défendu avec opiniâtreté, se précipita sur deux grenadiers hongrois qu'il désarma et fit prisonniers. — De l'an V à l'an VIII (1797 à 1799), il combattit aux armées d'Allemagne et du Danube. A la bataille d'Ostrach, atteint d'un biscaïen et de plusieurs balles à l'épaule et au bras gauche, il continua de montrer la plus rare bravoure. Malgré les vives sollicitations de ses chefs et de ses soldats, il ne voulut pas se retirer du combat. — Envoyé, l'année suivante (1800), à l'armée du Rhin, puis en Italie, il fut nommé *chef de bataillon,* le 1er fructidor an X (19 août 1802), et compris, comme *chevalier de la Légion d'honneur*, dans la promotion du 25 prairial an XII (14 juin 1804).

En l'an XIII (1805), M. Jacquemet fit la campagne des Antilles, sur le vaisseau *le Formidable*. — Passé sur l'*Aigle*, en rade de Cadix, il se trouva, le 29 vendémiaire an XIV (21 octobre 1805), au combat de *Trafalgar*, où l'amiral Nelson fut tué : à cette affaire le commandant Jacquemet venait de recevoir deux blessures (un éclat de bois à la cuisse droite et un coup de feu à la jambe gauche), lorsque l'*Aigle* fut abordé par deux navires anglais, qui parvinrent à jeter 200 hommes sur sa dunette. Aussitôt notre commandant réunit quelques marins français, avec un certain nombre de grenadiers, remonte sur le pont, et chasse l'ennemi à la baïonnette ; mais ses efforts sont vains, l'*Aigle* est bientôt forcé d'amener son pavillon et l'intrépide Jacquemet, subissant le sort de l'équipage, est obligé de se rendre au nombre. Ayant eu le soin de démonter le drapeau de son bataillon, il parvint à le soustraire à l'ennemi, et un mois après, il le rapportait à la 67ᵉ demi-brigade, dans laquelle il était entré avec son grade, pour faire, avec les corps de l'armée d'Italie, les campagnes de 1806-1807 en Allemagne, et celle de 1809, avec le 4ᵉ corps, sous les ordres du vice-roi. — A la bataille d'Essling, le 22 mai 1809, au moment où l'ennemi déployait ses forces contre Gross-Aspern, M. Jacquemet déboucha de ce village avec son bataillon, le déploya sous le feu des Autrichiens, et tandis que tous les corps français prenaient position au-delà, il soutint *seul*, pendant une demi-heure, tous les efforts de l'ennemi. Il ne quitta la place qu'après avoir reçu une balle dans la poitrine. — A Wagram, il reprit le village de Anderklo dont l'ennemi s'était emparé. — Obligé de se replier sur le gros de la division Molitor, il y prit le commandement du 67ᵉ régiment d'infanterie de ligne dont le colonel avait été blessé. Lui-même, mis hors de combat, M. Jacquemet fut placé sur un brancard formé de branches d'arbres, et porté, pendant quatre jours, par ses soldats, à travers les montagnes et les rochers escarpés.

Envoyé, l'année suivante, à l'armée de Catalogne, il se signala aux affaires de Los-Planès et de Olot, où il eut son cheval tué sous lui. — A la tête du 67ᵉ de ligne, il combattit avec intrépidité, aux siéges de Figuières, pour contenir les sorties de l'ennemi et former de bons retranchements aux assaillants. — Sa brillante conduite lui avait mérité de l'avancement ; il fut promu *major* dans le 52⁰ régiment d'infanterie de ligne ; mais avant de quitter ses anciens compagnons d'armes, il fut prié, par eux, d'accepter une superbe épée d'honneur qu'ils lui offrirent, et sur laquelle étaient gravés ces mots : « *Les officiers du 67ᶜ régiment de ligne, à M. Jacquemet, major au 52ᶜ.* »

En avril 1811, M. Jacquemet avait reçu l'ordre de se rendre à Gênes, au dépôt du 52ᵉ de ligne. En arrivant dans cette ville, il alla trouver le maréchal Macdonald pour lui dire qu'il préférait renoncer à tout avancement plutôt que d'aller s'ensevelir dans l'inaction au dépôt. Il demanda à continuer son service jusqu'à la reddition de la place et il l'obtint d'autant plus facilement que son absence était regrettée aux bataillons actifs. A son retour, il reçut l'ordre de former deux bataillons d'élite composés de 600 grenadiers et 600 voltigeurs qui furent envoyés à l'armée du Nord. Le major Jacquemet fut désigné pour les commander et il alla les rejoindre à Burgos, aussitôt que les opérations du siége furent préparées.

Le 22 août 1812, une colonne de 2,200 hommes, commandée par le général Soulier, ayant opéré sa jonction avec le général en chef Caffarelli, qui se trouvait à Bilbao, rencontra un corps de 5,000 partisans de la bande de Longa qui interceptait la route. Deux compagnies de voltigeurs du 3ᵉ régiment de ligne et deux autres du 105ᵉ attaquèrent l'ennemi. Un bataillon du 28ᵉ força un pont barricadé, mais les Espagnols, placés sur deux lignes, écrasaient, du feu de leurs batteries, nos troupes qui ne faisaient aucun progrès. Le moment était critique : notre major fait battre la charge, marche avec ses grenadiers sur l'ennemi en colonne serrée, arrive jusqu'à lui au milieu d'une grêle de balles, sans avoir tiré un seul coup de fusil. A la vue des baïonnettes françaises, les Espagnols étonnés de tant d'audace firent demi-tour, et leur déroute fut complète. Jacquemet, profitant de l'épouvante qu'il a causée, s'empara de la crête de la montagne, les poursuivit, l'épée dans les reins, leur tua beaucoup de monde et fit un grand nombre de prisonniers dont huit officiers. — En Biscaye, sans communication avec le reste de l'armée, la division Abbé fit une guerre si active et si meurtrière, que 3,000 Français soutinrent, pendant dix-huit mois, les efforts d'une population entière qu'il fallut sans cesse contenir. Le major Jacquemet se signala par des prodiges de valeur : le 11 octobre 1812, cette division venant de chercher un convoi de grains à Trafalla, fut tout à coup arrêtée dans sa marche par le corps de Mina, supérieur en nombre. Le commandant Jacquemet, avec 800 hommes de son régiment et deux compagnies du 105ᵉ régiment de ligne, attaque l'ennemi à la baïonnette et le bat sur tous les points ; la division emmène son convoi, et notre vainqueur, réduit à ses seules forces, reste exposé à la fusillade d'une nuée de tirailleurs ; alors, il effectue sa retraite avec ordre, sans être entamé. Dans cette affaire, il avait eu, encore, un cheval tué sous lui et un autre blessé. — Quatre jours après, la même division se dirigeant sur *Puente-la-Reina*, à peu de distance de Maniera, fut surprise par trois bataillons espagnols couchés sur un plateau au-dessus du village, à demi-portée de canon. — Nos soldats se jetèrent dans le village, avec le plus grand désordre. Jacquemet, après avoir conservé quelque temps l'immobilité sur le chemin, se dévoue pour empêcher la déroute de la colonne française. « *Cama-rades !* s'écrie-t-il, *vous voyez ce plateau : tout est perdu si nous ne parvenons pas à l'enlever.....* »

Aussitôt mettant pied à terre, il gravit la montagne avec 300 hommes résolus, attaque l'ennemi avec impétuosité et enlève la position. Il est secouru par 1,500 hommes de la division sortis du village ; les Espagnols perdent l'offensive ; Mina poursuivi à plus de huit kilomètres du champ de bataille, fait une perte considérable de soldats. Le major fut encore blessé d'un coup de feu à la jambe droite. — A Noain, le 3 novembre suivant, il reçut une nouvelle blessure dans les reins.

Enfin, le 13 mai 1813, un coup de feu lui fracassa la jambe gauche ; son cheval fut tué à l'attaque de la montagne du Roncal. Voici dans quelle circonstance :

La division du général Abbé rencontre l'ennemi sur un plateau presque inaccessible où il s'était retranché, le général hésite à ordonner l'assaut ; il était, cependant, parvenu à débusquer les tirailleurs espagnols ; tout à coup, Jacquemet arrive avec 1,000 hommes des 52ᵉ et 105ᵉ régiments de ligne :

« *Je vous attendais*, s'écrie le général en l'apercevant ; « *je compte sur vous pour débusquer l'ennemi.* » Le major mesure l'immense difficulté qu'on lui donne à vaincre contre Mina, le premier guérillas d'Espagne, commandant d'intrépides montagnards chargés de défendre ce retranchement. Il avait, avec lui, 3,000 hommes dont moitié était formée en colonne ; le reste était replié et offrait l'aspect d'un croissant ouvert. Jacquemet détacha deux compagnies de voltigeurs, avec ordre de se glisser, en escaladant les rochers, sur les flancs de l'ennemi pour opérer une diversion ; quand il jugea que la petite troupe d'éclaireurs était parvenue à sa destination, il donna le signal de l'attaque. Alors les tambours battent la charge, la mousqueterie fait retentir l'écho de la montagne, une grêle de balles partie des hauts lieux, éclaircissent les rangs des Français. Jacquemet lui-même donne l'exemple ; il gravit à cheval un sentier pénible et rocailleux ; il anime ses soldats du geste et de la voix. Une balle qui lui était destinée, abat sa monture. Jacquemet se relève et continue à pied sa périlleuse route. Après des efforts inimaginables, il parvient au sommet du plateau à la tête du premier peloton de grenadiers. Élevant, alors, son schako sur la pointe de son épée, il fit entendre le cri de victoire : « *Mes amis, la position est à nous !* » A ces mots il s'élance sur un nouveau cheval, l'ennemi s'ébranle de toutes parts, fuit dans toutes les directions, l'intrépide commandant poursuit les fuyards ; il était à plus de 200 pas en avant de sa troupe ; il allait atteindre un gros d'Espagnols lorsqu'une balle vint le frapper à la jambe gauche et le mit hors de combat ; mais l'impulsion était donnée et la bataille gagnée. Ce trait de courage a été reproduit par la peinture et la lithographie. Il fut récompensé par le grade de *colonel*, le 2 juillet 1813.

Placé à la tête du 40ᵉ régiment d'infanterie de ligne, il demeura en Espagne, et fit partie de l'armée des Pyrénées jusqu'à la paix, en 1814. — Maintenu au commandement de son régiment, lors de la réorganisation du 16 août même année, il vint tenir garnison à Landau. Le 5 octobre suivant, il reçut, dans cette place, la *croix de Saint-Louis*, des mains du duc de Berry. — Le 17 mars 1815, il était nommé *officier de la Légion d'honneur*. Au retour de l'île d'Elbe, étant à Neufbrisach, Napoléon Ier lui confia le commandement du 1er régiment de ligne, formé de la légion de l'Ain, qu'il ne put rejoindre que dans ses cantonnements sur la Loire.— Licencié, le 10 septembre 1815, il se retira dans le pays de Gex, et sollicita la liquidation de sa pension de retraite qu'il obtint le 7 août 1846. Il comptait 23 ans de services et 9 blessures graves. Il vivait de ses souvenirs glorieux, lorsque la Révolution de 1830 vint ranimer son courage et ses espérances qu'il mit, volontiers, au service de sa patrie ; mais le soleil de Juillet ne réveilla pas le génie des batailles qui dormait à Sainte-Hélène.

Le vaillant Jacquemet a succombé à Challex, à l'âge de 68 ans, estimé et vénéré de toutes nos populations bugeysiennes. Jamais illustration militaire n'a été mieux établie ni plus pure.

JAYR (Benoît-Marie), ancien officier de génie et jurisconsulte, né le 3 avril 1769, à Bourg, où il est mort, le 26 avril 1859.

Il était d'une famille ancienne de robe, qui comptait des membres dans le parlement de Metz, dans les offices municipaux de la cité et dans le Tiers-État, de 1640 à 1663.

A l'âge de 23 ans, le jeune Jayr était licencié en droit. — En 1792, il s'enrôla dans un bataillon de l'Ain pour répondre à l'appel de la patrie en danger. Incorporé dans l'armée des Alpes, il fut désigné, comme *commissaire supérieur* pour le recrutement de l'armée du Rhin, avec son compatriote Puthod, devenu, plus tard, général de division. — Après l'accomplissement de cette mission, M. Jayr, qui s'abandonnait à ses goûts studieux, obtint, au concours, le grade de *lieutenant du génie*, qu'il exerça pendant plusieurs années sous les ordres de Jars, nommé depuis, député du Rhône. — Ce fut à Valence qu'il devint le gendre de M. Roussel, président du tribunal civil de la Drôme, nommé, ensuite, président du tribunal criminel de Bourg et qui devint, plus tard, conseiller à la cour impériale de Lyon. Cette alliance lui donna trois beaux-frères : M. Baude, qui fut préfet du Tarn et de l'Ain ; M. Odier, inspecteur aux revues dans la garde ; et enfin, M. Naudet, de l'Institut.

Après cette union, M. Jayr abandonna la carrière militaire ; il rentra, à l'âge de 32 ans, dans ses foyers, et commença à plaider comme avocat ; il exerça avec succès ses fonctions au barreau de Bourg, où sa probité, la loyauté de son caractère, la netteté et la fermeté de son jugement, lui assurèrent, tout à la fois, l'affection de ses collègues, l'estime des magistrats et la considération publique. — A l'époque de sa retraite, il aurait pu être nommé juge *suppléant* ou *titulaire* au tribunal civil, il préféra le repos pour sa verte vieillesse. — Membre du conseil municipal de Bourg et du comité consultatif des communes et établissements publics, il s'acquitta des ses devoirs avec un zèle exemplaire. — Il s'est éteint à l'âge de 90 ans, conservant jusqu'à la fin de sa vie, une mémoire heureuse et une grande présence d'esprit : il étonnait ses interlocuteurs par la solidité de ses doctrines judiciaires, comme par la fraîcheur de ses souvenirs.

Il a laissé plusieurs fils dont l'aîné, avocat distingué, est devenu successivement : préfet de l'Ain, préfet du Rhône, et ministre des travaux publics, sous le règne du roi Louis-Philippe d'Orléans.

JEANNET (Louis-François), maréchal de camp, chevalier de la Légion d'honneur, chevalier de Saint-Louis, commandeur de l'ordre de Charles-Frédéric de Bade, né à Arcis-sur-Aube, le 5 novembre 1768, mort à Bourg, le 23 juillet 1832.

Il débuta, dans la carrière militaire, comme soldat, dans le régiment royal-infanterie, le 10 août 1784, à peine âgé de 16 ans. Il y resta pendant cinq ans, n'ayant pu obtenir que les grades inférieurs. Il acheta son congé, en août 1789, et rentra dans sa famille. — Mais, lors de l'appel de la patrie en danger, à l'époque de 1792, le jeune Jeannet reprit du service. Il entra dans l'armée républicaine avec le grade de *sous-lieutenant* au 4ᵉ régiment de dragons, le 4 avril de cette même année ; fut nommé *lieutenant* dans ce régiment, en août suivant, et *capitaine* dans la légion des Ardennes, deux mois après, le 15 octobre.

Il combattit glorieusement, de 1792 à 1796, aux armées du Nord, en Champagne et à l'armée des Alpes. Il fut blessé à la bataille de Jemmapes d'un coup de sabre sur la figure.

Promu *chef d'escadrons* au 16ᵉ régiment de chasseurs à

cheval, M. Jeannet fut demandé pour aide-de-camp par le général Dampierre, son compatriote, qui remplaça Dumourier dans son commandement de l'armée du Nord. Dampierre se rendit maître du camp de Famars, mais il perdit la vie en attaquant le bois de Vigogne, sous Valenciennes, pour en débusquer les Autrichiens. Il fut tué d'un coup de canon, le 6 mai 1793. — L'aide-de-camp Jeannet qui s'était distingué dans la même affaire, fut récompensé par le grade d'*adjudant général chef de brigade* (colonel), le 7 septembre de la même année, et envoyé à l'armée des Alpes, sous les ordres de Kellermann.

La situation politique d'alors était menaçante : les provinces de l'ouest de la France étaient en flammes, celles du Midi, depuis Lyon jusqu'au Var, étaient en insurrection ; l'Angleterre s'apprêtait à ruiner notre marine ; les puissances du Nord préparaient de nouvelles expéditions plus nombreuses, et enfin, le roi de Sardaigne, dont les troupes déjà campées à l'extrême frontière, n'attendaient, pour opérer leur jonction avec les mécontents du Midi, que le moment où les troubles forceraient le gouvernement français à dégarnir nos premières lignes de défense. — Le colonel Jeannet fut chargé de fortifier une partie des cols des Alpes qui pouvaient donner accès à l'ennemi et coopéra puissamment à l'organisation des bataillons qui devaient s'opposer à la jonction des Piémontais avec nos mécontents.

Kellermann, désigné pour diriger les opérations du siége de Lyon, arriva devant cette ville avec 8,000 combattants. Son chef d'état-major, le colonel Jeannet, commandait la réserve composée des gardes nationales du Mont-Blanc, de l'Ain et de l'Isère, qui rivalisaient de dévouement et d'ardeur pour concourir à la répression de la grande cité traitée en rebelle par la Convention nationale. M. Jeannet eut lieu de séjourner à Bourg et de s'y rendre utile auprès d'une famille très-recommandable dont les membres, incarcérés dans les prisons, expiaient leur prétendu tort d'être dévoués à la cause royale. MM. de Moyria et ses fils Antoine et Gabriel, étaient, depuis quelque temps, tenus au secret à Nantua ; ils furent élargis par les soins de M. Jeannet, qui avait des rapports habituels avec les représentants du peuple,

Dubois Crancé et Gauthier des Orcières, établis au camp de la Pape, devant Lyon. Ce dévouement de M. Jeannet décida de son mariage avec Mlle Hortense de Moyria. Cette union eut lieu le 28 vendémiaire an III (19 octobre 1794).

Après la prise de Lyon, le 9 octobre 1793, M. Jeannet retourna à l'armée des Alpes et en Italie, où il demeura, de 1794 à 1796, et il y servit successivement sous les généraux Schérer et Bonaparte. — En 1799, il fut envoyé en Hollande ; puis, désigné pour commander les troupes de terre de la Guadeloupe. — Muni d'une commission spéciale du ministre de la marine Bourdon, datée de Paris, le 9 vendémiaire an VIII (1er octobre 1799), le colonel Jeannet s'embarqua à Rochefort avec les agents des consuls se rendant aux Iles-sous-le-Vent. Ils y débarquèrent dans les premiers jours de décembre, et bientôt, M. Jeannet fut chargé du commandement général des milices de l'arrondissement de la Grande-Terre.

Le 25 messidor suivant (14 juillet 1800), il recevait un brevet provisoire de *général de brigade* signé par les commissaires français Bar, Laveau et Bresseau, présidant aux opérations militaires et civiles en vue de la défense de la colonie. — Le nouveau général arrêta, avec eux, les dispositions propres à assurer la tranquillité publique. De concert avec le commandant supérieur général Paris, il disposa tout pour recevoir les Anglais s'ils tentaient de débarquer, mais, le véritable ennemi, et le plus dangereux, occupait le territoire et se trouvait dans le parti orangiste de la population batave, à Curaçao. M. Jeannet fit armer les forts sur les côtes, notamment celui de Saint-Michel, les ports dits de la Liberté, de la Basse-Terre, de Curaçao, avec une surveillance active et incessante. Il ajouta aux forces défensives de terre un supplément important de marins tirés des équipages, parmi ceux non réservés strictement aux manœuvres des bâtiments. Puis, pour tenir en respect la population composée d'étrangers animés de l'esprit de révolte, il fit promulger plusieurs proclamations vigoureuses qui avaient pour but de protéger les ateliers de culture sur le point d'être abandonnés, et prescrivaient de faire remettre les armes de la garde nationale orangiste entre les mains de l'autorité française. Toutes ces mesures prudentes assurèrent la paix et firent rentrer la concorde, au moins apparente, sous la bannière des deux républiques française et batave restées alliées aux Iles-sous-le-Vent, après, toutefois, la destitution du commandant Lauffer, chef de l'armée à Curaçao, signalé comme agitateur secret.

Après deux ans de séjour à la Guadeloupe, le calme rétabli, le général Jeannet, dont la santé avait beaucoup souffert du climat, sollicita sa rentrée en France. Elle lui fut accordée; mais il revint à Bourg avec un traitement de réforme pour cause d'infirmités temporaires, et demeura dans cette position, de 1802 à 1809. Il aurait pu y être oublié s'il n'avait pas redemandé du service.

A cette dernière date, les Anglais avaient répandu une quinzaine de mille hommes dans l'île de Walcheren, appartenant à la Hollande, pour amoindrir l'influence française dans ce pays; ils menaçaient l'Escaut de leur flotte. M. Jeannet fut envoyé à l'armée du Nord, où il combattit avec honneur sous les ordres du général Bernadotte : à la tête de plusieurs bataillons réunis, il défendit l'île de Cadzand et disputa l'île de Flessingue aux Anglais, qui se résolurent à abandonner les côtes de Hollande.

Le général Jeannet les suivit en Andalousie; fit la campagne d'Espagne à l'armée du Midi, de 1810 à 1813. — Il fut blessé d'une balle à la jambe droite, à Alcala, en mai de cette dernière année, et d'une autre balle, à la journée malheureuse de Vittoria, le 21 juin suivant, où il eut le regret de nous voir perdre l'Espagne, repassant les Pyrénées en fugitif, devant Washington. — Le 1er septembre 1813 il fut nommé *chevalier de la Légion d'honneur*.

Employé dans la campagne de France, en 1814, M. Jeannet combattit encore à Brienne, à Montmirail, sur le plateau de Craonne, près de Laon, et à Arcis-sur-Aube, son propre pays, où, remarqué par l'Empereur lui-même, il reçut la confirmation de son grade de général de brigade, sous la date du 15 mai 1814. Un mois après, Napoléon 1er prononçait, à Fontainebleau, son abdication, acceptant le séjour de l'île d'Elbe et quittant la France pour cette résidence, le 28 avril suivant.

Le gouvernement des Bourbons avait besoin de reconstituer une armée nouvelle ; il conserva les mêmes cadres et accorda des faveurs à ceux des généraux qu'il voulait conserver. M. Jeannet reçut la décoration de Saint-Louis, le 13 février 1815 et fut investi du commandement du département de l'Ain.

Cependant, les événements politiques se précipitaient d'une manière imprévue; le calme des esprits n'eut pas le temps de renaître. L'empereur Napoléon revint de son exil, fut bientôt acclamé à Grenoble, à Lyon et se trouvait à Paris le 20 mars. M. le général Jeannet suivit l'exemple du maréchal Ney, commandant la division militaire de Besançon, et sous les ordres duquel il se trouvait. Le 76e régiment d'infanterie de ligne, qui occupait la ville de Bourg, se réunit aux habitants pour arborer les trois couleurs, il saluait le retour de Napoléon. M. Jeannet, cédant à l'enthousiasme général, et peut-être à ses propres convictions, continua d'administrer, pour l'Empereur, le département de l'Ain où il était très-aimé pour ses brillantes qualités personnelles. Il ne tarda pas à s'y faire remarquer, par son ardent patriotisme, en le défendant contre la seconde invasion étrangère, en avril 1815.

Par un décret du 22 du même mois, Napoléon avait ordonné la formation de corps francs dans chacun des départements frontières; M. Jeannet et le préfet, M. Baude, se concertèrent pour la prompte organisation de ces troupes auxiliaires dans l'Ain : elles ne devaient recevoir aucune solde; mais tout ce qu'elles devaient prendre à l'ennemi, en hommes et en matériel, devait être racheté par l'État, à leur profit : les canons, caissons, harnachements, équipements, effets militaires de toute sorte, devaient leur être payés sur l'estimation des *trois quarts* de leur valeur.

On devait aussi leur payer la rançon des prisonniers, d'après le tarif suivant :

Pour chaque prisonnier	30 fr.
Pour un lieutenant ou sous-lieutenant	100
Pour un capitaine	200
Pour un chef de bataillon ou major	500
Pour un colonel	1,000
Pour un maréchal de camp	2,000
Pour un lieutenant général	4,000
Et pour tout aide-de-camp, officier d'ordonnance, courrier, porteur d'ordre	2,000

Enfin, ils formèrent plusieurs compagnies, commandées par MM. Noblens et Savarin, pour le Bugey; Puthod et Morel pour la Bresse; Terray de Versoy, Fournier et Albert de Divonne pour les cantons de Gex et de Ferney.

M. Joseph de Béatrix, ancien capitaine de corps francs, en 1814, et adjoint municipal à Collonges, fut nommé colonel de tous les corps francs du département par le maréchal Suchet, le 2 juin. Immédiatement après il adressa une circulaire aux maires du canton de Collonges et de l'arrondissement de Nantua, pour recevoir l'enrôlement des citoyens qui voudraient se vouer à la défense de la patrie contre l'invasion des alliés. — Cet appel à l'honneur national fut entendu. Les enrôlements furent nombreux. Dans l'arrondissement de Nantua, 5 compagnies, fortes ensemble de 420 hommes, furent formées. Elles avaient pour capitaines MM. Barbe, Sorel, Mercier, Pupunat de Leyssard et Delphin. Les compagnies de Collonges et de Péron étaient commandées par MM. François Beau et Joseph Levrat, officier retraité. Ces compagnies, dont l'effectif n'était que de 123 hommes, s'augmentèrent, plus tard, des enrôlés de Farges, de Saint-Jean et de Léaz.

Là, ne devaient pas s'arrêter les derniers services du général Jeannet, il attendait un commandement à l'armée active. Déjà, son collègue, M. le baron Aussenac, venait d'arriver à Bourg pour le remplacer, et ses lettres ministérielles lui ordonnaient de se rendre, en toute hâte, à Paris, puis au quartier général, lorsqu'il apprit, le lendemain de son arrivée dans la capitale, le désastre de Waterloo, du 18 juin 1815.

Le général Jeannet fut l'un des témoins des tristes adieux du monarque vaincu, qui venait de jouer son dernier coup de dé dans la partie politique de l'Europe ; il assista à la seconde abdication du 22 juin, et déposa lui-même son épée qu'il ne devait plus reprendre, n'ayant encore que 47 ans, et l'âme pleine d'amers regrets de ne pouvoir plus la tenir pour la gloire de la France.

Il revint à Bourg, son pays adoptif, où il a joui en paix des douceurs d'une retraite forcée, mais acceptée avec dignité. — Peu sensible aux événements de la Révolution de 1830, il est mort à 64 ans, entouré de l'estime et de la **vénération publiques**.

Son fils unique, M. Georges-Hortensius Jeannet, vice-président du tribunal civil de Bourg, est mort, dans cette ville, le 27 juillet 1854.

Voir *Aussenac*.

JOINVILLE (Simon de), seigneur de Marnay et de Vaucouleurs, petit neveu de Jean, sire de Joinville, sénéchal de Champagne, l'historien de saint Louis.

Marié avec Béatrix, surnommée *Léonnette*, fille et unique héritière d'Amé II de Gex, qui lui porta en dot la seigneurie de Gex, leurs descendants formèrent une seconde branche des seigneurs de cette terre, en 1298.

Simon de Joinville, qui était un vaillant guerrier, vit avec peine l'agrandissement de la puissance du comte de Savoie, son voisin ; il embrassa la cause du dauphin du Viennois et l'histoire a consacré l'avis qu'il cru devoir en donner à ce comte, dans sa loyauté de chevalier :

« Monsieur Philippe, comte de Savoie et de Bourgoigne,
« Simon de Joinville, sire de *Jay* (Gex) salut : Cum vos ayez
« guerra avec monseigneur le dalphin de Viennois, cui
« homme, je suis lige et cui a ma sœur à femme, il m'est
« requis que l'y aidoie, sachez que je ne m'en pourroye plus
« tenir que je ne l'y aidoie en toutes manières qu'il me
« verra (voudra) avouer encor. »

La guerre ayant éclaté, les Savoisiens perdirent plusieurs forteresses en Bugey, en Valromey, et dans le pays de Vaud. — Les troubles apaisés, un traité intervint qui garantit le pays de Gex, de 1287 à 1293, époque de la mort de Simon de Joinville.

De son union avec Béatrix naquirent deux fils, **Hugues** et **Pierre** de Marnay. — Hugues, qui épousa Éléonore de Faucigny, a perdu le comté de Gex en 1335 ; il est devenu la propriété de la maison de Savoie jusqu'en 1601, année de la réunion de ce pays avec la France.

(Brossard. — *Histoire du pays de Gex*.)

JOTEMPS (Alexandre-Michel de), écuyer, chevalier et seigneur de Daillens, de la maison forte de Pregnin, pays de Gex, né dans le commencement du XVIe siècle, mort en 1573.

Il fut employé à la cour de Savoie, d'abord, comme écuyer de bouche auprès de Charles III ; après la mort de ce prince, il accompagna son fils Emmanuel-Philibert, dans ses expéditions armées et devint son conseiller ordinaire, son chambellan et son favori. Ce duc lui concéda, par lettres patentes, de si importantes inféodations que la chambre des Comptes de Chambéry essaya d'en suspendre l'effet ; mais les remontrances de cette chambre ne furent pas écoutées et le duc prescrivit l'entérinement des lettres du 24 mars 1571, par de nouvelles lettres de jussion, sous la date du 15 octobre suivant. — Les titres du chevalier de Jotemps à cette faveur, étaient incontestables, ce valeureux chevalier s'étant « toujours démontré (disent les ordonnances), non moins loyal et fidèle que *vaillant, vertueux et belliqueux; nous ayant suivi en toutes fortunes et périls de guerre, à ses propres dépens, au temps mesme le plus calamiteux et le plus dangereux;* ayant abandonné ses parents, biens et patrie et plusieurs fois exposé et hasardé sa vie pour nos services, comme avons oculairement vu, notamment lorsqu'il estoit spolié de tous ses biens pour tenir nos parties et continuer à nous servir ; *ayant aussi, d'ailleurs, soigneusement et fidellement gardé tant nos dictes forteresses de Vaud, au temps que les guerres étoient en grande fureur, que depuis, nos forteresses de Montmélian, où il est encore de présent en estat de gouverneur et capitaine audict lieu,* etc..... »

Alexandre-Michel de Jotemps fit son testament le 14 mai 1565 ; sa succession était considérable : elle comprenait, outre la seigneurie de Pregnin-Jotemps, celle de Sergier, provenant de Jean de Sergier, son oncle, avec dévolution au plus proche parent ; or, le plus proche parent d'Alexandre-Michel s'est trouvé être, après quelques années, François *Perrault*, dont il était le grand oncle (frère de sa grand'mère).

(M. Ph. Le Duc. L'*Anti-Démon de Mascon*, etc., p. 191.)

JOUBERT (Barthélemy-Catherine), général de division, né à Pont-de-Vaux, le 14 août 1769, tué sur le champ de bataille de Novi (Italie), le 15 août 1799.

Son premier précepteur fut l'abbé Moyret, de Saint-Trivier-de-Courtes. Il continua ses études classiques chez les Joséphistes de Louhans. Son père, avocat au parlement de Dijon, et, plus tard, juge à Pont-de-Vaux, le destinait au barreau ; mais le jeune Joubert avait un goût prononcé pour la carrière des armes, il s'évada, à 16 ans, de son collége et se rendit à La Fère, où il s'enrôla dans l'artillerie. — C'était le 1er janvier 1785. — Son père n'ayant pas approuvé cette détermination, fit annuler l'engagement de son fils mineur qu'il envoya terminer sa rhétorique au collége de Lyon, puis au petit séminaire de Saint-Irénée, où il fit ses études de mathématiques et de philosophie ; de là, il alla faire son droit à Dijon, où il se trouvait lorsque la première révolution française éclata.

Joubert accueillit, avec ardeur, les idées nouvelles ; il fit partie de la garde nationale de Dijon, ensuite, de celle de Pont-de-Vaux, et lorsque la patrie en danger appela ses enfants à la frontière pour la défendre contre l'ennemi, il répondit, avec empressement, à cet appel ; il s'enrôla à Bourg dans le 3e bataillon des volontaires de l'Ain.

Admis comme simple grenadier en garnison à Gex, il partit bientôt avec le grade de sergent, pour l'armée du Rhin. — Le 23 avril 1792, il fut incorporé comme *sous-lieutenant* dans le 51e régiment de ligne et fut promu *lieutenant*, le 20 mai suivant. — Au mois de septembre de la même année, il traversait le Var, sous les ordres du général de division Anselme, partant pour l'expédition de Nice, avec des soldats manquant de vivres et sans vêtements ; cependant les Français victorieux entraient dans cette ville, et les représentants du peuple en mission y donnaient une fête, le 18 novembre 1792, lorsqu'on y apprit subitement que le comte de Saint-André, commandant l'armée sarde, venait attaquer nos troupes. Le général Brunet se replia sur Escarena et dix bataillons Piémontais se portèrent sur Saorgio ; ils forcèrent le cordon d'avant-postes et marchèrent sur Sospello pour couper notre avant-garde, tandis qu'une seconde colonne, partie de Mangiabo, exécutait un mouvement concentrique pour nous envelopper. Cette manœuvre eut vraisemblablement réussi si la colonne de Mangiabo ne s'était égarée et n'eut donné contre le bataillon de Joubert qui l'arrêta. On sait, par la correspondance de Joubert, que, à la tête de 1,100 hommes composés, en partie, de volontaires assez mal commandés, il vit nos compagnies saisies d'une terreur panique en recevant l'ordre de battre en retraite, et entendit les volontaires marseillais, non encore aguerris, et cherchant à fuir, crier à la trahison. — Malgré un feu très-vif, du côté des Piémontais, le lieutenant Joubert s'écrie : « A moi ! *100 hommes de « bonne volonté et je me charge de repousser l'ennemi.* » Aussitôt 300 volontaires, réunis aux soldats de la ligne, l'entourent ; il les divise en plusieurs pelotons et exécute, avec eux, des décharges bien dirigées qui font bientôt taire le feu de l'ennemi. Les colonnes françaises reprennent l'offensive et s'emparent de Béra.

Ce que Joubert, modeste autant que brave, n'a pas dit, c'est qu'il faillit périr, dans cette affaire, en se jettant à corps perdu dans la mêlée pour dégager son colonel, M. Dagobert, des mains des Marseillais que cet officier supérieur voulait retenir.

Les habitants de la Savoie avaient reçu nos troupes de leur mieux et ils n'auraient pas refusé de devenir Français, si les vicissitudes de la guerre n'y avaient mis obstacle. Nos soldats affamés eurent recours au pillage afin de se procurer des ressources pour vivre. L'enlèvement du bétail excita un soulèvement général et les paysans exaspérés prirent les armes, insultèrent nos convois, maltraitèrent nos soldats isolés, et organisèrent bientôt ces bandes d'insurgés auxquelles on donna, dans la suite, le nom de *Barbets* et qui, retranchés dans les rochers, dans les cavernes de leurs montagnes, ont fait tant de mal à nos armées dans les Alpes et les Apennins.

En avril 1793, le lieutenant Joubert reçut l'ordre de chasser les barbets qui inquiétaient nos colonnes ; avec 50 grenadiers, il parvint à en surprendre un assez grand nombre en grimpant les montagnes escarpées et en *rampant souvent sur le ventre* pour les atteindre ; il en chassa une partie et tua l'autre. — Cinq jours après, quoique malade de la fièvre, il voulut participer à la défense du poste du *Belvédère* attaqué par les Piémontais ; il partit avec sa troupe, gravit, pendant six heures, de hautes montagnes, traversa deux torrents ; mais il fit fausse route. Il se trouva, avec 5 compagnies de grenadiers, en présence de 2,000 soldats ennemis, qui le forcèrent à se replier. Joubert ne dut son salut, dans cette retraite, qu'à sa présence d'esprit et à sa jeunesse. S'étant trop avancé avec quelques hommes de sa compagnie, ils allaient être coupés des leurs, quand ils s'échappèrent en se laissant glisser sur une pente rapide de terrain qui leur permit de traverser la ligne des Piémontais sans accident.

Le 18 mai suivant, le colonel Sérurier rassembla à Saint-Martin sa division composée : 1° du bataillon de volontaires dont Joubert faisait partie; 2° du 1er régiment de hussards; 3° de 8 compagnies d'infanterie légère ; 4° d'un bataillon de volontaires, de 1,200 hommes de Kellermann; et 5° de deux pièces de 4. — Les Piémontais, au nombre de 15,000, étaient retranchés à Isola. On forma deux colonnes : celle de gauche, avec l'artillerie, dut suivre la rivière ; celle de droite, où se trouvait Joubert, escalada les hauteurs pendant 12 heures consécutives : à 5 heures du soir, les nuages s'épaissirent; la grêle tomba et la neige effaça les chemins. On défila, un à un, à travers les précipices, en faisant trois quarts de lieue en trois heures. A 8 heures du soir, on aperçut l'ennemi, on s'élança à sa rencontre au cri de : *Vive la nation !* Isola est dans la vallée : il fallut passer un torrent pour y arriver; il fut franchi malgré la fusillade. Le capitaine de Morangis tomba dans l'eau, Joubert le retira et tous deux, aidés par 60 grenadiers, s'élancèrent sur l'ennemi qui prit la fuite, abandonnant 20 prisonniers, des munitions, des blessés dont un capitaine suisse, du nom de Courten, qui avait la cuisse cassée.

A l'attaque du poste de Saorgio, le 12 juin, Joubert conduisant les grenadiers, voulut s'emparer du vieux château féodal qui protége cette position et la route de Nice à Turin ; il était défendu par 3 ou 400 hommes, 3 batteries d'artillerie tirant à embrasure, et 4 mortiers. Ces batteries plongeaient dans la gorge de la Roya. Joubert parvint à se placer à couvert sous la redoute; il voulait y pénétrer à l'arme blanche ; mais il s'aperçoit qu'il n'est pas soutenu par le gros du bataillon dont la marche a été moins rapide que la sienne. Alors, s'adressant au commandant de Morangis, son chef et son ami : « Quel parti prendre? lui demanda-t-il. *Je*

« *veux mourir ou être fait prisonnier*, répondit le comman-
« dant. Et moi, s'écria Joubert : *périr ou me sauver! Al-*
« *lons, grenadiers, suivez-moi...* » 30 grenadiers le suivent,
se dévouant à sa fortune. Ils glissent, à travers la mitraille,
le long d'une pente à pic, couverte de neige, et Joubert est
sauvé avec 12 grenadiers seulement. Le commandant de
Morangis fut fait prisonnier.

Dans l'action importante qui suivit cette attaque, toutes
nos forces furent engagées. Les Piémontais furent battus, à
la Briga, par le général Pijon et le fort de Saorgio fut évacué
à la faveur de la nuit. — Le général Lebrun en prit possession au point du jour.

Le 8 novembre 1793, tous les camps retranchés au col
de Tende, furent assaillis en même temps, par les Austro-
Sardes ; Joubert, avec 30 grenadiers, défendit une redoute
attaquée par 500 hommes ; ses cartouches épuisées, il se
battit à la baïonnette et ne se rendit que lorsque la redoute
fut pulvérisée.

« Le roi vous a vu battre, lui dit un officier piémontais,
« il est là, il veut vous voir. »

— Êtes-vous noble ? » lui demanda l'un des officiers de la
suite du prince.

— « *Je suis citoyen français !* » répondit fièrement Joubert.

C'était d'un trop mauvais exemple : le roi fit échanger le
prisonnier français, dans le jour même.

Il revint à Pont-de-Vaux pour y rétablir sa santé gravement altérée. C'était en décembre 1793, le représentant du
peuple Albitte exerçait, alors, ses pouvoirs discrétionnaires
dans le département de l'Ain. Notre officier réprouvait le
régime de terreur auquel le proconsul soumettait le pays.
Il se rendit au club de Pont-de-Vaux et s'éleva, avec force,
contre les actes d'Albitte. Les chefs du parti jacobin, Alban
et Vauquois, envoyèrent immédiatement, de Bourg, des
hussards pour l'arrêter. Averti à temps, Joubert s'échappa
au milieu de la nuit et se rendit à Nice aussi souffrant que
lors de son départ de Turin. Il reprit, néanmoins, son service et obtint le grade de *capitaine*, commandant l'avant-
garde de la division de droite.

A la fin de prairial an II (28 juin 1794), nommé *chef de
bataillon*, il fut envoyé à Toulon, afin d'opérer l'embarque-

ment des troupes destinées pour la Corse. La prise de Bastia, par les Anglais, fit renoncer à cette entreprise.

La maladie de Joubert ne l'avait pas quitté ; elle s'était aggravée. Une fièvre putride se déclara ; il entra à l'hôpital de Toulon, en juillet 1794. L'un des médecins l'emmena à Aix, dans une maison de campagne où, après trois mois de convalescence, il put enfin se rétablir.

On le retrouve, en septembre suivant, commandant l'avant-garde de la division Masséna. Il s'agissait d'attaquer l'armée autrichienne rassemblée entre Dégo et Cairo. — Le général Cervoni, ayant pour *adjudants généraux* Joubert et Galéazzini, aborda le col de San-Giacomo. Le poste ennemi fut surpris; puis les Français s'élançant, cinq jours après, sur *Mallere* et *Carcare*, les Autrichiens furent repoussés et Dégo fut emporté. Cette place avait été défendue par de nombreux bataillons de Croates; ce qui fit dire à Joubert :
« qu'il n'avait eu affaire qu'à des Hongrois ; que leurs ba-
« taillons étaient comme des murs de feu et qu'ils ne purent
« être rompus que par nos baïonnettes et nos sabres. »

A la reprise des hostilités, en avril 1795, le gouvernement n'avait pas encore arrêté son plan de campagne. Kellermann ordonna, en juin, de s'emparer de la citadelle de Savone bien défendue par les Génois. Il fallut prendre, abandonner et reprendre les positions importantes de San-Giacomo, de Settepani, de Dei-Pini, de Mélogno. — Joubert fut envoyé à la droite de la division pour attaquer un corps de 7,000 Croates fortement retranchés dans Mélogno, n'ayant avec lui que 2,000 volontaires. Il réussit à les vaincre. — Au retour de sa mission, il apprit qu'il n'était plus compris sur la liste des adjudants généraux désignés par le Comité de salut public. C'était un singulier caprice du sort! être frappé d'une amère disgrâce, au moment même où l'on devait le mériter le moins. — Sa peine fut si grande qu'il s'adressa directement à la commission d'organisation des armées de terre, à Paris, pour réclamer, avec un visible dépit, contre la décision qui venait de l'atteindre.

« Je me retire content, écrivait-il, autant qu'on peut l'être,
« d'être rayé du nombre des défenseurs de son pays
« après quatre années de travaux et de gloire perdues, si la
« commission veut me donner le double des notes de mes

« généraux, certifiées par elle. Je fais cette demande
« parce que je suis jaloux de l'estime de mes concitoyens,
« et que je me crois obligé de leur prouver que je n'ai
« point abusé du grade qui m'avait été confié sans que je
« l'aie sollicité. Je serais charmé de reparaître au milieu
« d'eux, avec l'opinion favorable que mes frères d'armes
« et mes généraux ont toujours eue de moi. C'est le
« sentiment d'un honnête républicain et une justice que je
« réclame du Comité de salut public. »

De son côté, le général en chef Kellermann s'empressa
d'écrire au Comité de salut public ce qui suit : « Quoique
« cet officier n'ait pas beaucoup de services, tous les géné-
« raux m'en ont parlé avec avantage. Il a les connaissances
« nécessaires à son grade. Dans la dernière affaire de Mé-
« logno, le *commandement lui avait été confié et il a donné,*
« *sous mes yeux mêmes, toutes les preuves possibles de bra-*
« *voure et d'intelligence. Je demande qu'il soit conservé, et,*
« *en attendant votre réponse, je le laisse à sa place.* »

La réparation ne se fit pas attendre longtemps. Le Comité
de salut public faisant l'application d'une proposition éma-
née du ministre de la guerre Dubois-Crancé, ayant pour
objet d'accorder à tous les adjudants généraux le grade de
chef de brigade (colonel), confirma définitivement Joubert
dans le grade d'*adjudant général* et l'éleva même, presque
immédiatement, à celui de *chef de brigade*, le 10 juin 1795.
— Kellermann lui faisant parvenir son brevet, lui recommanda de lui envoyer, en échange de son nouveau titre,
deux pièces de canon, avant la fin de la campagne. « Je ne
« doute pas qu'à la première occasion, lui écrivait-il, vous
« ne les enleviiez à l'ennemi et que vous ne justifiiez la con-
« fiance et l'estime de votre général, qui vous aime et vous
« embrasse de tout son cœur. »

Cette réclamation faisait allusion à 2 pièces d'artillerie
de 4, hors de service et abandonnées par Joubert, dans sa
retraite de Mélogno.

On a cru voir dans cet événement inattendu dès le début de la
carrière du chef de bataillon Joubert, une vengeance politique
du représentant Albitte, ou de tout autre ennemi secret;
nous ne partageons pas cette opinion : nous n'y voyons que
l'application rigoureuse d'une mesure générale qui consis-

tait à réduire le nombre des grades en excédant dans l'armée ; il y avait, à cette époque, d'après les rapports officiels, 1,200 officiers de trop dans l'état-major général, et 217 adjudants généraux en excédant, dont 45 affectés spécialement aux armées des Alpes et d'Italie. Evidemment, Joubert, l'un des nouveaux admis à l'armée d'Italie pouvait avoir été victime de cette fâcheuse tolérance qui consistait à laisser concéder des grades militaires, à la fois, *par le ministre, les représentants du peuple, les généraux, et même les chefs de corps.* — L'empressement avec lequel on fit droit à la réclamation de Joubert, prouve qu'il n'avait pas affaire à une dénonciation politique. Quoi qu'il en soit, cette destitution ne fut pas maintenue.

Le colonel Joubert prit une part active à la défense de la fameuse ligne de Borghetto, derrière laquelle Kellermann tint en échec, pendant plus de deux mois, l'armée austrosarde commandée par le baron de Wins. — Chaque jour, le nouveau chef de brigade était chargé de reconnaissances périlleuses, notamment, celles de la Taggia et de la Roya, où les difficultés ne servirent qu'à mettre mieux en relief son courage, son habileté et son dévouement. Enfin l'heure approchait où les Autrichiens allaient être chassés de la rivière de Gênes. La bataille de Loano décida ce succès. Joubert commandait la colonne qui brûla le camp ennemi à Garessio. — A la tête de 3,000 hommes, à Bardinetto, il coopérait à la prise de Spinarda, où les Austro-Sardes furent complètement battus. — Le 2 frimaire (23 novembre 1795), il commandait l'avant-garde du centre qui attaquait le général Argenteau ; il entrait dans une redoute à Monte-Lingo, avec 600 hommes, et faisait mettre bas les armes à 800 Autrichiens. Le lendemain, il s'emparait de 19 pièces de canon ; ce qui lui fit écrire à son père, *qu'il croyait être quitte avec le général en chef Kellermann, lui réclamant les deux pièces laissées à Mélogno.*

Dans son rapport, le général Masséna rendit compte qu'il avait fait partir le chef de brigade Joubert avec le 5ᵉ bataillon de grenadiers pour s'emparer de *San-Giacomo*, afin de couper la ligne de l'ennemi et d'empêcher les troupes qui occupaient les postes de *Loano* et de *Finale*, d'opérer leur retraite de ce côté-là. La mission avait réussi, les Piémontais avaient laissé sur le champ de bataille de Loano, au moins 1,500 hommes morts ou blessés. On y avait fait plus de 4,000 prisonniers, en s'emparant de 8 pièces de canon ; enfin il terminait son rapport en y consignant les plus grands éloges pour la conduite du général Pijon, et pour la bravoure de l'adjudant général Joubert, proposé pour le grade de *général de brigade ;* Joubert n'avait alors que 26 ans.

Pendant l'hiver 1795-1796, l'armée d'Italie put enfin goûter un peu de repos ; les Austro-Sardes ne l'inquiétaient pas ; elle vivait des provisions trouvées, après la victoire, dans les magasins de l'ennemi. Mais Schérer n'ayant pas su profiter de la victoire de Loano, le Directoire décida qu'il serait remplacé par le jeune général Bonaparte, qui déjà s'était distingué à l'armée d'Italie.

Le 11 avril 1796, les hostilités recommencèrent par le combat de Voltri ; les 12 et 13, par les batailles de *Montenotte* et de *Millesimo* ; le 14, par la prise du château de *Cosseria* où le général autrichien Provena fut fait prisonnier avec les siens ; le 15, par la bataille de Dégo, et le 16, par la prise du camp retranché de Ceva.

« Victoire complète ! écrit Joubert à son père dans une lettre datée du bivouac, au-dessous de Ceva, le 18 avril 1796. Depuis huit jours nous nous battons : huit régiments pris, avec drapeaux et artillerie, et j'en suis quitte pour un coup de pierre que j'ai reçu à la tête, à l'assaut d'un château-fort où nous avons fait prisonniers un lieutenant-général ennemi et 1,300 hommes des meilleures troupes sardes et autrichiennes. A présent, nous cernons Ceva qui, dans une heure, sera sommé. J'ai été consolé de ma blessure en entendant mes chasseurs crier : *Vive notre général !* » Joubert ajoute que, dans cette affaire, son compatriote Pannetier était auprès de lui et qu'il a eu son habit percé en portant ses ordres.

Devant Bonaparte maître de la vallée de la Bormida, les Autrichiens avaient fui sur la route de Milan ; les Piémontais, ayant perdu les gorges de Millesimo, se retiraient sur Ceva et Mondovi. Sérurier qui, au début de la campagne, avait laissé Garessio pour observer le général Colli, venait de rejoindre l'armée. Le 22 avril, on surprend Colli. Un combat terrible s'engage : Joubert, impétueux et brave comme toujours, reçoit une balle morte au sein droit. Les

Français sont vainqueurs. 3,000 Piémontais sont morts ou faits prisonniers. Bonaparte arriva à Cherasco, place forte facile à armer avec l'artillerie prise à l'ennemi. Dans cette position, le général en chef était à vingt lieues de Savone, son point de départ, à dix lieues de Turin, et à quinze d'Alexandrie. En quinze jours les Alpes avaient été tournées. Les Autrichiens, séparés des Piémontais battus coup sur coup, étaient menacés dans leur capitale. — Enfin le 28 avril 1796, on signait, à Cherasco, l'armistice par lequel le roi de Sardaigne renonçait à son alliance avec l'Autriche, demandant la paix à la France.

Le général en chef Bonaparte, poursuivant le cours de ses exploits contre les Autrichiens, trompa l'ennemi en faisant traverser le Pô à son armée, à Plaisance au lieu de Valence. Il passa l'Adda à *Lodi*, où le général Dallemagne, un autre guerrier, né dans l'Ain, s'immortalisa par sa bravoure. — Le 12 mai, Joubert fut chargé de s'emparer de Pizzighetonne. Il attaqua cette place avec vigueur. La 75ᵉ demi-brigade ayant enlevé le faubourg de Géra, la garnison forte de 250 hommes capitula.

Beaulieu se retira sur le Mincio après avoir jeté 12,000 hommes dans Mantoue. Rien ne s'opposait plus à la marche victorieuse de l'armée française dans la Lombardie. Masséna se dirigea sur Milan. Joubert le suivit et Bonaparte y fit son entrée triomphale, vingt-quatre heures après. Le château de Milan se rendit, le 27 mai. Le lendemain, l'armée française chassait les Autrichiens de la rivière du Mincio, dans la direction de Pescheria, et de là, sur l'Adige abandonné par Beaulieu. — Joubert reçut l'ordre de protéger l'armée du siége de Mantoue, en se plaçant aux débouchés du Tyrol où s'était réfugié le corps principal des impériaux.

Beaulieu vaincu fut remplacé par le comte de Wurmser conduisant 30,000 hommes de vieilles troupes venues des bords du Rhin pour renforcer les débris de l'armée autrichienne. Son effectif comptait 60,000 combattants. Les Français n'en pouvaient disposer que de 45,000 ; mais Wurmser adopta, comme son prédécesseur, un plan de campagne où l'éparpillement de ses forces devait le faire battre malgré leur supériorité. — Il détacha 20,000 hommes qui devaient cotoyer le lac de Garde à l'occident, et arriver à Brescia pour porter secours à la place de Mantoue, pendant que lui-même, avec 40,000 hommes, descendrait entre l'Adige et le même lac. La jonction devait avoir lieu à la pointe du lac de Garde. Bonaparte vit de suite qu'en concentrant ses troupes il pouvait accabler les 20,000 hommes débouchant sur Brescia avant l'arrivée de Wurmser à Peschiera ; puis revenir sur le Mincio, et accabler le comte à son tour et le rejeter dans le Tyrol. C'est cette combinaison ingénieuse, mais hardie et habilement conduite, qui précipita la ruine de l'armée autrichienne.

Joubert, avec sa brigade, occupant Corona, en avant de Rivoli, y réunit la 4ᵉ et la 10ᵉ demi-brigades légères et y établit sa ligne de bataille en plaçant sa droite à la redoute de Rivoli et la gauche, flanquée par 900 hommes que Victor amenait en toute hâte, plus deux pièces de canon, au centre de cette ligne.

A la tête des 18ᵉ et 14ᵉ, il engagea une vive fusillade contre les Autrichiens qui foudroyèrent la redoute. Nos canonniers, manquant de munitions, cessèrent leurs feux et enclouèrent leurs pièces. — La résistance opiniâtre de Joubert concourut à sauver l'armée. Elle dura deux jours avant que Wurmser put forcer le passage et s'étendre dans la plaine ; ce qui donna à Bonaparte le temps de concentrer ses troupes en abandonnant le siége de Mantoue.

Le 6 août toute l'armée française fut réunie dans la *plaine de Castiglione*. Wurmser, avec la sienne, couvrait le siége de Peschiera. Bonaparte fit placer Augereau sur deux lignes, en avant de Castiglione, et le général Beaumont, avec sa réserve, à droite en échelons. Despinois reçut l'ordre de mettre en marche plusieurs bataillons de Brescia, et Masséna forma la gauche avec sa division, partie déployée et partie en colonne. On attendait la division Sérurier venant de Mantoue. A neuf heures du matin, on entendit une fusillade et le canon sur la droite du camp. Bonaparte courut à Joubert et lui dit : « Vois-tu Sérurier qui attaque à son arrivée ? Tu « devrais être déjà engagé ; pars avec tes chasseurs et force « le centre de l'ennemi. »

En une heure Joubert s'empara, à la baïonnette, du village de Solférino défendu par 6,000 Autrichiens et six pièces d'artillerie. Il avait dans ses rangs le 51ᵉ régiment de ligne formé d'une partie du 3ᵉ bataillon des volontaires de l'Ain. La gauche de l'ennemi fut forcée en même temps ; on la poursuivit jusqu'à Borghetto où elle repassa le Mincio en désordre. Masséna entra, dans la nuit, à Peschiera où les 6,000 Autrichiens abandonnèrent quinze pièces de canon. On poussa rapidement sur Castel-Nuovo et Vérone. Les impériaux prirent la fuite vers les montagnes du Tyrol. Le 10 août, Bonaparte fait attaquer la Corona, en longeant les hauteurs de Montebaldo, afin de couper la retraite aux fuyards. Il prescrit à Joubert de se porter, avec la 18ᵉ demi-brigade légère, en colonne serrée, et l'arme au bras, contre les ouvrages de cette place. L'audace de cette manœuvre épouvanta les Autrichiens, qui abandonnèrent leurs retranchements presque inexpugnables, et poursuivis, au pas de charge, ils se replièrent sur Bochetta-di-Campione où la nuit les sauva. Dans cette journée, Joubert réoccupa le *Montebaldo, la Corona* et *Preabocco* ; il fit 150 prisonniers, enleva six pièces de canon, s'empara de 400 tentes et des bagages autrichiens ; néanmoins, il fut à peine cité dans le rapport de Bonaparte au Directoire. Joubert attribua ce silence au général Masséna avec lequel il avait eu une difficulté à l'occasion du poste de Corona.

Joubert malade resta inactif à Brescia, pendant le mois de septembre. Le 3 octobre il fut nommé commandant de place de *Legnano*, qui paraissait devoir être assiégée par de nouveaux renforts venus par le Tyrol. Le siége n'eut pas lieu, et, le 14 novembre, Joubert fut appelé à prendre part à la bataille d'Arcole, par Bonaparte qui lui donna le commandement de la division Vaubois, composée de trois brigades fortes ensemble de 8,000 hommes. — Il eut la gloire de contribuer puissamment à la victoire d'Arcole, qui lui valut le grade de *général de division*. Bonaparte lui en conféra provisoirement le titre, le 2 frimaire an V (22 novembre 1796). L'année précédente, jour pour jour, il avait été nommé général de brigade. —Le Directoire confirma la promotion de Joubert qui écrivit au général en chef cette lettre empreinte de la plus grande modestie : « Je n'accepte ce grade qu'avec inquiétude ; du « reste, sous vos ordres j'agirai toujours avec confiance. Et « puis, il faut laisser quelque chose à César et à sa fortune ! »

Ces derniers mots furent-ils dus au hasard ou à l'intuition

des affaires politiques? Néanmoins ils durent être agréables à celui auquel ils furent adressés.

Dans les premiers jours de janvier 1797, le baron Alvinty avait reçu du feld-maréchal Wurmser plusieurs avis sur la détresse de la garnison de Mantoue ; le Conseil aulique ordonna de commencer de nouvelles opérations militaires, malgré la rigueur de la saison. Montebaldo était le passage le plus court pour occuper le plateau de Rivoli, conduisant à Mantoue ; l'armée impériale, forte de 45,000 hommes, s'ébranla le 7 janvier et vint occuper les positions devant Legnano, Nogara, Sugana, etc. Bonaparte n'avait pas de plan arrêté, il ne savait où concentrer ses troupes. Les rapports de Joubert dissipèrent ses incertitudes. Bonaparte lui ordonna de reprendre San-Marco évacué par les Français. A ce moment, toutes nos troupes étaient enveloppées par l'ennemi ; il n'y avait plus de réserve, et encore quelques minutes, la victoire allait se prononcer pour les Autrichiens, lorsque la 32e demi-brigade arrivant avec Masséna, après avoir marché toute la nuit, reçut l'ordre de charger. Masséna se précipita sur le général Liptey, le refoula au loin et dégagea la 14e. — Joubert, malgré son effort opiniâtre, cédait du terrain, il lui fallut abandonner la chapelle San-Marco ; le 39e quitta le plateau de Rivoli ; tout semblait perdu. Berthier et Joubert venaient de se rencontrer sur la grande route du ravin qui sépare le village de Rivoli du plateau. Ils se regardèrent pénétrés du même sentiment : *Eh bien, Joubert*, dit Berthier, *où prends-tu la ligne? Là*, répondit Joubert, qui, saisissant par le bras deux grenadiers de la 4e et les plaçant en jalons, fit changer le front de sa division pour marcher au secours de la 39e, pendant que Bonaparte ordonnait à la cavalerie du général Leclerc de se porter sur le même point. La 75e gagna les hauteurs de Fiffaro afin de couvrir le flanc gauche de l'armée.

Joubert, un fusil à la main, conduisit ses grenadiers sur le flanc droit de l'ennemi, l'atteignit et rejeta sa tête de colonne dans le défilé d'Ostéria encombré par la cavalerie et l'artillerie. — Bientôt Masséna, avec la 32e et la bri-brigade Lebley, repoussait les Autrichiens des hauteurs de Trombalora. Joubert rallia son monde et fut soutenu par le chef d'escadrons Lasalle, à la tête de 200 chevaux. En cet instant il se produisit un découragement visible parmi les Impériaux; la déroute fut déterminée par l'arrivée soudaine de Masséna. Joubert fut atteint d'une balle qui perça son chapeau et froissa le galon de son col d'habit. Son cheval avait été tué sous lui à la journée du 25.

Pendant l'affaire, le général Provera avait tenté de porter du secours à la garnison de Mantoue ; mais il fut battu à la Favorite et à Saint-Georges. Il capitula sans avoir pu accomplir sa mission. Ce dernier fait d'armes fit tomber entre nos mains 7,000 hommes, 22 pièces de canon et 19 pontons ; ce fut le glorieux complément de la bataille de Rivoli. Quatre jours avaient suffi pour détruire une armée de plus de 40,000 hommes. 20,000 prisonniers et 45 pièces de canon formèrent les trophées du général en chef. — On affirme que, dans le transport de son enthousiasme, Bonaparte s'écria : « *Les légions romaines faisaient vingt-quatre* « *milles par jour, nos brigades en font trente et se battent* « *dans l'intervalle !* »

Dans ce moment solennel, il donna à Masséna le surnom d'*enfant chéri de la victoire.* Et, dans la suite, Napoléon Ier attacha, au nom de Masséna, celui de *Rivoli;* cependant, il appartenait de droit à Joubert et l'on ne peut expliquer comment l'Empereur ne se souvint pas que cette victoire fut due à la persistance de Joubert qui le détrompa sur la fausse attaque à laquelle il croyait obstinément, lors de la première journée de Rivoli.

Joubert dut se contenter de la lettre élogieuse qui suit :

« Paris, le 12 février 1797.

« Le Directoire exécutif au général Joubert.

« Le Directoire exécutif vous invite, citoyen général, à
« recevoir le témoignage de sa satisfaction pour les services
« précieux que vous rendez à la République. Les glorieuses
« journées des 25 et 26, à Rivoli, et vos opérations récen-
« tes dans le Trentin, vous donnent des droits à la recon-
« naissance nationale. Continuez, brave et heureux général,
« volez à de nouveaux succès ; ils sont dus à votre courage
« et à vos talents militaires. »

Joubert s'était mis en marche par la vallée du Tyrol italien pour chasser le général Loudon au delà du Lavis et se lier à Masséna, à travers les gorges de la Brenta. — Avec

15 à 16,000 hommes à opposer à 20,000 Autrichiens, et malgré les difficultés d'un pays hérissé de montagnes, parcouru en hiver, livrant des combats continuels, il s'empara cependant, de vive force, des places de Botzen, Klausen et Brixen, et parvint, à l'extrémité du Tyrol allemand et à travers le Puttesthal, à rejoindre Bonaparte en Carinthie, se dirigeant sur Vienne pour solliciter la paix. — Le 8 avril 1797, il fit sa jonction avec lui à Saxembourg. Il avait fait 9,000 prisonniers, enlevé 12 pièces de canon, tué 2,000 Tyroliens et n'avait perdu que 500 hommes ! — On raconte qu'au moment où Joubert se présenta au quartier général, tout le monde déplorait sa perte et celle de son armée, prétendue anéantie dans le Tyrol. S'étant précipité vers la tente de Bonaparte pour y pénétrer sans autorisation, la sentinelle de garde lui refusa le passage en croisant la baïonnette. Joubert avait forcé la consigne, la sentinelle le suit en se plaignant de la violence qui lui est faite. Bonaparte embrasse son lieutenant avec effusion, puis se tournant vers cette sentinelle, il lui dit : « *Va, républicain; Joubert* « *qui a forcé les gorges du Tyrol, a bien pu forcer la con-* « *signe!...* » Huit jours après, le 17 avril 1797, Bonaparte signait, à Léoben, les préliminaires de la paix avec l'Autriche. — Après la conclusion du traité de Campo-Formio, Joubert fut envoyé dans le Vicentin et le Bassanois pour arrêter les désordres qui se commettaient au nom de la liberté, dans ces républiques naissantes; il pacifia le pays et revint à Pont-de-Vaux, où il ne séjourna qu'un mois. — Retourné en Italie, Bonaparte le choisit, avec le chef de brigade Andréossy, pour porter aux chefs du gouvernement, à Paris, le riche drapeau donné par le Directoire, à la fin de la campagne, et sur lequel étaient inscrits toutes les victoires de l'armée. Le 10 décembre 1797, il s'acquitta de cette mission et prononça un discours qui fut fort accueilli.

Au printemps de l'année 1798, Bonaparte s'embarqua pour faire sa campagne d'Egypte. Joubert partit pour la Hollande. Il devait y consolider la république batave. Ils se séparèrent sans aucune pensée de rivalité ou de jalousie. Bonaparte lui avait écrit :

« Je serai demain à la voile, mon cher général, et, quand

« vous recevrez cette lettre, je serai probablement au bout
« de la Méditerranée. Votre présence était trop nécessaire
« en Hollande; c'est ce qui m'a empêché de vous deman-
« der ; mais j'espère qu'un jour vous viendrez nous rejoin-
« dre. *Dans toutes les circonstances et dans tous les événe-*
« *ments, vous devez compter sur mon amitié.* — *Je vous*
« *salue et vous aime.* » — BONAPARTE.

Joubert parvint à ramener l'union et la concorde à La Haye en appuyant la politique du général hollandais Daendels, qui proclama un nouveau gouvernement. Il reçut l'ordre, au moment de revenir en France, d'aller prendre le commandement de l'armée du Rhin. — Les nationaux bataves le virent s'éloigner avec regret de leur capitale. Son esprit conciliant et ferme, son libéralisme modéré, sincère, éclairé l'avaient fait dignement apprécier. La veille de son départ, les magistrats de la nouvelle république lui firent présent d'un *cheval*, d'un *sabre* et d'une *armure antique*, comme témoignages de leur reconnaissance.

Le 11 juillet 1798, à peine arrivé à Mayence, le traité de paix de Campo-Formio qui trainait en longueur, fut enfin arrêté définitivement par le congrès de Rastadt. Joubert fut envoyé en Lombardie afin de remplacer le général Brune, destitué pour abus de pouvoirs. — Aussi désintéressé que brave, notre général ne tarda pas à ramener dans le gouvernement de la Cisalpine, la paix et la tranquillité qu'un faux zèle et d'imprudentes manœuvres en avaient bannis; mais le roi de Sardaigne favorisait secrètement le gouvernement napolitain contre la France ; Joubert arrêta le projet de faire abdiquer le roi de Piémont Charles-Emmanuel IV. Il prit les instructions du Directoire et se dirigea, à marches forcées, sur Alexandrie, Novare, Verceil et Turin. Le 9 septembre, Charles-Emmanuel accueillit avec résignation ce conquérant qui, *5 ans auparavant*, était le prisonnier de son père Victor-Amédée, dans cette même place de Turin. Le roi de Piémont quitta son palais, le 15 septembre, et le 20 du même mois, il arrivait à Florence, et de là, s'embarquait pour l'île de Sardaigne. — Joubert s'était montré bon diplomate ; il prouva, par la sage organisation des services publics et militaires en Piémont, qu'il n'était pas moins habile en administration. Son étonnante activité suffit à tout. Le général Suchet a laissé, de lui, un témoignage irrécusable de sa prodigieuse facilité de conception, dans un rapport détaillé des travaux qui ont embrassé toutes les branches de services. Mais ce qui surpasse tout éloge, c'est que, non-seulement Joubert investit les places du Piémont, sans avoir à répandre une goutte de sang; mais, encore, il sut conserver cette importante conquête, au milieu des passions politiques, sans avoir à réprimer aucune sédition, aucune émeute, tant sa surveillance fut prudente et loyale.

Vers l'année 1798, il donna sa démission; après avoir épuisé la coupe des grandeurs, il aspirait à un repos utile à sa santé. Il crut devoir profiter d'une divergence d'opinions, entre le Directoire et lui, pour se démettre de son commandement. — Les citoyens Barras, Merlin (de Douai), La Reveillère-Lepaux, lui écrivirent successivement pour le faire renoncer à son projet. Joubert insista. Sa démission fut acceptée en janvier 1799.

Il laissa le commandement de l'armée d'Italie au général Moreau qu'il avait recommandé *comme étant le meilleur général de la République;* mais Moreau n'avait pas la confiance du Directoire, il fut remplacé par Schérer.

Le 1er février 1799, Joubert, en mettant le pied sur le sol de la France, vint faire une première visite à son pays natal, puis il se rendit à Paris où tous les partis politiques s'agitaient autour du Directoire. Malgré sa répugnance à en servir aucun, il se rapprocha de Sieyès que les mécontents appelaient à la présidence. On fit Joubert général de la division de Paris; on s'efforça d'en faire le chef d'une coalition qui devait remplacer le Directoire. Le coup d'Etat eut lieu, le 30 prairial an VII (18 juin 1799). Il eut pour effet d'appeler des hommes nouveaux au pouvoir et Joubert ne tarda pas à être désigné, une seconde fois, pour commander en chef l'armée d'Italie. — On a dit que le but caché de cette nomination était de lui faire acquérir, par de nouvelles victoires, une renommée assez puissante pour qu'il prît lui-même les rênes du gouvernement. Il est douteux que ce projet fut le sien. On dit même que la dictature lui fut proposée et qu'il refusa... Ce qu'il y a de certain, c'est que la France étant en danger, par la rupture de la paix avec l'Autriche, Joubert n'hésita pas à reprendre son épée pour la défense de l'Italie subitement envahie par Souwarow. Malheureusement, Joubert qui devait s'allier à la famille de l'ambassadeur Sémonville, en épousant Mlle de Montholon, belle-fille de ce personnage, perdit un mois entier à célébrer ses noces, à Pont-de-Vaux, et manqua l'occasion de repousser l'ennemi en temps utile. Il arriva en Italie, le 2 août 1799. — L'armée française était composée de, 40,000 hommes parfaitement organisés. Ils avaient débouché par la Bormida sur Acqui, par la Bochetta sur Galvi, et ils étaient venus se ranger en avant de Novi. Les troupes du général ennemi avaient déjà forcé plusieurs places importantes, notamment celle de Tortone. Leur nombre était de 60,000 hommes dont 10,000 de cavalerie ; Joubert ne pouvait lutter à chance égale. Il assembla un conseil de guerre. L'avis général fut qu'il fallait rentrer dans l'Apennin et se borner à la défensive, en attendant de nouvelles forces. Joubert allait exécuter cette résolution lorsqu'il fut attaqué par Souwarow. Le 15 août, à 5 heures du matin, le premier choc eut lieu contre la gauche des Français ; Joubert avait parcouru les rangs, en disant aux soldats : « *Camarades! la République nous ordonne de vaincre.* » Il se précipitait en avant pour animer, par sa présence, une charge à la baïonnette, lorsqu'il fut frappé d'une balle au flanc droit qui pénétra jusqu'au cœur. Il tomba de cheval faisant signe de la main, et criant encore : *Marchez toujours...* Il ne survécut qu'un instant à sa chute. Il n'avait que 30 ans et 4 mois.

Le lendemain de la mort de Joubert, le général Suchet, son chef d'état-major, adressait à son père la lettre suivante :

« Au moment où les vœux de votre affection paternelle,
« respectable citoyen, venaient d'être réalisés, au moment
« où, uni par les liens qui lui étaient bien chers, votre fils
« ne devait plus, en défendant la patrie, qu'être pour elle et
« pour vous, un sujet d'espérance et d'honneur, un sort
« inévitable vient de nous en priver, tous deux, pour jamais.
« Il a péri, ainsi qu'il avait vécu, *en héros*. Entraîné par son
« intrépide ardeur, au milieu d'un corps qui chancelait, il
« a reçu le coup mortel. Sa fin glorieuse est le seul motif
« de consolation que je puisse vous offrir. J'étais son ami

« et je parle à son père. Que pourrais-je dire pour alléger sa
« douleur? Son corps sera rendu au pays dont il fut la gloire
« et l'armée lui décernera les honneurs qu'il a si bien mé-
« rités. — Agréez, respectable citoyen, l'assurance de mon
« attachement le plus entier. »

Dans son message aux deux Conseils, le Directoire annonçant la perte de la bataille de Novi, proposa de décréter que l'armée d'Italie n'avait pas cessé de bien mériter de la patrie. — Les deux Conseils, en accueillant cette proposition avec acclamation, décidèrent que, pour honorer la mémoire du brave Joubert mort sur le champ de bataille, tous les membres du Corps législatif porteraient le deuil pendant cinq jours, et qu'une fête funèbre serait célébrée en l'honneur de ce général, le 11 septembre suivant. Le même jour, les Conseils votèrent l'érection d'un monument à Paris, qui n'a pas été exécuté ; mais le Sénat conservateur, au commencement du régime impérial, fit placer, dans son palais, la statue du vainqueur du Tyrol. — Ce monument, qui ornait, autrefois, le grand escalier de la Chambre des pairs, a été retiré depuis. — Le corps de Joubert, rapporté en France, devait être rendu à sa jeune épouse qui l'avait réclamé ; il est resté déposé au fort Lamalgue, à Toulon, pendant 19 ans. Ce fort reçut même, à cette occasion, le nom de *Fort Joubert*. Cependant, le 27 août 1818, le ministre de la guerre, réparant cet oubli, fit rendre la dépouille mortelle de Joubert, à son pays natal. Le corps fut inhumé dans l'église de Pont-de-Vaux, le 23 novembre de la même année. Son tombeau porte cette épitaphe : « D. O. M. (*Deo, optimo,*
« *maximo*). Cy git B. C. Joubert, général en chef des ar-
« mées d'Italie, né à Pont-de-Vaux, le 14 avril 1769; mort
« au champ d'honneur, le 15 août 1799. — *Requiescat in*
« *pace.* »

Outre sa statue en marbre blanc, de 2m 33 de hauteur, érigée sur la place publique de Pont-de-Vaux, en 1832 (œuvre du sculpteur Legendre-Herald, de Lyon), il existe encore, à l'entrée occidentale de la ville de Bourg, sur une place publique qui a pris le nom *de Joubert*, une trop modeste pyramide quadrangulaire, en pierre, servant de fontaine, ornée d'inscriptions en lettres d'or, où l'on remarque ces mots :

« Joubert meurt à la fleur de l'âge; mais ses talents, sa
« bravoure, son humanité, son dévouement héroïque à la
« patrie, le feront vivre à jamais dans le souvenir reconnaissant de ses concitoyens. »

« Monument décerné à la mémoire du général Joubert
« par la loi du 19 fructidor an VII, achevé par les ordres
« de Napoléon-le-Grand, empereur des Français, protec-
« teur de la confédération du Rhin, l'an IV de son règne
« (1807).

« Bossi, Préfet du département de l'Ain ; Chossat, maire de la ville de Bourg. »

Le général de division Joubert ne fut pas seulement un militaire illustre, il fut aussi un de ces hommes rares chez lesquels la nature a réuni les vertus et les qualités propres aux âmes d'élite.

Ces êtres privilégiés n'attendent ordinairement qu'une occasion favorable pour être appréciés. La 1re Révolution française fit connaître Joubert qui, sans elle, se fut probablement consacré aux fonctions de la magistrature, comme son père.

Joubert débuta, comme avocat, en défendant, devant le parlement de Dijon, la cause désespérée d'une femme pauvre soutenant un procès contre une famille puissante, procès qu'il gagna.

Son père et lui aimèrent et soutinrent loyalement les principes de 1789. Barthélemy fut élu secrétaire de la Société populaire de Pont-de-Vaux, dont le recueil des procès-verbaux existe encore dans cette ville. Sa rédaction était, dit-on, incorrecte, quelquefois embarrassée, mais on sent la droiture d'un jeune cœur, celui d'un patriote ardent et sincère. Son libéralisme éclairé consistait à honorer les hommes utiles, quelle que fut leur opinion politique. — Doux et affable, il avait acquis, de bonne heure, par sa raison, un ascendant remarquable sur ses camarades ; plus tard, comme homme de guerre, habitué aux privations de tous genres, il devint facilement l'égal du soldat, son chef et son ami. Il recommandait toujours aux Conseils de guerre beaucoup d'indulgence pour les petites fautes ou celles qui ne sont pas prouvées ; mais il réclamait la sévérité pour les choses graves qui demandaient *des exemples*. Sa supériorité morale, son activité infatigable, et surtout son intrépidité inspiraient une grande confiance dans le danger. Il avait acquis l'éloquence brève du commandement qui va au cœur et à la raison. De mœurs austères, il était sévère pour la discipline des camps. On dit qu'en traversant le Tyrol, il lança un ordre du jour foudroyant, où, après avoir exposé les excès commis par ses soldats, il terminait en disant : « *Je suis obligé de me demander si je conduis des hordes de brigands ou des bataillons républicains.* » Les soldats, sensibles à ce reproche, livrèrent eux-mêmes les coupables. Justice fut faite. Depuis, Joubert écrivait à Bonaparte : « *La sagesse de nos troupes autant que la* « *terreur de nos armes ont désarmé l'ennemi.* »

Econome et frugal sans avarice, il bornait faiblement ses dépenses au luxe de ses habits et de ses équipages de guerre. — Sa bravoure, dans un corps débile, avait quelque chose de chevaleresque qu'on ne pouvait s'empêcher d'admirer. Ses connaissances militaires ne furent jamais révoquées en doute. Il avait le coup d'œil sûr et une conception prompte. Franc et loyal, il était porté à relever les fautes commises par ses égaux et ses chefs, mais sans fiel, ni amertume ; il en usait avec une bonne foi et une délicatesse qui lui évitèrent des mécomptes ou des inimitiés qu'il aurait pu s'attirer. Bonaparte, lui-même, lui tenait compte de ses vives remontrances. Il lui accordait toute sa confiance au point de vue de la science militaire et de la justesse de ses opinions.

Comme administrateur, Joubert fut également remarqué par l'ampleur de ses vues, son intégrité, sa probité, sa droiture et son intelligence des affaires.

En politique, son républicanisme sans violences lui donna une force morale qui aurait pu, peut-être, exercer une heureuse influence sur les institutions de notre pays. L'usage qu'il en fit en Hollande, en Italie, en France, lui gagnèrent les amis de la vraie liberté.

Son désintéressement fut si grand que, lors du changement de gouvernement du Piémont, le roi de Sardaigne, touché de la sagesse et de la loyauté de son vainqueur, voulut lui faire présent d'un tableau d'un grand prix. « *Non, répondit Joubert, vous ne devez pas me l'offrir et* « *je ne dois pas l'accepter.* »

Cet éloge n'est que fidèle, et les Bressans lui donnent, à juste raison, la première place dans leurs rangs; ils doivent cette marque d'estime à celui qui aimait tant son pays et dont il fut l'orgueil et la principale gloire militaire.

(Garat : *Oraison funèbre*, Paris, 1799. — Riboud : *Eloge de Joubert*. — Lalande : *Notice sur le général Joubert*. — L'abbé Régnier, Sonthonnax, de Guilbert, M. le dr Ordinaire : *Notices sur le général Joubert*. — *Biographie universelle; biog. des Contemporains; biog. des Célébrités; le Plutarque français*. — M. Thiers : *Histoire de l'Empire*. — Journal *l'Abeille de Nantua et du pays de Gex*. — M. Ed. Chevrier : *Etude sur la vie de Joubert*, in-8º, 1860, Bourg ; cet ouvrage mérite une attention spéciale en raison de la correspondance inédite du général.)

JOURNET (Claude), chef de bataillon, chevalier de la Légion d'honneur, né à Coligny, le 21 octobre 1768, mort à Villemotier, le 5 septembre 1861.

Fils d'un artisan de Coligny, artisan lui-même, le jeune Journet fut compris, en 1793, dans la levée de 18 à 25 ans, appelée à la défense du pays. Il s'enrôla dans le 10e bataillon des volontaires de l'Ain, et fut bientôt incorporé, comme *sous-lieutenant*, dans le 39e régiment de ligne avec lequel il fit les campagnes d'Italie. Il combattit avec bravoure à Montenotte, à Lodi, à Arcole, à Marengo. — Nommé *lieutenant* en 1796, il fut blessé d'un coup de feu au passage du Tagliamento.

En 1806, il fit partie de l'armée d'Allemagne ; gagna ses épaulettes de *capitaine* à la bataille d'Austerlitz, et la décoration de la Légion d'honneur à Eylau, pour avoir, étant aux avant-postes avec sa compagnie de grenadiers, repoussé intrépidement l'attaque de nuit d'une colonne russe supérieure en nombre. — En 1808, il était en Espagne. Il assista à la prise de Madrid, aux combats de Burgos et de Séville, et se fit remarquer dans la retraite de Portugal, le 14 mars 1811 : placé sur un monticule à Mirando-del-Corvo, il repoussa à la baïonnette une attaque vigoureuse des Anglais ; puis, formant le carré, il tint en échec, pendant deux heures, des escadrons de cavalerie qui vinrent l'assaillir, et ne quitta ce poste périlleux que par l'ordre du maréchal Ney. Cet acte d'intrépidité lui valut le grade de *chef de bataillon*.

En 1814, il commandait la forteresse de Landau qui, bloquée et manquant de tout, ne se rendit qu'après la capitulation de Paris. — Là se termina la vie militaire et glorieuse de M. Journet. Rentré dans son pays natal, il s'y maria et accepta les fonctions d'adjoint au maire de la commune de Villemotier, en 1823. — Nommé maire de cette même commune, en 1834, il l'administra avec le plus entier dévouement. C'est de cette époque que datent l'amélioration des chemins vicinaux et l'établissement de l'école des garçons, sur un point central et commode de la commune.

M. Journet s'est éteint, à 93 ans, au milieu de ses concitoyens dont il sut constamment captiver l'estime et le respect. Il dut cette satisfaction personnelle à un caractère ferme et calme, uni à un esprit d'ordre, de justice très-honorable, dont il fit preuve toute sa vie.

JUILLARD (Claude-Joseph), lieutenant, chevalier de la Légion d'honneur, né à Chézery, le 24 février 1783, mort à Lograz, commune de Péron, en 1865.

Fils d'honnêtes cultivateurs du pays de Gex, son père Jean-Joseph, ne put lui faire enseigner que les éléments de l'instruction ordinaire qu'on pouvait donner, en son temps, aux habitants des campagnes ; mais le jeune homme avait de l'intelligence, il acquit auprès du curé de son village, et par lui-même, les connaissances indispensables à toutes les conditions de la vie, la lecture, l'écriture et l'arithmétique. Il se forma, pour le reste, dans l'armée même.

Entré au service, à l'âge de 21 ans, comme réquisitionnaire de l'an XII, il fut incorporé dans le 105e régiment d'infanterie de ligne, le 26 août 1804. — Fait *caporal*, le 15 mars 1806 ; *fourrier*, le 18 octobre 1808 ; *sergent*, le 9 novembre 1809 ; *sergent-major*, le 19 septembre 1810 ; il était nommé *sous-lieutenant* le 4 juillet 1813, et *lieutenant*, le 2 décembre de la même année.

Mis à la solde de non activité, le 29 juillet 1814, il fut envoyé dans le 23e régiment de ligne, le 8 avril 1815 ; mais la deuxième abdication de l'empereur Napoléon Ier était un fait accompli, l'armée impériale réunie sur les bords de la Loire, le 29 août 1815, fut licenciée. Le lieutenant Juillard fut renvoyé dans ses foyers avec une retraite insuffisante, **par ordonnance du roi Louis XVIII, en date du 6 avril 1820.**

Cependant, il n'avait, alors, que 37 ans et comptait 16 ans de bons services. Sa position de fortune était trop intéressante et son caractère trop honorable pour qu'il ne trouvât pas des amis dévoués au retour des Bourbons; et, lorsqu'après 1830, le roi Louis-Philippe fut appelé au trône de France, son ministre de la guerre, le maréchal Soult, fit rappeler à l'activité le *lieutenant* Juillard, dans son grade, lors de la formation de la compagnie des *vétérans de l'Ain*, en exécution de l'ordonnance royale du 25 mars 1831.

Passé à la suite de la *9ᶜ compagnie de fusiliers vétérans*, à Bourg, le 15 février 1833, il fut envoyé *lieutenant* à la 10ᶜ compagnie, même arme, par décision ministérielle du 29 mai même année. — M. Juillard a exercé plusieurs commandements militaires importants dans son grade. Pendant dix ans, de 1833 à 1843, il a rempli l'emploi de commandant de place à Pierre-Châtel (Ain), et ensuite à Langres (Haute-Marne), pendant trois ans (1846).

Cet officier parvenu à l'âge de 63 ans, à cette dernière date, et pouvant justifier de 31 ans de services effectifs, fut admis à la retraite définitive. — Rentré à Lograz, il a vécu encore 19 ans, entouré de l'estime de ses concitoyens et s'est éteint à 82 ans, laissant un nom vénéré pour ses belles qualités et pour sa noble conduite dans les guerres de la première République et celles de l'Empire.

Il avait fait dix campagnes : celles d'Italie en 1805; celles de 1806, 1807 et 1808, en Dalmatie ; 1809, en Croatie et à la grande armée ; de 1811 à 1814, en Catalogne, et 1815, en Belgique. — Il avait été blessé d'un coup de feu à la jambe droite, le 30 octobre 1805, à l'affaire de Caldiero, en Italie ; d'un autre coup de feu à la hanche gauche, le 10 juillet 1809, devant la place de Znaïm, en Moravie. C'est là que le fourrier des voltigeurs Juillard fut mis à l'ordre de l'armée, le même jour, pour avoir, *seul*, fait mettre bas les armes à 20 grenadiers hongrois commandés par un officier.

Cet acte d'intrépidité, constaté dans les états de services de M. Juillard, explique suffisamment la protection éclairée du maréchal Soult, à son égard, en 1831. Cet officier général avait vu notre compatriote à l'œuvre, il répara un oubli en le faisant nommer chevalier de la Légion d'honneur par ordonnance royale de 1835. Cette réparation tardive a honoré le protecteur et le protégé.

LA BATIE (François - Hortense - Jules - Anthelme), maréchal de camp, commandeur de la Légion d'honneur, chevalier de Saint-Louis et chevalier, de 2me classe, de Saint-Ferdinand d'Espagne, né à Talissieu en Bugey, le 17 juin 1788, mort à Paris, le 17 octobre 1865.

Son père, procureur du roi dans la maîtrise des eaux et forêts de Belley, lui fit donner, dans cette ville, une instruction solide qui devait, un jour, contribuer à développer, chez M. La Batie, un goût poétique naturel qui l'a rendu aussi apte au culte des muses qu'au métier des armes, pour lequel, d'ailleurs, il se sentait une vocation particulière ; ce qui fit dire plaisamment par l'un de ses inspecteurs généraux, le saluant à la tête de son régiment (le 9e d'infanterie de ligne) :

« *Colonel ! au Parnasse, ainsi qu'au régiment,*
« *Le vers marche et s'aligne à ton commandement.* »

M. La Batie avait pour oncle M. le baron de Rostaing, intendant militaire qui l'accueillit, tout jeune encore, dans ses travaux. Il voulut l'initier à ses affaires administratives ; mais ce service lui parut trop sédentaire, il ne convenait pas à une nature ardente comme la sienne : sa voie réclamait un sentier moins battu, sinon plus brillant. Enfin il aimait la vie agitée des camps et les hasards de la guerre.

Le 12 avril 1807, à peine âgé de 19 ans, le jeune La Batie s'engagea volontairement comme *gendarme d'ordonnance* (1) et fut envoyé en Prusse et en Saxe. Il assista à la prise de Dantzig, le 26 mai suivant, et, après la paix de Tilsitt, il fut nommé *sous-lieutenant* au 16e bataillon provisoire, le 27 août de la même année ; puis envoyé, avec ce grade, au 52e régiment de ligne qu'il suivit dans les campagnes d'Italie, d'Allemagne et de Hongrie, de 1808 à 1809. — Le 17 mai de cette dernière année, notre officier, promu *lieute-*

---

(1) Les *gendarmes d'ordonnance* précédèrent la création des *gardes d'honneur*, composés aussi de jeunes gens de familles distinguées ; ce corps fut organisé en 1806, et ne reçut, d'abord, que la solde de la ligne ; mais, l'Empereur leur accorda, bientôt, celle des *chasseurs de la garde* dont ils faisaient partie. Ce corps fut licencié à Cassel, en 1807.

nant, se distingua à l'assaut du fort Malborgetto, sous les ordres du prince Eugène. « Nos soldats, dit M. Thiers, dans son *Histoire de l'Empire*, animés par la difficulté de s'emparer d'un fort bien défendu par le relief de ses ouvrages, escaladèrent, avec audace, des fortifications régulières sous la mitraille ennemie ; ils passèrent au fil de l'épée une partie des malheureux défenseurs du fort, prirent le reste et arborèrent le drapeau français sur le sommet des Alpes carniques. »

M. La Batie combattit encore glorieusement à Wagram où il fut blessé grièvement d'un coup de feu à la jambe droite, le 6 juillet 1809. —Nommé *capitaine* au même régiment, le 12 avril 1813, il fit la guerre en Espagne où, par suite de la reddition de Pampelune aux Anglais, sous la date du 31 octobre suivant, il fut obligé de se constituer prisonnier ; sa captivité dura jusqu'au 23 mai 1814. — Au retour de Napoléon de l'île d'Elbe, en 1815, notre capitaine fut incorporé dans le 58e régiment de ligne qu'il accompagna jusqu'à son licenciement, c'est-à-dire jusqu'au 30 août, même année.

M. La Batie était encore trop jeune pour quitter l'armée, il n'avait que 29 ans ; il se décida à continuer sa carrière sur l'offre qui lui en fut faite, au moment de la réorganisation de l'armée royale. Il fut admis, avec son grade, dans la légion de l'Ain, devenue, en 1820, le 1er régiment de ligne. — La même année, il fut nommé *chevalier de la Légion d'honneur*, et, dès lors, son horizon s'étant agrandi sous un jour nouveau, ses qualités militaires ne tardèrent pas à être remarquées.

Promu *chef de bataillon*, au choix, en septembre 1823, il fit la campagne d'Espagne, sous le duc d'Angoulême. Il en fut récompensé par le grade de *chevalier, de 2e classe*, de *l'ordre de Saint-Ferdinand ;* puis, par la nomination de *chevalier de Saint-Louis*, sous la date du 29 octobre 1826.

Après la Révolution de juillet 1830, M. La Batie fit l'expédition de Belgique, sous les ordres du maréchal Gérard. Cette campagne lui valut le grade d'*officier de la Légion d'honneur*. — Devenu *lieutenant-colonel* au 38e régiment de ligne en 1833, il se fit remarquer par la manière intelligente et pleine de tact avec laquelle il remplit la délicate mission de surveiller les arrondissements de Vitré et de Fougères, où des ferments de discorde civile avaient éclaté, et faisaient craindre une nouvelle Vendée.

Six ans après, M. La Batie était placé à la tête du 9ᵉ régiment d'infanterie légère, comme *colonel*. — Sous le rapport de la discipline et de la tenue, il est peu de corps qui aient égalé celui-ci. Chose rare, notre compatriote connaissait presque tous ses soldats. Sa perspicacité était telle qu'il jugeait ses subordonnés, à la première vue : il se trompait peu et savait les encourager et faire récompenser leurs bonnes actions. — Cette supériorité de tact lui valut, de la part du duc d'Orléans, les éloges les plus flatteurs.

Le 3 novembre 1846, nommé *général de brigade*, M. La Batie fut chargé d'une inspection générale des troupes en 1848, époque du rétablissement de la République en France. — Au moment du coup d'Etat, il commandait encore une brigade, à Paris. Un personnage, devenu important sous le deuxième empire, vint sonder les intentions de notre général et s'assurer du concours des régiments placés sous ses ordres. M. La Batie, l'homme du devoir et scrupuleux observateur de son serment, se borna à répondre à l'importun solliciteur, qu'il ne savait pas transiger avec sa conscience, ni transgresser l'honneur, et l'éconduisit froidement... Aussi le général fut-il mis en disponibilité, en juin 1850 ; mais, avant de quitter son commandement, il reçut, pour dernière récompense de ses services, sa pension de retraite et le *cordon de commandeur de la Légion d'honneur ;* ce qui lui faisait dire qu'il avait reçu *l'extrême-onction*.

Il a succombé à 77 ans et 4 mois, entouré de l'estime publique et des regrets de tous les amis des lettres qu'il savait charmer par ses écrits. — Il a composé beaucoup de poésies inédites sur divers sujets, notamment 2 ou 3,000 vers sur le village de *Vieu* en Bugey, dont il a chanté la *Fontaine*, ouvrage des Romains ; le *Cimetière ;* le *Four.* Enfin les *Mœurs villageoises* de nos pays. — C'est ici le cas de déplorer sa prodigieuse mémoire qui lui permettait de composer tout un ouvrage *sans l'écrire* et de le réciter, en entier, 30 ou 40 ans après. La plus considérable partie de ses œuvres est ainsi morte avec lui. Cependant, on a conservé des vers, sur le *Puy-de-Dôme*, les seuls qui aient été imprimés.

LABBÉ (Antoine), capitaine, né le 18 novembre 1769, à Parcieux (Dombes), où il est mort, le 8 janvier 1813.

Engagé volontairement dans le 6ᵉ bataillon de l'Ain, le 29 juillet 1792, il combattit dans les armées des Alpes et d'Italie, comme *caporal*, dès le 22 août de la même année. — *Sergent*, le 24 avril 1793, il se signala à plusieurs affaires, notamment, le 5 août 1796, devant Castiglione où il s'empara d'une pièce de canon, après avoir fait plusieurs prisonniers. — Un mois après, il était blessé d'un coup de feu à la joue gauche, à la bataille de Rovérédo. — Le 25 avril 1799, à Isolano, près Vérone, Labbé reçut un nouveau coup de feu à la jambe droite. — Sa bravoure reconnue, lui fit accorder un *sabre d'honneur*, le 10 prairial an XI (30 mai 1803).

Passé, vers cette époque, à l'armée de Batavia, il servit jusqu'en l'an XIII (1804-1805). — Nommé *sous-lieutenant*, le 14 pluviôse de cette année, il fit les campagnes de la Dalmatie, et celles de l'Illyrie, de 1806 à 1811. — *Lieutenant*, le 10 décembre 1808, il fut fait prisonnier au combat d'Obrowatz, le 29 avril 1809; mais il fut rendu à la liberté, le 21 octobre suivant. — Promu *capitaine*, le 14 mars 1811, Labbé fut obligé de solliciter sa pension de retraite pour cause d'infirmités contractées au service; il l'obtint et rentra dans ses foyers où il est décédé deux ans après, à l'âge de 43 ans.

LAGUETTE de MORNAY (Eugène-Amédée-Jules-Frédéric, de la), baron de l'Empire, chef d'escadrons, officier de la Légion d'honneur, député et membre du conseil général du département de l'Ain, né au château d'Heyriat, près Nantua, le 1ᵉʳ mars 1780; mort à Volognat, le 19 mai 1845.

Le nom de cet officier supérieur est écrit *La Guette* dans le nobiliaire de l'Ain; mais nous avons adopté l'orthographe de **Laguette**, parce que M. de Mornay signait ainsi. — Sa famille comptait, parmi ses aïeux, les *Seyssel* et les *Lesdiguières*. Elle fut admise dans l'assemblée de la noblesse du Bugey, en août 1751. — Son grand-père, **Pierre-Antoine de la Guette**, avait été pourvu, en 1745, de l'office de conseiller-contrôleur, secrétaire du Roi, en la chancellerie, près le parlement de Bourgogne.

Le jeune Laguette de Mornay, fit ses premières études au collége de Nantua, puis à l'École militaire de Pont-à-Mousson, en 1787, et à l'Ecole polytechnique, en 1799. Il en sortit deux ans après, pour suivre la carrière des armes. Il fut admis, en 1801, comme *sous-lieutenant* dans l'artillerie. Il assista, dans cette arme, en 1805, au camp de Boulogne; puis, aux victoires d'Ulm, d'Austerlitz, lors de la campagne d'Autriche, la même année. En 1806, appelé à faire partie de la vieille garde impériale, il combattit avec intrépidité à Iéna; en 1807, à Eylau, à Heilsberg et à Friedland où il fut fait *chevalier de la Légion d'honneur*. — Envoyé, plus tard, à l'armée d'Espagne, en 1808 et 1809, il partit de Walladolid pour se rendre en Allemagne où il se porta rapidement sur Vienne, faisant partie de la division Oudinot. Il se distingua bientôt, le 6 juillet 1809, à Wagram; mais il eut le bras droit emporté par un boulet de canon. — Dans cette bataille mémorable, un des généraux veut faire parvenir une dépêche urgente à l'Empereur. Il s'agit d'affronter les plus grands dangers; il faut passer sous le feu des batteries autrichiennes. Où trouver un volontaire qui ose accomplir cette mission? M. le capitaine Laguette de Mornay se présente. Il part à l'instant; mais à peine a-t-il fait 100 pas, qu'un projectile lui emporte le bras. Il ne s'arrête pas; il lance son cheval au galop et arrive auprès de l'Empereur, avant d'avoir perdu tout son sang... Sa première pensée avait été celle de s'immoler pour accomplir son devoir! La seconde pensée, a-t-il dit lui-même plus tard, fut pour sa famille et sa pauvre *flûte, qui, désormais, devait rester muette!* — On procéda à l'amputation qu'il supporta avec une force d'âme très-rare. — Il commençait à se rétablir de ses cruelles souffrances, lorsqu'il apprit que son frère aîné, *Emilien de Mornay,* officier du génie depuis 1798, venait de perdre la vie à l'attaque de la porte d'Amarante, en Portugal, le 21 avril 1809. Il en conçut une profonde douleur.—Napoléon Ier récompensa le sublime dévouement du blessé en lui accordant le grade d'*officier de la Légion d'honneur* et le titre de *baron de l'Empire* avec *trois dotations*. — M. Laguette pouvait aspirer à de grands honneurs dans l'avenir; mais il pensa que sa pieuse mère, qui était veuve, allait être privée de consolations, et il se décida à quitter l'armée pour revenir au sein de sa famille. Il obtint une pension de retraite pour cause de blessures, et rentra à Heyriat, où il partagea, désormais, son temps et son activité entre les soins de l'agriculture et ceux de l'éducation de ses enfants.

Cependant les événements politiques agitèrent le pays : la première restauration des Bourbons, suivie de l'invasion des *alliés*, ne pouvait le laisser indifférent au milieu de ses concitoyens pleins de confiance dans son libéralisme et son expérience des affaires publiques; il fut élu député de l'arrondissement de Nantua, en 1812, et en mars 1814, au retour de l'Empereur de l'île d'Elbe; il prit une part active aux travaux de l'Assemblée législative, à ces deux époques, avec un zèle digne d'éloges. — Lors de la seconde abdication de Napoléon Ier, ses collègues de la Chambre le nommèrent *commissaire* près l'armée, qui, après Waterloo, s'était ralliée autour de Paris. Il fut chargé de s'enquérir de l'*esprit* dont elle était animée, et de l'espoir qu'on pouvait fonder sur elle pour changer la forme du gouvernement. Notre député s'acquitta consciencieusement de sa mission, et son rapport fut favorablement accueilli par ses amis. Il concluait au maintien des institutions impériales, et dans la discussion vive et animée, il s'attacha à démontrer au baron de Vitrolles, ministre de Louis XVIII, en présence du prince d'Eckmühl (maréchal Davout), que les princes de la maison de Bourbon avaient conquis peu de sympathies dans l'armée... Mais l'Empire avait fait son temps et la nouvelle monarchie fut décidée. — Avant de rentrer dans la vie privée, M. de Mornay signa la protestation des représentants contre le grand attentat commis, par les rois étrangers, sur l'indépendance du peuple français. — Quoique devenu suspect parmi les membres du nouveau conseil général de l'Ain, M. de Mornay n'en poursuivit pas moins ses efforts constants pour faire progresser l'instruction du peuple, l'amélioration du sol et celle de l'hygiène publique. Il s'adonna aux progrès de l'agriculture et à ceux de la grande vicinalité dans son département.

Les électeurs de l'arrondissement de Nantua le ramenèrent, en 1827, sur la scène politique. Nommé, encore une fois, député, il revint siéger à la Chambre à côté des Lafayette, des Tracy, des Barrot, des Lamarque, etc. Il y plaida, avec chaleur, la cause des légionnaires; fit partie des 221 qui protestèrent contre les vues du gouvernement, contraires aux vœux du peuple. — On se souvient que la Chambre des députés fut dissoute et que les colléges électoraux s'assemblèrent de nouveau, persistant dans l'arrêt solennel qu'ils avaient porté contre les ennemis de la révolution et renvoyant à ceux-ci les mêmes adversaires. — M. de Mornay accourut encore à Paris, à la première nouvelle des ordonnances de 1830 et se montra, comme toujours, chaud partisan des libertés nationales. Après trois ans d'efforts inutiles, dégoûté de la lutte parlementaire, il donna sa démission qui fut acceptée. — Douze ans après, il succombait à Volognat, à 65 ans, de la rupture d'un anévrisme.

M. le baron de Mornay, nommé 6 fois *député de l'Ain*, s'est consacré à ses amis dans les dernières années de sa vie. — Il n'est pas mort tout entier. Son nom restera, dans le Bugey, le symbole des mots : *honneur* et *patriotisme*. — Il a laissé deux Mémoires qu'il a publiés : 1° *Proposition tendant à indemniser ceux qui auraient souffert pour la défense du territoire*. In-8, 1830 ; — 2° *Observations sur quelques routes du département de l'Ain*. In-8° de 40 pages avec carte. Nantua, Arène. 1838.

(M. le vicomte de Denneville. — *Notice sur M. le baron Laguette de Mornay*.)

LAMARCHE (Hippolyte-Dumas, de), ancien capitaine et journaliste, né à Trévoux, le 28 février 1789, mort à Paris, le 16 avril 1860.

Après avoir fait de bonnes études à Lyon, le jeune Dumas de Lamarche entra, à 15 ans, dans la marine et se signala, à l'époque du siége de Stralsund, dans plusieurs affaires contre les Suédois. — En 1810 il passa dans l'armée de terre et fut promu, en Espagne, au grade de *capitaine* que lui ôta la Restauration, en 1816. Ce grade lui fut restitué lors de la révolution de Juillet 1830.

Après le licenciement de l'armée impériale dont il faisait partie, M. de Lamarche retiré dans sa famille, s'occupa, d'abord, de travaux industriels, notamment, de la fabrication du sucre ; mais son goût pour l'étude l'entraîna vers la littérature, et le 3 juin 1830, il fit représenter à l'Odéon de Paris une imitation, en trois actes et en vers, du *Marchand de Venise* de Schakspeare, pièce qui eut du succès.

Les événements politiques l'éloignèrent de la carrière dramatique ; il alla prendre part à la révolution de Belgique, avec son jeune frère qui mourut en combattant auprès de M. de Mérode.

Nommé chef du bureau de la cavalerie au ministère de la guerre belge, M. de Lamarche conserva ses fonctions jusqu'en 1831. — A son retour en France, il se fit publiciste : il traita avec autorité la question belge dans le *Messager des Chambres* ; puis il passa au *Commerce* et de là au *Siècle*, où il a été successivement le collaborateur de MM. Chambolle, Pérée et Havin. Il s'occupait spécialement de la politique étrangère. Plusieurs fois, les événements ont prouvé la sûreté de ses prévisions et de ses jugements personnels. Une finesse d'observations et une sorte d'intuition le firent surnommer le *diplomate du siècle*.

La Révolution de 1848 le trouva chaud partisan des réformes, mais *non socialiste*. Il voulait attendre de l'expérience ce que la théorie n'avait pu lui enseigner. — En 1851, il partagea les opinions du journal qu'il représentait, avec la conscience de l'honnêteté qui lui faisait un devoir de modérer ses pensées, de les dire sans âpreté, avec l'ardeur d'un patriote éprouvé, sans pousser à la révolte ni à l'insurrection.

Le doyen des écrivains du siècle, M. Sarrans jeune, a prononcé sur la tombe de M. de Lamarche, les paroles suivantes, qui dépeignent le bon citoyen et le font vivre au milieu de ceux dont on peut garder un précieux souvenir :

« Lamarche était un de ces hommes qui agissent, parlent
« et pensent tout haut ; dont la vie s'écoule et finit au grand
« jour ; qui manifestent leurs pensées, leurs opinions, leur
« sentiments aussi naturellement qu'ils respirent ; qui com-
« prennent toutes les convictions ; sont indulgents pour
« toutes, mais n'en ont qu'une et croient qu'une cause suffit
« à une vie. — Sa mort a été le résumé, l'expression de sa
« vie entière, il l'a vue arriver sans crainte et sans émotion.

« Trop honnête pour avoir besoin du néant, il disait à un
« ami assis à son chevet : « *Maintenant, laissez-moi, il
« faut que je me recueille et que je me prépare à paraître
« devant notre juge à tous*. De plus, ce n'est pas seulement
« avec résignation, mais avec courtoisie qu'il faut recevoir
« la mort. »

M. de Lamarche occupait dans la presse une position honorable, il appartenait à la grande génération révolutionnaire. — Il servit la France sur les champs de bataille et, quand vint l'heure des défaites, après avoir donné sa démission, il servit encore, de sa plume, sa patrie qu'il aimait d'un filial amour. — Infatigable au travail, il avait un esprit élevé qu'il avait mis au service de ses amis politiques depuis 25 ans. Il a laissé parmi eux des regrets unanimes.

Parmi ses travaux littéraires on a signalé des *poésies et chansons* inédites qui ont reçu l'approbation de l'illustre Béranger. — Il a laissé, en outre, deux ouvrages intitulés : *Les Russes et les Turcs*, in-4º, Paris, 1854. — *La Politique et les Religions*, Paris, 1858.

LAMBERT (Marie-Joseph-Gustave-Adophe), plus connu sous le nom de **Gustave Lambert**, sergent d'infanterie, chevalier de la Légion d'honneur, né à Griéges, canton de Pont-de-Veyle, le 1er juillet 1824, mort à Paris, le 29 janvier 1871, des suites de ses blessures reçues devant l'ennemi, au combat de Buzenval, banlieue de Paris.

Son père, Jean-François Lambert, d'abord notaire à Griéges, puis à Priay, de 1822 à 1835, se fit industriel dans cette dernière résidence. Il essaya de monter successivement une fabrique de sucre et une autre de bougies, mais n'ayant pas réussi dans son commerce, en 1840, il se retira près de Lyon, à Villeurbanne, où il est mort.

Le jeune Lambert, doué d'une intelligence précoce, commença ses études classiques, de bonne heure, à Bourg et vint les terminer à Lyon. — Élève distingué du collège et remarqué pour son aptitude aux mathématiques, l'université paraît lui avoir facilité l'entrée de l'École polytechnique en 1843, n'ayant encore que 19 ans. Sergent de deuxième année à cette école, Gustave se voua à la carrière de l'enseignement ; puis s'engagea dans la marine. A sa sortie de l'École, en 1846, il fut reçu *professeur hydrographe;* il avait 22 ans. — L'année suivante, *professeur de calcul différentiel et intégral* à l'École navale, il prit ses grades dans la marine militaire où il a servi 24 ans, dont 18 ans comme *capitaine.*

C'est au milieu de ses préoccupations scientifiques et de ses recherches sur la *statistique,* la *physique générale,* la *météorologie* et *l'histoire géographique du globe,* que lui vint l'idée d'attacher à son nom le mérite d'une découverte nouvelle, comme navigateur.

Il pensa avec raison que tout est connexe dans le vaste champ des connaissances humaines ; qu'il n'est pas une inconnue scientifique dans le monde, dont la solution soit indifférente au progrès général. La découverte des deux pôles doit remuer et féconder l'univers. En effet, le *magnétisme,* les *courants,* les *marées,* la *géologie,* la *paléontologie,* l'*histoire naturelle,* toutes les sciences, tous les problèmes sont intéressés au succès de la découverte du *pôle Nord.*

Avec une imagination vive, une rare énergie de caractère, une robuste jeunesse, le mépris naturel des dangers, et peut-être aussi par une secrète et noble ambition de se faire un nom, une position supérieure, il résolut de porter le pavillon français au pôle Nord, malgré les tentatives malheureuses de ses devanciers.

Après plusieurs années d'études et de méditations sur ce projet hardi, Gustave demanda, en 1865, un congé au ministre de la marine. Il en profita en s'embarquant, comme simple voyageur, sur un baleinier français faisant voile pour l'Océan glacial. — Il eut la chance favorable, par suite de la mort du patron de l'équipage, d'être chargé de la direction du navire ; il put donc se conduire où il voulut et juger, par lui-même, de la difficulté des passages dans les régions boréales ; mais, malgré les souffrances physiques et morales, malgré les angoisses d'un ciel inclément, à travers les épaisses brumes de la mer, les déconvenues d'une route à peine explorée, la prostration morale et presque le désespoir, M. Lambert revint en France surpris de tant d'efforts surhumains, mais non vaincu. — Il rédigea son programme de route ; écrivit un mémoire détaillé et accueilli favorablement par l'Institut ; se fit écouter des hommes les plus compétents et fut patroné par les sommités les plus puissantes du pouvoir et des sciences.

Son plan était ainsi conçu : fréter un navire pourvu de tout ce que peut exiger une pareille entreprise lointaine, en vivres et combustibles. Il devait partir pendant l'hiver ; gagner l'Océan pacifique par le cap Horn ou le cap de Bonne-Espérance (suivant la saison), traverser cet Océan, du sud au nord ; franchir le détroit de Béhring, en suivant les traces du capitaine Cook massacré en 1776, par les sauvages des îles Sandwich, et atteindre la *Polynia,* mer libre récemment aperçue en 1851, par les navigateurs Hérald et Plower. — Il devait y arriver en juillet, pour retrouver là les marques de Wrangel et gagner, ensuite, le pôle en quelques jours. — On devait hiverner, comme les Esquimaux, dans des cabanes de glaces, et au retour de l'été, on devait se porter en avant, et effectuer, enfin, la rentrée en France, après plusieurs années d'absence.

En avril 1868, lorsque nous avons vu et entendu l'intrépide Gustave Lambert, il avait 44 ans, avec tous les dehors de la force physique et la résolution morale de l'homme convaincu. — Il tenait la foule sous le charme de sa parole. Il n'était pas orateur ; mais il était clair, précis, éloquent parfois, et savait toujours persuader, intéresser et convaincre ses auditeurs.

Sous l'autorisation du gouvernement de l'époque et avec le patronage d'un comité de savants, présidé par M. Chasseloup-Laubat, ministre de la marine, notre compatriote ouvrit des listes de souscriptions dans la plupart des villes de France ; organisa des conférences pour exposer l'importance, le but et l'utilité de son projet ; mais il fallait une somme de 600,000 francs pour l'accomplir, et l'on ne put réunir que 250,000 francs (1). Deux ans d'efforts et de publications impuissantes par la presse française, aboutirent au remboursement des sommes versées entre les mains du comité de surveillance qui les avaient reçues ; résultat fâcheux qui devait faire naître un découragement profond dans l'esprit de notre promoteur. Aussi, dans l'une de ses der-

---

(1) L'Empereur Napoléon III avait souscrit pour 50,000 francs et son cousin Jérôme Napoléon, pour 10,000.

nières conférences, tenue au théâtre de la Porte-Saint-Martin, à Paris, le 3 décembre 1868, il s'exprimait ainsi :

« L'Angleterre a donné 28 millions pour rechercher sir « John Franklin. La France me refuserait-elle 500,000 francs? « C'est impossible ! Quand un peuple dépense tant de mil- « liards pour les guerres, il serait monstrueux qu'il hési- « tât à donner quelques milliers de francs pour une grande « idée ! J'ai reçu 200,000 francs pour 36 millions d'habi- « tants, *cela fait un demi centime par tête...* »

Le voyage d'exploration du capitaine Gustave Lambert avorta donc, et cette fin misérable qu'il n'avait pas prévue, remplit son cœur d'amertume et de chagrins : elle lui fut fatale.....

En juillet 1870, la France avait déclaré la guerre à la Prusse ; nous ne rappellerons pas les malheurs et les désastres de notre patrie. Il fallait repousser l'invasion ennemie et défendre Paris assiégé. Un homme de cœur, un bressan, grand par sa science et son infortune, s'engageait volontairement, comme simple soldat, au 119e régiment de ligne. Il contractait cet engagement, en vertu de la loi du 17 juillet 1870, pour la durée de la guerre, et cet homme qui avait commandé la première compagnie du 85e bataillon de la garde nationale de Paris et qui, naguère encore, était colonel de la légion des vétérans parisiens, venait revêtir l'honorable, mais simple capote de soldat, parce que ce soldat, de faction sur les remparts de la capitale, devait en défendre l'entrée à l'ennemi ou mourir..... Cet homme était Gustave Lambert !

Le général Ducrot, informé de ce fait, donna des ordres pour accueillir ce nouveau brave, qu'il complimenta et entoura d'égards. Six jours après son arrivée au corps, il était *caporal* et fait *sergent*, le 8 janvier 1871 ; mais dirigé, le 19 janvier, avec son escouade, sur Buzenval, pour s'opposer, avec le régiment, à l'approche des Prussiens sous les murs de Paris, M. Gustave Lambert recevait *trois blessures à la fois,* dans l'action (un coup de feu à l'épaule gauche, et deux autres coups de feu dans les jambes). Son intrépidité était évidente : il s'était précipité témérairement au-devant des balles. Transporté à l'ambulance, puis à l'hôpital du Grand-Hôtel, à Paris, il y expira dix jours après, des suites de ses blessures. Le 7 février 1871, on pouvait déposer sur sa tombe la croix de chevalier de la Légion d'honneur, dont on avait décrété le brevet, en récompense de sa belle conduite.

Ainsi est mort, pour la patrie, un fils de la Bresse qui, sur mer comme sur terre, voulut se rendre utile à son pays. Que, du moins, son souvenir puisse vivre longtemps dans les annales du département de l'Ain !

LEGRAND (Etienne), baron de l'Empire, général de division, commandeur de la Légion d'honneur, né le 18 mars 1755, à Pont-de-Vaux, où il est mort, le 11 mai 1828.

Entré à 18 ans, le 19 mars 1773, dans le régiment des dragons de mestre-de-camp, sous l'ancienne monarchie, il y servit pendant 8 ans; passa ensuite, le 1er mai 1781, au régiment de Condé-dragons, où il devint *maréchal des logis*, la même année. Le 17 janvier 1784, il était nommé *porte-guidon*. Il lui fallut donc plus de 11 ans de services pour parvenir au grade d'adjudant sous-officier : c'est que, dans ce temps-là, l'épaulette n'était accordée qu'aux nobles, et que le jeune Bressan, entraîné par un penchant irrésistible vers la carrière des armes, n'avait que son courage et ses illusions belliqueuses. Il possédait, d'ailleurs, les avantages extérieurs qui conviennent si bien à un militaire : taille élevée, figure mâle et expressive, l'œil ardent, parole accentuée; cependant, comme Joubert, son compatriote, il avait un tempérament nerveux, un peu lymphatique et délicat, qui se raffermit, dans la suite, par les fatigues de la guerre, mais qui exigea, dans son adolescence, beaucoup de soins et de précautions. C'est, sans doute, à cette cause, que fut due l'interruption momentanée, qu'on remarque, du 1er mai 1788 au mois d'août 1790, dans la première partie de sa vie militaire. — Après deux ans d'un congé passé à Pont-de-Vaux, pour soigner sa santé, le porte-guidon Legrand fut appelé à son corps avec lequel il fut employé à réprimer l'émeute de Nancy, où le régiment de Châteauvieux s'était mis en insurrection.

Notre sous-officier, dévoué à son devoir, étranger à la politique, défendant l'ordre public qui se brisait contre le choc des idées nouvelles et, protestant, par les armes, pour l'honneur contre l'indiscipline, gagna, par son honorable conduite, l'estime de ses chefs. Il en fut récompensé par le grade de *sous-lieutenant*, le 1er mars 1791, dans le 2e régiment de dragons de nouvelle formation. — Le 25 janvier 1792, il fut promu *lieutenant*, au 17e régiment de même arme, ci-devant Schomberg ; puis, *capitaine*, le 11 mai suivant.—Les institutions civiles et militaires ébranlées, n'ayant pu tenir devant les nouveaux principes accueillis, à leur début, par l'enthousiasme populaire, la monarchie séculaire fut détruite, et la première année républicaine fut datée du 20 septembre 1792.

Employé sous les ordres du général Kellerman, dans ce premier mois, le 17e régiment de dragons se couvrit de gloire à l'affaire du *camp de la Lune*. Une armée formidable, commandée par le roi de Prusse, avait pénétré dans la Champagne, se dirigeant sur Paris. Kellermann se porta à sa rencontre et tailla l'ennemi en pièces. — Le capitaine Legrand eut son cheval tué sous lui, et ne dut son salut qu'à une défense désespérée.

De là, notre capitaine suivit son régiment à l'armée du Rhin, commandée par Jourdan. Il s'y distingua, de nouveau, dans sa marche sur Landau et combattit glorieusement à Trèves, où, poursuivant l'ennemi avec acharnement, il s'opiniâtra à forcer la place de Franskental. Il entra dans cette ville, pêle-mêle avec les cavaliers allemands, et perdit un second cheval tué sous lui. — Dans l'une des charges faites par son escadron, le capitaine Legrand aperçoit un brigadier que son cheval emportait dans les rangs de l'ennemi ; il se précipite à sa suite, à travers les balles, renverse ceux qui veulent les faire prisonniers, et revint avec le brigadier sauvé par lui. — Déjà, devant Strasbourg, il avait rencontré des détachements de nos troupes accablées par un ennemi supérieur en nombre. Le capitaine Legrand escorté de plusieurs pelotons de cavalerie, se présente à eux, ranime leur courage par son exemple et parvient à les conduire sur le gros de l'armée où ils aident à charger les Autrichiens et à les mettre en déroute.

Les représentants du peuple Milhaud, Borie et Ruamps, témoins de sa valeur, le nommèrent *adjudant général, chef de brigade* (colonel), le 28 août 1793 ; un mois après, ils lui faisaient remettre un brevet de *général de brigade*, pour avoir contribué puissamment à prendre les redoutes de Lauterbourg, en faisant mettre bas les armes à 1,800 Autrichiens ; enfin, le 19 germinal an II (8 avril 1794), il était élevé au grade de *général de division* pour remplacer le général Dietmann, tué devant l'ennemi.

Etienne Legrand franchit donc, en moins de trois ans, depuis la Révolution, les échelons supérieurs de la hiérarchie militaire, quoi qu'il n'eut encore atteint que 39 ans. — Dans une des dernières rencontres avec l'armée prussienne, près de la ville de Worms, le général Legrand ayant fait de nombreux prisonniers, fut attaqué, sur une chaussée, par l'ennemi qui parvint à jeter un certain désordre dans sa cavalerie ; mais notre général chargeant immédiatement à la tête du premier peloton de ses dragons, tua de sa main, deux hussards prussiens, reçut un coup de sabre sur le bras droit et faillit tomber au pouvoir de l'ennemi, sans l'arrivée du 3e régiment de hussards français qui le dégagea lui et sa troupe ; son troisième cheval avait été tué sous lui.

— A la prise de Malines (Belgique), M. Legrand se fit descendre, à l'aide de cordes, dans les fossés de cette ville où s'étaient réfugiés 600 Hanôvriens : on le vit monter sur la brèche, escorté d'un fort détachement de chasseurs, et s'emparer de l'une des portes qu'il fit débarrasser par les habitants, dans le temps même où sa troupe occupait l'ennemi par un feu bien nourri ; il parvint ainsi à lui faire mettre bas les armes pendant qu'il ouvrait un passage à notre armée pour entrer dans la place.

Le général de division Legrand avait acquis chacun de ses grades par une action d'éclat; cependant, la commission d'organisation et du mouvement des armées de terre (section du comité de salut public), lui envoya l'ordre de prendre sa retraite. M. Legrand protesta contre cette décision datée du 29 thermidor an III (16 août 1795). Il pensa être l'objet d'une disgrâce motivée par quelques machinations ténébreuses. Il se décida à faire parvenir au Directoire exécutif, un mémoire dans lequel il demandait avec instance, des juges pour faire examiner sa conduite :

« Le citoyen Carnot, disait-il, m'a fait entendre que
« j'étais accusé d'être parvenu au grade de général par la

« *voie des dénonciations*..... Il eut pu facilement se con-
« vaincre du contraire, puisque c'est moi-même qu'on a
« dénoncé comme *suspect*..... Ce n'est pas l'arme dont je
« me sers. J'ai toujours marché aux avant-postes depuis le
« commencement de la guerre : je n'ai fait partie d'aucun
« club, j'ai empêché plusieurs chefs de corps d'être desti-
« tués. Ma réputation me fait un devoir de repousser la
« calomnie, et je demande instamment à confondre les
« calomniateurs. »

Les représentants de l'Ain Deydier, Merlino, invitèrent le Directoire à faire connaître les faits reprochés au général Legrand. — Le député Drouet adressa même un écrit qui portait ce préambule : « Depuis 1782, j'ai l'avantage de
« connaître le citoyen Legrand avec lequel j'ai servi dans le
« régiment ci-devant Condé-dragons où il était adjudant;
« je peux dire qu'il n'a cessé de professer des principes
« d'honneur et de bravoure..... Je soutiens qu'il ne peut
« y avoir que de lâches ennemis de la République pour
« chercher à ternir la gloire dont ce général s'est couvert à
« différentes époques. C'est pourquoi je sollicite, en sa
« faveur, l'attention de tous les amis de la patrie pour obte-
« la justice qui lui est due, etc. — Paris, le 14 floréal an
« IV de la République, une et indivisible. » — Les préten-
dus ennemis du général Legrand ne furent pas découverts. Il est demeuré établi, depuis, que ce fut sans doute un prétexte, pour diminuer le nombre des officiers généraux nommés, alors, avec une trop grande profusion par trois pouvoirs : les *chefs d'armée;* les *représentants du peuple* et le *ministre de la guerre.* C'est par une manœuvre semblable qu'on avait voulu forcer notre célèbre Joubert à quitter l'armée, avec son grade de *chef de bataillon.* — La prétendue dénonciation suscitée contre M. Legrand n'eut pas d'effet trop regrettable pour lui, il fut forcé d'accepter un emploi d'activité, comme *général de brigade* au lieu du sien, pour éviter d'être réformé comme *général de division.*

Le 25 vendémiaire an VII (16 octobre 1798), le général Joubert lui ayant confié le commandement d'une brigade de cavalerie à l'armée d'Italie, pour le printemps suivant, la Convention nationale lui envoya l'ordre de se rendre au quartier général de Milan où il attendit l'heure de rejoindre le général en chef sur le champ de bataille de Novi qui devait lui être si fatal. Legrand vit tomber à ses côtés son malheureux ami, dès le commencement de l'action. Il chercha longtemps, dans la mêlée, une mort aussi glorieuse que celle de Joubert, mais sa destinée le protégea contre sa témérité et il ne fut que blessé grièvement à la cuisse droite. Lors de son retour en France, en octobre suivant, il fut forcé d'attendre à Marseille son rétablissement qui fut long et difficile, sans être complet ; le blessé resta boîteux. — De cette ville, il reçut l'ordre du général de division Saint-Hilaire, de se rendre à Digne, afin d'y prendre le commandement du département des Basses-Alpes. C'est là que le premier consul Bonaparte lui fit parvenir, sous la date du 8 germinal an VIII (29 mars 1800), son brevet régulier de *général de brigade*, suspendu jusqu'à ce jour. — M. Legrand administra ce département jusqu'au 14 vendémiaire an XI (6 octobre 1802), date à laquelle il fut appelé à commander le département de l'Ourte (25e division militaire). — Il reçut la décoration de *chevalier de la Légion d'honneur*, le 19 frimaire an XII (11 décembre 1803) et le titre de *commandeur de l'ordre*, le 25 prairial suivant (14 juin 1804). — Cette même année, Napoléon Ier ayant été proclamé Empereur des Français, notre général fut invité à la cérémonie du sacre ; il y assista comme représentant de l'une des divisions territoriales de l'Empire.

Bientôt la guerre se ralluma entre la France et l'Autriche. Le maréchal Lefebvre ayant demandé un officier général capable de le seconder, dans le commandement du corps de réserve qui lui avait été assigné lors de la nouvelle campagne de 1806, le général Legrand lui fut envoyé comme *adjoint*. Il s'acquitta de ses fonctions avec les plus grands éloges. — Passé à Munich, au commandement d'une brigade de grosse cavalerie, sous les ordres de Nansouty, il prit une part active aux batailles de Vertingen, d'Ulm, et rendit d'importants services à la journée d'Austerlitz où ses charges aussi nombreuses qu'impétueuses jetèrent la confusion et l'effroi dans les rangs de l'ennemi et fixèrent la victoire.

Après la paix de Presbourg, Napoléon qui avait imposé à l'Autriche, à la Prusse, et à leurs alliés, une contribution de 150 millions en s'emparant d'une portion importante du territoire allemand, chargea le général Legrand du gouvernement de la ville et de la province de Bayreuth, où il fit preuve de capacité administrative. L'Empereur l'en récompensa par le titre de *baron de l'Empire*, sous le nom de *Mercey*, qu'il lui conféra par décret du 19 mars 1808. Ses armoiries portaient : « *d'azur, à la tour crénelée d'or, accompagné, à dextre et à senestre, de deux étoiles d'or, surmonté en chef, à dextre, d'un casque d'or, et à senestre, d'une épée d'argent sur un quartier de gueules.* » — Une autre récompense, non moins flatteuse, l'attendait encore dans ce commandement ; ce furent les témoignages de la vive sympathie exprimée par les autorités et les magistrats de Bayreuth, lors de son départ de leur pays. Ils voulurent tous lui exprimer leurs remerciements pour sa loyale et généreuse protection pendant son séjour au milieu d'eux. — De leurs cadeaux empressés, en joyaux, en armes de prix, en splendide vaisselle d'argent, M. Legrand ne voulut accepter, à titre de souvenir, qu'un fusil de chasse à double canon sur la bande duquel on lisait ces mots gravés en lettres d'or : *Les habitants de Bayreuth, à leur protecteur le général Legrand.*

Le 10 juin 1810, l'Empereur l'employa encore dans la 25e division militaire, et deux ans après, le 22 juin 1812, la guerre ayant été déclarée à la Russie, M. Legrand fut chargé de se rendre de Maëstrecht à Cherbourg, pour amener des renforts à l'armée française ; il prit le commandement de la 6e brigade des gardes nationales qu'il conduisit à Paris, et dirigea sur Metz les 32e, 33e, 34e et 35e cohortes qui étaient destinées à former le 144e régiment d'infanterie de ligne, attendu au quartier général de l'armée française. — Nous retrouvons le général Legrand, en avril 1813, commandant le département de Saône-et-Loire qu'il ne quitta que par suite des événements politiques de mai 1814. — En janvier de cette même année, 120,000 Autrichiens avaient pénétré en France par la Suisse dont ils avaient violé ou acheté la neutralité. Les Russes et les Prussiens avaient passé le Rhin ; ils inondèrent nos provinces, et malgré la belle défense de la campagne *dite de France*, Napoléon Ier fut obligé d'abdiquer.....

Le général Legrand étant à Paris, au mois de juin 1814, reçut une lettre du comte Dupont, ministre de la guerre, qui lui annonçait l'intention du roi Louis XVIII, de lui voir reprendre le commandement du département de Saône-et-Loire ; mais cet ordre fut contremandé dans les 24 heures. On avait représenté au roi que Legrand avait fait trop bonne contenance à Mâcon et à Chalon, pour la défense du territoire. En effet, à la tête de la garde nationale de Tournus et d'un détachement du 144e régiment de ligne, appuyés d'une pièce d'artillerie commandée par son fils, M. Legrand avait forcé à la retraite un régiment autrichien (Saint-Quentin) qui occupait la Ville de Mâcon.

Le 1er mars 1815, l'Empereur débarqua dans le golfe Juan, et le 19 de ce mois, il arrivait à Paris ; puis le 15 juin suivant, Waterloo disait son dernier mot ; l'Empire avait sombré..... Napoléon avait ordonné, pendant les Cent-Jours, au général Legrand, de réunir à Lyon, une brigade de gardes nationales, en se concertant, pour les mesures de défense, avec les généraux Mouton-Duvernet et Puthod. Toute résistance était devenue impossible, et, par la force des événements, le rôle de M. Legrand se borna à prendre la direction des affaires militaires dans l'arrondissement de Roanne, le 8 juillet 1815. — Ce fut le dernier acte de sa vie militaire : il fut immédiatement admis à la retraite par une ordonnance royale du 1er août suivant, comme réunissant, à la date du 24 décembre précédent, 60 ans d'âge, 41 ans de services et 20 campagnes.

Le général Legrand a vécu encore 13 ans au milieu de ses concitoyens. Il est mort entouré de l'estime publique. — Il a laissé la réputation bien établie, d'avoir été l'un des plus braves et des meilleurs officiers de cavalerie de notre armée. Son nom est inscrit sur l'Arc de triomphe de l'Etoile à Paris (intérieur, côté gauche). Par reconnaissance, la ville de Pont-de-Vaux a voulu honorer la mémoire de cet illustre enfant de la Bresse en donnant son nom à l'ancienne place des Cordeliers, sur laquelle était construite la maison où il est né. — Il manque, dans cette ville, la statue d'Etienne Legrand à côté de celle de son modèle, Barthélemy Joubert.

LEHAITRE (Michel-Nicolas), capitaine d'artillerie de marine, né à Evreux (Eure), le 14 juin 1784; mort à Bourg, le 10 juillet 1855.

A 19 ans, le jeune Michel qui avait fait de très-bonnes classes au collége d'Evreux, se sentant du goût pour la profession des armes, entra au service, dans l'artillerie de marine, par engagement volontaire, le 23 frimaire an XII (15 décembre 1803). Il fut *caporal*, le 28 décembre 1809 ; *sergent*, le 31 octobre 1810 ; *sergent-major*, le 1er avril 1813 ; *sous-lieutenant*, trois mois après ; *lieutenant*, le 30 juillet de la même année, et *capitaine*, le 10 décembre suivant. — Embarqué sur le vaisseau le *Vetéran*, du 19 juin 1807 au 7 avril 1808, il fit campagne, à son débarquement, à *Concarneau* dans le département du Finistère, jusqu'au 30 mai 1809 ; puis envoyé, avec un détachement de guerre, *au Conquêt*, autre port du même département, du 16 juin au 30 septembre 1809 ; il fut ensuite dirigé sur l'armée d'Allemagne, en 1813 et 1814. — Il se trouva au blocus d'Erfurt, en Saxe, et se distingua, d'une manière si brillante, sur les différents champs de bataille d'Essling, de Wagram et au combat de Znaïm, en 1813, qu'il sut conquérir ses trois *grades d'officier*, dans la même année.

Licencié le 1er avril 1826, il vint s'établir à Bourg où il obtint une solde de retraite de 750 francs, au titre de la marine et des colonies, par une ordonnance royale du 10 juillet 1831.

M. Lehaître était savant mathématicien et adonné aux sciences : il se livra à l'enseignement de la jeunesse et occupa même, pendant quelque temps, une chaire de professeur de logique au collége de Bourg. — Il fut admis à la Société d'émulation et d'agriculture, sciences, lettres et arts de l'Ain, le 6 mars 1822. — Il y a souvent communiqué des mémoires scientifiques toujours bien reçus et très-encouragés.

Il avait plus de 60 ans, lorsque nous lui avons vu étudier la médecine. La simplicité de la méthode curative d'Hahnemann l'avait séduit; il compulsa tous écrits concernant l'*homéopathie*, et, par amour pour l'art, aussi bien que pour se rendre encore utile à ses concitoyens, il finit par se faire recevoir *officier de santé*. Il a exercé, à Bourg, avec zèle, jusqu'à sa mort, c'est-à-dire jusqu'à l'âge avancé de 72 ans.

On lui doit les ouvrages suivants :
Le guide des études ou marche qu'on pourrait suivre dans l'instruction publique et particulière. — Brest, Michel. In-8º de 32 pages, 1815. — *Traité de logique*, écrit sur le plan de Condillac. — *Principes de la vie dans le règne animal.* — *Instruction théorique et pratique sur les paragrèles.* (Journal d'agriculture de l'Ain, 1825.) — *Mémoire sur l'utilité de l'idéologie et analyse de l'essai sur les abstractions*, 1826. — *Leçons élémentaires d'arithmétique, à l'usage des colléges et des écoles primaires.* In-8º de 130 pages. Bourg, Bottier, 1824. — *L'homéopathie est-elle une science certaine ?* In-8º, Bourg, 1841. — *Réflexions sur les moyens de rendre la médecine une science certaine et positive.* In-8º, Bourg, Bottier, 1841. — *De la morve et de son traitement.* In-8º, Bourg, Milliet-Bottier, 1843. — *Causes des mouvements des corps planétaires et sur les causes des révolutions du globe terrestre.* Une brochure in-8º, 1854. Il fit parvenir ce mémoire à l'Académie des sciences, qui voulut bien lui témoigner ses remerciements sympatiques. Lettre signée : *Elie de Beaumont*.

LEROY de LIGNIÈRE (Louis-Julien-Constant), seigneur *de la Tournelle* et *Marmont* en Bresse, ancien capitaine au régiment de la marine, chevalier de Saint-Louis, né en juillet 1740, à Coligny, où il est mort, le 9 janvier 1824.

Son père, **Louis-Guillaume**, descendait d'une branche cadette de la maison noble du nom de **Leroy** du pays de la Hogue, bailliage de Valogne, diocèse de Coutances (1738). Il fut marié avec demoiselle *Claudine de Vialet*, le 4 août 1738.

Louis-Julien-Constant entra au service militaire comme *enseigne*, à l'âge de 15 ans, dans le régiment de marine-infanterie. Il fit, avec ce régiment, toutes les campagnes du Hanovre, et fut nommé *sous-lieutenant* à 17 ans ; *lieutenant* à 20 ans, et combattit avec intrépidité aux batailles de Hastenbeck, de Rosbach, de Crevelt, au commencement de la guerre dite de *Sept ans*. — Promu *capitaine*, il fit l'expédition de Corse qui se termina par la conquête de cette île et par sa réunion à la France, en 1768. — Après 32 ans d'honorables services, M. Leroy de Lignière se retira dans ses foyers à Coligny, où la persécution contre les nobles vint l'atteindre, en 1793 ; il émigra. — Rentré en France, en 1814, il conquit l'affection de ses concitoyens par sa bienveillance. Elle se révéla, surtout, pendant la disette de 1817. Les papiers trouvés à son décès, ont constaté les titres aussi nombreux qu'honorables qui ont, dans cette occasion calamiteuse, recommandé M. Louis-Julien-Constant Leroy, au souvenir des habitants de Coligny.—Cet officier distingué épousa, sous la date du 7 janvier 1768, Mlle du Saix, issue de l'une des plus anciennes familles de Bresse, et dont il eut un fils, **Louis-Ferdinand** *Leroy de la Tournelle*, qui fut *officier*, comme son père, dans l'ancienne armée royale, en 1788, et se retira, après la première Révolution, au château de Dortan en Bugey, qui fut sa propriété. — C'est dans cette résidence que s'est écoulée l'enfance du jeune **Adrien** Leroy de la Tournelle, célèbre magistrat et député de l'Ain, en 1837.

LESDIGUIÈRES (François de Bonne, duc de), connétable de France, seigneur de Pont-de-Veyle, en Bresse, né à Saint-Bonnet de Champsaur (Dauphiné), en 1543, mort à Valence (Drôme), le 28 septembre 1626.

Simple archer en 1562, il devint bientôt, par ses talents, l'un des chefs du parti réformé. Il combattit avec succès en Dauphiné et en Provence, le duc d'Epernon, contribuant ainsi, plus que tout autre, à faire monter Henri IV sur le trône de France. Ce prince le fit *lieutenant général* de ses armées de Piémont, de Savoie et du Dauphiné. Lesdiguières défit le duc de Savoie aux combats d'Esparron, en 1591, de Vigort en 1592, et conquit presque toute la Savoie. — Nommé *maréchal de France*, en 1608, et duc en 1611, il servit aussi utilement Louis XIII. Il traversa les Alpes et battit les Espagnols. — Il assiégea, en 1621, Saint-Jean-d'Angély et Montauban. — Lors de la prise de Grenoble, en 1594, il eut la sagesse, en y installant le culte protestant, d'y maintenir aussi le culte catholique. — On dit qu'ayant dépêché son secrétaire Saint-Julien à Henri IV, pour lui annoncer la prise de cette ville, il en sollicita, en même temps, le gouvernement. Les conseillers du roi s'opposèrent à sa nomination à cause de sa qualité de *réformé*. Le secrétaire du duc, présent, ne put s'empêcher de répondre fièrement : « *Avisez alors au moyen de le lui ôter.* » Le commandement sollicité lui resta.

Cependant, Lesdiguières abjura le calvinisme en 1622. Il reçut, après cette cérémonie, les lettres patentes de *connétable*, délivrées par Louis XIII. Il mourut quatre ans après, ne laissant que deux filles. Elles furent, toutes deux, successivement mariées au maréchal de Créqui, qui, après la mort du connétable, prit, ainsi que ses descendants, le nom de *Lesdiguières*.

Il avait acheté le marquisat de Treffort, en Bresse, et les terres de Ceyzériat, de Jasseron et de Pont-d'Ain, en 1611; plus tard il devint propriétaire de Pont-de-Veyle et de Châtillon en Dombes, en 1613. — Sous sa protection, les prédicants avaient fait de Pont-de-Veyle, le centre de leur propagande religieuse. — Les Jésuites, voulant s'établir dans le même lieu pour combattre cette influence, Lesdiguières écrivit de Vizille, aux pasteurs et aux anciens de Pont-de-Veyle, ce qui suit : « Le sieur Uchard m'a rendu
« votre lettre et m'a exposé ce qu'il avait à me dire de plus
« particulier; je vous dirai pour réponse, que j'empêcherai
« bien les Jésuites de s'établir à Pont-de-Veyle, puisque le
« roi m'a accordé qu'ils n'y seraient pas. Vous saurez par
« le sieur Uchard, les autres particularités que je ne vous
« écris point; mais me remettant à sa créance, je me dis,
« messieurs les pasteurs et anciens, votre bien humble à
« vous servir. — Lyon, le 14 janvier 1620. »

Six ans après la mort de Lesdiguières, les Jésuites fondèrent à Pont-de-Veyle un établissement, et le temple de cette ville fut rasé par ordonnance de M. Bouchu, intendant de Bresse et Bourgogne, afin de donner place à une église, en 1657.

Lesdiguières fut l'un des plus grands capitaines de son siècle; il avait autant de prudence que de générosité. — On raconte que, sur la fin de sa vie, commandant les troupes devant l'ennemi et s'exposant autant qu'un soldat, on l'engageait à prendre garde. « Ne vous mettez pas en peine,

« répliqua-t-il, il y a 60 ans que les mousquets et moi nous
« nous connaissons. »

Elisabeth d'Angleterre faisait grand cas de ce général.
« S'il y avait en France deux Lesdiguières, disait-elle, j'en
« demanderais un au roi ! »

Lesdiguières qui a tenu le bouclier de la France pendant les mauvais jours de la Ligue, a mis un frein à l'ambition de Charles-Emmanuel Ier, duc de Savoie, qui avait dessein de fonder un royaume d'Allobroges en-deçà des Alpes. Vingt fois, le général français a franchi la plaine piémontaise et le cours du Rhône pour en faire le théâtre de ses exploits. — Le duc de Savoie l'appelait le *Vieux renard*, et ce nom lui fut bien acquis par ses ruses de guerre et par ses marches incessantes qui déconcertaient tous les plans ennemis. — Pour lui fermer la vallée de l'Isère, Charles-Emmanuel fit construire, en 1596, le fort Barreaux. Henri IV s'étonnait que Lesdiguières demeurât inactif devant cette défense dont il pouvait tenter facilement d'arrêter les travaux : « Sire, répondit-il, un jour, à ce prince qui le
« questionnait à ce sujet, Votre Majesté a besoin d'un fort
« à cet endroit; Son Altesse, le duc de Savoie, veut bien en
« faire les frais, attendons. Laissons-lui ce soin. Ce sera mon
« affaire de m'en emparer lorsque le fort sera fini. » Effectivement, il s'en rendit maître en deux heures, la nuit du 15 mars 1598. Presque toute la garnison fut taillée en pièces; Bellegarde, gouverneur de la place, se rendit et cinq enseignes furent prises (1).

On raconte qu'après le traité de Lyon, de 1601, entre le duc de Savoie et Henri IV, dont les résultats furent, pour Charles-Emmanuel, de céder la Bresse à la France, ou de rendre le marquisat de Saluces, et pour le monarque français, de perdre un pied en Italie ; le vieux Lesdiguières, pour qui les Alpes n'avaient jamais été une barrière ou une frontière, et qui était habitué à courir sur les deux versants, se montra fort mécontent de cet échange. Il dit avec dépit que *le roi de France avait fait une paix de duc et que le duc de Savoie en avait fait une de roi*. Cette opinion était-elle

---

(1) *Ephémérides dauphinoises*, par M. Honoré Pallias. In-18. Grenoble, 1859, p. 26.

juste ? La politique du duc de Savoie a bien pu être d'un autre avis, à en juger par son irritation contre le principal négociateur du traité de Lyon, René de Lucinge, dont la disgrâce fut complète. — Ce duc perdit, dès ce jour, tout espoir d'agrandissement de son duché, du côté de la France.

Lesdiguières passe pour avoir composé, sur la demande de Henri IV, un *traité de guerre* que l'on conserve en manuscrit à la *Bibliothèque nationale*, avec plusieurs lettres de ce grand homme. — D'autres écrits ont été imprimés dans divers recueils. — Sa vie a été écrite par Louis Videl, son secrétaire (1638).

LEVRAT (Pierre), brigadier au 1er régiment de dragons, né à Joyeux, en Dombes, vers 1769 ; tué sur le champ de bataille de Marengo, le 14 juin 1800.

Ce brave militaire engagé volontairement en 1792, fit les premières campagnes de la République en Italie et en Allemagne. Il fut blessé plusieurs fois à Ulm et à Montebello. — A Marengo, son escadron chargé de soutenir la 9e demi-brigade légère, lors de la marche en avant du général Desaix, ayant été fortement maltraité sous le feu de l'ennemi, il partagea le sort fatal de ce célèbre général, en tombant près de lui, percé d'une balle autrichienne. — C'était sa 27e blessure.

LOUBAT DE BOHAN (François-Philibert, de), mestre-de-camp, aide-major de la gendarmerie de Lunéville, chevalier de Saint-Louis et de l'ordre de Saint-Lazare, né le 23 juillet 1751, à Bourg, où il est mort le 2 ventôse an XII (22 février 1804).

Cette famille originaire du Dauphiné et anoblie par l'échevinage de Lyon, portait pour armoiries : *d'azur, à trois bandes d'argent, celle du milieu chargée de trois quintefeuilles de gueules, boutonnées d'argent* (1).

---

(1) Les Loubat qui furent échevins de la ville de Lyon, se nommaient : 1° *François* (1568-1573 et 1580). — 2° *Hugues*, son fils (1602). Henri IV lui écrivit, en 1594, pour lui témoigner sa satisfaction d'avoir fait rentrer la ville de Lyon dans son obéissance.

Cet Hugues eut sept enfants dont *Pierre*, l'aîné, fut président des finances du Dauphiné en 1623, et devint prévôt des marchands de la ville de

Claude-Marie de Loubat de Bohan, père de François-Philibert, marié avec Françoise-Charlotte de Saint-Germain, avait été capitaine dans le régiment de Boulonois et était devenu lieutenant de roi à Bourg, en 1750 ; il profita des avantages que lui offrait sa position sociale pour faire élever ses deux fils à l'Ecole militaire. Après leur avoir fait donner, au collége de Bourg, les premiers éléments de l'instruction classique, il plaça l'aîné, en 1761, à l'Ecole royale. Le jeune François-Philibert n'avait donc encore que dix ans ; mais, il était doué d'une parfaite aptitude pour les exercices du corps et de l'esprit. Il se sentait un goût prononcé pour la carrière des armes, et fit de rapides progrès. Il sortit de l'Ecole militaire à 17 ans, le 1er janvier 1768, avec le grade de *sous-lieutenant* au régiment de Royal-Pologne. — Le 13 juillet 1771, il prenait rang de *capitaine*, à la suite, aux dragons de Larochefoucauld ; puis, *capitaine de compagnie*, le 5 mai 1772, et *capitaine commandant*, le 17 septembre 1782. — Nommé, le 1er janvier 1784, *mestre-de-camp en 2e* (colonel), aux dragons de Lorraine, il recevait, le 22 mai suivant, le brevet *d'aide-major général de la gendarmerie de Lunéville*, sous les ordres du maréchal de Castries.

Depuis le règne de Louis XIV, la gendarmerie était un corps d'élite qui faisait partie de la *maison du roi*. — Licenciée sous Louis XVI, par le ministre de Saint-Germain, elle fut remplacée, peu après, par la *petite gendarmerie*,

---

Lyon, en 1640. *Barthélemy*, son 5e fils, trésorier général de France à Lyon (1629), fut marié avec *Sybille Hérard*, fille de François Hérard, bourgeois de Lyon, qui avait acquis la baronnie de Bohan, de *Joachim de Coligny*, neveu de l'amiral. — François Hérard étant mort, sa veuve Madeleine de Borni légua à son petit-fils et son héritier, *François Loubat-Carles*, né le 15 décembre 1630, la terre de Bohan et la moitié de la seigneurie de Bohas indivise avec le seigneur de Montjouvent. François, premier baron de Bohan, fut syndic du corps de la noblesse de Bresse en 1674, et transigea le 10 juillet 1669, avec son frère Camille de Loubat-Carles, seigneur de la Pérouse, et de Vieuxbourg (1635) pour la succession de leur mère. — Ce dernier épousa Marie de Regnauld, fille de Louis de Regnauld, seigneur de Glarcins et de Choin en Bresse (1663). Le même François de Loubat-Carles marié avec Madeleine de Neyret de Laravoye, mort le 5 décembre 1683, a été le bisaïeul des deux Loubat dont nous écrivons la vie.

dite *gendarmerie de Lunéville* qui, à son tour, fut supprimée en 1789 (1).

Le choix dont M. de Bohan fut l'objet, et son rang élevé dans la gendarmerie, provenaient de la réputation qu'il s'était justement acquise comme tacticien habile, gentilhomme érudit, et savant écuyer ; il était l'un des premiers instructeurs de l'armée, pour l'équitation, comme élève du célèbre Dauvergne, pour lequel il professait une sincère admiration. Comme chef de corps, il s'est montré apte à un commandement important ; comme organisateur, il s'est rendu utile dans une foule de questions administratives, pour lesquelles il était consulté. En effet, ses écrits empreints d'un esprit sagace et ses conseils mûris par l'expérience ont été adoptés souvent au profit des sages théories de la vie militante à laquelle il resta dévoué jusqu'à la fin. — Il a eu le mérite de ne jamais déguiser sa pensée ; de publier des avis avec une grande indépendance de caractère, et même avec une certaine hardiesse pour l'époque où il vivait. Il a même signalé, sans aigreur et avec vérité, les fautes des différents systèmes de guerre admis alors, et il a proposé les réformes qu'il croyait bonnes à faire admettre. — Enfin, par un heureux privilége de sa manière d'exposer modérément ses propres conceptions, il a su se concilier toujours les suffrages de ses supérieurs, sans se faire d'ennemis parmi ses égaux en grade, ni parmi ses inférieurs ou ceux qui ne partagèrent pas ses opinions.

Il avait été nommé *chevalier de Saint-Lazare*, à 16 ans, étant à l'Ecole militaire (1767) ; il reçut le brevet de *chevalier de Saint-Louis*, en août 1784, et se retira volontaire-

---

(1) L'uniforme de la gendarmerie de Lunéville était composé : d'un habit, paremens, revers et colet de drap écarlate, bordé d'argent de un pouce de largeur. — Revers garnis de six brandebourgs du même galon, boutons argentés ; double veste et culotte blanches, gants et ceinture blancs, chapeau bordé d'argent, cocarde blanche, col de velours noir ; bandouillères et épaulettes bordées d'argent et garnies d'un galon de soie de la *couleur affectée à la compagnie*. Manteau de drap rouge écarlate doublé de serge rouge ; parementé de blanc. — L'équipement du cheval était en drap cramoisi bordé d'argent avec un chiffre d'argent aux armes du roi et des princes du sang. — Les casaques des trompettes étaient couvertes de galons d'argent et de soie, à la livrée du roi et de la reine.

(*État de la gendarmerie, en 1786*, in-32. Lunéville.)

ment du service militaire, deux ans après, au moment de la réorganisation des régiments.

Admis à la retraite, après 28 ans de services, M. Loubat de Bohan revint habiter sa terre, près de Hautecour, pour en surveiller les travaux, et résider à Bourg dans le but de se livrer à l'étude.

Il avait épousé, dans cette ville, en 1779, Mlle Anne-Marie-Françoise-Barthélemy-Pierrette-Bernard Duverdier ; il en eut deux filles : l'aînée Mlle Marie-Barthélemy-Fanny, née à Bourg, le 5 juillet 1784, morte le 22 septembre 1803, épouse de M. Frédéric de Bachet, et la cadette Mlle Marie-Claudine-Eléonore, née le 28 août 1785, morte célibataire en 1800.

Il assista aux assemblées de la noblesse de Bresse et partagea les doctrines modérées exprimées dans les cahiers de doléances de l'année 1789. Dans la séance du 23 mars de cette même année, à l'occasion de la convocation des Etats-Généraux, il comparut porteur de la procuration de son frère *Claude-Marie de Loubat*, datée du 17 mars 1784.

Tout en conservant ses regrets personnels sur les événements politiques qui amenèrent la chute du trône et la mort du roi Louis XVI, M. Loubat de Bohan ne pouvait rester indifférent devant certaines réformes auxquelles il crut devoir prêter le concours de sa plume. On le vit aussi accepter les fonctions d'administrateur de l'hospice de Bourg ; celles de juge de paix. Comme chef de la cavalerie de la garde nationale, il dirigea l'instruction de la milice et se montra dévoué aux travaux de la Société d'Emulation et d'Agriculture de l'Ain, dont il était un des principaux membres fondateurs, dès 1783, avec M. Riboud, son ami et son contemporain. — Hélas ! les vertus civiques d'alors, les services les plus éminents, au milieu des agitations de 1792, ne purent contenir les passions populaires déchaînées de toutes parts, dans notre pays. Les massacres du 2 septembre de cette même année, exécutés par la Commune de Paris, et que les Jacobins voulaient étendre aux départements, trouvèrent en Bresse, d'affreux sicaires. — Le *régime de la terreur*, une fois établi par application du décret du 20 septembre 1793, on poursuivit à Bourg l'arrestation des *suspects*, ordonnée par le Comité des *hébertistes* et des *sans-culottes* les plus exaltés, tels que Désiles, Alban, Chaigneau, Rollet, etc. — On arrêta une liste de citoyens honorables de la cité dont le seul crime était d'être nés *nobles* et d'être *affectionnés aux anciennes institutions royalistes*. Ils furent envoyés à Lyon, pour comparaître devant le tribunal révolutionnaire, et être exécutés par la main du bourreau. Cette liste contenait les noms de 18 victimes ; elle fut approuvée par le représentant du peuple Albitte, à son arrivée à Bourg le 17 janvier 1794. Elle faillit coûter la vie de M. François-Philibert Loubat de Bohan, dans les circonstances suivantes :

Arrêté l'un des premiers, le 2 octobre 1793, M. Loubat de Bohan avait été inscrit en tête de la liste, sans qu'Albitte s'en doutât, parce que le nom de *Loubat* lui était inconnu et qu'on avait eu soin de lui cacher celui de Bohan, seul connu du représentant. Mais le sans-culotte Convers, mû par un scrupule *heureux*, cette fois, fit remarquer que c'était le propriétaire de la maison où logeait Albitte. Celui-ci, qui n'avait reçu que des égards de la part de Mme de Bohan, jugea *qu'on pouvait différer la mort de son mari*, et bientôt M. de Bévi remplaça M. de Bohan pour compléter le nombre des 18 citoyens qui furent traînés à Lyon et dont 15 furent décapités le 14 février 1794, comme *contre-révolutionnaires*.

Néanmoins, M. de Loubat subit à Bourg une détention de dix mois jusqu'à l'arrivée du représentant du peuple Boisset, envoyé de Paris pour faire cesser ces crimes, à la suite des réclamations formées par de courageux habitants.

La date du 19 thermidor an II (6 août 1794), qui suivit, de si près, celle de la mort de Robespierre survenue le 9 thermidor, vit renverser subitement le régime tyrannique de la terreur dans toute la France. Les prisons furent enfin ouvertes dans l'Ain et M. Loubat put revenir à ses chères études.

Grand amateur des sciences naturelles, M. Loubat continua à communiquer à ses amis ses mémoires pleins d'intérêt, sur différents sujets d'observations. Il rédigea un mémoire sur la physique et la chimie. Il écrivit sur la *Méthode dans le discours;* il démontra les erreurs où entraînent le défaut de règles, l'obscurité du langage et l'abus des mots. Il fit voir, par l'exemple de la morale, celui de la médecine et de l'art militaire, la nécessité d'établir un ordre didactique dans la classification des idées. Il s'occupa d'agriculture et fit preuve de ses connaissances en anatomie, en chirurgie et en médecine. Les livres de morale, d'éloquence ; ceux de littérature étaient pour lui des objets de récréation ; enfin, il s'adonna aux études de jurisprudence et de théologie.

En 1781, il avait donné le plan d'une *constitution militaire*. Il avait traité des qualités de l'homme de guerre, des effectifs, de la solde, des milices, des recrues, des écoles, de la tactique, des marches, des contre-marches, des manœuvres à pied et à cheval, de la manière de monter et dresser les chevaux; il y fit la critique des ordonnances qui avaient été rendues successivement, sous différents ministres; il proposa celles qu'il croyait devoir y substituer. Il traita surtout la fameuse question de l'*ordre mince* et de l'*ordre profond*, qui occupa pendant plusieurs années le gouvernement et les militaires les plus instruits, partagés entre le système prussien de l'ordre mince (ordre de bataille déployé sur trois rangs de hauteur, établi par M. de Guibert), et le système français des colonnes, soutenu par M. de Ménil-Durand. Il s'agissait alors de déterminer, par la pratique, l'ordre de bataille le plus convenable à l'infanterie ; de savoir si l'état primitif d'une troupe à pied doit être déployé et mis à même de faire usage de tout son feu, ou bien de savoir si cette position ne doit être qu'accidentelle, et si l'ordre doit être celui qui donne le plus de facilité à son chef pour le transport sur tous les points qu'il jugerait nécessaire. Le gouvernement ordonna un camp où le maréchal de Broglie devait éprouver les principes que Ménil-Durand avait présentés sous les rapports les plus avantageux ; mais le crédit des partisans du système prussien s'opposa à une méthode qui aurait été plus convenable au génie et au courage de la nation française; car il n'y avait pas de doute que cette dernière ne demandait qu'à joindre son ennemi, et que le meilleur système pour elle était celui qui la mettait plus à même d'en venir à l'arme blanche. M. de Bohan fut du camp de Vaussieux et se fit rapporteur des deux systèmes; le premier, tendait à assurer le succès de la mousqueterie ; et le second, à tirer le meilleur parti possible du courage de nos soldats en les faisant joindre l'ennemi.

Pendant nos guerres de la première République et celles du premier Empire, le succès de nos armes a été dû, presque toujours, à l'emploi du second mode indiqué ci-dessus; mais, aujourd'hui, après l'expérience faite en 1870-1871, devant les Prussiens, il n'y a plus à douter qu'il convient, au contraire, de modifier ce même mode de combattre, puisque l'artillerie à longue portée doit jouer, désormais, un rôle si destructeur et si décisif devant les lignes des combattants défendues par les canons.

En 1802, M. Loubat fit aussi un travail important, sur les haras, qu'il fit présenter à l'empereur Napoléon Ier. Il voulut prouver que la France, favorablement située pour l'éducation des chevaux, pouvait économiser douze millions par an, en suivant ses plans, pour se procurer des chevaux. Il blâmait l'usage de châtrer les poulains et donnait la manière de dresser ces animaux au moyen des principes mathématiques. Toutes ces observations sont maintenant surannées; ont-elles apporté des réformes dans le système actuel d'organisation des haras? Il est permis de le croire; mais il faut surtout tenir compte à notre compatriote de les avoir faites dans l'intérêt de la patrie. — Comme officier supérieur de cavalerie, fort connaisseur en chevaux, M. Loubat a laissé des écrits estimés sur cette grave question. Ils ont été imprimés, après sa mort, par les soins de M. de Lalande, qui a lu un éloge très-véridique de l'auteur dans une séance publique de l'Institut, le 1er septembre 1805, et la même année, à la Société d'émulation de l'Ain. — Cet astronome a même fait imprimer une biographie de M. Loubat de Bohan, dans le *Mercure* du 26 juillet 1783, et dans un autre numéro du 7 octobre 1786.

M. Loubat de Bohan, devenu veuf de sa femme qui s'était montrée si tendre et si dévouée pour lui, en partageant sa captivité, survécut aussi à ses deux filles; l'une, mourant à 15 ans, trois jours avant sa mère, en 1800; et l'autre, à 19 ans, trois ans après. — Ces pertes l'accablèrent de mélancolie. Il vendit sa maison de la place d'Armes, à Bourg, située près la Mairie (aujourd'hui cercle Bottier), pour acheter, rue Bourgmayer, l'hôtel qui fut, plus tard, l'habitation de M. Vincent de Lormet, et c'est dans cette dernière résidence qu'il succomba de chagrin prématurément, à l'âge **de 53 ans.**

Il s'était fait à sa campagne de Fleyriat, un jardin immense où il acclimatait des arbres étrangers. — Sa bibliothèque renfermait une collection de livres choisis dans tous les genres. — Il avait fait disposer un cabinet d'histoire naturelle dans sa maison et un observatoire sur la terrasse.

Enfin, M. Loubat de Bohan a été, par sa science, sa position sociale, ses services militaires et ses vertus, l'un des hommes les plus considérables du département de l'Ain.

Il a laissé les ouvrages suivants :

1º *Examen critique du militaire français*, suivi *des principes qui doivent déterminer sa constitution, sa discipline et son instruction*. 3 vol. in-8º. Genève, 1781. (Le 3ᵉ volume qui contient les principes pour monter et dresser les chevaux de guerre, a été réimprimé avec des extraits des deux premiers. — Paris, 1821, in-8º, avec figures.) 2º *Exposé d'une nouvelle méthode relative à la réforme dans l'abus des mots et un ordre didactique pour la classification des idées* (1785). — 3º *Mémoire sur la manière de préserver les aérostats de la foudre* (1787). — 4º *Mémoire sur les phénomènes du feu* (1788). — 5º *Mémoire sur le froid et le chaud* (1789). — 6º *Notice sur l'acacia-Robina*. In-8º, 1803. Il a démontré la facilité de faire, de cet arbuste, des taillis, et surtout d'en tirer, en deux ans, d'excellents échallas pour le recépage. — 7º *Mémoire sur les haras considérés comme une nouvelle richesse pour la France et sur les moyens qui peuvent augmenter les avantages de la cavalerie française*. In-8º, Paris, 1804.

LOUBAT de BOHAN (Jean-Claude, de), frère du précédent, général de brigade, chevalier de Saint-Louis, né le 28 novembre 1755, à Bourg, où il est mort le 12 octobre 1839.

Admis à l'Ecole royale militaire, le 17 septembre 1765, il en sortit, à 17 ans, le 31 mai 1772, pour entrer, avec le grade de *sous-lieutenant*, au régiment Royal-Pologne devenu 5ᵉ régiment de cavalerie.

Deux ans après, le 19 avril 1774, le jeune Loubat fut reçu *chevalier novice* de l'ordre de Saint-Lazare, mais cet ordre ayant été supprimé en 1792, les insignes et le brevet en furent renvoyés au ministre de la guerre, qui avait interdit aux titulaires de les conserver.

Au dernier siècle, quatre de ces croix étaient accordées annuellement aux quatre élèves de l'Ecole militaire qui avaient obtenu le prix de capacité ; ces élèves jouissaient, en outre, d'une pension jusqu'à ce qu'ils atteignissent le grade de capitaine.

Notre jeune *sous-lieutenant*, qui avait obtenu cet avantage, était donc l'un des quatre élèves sortants les plus distingués de l'Ecole militaire, en l'année 1772.

Nommé *capitaine* le 3 juin 1779, M. Loubat fut placé à la suite du corps, en attendant une vacance. Admis capitaine de remplacement, le 1er avril 1785 ; puis capitaine en second, le 28 avril 1788, il fut enfin pourvu d'une compagnie à la formation, le 1er mai suivant. — Sa parfaite connaissance de l'équitation lui valut l'honneur d'être désigné pour instructeur en chef, pendant l'année 1791.

Promu successivement *lieutenant-colonel,* au 9e régiment de cavalerie (ci-devant Artois), le 14 avril 1792; *adjoint aux adjudants généraux* à l'armée des Vosges, c'est-à-dire *officier supérieur d'état-major,* emploi nouvellement créé en 1790, et *colonel* du même régiment, le 19 octobre suivant, en remplacement du citoyen Badda, décédé, M. Loubat, qui tenait garnison à Auch (département du Gers), reçut l'ordre de rejoindre immédiatement son nouveau régiment à Hagueneau (Bas-Rhin). — A son arrivée dans les derniers jours d'avril, il prit le commandement de cette place, qu'il exerça pendant une partie de l'été 1792.

Appelé bientôt par le général Custines, à l'état-major de l'armée du Rhin, il en reçut l'ordre de conduire une réserve de 7,000 hommes de troupes à Spire, dans la Bavière rhénane, place qui venait de tomber au pouvoir des Français, le 30 septembre, même année. — Ce général le chargea, ensuite, de porter à Paris, la *capitulation de Mayence,* le 21 octobre suivant.

Comme chef de l'état-major de l'armée du Rhin, M. Loubat fit exécuter les marches commandées par Custines à Konigstein, à Usingen, à Weilbourg, Humbourg et Hoschst. — Le 30 mars 1793, il reçut plusieurs graves blessures en chargeant avec impétuosité, à la tête de son régiment, les hussards prussiens d'Eben, à Oberflersheim, lors de la retraite de Creutznach, où l'ennemi cherchait à couper la **communication de l'arrière-garde.**

Nommé *général de brigade* par les représentants du peuple, en récompense de sa belle conduite, il fut employé à l'avant-garde de l'armée comme commandant de la première division de la cavalerie légère, et combattit avec intrépidité, à l'affaire d'Herenheim, le 17 mai, et dans d'autres combats livrés les 14 et 15 juin suivants.—Les généraux Custines et Beauharnais firent mention de ces succès dans leurs rapports au ministre de la guerre ; mais dans ces temps néfastes, la fortune inconstante abandonna le général Custines, qui paya de sa tête, les services qu'il avait rendus à la patrie. — Traduit au tribunal révolutionnaire de Paris, le 22 juillet 1793, il périt sur l'échafaud, le 28 août suivant, pour un crime imaginaire, celui d'avoir entretenu, avec les ennemis, des intelligences tendantes à favoriser les progrès de leurs armes sur le territoire français.

La politique imagina le *régime de la terreur* et bientôt l'armée cessa d'être un refuge honorable contre les dénonciations calomnieuses. On publia un décret de la Convention qui excluait de ses rangs les *ci-devant nobles*. C'était les exposer à toutes sortes de persécutions.

M. Loubat fut suspendu de ses fonctions de général, le 13 octobre 1793, la veille même de la prise des lignes de Weissembourg. — Cette mesure était commune, dans l'armée du Rhin, à quatre autres généraux au nombre desquels figurait le général Clarck devenu, dans la suite, *duc de Feltre* sous le premier Empire et *ministre de la guerre* en 1816, sous la royauté.

Le citoyen Carlène, général de division, commandant en chef provisoire l'armée du Rhin, notifia au citoyen Loubat l'arrêté des représentants Borie, Niou et Ruamps, qui lui enjoignait de rentrer dans ses foyers.

Dans le même temps, plusieurs soldats obscurs de l'armée du Rhin envoyèrent une dénonciation ténébreuse au maire de Bourg, contre leur général de brigade. Aussitôt qu'il en fut informé, M. Loubat poursuivit les coupables calomniateurs qui furent incarcérés dans la prison de Weissembourg ; puis, il fit prononcer un jugement public sur sa conduite, et le 9 octobre 1793, l'arrêt rendu portait qu'après avoir ouï la lecture de toutes les pièces du procès, les jurés ont déclaré qu'il n'y avait pas lieu à accusation contre le dit

Loubat. Ces jurés se nommaient Clarck, général de brigade, Diettmann, général de division ; et Gilleraut, juge de paix militaire.

Notre compatriote vint résider à Meillonnas, district de *Bourg régénéré*, où il obtint un certificat de civisme, le 12 mars 1794. Néanmoins, le 14 germinal an II (3 avril 1794), il fut arrêté par ordre du maire de Bourg, le serrurier sans-culotte Arban, qui, ne lui épargnant ni injures, ni propos grossiers, le fit conduire, par le capitaine de la garde nationale de cette ville, à la maison de détention des *ci-devant Claristes*, où il alla *lui-même* signer le registre d'écrou avec le concierge Burtin. — Transféré, ensuite, à la prison de Brou, M. Loubat n'en sortit que le 30 thermidor suivant (17 août), après une captivité préventive de près de cinq mois, motivée par la plainte non justifiée de quelques soldats reconnus calomniateurs à la suite des poursuites exercées contre eux, devant le tribunal militaire de Steinfeld, dès le 13 octobre 1793. Cette détention arbitraire aurait pu se prolonger longtemps encore, sans le rappel du représentant Méaulle, qui avait toléré l'iniquité du farouche Arban contre un ci-devant noble. Mais aussitôt son remplacement opéré, le 19 thermidor an II (6 août 1794), par le représentant Boisset, ce nouvel administrateur s'étant fait montrer les délibérations du Conseil général de la commune de Bourg et celles du comité de surveillance, ordonna l'élargissement immédiat du citoyen Loubat.

On ne peut s'empêcher de citer ici, au moins pour l'honneur des fonctionnaires municipaux qui succédèrent aux indignes suppôts de la terreur, que leurs délibérations concluaient ainsi :

« Vu l'arrêté de *soit communiqué*, du représentant du
« peuple Boisset, du jour d'hier, ouï l'agent national, le
« Conseil considérant qu'il est à sa connaissance que le
« citoyen Jean-Claude Loubat-Bohan a donné continuelle-
« ment des preuves de civisme, surtout dans les armées de
« la République, où il a répandu plusieurs fois son sang,
« pour le soutien des droits du peuple ; que, dans l'intérieur,
« rentré dans ses foyers, il a toujours continué à donner
« des preuves de son attachement aux principes républicains,
« estime que quoiqu'ex-noble, *il y a lieu de lui accorder*

« *sa liberté définitive ; de lever le sequestre apposé sur ses*
« *meubles et immeubles et qu'il y a justice à l'élargir de la*
« *maison de détention* OU IL N'AURAIT JAMAIS DU ENTRER.
« Fait à Bourg, le 30 thermidor an II.

« Favier, Janin, Doyen, Collombet, Raffin, Hilaire aîné,
« Brangier, Guillot cadet, Brichon, Bayet, Chevrier,
« officier municipal, Lefranc, Quinson, Nalet et
« Tignat. »

M. Loubat aurait pu demander à reprendre du service militaire, après les événements dont il avait fini par surmonter les difficultés ; mais nous avons la preuve de son peu d'ambition, quoique âgé seulement de 40 ans, ou celle de son découragement peint par lui-même, dans un charmant abandon épistolaire auquel il se livra. — La lettre suivante nous fait apprécier dignement le fils vertueux, l'homme résigné, le philosophe éprouvé.

Le représentant Laurent, du Bas-Rhin, lui avait écrit de Paris, le 28 floréal an III (17 mai 1795) :

« Citoyen philosophe,

« Il faut que je vous trouble dans votre retraite. Vos con-
« frères de grade sont réintégrés, et vous gardez le silence !
« Ecrivez-donc au Comité de salut public, et que je vous
« voie encore moissonner des lauriers ! J'ai parlé de vous
« et on m'a dit que vous n'aviez point formé de demande.
« Il faut la former, je vous y engage, et je me charge de
« l'appuyer au retour de ma mission qui finira dans huit
« jours.

« Salut et fraternité. »

Notre général lui répondit de Meillonnas, le 5 prairial an III (24 mai 1795) :

« Citoyen représentant,

« Si je me croyais encore bon à quelque chose, ta lettre du
« 28 floréal, qui m'est parvenue dans mon obscure retraite,
« pourrait flatter mon amour-propre ; mais elle n'a excité
« en moi d'autre sentiment que celui de la reconnaissance
« pour le bon souvenir d'un citoyen que j'estime, quoique
« je sois dans l'impossibilité physique et morale de repren-
« dre la carrière des armes que j'ai suivie depuis mes jeu-
« nes années ; je me suis conformé à la loi, en envoyant à

« la Commission de l'organisation et du mouvement des
« armées de terre, les notes sur mes services; j'ai sollicité,
« en même temps, que l'on s'occupât de préférence du
« remplacement de plusieurs citoyens de ma connaissance
« infiniment plus méritants et plus malheureux que moi.

« Aux serments que j'ai faits à ma patrie, j'en ai, depuis,
« ajouté un autre à la nature, à la reconnaissance ; c'est
« celui de rester fidèle à ma mère sexagénaire qui me
« nourrit et qui a partagé mes misères pendant un empri-
« sonnement d'environ cinq mois. — Nous sommes mutuel-
« lement notre unique soutien. J'ai juré de ne me jamais
« séparer d'elle. — Tu es père, juges toi-même, si ce ser-
« ment n'est pas aussi sacré que les premiers, puisqu'il ne
« les enfreind pas..... Ma patrie n'a plus besoin de mes
« faibles bras pour vaincre. Nos armées sont partout triom-
« phantes, et je ne suis pas des derniers en m'en félici-
« ter, etc.

« Tu m'honores d'un titre que je ne mérite pas. Je cher-
« chais le bonheur, et je l'ai trouvé. Voilà toute ma philo-
« sophie, etc.

« Reçois mon compliment sur le traité de paix avec la
« Prusse qui t'assure le prompt retour de ton fils, etc.

« Salut et fraternité.

« J.-C. LOUBAT. »

Ce ne fut que le 27 prairial an X (16 juin 1802), que le premier consul Bonaparte put faire allouer un traitement de réforme à M. le général Loubat, réunissant alors 30 ans de services et deux campagnes de guerre. — Devenu Empereur, Napoléon Ier fit convertir ce traitement de réforme en une solde de retraite de 2,000 francs, par décret du 6 juin 1811.

Il avait épousé Mlle Archimbault dont il eut un fils (Charles-Pierre Loubat de Bohan), et trois filles, dont l'aîné (Mlle Oline de Bohan), fut mariée à M. de Varine, dont le fils est aujourd'hui propriétaire du château de Fleyriat.

Enfin par ordonnance du 16 mars 1816, le roi Louis XVIII nomma M. Jean-Claude de Bohan, *chevalier de l'ordre royal et militaire de Saint-Louis*, avec le titre de *maréchal de camp*. Le procès-verbal constatant la réception et la prestation du serment est daté du 12 mai 1816, et fut signé par M. d'Aubarède, chevalier de Saint-Louis et de Saint-Lazare, chargé de donner l'accolade.

M. Loubat de Bohan a occupé, dans sa retraite, ses loisirs entre les soins de sa propriété de Bohas-Hautecour, et l'étude des lettres pour lesquelles il possédait une aptitude particulière.

Membre de la Société d'Emulation et d'Agriculture de l'Ain, comme son frère, il a légué, par testament, à cette compagnie, 50 volumes de sa bibliothèque qui lui ont été remis.

M. Jean-Claude Loubat de Bohan était d'une taille peu élevée; bien fait; d'un extérieur plein de noblesse et de dignité. L'expression de sa figure avait quelque chose de bienveillant et de grave qui imprimait le respect; il avait l'esprit étendu, le coup d'œil rapide et une grande connaissance des hommes et des choses. Il avait un abord facile et une aménité qui lui conciliaient tous les cœurs. Son calme habituel, dans les relations de la vie, lui avait fait donner le surnom de *Philosophe*, et son penchant littéraire l'avait porté à accueillir les principes de plusieurs encyclopédistes du XVIIIe siècle.

Il a composé un ouvrage philosophique intitulé : *Les doutes*, imprimé en 1791, et un mémoire sous le titre : *Le Médiateur* (1795), où l'auteur a essayé de concilier les *privilégiés et les républicains*. Ces ouvrages avaient une valeur réelle d'après l'opinion de M. de Lalande, opinion qu'il a émise dans ses *Anecdotes de la Bresse*. (Bibliothèque de Lyon.)

LOUVAT (du), seigneurs de Champolon et du Poussey, en Bugey.

Armoiries : { *D'azur, à un loup passant d'or.*
Cimier : *Un loup de même.*
Devise : *Lupus in fabulâ.* }

Cette maison date du XIVe siècle. Elle remonte à **Girin du** *Louvat*, damoiseau, vivant en 1340. Parmi ses descendants hommes de guerre, on remarque :

Louis, écuyer, qui fut *enseigne* d'une compagnie de gens de pied, au régiment du baron d'Aix (1535).

Jean-Claude, écuyer, seigneur de la Cous, la Combe et de Curtelet (1650).

— 328 —

Adrien-Anthelme, écuyer, capitaine au régiment de Champagne, en 1678.

Charles-Etienne-Hyacinthe, fils du précédent, lieutenant de cavalerie, chevalier des Saints Maurice et Lazare de Savoie, né au château de la Combe, près Jujurieux, le 15 mars 1692; mort au même lieu, le 23 avril 1768.

Son père le fit admettre, à 18 ans, comme *cornette* (porte-étendard), dans le régiment de Bonville-dragons, compagnie de Gaste, en novembre 1710. Passé *lieutenant* dans la même compagnie, il fut nommé *capitaine* au même corps, puis réformé sur sa demande. Cependant, il fut remis en activité, le 15 janvier 1720, et reconnu dans le grade de *lieutenant en second*, au régiment de royal-dragons, par ordre de François de Franquetot, marquis de Coigny, colonel général des dragons de France et lieutenant général des armées du roi. Six ans après, il recevait le brevet de *lieutenant en premier* dans le même régiment, signé par le roi Louis XV, et daté du 10 mars 1726. Il est donc resté au service de l'ancienne monarchie pendant seize ans; démissionnaire, il s'est retiré dans son pays natal où il a succombé de maladie à l'âge de 76 ans.

Il a laissé deux fils dont les noms suivent :

Gaspard-Adrien-Bonnet, fils aîné du précédent, général de division, chevalier de Saint-Louis, chevalier de l'ordre des Saints Maurice et Lazare et de celui de la Légion d'honneur, né le 15 janvier 1737, au château de la Combe, où il est mort le 12 mars 1810.

Entré, en 1755, dans l'ancienne armée royale, à peine âgé de 18 ans, en qualité de *lieutenant*, au régiment de Foix (83º régiment d'infanterie), il devint *capitaine,* le 28 août 1762. — Réformé, l'année suivante, par suite d'une blessure très-dangereuse, reçue au pied droit, dans un combat naval, sur le vaisseau *le Parant* qu'il montait, il fut néanmoins conservé à la suite de son régiment, pendant son séjour en Amérique, par ordre du général de Belzunce, commandant à Saint-Domingue. — Rentré en France, le 19 juin 1765, il fut remis immédiatement en activité et reçut, comme capitaine, le commandement des chasseurs du 83º régiment d'infanterie, lors de la formation de cette compagnie, le 1ᵉʳ juillet 1766. — Nommé *chevalier de Saint-Louis* en 1781, et *major*, le 16 mai 1785, il fut promu *lieutenant-colonel*, le 16 novembre 1791, et *colonel* le 12 juillet 1792.

La Révolution française le trouva donc, à l'âge de 55 ans, officier supérieur, comptant 37 ans de services et 10 campagnes. — Il avait fait ses premières armes en Allemagne, lors de la guerre dite de *sept ans*, guerre si sanglante et si opiniâtre. — En 1757, il avait combattu les Anglais, sous le commandement du célèbre Chevert, à l'affaire du village d'Hastemberg, au pied des montagnes qui séparent la Westphalie du pays de Hanovre, et qui, couvertes de bois, étaient coupées de ravins et garnies d'artillerie. — Il avait pris part à la bataille de Crevelt, le 15 juin 1758; au combat de Reths et au siége de Dusseldorf, sous les ordres du comte de Clermont, et plus tard, à l'affaire de Lutzelberg, près Cassel, sous le prince de Soubise. — En 1759, il assistait au bombardement du Havre-de-Grâce; puis il fut envoyé, en 1760, sur les côtes de Bretagne, près de l'île de Grois, attaquée par les Anglais, avant le siége de Belle-Ile, qui fut aussi témoin de sa vaillance.

On était à l'époque où l'Angleterre s'était emparée du Canada et des Antilles françaises; cette puissance se flattait de posséder seule l'empire des mers; il fallait protéger nos possessions des îles Caraïbes, M. du Louvat fut envoyé en Amérique avec son régiment. — Il y fit cinq campagnes de guerre, de 1761 à 1765. Embarqué sur l'escadre du vice-amiral Destaing, avec 800 hommes de son régiment, il fit partie de l'expédition de l'Inde et de celle des *Iles-sous-le-Vent*. Il assista au siége de Savannach, au combat de la Grenade, de Saint-Christophe, de Sainte-Lucie et à la prise de l'île de Tabago, où il mérita les éloges du général Rochambeau avec lequel il débarqua à Saint-Domingue. — En 1782, il coopéra à la campagne de Genève, et sollicita ensuite, en 1791, l'autorisation de se retirer du service par suite d'un rhumatisme goutteux qui l'affectait douloureusement aux articulations; mais les certificats délivrés par le chirurgien-major Fribault, employé au 83ᵉ régiment d'infanterie, ne furent pas admis par le conseil de santé. La République naissante avait besoin de chefs militaires habiles, et il est bien avéré, aujourd'hui, que c'est au concours puissant des hommes de guerre de l'ancienne armée royale, officiers, sous-officiers et soldats, que la jeune République a dû ses prodigieux succès, au milieu de l'élan général de la nation qui ne pouvait enrégimenter que des citoyens braves, mais inaguerris. M. du Louvat fut nommé *colonel* et envoyé à l'armée de Champagne, sous les ordres du général Kellermann.

L'année 1792 avait ouvert la carrière à tous les courages, à tous les génies qui ont jeté tant d'éclat sur les dernières années du xviiie siècle. Elle fut, pour M. du Louvat, l'heure de sa puissance et de sa maturité quoiqu'elle touchât presque à celle du repos, et ce n'est pas une page de sa vie la moins glorieuse que celle où nous le voyons contribuer, malgré ses souffrances physiques, à la défense vigoureuse de la patrie en danger, pendant les deux premières années de cette ère nouvelle pour la France. — Le roi de Prusse avait pris Verdun, le 2 septembre 1792, et s'avançait sur Sainte-Ménehould, il ne restait plus qu'une seule place forte interposée entre lui et Paris, dont il n'était éloigné que d'environ 25 kilomètres, lorsqu'on apprit que la réunion des gardes nationales et des troupes de ligne, sagement combinée par le général Dumouriez, à Grandpré, avait jeté l'épouvante parmi les vieux soldats de Frédéric. Le général Kellermann avait quitté Metz, le 4 du même mois, pour s'avancer, à marches forcées, sur Châlons, et bien qu'il n'eût à sa disposition que 22,000 hommes, la célérité de sa marche interrompit les mouvements de l'ennemi. Arrivé à Bar, avec son avant-garde commandée par le colonel du Louvat, il put secourir à temps le général Dumouriez qui gardait les défilés de Varennes et pouvait défendre la capitale en se maintenant sur la rive gauche de la Marne. Il chargea M. du Loubat d'arrêter les Allemands pendant qu'il prenait sa position, avec le corps d'armée tout entier, sur les hauteurs de Valmy. Le plateau du *Moulin* était garni de 18 pièces de canon ; l'avant-garde et sa réserve étaient restées dans la plaine formant sa gauche, entre Valmy et l'Auve ; l'infanterie occupait les châteaux de Champertuis et de Gizancourt. Pendant ce temps, le roi de Prusse, commandant en personne, faisait avancer son armée sur trois colonnes et la plaçait en bataille sur les hauteurs dites de *la Lune*. A un signal donné, Kellermann s'élança sur l'ennemi, fit un feu terrible, pendant deux heures consécutives, et força les Prussiens à renoncer à leur attaque; ils se retirèrent en bon ordre. M. du Louvat se signala par son intrépidité et poursuivit les régiments prussiens qu'il avait devant lui jusque sur Verdun et Longwy. Il aida le général Valence à se faire restituer les sommes que l'ennemi avait enlevées, ainsi que l'artillerie dont il avait garni ces deux places. — Le 6 novembre suivant, notre colonel combattit encore glorieusement à Jemmapes, près Mons, sous les ordres de Dumouriez, contre les troupes autrichiennes du prince de Cobourg inondant la Belgique. Il coopéra à la prise de Mons, à celles de Bruxelles, de Liége, de Namur et d'Anvers, en rejetant les Autrichiens derrière la Roër. — Signalé à la Convention pour plusieurs actions d'éclat, la récompense ne se fit pas attendre : le général Beurnonville lui envoya le brevet de *général de brigade*, daté du 26 mars 1793 et délivré sur le rapport spécial du représentant Camus, témoin de sa belle conduite. M. du Louvat avait poursuivi la droite de l'ennemi commandée par Beaulieu ; il s'était emparé d'une batterie et de deux redoutes. — Quatre mois après, le 30 juillet, le ministre Bouchotte lui faisait remettre le titre de *général de division*, à la suite de nouveaux services importants. En effet, commandant sa brigade d'infanterie, en Belgique, au moment de la défection de Dumouriez, il s'était opposé avec vigueur à l'entrée des Autrichiens à Liége, entre Louvain et Tirlemont. Il eut deux chevaux tués sous lui, à la bataille de Nerwinde, où il conduisait la réserve de l'armée et délivra la division Miranda enveloppée par l'ennemi.

A ce moment, la trahison de Dumouriez était évidente; ce général paraissait vouloir réserver le trône de France au duc de Chartres qui servait dans son camp. La Convention le manda à sa barre, et sur son refus, députa auprès de lui quatre de ses membres : Camus, Quinette, Lamarque, Bancal, que Dumouriez fit arrêter par les hussards de Berchiny et livrer aux Autrichiens. La révolte était patente. Le général en chef parcourut alors les rangs pour décider l'armée en sa faveur ; mais personne ne voulut trahir la patrie

pour un seul homme, et Dumouriez dut s'échapper de son quartier général des bains de Saint-Amand, et se présenter aux avant-postes de l'ennemi avec le duc de Chartres *seul*.
— La division de M. du Louvat se rendit la première à Valenciennes, devant les représentants du peuple, Lequinio, Cochon, Bellegarde, venus de Paris, pour recevoir le serment de fidélité. Le reste des troupes alla se réunir à l'armée de Dampierre qui campait auprès de Famard. Il fut donc dévolu au général de division du Louvat, le triste et impérieux devoir de proclamer officiellement, sur la barrière de Valenciennes (Porte-de-Ville), la destitution du traître Dumouriez, le 2 avril 1793, à minuit.

La dernière campagne de notre général fut celle des Ardennes où il commandait la 2e division de l'armée française ; il fut chargé de couvrir nos frontières avec peu de troupes, depuis Longwy jusqu'à Philippeville. Sa contenance fut si imposante et sa surveillance si active que l'ennemi, forcément contenu, n'osa pas dépasser les limites.

Cependant, malgré toutes ces preuves de dévouement patriotique, le pouvoir ombrageux des Jacobins de Paris le suspendit de ses fonctions comme *ci-devant noble*, le 20 septembre 1793. M. du Louvat n'avait rien à objecter ; il demanda sa pension de retraite pour vivre, ses biens ayant été saisis par suite des événements politiques depuis l'avénement de la République. Le comité de salut public venait d'exiger de tous les citoyens, à l'*intérieur*, de produire des certificats de *civisme* pour échapper à la loi des *suspects*. Sur sa demande, M. du Louvat reçut du 23e et du 99e régiments de ligne la déclaration suivante, datée du camp d'Ivoy-Carignan, et dont il ne paraît pas avoir fait usage puisqu'elle se trouve, aujourd'hui, dans ses papiers de famille. Nous la citons textuellement pour édifier l'opinion publique sur les sentiments des corps qu'il avait commandés : « Nous soussignés, officiers, sous-officiers et sol-
« dats, fraternellement réunis pour rendre hommage à la
« vérité, attestons à tous ceux qui doivent en connaître,
« que le citoyen du Louvat de Champolon, général de la
« 2e division de l'armée des Ardennes, par ses principes
« républicains, son zèle, ses talents militaires, cette grande
« affabilité qui le caractérise et le courage ferme dont il a

« fait preuve, s'est acquis la confiance et l'estime de tous.
« Ne pouvant lui exprimer que des regrets de le perdre,
« nous le prions d'accepter *ces présentes déclarations, plutôt*
« *comme un témoignage de l'attachement qu'il nous a in-*
« *spiré pour sa personne, que pour toute autre attestation*
« *dont il est exempté par ses vertus.* En foi de quoi, etc. —
« Ce 25 septembre 1793 (an II de la République une et
« indivisible). » Suivent les nombreuses signatures et celle
du chef de brigade d'Avigneau.

Enfin, la commission de l'organisation et du mouvement des armées au ministère de la guerre lui fit écrire, le 23 prairial an III (13 juin 1795), que sa *suspension était levée* et que le comité de salut public l'autorisait, sur sa demande, à prendre sa retraite dont la pension était à régler d'après la loi. M. Pille, général de brigade et commissaire exécutif, ajoutait ces lignes de sa main :

« Mettez-moi à même, mon brave et ancien camarade,
« d'accélérer l'expédition de votre brevet. *Vous connaissez*
« *mes sentiments pour vous et mon opinion sur votre belle*
« *conduite militaire.* »

Ce brevet de pension arrêté à la somme annuelle de 3,262 francs, réduite provisoirement à 3,000 francs, avec jouissance du 20 septembre 1793, ne lui fut délivré que le 5 nivôse an V (25 décembre 1796). Il a joui de cette pension à Jujurieux, où il touchait aussi le solde de *chevalier de la Légion d'honneur*, que lui accorda l'empereur Napoléon Ier, le 8 germinal an XIII (29 mars 1805), *à titre de récompense nationale*.

M. du Louvat avait épousé, en 1797, Mlle Marie-Claudine-Antoinette Galien de la Chaux, dont il n'a pas eu d'enfants.

Joseph-François-Victor, neveu du précédent, lieutenant de cavalerie, né le 24 avril 1792, au château de Chenavel, canton de Poncin ; mort au château de la Combe, près Jujurieux, le 25 mars 1822.

Son père, **Etienne-Joseph** du Louvat, frère du général, lui avait fait donner une bonne instruction au collège de Belley. Il le destinait à la magistrature et l'envoya faire son droit à Dijon. Le jeune élève studieux se présenta aux examens du 27 juillet 1814, fut favorablement noté et reçut le diplôme d'avocat. Mais un goût déterminé pour la carrière des armes le décida à prendre du service militaire. Il entra, comme réquisitionnaire, dans l'armée impériale et fut admis au 4e régiment des gardes d'honneur, le 11 juin 1813. *Maréchal des logis* le 23 du même mois, et *lieutenant* en octobre suivant, il se distingua aux batailles de Leipsick et de Hanau, sous les ordres du général Murat. — Les événements politiques de 1814 ayant ramené la famille des Bourbons en France, Napoléon Ier abdiqua et s'exila. M. du Louvat, licencié avec son régiment, par ordonnance du roi Louis XVIII, du 26 juillet de cette même année, aurait pu rentrer dans l'armée royale, lors de la formation du régiment nouveau d'*Angoulême-dragons*, pour lequel tous les officiers du 7e arrondissement de cavalerie, sous les ordres du lieutenant-général comte de Saint-Germain, avaient été appelés à concourir ; il préféra rentrer dans ses foyers avec une demi-solde payée à partir du 1er mars 1815. Au retour de l'Empereur de l'île d'Elbe, notre compatriote étant demeuré dans sa famille, continua à jouir de sa solde, qui cessa de lui être allouée, le 1er mars 1816, c'est-à-dire après la deuxième restauration du gouvernement des Bourbons.

Cependant il fallait un aliment à l'activité de M. du Louvat ; il trouva le moyen d'utiliser ses connaissances et ses loisirs, et, bien qu'il n'eut encore que 24 ans, il accepta les fonctions de maire de la commune de Jujurieux ; il s'y voua avec un zèle digne d'éloges. Mais un accident qui lui coûta la vie, priva ses concitoyens du fruit de ses lumières, au moment même où la maturité de son esprit et l'expérience acquise des affaires publiques devaient lui permettre de rendre des services importants à son pays, soit comme magistrat municipal, soit dans le Conseil d'arrondissement, soit dans le sein du Conseil général du département. Etant tombé de cheval, le 25 mars 1822, il fut atteint d'une pierre à la tête et tué sur le coup ; son cheval, après s'être renversé sur lui, l'avait traîné à une grande distance, le pied encore engagé dans l'étrier.

Claude-André-Félix, frère du précédent, sous-lieutenant, né au château de Chenavel, le 8 juillet 1798, mort à la Combe, près Jujurieux, le 18 mars 1849.

A l'âge de dix ans, élève de l'école de Tournon, il en sortit en 1815. — A dix-huit ans, il était *sous-lieutenant* dans la légion de l'Ain, devenue 1er régiment d'infanterie de ligne ; puis, entra comme *garde du corps du roi*, dans la compagnie du Luxembourg, du 20 novembre 1822 jusqu'au 26 octobre 1825. — Il a servi pendant neuf ans, ne donna sa démission que par suite de la mort de son frère, et vint habiter le château de la Combe, occupé aujourd'hui par ses deux fils, dignes héritiers d'une suite de glorieux défenseurs de la patrie, du nom de Louvat de Champolon, vénéré, à juste titre, dans notre Bugey.

LUCINGE (de), seigneurs du lieu, des Alymes et de la Motte en Bugey. Cette famille originaire de Faucigny fut anoblie au xve siècle, d'après l'historien Guichenon.

ARMOIRIES : { *Bandé d'argent et de gueules, de six pièces, écartelé d'argent à trois faces de sinople.*
Cimier : *Un bras armé tenant une épée nue.*
Devise : *Usque quô.* }

Les hommes de guerre de cette famille sont :

Etienne, l'un des 200 gentilshommes de la cour du duc Louis de Savoie qui jurèrent le traité de paix de 1452, conclu entre ce duc et Charles VII, roi de France.

Humbert, fils aîné du précédent, qui fut ambassadeur du duc Amé IX. Officier distingué, il fut chargé de mettre la Bresse en sûreté contre les attaques tentées par la France, en 1482. Il épousa Claudine-Françoise des Alymes en 1477. Il est mort en 1497.

Bertrand, fils aîné du précédent, conseiller, chambellan et capitaine des gentilshommes du duc Charles de Savoie en 1519. Il accompagna ce duc en Flandre, après la conquête de la Bresse par François Ier (1530).

Charles, fils du précédent, fut l'un des plus vaillants capitaines de son temps. Dans sa jeunesse, son tuteur avait fait hommage, pour lui, au roi de France, en 1536 ; mais il voulut prouver qu'il était resté fidèle à son souverain légitime Emmanuel-Philibert de Savoie et entra dans son armée.

Il entreprit de surprendre Lyon, en 1557, en se faisant aider du baron de Polvilliers, qui vint assiéger Bourg-en-Bresse avec une bande d'Allemands ; l'entreprise manqua.

Le parlement de Chambéry, sous la domination du roi Henri II, prononça la peine de mort contre Charles de Lucinge et ses adhérents; leurs biens furent confisqués; mais, après la paix de 1559, le duc de Savoie étant rentré dans ses Etats, le seigneur des Alymes et ses compagnons d'armes recouvrèrent leurs terres et leurs dignités. Charles testa le 2 juillet 1554.

René, fils du précédent, né vers 1553, mort en 1615, fut conseiller d'Etat et ambassadeur de Charles-Emmanuel, duc de Savoie. Il commença sa carrière militaire en 1572, en accompagnant Charles de Lorraine, duc de Mayenne, à la guerre contre les Turcs. A son retour, il fut nommé *auditeur général de l'armée de Savoie* (conseiller judiciaire en chef). Il n'avait que 29 ans. — Employé dans les négociations relatives à la paix de Lyon et à l'échange de la Bresse, du Bugey, du Valromey et du pays de Gex, contre le marquisat de Saluces en 1600, René fut presque désavoué par son souverain. Présumant qu'il ne serait plus en sûreté dans son pays, il refusa de se soumettre à la sommation que le duc de Savoie lui fit faire, par un héraut d'armes, de se présenter à sa cour, et René répondit, en s'expatriant, par un écrit intitulé : *Un adieu.* Il vint habiter en Bugey, le château des Alymes, sous la protection de Henry IV qui lui écrivit la lettre suivante :

« Mon amy, à présent que vous êtes devenu mon subjet,
« je vous pourroy parler suivant ma pensée. Et la conduyte
« de M. de Savoye à vostre endroict m'auroit estrangement
« esmerveillé si je n'estois pas un vieil chasseur qui connoît
« les ruses du renard. Je comprends que ne soyez seule-
« ment conneu de son desportement et desplaisir pré-
« tendu sur le faict de la paix que avez signée, tout le
« monde sachant que vous n'avez, en ce rencontre, agy
« qu'avec son adveu et par exprez commandement et qu'aussy
« durant toute vostre vie, en toutes choses de son service,
« il avoit ordinaire de se rengorger de vostre vertu en vous
« regraciant pour vostre prudence et fidélité. Il ne me con-
« vient pas chercher à vous réconforter sachant que vostre
« cœur est là, mais je vous puys affirmer qu'il n'en sera pas
« de vostre nouveau maistre tellement que de l'ancien.
« Mon amy, entre véritables gentilshommes de vieille roche
« ainsy que vous et moy il ne sauroit estre parlé d'argent
« pour l'essentiel ; mais je vous veux asseurer toutes fois

« que si je pouvois savoir qu'en soyez jamais à découvert
« et despourveu je vous sauroye bien forcer en ce retran-
« chement là qui debvroit estre le dernier entre nous, vous
« estant donné à moy comme l'avez bien voulu fayre. Je suis
« et resteroy toute ma vye et véritablement, entendez-vous?
« vostre bon amy,   HENRY.
« Au bois de Vincennes, ce 14 juillet. »

Henri IV rendit un édit du 4 avril 1602 qui faisait don pour neuf ans, à René de Lucinge, du revenu du greffe du siége présidial de Bourg-en-Bresse, provenant des appellations du Bugey, Valromey et Gex.

La vie de ce capitaine diplomate fut resplendissante d'un vif éclat par sa profonde instruction, sa pénétration, la hauteur de ses vues politiques et sa dignité personnelle. Il fut un homme d'épée et de plume. — Il a laissé les ouvrages imprimés ci-après :

Les premiers loisirs de René de Lucinge. Paris, 1586, in-8°, contenant la traduction française du *Mépris du monde*. — *L'Origine, progrès et déclin de l'empire des Turcs*. Ce dernier écrit était d'abord intitulé : *De la naissance, durée et chute des Etats*. Paris, in-8°, 1588, traduit en anglais, en italien, en latin et réimprimé à Paris, in-8°, 1614. — *Les occurrences et le motif de la dernière paix de Lyon*. Chambéry, 1603, in-8°, rare. — *Apologie de la négociation de Lyon, ou la Médisance, avec une lettre d'adieu au duc de Savoie, son ancien maître et souverain*. Chambéry, 1602. — *Manière d'écrire l'histoire*. Lyon, 1607.

Les manuscrits se composaient de : *Rerum penè toto orbe gestarum epitome, anno 1572, usque ad annum 1585*. — *Mémoires de la négociation de la paix de Lyon*. — *Le Mépris du monde*, ou l'*Alliance de France et de Savoye*. — *Mémoires de la ligue par dialogue du françois et du savoyard*. — *Poëme sur les noces de Charles-Emmanuel I*er.

Georges, frère du précédent, fut gouverneur de la forteresse de Sainte-Catherine rendue à Henri IV, en 1600. — Il prit ensuite les ordres sacrés et mourut en 1629. Devenu archevêque de Nicosie, évêque de Nola, il était chevalier de l'ordre de Saint-Jean de Jérusalem. Il a légué ses biens aux pauvres et aux églises.

Emmanuel, 3ᵉ fils de René, devint capitaine au régiment de la Grange ; il se distingua dans les guerres du Piémont, notamment au siége de Casal ; il était vaillant et sage. L'épitaphe élogieuse de son tombeau est rapportée dans l'histoire de *Bresse et du Bugey.*

Parmi les descendants de la branche des seigneurs de la Motte et de Gy, on compte : 1° **Jean-François** *de Lucinge,* capitaine au régiment de la Grange ; 2° **René** dit de *Gérès,* vicomte de Lompnès, qui fut capitaine de 100 hommes d'armes ; — 3° **François,** capitaine au régiment de Conty ; mort à Saint-Jean-de-Losne, en 1645, des blessures qu'il avait reçues à la bataille de Nordlingen ; — 4° **Louis,** écuyer, seigneur de la Motte qui vivait en 1650, était *lieutenant* au régiment de Conty et devint *capitaine* après de nombreux exploits en Allemagne, en Catalogne et en Flandre.

Cette maison s'est perpétuée jusqu'à nos jours. Elle a traversé la première révolution française, sans être emportée par le flot populaire.

Louis-Amédée, comte de Lucinge, marquis de Coligny, baron de Beaupont, seigneur de Cuisiat, la Motte, etc., était en 1789, chevalier des ordres royaux des saints Maurice et Lazare de Savoie ; major en 2ᶜ du régiment de Royal-Roussillon-infanterie. — Homme politique, il a joué un certain rôle dans nos assemblées parlementaires. Né vers 1750, en Bugey, il est mort en Franconie en 1800. Entré fort jeune au service militaire, le comte de Lucinge était lieutenant-colonel au régiment de Normandie, en 1792. Il avait été élu député aux Etats-Généraux, par la noblesse de Bresse; il fut l'un des plus fougueux défenseurs des prérogatives de son ordre, en s'opposant à toutes réformes. — Lors de la censure infligée à son collègue Lambert de Frondeville, le 21 août 1790, le comte de Lucinge s'élançant au milieu de la salle des députés, s'écria : « Ceci a l'air d'une « guerre ouverte de la majorité contre la minorité, et pour « la faire cesser, il n'y a qu'un moyen : c'est de tomber, « le sabre à la main, sur ces gredins-là ! » Il dut désavouer ces paroles sur la proposition de Dubois-Crancé. L'Assemblée nationale reçut ses excuses, et, eu égard à ses témoignages de repentir, comme orateur, elle lui remit la peine qu'il avait encourue. Louis-Amédée de Lucinge signa les protestations des 12 et 15 septembre 1791, et émigra à la fin de la session. On croit qu'il servit dans l'armée de Condé et mourut obscurément.

Son petit-fils **Victor-Amédée,** prince de Lucinge, sire de Thoire et de Coligny en Bresse, vidame de Belley, a été reçu premier aide-de-camp de M. le comte de Chambord. Sa femme est, ainsi que la comtesse de Charrette, sa sœur, issue d'une union morganitique contractée par le duc de Berry, en Angleterre, avant la restauration des Bourbons sur le trône de France. La famille royale avait pour ainsi dire adopté ces deux jeunes filles et Charles X les avait dotées.

(Extrait de l'*Almanach de Gotha,* pour 1868.)

MAIRE (Charles-Henri-Thérèse), sous-intendant militaire, chevalier de la Légion d'honneur et de l'ordre de Saint-Louis, né à Sauvagney (Doubs), le 14 janvier 1772 ; mort à Bourg, le 24 juin 1831.

Engagé volontairement, à 21 ans, au 2e régiment d'artillerie à pied, le 21 septembre 1793, le jeune Maire, qui avait fait de bonnes études classiques à Besançon (Doubs), venait de terminer toutes les écoles de son arme, le 5e jour complémentaire de l'an III (21 décembre 1795), lorsqu'il fut requis pour travailler aux écritures du citoyen Dessolier, commissaire des guerres, à Neufbrisack. — Le 1er ventôse an IV (20 février 1796), il passait, comme *secrétaire*, au bureau du citoyen Mathieu Fabvier, commissaire-ordonnateur de l'aile droite de l'armée, dite d'Angleterre, résidant à Lille. — L'apprentisage bureaucratique était fait. Doué d'une grande sagacité, d'une netteté et d'une droiture d'esprit peu communes, notre canonnier était envoyé, avec les mêmes fonctions de secrétaire, à l'armée du Rhin. — Là il fut appelé, par ses supérieurs, à faire la campagne de l'an V (1796 et 1797), avec son régiment ; mais le 3e jour complémentaire de l'an IV (17 septembre 1798), il était désigné pour reprendre son service de *secrétaire* dans les bureaux du commissaire des guerres, à l'armée du Rhin. — Le 1er thermidor an VII (19 juillet 1799), il fut attaché, par avancement, comme *employé de 2e classe*, à l'ambulance n° 1 de l'armée du Danube, à Leutzbourg, sous les ordres du même commissaire-ordonnateur, Mathieu Fabvier; enfin, le 1er vendémiaire an VIII (23 septembre 1799), le maréchal des logis Maire fut nommé *élève commissaire des guerres*. — Désormais, sa voie était trouvée : à 27 ans, il commença sa carrière administrative dans laquelle il a rendu d'utiles services, fruits d'une activité et d'une intelligence supérieures.

Le 14 prairial an IX (3 juin 1801), le premier consul Bonaparte le nomma *adjoint* aux commissaires des guerres, à l'armée du Danube et, bientôt, il fut attaché à la commission de liquidation des comptabilités des armées de l'Helvétie et du Rhin, sous les ordres de l'ordonnateur Monnay, à Strasbourg. — De là, il fut envoyé à Besançon, le 4 vendémiaire an XI (27 septembre 1802), sous l'ordonnateur Lyautey; puis, à Lyon, le 22 frimaire an XII (14 décembre 1803); enfin, à Toulon, l'année suivante, pour faire partie de l'armée expéditionnaire d'Espagne, commandée par le général Lauriston. — Embarqué, de 1804 à 1805, sur le vaisseau le *Formidable*, il fit plusieurs expéditions en Espagne et fut envoyé au Vigo, ville importante, chef-lieu de province, pour y organiser et administrer, *seul*, le service difficile des ambulances de ce poste, servant de point central de débarquement aux malades et blessés de l'intérieur du pays. M. Maire se montra à la hauteur de sa mission qui dura plus de six mois. — A son départ d'Espagne, en 1806, il fut dirigé sur Gênes, pour assister l'ordonnateur Cazac.

Le 1er mai 1807, nommé *commissaire des guerres*, en France, il fut employé successivement, à Grenoble; le 28 avril 1809, à Auch; en 1812, à Tarbes et à Bayonne; en 1814, à Pau; et le 11 septembre de cette même année, à Bourg, qu'il n'a pas quitté jusqu'à son décès, c'est-à-dire pendant 17 ans. — Le 15 septembre 1817, il reçut le grade de *sous-intendant militaire* par suite de la réorganisation du corps des *commissaires des guerres* et de celui des *inspecteurs aux revues*, réunis en une seule dénomination.

Nommé chevalier de Saint Louis, sous la restauration des Bourbons, le 11 mars 1820, il a été fait chevalier de la Légion d'honneur, le 23 mai 1825.

Marié à Grenoble, le 14 février 1809, avec demoiselle

Rose-Aimée-Josephine Seruzier, fille d'un chirurgien militaire, il en a eu trois enfants, deux filles et un fils.

Mlle *Félicie*, l'aînée des filles, mariée à M. de Saint-Germain, est décédée à Bourg, le 28 mai 1827. Mlle *Caroline*, né en 1818, mariée à M. Rain, est morte à Besançon, le 22 juillet 1872. M. *Eugène*, né à Bourg, le 1er juillet 1820, est actuellement ingénieur en chef des ponts et chaussées, à Besançon.

Les hommes qui ont vécu pendant la période révolutionnaire de 1793 et qui ont servi le premier empire français, ont eu à compter avec bien des dangers et des fatigues lorsqu'ils appartenaient à l'armée. C'est ce qui explique la santé bien ébranlée de M. Maire, lorsque nous l'avons connu, en 1829, et que nous débutions, sous ses ordres, dans l'administration militaire. Mais si les forces du corps étaient affaiblies chez ce fonctionnaire, dans un âge peu avancé, les facultés de l'esprit étaient complètes. M. Maire, administrateur intègre, loyal, probe, éclairé, laborieux, était l'ami du soldat, le conseiller prudent et sage, l'honnête homme par excellence. — Sa vie a été brusquement tranchée, mais bien remplie. Il est mort prématurément, à 59 ans. Le corps de l'Intendance a perdu en lui une de ses lumières ; l'armée, l'un de ses plus dévoués administrateurs ; la France, l'un de ses meilleurs citoyens.

MANTE (Louis-Joseph), major, officier de la Légion d'honneur, chevalier de Saint-Louis, né le 18 mars 1778, à Belley, où il est mort, le 30 juin 1843.

Parti pour l'armée du Rhin, en 1799, comme réquisitionnaire, il débuta par la campagne du Rhin et d'Helvétie, sous le général Moreau. — En 1801, il était en Italie et gagnait ses épaulettes de *sous-lieutenant,* en 1803, à l'île d'Elbe, où il séjourna jusqu'en 1810.

Nommé *lieutenant* dans cette dernière année, il passa dans l'île de Corse, celles de 1811 et 1812 ; puis il revint en Italie, de 1813 à 1814, où il fut promu *capitaine* et décoré *chevalier de la Légion d'honneur.* — Le 15 juin 1815, après la restauration des Bourbons, M. Mante combattit les Piémontais à l'armée des Alpes et fut cité à l'ordre de l'armée, pour son intrépidité devant l'ennemi, par le maréchal Suchet, duc d'Albuféra. — Replié sur Lyon avec son régiment devant les alliés coalisés, il continua d'apporter dans les rangs de l'armée royale, le même esprit d'abnégation et d'exactitude à ses devoirs qui l'avait fait remarquer précédemment. — Ces qualités lui méritèrent, en août 1819, *la croix de Saint-Louis*.

Après la révolution de Juillet 1830, le gouvernement de Louis-Philippe éleva M. Mante au grade de *major*, en 1831, et quatre ans après, lui conféra celui d'*officier de la Légion d'honneur*. — Bientôt il obtint sa retraite et se retira dans son pays natal où il est décédé, à l'âge de 65 ans, entouré de l'estime publique et de l'affection de ses concitoyens.

MANTE (Esprit-Jean-Pierre-Célestin), frère cadet du précédent, capitaine d'artillerie, chevalier de la Légion d'honneur et de l'ordre de Saint-Louis, né le 1er juillet 1779, à Belley, où il est mort, le 15 avril 1841.

Incorporé dans le train de l'artillerie comme soldat, en 1800, le jeune artilleur a fait son avancement dans cette arme qui comprenait un ensemble de transports propres aux munitions, projectiles et pièces de canon, corps créé par la Convention nationale, le 9 avril 1793, et tout à fait indépendant du corps des charrois de l'armée, devenu *train des équipages* en 1806, pour le service des subsistances et celui des hôpitaux.

En 1808, M. Mante fut nommé *sous-lieutenant;* cinq ans après, il passait *lieutenant;* puis, en 1821, il était promu *capitaine* et capitaine-major en 1830. — Chacun de ses grades fut la récompense de services rendus aux armées d'Italie, de Russie et du Rhin.

Le 26 décembre 1800, il se trouvait employé au passage du Mincio, sous le général Brune, s'avançant sur l'Adige. — Ce général avait fait couvrir de 40 pièces de canon les hauteurs de Mozzembano, et favorisé par les brouillards de la saison, il réussit à jeter un pont de bateaux sur le Mincio, au moyen duquel l'armée française entière déboucha pour marcher sur la deuxième ligne ennemie, en s'emparant de Salliouzo et de Valeggio.

En 1805, M. Mante passait encore le Tagliamento et la Piave où, n'étant encore que maréchal des logis, il mitrailla l'infanterie autrichienne devant le camp de Caldiero. Dans cette journée du 30 octobre 1805, il bivouaquait sur le champ de bataille au milieu d'une affreuse confusion : les Français avaient perdu 3,000 hommes en morts, blessés et prisonniers, et l'ennemi 12,000, dont 8,000 prisonniers et 3,000 blessés hors de combat.

Le 18 juillet 1806, le sous-lieutenant Mante entrait dans la place de Gaëte, après un siége meurtrier commandé par Masséna. Les Napolitains avaient été contraints de livrer la place avec tout le matériel qu'elle contenait.

Enfin, notre compatriote combattit avec intrépidité aux batailles de Smolensk, de Volontina et de la Moskowa, en 1812. Sa belle conduite fut récompensée par la *croix de chevalier de la Légion d'honneur*.

En 1815, après la deuxième abdication de l'empereur Napoléon Ier, M. Mante fut maintenu dans l'armée royale réorganisée par les ministres Dupont et Clarke, duc de Feltre.
— Il obtint même *la décoration de Saint-Louis*, en 1826, et ne se retira dans ses foyers qu'après la révolution de 1830.
— Il est décédé à 62 ans, avec la réputation d'un brave officier, d'un patriote ardent et d'un excellent citoyen.

MARINET (**Louis - Joseph - Stanislas**), intendant général (1), chevalier de la Légion d'honneur, né à Montanges, canton de Châtillon-de-Michaille, le 12 décembre 1785, mort à Balon, paroisse de Lancrans, le 28 août 1841.

Son père, **André-Marie** *Marinet*, exerçait les fonctions de notaire avant la première Révolution française ; propriétaire aisé, il vint se fixer à Balon et donna ses soins à l'éducation de son fils qui montrait de bonne heure une grande intelligence. — Le jeune Stanislas fit de bonnes études clas-

---

(1) Sous le premier Empire, l'*Intendance militaire* n'était pas encore *nominativement* constituée. — Ce corps n'a été créé que par une ordonnance du 29 juillet 1817, pour remplacer les anciens inspecteurs aux revues et les commissaires de guerres, eux-mêmes substitués, par l'arrêté du 9 pluviôse an VIII, aux commissaires des guerres qu'avait institués la loi du 28 nivôse an III, et d'autres lois édictées depuis 1789. — Même en cette année 1817, les élèves du corps de l'Intendance furent choisis parmi les Français propres au service militaire, de l'âge de 21 à 25 ans, ayant fait leurs cours de droit, parlant une langue étrangère et jouissant d'un revenu de 2,000 francs en biens fonds.

siques à Nantua et suivit les cours de droit à l'École de législation de Lyon, où il fut reçu avocat.

Entré, d'abord, au barreau de Genève, chef-lieu du département du Léman, d'où ressortissait alors le pays de Gex, ses débuts furent marqués par des qualités très-distinctives, c'est-à-dire la vivacité de l'esprit et la facilité d'élocution. — Il acquit, en peu de temps, une certaine célébrité surtout en matière criminelle, et obtint en France et à l'étranger, de véritables succès de cours d'assises.

Admirateur passionné de Napoléon Ier, il quitta, en 1814, Genève qui n'appartenait plus à la France, et courut, en 1815, à la rencontre de l'Empereur qui, sorti de l'île d'Elbe, marchait sans résistance sur Paris. — L'impétueux Marinet, honoré de la confiance de Napoléon, prit du service dans son armée, le fit proclamer à Besançon et à Dijon, faisant arborer le drapeau tricolore sur son passage.

Nommé *intendant général des armées des Alpes*, il fut investi d'un pouvoir presque illimité, pendant les Cent-Jours; mais après Waterloo où il combattit avec la plus grande intrépidité, il céda devant le nombre des coalisés, et son dévouement à Napoléon faillit lui devenir fatal : il fut accusé d'avoir pris part à un complot dirigé contre la vie du général Wellington, et fut condamné à mort. Sa tête fut mise à prix et il fut, pour cette cause, obligé d'errer longtemps sans trouver un asile assuré.—Cependant, ses amis firent intervenir de sages conseillers auprès du nouveau roi de France Louis XVIII, qui permit au malheureux fugitif de purger sa contumace devant la cour de justice de Dijon. — M. Marinet revint donc à Balon, son pays natal, après huit ans d'exil, pour embrasser son père que son chagrin retenait au lit. A son aspect, le vieillard perdit la parole et expira bientôt. L'émotion avait été trop forte.

L'avocat Marinet partit pour Dijon, plaida lui-même sa cause et fut acquitté. — Revenu à Balon, il chercha dans le repos et l'étude la paix, qu'une vie si agitée avait compromise. — En 1830, il salua avec transport une révolution qui ramenait le drapeau tricolore. — Nommé maire de sa commune, il organisa militairement les gardes nationales du canton et en fut proclamé le commandant. — Il reçut la croix de la Légion d'honneur.

Vers la fin de 1835, M. Marinet fut atteint d'une paralysie qui lui ôta le mouvement des extrémités inférieures ; mais il conserva toute la lucidité de son esprit. Six ans après, il succombait d'une nouvelle attaque, à Balon, au milieu des témoignages de la plus vive sympathie de ses concitoyens.

Son corps a été transporté à Ochiaz, dans la Michaille, village d'où sortaient ses ascendants paternels.

(Brossard. — *Histoire politique et religieuse du pays de Gex.*)

MARNAS (Paul, de), sous-lieutenant, chevalier de la Légion d'honneur, né à Lyon, en 1843, mort à Chartres (Sarthe), le 17 janvier 1871.

Il était fils de M. Chabanacy de Marnas, procureur général, ancien sénateur, grand officier de la Légion d'honneur et grand'croix de Saint-Stanislas, décédé en 1874, à Nice. — Sa mère était sœur de M. le comte Douglas, de Montréal en Bugey.

Le jeune Paul, ayant terminé avec succès ses études classiques, fit son droit à Paris et fut reçu avocat de bonne heure. A 25 ans, il était substitut du procureur impérial à Fontainebleau, lorsque la guerre fut déclarée par la France à la Prusse, en juillet 1870. Il ne put résister à l'élan national et s'engagea volontairement dans le 2e bataillon de chasseurs à pied où servait son cousin, M. le lieutenant Georges Douglas. — Simple chasseur, puis caporal, M. de Marnas tomba grièvement blessé de quatre balles à la bataille de *Saint-Privat*, nommée aussi d'*Amanvillers*, le 18 avril, même année. — Cependant il fut assez heureux pour entrer dans Metz où il parvint à se guérir à l'ambulance de l'armée française. — Nommé sergent et chevalier de la Légion d'honneur en récompense de son courage, il put s'échapper au moment de la capitulation de cette place, et rejoignit le dépôt de son bataillon à Douai. — Là, promu *sous-lieutenant* au 3e bataillon de chasseurs à pied, le 20 novembre suivant, il fut envoyé, *sur sa demande*, à l'armée de la Loire, afin de cueillir de nouveaux lauriers.

Cette conduite généreuse était digne d'un meilleur sort ; mais sa destinée était marquée fatalement : il fut atteint d'un obus qui lui cassa la cuisse gauche, à la bataille de Loigny, livrée le 2 décembre 1870. Transporté par les Prussiens à l'hôpital Saint-Brice, à Chartres, il y expira le 17 janvier 1871. Il n'avait que 27 ans. — Son corps a été rapporté dans sa famille aux Labourons (Fleurie, Rhône), le 15 juin 1871. — Voyez *Douglas*.

MARTIN (Louis), canonnier, chevalier de la Légion d'honneur, né en 1771, à Seyssel, où il est mort le 25 décembre 1833.

Parti pour l'armée, en 1792, comme volontaire dans le 3e bataillon de l'Ain, il fut incorporé, plus tard, dans l'artillerie et se distingua, dans cette arme, jusqu'en 1806, époque à laquelle une surdité contractée dans les camps, le força à prendre sa retraite. — Lors de son décès on a trouvé, avec l'état de ses services, le brevet mentionné ci-après, avec lequel il avait pu réclamer, de droit, son admission de *chevalier dans l'ordre de la Légion d'honneur* créé le 19 mai 1802.

Ce titre portait : — « Bonaparte, premier consul de la
« République française, d'après le compte qui lui a été
« rendu de la conduite distinguée et de la bravoure du
« canonnier *Louis Martin*, artificier au 4e régiment d'artil-
« lerie à cheval, lequel, devant Vérone, le 6 germinal
« an VII, *après avoir enlevé une pièce de canon, à travers*
« *une grêle de balles, la retourna à bras et tira plusieurs*
« *coups à mitraille qui forcèrent l'ennemi à la retraite*, lui
« décerne, à titre de récompense nationale, une *grenade*
« *d'or*. Il jouira des prérogatives attachées à la dite récom-
« pense par l'arrêté du 4 nivôse an VIII. — Donné à Paris,
« le 6 frimaire an XI de la République française. — Le
« premier consul, BONAPARTE. »

MAYOT (Melchior), colonel, officier de la Légion d'honneur, né le 14 janvier 1769, à Peyrieu en Bugey, tué sur le champ de bataille de Polotsk, le 18 avril 1812.

Entré, comme soldat, au régiment des chasseurs à cheval des Pyrénées (ancienne armée royale), depuis le 22 mai 1786 jusqu'au 30 avril 1790, il obtint son congé et revint dans son pays.

Elu, le 28 septembre 1793, *capitaine* dans le 11e bataillon de l'Ain, il passa avec ce grade, le 15 germinal an II

(4 avril 1794), dans la 2ᵉ demi-brigade d'infanterie légère, devenue 22ᵉ de même arme, à l'amalgame de l'an IV. Il fit toutes les guerres de la République, de l'an II à l'an IX, aux armées des Alpes, d'Italie et d'Allemagne.

Le capitaine Mayot se distingua notamment à la bataille de Novi où il fut nommé *chef de bataillon* sur le champ de bataille, quoique sa nomination ne soit datée que du 1ᵉʳ fructidor an VII (18 août 1799). — Rentré en France, il tint garnison dans la 8ᵉ division militaire pendant les années X et XI (1801 à 1803). — Nommé *major* du 16ᵉ régiment d'infanterie légère, le 11 brumaire an XII (1804), et membre de la Légion d'honneur le 14 germinal suivant, il servit au camp de Brest et sur les côtes de Bretagne. — Il fit la campagne de l'an XIV (1805) avec la 1ʳᵉ division du 7ᵉ corps de la grande armée et combattit vaillamment à la bataille d'Austerlitz.

Employé à l'armée du Nord, en 1809 et 1810, il fut promu *colonel*, à la suite du 37ᵉ régiment d'infanterie de ligne, le 4 août 1811 ; il devint *colonel titulaire* de ce corps le 7 septembre suivant et prit part à l'expédition de Russie, où il reçut le grade d'*officier de la Légion d'honneur*, le 9 août 1812. — Neuf jours après, il succombait à la journée de Polotsk.

Le général Saint-Cyr, quoique blessé, venait de prendre la direction des opérations militaires : il avait proposé de se retirer en apparence devant les Russes ; de profiter du terrain couvert où l'on combattait devant Polotsk pour repasser secrètement la Dwina et la Polota ; d'attaquer l'ennemi à l'improviste, de lui infliger un échec sanglant et de se reposer, ensuite, à l'abri de ce succès, derrière Polotsk. Cet avis approuvé par les principaux officiers de l'armée, assemblés, fut exécuté le 18 août 1812, suivant les prévisions du général ; mais la lutte fut vive et acharnée. On s'aborda à la baïonnette et la mêlée fut aussitôt générale. Le général Deroy, l'honneur de l'armée bavaroise, notre alliée, fut tué ; le général de division Verdier fut blessé, et parmi les officiers supérieurs, l'intrépide colonel Mayot, acteur dans ce grand drame de la déroute des Russes, tomba à la tête de son régiment, frappé d'une balle au cœur. Cette victoire brillante donna pour trophées : 1,500 prisonniers, 14 pièces de canon, 3,000 hommes tués à l'ennemi, mais elle coûta au département de l'Ain la perte de l'un de ses plus braves enfants.

MERME (Anthelme-Marie), capitaine, chevalier de la Légion d'honneur, né en 1772, à Châtillon-de-Michaille, où il est mort, le 1er juillet 1858.

Entré au service, à 20 ans, dans les volontaires de l'Ain, il fit les campagnes d'Italie, de 1792 à 1796, et assista aux batailles de la République et de l'Empire jusqu'en 1815. — Atteint de sept blessures et décoré de la main de l'Empereur, en récompense de son courage héroïque, M. Merme n'a quitté son drapeau du 67e régiment de ligne qu'après Waterloo, pour rentrer dans ses foyers et se vouer au bien public en acceptant les fonctions d'adjoint au maire de sa commune. — Il était l'ami intime de son glorieux compatriote le commandant Ducret, dont il reçut les derniers soupirs en 1838. — Sa longue existence de 86 ans, comme soldat et comme citoyen, et ses vertus ayant servi de modèles à ses contemporains, c'est un juste hommage rendu à la mémoire de ce brave que de rappeler, ici, son nom. — Voyez *Ducret*.

MEYSSIN (François), capitaine, chevalier de la Légion d'honneur, né le 9 janvier 1773, à Lhuis en Bugey, où il est mort vers 1826.

Il entra au service, le 22 septembre 1793, dans le 11e bataillon de l'Ain, devenu par amalgame, 22e régiment d'infanterie légère. — Il fut fait *sergent* le même jour, et *sergent-major*, le 5 nivôse an VI (24 décembre 1797).

Il fit les guerres de l'an II à l'an V (1793 à 1897), aux armées des Alpes et d'Italie ; s'embarqua pour l'Orient, en floréal an VI (mai 1798), avec les troupes commandées par le général en chef Bonaparte et fit les campagnes de l'an VI à l'an IX (1798 à 1801), en Egypte et en Syrie. A Aboukir, ayant reçu l'ordre de porter un drapeau sur le haut d'une maison qui dominait ce village, afin qu'il pût servir de signe de ralliement, il fut assailli par l'ennemi qui voulait le lui enlever ; mais le brave Meyssin défendit son drapeau avec une telle intrépidité qu'il parvint à le sauver après avoir tué, de sa main, plusieurs Turcs. — Pendant le siége du Caire, en l'an VIII, il se fit remarquer par son courage : Meyssin voyant perdre beaucoup de temps à enfoncer une des portes de cette ville, qui était murée, parvint à découvrir un endroit où l'on pouvait tenter l'escalade ; suivi d'un carabinier, il grimpa sur le rempart d'où il attira l'attention de la troupe française, malgré les balles qui pleuvaient sur lui. Bientôt il fut secouru ; on débusqua l'ennemi qui défenfendait ce passage, donnant ainsi le moyen de couper la retraite d'une partie de la garnison surprise et atterrée.

Cette action d'éclat lui valut une récompense du premier consul qui lui décerna un *fusil d'honneur*, par arrêté du 4 pluviôse an XI (24 janvier 1803).

Nommé *sous-lieutenant*, le 1er ventôse suivant, Meyssin prit part aux opérations des armées d'Italie et de Naples.

Fait *lieutenant*, le 27 novembre 1806, on le vit commander, au passage de la Piave, le 8 mai 1809, une compagnie de voltigeurs à l'avant-garde de sa colonne : après avoir traversé la rivière à la nage et s'être réuni aux autres compagnies d'élite qui, pour protéger le passage de l'armée, devaient marcher sur les batteries autrichiennes, il s'empara de plusieurs pièces de canon ; mais son intrépidité lui devint fatale : ayant continué à charger l'ennemi, il eut la cuisse gauche emportée par un boulet. Malgré ses souffrances, il resta debout sur sa jambe droite et dit aux soldats de sa compagnie qui s'empressaient autour de lui :

« *Mes amis, asseyez-moi par terre, et continuez votre* « *marche, nous n'en aurons pas moins la victoire !* » — Il survécut à l'amputation qui lui fut faite. Le 20 août 1840, l'Empereur le promut *capitaine*, et lui fit régler, sur sa demande, le 9 octobre de la même année, une pension de retraite dont il a joui dans son pays natal.

M. Meyssin compte parmi les plus héroïques soldats du département de l'Ain.

MIDAN (Marie-Victor), capitaine au 2e régiment d'infanterie légère, chevalier de la Légion d'honneur, né à Bourg en 1784, mort à Coligny, le 3 octobre 1859.

Volontaire en 1792, il fit les campagnes d'Italie, de Prusse, de Pologne et d'Espagne, de 1793 à 1810. Partout, il donna

des preuves de sa bravoure et parvint assez promptement au grade de *capitaine*. Il eut pu devenir officier supérieur si les nombreuses blessures qu'il reçut sur les champs de bataille ne l'avaient trop souvent retenu aux ambulances.
— Dans la désastreuse journée du Mont-Saint-Jean, en 1814, M. Midan fut grièvement blessé dès le commencement de l'action ; il ne cessa de combattre avec acharnement que lorsque, renversé par un biscayen qui lui fracassa les deux cuisses, il ne put plus articuler les ordres qu'il donnait à sa troupe pour l'encourager au combat. Ses forces avaient trahi son courage : il fut laissé pour mort ; mais recueilli par une famille belge, il fut, en quelque sorte, rendu à la vie par les soins d'une jeune fille qu'il épousa après sa guérison.

Revenu à Bourg en 1815, il y occupa, plus tard, un emploi dans les bureaux de la préfecture de l'Ain. C'est là que nous l'avons connu et que nous l'avons vu, après la révolution de Juillet 1830, commander une compagnie de grenadiers de la garde nationale, avec l'ardeur juvénile de ses premières années, heureux de se consacrer, encore, à la défense du drapeau tricolore qui l'avait si souvent conduit à la victoire.

Quelque temps avant d'atteindre sa 72e année, il voulut se retirer à Nointel (Seine-et-Oise), auprès de l'un de ses enfants habitant cette résidence ; mais il préféra son pays natal, et y revint. C'est dans l'une de ses visites à Coligny, où vivait sa sœur, qu'il a été frappé par la mort en 1859. Il a été inhumé à Bourg.

Parmi les traits de générosité dont sa vie fut remplie, nous ne pouvons taire le fait suivant, qui honore sa jeunesse militaire : étant *sergent-major*, il préféra s'exposer à être cassé de son grade, plutôt que de compromettre de vieux compagnons d'armes, sans fortune, auxquels quelques infractions à la règle et à la discipline eussent pu faire perdre leur état.....

Il n'est resté de ce brave officier et de cet excellent citoyen que les deux meilleures choses qui doivent survivre : une réputation d'honorabilité peu commune et l'affection de ses compatriotes.

MIDAN (Jean-Henri-Gabriel), sergent, né à Jasseron, le 12 octobre 1834, mort devant l'ennemi, en Crimée, le 11 mars 1855.

Il était fils de Louis-Antoine Midan, lieutenant de cavalerie, chevalier de la Légion d'honneur, sous le premier Empire, capitaine adjudant-major de la garde nationale de Bourg, après 1830, et maire de Jasseron, où il est mort en 1861.

Le jeune Midan s'était engagé volontairement, à 18 ans, dans le 39e régiment d'infanterie de ligne. Deux ans après, il suivait son régiment en Crimée, et s'y distinguait par sa bravoure et son activité. Vers la fin de l'année 1854, se trouvant de service à la tranchée, au siége de Sébastopol, comme sergent, il fut atteint d'un éclat d'obus qui lui déchira les chairs au-dessous de la cuisse gauche. Porté à l'ambulance et pansé à temps, sa blessure ne présentait plus de gravité sérieuse, lorsque, pendant un ouragan violent, une partie de murs et de pans de bois sous lesquels on l'avait abrité, s'écroulèrent et lui fracassèrent de nouveau la jambe blessée. Transporté à l'ambulance, il y subit, avec courage, l'amputation du membre et se disposait à en adresser la nouvelle à sa famille ; mais la fièvre survint et le jeune sous-officier succomba des suites de l'opération. Il n'avait que 21 ans.

MIGIEU, seigneur du lieu et d'Iselet.

ARMOIRIES : *De sable, à trois étoiles d'argent. — 2 et 1.*

Cette maison est d'origine bugeysienne, par **Léonard** *de Migieu*, écuyer, seigneur de Chanves, qui vivait en 1500.

Aimé-François, petit-fils du précédent, fut capitaine de chevau-légers, en Savoie ; puis lieutenant-colonel de la milice du Bugey. Son testament date du 31 janvier 1589.

Claude, fils aîné du précédent, fut capitaine de cavalerie, en Savoie. Il fit la guerre en Provence, et devint gouverneur du château Notre-Dame de l'île de Marseille. Il eut pour fils *George*, qui suit :

George Ier, fut capitaine des carabins (1), de Son

(1) Dans l'armée française, aux XVIe et XVIIe siècles, les *carabins* étaient des cavaliers cuirassés, chargés d'escarmoucher et de protéger les retraites. Ils étaient armés d'une *carabine* ou d'un *pistolet*. On en forma des ré-

Altesse de Savoie. Il fut tué à la prise de Montbonod, en Dauphiné, en 1560.

Bernardin, écuyer, gouverneur de Pierre-Châtel pour le duc de Savoie, au xviie siècle, avait été homme d'armes de la compagnie des ordonnances de ce duc, entretenue en France.

George II, petit-fils du précédent, fut cornette de la compagnie de chevau-légers du comte de Grôlée (1640).

Benoît, frère du précédent, mourut en Piémont, enseigne au régiment du chevalier de Landais.

Jean-Baptiste, neveu du précédent, d'abord enseigne au régiment de Choin, en 1650; ensuite officier de cavalerie sous le duc Charles de Lorraine; il fut blessé à la bataille de Nordlingen; puis, il servit en qualité de cornette aux régiments de cavalerie de Bassompierre et de Boncourt.

MOIZIN (Claude-Joseph), inspecteur du service de santé des armées, commandeur de la Légion d'honneur, né à Bagé-le-Chatel, le 21 octobre 1782, mort à Metz, le 10 octobre 1849.

Son père, qui était chirurgien, dirigea les études de son fils dans la même carrière. — Après avoir été, au collége de Bourg, l'un des plus brillants élèves, le jeune Moizin fut envoyé à Paris, pour suivre les cours de médecine professés, alors, par d'illustres maîtres, tels que Corvisart, Hallé, Fourcroy, etc. Il eut pour condisciples : Broussais, Roux, Marjolin, Magendie, et embrassa, avec le même enthousiasme qu'eux, l'étude de la médecine régénérée, sous l'inspiration de l'illustre Bichat, par l'analyse et la comparaison des faits. — Parmi les qualités qui ont distingué le jeune Moizin on remarquait la patience dans l'observation, l'indépendance dans les doctrines, et cette soumission entière devant les secrets de la nature qu'il n'est permis de pénétrer qu'en se défiant des créations de son propre

---

giments sous Henri IV et Louis XIII. Louis XIV réunit les carabins de chaque compagnie et en forma une compagnie spéciale par régiment, et plus tard, forma un régiment particulier (1693). De cette dénomination est venue celle de *carabiniers*, corps d'élite, avant 1789, employée encore aujourd'hui.

esprit. — Si heureusement préparé à la vie active, il fut reçu *docteur* de l'École de Paris, à l'âge de 22 ans.

Le 11 vendémiaire an XII (4 octobre 1803), Claude-Joseph fut appelé, comme *chirurgien sous-aide*, à l'armée des côtes de l'Océan. Elle était campée le long de la Manche, sur un sol humide, sous des baraques légères, décimée par des fièvres intermittentes ; il lui fallut lutter avec la nécessité des circonstances politiques qui forçaient les troupes à braver l'insalubrité climatérique, et se multiplier pour donner des soins empressés aux malades. Il ne tarda pas à se faire remarquer au camp de Bruges (Belgique), par son utile savoir et son grand dévouement.

Élevé, peu de temps après, au grade d'*aide-major*, ce fut au camp d'Ostende qu'il reçut du vénérable M. Coste, inspecteur général du service de santé, et son compatriote, l'ordre de diriger l'un des hôpitaux de la Belgique. — C'est sous cette direction savante et honorable, qu'il contracta, avec toute l'ardeur d'une âme droite et honnête, l'engagement, qui depuis ne s'est jamais démenti, de prendre, en toutes circonstances, la défense des plus chers intérêts du soldat, en lui appliquant les mesures les plus propres à lui conserver la santé. — C'est à cette armée des côtes de l'Océan, que déjà lui furent confiées les missions les plus importantes, entre autres, celle de donner ses soins à la garnison et aux habitants de l'île de Kadzand, dont il sut s'acquérir, à un si haut dégré, l'estime et la reconnaissance, pendant deux ans de séjour dans ces contrées, que ravageait la redoutable maladie des *Polders*.

Pendant la glorieuse campagne de 1805, terminée par la bataille d'Austerlitz, tantôt à la tête des ambulances de la 1re division du 3e corps, au passage de l'Inn et du Danube, à Neuberg, à Dachau, à Lambach, à Munich, à Vienne ; tantôt, dans les hôpitaux de Brünn, en Moravie, on le vit partout partager, avec un courage héroïque, les fatigues et les dangers de la grande armée.

En 1806, presque toujours aux avant-postes, M. Moizin se montra actif et dévoué : à Iéna, le 14 octobre, il eut son cheval tué sous lui. — Au milieu d'un carré du 2e bataillon du 61e régiment de ligne, on le vit donner ses soins aux blessés, sans s'émouvoir, sous un feu meurtrier. — Huit jours après cette bataille, il se multiplia, pour ne pas laisser sans secours un seul des nombreux blessés français et prussiens, entassés pêle-mêle, à Naumbourg, dans les édifices publics.

A Eylau, sa conduite lui mérita les éloges du maréchal Davout. Surpris par la nuit au-delà des lignes ennemies, au milieu des blessés du 61° régiment de ligne qui s'était retiré après une défense héroïque, il cherchait un commandant de son régiment pour le secourir; il ne revint au bivouac qu'à la pointe du jour, le 8 février 1807. Les Russes et les Français avaient tiré à la fois sur le courageux chirurgien; son infirmier avait été tué à ses côtés. C'est ainsi, qu'entraîné par le zèle, dans ses fonctions, on le vit plus d'une fois, faire abnégation de lui-même, oubliant le danger, et n'échappant que par miracle aux périls des combats. Il prodigua toujours les mêmes soins aux blessés des deux armées belligérantes.

Le 13 mars suivant, promu au grade de *médecin ordinaire*, et chargé successivement de la direction des hôpitaux de Gilgembourg et de Wroclawich, ce ne fut plus la mort du soldat que M. Moizin eut à braver, mais une fin non moins glorieuse, mais plus terrible, celle des épidémies et des contagions putrides dans le silence et le secret des établissements hospitaliers. Accablé par un service de 900 fiévreux, il fut atteint du typhus, en Pologne. A peine rétabli, il est appelé à Varsovie pour y combattre le scorbut. — En 1808, passé à l'armée d'Espagne où le typhus sévissait avec tant de violence que M. Gorcy, chef du service de santé, voulut laisser au sort la désignation des médecins chargés de le seconder, M. Moizin combattit l'épidémie meurtrière, successivement, à Bayonne, à la Corogne; ouvrit les hôpitaux du Prado, de Valladolid, de Zamora, d'Astorga, de Salamanque, et triompha ainsi de la mort même qui le menaçait. Un si noble dévouement méritait une juste récompense : il fut nommé *médecin principal* le 1er novembre 1810.

Lors de la suppression de l'armée de Portugal, en 1813, M. Moizin devint *membre du comité de visite*, siégeant à Paris, et, en 1814, *médecin en chef* de l'hôpital de Bayonne qu'il quitta en 1815. A son retour de l'île d'Elbe, l'empereur Napoléon Ier, le nomma *médecin en chef du 8e corps de la grande armée.*

Après avoir assisté à tant de grandes victoires, notre savant compatriote eut la douleur d'être témoin du désastre de Waterloo. — Il fut appelé comme *médecin ordinaire adjoint* à l'hôpital d'instruction de Metz. — M. Moizin perdait ainsi une position plus élevée ; mais il lui fallait bien subir l'influence politique du moment. La restauration des Bourbons sur le trône de France ne pouvait oublier si tôt ceux qui s'étaient montrés dévoués à *l'usurpateur déchu ;* cependant, le nouveau régime gouvernemental ne resta pas longtemps indifférent devant les talents éprouvés des hommes de la science. La considération publique lui avait permis d'attendre la réparation qui lui était due : le 25 juillet 1835, M. Moizin fut nommé *médecin principal* de Metz, et breveté *inspecteur de santé des armées,* le 7 janvier 1839. — Quelque temps après, il était admis *correspondant de l'Académie nationale de Paris,* et remplaça au Val-de-Grâce, MM. Larrey et Broussais au *conseil supérieur* établi près le ministère de l'intérieur.

Ce fut de l'époque de ses inspections que datèrent les importantes améliorations introduites dans le service du casernement et celui des hôpitaux militaires en France et en Algérie. Son esprit de justice et son expérience, ont répandu partout la plus salutaire influence. — La douleur que lui fit éprouver la perte d'un fils unique et l'altération de sa santé, à la suite d'une inspection médicale en Afrique, le décidèrent à prendre sa retraite, après 43 ans de services. Il se retira à Metz où il est décédé, au milieu d'une population éplorée et reconnaissante.

On connaît de lui : *Un discours prononcé à l'occasion de la distribution des prix décernés aux élèves de l'hôpital militaire d'instruction de Metz, le 19 novembre 1831.* — Metz, in-8°, imprimerie de Wisttersheim, 1831 ; brochure de 24 pages.

Deux discours ont été prononcés sur la tombe de M. Moizin, par MM. les docteurs de Laveran, médecin chef de l'hôpital militaire de Metz, et Charles Monard, médecin principal en retraite, à Metz.

MONNIER, famille ancienne connue dans la haute bourgeoisie de Bresse, depuis le milieu du XIVe siècle. — Les descendants, qui se sont fait remarquer le plus dans l'armée, de nos jours, sont :

Louis-Denis-Elisabeth, colonel, inspecteur de gendarmerie, chevalier de Saint-Louis, né à Pont-de-Veyle, 14 juin 1741, mort le 1er messidor an VI (19 juin 1798).

Son père **Jean-Joseph**, médecin distingué, fut le doyen des conseillers du Tiers-Etat de Bresse. Il était marié avec Marie-Jeanne Perrier de la Balme.

Louis-Denis-Elisabeth aurait pu embrasser la même carrière que celle de son père, mais sa vocation le porta à suivre celle des armes. — A 15 ans, au sortir du collége de Bourg, il fut recommandé au baron d'Espagnac, maréchal de camp, qui, ayant résidé à Bourg, avait reçu les soins du père Monnier, comme médecin. M. d'Espagnac était devenu gouverneur des invalides de la guerre, à Paris; il fit des démarches en faveur du jeune homme, et vers l'année 1757, M. le comte de Tavannes, commandant en chef en Bourgogne et Bresse, transmettait à la famille l'ordre du ministre de la guerre qui dirigeait Louis-Denis-Elisabeth Monnier sur les îles d'Hyères, près de Toulon, pour être incorporé dans le bataillon des milices de Châlons, comme *lieutenant*. Le brevet fut remis au jeune officier ; il fut reçu dans ce corps, le 21 novembre de la même année. Il avait 16 ans. — On était, alors, en guerre avec l'Allemagne et l'Angleterre, les milices gardaient les côtes de Provence. Le bataillon de Châlons fut successivement employé à Nîmes, à Cette, à Agde, à Montpellier, à Saint-Laurent-de-Goux et à Narbonne. Louis Monnier s'y montra plein d'ardeur et de zèle. A la paix, les milices furent licenciées; celle de Châlons se rendit à Dijon, en novembre 1761.

Notre jeune lieutenant s'attendait à être renvoyé dans ses foyers, après quatre ans de services, lorsque sur le bon témoignage de sa conduite et de son instruction militaire, il fut autorisé à passer, avec son grade, dans la maréchaussée de Bresse, en 1762. Il venait y remplacer le lieutenant Bolozon mort cette même année. Il fut donc admis dans ce nouveau corps avec des lettres de provisions datées de 1763 et une lettre de dispense d'âge, car il était encore mineur. Sous l'ancienne monarchie certains emplois dans l'armée étaient payés; celui-ci le fut au prix de 10,000 livres. — M. d'Andelot, prévôt de la maréchaussée, l'accueillit avec bienveillance et l'instruisit dans la connaissance des affaires de procédures prévôtales contre les crimes et délits. — Ce chef ayant vendu sa charge à M. Durand, de Lyon, devenu général dans la suite, ce fut le jeune lieutenant Monnier qui procéda à sa réception de prévôt à Bourg, et fit le service militaire de la place, pendant ses absences.

En 1773, il épousa demoiselle *Louise Vorle*, fille de *Pierre-Anne Vorle*, ci-devant contrôleur des actes des notaires et receveur des domaines du roi, au bureau de Bourg.

En 1782, M. Monnier fut nommé à la lieutenance de Belley. — Le 11 décembre de la même année, il recevait le brevet de *capitaine* de cavalerie, expédié en forme de lettre patente signée par le roi *Louis*, et plus bas : *Ségur*. — Quatre ans après, il était *décoré de l'ordre royal et militaire de Saint-Louis*.

Lors de la Révolution de 1789, M. Monnier songeait à se retirer du service, avec le grade de *chef d'escadrons*, lorsqu'il fut proposé à l'avancement, à la suite de l'affaire des régiments révoltés de Nancy. — A cette époque, une dangereuse insubordination se manifestait dans presque toute l'armée. A Metz, les soldats enfermèrent leurs officiers sous le prétexte de solde arriérée ; ils s'emparèrent des drapeaux et des caisses publiques et le lieutenant général Bouillé, cousin du général de Lafayette, parvint à réprimer la sédition. — A Nancy, le sang coula : il y eut des victimes ; notamment le généreux Desilles, officier distingué qui, ayant voulu s'interposer entre les combattants pour les rappeler au sentiment de la fraternité, fut atteint de plusieurs balles et mourut martyr de son dévouement. — M. le chef d'escadrons Monnier, défendant l'ordre public qui se brisait contre le choc des idées d'alors, et protestant par les armes, pour l'honneur et la discipline, gagna, par sa fermeté et sa bonne contenance, l'amitié et l'estime de ses supérieurs. Le 12 juin 1792, il fut choisi pour être l'un des 28 lieutenants-colonels conservés par la loi et fut attaché à la 25e division de la gendarmerie nationale, à la résidence du département du Puy-de-Dôme.

Promu *colonel*, en 1794, et chargé des fonctions d'inspecteur de l'arme, il se fit remarquer par son exactitude et son activité à remplir ses devoirs. Il eut été élevé au généralat si sa santé ne l'avait contraint de revenir à Bourg, pour se reposer au sein de sa famille ; il a succombé laissant un fils auquel l'article suivant est consacré.

Louis-François-Victor, capitaine de gendarmerie, chevalier de Saint-Louis et de la Légion d'honneur, né le 9 juillet 1776 à Bourg, où il est mort le 19 mars 1825.

Le jeune Monnier entra au service militaire à 17 ans, dans les hussards des Ardennes, devenus 23e régiment de chasseurs à cheval. — Il était *sous-lieutenant* le 1er janvier 1793, et commençait ses campagnes nombreuses, par celle du Nord et la conquête de Mayence, sous le général Jourdan. Il eut un cheval tué sous lui à l'affaire de Wisbaden, le 22 avril 1797. — *Lieutenant* au même régiment, le 24 août de cette même année, il fut promu *capitaine*, trois ans après, le 2 septembre 1800. — Passé *aide-de-camp* de M. le lieutenant-général comte Lapoype, il fit, avec ce général, les campagnes de 1801 et de 1802, en Italie, et celle de Saint-Domingue en 1803. Il prit une part glorieuse à l'attaque du 24 brumaire an XII (16 novembre 1803), devant Verdière, l'une des affaires les plus meurtrières de la campagne. Le général loua beaucoup la conduite de M. Monnier, que les Anglais firent prisonnier à la fin de cette guerre désastreuse. — Il fut rendu, sur sa parole de ne plus combattre, et rentra en France, le 9 juillet 1804.

Dans ses foyers, M. Monnier fut considéré comme démissionnaire le 9 décembre 1805. Il ne reprit du service qu'en 1815, à la rentrée des Bourbons. Admis dans la gendarmerie, il fut placé à la tête de la compagnie de l'Isère ; puis, successivement, dans celles du Bas-Rhin, le 10 novembre 1817 ; de Seine-et-Marne, en 1821 ; et de l'Ain, le 24 janvier 1724. — M. Monnier avait épousé, le 24 avril 1805, Mlle *Elisabeth-Charlotte-Pauline Prince*, de Mâcon.

Il obtint la *décoration de Saint-Louis*, le 18 septembre 1816, et fut nommé *chevalier de la Légion d'honneur* le 25 avril 1821. — Admis à la retraite, la même année, il comptait 22 ans de services actifs et 12 campagnes. Il est mort à 49 ans avec la réputation d'un brave militaire.

Joseph - Gabriel, oncle du précédent et frère de *Louis-Denis-Elisabeth*, colonel du génie, officier de la Légion d'honneur, chevalier de Saint-Louis, né le 30 mars 1745, à Bourg, où il est mort le 30 janvier 1818. Il portait le surnom de *Courtois*, nom d'un bien de famille, à Fleurieux (Saône-et-Loire).

Après avoir fait de bonnes études classiques, au collége des Jésuites de Bourg, où il montra un goût très-prononcé pour les mathématiques, Joseph-Gabriel se décida à embrasser la carrière militaire dans l'arme du génie. — En conséquence, sur la présentation de M. Lecamus, examinateur de Paris, qui avait reconnu son aptitude, il fut compris dans une promotion d'élèves envoyés à l'Ecole royale de Mézières, le 1er janvier 1768. Il en sortit, deux ans après, avec le n° 11, donnant le rang de *lieutenant en 1er*. — Ce grade lui fut confirmé par un brevet délivré par le duc de Choiseul, ministre de la guerre, au nom du roi.

Désigné pour occuper un emploi d'*ingénieur ordinaire*, à Toulon, il y arriva le 15 mars 1770. Pendant 4 ans, il s'occupa des fortifications de cette place et de ses environs. — Envoyé ensuite à Bayonne, il fut nommé, après une résidence de trois autres années, *capitaine en 2e*, aux appointements de 1,360 livres par an. Sa nomination était datée du 1er janvier 1777. Il appartenait à la direction de la Guienne, du Poitou et de la Saintonge.

En 1780, il se trouvait à Bouchain où il se maria, le 2 janvier 1782, avec Mlle *Agnès-Marie-Anne-Josephe Goblet*, fille de *Joseph-Antoine Goblet*, avocat au parlement de Flandre et trésorier de la ville de Bouchain. — L'année suivante, il dirigeait le service du génie à Landrecies. —Deux ans plus tard, M. Monnier reçut une mission qu'il devait accomplir en Turquie : il s'embarqua, le 2 mai 1784, pour Constantinople avec une commission de savants officiers français, parmi lesquels se trouvaient MM. Chabaud, major du génie, et de Lafitte-Clavé, capitaine. Ils entreprirent, tous, l'étude topographique du Bosphore et des côtes de la mer Noire. Vers la fin de cette année, ils fournirent dix mémoires, trois cartes et trente-cinq plans, renfermant un système de défense à exécuter en six mois. Ces travaux furent accueillis avec une vive gratitude par le capitan-pacha et le grand visir Hali-Pacha, qui leur firent présent de superbes pelisses d'hermine et de tabatières d'or, enrichies de diamants.

Le capitaine Monnier s'occupa plus spécialement d'organiser à Constantinople une école de fortifications, de mathématiques et de topographie. Il fallut, avec le secours des interprètes du pays, créer de nouveaux termes employés dans les fortifications, pour les appliquer à la langue turque, où ils manquaient. Notre compatriote ouvrit même, le 28 octobre 1784, son premier cours, en présence du sultan distribuant des cadeaux et des éloges aux disciples les plus zélés. Il termina son cours, le 18 août 1786, après 147 leçons, et l'année suivante, M. de Lafitte-Clavé publia, en turc, un *Traité de construction et de fortification passagère*.
— Rentré en France, le 24 mars 1788, M. Monnier fut décoré de la croix de Saint-Louis, le 8 octobre suivant, et reçut une pension de 600 livres du gouvernement, pour les services rendus outre-mer.

Lors du licenciement des troupes royales, en 1791, M. le capitaine Monnier entra dans l'armée républicaine et fit les campagnes du Centre et du Nord, dans les années 1792 et 1793. Il assista aux siéges de Namur et de Maëstricht. Le général Custines, voulant lui donner un témoignage de sa satisfaction particulière pour sa belle conduite, lui délivra provisoirement, le 31 mai 1793, le brevet *d'adjudant-général* (chef de bataillon), et lui confia le commandement en chef du génie de l'armée du Nord; mais cette nomination ne fut pas confirmée par Bouchotte, alors ministre de la guerre.

Soupçonné de *modérantisme*, il fut arrêté, le 10 août 1793, par ordre des représentants du peuple Billaud-Varennes et Niou, qui le firent emprisonner. Ses papiers, saisis furent envoyés au Comité de salut public. Rendu, bientôt, à la liberté, il fut nommé *chef de bataillon titulaire*, le 26 frimaire an II (16 décembre 1793).

Envoyé, de nouveau, à Constantinople, le 8 nivôse an II (28 décembre 1793), il en revint le 10 germinal an V (30 mars 1797), après avoir rempli dignement les instructions qu'il avait reçues du Directoire. — Il avait accompagné une nouvelle commission militaire dont MM. Aubert de Bayet et Cuny firent partie comme chefs de l'artillerie. Leur rappel fut provoqué par la campagne du général Bonaparte en Egypte. Ces différentes tentatives faites sous l'ancienne monarchie et par la jeune République française, ont eu pour objet de concourir à la réforme militaire de la Turquie, en vue de garantir l'intégrité de l'empire ottoman, des envahissements de la Russie. Ces mesures ont-elles porté leurs fruits ? On peut en douter, puisqu'il a fallu une intervention armée anglo-française en Crimée (1854), pour empêcher le czar Alexandre de s'emparer du Bosphore.

Promu au grade de *chef de brigade* (colonel), le 28 messidor an V (16 juillet 1797), il se rendit à Nice pour y être employé comme directeur des fortifications. — Fait *chevalier* de la Légion d'honneur, le 19 frimaire an XII (11 décembre 1803), il fut élevé au rang d'*officier* de cet ordre, le 25 prairial suivant (14 juin 1804), et désigné, la même année, comme membre du collége électoral du département de l'Ain. Deux ans après, il était admis, sur sa demande, à la pension de retraite, à partir du 23 janvier 1806, pour en jouir à Bourg, où il s'est éteint à 73 ans, avec la réputation méritée d'habile ingénieur et de bon citoyen.

Il a laissé deux fils, morts sans postérité : 1º M. **Eugène,** qui est mort jeune, à Jasseron, où il résidait; 2º M. **Joseph-Frédéric,** agronome distingué, mort à Bourg, le 28 mai 1866, à 84 ans. Il a été l'un des bienfaiteurs des établissements hospitaliers de Bourg, et a laissé, à la Bibliothèque de cette ville, plusieurs manuscrits intéressants, notamment le *Journal d'un soldat,* rédigé par son père, pendant son séjour en Turquie.

MONTBEL (de), comtes d'Entremonts, seigneurs d'Espine et du Montelier.

ARMOIRIES : *D'or, à un lion de sable, armé et lampassé de gueules à la bande, composée d'hermine et de gueules de six pièces.*
Cimier : *Un aigle d'argent becqué d'azur.*
Supports : *Deux lions d'or.*

L'ancienneté de cette maison remonte, d'après l'historien Guichenon, au xɪᵉ siècle. — Sa généalogie militaire porte, que l'un des premiers seigneurs, **Philippe,** se croisa en l'an 1096, sous Godefroy de Bouillon, et qu'il fut tué à l'assaut de la ville d'Antioche, assiégée par les chrétiens. — Il avait épousé Lucrèce de Lascaris, issue de la célèbre famille de Lascaris, qui a possédé longtemps l'empire de Constantinople.

Hugues, successeur du précédent, se croisa également, en 1100, sous la conduite de l'évêque de Milan. Ce seigneur combattit les Turcs, qui firent prisonnier Etienne de Blois.

Guillaume, petit-fils du précédent, partit pour la Terre-Sainte avec le roi Saint-Louis, en 1248.

Guillaume III. — Se signala à la bataille de Varey, où il retira des mains du seigneur de Tournon, le comte Edouard de Savoie, fait prisonnier en 1320. — Employé au service de France, le roi Philippe de Valois le récompensa par une pension viagère de 300 livres, en 1340. — Enfin, il fut conseiller d'Etat du Comte-Vert de Savoie et fut présent au mariage de ce prince, en 1347, avec Jeanne de Bourgogne. Lui-même épousa, en 1325, Marguerite de Joinville, fille de Guillaume, seigneur de Joinville et de Gex, et, en deuxièmes noces, Catherine de Villette, fille du seigneur de Chevron, en Savoie. Il est décédé en 1356.

Jean Ier, fils du précédent, fit la guerre du Valais et combattit en Grèce, pour secourir l'empereur Alexis prisonnier des Bulgares; plus tard, il suivit l'armée de Savoie contre Galéas Visconti, seigneur de Milan, et se signala au siège d'Ast. — Il est mort vers 1385. Son fils **Guigue,** vivant en 1383, commanda les troupes de Savoie contre les Valaisans. — Il est mort en 1435.

Jean II, fils de Boniface de Montbel, comte de Frusasque, seigneur de la Bastie, fut lieutenant général du gouvernement de Bresse et bailli, en 1409. Il était aussi capitaine des fortifications.

Le dernier des Montbel est mort en 1560, sans enfants de sa femme Catherine Spinola, génoise, qu'il avait épousée le 25 avril 1448. Sa veuve s'est remariée avec André Prohana, conseiller d'Etat, chambellan du duc de Savoie, amiral et chevalier de l'Annonciade, qui a fait souche des nouveaux comtes de Frusasque, vers la fin du XVIe siècle.

MONTRICHARD (Joseph-Elie-Désiré, Perruquet de), baron de Bévy, général de division, commandeur de la Légion d'honneur et chevalier de Saint-Louis, né à Thoirette (anciennement Bresse), le 24 janvier 1760, mort à Paris, le 5 avril 1828.

Elève surnuméraire d'artillerie à l'école de Metz, le 16 août 1781, il passait élève titulaire, à Besançon, l'année suivante. — Le 1er septembre 1783, il était nommé *lieutenant en 2e* au régiment de Strasbourg ; trois ans après, il était promu *lieutenant en 1er*, le 11 juin 1786 ; *capitaine en 2e*, le 1er avril 1791, au régiment de Metz, où il fut *capitaine-commandant*, le 1er juin 1792. — Il commença donc sa carrière militaire dans les armées royales sous l'ancienne monarchie française, et continua à servir dans les premières guerres de la première République, contribuant, par son mérite, au succès de nos armes, et faisant pressentir, par son énergie peu commune, ce qu'on était en droit d'attendre de sa bravoure et de ses talents.

Nommé *adjudant général* (chef de bataillon), le 30 juillet 1793, il passa *chef de brigade* (colonel), le 15 prairial an III (13 juin 1795), et *général de brigade,* sur le champ de bataille, en l'an IV (1796), en récompense de ses brillants services. — Dans l'espace de 15 ans, il arriva au sommet des grades, après avoir payé chacun d'eux par une action d'éclat sur le Rhin, dans le Nord, en Italie, partout où sa valeur le fit concourir à la gloire de la France. — Suivons-le à travers les phases diverses de sa vie militaire, comme officier supérieur.

Le 20 juin 1796, le général en chef Moreau était aux prises avec les Autrichiens à Manheim, et le général de division Férino avait reçu l'ordre de conduire ses troupes du Bas-Rhin en Italie, lorsque le chef de brigade de Monttrichard fut chargé de se concerter, pour le passage du Rhin, avec les adjudants généraux Belleavesme, Abatucci, Decaen, le chef de brigade du génie Bois-Gérard et le chef de bataillon Dedon, commandant les pontonniers. — L'opération devait être conduite avec prudence, vigueur et discrétion : M. de Montrichard arrive à Strasbourg, dont on ferme les portes, le 5 messidor (23 juin), afin que l'avis du passage du fleuve puisse être secret, pour l'ennemi. — Il fallait le faire franchir par 15,000 Français, de Strasbourg à Kehl, sans attirer l'attention du général Latour, qui commandait les troupes autrichiennes sous l'archiduc Charles. — M. de Montrichard simule une attaque sur Miessenheim, conduite par le capitaine Savary, aide-de-camp du général Férino, et ordonne la même manœuvre sur Béclair, par le capitaine Dehaynin, son adjoint. — Il avait ordonné une vive canonnade, par nos batteries du Haut-Rhin, pour distraire l'attention de l'ennemi ; puis, au signal donné par le général Férino établi dans une maison située près de l'ancien bureau du péage du Pont de Kehl, les colonnes réunies, à la nuit tombante, près le bras Mabile, se disposent à franchir le Rhin. — La première barque montée par l'adjudant général Abatucci, quitte la rive gauche à onze heures du soir ; la seconde barque, commandée par Decaen, suit la première ; Montrichard s'embarque sur la troisième. — Chacune de ces trois barques portait 200 hommes résolus ; elles essuyèrent le feu des postes ennemis sans riposter, avec un sangfroid admirable ; mais débarqués à une heure du matin, sur la rive droite du Rhin, nos 600 républicains se jettent sur les retranchements ennemis qu'ils enlèvent à la baïonnette avec les batteries de défense. En peu d'heures, le passage de l'armée était assuré, et l'élan dans l'attaque fut tel, qu'on s'empara aussi des îles qui bordent le fleuve. M. de Montrichard, se portant en avant sur Suntheim, s'assura des deux routes de Kehl, et le général Desaix, qui conduisait 28,000 hommes, s'empara du fort qui défendait l'approche de la ville. Le succès fut complet. Le 7 messidor (25 juin), toute l'armée française avait traversé le Rhin sur deux ponts, l'un volant, l'autre sur bateaux, et prenait son ordre de bataille. L'ennemi perdit 1,800 hommes tués ou blessés et autant de prisonniers ; on lui prit 16 bouches à feu et 2,000 fusils. Les 3e et 16e demi-brigades légères et les 31e et 89e de ligne se firent remarquer plus particulièrement par leur intrépidité. La belle conduite de M. de Montrichard lui mérita le grade de *général de brigade* sur le champ de bataille.

En cette qualité, chargé des fonctions de chef d'état-major de la division Férino, il commandait la droite de Moreau. Il se dirigea sur Fribourg. — Il contribua, ensuite, à la bataille de Friedberg, le 24 août 1796, où les Impériaux perdirent encore 7 pièces de canon, 2 drapeaux et 2,000 prisonniers.

— Au passage du Lech, malgré les difficultés et la rapidité du courant, notre général, à la tête de ses troupes, se jeta dans l'eau, afin de les encourager par son exemple ; elles se précipitèrent sur l'ennemi qu'elles culbutèrent et mirent en déroute. — En octobre suivant, à Biberach et au siége de Kehl, il montra la même énergie et la même audace dans l'attaque, bien que sage et prudent dans la défense, lors de la retraite du Rhin et Moselle, à la fin de la campagne.

En l'an VI (1797), M. de Montrichard fut appelé aux fonctions de *chef d'état-major général* de l'armée de Mayence, successivement commandée par les généraux en chef Hatry et Joubert. — Il suivit son compatriote Joubert dans le Piémont lorsqu'il fut chargé de faire renoncer le roi de Sardaigne à sa couronne. — C'est lui qui investit la place d'Alexandrie-la-Paille, le 5 décembre 1798, et qui, après s'être porté sur Turin, le 7 du même mois, occupa les hauteurs de Surperga, pendant que Joubert recevait l'abdication écrite de Charles-Emmanuel, cédant à la France tous ses droits sur le duché de Piémont.

Nommé *général de division*, le 7 pluviôse an VII (5 février 1799), il reçut le commandement de la place de Bologne peu de jours avant que Schérer fut nommé général en chef de cette armée, après la démission de Joubert.

A la bataille de Magnano, le 5 avril 1799, le général de Montrichard fit une démonstration sur Legnago, où sa division courut de véritables dangers ; elle ne dut d'éviter la rencontre du général autrichien Kray, ayant des forces supérieures aux siennes, qu'en exécutant les habiles manœuvres de son chef, qui profita des accidents du terrain et se replia sagement sur Moreau. — Il combattit vaillamment, à Butta-Preda ; mais les Français ayant perdu la bataille, il prévint les suites de cette défaite en couvrant la Toscane et la Ligurie, mission dont il s'acquitta avec un plein succès. — Vainqueur des Impériaux dans plusieurs rencontres, il les força d'abandonner le siége du fort Urbino. Ce commandement était d'autant plus difficile que les Autrichiens avaient en Toscane de nombreux partisans et fomentaient des insurrections parmi les habitants. Il rétablit les communications interrompues entre Bologne et

Ferrare par les insurgés italiens ; délia les troupes lombardes de leur obéissance envers leur commandant Lahoz qui favorisait les menées des alliés contre les ennemis de la République française.

Lahoz se voyant découvert dans ses complots avec les Autrichiens, s'enfuit vers Fano et se mit à la tête d'un corps d'insurgés chassés par notre général, aussi vigilant que ferme dans sa conduite.

Le 1er messidor (19 juin 1799), M. de Montrichard commandait la division de droite à la funeste bataille de la Trebbia qui dura trois jours. Sa bravoure y fut mise à une rude épreuve : il marchait sur le corps russe de Forster, lorsque les réserves autrichiennes que Souvarow avait demandées à Mélas, et qui défilaient sur le derrière du champ de bataille, donnèrent inopinément dans les flancs de sa division ; elle fut surprise et la 5e demi-brigade légère qui avait fait des prodiges de valeur en 100 batailles, s'enfuit en désordre. — Le général de Montrichard protégea la division Victor, en se plaçant à l'arrière-garde et en se dirigeant sur les Apennins, par la haute vallée du Taro. L'artillerie et les bagages partirent par la route qui, de Bologne conduit en Toscane.

Dans les campagnes des années VIII et IX (1800-1801), on le retrouve à l'armée du Rhin où il contribua au succès de la bataille d'Engen et aux combats de Moëskick et de Hochstædt. — Il se distingua, surtout, dans les journées de Stockach, Memmingen et Oberhausen : à la tête des 36e et 94e demi-brigades, on le vit pénétrer dans Moëskirck au pas de charge et s'en emparer de vive force. Dans l'action, ses deux aides-de-camp furent blessés auprès de lui. — Le 18 juin 1800, le général Lecourbe ayant fait une fausse attaque sur les villages de Laningen et de Dillingen, porta, la nuit suivante, les divisions de Montrichard et Gudin, en arrière des bois qui bordent le Danube, vis-à-vis de Gremheim. Les deux divisions soutinrent le choc des Autrichiens. Le général de Montrichard parvint à ébranler l'ennemi qui fut coupé ; la cavalerie autrichienne fut culbutée. Trois mille hommes d'infanterie mirent bas les armes. — Le corps d'armée du général Lecourbe s'étant porté en Bavière, la division Montrichard marcha sur Newbourg où fut tué Latour-d'Auvergne-Corret, le 27 juin 1800; il y combattit Kray en personne. L'attaque fut des plus vives. Les 84e, 37e et 109e demi-brigades et un bataillon de la 10e demi-brigade légère qui formaient cette division, soutinrent les efforts de presque toute l'armée ennemie jusqu'à l'arrivée des renforts. — Aussitôt en présence, les Autrichiens furent mis en déroute et effectuèrent leur retraite, pendant la nuit, sur Ingolstad, par les deux rives du Danube, après avoir brûlé le pont de Newbourg. — Six jours après, le général de Montrichard attaquait et enlevait la réserve de l'ennemi qui occupait le village de Salezburghausen. — Six cents prisonniers, six pièces de canon furent les trophées de cette victoire.

En 1803, notre général mit le comble à sa gloire, à Hohenlinden, où sa division fut la première qui traversa l'Inn et ouvrit le passage de la Salza. — Bientôt il reçut le commandement des troupes françaises au service de la République batave et fut envoyé dans le Hanovre. En thermidor l'an XI (juillet 1803), il était gouverneur du duché du Luxembourg lorsqu'il reçut l'ordre de passer en Italie.

Le 27 brumaire an XII (19 novembre 1803), il commandait la 1re division du corps d'armée employé dans les Etats de Naples. Ce corps d'armée était formé des divisions Reynier, Verdier, Gardanne, Girardon et Lecchi; celles de cavalerie aux ordres de Frégeville et de Montrichard, ensemble 32,819 hommes, dont 4,872 de cavalerie. Il fut placé sous les ordres directs du général en chef Gouvion Saint-Cyr. Ce général lui prescrivit de prendre le commandement supérieur de la place d'Ancône et de faire occuper militairement tous les forts et postes qui en dépendaient, en les approvisionnant de vivres et de munitions pour trois mois. Notre général poussa les travaux avec la plus grande activité; mais il avait frappé une contribution de guerre de 100,000 écus romains sur la marche d'Ancône; l'empereur Napoléon, sur les plaintes du Pape, lui fit cesser ses fonctions, le 16 mars 1806, avec injonction de se rendre à Paris pour expliquer sa conduite. Le général Montrichard, mis en disponibilité, se justifia : il n'avait eu pour but que *d'exécuter promptement les instructions de Sa Majesté*, et sur le rapport favorable du comte Dejean, il fut remis en activité, le

17 janvier 1808, à l'armée de Dalmatie. Le 30 juin 1809, il faisait partie des officiers d'état-major du grand quartier général et assista aux batailles d'Essling et de Wagram. Enfin, le 12 novembre suivant, il recevait le commandement de la 1re division du 11e corps d'armée, sous les ordres du duc de Raguse. — En 1810, à l'organisation de l'armée d'Illyrie, il fut remis en disponibilité ; puis rappelé à l'activité, le 14 avril 1812, et placé à la tête de la division organisée dans le Frioul. — Pendant qu'il commandait, en août 1813, dans le pays de Raguse, n'ayant sous ses ordres qu'un petit nombre de troupes italiennes et quelques bataillons de Croates qui, loin de servir à la défense du pays, contribuèrent, au contraire, à faciliter les succès des ennemis, notre général n'en prit pas moins une part glorieuse à l'affaire de Villach, place importante, qu'il enleva avec deux bataillons du 35e régiment léger et un du 36e, sous les yeux du prince Eugène de Beauharnais.

Lors de la paix, en 1814, le roi Louis XVIII le nomma *chevalier de Saint-Louis*, et l'année suivante, lui confia le commandement de la 6e division militaire. Le 4 septembre 1815, il était admis à la retraite et se retirait à Paris. — Son nom est inscrit sur l'Arc de triomphe de l'Étoile, côté nord. — *Chevalier de la Légion d'honneur*, le 11 décembre 1803, il fut élevé au grade de *commandeur*, le 14 juin 1804. — Homme instruit et amateur des lettres, M. de Montrichard faisait partie de l'Académie de Besançon, de l'Athénée de Paris, de la Société des sciences, agriculture et arts du Rhin, et de la Société d'émulation de l'Ain. — Il publia un *Précis historique du passage du Rhin, à Kehl, dans la nuit du 5 au 6 messidor an IV, par l'armée française de Rhin et Moselle.* — 1826, Strasbourg, chez L. G. Schuler, avec portrait.

Il a laissé un fils, M. Victor de Montrichard, qui était officier de gendarmerie, à Bourg, en 1840.

NIOLLET (Bernard-Auguste), lieutenant, chevalier de la Légion d'honneur, né à Trévoux en 1771, mort en 1827.

Entré au service, en 1792, dans les chasseurs à cheval, il fit les campagnes de la première République, et se signala par son courage à Montenotte, à Millesimo, à Dégo et à Mondovi, en 1796. — Passé dans la gendarmerie, il y servit pendant 16 ans, avec honneur et fidélité. — Employé en Italie, il eut souvent l'occasion d'y déployer autant d'activité que de prudence et de courage contre de nombreuses bandes de malfaiteurs qui infestaient ce pays : informé qu'une troupe de brigands s'étaient retranchés dans une ferme aux environs de Spinetta, notre compatriote se proposa de les surprendre ; parti avec sa brigade, le soir, de Castellazo, il arrive, dans la nuit, à la porte de la maison qu'on refuse d'ouvrir. Niollet, muni d'un levier, enfonce la porte et pénètre *seul*. Au même instant, une décharge de fusils est dirigée contre lui ; plusieurs balles percent ses habits sans le blesser ; mais un guide dont il s'était fait précéder est frappé d'un coup mortel dans la cour. Niollet parvient à saisir l'un des assassins, le terrasse et le désarme ; la brigade cherche à s'emparer des autres ; ils se dérobent à la faveur de l'obscurité. Cette action fut citée à l'ordre du jour de l'armée, le 26 mars 1803.

Dans une autre circonstance, des habitants de Baselico avaient formé le projet d'enlever, à main armée, les caisses publiques de l'arrondissement de Borgo ; cette tentative audacieuse fut déjouée par la surveillance intelligente du maréchal des logis Niollet, qui finit par s'emparer des coupables.

Promu *lieutenant*, en récompense de ses importants services, et nommé *chevalier de la Légion d'honneur* en 1814, M. Niollet rentra en France en 1815. — Après la seconde abdication de l'empereur Napoléon Ier, il fut placé, avec son grade, dans la gendarmerie de l'Aveyron, où il resta jusqu'en 1816, époque à laquelle il obtint sa retraite.

(*Les Fastes de la Gloire.* — 1820.)

ORBAN (François), maréchal des logis, né vers 1772, à Bettant, canton d'Ambérieu, mort en 1848.

Après avoir suivi l'élan patriotique des jeunes gens de l'Ain en 1792, le jeune Orban, qui s'était enrôlé dans un de nos bataillons de volontaires, fit toutes les campagnes de la République et du premier Empire. — M. Thiers l'a cité dans son *Histoire du Consulat et de l'Empire*, à l'occasion de la narration de la bataille de Waterloo. Orban était alors maréchal des logis au 4ᵉ régiment de lanciers. — Le duc de Wellington avait lancé sur notre infanterie les 1,200 dragons écossais de Ponsomby appelés *les Ecossais gris*, parce qu'ils montaient des chevaux de couleur grise. Les dragons avaient causé du désordre dans notre armée et enlevé, d'un côté, le drapeau du 105ᵉ régiment, et de l'autre, celui du 45ᵉ. Napoléon dirigea, contre eux, les 7ᵉ et 12ᵉ régiments de cuirassiers. L'un de ces régiments les aborde de front, tandis que l'autre les prend en flanc et que le général Jacquinot dirige, sur le côté opposé, le 4ᵉ régiment de lanciers. — Le maréchal des logis Orban, se précipitant dans la mêlée, fait prisonnier le chef des dragons, le brave Ponsomby. Les Ecossais s'efforcent de délivrer leur général, Orban le renverse mort à ses pieds, puis, menacé par plusieurs dragons, il va droit à l'un d'eux qui tenait le drapeau du 45ᵉ, le démonte d'un coup de lance, le tue et lui enlève le drapeau. Il se débarrasse, en le tuant encore, d'un autre Ecossais qui le serrait de trop près, et revient, tout couvert de sang, portant à son colonel le trophée qu'il avait si glorieusement reconquis. Le nom qui est écrit *Urban*, dans le récit de M. Thiers, est celui d'*Orban*, et appartient à un *Bugiste*.

(*Courrier de l'Ain.* — Nᵒ 106, 1862.)

OZANAM (Jean-Antoine-François), capitaine, né le 9 juillet 1773, à Chalamont (Dombes), mort à Lyon, le 12 mai 1837. Il était neveu du célèbre mathématicien Jacques Ozanam, né à Bouligneux (Ain).

Il avait fait de bonnes études au collége de Bourg et se destinait au commerce, lorsque les événements politiques le détournèrent de cette carrière, en 1792. A peine âgé de 19 ans, il s'enrôla dans l'un des bataillons des volontaires de l'Ain, et fut envoyé à l'armée d'Italie. — Il combattit à Millesimo, à Lodi, à Rivoli, à Castiglione et à Arcole. — Il quitta le service militaire au moment même où il recevait sa nomination de *capitaine*, en récompense de sa bravoure et de ses blessures.

Arrivé à Lyon en 1798, il y exerça d'abord le négoce pendant quelque temps ; puis, il retourna en Italie pour y chercher une paisible et laborieuse retraite. Il se fixa à Milan au commencement de 1809 et s'y fit admettre conservateur de la bibliothèque ambroisienne. S'étant livré avec ardeur à l'étude des sciences naturelles et à la médecine, il se fit recevoir docteur à l'Université de Paris, vers 1812, et se voua bientôt exclusivement à la pratique de la médecine.

Forcé de quitter la Lombardie occupée, en 1817, par les Autrichiens, M. Ozanam revint à Lyon pour exercer sa profession dans laquelle il s'est distingué. C'est par suite de son séjour en Italie, que son fils Frédéric est né à Milan, le 23 avril 1813.

M. Ozanam est mort à 64 ans, des suites d'une chute faite dans l'escalier d'une cave ouverte sur la rue, en allant visiter un malade. Sa réputation de bon praticien et de savant était généralement établie.

Quelques-uns de ses ouvrages ont été publiés dans les recueils de médecine et dans la *Revue du Lyonnais*. Les plus connus sont : — *Conseils aux bonnes mères sur la grossesse*. Lyon, in-8°, 1817. — *Mémoire inédit sur le décreusage de la soie*. Lyon, 1825. L'Académie vota une médaille d'or à l'auteur. — *Compte rendu du service médical et des observations faites au grand Hôtel-Dieu de Lyon, depuis le 1er octobre 1823, jusqu'au 31 décembre 1833*. In-8°. Lyon, 1834. — *Histoire médicale et particulière des maladies épidémiques, contagieuses et épizootiques qui ont régné en Europe depuis les temps les plus reculés jusqu'à nos jours*. 5 vol., in-8°, Lyon, 1817, 1823 et 1835. — *Mémoire sur les moyens de décreuser complétement la soie sans l'énerver et sans employer de substances alcalines*. Lyon, 1826. — *Mémoire statistique pour servir à l'histoire de l'établissement du christianisme à Lyon*. In-8°. Lyon, 1829. — *Cenni sulla teoria e la pratica della dottrina medice del Controstimolo*. 1 vol., in-8°. Milano, 1812. — *Conseils sur les moyens de se garantir du choléra et sur les premiers soins à donner à ceux qui en sont attaqués*. Lyon, imprimerie d'Ayné, 1832, in-8°. — *Réflexions sur la doctrine de Saint-Simon*. Lyon, Périsse frères, 1831, in-8° de 96 pages.

PACOUD (Denis-François), médecin militaire, chevalier de la Légion d'honneur, né à Mézériat en Dombes, le 11 juin 1771, mort à Bourg, le 14 mars 1848.

Il fit ses études classiques au collége de cette ville et se voua ensuite à la carrière de la chirurgie militaire. Entré à l'hôpital de Lyon, il avait à peine commencé ses premiers cours qu'il fut appelé à servir la patrie. On était en 1792, le jeune Pacoud pensa qu'il pourrait se rendre utile aux armées, comme *sous-aide*, et se présenta en cette qualité, ayant, alors, 21 ans. Employé à l'armée des Pyrénées-Orientales, il débuta par d'heureuses amputations sur les champs de bataille de l'Espagne; il se distingua encore par ses soins aux ambulances, par son activité à remplir ses devoirs, et parvint en l'an III (1795), au grade de *chirurgien de 1re classe*. — Une épidémie s'étant manifestée dans cette armée, il fut chargé de la surveillance de quatorze hôpitaux et fit preuve du plus noble dévouement pour combattre le fléau. — Passé à l'armée d'Italie, en 1796, il fut attaché au service chirurgical des hôpitaux de Plaisance, après la bataille de la Trebbia. Il assista à la bataille de Novi, en 1799, et dirigea les ambulances du centre de l'armée. Deux fois il fut atteint du typhus dans son service, et deux fois sa bonne constitution triompha du mal. Enfin, il obtint sa retraite, en l'an IX (1800-1801), pour cause de blessures, après 9 ans consécutifs de services continuels aux armées, et se retira à Bourg où il se fixa pour exercer sa profession. — En 1801, admis à la Société d'émulation et d'agriculture de l'Ain, il y proposa une enquête *sur la pratique de la vaccine;* créa un dépôt central de vaccin à Bourg et fit adopter des mesures propres à propager la découverte de Jenner. — Grâce à sa persistance intelligente et à ses soins, les épidémies de variole cessèrent leurs ravages dans nos contrées. En 1807, le ministre de l'intérieur, organe de la reconnaissance publique, lui décerna une *médaille d'or*, en récompense de ce bienfait.

Bientôt, il songea à ouvrir une école d'accouchement à Bourg. Personne n'ignore les importants services que cette institution a rendus au pays. — Professeur à l'hôpital de Bourg, il y apporta une régularité de tenue à laquelle on n'était pas encore habitué; il y assura les moyens thérapeutiques, les bains de vapeur qui sont le fait de son initiative.

Enfin, il contribua, avec le plus grand zèle, à donner à cet établissement les améliorations dont il était susceptible, sous le double rapport du service médical et de la propreté, avantages qui le firent signaler à l'attention des inspecteurs de santé et ont mérité à notre hôpital l'une des premières places parmi ceux de province. — Sous son enseignement, l'Ecole d'accouchement acquit, en peu de temps, une si haute réputation, qu'elle a servi de modèle à d'autres écoles du même genre. La méthode du professeur, les perfectionnements qu'il a apportés à l'art des accouchements, sont aujourd'hui acquis au domaine de la science. — Ces observations sont consignées dans le rapport de M. Pariset, secrétaire perpétuel de l'Académie de médecine de Paris. — Il obtint la décoration de *chevalier de la Légion d'honneur,* en 1830.

M. Pacoud avait commencé sa carrière médicale dans les armées républicaines ; il l'a excercée toute sa vie, c'est-à-dire pendant 56 ans, sans s'arrêter un jour. Un tel dévouement à la science et les cures nombreuses qui en furent la conséquence, lui ont assuré une juste réputation d'habile praticien. Ils lui ont assigné, en même temps, la première place dans son pays. — M. Pacoud est mort à 77 ans, honoré et estimé de ses concitoyens, dont il fut l'une des gloires médicales. — Son éloge se trouve tout entier dans les notes d'un rapport de l'ordonnateur en chef Lebreton, qui écrivit ce qui suit : « Dans mes campagnes, jamais je « n'ai rencontré un chirurgien qui réunît, à un si haut « degré, *le zèle, la capacité, l'amour de l'humanité.* » Ces nobles qualités, innées chez M. Pacoud, l'ont servi avec bonheur, dans son service civil comme aux armées, et l'on peut dire avec vérité qu'aucun praticien ne l'a surpassé. M. Pacoud a encore créé le service des aliénés dans le département de l'Ain.

La Société d'émulation et d'agriculture de l'Ain le comptait au nombre de ses membres actifs. — Il en fut même le président pendant plusieurs années. Il s'y est occupé plus particulièrement de travaux agricoles. — Les écrits de M. Pacoud sont :

Dissertation sur les ulcères des pays marécageux. In-4º de 40 p. Paris, 1803 (thèse). — *Exposé des travaux et de l'enseignement suivi à l'Ecole d'accouchement de Bourg.* In-8°. Bourg, Bottier, 1820. — *Compte rendu sur l'Ecole d'accouchement.* In-8° de 23 p. Bourg, Bottier, 1823. — *Discours sur le cours d'accouchement du département de l'Ain.* In-8. Bourg, Bottier, 1824. — *Compte rendu de la pratique des élèves sages-femmes de l'Ecole de l'Ain, pendant l'année 1823.* In-8° de 38 p. Bourg, Bottier, 1824. — *Rapport, à M. le Préfet de l'Ain, sur les travaux des élèves de l'Ecole d'accouchement en 1830.* Bourg, Dottier, 1832. — *Notice historique sur la propagation de la vaccine dans le département de l'Ain, de 1805 à 1839.* In-8°, Bourg, Bottier, 1840. — *Situation de l'Ecole d'accouchement de l'Ain en 1837.* In-8° de 16 p. Bourg, Bottier, 1840. — *Compte rendu de l'Ecole d'accouchement de Bourg.* In-8°. Bourg, 1846. — *Distribution des prix et compte rendu de l'Ecole d'accouchement de l'Ain en 1847.* In-8° Bourg, Dufour.

(M. Ebrard. *Notice sur M. Pacoud.*—M. Sirand. *Bibliographie de l'Ain.*)

PANNETIER (Claude-Marie-Joseph), comte de Valdotte, lieutenant général, commandeur de la Légion d'honneur, chevalier de Saint-Louis, chevalier de l'ordre de la Couronne de fer et de Saint-Henri de Saxe, né le 28 novembre 1769, à Pont-de-Vaux, où il est mort, le 3 septembre 1843.

Il partit, comme volontaire, dans le 3ᵉ bataillon de l'Ain, le 12 décembre 1791 ; — *caporal*, le 1ᵉʳ septembre 1792 ; — *sergent-major*, le 8 octobre, même année ; — *lieutenant*, le 6 janvier 1793 ; il fit les campagnes de la République à l'armée de la Moselle et sur le Rhin ; assista au combat de Kayserlautern, en 1794, et fut blessé d'un coup de feu au bras gauche. — Passé, l'année suivante, à l'armée d'Italie, il fixa l'attention du général Joubert, son compatriote, en enlevant sous ses yeux, au col de Campion, sept postes autrichiens, avec trois compagnies de carabiniers.

En avril 1796, au château de Cossaria, il se trouvait à côté de l'intrépide Joubert, lorsqu'il reçut une balle qui lui perça ses habits. — Au passage du Lavis, il s'empara d'une redoute, et, le lendemain, il franchit le pont de Neumarck sous le feu de l'ennemi. — Il se distingua encore à la bataille de Rivoli où il reçut un nouveau coup de feu à la jambe droite. — Nommé *capitaine*, sur le champ de bataille, Joubert le choisit pour *aide-de-camp*, le 16 nivôse an V (5 janvier 1797). — Dans sa demande au général en chef, Joubert avait écrit :

« Le Directoire m'engage à prendre deux aides-de-camp
« d'un courage à toute épreuve, j'ai choisi Pannetier et
« André, tous deux officiers de distinction. *Je n'ai jamais
« parlé du premier, mais je m'en suis toujours servi.* »

Promu *chef de bataillon*, le 13 ventôse an VI (3 mars 1798), il donna de nouvelles preuves de sa valeur, notamment à la bataille de Novi où périt Joubert. Sa belle conduite lui valut le grade de *chef de brigade* (colonel), le 21 vendémiaire an VIII (13 octobre 1799). Il passa, en cette qualité, à l'état-major du général Berthier. — A Marengo, il fut chargé de rétablir l'ordre de l'aile gauche qui fléchissait dans le fort de l'action ; le sang-froid et l'intelligence qu'il montra, confirmèrent la haute opinion qu'il avait donnée de lui.

A l'armée des Grisons, en l'an IX, M. Pannetier eut l'occasion de se signaler de nouveau comme *chef d'état-major* de l'avant-garde commandée par le général Mathieu Dumas. — Dès ce moment, l'élévation de notre compatriote dans les grades fut rapide. — Le 11 fructidor an XI (29 août 1803), il fut nommé, par le premier consul Bonaparte, *général de brigade* ; puis *chevalier* et ensuite *commandeur* de la Légion d'honneur. — Dans la même année il fut, en outre, décoré de plusieurs autres ordres étrangers. — Le 14 pluviôse an XIII (3 février 1805), le général Pannetier fut envoyé à l'armée des côtes de l'Océan. — Le 26 février 1806, il fut attaché au 7e corps commandé par Augereau, comme *chef d'état-major général*, et confirmé dans cet emploi le 9 mars suivant. — Passé au 2e corps d'observation de la Gironde, le 3 novembre 1807, il entra en Espagne où sa brigade, dont faisait partie le 2e régiment de la garde de Paris, s'avança, la première, au pas de charge, le 7 juin 1808, sur les retranchements du village d'Alcolea défendu par 25,000 Espagnols et 12 pièces d'artillerie ; sans répondre au feu de l'ennemi, il escalada l'épaulement, malgré la profondeur du fossé, le culbuta et s'empara du village. — Le 15 juillet suivant, le général Pannetier défendit la rive gauche du Guadalquivir, avec quatre compagnies de la même garde. L'attaque des Espagnols fut impétueuse ; elle coûta la vie au général Gobert ; mais notre compatriote prit position sur les hauteurs, aborda l'ennemi devant Baylen, le mit en déroute et occupa la place.

Dans cette année 1808, le général Pannetier fut fait *baron de l'Empire*. — Le 31 mai 1809, il fit partie de l'armée d'Allemagne et passa au 1er corps, le 7 août suivant. — Le 19 juillet 1810, il prit le commandement d'une brigade de la 2e division de l'arrière-garde à l'armée d'Espagne. — Le 3 juillet 1811, il emporta d'assaut Porlada. Il en fut récompensé par le titre de *comte d'Empire*, sous le nom de *Valdotte*, avec une dotation considérable en Westphalie.

Dans la nuit du 1er au 2 janvier 1812, M. Pannetier, sous les ordres du maréchal Suchet, ouvrit la tranchée devant Valence, à 80 toises de San-Vicente-d'Olivetto ; l'artillerie française étant parvenue à établir 5 batteries, l'ennemi évacua ses fortifications de l'enceinte extérieure. L'assaut fut donné par le colonel Beloti, commandant 300 grenadiers italiens ; les troupes de notre général enlevèrent les faubourgs de San-Vicente et de Quarte. Les Espagnols abandonnèrent 81 pièces de canon après un bombardement de 24 heures. Au moment de livrer Valence au pillage, le général Blacke consentit, le 10 janvier, à remettre la place au pouvoir de l'armée française d'Aragon.

En 1813, le général Pannetier battit les partis qui troublaient la tranquillité dans la vieille Castille en interceptant les communications ; il fut l'un des officiers généraux de cette époque qui firent la guerre avec le plus de succès contre le fameux partisan Mina qu'il fut sur le point de faire prisonnier le 23 avril 1813, ainsi que Mina le rapporte lui-même dans ses mémoires. Le général Pannetier ramena en France une colonne de 7,000 prisonniers. Il obtint alors un congé ; mais le 2 novembre suivant, il avait rejoint l'armée de Catalogne où il commandait la 2e brigade de la 2e division.

Il combattit avec distinction, en 1814, sous les ordres du maréchal Augereau, duc de Castiglione, commandant l'armée de Lyon. Le maréchal, voulant contraindre l'ennemi à évacuer les départements qu'il avait envahis, donna l'ordre au général Pannetier de se porter, par Villefranche, sur Mâcon. Le 18 février de la même année, avec deux brigades, dont une venant d'Espagne et l'autre formée de conscrits, en tout 4,000 hommes et 2 bouches à feu, notre général culbuta les avant-postes autrichiens à Villefranche, leur fit une centaine de prisonniers et enleva, le lendemain, Mâcon au général Scheiter, après un engagement assez vif. Le 17 mars suivant, le prince de Hesse-Hombourg ordonna aux généraux Bianchi et Wimpfen d'attaquer la droite de la ligne française, et, au prince de Wied-Runckel, d'entourer la gauche avec sa divison, par la route de Beaujeu, pendant qu'un petit détachement ferait une fausse attaque sur la rive droite de la Saône. Le général Pannetier, assailli par des masses formidables, eut d'abord sa position enlevée et fut vivement poursuivi par la tête de colonne du général Bianchi ; mais, bientôt, soutenu par la réserve, il rentra dans Lage-Longeart, à la tête du 4e hussards, et tailla en pièces une brigade ennemie forte de quatre bataillons et de quatre escadrons. Le 20 mars, il se distingua de nouveau à Lyon dans l'attaque que l'ennemi tenta sur le faubourg de Vaise. Le 8 juillet, le roi Louis XVIII le nomma *chevalier de Saint-Louis*. Puis il fut mis en non-activité dans le mois de septembre. Au retour de Napoléon Ier de l'île d'Elbe, le général accourut au-devant de son empereur qui lui confia, à Lyon, le commandement du *bataillon sacré*, à partir du 10 mars 1813, jusqu'à Paris. Il fut employé, le 14 avril 1815, à l'organisation des gardes nationales, sous les ordres du général Rouyer. Nommé *général de division*, le 16 avril, il commandait aux Echelles et au passage de la Biche sur la frontière suisse. A la funeste bataille de Waterloo, il n'opéra sa retraite que lorsqu'il se vit pressé de toutes parts par des forces supérieures. Le 10 mai, le général Pannetier passa à l'armée des Alpes et prit le commandement de la 6e division de réserve des gardes nationales. Une ordonnance royale du 16 août annula sa nomination au grade de général de division, et le mit en non-activité, le 26 du même mois. Compris, le 30 décembre 1818, dans l'organisation de l'état-major général, il obtint sa retraite, le

1er décembre 1824. Remis en activité, il commanda le département de l'Ain, le 14 janvier 1831. Compris dans le cadre d'activité de l'état-major général, le 22 mars de la même année, le roi Louis-Philippe le confirma dans son grade de *lieutenant-général*, le 10 novembre suivant. Placé, le 20 décembre, dans le cadre de réserve, le général Pannetier fut réadmis à la retraite le 1er décembre 1834, et se fixa dans son pays natal, où il a terminé sa laborieuse et honorable carrière à l'âge de 74 ans, emportant des regrets universels et laissant un nom à jamais inséparable des souvenirs de notre gloire militaire.

PARRA (François), général de brigade, né à Belley, le 30 décembre 1733, mort à Sellignieu, commune d'Arbignieu, en 1806.

Son grand-père avait été prévôt de la maréchaussée du Bugey, en 1710, et plusieurs ascendants s'étaient fait remarquer dans la magistrature, dès le XVIIe siècle. — Le jeune Parra fit ses études classiques à Belley et s'engagea volontairement, le 19 septembre 1756, dans Lionnois (ancienne armée royale). Il fut fait *caporal*, en 1757 ; *sergent*, le 23 mars 1759 ; *porte-drapeau*, le 1er février 1763. — Passé, avec le rang de *lieutenant en 2e*, dans le régiment du Maine, devenu 28e d'infanterie, le 6 juin 1776, il fut promu *lieutenant en 1er*, le 16 septembre 1778 ; entra dans la compagnie de chasseurs, le 24 septembre 1780, et devint *capitaine*, le 9 août 1789.

Pendant la guerre d'Allemagne en 1762, sous le maréchal d'Estrée, il fut blessé à la jambe droite et au bras gauche, à Cassel. — Passant la Dimmel à Wilhemstadt, dans le dessein de se rapprocher de Cassel et d'en prévenir le siége, ce maréchal et le prince de Soubise furent attaqués, à leur désavantage, par le prince Ferdinand d'Espagne ; cependant nos généraux gagnèrent Cassel, puis se replièrent sur Francfort où le prince de Condé prit la revanche de cet échec. — Protégé par le maréchal de Villeroy, M. Parra obtint ses grades supérieurs, et la Révolution de 1792 le trouva *colonel* du régiment des cadets gentilshommes, à Lunéville. — Il était lié d'amitié avec Desaix et Berthier qui préférèrent continuer à servir leur patrie, au lieu d'émigrer. La jeune République employa M. Parra, malgré ses 59 ans, et le dirigea sur l'armée d'Italie. De là, il assista au siége de Toulon, où sa bravoure, son expérience lui méritèrent le grade de *général de brigade*, le 13 brumaire an II (3 novembre 1793). — Il conserva même le commandement de cette place, pendant deux ans, après le siége, en 1794 et 1795, c'est-à-dire après le départ de Toulon, du général Durand, qui fut aussi commandant de cette ville, immédiatement après la prise de Toulon.

On raconte qu'à la fin de janvier 1794, Napoléon inspectant les côtes de la mer qui baignent le territoire de Marseille, pour reconnaître les positions où il serait convenable d'établir des batteries, le représentant du peuple Maignet aurait écrit, de Marseille, au Comité de salut public une lettre dans laquelle il lui dénonçait le général Bonaparte, l'accusant de lui avoir proposé, à lui Maignet, de faire réparer les forts Saint-Nicolas et Saint-Jean, que, d'après les ordres de Louis XIV, on avait autrefois élevés autour de Marseille, dans l'intention de les mettre à l'abri d'un coup de main de la populace de la ville : ces forts démolis en partie en 1789, contenaient des poudres et des armes de guerre. Il en fallait moins que cette dénonciation pour faire arrêter Bonaparte, sous un gouvernement ombrageux ; il fut envoyé des ordres à M. Parra pour s'assurer de la personne de son collègue et pour le diriger sur Paris ; notre compatriote signifia au général Bonaparte la décision prise contre lui ; mais celui-ci, au lieu de se rendre à la barre de la convention, partit pour l'armée, après avoir fait accueillir favorablement sa justification par les représentants du peuple qui se trouvaient en mission à Toulon et à Marseille.

Le général Parra obtint sa pension de retraite, en 1796, et vint résider à Belley dont il présida le collége électoral en 1804. — Il s'est éteint, à 73 ans, dans sa terre de Sellignieu, voisine de Belley.

PARSEVAL-DESCHÊNES (de). Cette famille a pris droit de cité dans le département de l'Ain par les services publics de plusieurs de ses membres. — De son sein est sortie une de nos grandes illustrations maritimes que la mort a frappée le 10 juin 1860.

Citons, parmi les fonctionnaires regrettés, le frère et un cousin de l'amiral, dont les noms suivent :

Edouard, lieutenant de cavalerie, ancien directeur des contributions indirectes, chevalier de la Légion d'honneur, médaillé de Sainte-Hélène, né à Paris, le 14 août 1787, mort à Bourg, le 16 octobre 1866. — Son père était conseiller du roi, en même temps qu'il était receveur des finances pour la généralité de Metz et d'Alsace.

A 18 ans, Edouard de Parseval entrait à l'école militaire de Fontainebleau, et en sortait, en 1806, *sous-lieutenant* au 30ᵉ régiment de dragons. Il fit, avec l'armée d'Italie et la grande armée, la campagne de 1809 ; il prit une part active aux batailles de Raab et de Wagram.

Renonçant au service militaire, il entra, en 1811, dans l'administration des contributions indirectes dont son père était devenu *directeur, receveur général* du département d'Eure-et-Loire. M. de Parseval n'en sortit qu'avec l'âge de sa retraite, le 31 décembre 1853, comme *directeur des contributions indirectes du département de l'Ain.* — Arrivé à Bourg en juillet 1842, il y séjourna pendant onze ans, et ne voulut pas s'en éloigner après son remplacement administratif. — Il avait fallu à M. de Parseval de bien sérieuses raisons pour demeurer au milieu de ses concitoyens d'adoption. Hélas ! il avait perdu à Bourg, en peu de temps, une fille chérie et trois fils, dont *deux* servaient dans la marine, et le *troisième* dans l'administration des contributions indirectes. — Les deux marins sont : 1º **Camille,** élève, commissaire de marine, né à Louviers (Eure), le 23 juillet 1830, mort le 20 janvier 1855 à Thérapia (Turquie), pendant la guerre d'Orient, des suites d'une fièvre typhoïde contractée dans son service.

2º **Paul,** lieutenant de vaisseau, né le 24 octobre 1831, à Louviers (Eure), mort à Toulon, le 8 janvier 1862.

Sorti de l'école navale en 1849, il était passé de l'escadre de la Méditerranée sur la frégate *la Pénélope,* pour prendre part à une expédition dans les mers du Sud. — *Enseigne* de vaisseau, en 1854, il s'embarqua sur *l'Inflexible,* comme officier d'ordonnance de son oncle l'amiral ; prit part à la campagne de la Baltique et assista à la prise de Bomarsund.

En 1859, Paul de Parseval fit la campagne de l'Adriatique sur cette escadre qui devait mettre le siége devant Venise, lorsque la paix de Villafranca la ramena dans nos ports. — Promu *lieutenant* de vaisseau et envoyé à Beyrouth en 1860, il revint en septembre 1861, en France, où il a succombé de maladie à l'âge de 30 ans.

Il ne reste plus à Bourg, de cette honorable famille, que : 1º **Charles,** colonel au 55º régiment de ligne ; 2º **Gustave,** romancier ; 3º **Sophie,** demoiselle recommandable par sa bienfaisance et sa piété.

PASCALON (Antoine), lieutenant d'artillerie, né le 3 novembre 1779, à Pérouges (Dombes), où il est mort, le 30 août 1866, à 87 ans.

Conscrit de l'an IX (1800-1801), il fut incorporé au 1er régiment d'artillerie à pied, le 3 ventôse an XII (23 février 1804). Il était *sergent*, le 1er septembre 1809 ; *conducteur d'artillerie*, le 10 février 1814, et passa au 2e régiment, même arme, le 29 mars 1815. — Le jeune Pascalon, à son arrivée au corps, fut envoyé à Boulogne ; puis en Hollande ; ensuite, en 1806 et 1807, au 6e corps de la grande armée d'Allemagne et de Prusse ; enfin, à l'armée d'Aragon et de Catalogne, de 1808 jusqu'à 1811. — Il combattit glorieusement aux batailles de Tudella, en 1809, à celles de Maria et Belchite, les 15 et 18 juin 1809, et à celle de Sagunte, le 24 octobre 1811. — Il assista aux siéges de Sarragosse, de Lérida, de Mequinenza, de Tortose, de Tarragone, de Valence et de Peniscola (1812).

Blessé d'un éclat d'obus à la mâchoire à l'attaque de Sarragosse, il perdit ses dents des suites de cette blessure. — Plus tard, à l'attaque de Charleroi, le 15 juin 1815 (campagne de France), le lieutenant Pascalon fut atteint d'un coup de feu au bras droit et de deux autres blessures aux batailles de Fleurus et de Vavre, les 16 et 18 du même mois. — Faisant partie de la 11e division militaire du 3e corps de l'armée du Nord, sous les généraux Dognerau et Raguse, il opéra la retraite de Namur, les 19 et 20 juin 1815. — Dans cette dernière journée, le capitaine de la batterie et ses deux lieutenants restèrent éclopés sur le champ de bataille avec 3 bouches à feu et 30 canonniers. — Pascalon, aidé par ses camarades, put, enfin, rejoindre son régiment à Rochefort, où il était encore le 1er octobre 1815.

Licencié ce jour là avec demi-solde jusqu'en 1817, notre brave lieutenant revint à Pérouges son pays natal, où il réclama, plusieurs fois, une pension de retraite, après 13 ans de services effectifs et 12 campagnes ; il ne paraît pas qu'il ait été fait droit à sa réclamation. On lui alloua des secours annuels, mais précaires, dus aux gouvernements qui se sont succédés depuis 1830. — Pascalon, atteint d'une hernie inguinale contractée dans son service de guerre, n'en a pas moins vécu très-âgé. Il a été honoré et respecté de tous. Son nom mérite d'être conservé comme un utile exemple de dévouement à la patrie et de résignation dans l'adversité.

PASSERAT DE LA CHAPELLE (Claude-François), écuyer, seigneur de Mussel en Michaille, ancien premier médecin de *Monsieur*, frère du roi, et des armées de France, inspecteur des hôpitaux militaires, l'un des chirurgiens les plus renommés du xviiie siècle.

Né à Châtillon-de-Michaille, le 17 août 1707, le jeune Passerat fit ses études de médecine à Montpellier et à Paris et se fit recevoir docteur à Reims.

Employé à l'armée d'Italie, dès 1733, il servit sous les maréchaux de Villars, de Coigny, de Broglie et de Noailles. — Il passa 7 ans dans l'île Minorque jusqu'au moment où elle fut restituée à l'Angleterre. — En Corse comme à Mahon il fit preuve de grandes connaissances dans l'art de guérir. Elles lui méritèrent, du duc de Choiseul, une pension de 3,000 livres sur le Trésor, comme *premier médecin des armées*.

De 1772 à 1781, époque de sa retraite en qualité d'*inspecteur des hôpitaux*, ses appointements lui furent conservés, dans cette dernière position, par faveur spéciale due à ses longs et utiles services. — La mort le surprit le 29 septembre 1784, à la suite de la perte de son fils unique, conseiller au parlement de Dijon, qu'il ne put sauver d'une maladie mortelle.

Pour récompenser les services exceptionnels de M. Passerat de la Chapelle, Louis XV lui adressa des lettres de noblesse qui confirmèrent celles que sa famille tenait déjà du duc de Savoie, depuis 1567. Ces nouvelles lettres patentes datées de 1769, sont relatées dans le *Nobiliaire de l'Ain*, par M. J. Baux, tome 2, page 291.

Voltaire a honoré de son amitié ce célèbre médecin, qui était beau-frère de M. Fabry, subdélégué du pays de Gex. L'illustre écrivain de Ferney recourait fréquemment à ses conseils pour sa santé et celle de Mme Denis, sa nièce. — La famille Passerat a conservé religieusement les lettres originales et les œuvres complètes de Voltaire que cette dame lui donna. Ces lettres portent les millésimes de 1753 à 1777 ; elles témoignent d'un vif attachement et d'une considération toute spéciale envers M. Passerat : elles font un égal honneur à celui qui les a écrites et à celui qui les a reçues.

M. de la Chapelle a publié, en 1753, un *Traité des drogues simples avec les préparations chimiques les plus usitées*. Paris, in-12, chez d'Houry père.

(*Journal de médecine.* — Mai 1764, tome XX.)

PASSERAT DE LA CHAPELLE (Georges), petit-fils du précédent, baron de l'Empire, chef d'escadrons d'état-major de la garde nationale de Lyon, chevalier de la Légion d'honneur, né à Châtillon-de-Michaille, en 1779, mort à Saint-Jean-le-vieux, le 25 juin 1865.

Son père avait embrassé la carrière de la magistrature. Presque tous ses aïeux avaient porté les armes. — Le jeune Georges fit de bonnes études à Bourg. Il n'avait que 10 ans lorsque la Révolution de 1789 éclata. Il fut le témoin des violences des pouvoirs politiques ; vit les assemblées des Etats-Généraux de Bresse et du Bugey et vécut sous le régime de la Terreur.

A 16 ans, il prit du service, s'engagea volontairement dans l'infanterie de ligne et fit la campagne d'Italie de 1796, sous le général Bonaparte. Il était officier à Montenotte, à Millesimo, à Lodi, à Arcole, à Rivoli et ne rentra dans ses foyers qu'après la paix de Campo-Formio, le 17 octobre 1797.

En 1800, c'est-à-dire à 21 ans, il fut maire de Châtillon-de-Michaille et assista à Paris, comme président du canton, au couronnement et au sacre de l'empereur Napoléon Ier, **en 1804.**

Plus tard, résidant à Lyon, il fut nommé *officier d'état-major* dans la garde nationale. — Créé *baron de l'Empire*, le 24 janvier 1814, adjoint à la mairie de cette ville, pendant les Cent-Jours, il assista, en cette qualité, à la proclamation de Napoléon II à la couronne impériale, après la deuxième abdication de Napoléon Ier, proclamation faite à Lyon, *la seule*, peut-être qui eut lieu en France, à cette époque.

Après la capitulation de Lyon avec les troupes alliées, M. Georges Passerat obtint du comte de Bubna, général de l'armée autrichienne, des sauf-conduits à l'étranger dont le malheureux général *Mouton-Duvernet* ne voulut pas profiter et que la fatalité a laissé ignorer au maréchal *Ney*.

Retiré à Saint-Jean-le-Vieux, où le retenait un climat plus doux que celui de la Michaille, M. Passerat devint maire de cette commune du Bas-Bugey ; il en a exercé les fonctions depuis 1819 jusqu'à sa mort, soit qu'il fut nommé par l'autorité supérieure, soit que son élection fut le résultat du suffrage de ses concitoyens. — Nommé *membre*, puis *président* du Conseil de l'arrondissement de Nantua, de 1831 à 1842, par le canton de Châtillon, et, ensuite, désigné en 1848, par celui de Poncin, il n'a pas cessé de les représenter au Conseil général du département. Il a donc rempli constamment, depuis 66 ans, des fonctions honorables et gratuites avec un zèle et un dévouement des plus louables.

En 1835, M. Passerat fut décoré de la croix de *chevalier de la Légion d'honneur*. — Arrivé à un âge avancé, il était resté droit de cœur et de taille : le fardeau des années n'avait pas eu de prise sur lui. Sa courtoisie lui mérita la vénération publique jusqu'au tombeau ; mais ce qui devait le distinguer de tous, ce fut sa bienfaisance et les preuves de son dévouement pour son pays. — Pendant sa longue administration, il s'était toujours montré généreux : on lui devait, déjà, la reconstruction de l'église de Saint-Jean-le-Vieux avec les œuvres d'art qui la décorent. Il avait doté la commune d'une mairie monumentale où se trouve l'école. Il a voulu assurer, encore après lui, par des dons volontaires s'élevant à plus de 20,000 francs, 1° des secours aux indigents, en vêtements, comestibles, et chauffage ; 2° des soins d'entretien pour l'église, le presbytère, le couvent des dames de la Miséricorde ; 3° l'établissement d'une fontaine publique devant la maison commune, avec champ de foire communal et nouveau cimetière ; 4° enfin, il a légué, par testament, à la ville de Bourg, plus de 200 volumes d'œuvres historiques sur la Révolution francaise, le parlement de Bourgogne, les sciences naturelles, etc., etc. Il a donné, en outre, au musée de cette dernière ville, des œuvres d'art d'une valeur importante.

De pareils bienfaits et une vie si bien remplie, ont assuré à ce généreux citoyen, un souvenir durable dans notre département.

PELOUX (Melchior), colonel d'artillerie, né à Montrevel, le 11 novembre 1791, mort à Valence, le 13 janvier 1864. — Cet officier supérieur appartenait à la Bresse par sa famille et par celle de sa femme dont le père, M. Rodet, a été député de l'Ain, de 1817 à 1832.

Élève de l'École polytechnique, en 1810, le jeune Peloux embrassa la carrière des armes par goût. A 22 ans, il prit une part active aux campagnes de l'Empire, comme *sous-lieutenant* d'artillerie. Il assista au siége et au blocus de Vurtzbourg, où il reçut de Napoléon Ier des éloges sur les bonnes dispositions qu'il avait prises devant l'ennemi. — L'Empereur ne songeant pas à l'âge du jeune officier qu'il avait devant lui, mais seulement à l'habileté qu'il avait montrée, lui exprima son étonnement de ce qu'il n'était pas décoré. — *Sire*, répondit le lieutenant Peloux, avec la généreuse inspiration de la jeunesse, *il y a trois mois à peine que je suis sorti de l'école; mais voici un sous-officier qui a vieilli dans les guerres*. Peloux eut le plaisir de voir décorer le brave qu'il avait présenté.

Le 9 décembre 1812, il obtenait, sur le champ de bataille de la Bérésina, le grade de *capitaine* en 2e d'artillerie. Il faisait en cette qualité, avec la grande armée, en 1813 et 1814, les campagnes de Saxe et celle de France où, sous les ordres du général Daumesnil, il participa à la défense de Vincennes, et comme capitaine d'armes, contribua, par sa fermeté patriotique, à préserver l'arsenal de cette place des déprédations des coalisés. — Licencié à la suite de ces

événements, en 1815, il fut bientôt rappelé au service, en 1816, et employé dans la campagne d'Espagne, en 1823.
— Nommé *capitaine* en 1er, le 22 janvier 1824, il fut, d'abord, employé à divers services spéciaux et à l'École d'application de Metz. — En 1831, sous le règne de Louis-Philippe, il fut chargé de l'inspection de la raffinerie de salpêtre de Lyon. C'est là que le trouvèrent les sanglantes émeutes de cette époque. — Depuis 1699, on avait reconnu la nécessité de mettre, dans cette ville, l'entrepôt des munitions à l'abri des dangers qu'il pouvait courir en cas de siége, et il fut alors établi sur le quai Sainte-Marie-des-Chaines, au pied des rochers qui soutiennent le coteau des Chartreux; c'était, disait-on, un endroit absolument garanti contre les bombes et les boulets d'une artillerie ennemie; mais on n'avait pas songé, que dans le cas d'une insurrection populaire, cette poudrière courait le risque d'une attaque, et peut-être même, d'une tentative d'incendie. En effet, lors des événements politiques de 1831, la poudrière fut défendue avec intrépidité, dans la journée du 22 novembre, par M. Peloux, qui n'avait que deux pièces de canon, que servaient les ouvriers du génie et une compagnie de la garde nationale. Quinze hommes y furent tués. Le capitaine Peloux, resté avec peu d'hommes, fit jeter à la Saône le plus de poudre qu'il put et encloua ses pièces. Il quitta, le dernier, ce poste qu'il ne pouvait plus défendre.

Mis à l'ordre du jour pour sa belle conduite et sa vigoureuse résistance, il fut promu *chef d'escadrons*, le 2 décembre 1831, au 10e régiment d'artillerie en garnison à Valence. Depuis ce moment, ses relations avec cette ville n'ont jamais été interrompues, et l'établissement de ses enfants ne fit que les rendre plus suivies et plus intimes. — Employé successivement dans les 7e et 10e régiments d'artillerie, il fit partie, à Paris, de plusieurs commissions importantes et, notamment, de celle de l'armement des côtes. — Le 26 mars 1844, M. Peloux passait au grade de *lieutenant-colonel*; quatre ans après, il obtenait celui de *colonel* et était envoyé à la direction de l'artillerie de Strasbourg. Enfin, comme dernière distinction, il recevait, le 2 janvier 1852, le brevet de *commandeur de la Légion d'honneur*. Il avait alors 61 ans et comptait 43 ans de services et 3 campagnes ; il fut admis à la retraite. — Rentré dans la vie civile, le 4 février 1852, il prit part au mouvement national qui acclama le nouvel Empire. Cœur chaud, plein d'élan et de générosité, il était connu dans son pays, comme un homme utile. On n'y a jamais oublié que, n'étant encore que capitaine, en 1825, et momentanément en congé de semestre, il accepta avec empressement, comme membre de la Société d'émulation de l'Ain, la mission qu'on lui confia de faire aux ouvriers de Bourg un *cours gratuit de géométrie et de mécanique appliquées à l'industrie*. — C'était à l'époque où le baron Charles Dupin donnait, par ses cours au Conservatoire des arts et métiers de Paris, un exemple suivi, avec une sorte d'enthousiasme généreux, par les libéraux, dans certaines villes de France. Si la ville de Bourg fut heureuse de rencontrer un professeur dévoué, que son instruction rendait très-apte à cet enseignement, combien fut grand le service du savant officier qui faisait un si noble usage de ses loisirs... Cette honorable conduite lui assura un titre spécial à la reconnaissance publique.

Le colonel Peloux, depuis sa retraite, passait, au milieu de ses enfants, l'hiver à Valence, où il avait conquis un droit de cité ; il faisait partie du bureau d'administration de l'asile Napoléon pour les médaillés de Sainte-Hélène. — Là encore, on lui connaissait cette aménité qui cimente les fortes amitiés, et sa parole avait pour ses amis des accents qui savaient bien traduire la vivacité de ses sentiments et la sincérité de ses affections. — Dans sa longue carrière militaire, il avait conservé le culte des lettres et appliqué son esprit aux études philosophiques ; elles le conduisirent à une foi vive et pratique. — Il était allé, suivant son habitude, passer l'hiver à Valence, lorsqu'un fatal accident l'a soudainement enlevé à sa famille. A la nuit tombante, le colonel, se promenant sur le quai du Rhône, fut atteint d'une attaque d'apoplexie, ou fit un faux pas ; il tomba dans le fleuve et s'y noya. La nuit se passa en vaines recherches ; le lendemain, sa canne fut retrouvée brisée sur le rivage, ayant une extrémité fixée entre deux pierres du perré qui forme le quai en cet endroit. Elle a dû céder sous l'effort qu'il avait fait pour se retenir dans sa chute. Ce fut seulement le 13 janvier, au soir, que le corps, emporté par les eaux, fut retrouvé à dix kilomètres de Valence, au pied d'une digue. La rigueur de la saison l'avait conservé presqu'intact et ses vêtements lui formaient encore un linceul rigide.

Le lendemain eurent lieu ses funérailles conduites par ses fils. Son corps a été ramené à Montrevel, pour être inhumé à Marsonnas, d'après son vœu de reposer près de son pays natal.

Ainsi a fini une illustration militaire, un homme de bien, un patriote distingué, respecté par les balles sur les champs de bataille; il a laissé, du moins, après lui, les regrets et les souvenirs de ses concitoyens et ceux des amis qui l'ont connu.

PELOUX (Adrien), fils du précédent, capitaine dans la garde mobile de la Drôme; bâtonnier de l'ordre des avocats, à Valence, né à Bourg, le 25 décembre 1829, tué le 19 janvier 1871, à l'attaque de Montretout, pendant le siège de Paris par les Prussiens.

Après avoir fait de bonnes études classiques à Bourg, il se voua à la carrière du barreau et devint un orateur distingué. Il avait une compagne digne de lui et un jeune enfant, et, pourtant, au cri de la patrie en danger, il se souvint qu'il était le fils d'un brave officier supérieur de l'armée; il lui sembla que son devoir était de prendre du service militaire dans les rangs de la *garde mobile de la Drôme*, et on le vit contribuer à la défense de Paris. Frappé d'une balle prussienne, il a succombé dans la lutte, à 42 ans. — Adrien Peloux a laissé un admirable enseignement : sa vie a été celle d'un citoyen passionné pour son pays, pour sa grandeur, pour ses succès; d'un patriote, qui aimait la liberté avec l'ordre et le respect des lois. Sa mort a été celle d'un soldat héroïque. Interprète de ses collègues, M. Guichard, secrétaire du conseil de l'ordre des avocats de Valence, dans un remarquable éloge, a fait entendre les vifs regrets qu'il a laissés. « Il sera la gloire de notre barreau; son portrait, placé dans la salle de nos délibérations, redira à nos confrères futurs ce qu'il fut et comment il est mort. Que son sang généreux devienne fécond, que son souvenir nous aide à combattre les défaillances, qu'il nous rende la virilité et les croyances, qui, seules, font les nations grandes et fortes, et son trépas n'aura pas été inutile. Quelle appréciation ne pâlirait devant la réalité ! une seule expression la résume à mon sens et je l'emprunte à l'histoire antique : *Adrien Peloux a été précipité dans la gloire.* »

Héritier des nobles traditions de son grand-père maternel, M. Rodet, ancien député, qui fut un des volontaires de 1792, et de celles de son père colonel d'artillerie, il ne manqua pas à ce qu'on pouvait attendre de lui dans nos récents désastres.

« Je me suis engagé, » a dit Adrien, dans une lettre trouvée après sa mort, « parce que les Prussiens entrent en
« France, que, tous, nous nous devons à la défense du pays,
« et je ne veux pas que ma femme et mon fils aient à rougir
« de moi... ». — Sa dernière pensée, recueillie par le docteur Blanc, son ami, a été, en effet, pour les siens et pour la France.

La dépouille mortelle d'Adrien Peloux ramenée à Bourg, le 15 juillet 1871, a été inhumée dans le cimetière de cette ville, à côté des autres membres de sa famille.

Son frère **Louis**, qui était sous-préfet de Schlestadt, dans le temps de cette même guerre, a pris également du service militaire dans une compagnie de *francs-tireurs de l'Ain*, mais après s'y être fait remarquer par son courage et son audace, qui lui ont valu la décoration de la Légion d'honneur, il a repris sa carrière administrative. Il est actuellement préfet de la Haute-Savoie (1873).

Voyez *Rodet*.

PERRIER (Frédéric), capitaine d'infanterie, chevalier de la Légion d'honneur, ancien magistrat, ancien député, ancien membre du Conseil général de l'Ain, né à Simandre, sur le Suran, le 31 octobre 1775, mort à Trévoux, le 6 février 1858.

Le jeune Perrier fit à Bourg de bonnes études classiques, qu'il termina au collége de Lyon. — Il embrassa avec ardeur les nouveaux principes de 1789, et lorsque la France fut déclarée en danger par le Comité de salut public, le volontaire républicain de 1792, âgé de 17 ans à peine, plein d'espérance et d'avenir, prit du service dans le 3ᵉ bataillon de l'Ain, et vola à notre frontière de l'Est pour la défendre. — Il assista, pendant cinq ans, aux batailles et aux victoires des armées françaises du Rhin et d'Italie ; se distingua même, en 1796, à Arcole ; mais, parvenu au grade de capitaine, jugeant que son épée était désormais inutile au service de sa patrie, il la déposa et renonça à la carrière des armes pour laquelle il n'avait aucun goût.

Il vint se fixer à Trévoux, son pays d'adoption, où il exerça la profession d'avoué, dès l'organisation du tribunal de cette ville et le rétablissement de l'institution des avoués, ordonnés par la loi du 27 ventôse an VIII. Il conserva ses fonctions, depuis 1801 jusqu'en 1809, et devint un jurisconsulte distingué et un praticien consommé.

Nommé *maire de Trévoux*, une première fois, par arrêté préfectoral du 27 janvier 1813, il demeura, dans ce poste important, jusqu'à la première Restauration des Bourbons ; il le reprit pendant les Cent-Jours et fut remplacé après la deuxième abdication de Napoléon Iᵉʳ. — Pendant toute la durée de la deuxième Restauration, M. Perrier s'occupa avec zèle des intérêts généraux du pays et provoqua de salutaires mesures pour l'amélioration de la Dombes, dont il connaissait particulièrement les besoins.

Le nouveau gouvernement de 1815 n'avait pas cru devoir utiliser les services de M. Perrier ; il se résigna à mener une vie calme et paisible, se vouant tout simplement à l'étude du droit et à l'administration de ses biens.

Lors de la Révolution de juillet 1830, il fut de nouveau nommé *maire de la ville de Trévoux;* mais il refusa ces fonctions pour exercer celles de *président* du tribunal civil de l'arrondissement, siége auquel il fut appelé par le gouvernement, au mois de juin 1831, et qu'il a occupé avec dévouement.

C'est aussi à cette époque qu'il fut élu *membre du Conseil général de l'Ain*. Réélu en 1833, à la suite de la nouvelle élection des conseils généraux prescrite par la loi du 22 juin même année, M. Perrier a été maintenu, en cette qualité, de 1839 à 1848. Il a donc exercé, pendant 15 ans, le mandat honorable de représentant de l'arrondissement de Trévoux au Conseil général.

— 391 —

Les qualités personnelles de M. Perrier et son attachement aux institutions constitutionnelles qui régissaient la France sous le roi Louis-Philippe, lui méritèrent les suffrages des électeurs : le 21 juin 1834, il fut élu *député* au Corps législatif et réélu, successivement, en 1837, 1839, 1842 et 1846. Sa conduite honorable ne se démentit pas. Il apporta dans l'accomplissement de ses devoirs le zèle le plus éclairé. Doué d'un esprit droit, d'une loyauté proverbiale, et croyant trouver dans l'application du régime de l'époque, toutes les garanties d'indépendance promises au pays, à l'instar de la *meilleure des républiques* (suivant l'expression du général de la Fayette), il fit ses efforts pour servir fidèlement la monarchie constitutionnelle. Il s'est montré défenseur aussi actif que sévère représentant des intérêts de ses commettants. Il en fut récompensé, en 1845, par le titre de *chevalier de la Légion d'honneur*, qui lui était bien dû pour ses longs services depuis Arcole.

Mais lorsque la révolution de 1848 éclata, M. Perrier renonça, avec sérénité et sagesse, à ses fonctions de président du tribunal, à celles de député et de conseiller général. Sa longue expérience des hommes et des choses aurait pu être encore utilisée ; mais devant une nouvelle forme d'institutions qu'il n'avait pas appelée de ses vœux, il rentra paisiblement dans la vie privée emportant l'estime générale de ses concitoyens.

M. Perrier joignait à la conscience du juste des connaissances solides en jurisprudence. Sans être éloquent orateur, il a, cependant, abordé la tribune de la Chambre des députés, lors de la discussion de la loi du 18 juin 1843, relative au *tarif des commissaires-priseurs*, discussion dans laquelle il prit une part des plus actives. Il était devenu, à cette époque, un homme considérable dans le département de l'Ain, où il mérita, sous tous les rapports, la confiance publique.

Pour ne rien oublier, dans sa vie administrative, il faut rappeler les fonctions secondaires qui lui furent attribuées, telles que celles de *conseiller municipal*, de *membre de la commission des hospices*, de *juge suppléant du tribunal*, de 1813 à 1848. — Toutes ces fonctions ont été la conséquence naturelle de la popularité de l'homme éminent qui en fut l'objet, et que la mort a atteint, dans sa retraite, à l'âge de 83 ans.

M. Perrier n'a jamais été marié. Il a fait héritier de ses biens son neveu, M. Charrassin, ancien maire de Bourg.

PERRIN (Jean), sergent, né le 4 août 1775, à Ameyzieu en Bugey, mort sous les drapeaux, le 20 ventôse an XIII (11 mars 1805).

Entré à 17 ans, le 5 mars 1792, comme volontaire dans le 5e bataillon des Hautes-Alpes, il passa dans le 63e régiment d'infanterie de ligne où il fut fait *caporal* sur le champ de bataille de Cassano, le 27 avril 1799, puis *sergent*, le 10 avril 1800. — Ce militaire se distingua constamment à son corps par sa bravoure et sa belle conduite devant l'ennemi. — Lors de la rentrée, de vive force, des Français dans Verceil (Italie), par le général Murat, le 27 mai suivant, la compagnie du sergent Perrin, commandée par le lieutenant Labarrière, fut envoyée en reconnaissance à San-Martino. Cet officier propose au sergent Perrin de s'emparer tous deux, *seuls*, d'une maison défendue par une force ennemie imposante. Ils s'y précipitent à l'improviste; profitant de la surprise qu'ils inspirent à leurs adversaires, ils les attaquent sans leur laisser le temps de se reconnaître ; combattent avec fureur et tuent tous ceux qu'ils rencontrèrent. Le nombre des morts s'accroît si rapidement, en quelques minutes, que l'épouvante se répand parmi ceux qui restent, et qu'après avoir mis bas les armes, ils se rendent à discrétion...

Cette action d'éclat fut mise à l'ordre du jour de la division et mérita au sergent Perrin un *fusil d'honneur* qui lui fut décerné le 7 ventôse an IX (26 février 1801), par le premier consul Bonaparte.

Perrin suivit son régiment au corps d'observations de la Gironde, où il est mort des suites de ses blessures, à l'âge de 30 ans.

PHILIBERT (Louis-Henri), chef d'escadrons d'artillerie, chevalier de la Légion d'honneur et de l'ordre mexicain de Guadalupe, né à Bourg, le 30 novembre 1822, mort à Valenciennes (Nord), le 18 octobre 1866.

Après avoir fait de bonnes études au collége de Bourg, le jeune Philibert fut reçu bachelier ès-lettres à Lyon, à 18 ans, le 20 octobre 1840. — Entré, à 21 ans, à l'Ecole polytechnique, il en sortait *sous-lieutenant*, élève d'artillerie en 1845, pour passer à l'Ecole d'application de Metz où il obtint le numéro 9, à la promotion du 1er février 1845. — Nommé *lieutenant en 2e*, le 17 janvier 1847, il passait *lieutenant en 1er*, en 1849 ; *capitaine en 2e*, le 14 février 1854 ; *capitaine en 1er*, le 24 décembre 1858.

Après avoir été employé successivement aux 4e et 5e régiments d'artillerie, le capitaine Philibert fut détaché comme *adjoint* à la manufacture impériale d'armes de Saint-Etienne, en 1854, jusqu'au 16 mai 1856 ; ensuite, dans la même qualité, aux forges du Nord, à Mézières. — Il fut nommé *inspecteur d'armes*, en 1857. — Admis comme *capitaine en 1er* au 3e régiment d'artillerie, en 1858, il fit, sur sa demande, la campagne du Mexique, de 1862 à 1866. — Au siége de Puebla, il commandait la seule batterie d'artillerie à pied qui s'y trouvait. Son service, de tous les instants, conduit avec la plus louable activité, fut remarqué ; il se distingua encore par son courage et son sang-froid : cité à l'ordre de l'armée, pour sa belle conduite à l'attaque du *quadrès de Santa-Inès*, le 3 avril 1863, il fut récompensé par sa nomination de *chevalier de la Légion d'honneur*, le 3 mai même année, et *par la décoration de* l'ordre mexicain de Guadalupe, le 28 janvier 1865.

Rentré en France, le 22 mai suivant, il fut promu *chef d'escadrons*, le 12 août 1866. — Classé à *l'état-major particulier de l'artillerie*, pour commander cette arme dans l'arrondissement de Valenciennes, il venait d'arriver dans cette ville lorsqu'il y tomba malade et succomba d'une attaque de choléra, emportant dans la tombe les regrets sincères de ses amis et de ses camarades de l'armée.

Dans son éloge funèbre, M. le lieutenant-colonel Hugon a dit : « *Philibert était un homme bon et sûr, possédant à un* « *haut degré le sentiment du devoir.* »

Ce peu de mots justifie l'avancement rapide dont il fut l'objet et jette un vif éclat sur sa vie militaire.

PICOLLET (Jean-Marie), lieutenant, chevalier de la

Légion d'honneur, né à Chambéry (Savoie), le 22 juin 1790, mort à Bourg, le 2 décembre 1853.

Ce brave officier qui servit le premier Empire français, de 1808 à 1813, avait fait partie de l'armée d'Espagne. Il avait combattu avec intrépidité, à Lérida, à Terragone, à Sagonte, à Tortose et à Valence. — En 1814, il appartenait au 47ᵉ régiment d'infanterie de ligne, commandé par le colonel Bugeaud, qui arrêta, vers l'Hopital, en Savoie, un corps considérable d'Autrichiens. — M. Picollet avait obtenu, par son courage, les épaulettes de *lieutenant* ; mais, blessé grièvement, le 7 avril 1814, il se retira provisoirement dans ses foyers ; rappelé à l'activité, le 4 mai 1815, il combattit à Fleurus et à Waterloo, les 17 et 18 juin suivants, et revint définitivement, le 20 août de la même année, à Bourg, où il prit sa retraite et se maria.

M. Picollet, n'ayant encore que 25 ans, ne pouvait rester inactif ; doué, d'ailleurs, d'une grande intelligence et d'une bonne instruction pratique, il fut admis dans l'administration des ponts et chaussées, où il fut employé en qualité de *conducteur embrigadé des travaux publics*. — En 1830, il dirigeait la comptabilité et les bureaux de l'ingénieur en chef, M. Cherrier.

Le gouvernement français devait à cet ancien officier une récompense de ses services militaires ; les événements de 1815 l'avaient ajournée forcément ; il s'acquitta avec justice, en 1850, sous la deuxième République, en le nommant *chevalier de la Légion d'honneur*.

M. Picollet était membre de la commission des prisons de Bourg. — Dès l'année 1831, il avait été nommé capitaine de la compagnie des sapeurs-pompiers, qui le confirmèrent plusieurs fois, par l'élection, dans ce grade. — Tous ces titres honorables ont contribué à lui conserver une place dans le souvenir de ses compatriotes d'adoption, et c'est un juste hommage que l'un de ses collaborateurs de 1830, auteur du présent article, se plaît à lui rendre. C'était un bon citoyen, un homme de bien, utile et laborieux.

PICQUET (Claude-Joseph-Ambroise), maréchal de camp, commandeur de la Légion d'honneur, chevalier de Saint-Louis et officier de l'ordre de Saint-Ferdinand d'Espagne, né à Bourg, le 4 avril 1780, mort à Paris, le 18 octobre 1855.

Son père, ancien membre de la première Assemblée constituante, et devenu président du tribunal civil de Bourg, de 1800 à 1820, lui fit faire de bonnes études au collége de cette ville, dans le but de lui faire embrasser la carrière de la magistrature ; mais le jeune Picquet préféra celle des armes, et entra, en 1795, à l'Ecole d'artillerie de Châlons, d'où il sortit, deux ans après, avec le grade de *sous-lieutenant*.

Il fit partie de l'armée d'Orient, en 1798, sous le premier consul Bonaparte, et fut transporté en Egypte et en Syrie où il se distingua par son intrépidité dans plusieurs batailles, notamment dans celles du Mont-Thabord et des Pyramides, gagnées sur Mourad-Bey, et à l'affaire du camp d'Embabé, où sa brigade s'empara de 40 canons, de 400 chameaux et de tous les bagages des Mamelucks. — Le 6 mars 1799, il combattit encore vaillamment à la prise d'assaut de Jaffa, à la bataille d'Aboukir, le 25 juillet suivant, au siége de Saint-Jean-d'Acre, et à la défense du Caire, lors du blocus de cette ville par les Anglais et les Turcs, en mars 1800.

Promu *lieutenant*, et bientôt après, nommé *capitaine*, le 17 mai 1800, n'ayant encore que 20 ans, il fut fait *chevalier de la Légion d'honneur*, lors de la création de cet ordre, en 1802.

M. le capitaine Picquet, rentré en France, fut envoyé, en 1805, sous les ordres du maréchal Soult, à l'armée d'Allemagne. — Après la capitulation d'Ulm, il entra, avec le maréchal Ney, dans Inspruck, et assista à la victoire immortelle d'Austerlitz. — Après la paix de Presbourg, il fit partie du 6ᵉ corps de la grande armée, en 1806, victorieuse à Iéna, à Magdebourg ; puis il passa en Espagne, sous le commandement de Masséna. Il coopéra au siége de Ciudad-Rodrigo, qui ouvrit ses portes, le 10 juillet 1810, après 25 jours de tranchée ouverte. Le capitaine Picquet y commandait une batterie ; s'étant fait remarquer par son habileté, il fut fait *chef d'escadrons*. — Les campagnes de 1812 et 1813 ajoutèrent de nouveaux titres à ses nombreux services : il commandait encore l'artillerie à Zara, lors du siége de cette place, en 1813, par les Autrichiens et les Anglais. Il défendait Villefranche, en 1814.

Au retour en France de Napoléon Ier, venant de l'île d'Elbe, le chef d'escadrons Picquet se trouvait à Grenoble, chargé du commandement des batteries du bastion et de la porte de Bonne ; il contribua puissamment, par sa résolution, à l'entrée de l'Empereur dans la place ; il le suivit même jusqu'à Paris avec 12 batteries d'artillerie, et pour récompenser son zèle et son dévouement, Napoléon détacha de sa boutonnière, *la croix de la Légion d'honneur* qu'il lui remit, à la revue passée sur la place du Carrousel, aux Tuileries, le 25 mars 1815.

En 1816, notre compatriote n'avait encore que 36 ans, il était trop jeune pour quitter le service militaire, il fut admis dans la nouvelle armée royale avec son grade. Il pouvait regretter les chefs sous lesquels il avait fait ses premières armes ; mais comme le drapeau qu'il suivait était celui de la France, il n'en combattit pas moins avec le même courage et la même ardeur en Espagne, sous les ordres du duc d'Angoulême. Sa dernière campagne fut celle de 1823.

En 1822, il fut promu *lieutenant-colonel*, et *colonel* en 1827 ; enfin, *chevalier de Saint-Louis*, et *membre de l'ordre de Saint-Ferdinand d'Espagne*, en 1828.

En 1830, le colonel Picquet commanda l'artillerie à Toulouse. Il s'y montra l'ami et le soutien de l'ordre public, à la suite des événements politiques de la révolution de Juillet. L'insurrection était presque maîtresse de la ville ; les autorités s'étaient retirées et l'émeute allait envahir l'hôtel de la Préfecture, alors occupé par M. Camus du Martroy (l'ancien préfet de l'Ain de 1815 à 1820), lorsque notre brave officier supérieur, prenant spontanément le commandement de la division territoriale, se rendit, avec son corps d'officiers, auprès du préfet et sauva l'hôtel de la dévastation et du pillage. Son énergie fut telle qu'il accompagna le préfet hors de la ville, le préservant ainsi de toute insulte.
— Quelque temps après, la garde nationale de Toulouse, reconnaissante, décerna au colonel Picquet, un drapeau portant cette inscription en lettres d'or : *La ville de Toulouse au colonel Picquet*. — Ce précieux drapeau, d'un riche travail, a été laissé au 5e régiment d'artillerie par le

donataire, comme un souvenir honorable, dû à ce régiment, qui avait aussi mérité, par son attitude, une part importante dans cette récompense.

M. le colonel Picquet fut nommé *directeur de l'arsenal de Grenoble*, en juillet 1832, en remplacement de M. le colonel Chantron, admis à la retraite.

Lors de la nouvelle organisation de l'artillerie par le maréchal Vallée, le colonel Picquet, remis à la tête d'un régiment d'artillerie, donna des preuves de sa haute capacité et sut vaincre les difficultés nombreuses résultant de la transformation des régiments à pied, en batteries à cheval et batteries montées ; de telle sorte, qu'en peu de temps, son régiment était signalé, comme étant l'un des mieux instruits de l'armée, d'après le nouveau système d'organisation. — En maintenant toujours l'ordre, l'instruction militaire et la discipline, M. le colonel Picquet avait acquis de nouveaux titres à l'avancement ; il fut élevé au grade de *maréchal de camp*, le 12 août 1839, et pourvu du cordon de *commandeur de la Légion d'honneur* quelque temps après. — Chargé du commandement de l'École d'artillerie de Besançon, il y est demeuré jusqu'à la révolution de 1848. — Placé dans la section de réserve du cadre de l'état-major général, le 4 avril même année, il avait 68 ans ; il fut réintégré dans la réserve, par décret de l'empereur Napoléon III, en 1852.

Il est mort dans la position de retraite, à Paris, emportant, avec lui, une réputation parfaitement justifiée d'officier général distingué. — Patriote ardent, il était plein d'amour pour la Bresse, sa patrie, dont il protégea toujours les enfants, pendant sa vie militaire, au milieu des hasards de la guerre. — Il possédait, près de Bourg, le château de Saint-Just, où il était resté toujours accessible à ses concitoyens, qui garderont de lui le meilleur souvenir.

PLANTIER (Jean-Marie-Cécile-Valentin, du), ancien adjoint, commissaire des guerres, ancien préfet, ancien magistrat, ancien maître des requêtes, baron de l'Empire, officier de la Légion d'honneur, né à Bourg, le 8 août 1759, mort à Paris, le 6 février 1814.

Issu d'une famille noble originaire de la Dombes, il était

seigneur de Parcieux. — Son père, conseiller au parlement de Dombes, lui fit donner l'instruction la plus solide qu'il put afin de le mettre à même de suivre la même carrière que la sienne. — Le jeune Valentin fit ses études classiques à Lyon, se fit recevoir avocat à Dijon, plaida à Bourg et à Trévoux avec talent, vers 1784, et se fit tellement remarquer que, bien jeune encore, en 1789, il fut nommé *lieutenant général au bailliage de Bresse, et siége présidial de Bourg*. — En 1793, se trouvant en opposition avec le parti démagogique, il dut fuir les dangers qui le menaçaient : sur le point d'être arrêté par la faction des *sans-culottes* de Bourg, il alla se réfugier à l'armée d'Italie, où il obtint une place de *contrôleur militaire dans les charrois*, sous le nom de *Duplantier*. — Un décret de la convention du 9 avril 1793, venait de décider la création, sur toutes les routes militaires, d'un service de voitures pour l'artillerie et les munitions ; ce fut auprès du commissaire des guerres chargé de cette organisation que Duplantier fut envoyé comme *adjoint*. — Il suivit d'abord le général Anselme dans le comté de Nice ; fut envoyé, ensuite, à Toulon, et fut chargé des convois dirigés sur Savone, où commandait le général en chef Kellermann, en 1795.

Revenu de l'armée, après trois ans de services, par suite d'engagement volontaire, il reparut dans le département de l'Ain : ses concitoyens l'envoyèrent, en septembre 1775, au conseil des Cinq-Cents, où il se prononça énergiquement contre l'amnistie réclamée en faveur des délits révolutionnaires et demanda l'annulation de la loi contre les parents des émigrés (séance du 1er décembre même année). Il peignit les clubs comme étant l'arsenal du jacobinisme ; dénonça le Directoire à cause de la marche de ses troupes sur Paris ; défendit le jugement rendu par le tribunal de cassation en faveur de Lavilheurnois. — Inscrit sur la liste des déportés du 19 fructidor an V (5 septembre 1797), il échappa à la déportation à Cayenne, en se réfugiant en Suisse, puis en Toscane, où il résida jusqu'en 1799.

Rappelé en France et rendu à ses droits de citoyen, en février 1801, il fut nommé *conseiller de préfecture de l'Ain*. — Passé à la préfecture des Landes, l'année suivante, il y fut décoré *chevalier de la Légion d'honneur*, le 25 prairial an XII (14 juin 1804), et *officier de l'ordre*, le 20 juillet 1808.

Préfet du département du Nord en 1810, il devint maître des requêtes au Conseil d'Etat en 1812, et fut créé *baron de l'Empire* par Napoléon Ier. — M. Valentin du Plantier a laissé une réputation bien établie d'homme de bien et d'administrateur éclairé. C'est une illustration du département de l'Ain. — On a de lui :

1º *Discours d'ouverture de l'Assemblée générale des Trois-Ordres, tenue à Bourg le 23 mars 1789.* (Sans date ni nom d'imprimeur.) 2º *Opinion du représentant du peuple Valentin du Plantier sur l'amnistie.* Paris, in-8º, 1795.

PLANTIER (Alphonse, baron du), fils du précédent, maréchal des logis de la garde impériale, chevalier de la Légion d'honneur, littérateur, né à Trévoux, en 1795, mort à Paris, en 1857. — Il était neveu de M. Valentin des Mures, ancien officier de marine, mort à Saint-Trivier-sur-Moignans. — Alphonse du Plantier devait le jour à une liaison de son père avec Mlle Maubert de Neuilly, qui fut légitimée, le 29 décembre 1797, par un mariage contracté en Suisse.

Il avait à peine 18 ans lorsqu'en 1813, son père, chargé, comme préfet à Lille, de recruter la *garde d'honneur* de l'Empereur dans les familles patriciennes, voulut leur donner l'exemple d'un patriotique dévouement, en inscrivant son fils unique, le premier, sur la liste des enrôlés volontaires ; c'est ainsi qu'il fut appelé, bien jeune encore, à prendre part à nos dernières et désastreuses campagnes de 1813, où il n'eut que le temps de conquérir les galons de *maréchal des logis*, avec la croix d'honneur, à la bataille de Hanau.

Incorporé, bientôt après, dans un détachement de la garde impériale qui rentrait à Paris, il n'y arriva que pour fermer les yeux à son père expirant, presqu'en même temps que l'Empire qu'ils avaient fidèlement servi tous deux. — Il resta seul héritier d'une belle fortune et d'un beau nom, mais fatalement exposé aux entraînements d'une jeunesse ardente, comme à toutes les séductions de la capitale. En peu d'années son riche patrimoine devint la proie promise à de nombreux créanciers, et il se vit obligé de leur disputer sa liberté en prenant la route de l'exil. Cette perspective de ruine inspira à des collatéraux la cupide pensée d'attaquer la légitimité de sa filiation pour s'emparer du brillant héritage paternel confié à la garde d'un fidéi-commissaire intègre. M. Alphonse aurait pu pactiser avec ses adversaires pour sauver, de concert, une partie du butin, en faisant bon marché de sa naissance et de ses titres ; mais il avait des sentiments plus nobles, il comprit ce qu'il devait à la mémoire d'un père et à lui-même, il releva le gant qui lui était jeté dans l'arène judiciaire, défendit ses droits à tous les degrés de juridiction et se fit proclamer, par arrêt souverain, fils légitime du baron du Plantier.

Grâce à cet arrêt, il put réaliser toutes les valeurs de l'hérédité, vendre de magnifiques propriétés, payer ses dettes, recueillir même quelques chétifs débris du naufrage, et relever sa tête si longtemps courbée sous le poids des épreuves. Admirablement doué de toutes les facultés de l'esprit et du cœur, il pouvait aspirer à reconquérir son rang social ; mais déjà une santé délabrée et de précoces infirmités lui conseillèrent la retraite ; il se retira du monde cherchant, dans l'étude, des diversions à ses regrets. Il contracta une douce union avec une femme courageuse et dévouée qui lui donna un fils à l'éducation duquel il se consacra tout entier. On le vit, alors, s'occuper de littérature ; il donna sa collaboration pseudonyme à un *office-correspondance* dont les articles furent remarqués. Personne n'avait une plume plus étincelante d'esprit et de verve, surtout en style épistolaire. C'est la sienne qui, voulant annoncer, à un ami de province, le prochain avortement de la République de 1848, défiait les indiscrétions du *cabinet noir* par cette formule allégorique :

« Pour votre gouverne, et pour que vous y prépariez la
« famille, tout porte à croire que nous perdrons, dans un
« délai peu éloigné, l'enfant venu avant terme dont Gene-
« viève est accouchée dernièrement. Les médecins appelés
« en consultation sont à peu près unanimes à ne lui don-
« ner que quelques mois d'existence. »

A l'avénement du nouvel Empire, nul plus que lui, n'était autorisé à s'en dire le partisan dévoué ; nul n'eut été mieux venu à présenter ses titres héréditaires et personnels à la bienveillance du gouvernement impérial ; mais il ne demanda rien. Bientôt atteint de cécité et perclus de tous ses membres, M. Alphonse ne sollicita du ciel que la faveur de pouvoir achever l'éducation de son fils Victor, qui est aujourd'hui un avocat distingué, et renoue sa carrière à celle de son aïeul, en souvenir du berceau de sa famille en Bresse, qui fut entourée de l'estime publique.

(*Courrier de l'Ain.— Notice sur le baron Alphonse du Plantier*. 1857.)

POCHET (**Candide**), colonel, chevalier de la Légion d'honneur, de l'ordre de Saint-Louis et de celui des Deux-Siciles, né le 10 mars 1776, à Champagne en Valromey, où il est mort en 1846.

Entraîné par un vif penchant vers la carrière des armes, il entra, le 22 septembre 1793, comme soldat, dans le 11e bataillon des volontaires de l'Ain, qui a concouru à former la 22e demi-brigade légère, et fut aussitôt promu *capitaine*, par voie d'élection, quoiqu'il n'eut que 17 ans. — Il servit à l'armée des Alpes, sous Kellermann, en l'an II (1794), puis, il passa à l'armée d'Italie, commandée par le jeune général Bonaparte. Il prit une part active aux campagnes des années 1795 à 1797. Le 25 nivôse an V (14 janvier 1796), il fut blessé d'un coup de feu à la hanche droite, sur le champ de bataille de Rivoli. — Le capitaine Pochet fit, ensuite, les campagnes d'Egypte et de Syrie, de 1798 à 1801 : à l'assaut de Jaffa, le 17 ventôse an VIII (8 mars 1800), il reçut une blessure au bras gauche et mérita, par sa belle conduite, d'être promu *chef de bataillon*, le 22 vendémiaire an IX (14 octobre 1800). Ce fut avec ce grade qu'il fit les campagnes de 1803 à 1805, à l'armée des côtes de l'Océan ; au camp de Boulogne il commandait le 10e bataillon des grenadiers de la réserve. Le 30 messidor an XIII (19 juillet 1805), il fut nommé *chevalier de la Légion d'honneur*. Il fit la campagne de l'an XIV (1805), dans le 8e corps de la grande armée, sous les ordres de Masséna.

Dans les campagnes de 1805 à 1806, le chef de bataillon Pochet commandait un bataillon de carabiniers formant l'avant-garde des grenadiers du 8e corps d'armée, réunis en division sous les ordres du lieutenant général Partounaux. Ce bataillon de carabiniers fut particulièrement cité à l'attaque des lignes de *Caldiéro*. — Pochet continua à servir dans le royaume de Naples, de 1806 à 1808, comme chef de bataillon au 22ᶜ régiment d'infanterie légère. — Le 27 novembre 1806, il fut blessé à la marine de Bovalina (Calabre), d'un coup de feu à la tête, d'un coup de sabre à la main gauche et d'un coup de pierre à la jambe droite, en commandant une colonne mobile contre un débarquement de nombreuses troupes siciliennes et de brigands qu'il força à se rembarquer, après leur avoir fait éprouver une perte considérable. — Ce fut à l'occasion de ce fait d'armes que le maréchal Masséna fit au gouvernement un rapport dans lequel il demandait spécialement de l'avancement pour le commandant Pochet, dont la bravoure avait été si souvent remarquée dans la campagne d'Italie. — Déjà le général Régnier, commandant en chef l'armée des Calabres, avait fait précédemment la même demande. — En avril 1808, M. Pochet, à la tête de son régiment qu'il commandait *par interim*, entra, par escalade, dans la place de Reggio (Calabre) et mérita d'être mis à l'ordre de l'armée. — Nommé *chevalier de l'ordre des Deux-Siciles*, le 2 janvier 1809, et *major* du 3ᶜ régiment d'infanterie légère, le 7 avril suivant, il fut, de nouveau, mis à l'ordre de l'armée, le 19 juin même année, pour avoir anéanti, dans la petite ville de Palmi (Calabre), à la tête d'une colonne mobile qu'il commandait, un bataillon anglais dont pas un homme n'échappa à la défaite.

M. Pochet fut enfin élevé au grade de *colonel* dans le 3ᵉ régiment d'infanterie légère, par décret impérial du 21 septembre 1812. Il n'avait que 36 ans. — L'année suivante, le 13 avril 1813, il contint l'ennemi, à Castella. Dans cette occasion, il resta, à la tête de son régiment, pendant plus de deux heures, sous le feu le plus meurtrier, et n'abandonna le poste qui lui avait été confié qu'après avoir reçu des ordres réitérés pour le quitter, et lorsqu'il fut certain d'avoir assuré à notre armée une retraite honorable et avantageuse. — Au mois d'octobre de la même année, renfermé dans la place de Tortose, sous les ordres du général Robert, le colonel Pochet contribua à repousser plusieurs attaques de l'Espagnol *l'Impecinado*. Toutes les sorties qui furent effectuées, sous son commandement, furent couronnées d'un plein succès dû à sa rare intrépidité et à l'habileté de ses manœuvres. — Recommandé par le maréchal, duc d'Albuféra, dans un rapport au ministre de la guerre, daté du 3 novembre 1813, notre compatriote espérait atteindre prochainement le grade de général, lorsque les événements de 1814 vinrent arrêter la carrière du vaillant colonel Pochet, placé à la tête du 67e régiment de ligne, et lui ôter ses nouvelles chances de succès.

Nommé *chevalier de Saint-Louis*, le 12 mars 1815, par le roi Louis XVIII, il attendait d'être admis dans la garde royale ; mais, au retour de l'Empereur de l'île d'Elbe et pendant les Cent-Jours, le colonel Pochet, entraîné par l'exemple de ses chefs et peut-être par ses propres convictions politiques, reprit son aigle du 67e régiment de ligne et déploya une activité toute nouvelle. — Après Waterloo et la 2e abdication de l'Empereur, il fut forcé de déposer son épée. Il fut envoyé en demi-solde dans ses foyers. Il comptait, cependant, 22 ans d'honorables services, 20 campagnes et 6 blessures. — Il n'obtint sa pension de retraite qu'en 1816.

(M. Pascallet. — Extrait de la *Revue nécrologique*. 1846.)

POCHET (Joseph-Stanislas), frère cadet du précédent, capitaine adjudant-major, chevalier de la Légion d'honneur, né à Champagne en Valromey, le 18 mars 1782, mort à Sutrieu, le 13 décembre 1863.

Enrôlé volontairement au 59e régiment d'infanterie de ligne, en 1800, il débuta, dans la carrière des armes, par la campagne d'Autriche de 1800. Il combattit à Ulm où il fut fait *sous-lieutenant* sur le champ de bataille ; il se distingua, de nouveau, à la bataille de Caldiero, en novembre suivant, et fut grièvement blessé d'un coup de feu à la tête. Il reçut la décoration de *chevalier de la Légion d'honneur*, de la main de l'Empereur. — Il assista, ensuite, aux victoires d'Austerlitz, d'Iéna, d'Eylau, en 1807, à la prise de Dantzig, en mai suivant.

Passé au service du roi de Naples, en juillet 1808, il fut nommé *capitaine adjudant-major*, et rentra en France, où il fit les campagnes de 1814 : il prit une part active aux batailles de Champaubert, de Montmirail, de Craonne, et rentra à Champagne en Bugey, son pays natal, après la 1ʳᵉ abdication de Napoléon Iᵉʳ. — Nommé maire de Sutrieu, et suppléant du juge de paix du canton de Champagne, il s'est montré constamment dévoué aux intérêts de ses administrés. Plus heureux que son frère, le colonel, il a pu être le témoin de l'avénement au trône de Napoléon III ; mais la carrière du vieux soldat était terminée, et, douze ans après, il s'éteignait à 81 ans, au milieu de ses fidèles bugeysiens, pleins d'admiration pour les deux frères Pochet, qui ont porté si haut l'honneur français.

PONCETON (Claude), chef de bataillon, chevalier de la Légion d'honneur et de Saint-Louis, né le 26 mars 1768, à Saint-Georges-de-Renom en Dombes, où il est mort en retraite vers 1835.

Il débuta dans la carrière militaire, comme canonnier au 2ᵉ régiment d'artillerie à pied, le 10 avril 1787.

Il fit toutes les campagnes de la Révolution, depuis 1792 jusqu'à 1800, dans les différentes armées nationales. — Il combattit avec bravoure, comme *brigadier*, à Spire, à Mayence, à Francfort et se distingua particulièrement, le 17 mai 1793, dans une affaire qui eut lieu entre Landau et Guermecheims, où il fut blessé d'un coup de feu, à la jambe gauche. — *Fourrier*, le 10 août suivant, il fut nommé *sergent*, le 13 nivôse an II (2 janvier 1794), et se fit remarquer dans les différents combats livrés au déblocus de Landau.

Le 16 nivôse an V (5 janvier 1797), il sauva la vie au capitaine Ruty, de son régiment, qui avait été dangereusement blessé dans une redoute emportée d'assaut par l'ennemi, au siége de Kehl : resté seul avec cet officier, Ponceton profita de la nuit pour le transporter, sur ses épaules, jusqu'au pont de Kehl, à travers l'armée autrichienne.

Il se distingua encore, par son sang-froid et son courage, à la bataille de Marengo. — Promu *sergent-major*, le 13 germinal an X (3 avril 1802), il reçut une *grenade d'honneur*, le 27 frimaire an XI (19 décembre 1803). — *Adjudant sous-officier*, le 14 messidor suivant, il obtint le grade de *lieutenant*, le 1ᵉʳ floréal an XIII (21 avril 1805) ; fit les campagnes de 1805 et de 1806, avec l'armée d'Italie, se signala en Espagne, à la bataille de Caldiero, et donna de nouvelles preuves de son intrépidité au siége de Raguse, en 1806.

Désigné par l'Empereur, en 1807, pour se rendre à Constantinople avec une demi-compagnie d'artillerie française et une compagnie napolitaine, il fut chargé de l'instruction des canonniers turcs et dirigea, pendant son séjour en Turquie, le siége du fort Constantin, celui d'Alexandrie et l'attaque de la citadelle de Sainte-Maure. — Il fut, ensuite, employé dans les îles Ioniennes, pendant les années 1808 et 1809, et fut désigné par le gouverneur pour recevoir, des Russes, toute l'artillerie et les magasins qui existaient dans les îles de Céphalonie, Zante, Cerigo et Ithaque.

Promu *capitaine* en 2e, le 31 août 1809, M. Ponceton devint *capitaine* en 1er, le 14 juin 1812. — Il fut nommé *chevalier de la Légion d'honneur*, dans cette même année; et passa, ensuite, à l'armée d'Italie, où il prit part à toutes les affaires survenues dans les campagnes de 1813 et 1814. — La bravoure et les talents dont il fit preuve dans le cours de cette guerre, lui firent obtenir le grade de *chef de bataillon*, le 21 janvier 1814.

Rentré en France après la paix, il fut mis en demi-solde, le 21 juin suivant. — Rappelé à l'activité, comme *sous-directeur d'artillerie*, à Auxonne, le 21 mars 1815, il fut breveté *commandant de l'artillerie*, à Dijon, le 15 juin suivant, et passa, en la même qualité, à Saint-André-de-Salins, le 23 août 1816. — Nommé *chevalier de Saint-Louis*, le 12 novembre 1817, il fut mis en non activité, le 22 janvier 1818, et obtint, le 7 avril 1819, la pension de retraite à laquelle lui donnaient droit ses longs et honorables services.

PONET (Alexis), caporal à la 22e demi-brigade d'infanterie légère, né à Champagne, en Bugey.

Le 22 septembre 1793, il entra, comme carabinier, dans le 3e bataillon des volontaires de l'Ain, incorporé dans la 22e légère. — Il fit avec distinction les guerres d'Italie, de l'an III à l'an V (1795 à 1797), et les campagnes d'Egypte et de Syrie, de l'an VII à l'an X (1798-1800).

Fait caporal, le 5 prairial an VIII (25 mai 1800), on lui

confia, au Caire, le commandement d'un poste avancé. Supposant qu'il serait attaqué à l'improviste, il prit, à l'instant, les dispositions convenables pour résister avec avantage à toute surprise. Il fit miner un passage par lequel la cavalerie ennemie pouvait l'aborder, et bientôt il eut à se louer de sa prévoyance. En effet, un corps de 400 Mamelucks sortit sans bruit de la place avec intention d'enlever le poste français. Ponet fit mettre le feu à la mine, et le mur sous lequel elle était pratiquée, écrasa, dans sa chute, un grand nombre de cavaliers. Fondant, ensuite, lui-même sur le reste de la troupe, avec impétuosité, il obligea l'ennemi à rentrer précipitamment dans la ville. — Pendant le même siége, et au moment d'une attaque générale, il pénétra, à la tête de quelques carabiniers, jusqu'au palais occupé par le pacha, en força l'entrée et fit plusieurs officiers prisonniers qu'il conduisit au camp français. — Enfin, sa brillante conduite, à la prise de Jaffa et au siége de Saint-Jean-d'Acre, décida le premier consul à lui décerner un *fusil d'honneur*, par décret du 4 pluviôse an XI (24 janvier 1803).

Le caporal Ponet est mort sous les drapeaux, le 15 brumaire an XIV (6 novembre 1805).

PRÉVOST (Louis), chirurgien militaire, né à Thoissey, le 16 nivôse an II (5 janvier 1794), mort au hameau de Challes, commune de Saint-Didier-sur-Chalaronne, le 20 avril 1851.

Après avoir commencé ses études au collége de Thoissey, le jeune Prévost les termina à Lyon où il suivit les cours de médecine à l'hôpital de cette ville. — A l'époque du premier Empire, la France avait besoin de tous ses enfants pour maintenir la gloire de ses armes. — En 1812, Prévost qui n'avait pas 18 ans, s'engagea volontairement dans l'armée et sut prodiguer des soins intelligents à nos blessés sur les champs de bataille de la Russie. Il n'est pas douteux que, modeste chirurgien sous-aide, il se fut élevé aux grades supérieurs dans la carrière médicale militaire, s'il n'eut reçu une dangereuse blessure à l'épaule, dans un combat, où sa bouillante ardeur le fit remarquer ; elle le força à quitter l'armée. Il alla finir ses études chirurgicales à Paris et revint dans son pays natal avec le titre d'officier de santé.

Retiré près de la Saône, dans le village de Challes, commune de Saint-Didier, il se fit une réputation prodigieuse par la réussite de ses opérations. Il n'est pas de chaumière ou d'habitation bourgeoise qui n'ait connu le nom de Prévost, et l'on venait de toutes les parties de la contrée pour se faire traiter par lui. Il tenait même chez lui une infirmerie de 25 à 30 malades ou blessés qu'il renvoyait guéris. Et, cependant, Prévost jouissait d'une modeste aisance ; il se contentait trop souvent des remerciements de ses compatriotes malheureux..... Ce sauveur de l'humanité a vécu ainsi 27 ans au milieu des bénédictions d'une nombreuse population. L'érection d'un monument funéraire a été votée par le conseil municipal de la commune de Saint-Didier, et une place au cimetière, à perpétuité, a été concédée à Prévost et à sa famille par la reconnaissance publique.

Ce dernier et touchant hommage n'a pas besoin de commantaires.

PREZ de CRASSIER (Étienne-Philibert, de), général de division, chevalier de Saint-Louis, né le 18 janvier 1733, à Divonne, où il est mort, en 1803.

Cette famille noble, très-considérable, dès le XVIIe siècle, a produit plusieurs hommes de guerre du plus haut mérite, sous l'ancienne monarchie, notamment **Louis-Amable** *de Prez*, seigneur de Crassier, député aux Etats-Généraux, qui fut lieutenant-colonel du régiment de Deux-Ponts, et **Étienne** *de Prez*, chevalier de Saint-Louis, lieutenant-colonel et grand bailli d'épée du Charolais.

Etienne-Philibert entra au service de France, à 12 ans, en qualité de cadet gentilhomme, en 1745, dans le régiment suisse-Vigier, devenu Châteauvieux. Il combattit en Italie, puis en Allemagne, lors de la guerre de Sept ans, et fut blessé à Rosback et à Sundershaussen. — Nommé successivement *enseigne à pied*, le 12 mai 1748 ; *sous-lieutenant*, le 1er avril 1754 ; *capitaine*, le 1er avril 1757, d'abord dans royal-deux-Ponts, ensuite, dans la compagnie *lieutenante-colonelle*, le 14 juin 1762, il fut réformé pour cause de blessures, en 1763. Rappelé au service militaire, le 2 mars 1773, comme *lieutenant-colonel*, il fit la guerre d'Amérique, sous les ordres du prince Maximilien, de 1780 à 1783.

Rentré en Europe, M. de Prez, qui avait obtenu, au siége de New-York, le grade d'*adjudant général chef de brigade* (colonel), passa, avec le comte de Maillebois, en Hollande, où il fut employé dans la diplomatie jusqu'au 19 juillet 1788. — Revenu en France, avant le licenciement du corps d'armée dont il faisait partie, le colonel fut récompensé de ses services par sa nomination de *chevalier de Saint-Louis*, en 1789, et obtint la charge de *grand bailli d'épée du Charolais*. — Cette charge ayant été supprimée, il fut promu *maréchal de camp*, le 1ᵉʳ mars 1791, et envoyé à l'armée du Nord, le 20 juillet 1792. — Élevé au grade de *lieutenant général*, le 5 septembre suivant, il se distingua à Valmy, sous les yeux du général en chef Kellermann, qui lui avait confié le commandement de son avant-garde. Ce fut dans le village de Hans que le premier combat eut lieu. Les Français surpris par l'ennemi, avaient reculé ; le général de Prez les arrête, les ramène sur le terrain de l'action en les entraînant par son exemple ; mais reconnaissant que ses efforts sont impuissants devant un ennemi trop supérieur en nombre, il se replie en bon ordre et rejoint le gros de notre armée, sans avoir été entamé. — Dirigé sur le centre, de la même armée, il conduit l'avant-garde devant Fontoy et repousse l'ennemi avec perte, à deux reprises différentes ; enfin, au camp de la Lune, il culbute plusieurs régiments prussiens et fait de nombreux prisonniers.

Suspendu de ses fonctions, comme *noble*, le 27 avril 1793, notre général quitte l'armée et revient à Paris. Là, le représentant du peuple Aubry prend sa défense au milieu de l'Assemblée législative, et s'écrie avec indignation : « Des-
« prez-Crassier a toujours montré le plus grand amour pour
« la République, dans les armées qu'il a commandées. Il
« a rendu les services les plus signalés à la chose publique.
« Il a constamment soutenu les droits du peuple. Je de-
« mande que la Convention lui témoigne sa reconnaissance,
« en décrétant, sur le champ, sa réintégration dans son
« grade et le renvoi de sa pétition au comité de législation,
« touchant la restitution qui doit lui être faite de ses biens...»
Ces dispositions, approuvées par des applaudissements, eurent pour effet de lever l'interdit, et M. de Prez fut rétabli dans son emploi, le 6 juillet suivant.

Envoyé, successivement, aux armées d'Italie et des Pyrénées-Orientales, il continua à s'y faire remarquer par son intrépidité et ses talents militaires. Cependant, inquiété de nouveau, pour sa qualité d'ex-noble, il crut devoir donner sa démission, le 30 septembre 1794. Elle ne fut pas acceptée et il fut remis en activité, le 4 mai 1795. — Chargé d'un commandement à l'armée de Rhin et Moselle, il remplissait ses devoirs avec son dévouement habituel, lorsqu'il y fut décrété d'accusation, une 3e fois, sur la dénonciation d'obscurs ennemis, et conduit à la citadelle de Bayonne. Sa captivité dura 16 mois. Ce ne fut que le 17 nivôse an V (6 janvier 1797), que le Comité de salut public ordonna sa mise en liberté. Ayant immédiatement sollicité la liquidation de sa pension de retraite, elle fut liquidée, le 17 juin de la même année. Il en a joui, dans sa terre de Divonne, jusqu'à son décès, à l'âge de 70 ans.

M. Etienne-Philibert de Préz avait six frères qui ont tous embrassé la carrière militaire; l'un d'eux fut lieutenant-colonel au 44e régiment d'infanterie, ci-devant d'*Orléans*. On raconte que voulant rallier ses soldats qui fuyaient devant les révoltés de l'île Saint-Domingue, et voyant sa voix méconnue, il se fit sauter la cervelle de désespoir.

PUTHOD de MAISON-ROUGE (François-Marie),
né à Mâcon (Saône-et-Loire), vers 1757 et mort en 1820.

A 20 ans, le jeune Puthod s'était engagé volontairement dans la gendarmerie de Lunéville qui formait, alors, la *garde d'honneur* du roi Louis XVI. — Nommé *adjudant général* (chef de bataillon), puis *chef de brigade* (colonel), pendant la Révolution de 1792, il renonça bientôt à la carrière militaire, ne voulant pas servir la cause de la République. Il revint dans sa ville natale où il devint membre du Conseil municipal et s'appliqua à se rendre le plus utile possible à la chose publique.

Elu député à l'Assemblée nationale constituante en 1792, il fut le premier qui proposa la création d'*une commission des monuments historiques* ayant pour but de conserver les objets d'art provenant de la vente des églises, des couvents et autres établissements publics. — Cette heureuse idée adoptée, M. Puthod devint lui-même l'un des membres de cette commission des monuments qui siégeait à la bibliothèque des Quatre-Nations, à Paris. — Cette assemblée composée d'antiquaires, d'artistes et de savants, a rendu de grands services au pays.

Membre de l'Académie de Mâcon, de celles des Arcades de Rome et de plusieurs autres sociétés savantes, M. Puthod, mort à 63 ans, s'est montré favorable aux lettres et aux sciences qu'il aimait; il s'absentait souvent de Mâcon pour résider à Paris, où il avait accepté, dans les dernières années de sa vie, l'un des 24 offices de héraut d'armes à la cour de France, sous Louis XVIII.

On lui doit les écrits suivants : *Les monuments,* 1772, ouvrage publié en forme de journal. — *Mémoires sur l'examen et la conservation des monuments destinés à un usage public,* 1792. — *Dictionnaire mâconnais pour faire suite aux géographies et dictionnaires de la France.* Un vol. in-12 de 284 pages. Mâcon, an VIII (1799-1800).

Il était aussi l'auteur de la partie militaire du *Traité des officiers,* publié par Guyot, et d'autres productions qui ont témoigné de son érudition.

(Revue encyclopédique. — 7º vol. Juillet 1820.)

PUTHOD (Jacques-Joseph-Marie), frère du précédent, vicomte, baron de l'Empire, lieutenant général, grand officier de la Légion d'honneur, chevalier de Saint-Louis et de l'ordre du Mérite militaire de Pologne, né à Bâgé-le-Chatel, le 28 septembre 1796, mort à Libourne (Gironde), le 30 mars 1837.

Il comptait, au nombre de ses aïeux, l'immortel *Bayard* et fut digne de ce modèle des héros. Le fief de Châteauvieux, sur le Suran, qui avait appartenu à Bayard, était entré dans la maison Puthod, par les femmes.

Admis, comme volontaire, le 26 octobre 1785, dans l'ancienne armée royale, au régiment de la couronne, il fut reçu gendarme de Lunéville, dans la compagnie du Dauphin, le 17 mars 1787, c'est-à-dire à 18 ans. — Nommé *lieutenant* dans ce corps, en 1789, il fut promu *capitaine* au régiment colonel-infanterie, en 1790, et fut licencié quelque temps après. — Passé, l'année suivante, en qualité de lieutenant, dans le 3º bataillon des volontaires de l'Ain, il entra, le 20 mai 1792, dans le 45ᵉ régiment d'infanterie de ligne (ci-devant régiment de la couronne) avec lequel il fut employé, comme capitaine, à la glorieuse défense de Lille assiégée par les Autrichiens commandés par le duc Albert de Saxe. Remarqué pour son courage à la tête de sa compagnie, le général Duhoux le proposa pour *adjudant général* (chef de bataillon), grade avec lequel il fit la campagne de Belgique sous Dumouriez, et prit sa part de gloire à Jemmapes, à la prise de Mons, à celles d'Ath, de Bruxelles et de Tirlemont. Rentré en France, il fut chargé par le ministre de la guerre Beurnonville du recrutement du département de la Côte-d'Or, et bientôt, en qualité de *commissaire supérieur du pouvoir exécutif, près l'armée du Rhin*, il organisa la levée en masse des 300,000 hommes, décrétée le 24 janvier 1793. — Revenu à Lille pour participer à une nouvelle défense de cette place, le général Ruault qui la commandait, le nomma, en récompense de sa belle conduite, *lieutenant-colonel*, le 3 octobre suivant. — Promu *chef de brigade* (colonel), le 25 prairial an III (13 juin 1795), M. Puthod fit, avec beaucoup de distinction, les campagnes de 1795 à 1799. — Sur le Rhin, il traversa audacieusement le fleuve, sous le canon de l'ennemi ; s'empara, de vive force, de la rive opposée et fit de nombreux prisonniers. — En Italie, le général Macdonald l'éleva au grade de *général de brigade*, sur le champ de bataille de la Trebbia, le 28 prairial an VII (16 juin 1799). — Appelé auprès de son compatriote et ami, le général en chef Joubert, quelques jours avant la bataille de Novi, comme aide-de-camp, il eut la douleur d'assister à sa fin tragique, le 15 août même année, dès le commencement de l'action à laquelle il prenait une part vigoureuse en chargeant les Autrichiens de Souvarow. — Le 17 juin 1800, revenu à l'armée du Rhin, sous Moreau, il effectua le passage du Danube, après avoir fait 4,000 prisonniers, pris 28 pièces de canon, leurs caissons, et les bagages de l'ennemi.

On raconte, à cette occasion, que le général Kray ayant fait détruire trois ponts du Danube jusqu'à Donanwerth, le général Puthod effectua la reconnaissance du fleuve, indiqua les ponts de Blindheim et de Greusheim comme pouvant être facilement réparés ; qu'il le traversa à la nage, et se jeta sur l'ennemi. Un hussard du 8ᵉ régiment, employé comme son ordonnance, passa le Danube dans une nacelle qui avait servi à porter des armes ; parvenu sur l'autre rive, monté sur un cheval qu'il avait trouvé au village de Greusheim, il commanda *en avant !* L'ennemi surpris crut que le pont était rétabli ; il opéra sa retraite en désordre et Puthod, profitant du moment favorable, s'empara des deux villages avec quelques compagnies françaises seulement.

Le 11 juillet suivant, dans une charge à la baïonnette, avec trois bataillons, il emporta d'assaut le débouché du Tyrol, entra dans la ville de Fussen, fit 1,100 prisonniers et enleva 7 pièces de canon. — Le 8 frimaire an IX (28 novembre 1800), au passage de la Sala, il ramena 900 prisonniers et saisit à l'ennemi 9 pièces de canon, à l'affaire de Valtz. Le lendemain, il se distingua, de nouveau, devant Salzbourg, où il prit 3 pièces d'artillerie.

Employé successivement dans les 5ᵉ et 6ᵉ divisions de l'Intérieur, en 1801 et 1802, le général Puthod fut fait *chevalier de la Légion d'honneur*, le 19 frimaire an XII (11 décembre 1803) ; puis *commandeur* du même ordre, le 25 prairial suivant (14 juin 1804). — Passé à l'armée du Nord, en 1805 et 1806, il commandait à Colmar ; là, il reçut l'ordre de prendre le commandement de l'avant-garde de notre armée. Au combat de Dirschaw, il s'empara de cette ville. — Le 10ᵉ corps de la grande armée était destiné au siége de Dantzick et des places de Grandentz et de Colbert ; M. Puthod se distingua dans ces différentes rencontres avec l'ennemi qu'il mit en déroute. — Dans la nuit du 1ᵉʳ au 2 avril 1807, le général Gardanne, qui avait sous ses ordres les généraux Mesnard et Puthod, établit son quartier général à Pietzkendorf, et fit ouvrir la tranchée à 800 toises des palissades du faubourg de Dantzick ; le 13 avril, les Saxons, chargés de la défense de la redoute, furent repoussés par notre général à la tête d'un bataillon du 44ᵉ régiment d'infanterie de ligne. L'ennemi culbuté, s'enfuit en désordre. Les généraux Michaud et Dufour, ayant également réussi dans leurs attaques, la capitulation fut signée, le 24 mai, entre le général Drouet et le gouverneur de Dantzig, Kalkreuth.

L'année suivante, le général Puthod entra en Espagne, où il soutint sa brillante réputation. Il fut promu, le 24 novembre 1808, au grade de *général de division*, après l'affaire de Spinosa. — créé *baron de l'Empire*, il prit, le 5 octobre 1809, le commandement de la 4e division d'infanterie du 4e corps de l'armée d'Allemagne, avec laquelle il emporta le village de Neusiedel et celui de Wagram, enlevés à la baïonnette, tandis que le prince d'Eckmühl (Davout) et le général Oudinot chassaient l'ennemi de ses positions à droite et au-dessus du village.

Le 21 avril 1810, M. Puthod reçut le commandement de la 25e division militaire de l'Intérieur. Remplacé, le 24 avril 1811, il fut désigné pour la 31e division; puis, le 20 janvier 1813, il passa à la 2e division du corps d'observation de l'Elbe. — Le 31 mai, il combattit la garde royale prussienne et la força d'évacuer Breslau. Du 19 au 22 août suivant, le général Puthod soutint de glorieux combats aux environs de Goldberg; mais, après la perte de la bataille de Katzbach, obligé cette fois, de se retirer sur le Bober, dans la nuit du 26 au 27, il voulut en vain passer ce torrent accru par des pluies subites. Le pont avait été rompu; le général éprouva un revers de fortune malgré ses talents avérés. Quoiqu'il eut affaire à un ennemi dix fois plus nombreux que ses troupes, il s'engagea avec une opiniâtreté inouïe, déterminé à se frayer un passage. Il gagna les hauteurs de Plagwitz devant Lowenberg, décidé à vaincre ou à mourir. Sa division, forte d'abord, de 9,000 hommes, se trouva bientôt réduite à 3,000. Attaqué par l'armée ennemie toute entière, de trois côtés à la fois, et manquant de munitions, cette division fut entamée et précipitée dans le Bober, où périt volontairement le brave général *Sibuet*, de l'Ain, qui ne voulut pas se rendre. — Le général Puthod, son ami, allait imiter son exemple lorsqu'il fut fait prisonnier et traîné captif en Prusse. On dit que, conduit à Breslau, il y fut reçu par le commandant de cette place avec une hauteur insultante; mais que le maréchal Kalkreuth, gouverneur de la province, se rappelant les bons procédés de notre compatriote, lors de la prise de Dantzick, monta à cheval, quoique âgé de 82 ans, et vint lui faire visite pour lui témoigner sa sympathie.

Cette courte campagne de 5 jours, coûta à l'armée française 10,000 hommes tués et blessés et 15,000 prisonniers.
— Le général Puthod ne revint en France qu'après la première abdication de l'Empereur, en 1814. Il fut nommé par le roi Louis XVIII, *chevalier de Saint-Louis, vicomte* et *inspecteur général d'infanterie*, dans le département du Haut-Rhin. — Au retour de Napoléon Ier de l'île d'Elbe, il reçut de lui, le 9 mai 1815, le commandement des gardes nationales de la 19e division militaire, à Lyon.

Après la deuxième abdication, il fut suspendu des ses fonctions et mis en non activité, le 14 août 1815. Cependant, compris, plus tard, dans le cadre d'organisation de l'état-major général, comme disponible, le 30 décembre 1818, il fut appelé au commandement de la 14e division militaire, le 30 mars 1820, et obtint le titre de *grand officier de la Légion d'honneur*, le 1er mai 1821. — Mis en disponibilité, le 1er octobre 1829, et compris dans le cadre de réserve, le 7 février 1831, il fut remis en activité, le 12 août suivant. — Enfin, admis à la retraite, le 1er octobre 1834, le général Puthod est décédé à 65 ans, le 30 mars 1837. Son nom est inscrit sur l'Arc de triomphe de l'Étoile, à Paris (côté nord).

Marié deux fois, le général avait épousé en secondes noces Mlle de Limoges, propriétaire de terres et d'un domaine à Mont-Saint-Esprit, près Libourne, qui avait appartenu, jadis, à *Montaigne*. — Le général Puthod avait un neveu, conseiller à la cour royale de Colmar, et deux nièces, dont l'une a épousé M. Doyen, receveur général des finances de l'Aube. Elle est morte à Troyes, en juin 1856.

La ville de Bâgé-le-Châtel a fait élever, sur l'une de ses places publiques, une fontaine surmontée d'un buste en bronze, à la mémoire de ce guerrier. Ce buste, de 1m60 de hauteur, est l'œuvre du sculpteur Barre, de Paris. La pose de ce monument remonte au 4 septembre 1842. Il représente la tête du général et le haut de son corps couvert d'un collet de manteau, d'un seul côté, laissant voir une épaule et la poitrine où sont attachées trois décorations. Les traits sont fidélement reproduits.

On lit sur la face de ce monument :

« *A Jacques-Joseph-Marie Puthod, né à Bâgé, le 28 sep-*
« *tembre 1769, mort à Libourne, le 30 mars 1837; sa*
« *ville natale et sa famille, le 4 septembre 1842.* »

Sur le côté droit est écrit : « *Engagé volontaire, en 1791,*
« *Général de brigade, à la Trebbia, 1799. — Général de*
« *division, à Spinosa, 1808. Baron de l'Empire, grand*
« *officier de la Légion d'honneur ; inspecteur général d'in-*
« *fanterie ; commandant de divisions militaires.* »

Et sur le côté gauche sont inscrits ces mots :

« *Digne descendant de Bayard, il a mérité que son nom*
« *fut inscrit avec honneur au front du monument consacré*
« *à la gloire des illustres compagnons d'armes de Na-*
« *poléon.* »

Enfin, le dernier côté porte : « Lille — Trebbia — le
« Danube — Nochstedt — Feldkirch — Dirschau —
« Dantzig — Spinosa — Wagram — Katsbach — Breslaw,
« furent témoins de sa bravoure. »

Le lieutenant-général Puthod est une des illustrations militaires les plus pures du département de l'Ain. Vénérons sa mémoire qui est celle d'un homme de bien, d'un soldat valeureux, dont l'âme était fortement trempée, et qui, au milieu des hasards de la guerre, a fait le meilleur emploi de ses heureuses facultés. Il est l'un des meilleurs modèles à suivre par la jeune génération actuelle.

Voyez *Sibuet*.

QUINSON, famille noble connue dans le Grésivaudan, dont le chef portait le nom de **Lancelot,** dans le xive siècle ; il fut marié avec *Béraude de Sassenage*. — De la branche des seigneurs de *Quinson et de Verchère*, en Bugey, au xve siècle, sont sortis les hommes de guerre mentionnés ci-après :

Amé ou **Amédée** *de Quinson*, fut capitaine des gardes du corps d'Amédée VIII, duc de Savoie, en 1840. Ce seigneur avait combattu dans les guerres contre les Valaisans. Blessé deux fois au service de ce duc, il en fut récompensé par l'exemption des tributs et laods pour les acquisitions de terres qu'il pouvait faire sur le domaine princier, et fut même autorisé à chasser dans les forêts ducales. — Amé de Quinson reçut la permission de soutenir un combat singulier contre le baron d'Argis, dont il fut vainqueur. Dans les conditions spéciales de ce duel, il avait été décidé que le survivant porterait les armoiries du vaincu : le duc de

Savoie permit à Amé de Quinson, qui avait tué son adversaire, *pour lui et ses descendants mâles*, de porter les armes d'Argis qui étaient : *d'Hermine sans nombre*. En effet, Amé de Quinson quitta celles de sa maison : *d'argent, à la face de gueules chargée d'un soleil d'or, accompagnée de trois oiseaux de Sinople* (2 et 1).

Luc ou **Luce**, petit-fils du précédent, fut pourvu de la charge de capitaine de justice, en Savoie, Bresse et Bugey, (1511).

Pierre Marc, sieur du Chambou, page du duc de Savoie Charles-Emmanuel, devint lieutenant d'une compagnie de chevau-légers en Piémont.

Pierre, écuyer, seigneur de Verchère, fut *cornette* de la compagnie des chevau-légers du seigneur de Bussy d'Urfé, et se signala, par sa bravoure, dans plusieurs occasions de guerre (1624).

Nous croyons que c'est le même personnage, mentionné dans les lettres de noblesse de M. *de Quinson, baron de Poncin*, publiées dans le *Nobiliaire du département de l'Ain*. (Bugey et Pays de Gex, par M. J. Baux, en 1864), où il est écrit que *Pierre de Quinson*, capitaine-enseigne de la ville de Mâcon, fut surnommé le *capitaine Paradis*, suivant trois actes trouvés en l'hôtel commun de la dite ville. Ces documents établissent « que les échevins s'employèrent à la
« délivrance dudit capitaine *Paradis*, détenu prisonnier de
« guerre à Verdun ; que le général et le particulier de la
« ville prendront la rançon pour leur compte, attendu les
« services importants que ledit capitaine *Paradis* a rendus
« à la ville. »

Le roi Henri IV le qualifie ainsi dans la lettre qu'il lui adressa et dont voici la teneur :

« Capitaine Paradis,
« Ayant esté adverti par le sieur de Rochebaron du zèle
« et affection que vous portez à mon service, je vous ay bien
« voulu tesmoigner par ceste lestre que j'en ay reçu tout con-
« tentement, vous priant d'y continuer et vous employer en
« tout ce qui vous sera possible à la conservation de ma
« ville de Mâcon en mon obéissance et vous opposer à ceulx
« qui sont soupçonnez d'avoir des pratiques et intelligences
« secrètes avec mes ennemys, vous asseurant que je le

« reconnoîtrai à vostre gré et que vos services ne vous
« demeureront point inutiles. — Escrist à Pontoise, le
« 28 novembre 1594. Signé : Henry. »

Jean, écuyer, a servi pendant 4 ans en Catalogne, et fut blessé d'un coup de pique à la jambe droite, au siége de Terragone. En 1650, il était encore vivant et était capitaine d'infanterie au régiment de Mazarin.

RAVERAT (René-Claude-Jean), baron de l'Empire, lieutenant d'infanterie, chevalier de la Légion d'honneur, né le 23 janvier 1776, à Crémieux (Isère), mort à Lyon, le 31 janvier 1851. Ce nom de Raverat est connu dans le département de l'Ain par la belle défense de son territoire, en 1845.

Sa famille était originaire de la Bourgogne.—A l'âge de 20 ans son père, **Jean-Baptiste** Raverat, s'était engagé dans le *régiment de Monsieur*, sous l'ancienne monarchie. Il fit partie de l'armée de Hanovre sous le maréchal de Richelieu. — Il vint habiter Crémieux, où il se voua à l'industrie.

A la mort de son père, René-Claude-Jean, qui était l'aîné de quatre frères, prit aussi du service militaire. On était en 1791 ; la France avait fait appel à l'héroïsme de ses enfants, contre les armées étrangères qui voulaient l'envahir ; le département de l'Isère fournit, à lui seul, dix bataillons de volontaires. Partageant l'enthousiasme de ses compatriotes, il s'enrôla malgré sa petite taille et sa figure juvénile. Il n'avait encore que 15 ans.

Le 2ᵉ bataillon de l'Isère, où se trouvait le jeune Raverat, fut dirigé sur le camp de Saint-Laurent et incorporé dans la brigade du général Brunet (armée du Midi). Il entra dans Nice, assista à la prise de Sospello, où il fut blessé au-dessous de l'oreille gauche par une balle qui alla se loger au-dessous de l'oreille droite, en contournant le cou, sans toutefois attaquer les muscles. La blessure du jeune volontaire fut longue à guérir ; elle le retint plus de quatre mois à l'hôpital, et après sa guérison, il en souffrit durant tout le cours de sa vie.

Promu *caporal*, le 14 avril 1793, Raverat rejoignit l'armée d'Italie commandée par le général Kellermann, où il reçut une nouvelle blessure. Il combattit à Saorgio, au col de Tende et dans toutes les affaires importantes de la République, en Piémont, d'abord avec le 1er bataillon de la 83e demi-brigade, et ensuite, avec la 57e demi-brigade, surnommée *la Terrible*.

Rivoli, Arcole, la Favorite furent successivement les théâtres de nos triomphes, et la bravoure du caporal Raverat fut souvent signalée.

Vers la fin de nivôse an VII (1799), la 59e demi-brigade sortie de Berne, s'avança dans l'intérieur de la Suisse et prit ses cantonnements à Spreitembach, sur la route de Zurich, sous le général Masséna, commandant en chef l'armée d'Helvétie et du Rhin. — Dans une rencontre avec les Russes de Souvarow, Raverat fut renversé d'un coup de baïonnette au sein droit ; il y reçut encore un coup de sabre à la main gauche.

Le 1er messidor an IX (20 juin 1801), il fut nommé *sergent*, puis *sergent-major*, le 20 germinal an XI (10 avril 1803), et *adjudant sous-officier*, le 22 ventôse an XII (13 mars 1804).

Pendant la bataille d'Austerlitz, le maréchal Soult ayant appelé, à haute voix, l'adjudant Raverat pour porter un ordre de l'empereur Napoléon au général Férey, notre sous-officier s'approcha, prit la dépêche et partit en toute hâte, sans se laisser arrêter par les boulets ennemis. Il eut un cheval tué sous lui, dans cette mission. Blessé d'un coup de baïonnette à la clavicule droite, Raverat terrassé allait être fait prisonnier, lorsque quelques soldats de sa compagnie s'élancèrent à son secours et le couvrirent de leurs corps. Il ne voulut pas quitter le champ de bataille pour se faire panser ; il consentit seulement à recevoir le premier appareil et porta le bras en écharpe, tenant son sabre de la main gauche. Mis à l'ordre de l'armée pour sa belle conduite, il remplit, à l'état-major, les fonctions de *sous-lieutenant*. — Ce grade lui fut conféré au 57e régiment de ligne, en décembre 1805, pendant son séjour au château de Spielberg, où il occupa l'emploi d'*adjudant-major de place*.

En 1807, après la bataille d'Eylau, le maréchal Soult ayant effectué sa marche rétrograde, s'arrêta derrière la Passarge, dont le lit était large et profond et le cours rapide.

On était au mois de février et cette rivière charriait de nombreux glaçons. Napoléon, dans le but d'éloigner les Russes de nos avant-postes et de rester maître des deux rives, avait ordonné au maréchal Bernadotte de traverser la Basse-Passarge, à quelques lieues au-dessous de Stollen, et au maréchal Ney, de traverser la Haute-Passarge, à quelques lieues au-dessus ; ces deux maréchaux devaient opérer leur jonction, forcer l'ennemi à s'éloigner ou le jeter sur la moyenne Passarge, que le maréchal Soult traversait, à son tour, pour le recevoir vigoureusement. Afin de dissimuler cette manœuvre et de détourner l'attention des Russes, le maréchal Soult devait négliger le pont de Lomitten et en faire construire un au pied de l'éminence de Stollen, dans le but de se porter sur la rive droite, à un signal convenu. A la nuit close, des ordres furent donnés pour rassembler, sur le bord de la rivière, des outils, des madriers, des chevalets, des planches pour la construction du pont projeté. Il s'agissait d'établir quelques chevalets placés, de distance en distance, dans la Passarge ; de les fixer au moyen de plateaux destinés à servir de tablier ; mais la rivière entraîna toutes les pièces de bois qu'on essayait d'y amarrer et la tentative était sur le point d'échouer, lorsque Raverat conseilla un nouveau moyen d'exécution plus simple. Notre sous-lieutenant proposa au maréchal de traverser la rivière à la nage, en emportant avec lui l'extrémité d'une corde assez longue pour mesurer la largeur de la Passarge. Cette corde devait être liée à deux forts câbles attachés eux-mêmes à des arbres du rivage, des deux côtés, et ces câbles devaient supporter, en travers, des planches et des madriers liés entr'eux. C'était en quelque sorte, une espèce de radeau touchant aux deux rives par ses extrémités. — Il s'aida, en effet, de 12 bons nageurs de sa compagnie ; mais l'excès du froid en fit périr 8, et il ne parvint à terminer l'opération qu'avec le secours du sergent-major Guimet, du sergent de sapeurs Vanaret, de l'Ain, et du grenadier Tougne.
— Afin de se dérober à la vue des sentinelles russes, ces intrépides militaires étaient obligés de se coucher à plat ventre sur la neige, et de se tenir cachés derrière le tronc des arbres. Toujours infatigable, Raverat repassa la rivière une troisième fois, afin d'amener sur la rive ennemie, les

planches nécessaires à l'établissement du tablier du pont. Napoléon s'étant fait présenter ces quatre braves, décora, de sa main, Raverat et Tougne, et nomma sous-lieutenants Vanaret et Guimet.

A l'affaire de Lomitten, Raverat se signala encore, sous les yeux du maréchal Ney, en culbutant un bataillon russe avec 62 grenadiers. Il fut gravement blessé d'une balle à la cuisse et obtint, par récompense, le grade de *lieutenant*.

Le 19 avril 1809, lors de la marche de la division Saint-Hilaire sur Ratisbonne, le 57e régiment de ligne quitta Wurtzbourg au moment où l'ennemi occupait les hauteurs qui dominent cette ville; il arriva, à la pointe du jour, dans le village de Tengen. Raverat tenta la prise de la redoute de Thann avec une centaine d'hommes. Cette poignée de braves gravit, à la course, les pentes abruptes du terrain rougi de leur sang. Une partie de la troupe est écrasée; mais le reste s'élance au pied de la redoute, l'escalade et y pénètre par les embrasures. Le commandant de la batterie est fait prisonnier par Raverat, et la division Saint-Hilaire repousse les Autrichiens. Charmé de ce beau fait d'armes, le général Saint-Hilaire embrassa le lieutenant sur le champ de bataille conquis si audacieusement. Raverat avait reçu une balle dans la main gauche; c'était sa 4e blessure. Le 23 avril, l'Empereur, pour reconnaître une telle bravoure, le nomma *baron de l'Empire* avec une *dotation de 4,000 francs*.

Après Wagram, où notre lieutenant donna encore de nouvelles preuves de sa valeur, la paix de Vienne fut signée et Raverat qui, à 33 ans, comptait une carrière si bien remplie, revint en France en août 1809. Ayant reçu à Strasbourg les titres qui réglaient, sur sa demande, sa pension de retraite, il se mit en route pour sa ville natale, où il épousa la sœur du sous-lieutenant Dufresne, l'un de ses frères d'armes, tué à la bataille de Zurich.

Nommé, en 1814, chef de l'un des bataillons des gardes nationales mobiles de l'Isère, il fut chargé, par l'administration départementale, de la défense du canton de Crémieux, l'un des points les plus exposés aux attaques de l'ennemi. Il se concerta avec le général Marchand, lors de l'invasion de la première armée autrichienne, sous les ordres du comte de Bubna. — Sachant qu'ils trouveraient peu de résistance sur nos frontières de l'Est, les Autrichiens, qui s'étaient emparés de Genève, avaient pénétré dans le Bugey où ils s'étaient rendus maîtres du fort l'Ecluse et des principales places fortes. Le commandant Raverat échelonna ses compagnies le long du Rhône, s'établit lui-même au château de Vertrieux, point le plus menacé, d'où il pouvait observer les Autrichiens qui occupaient les villages de Saint-Sorlin et du Sault, situés en face de Vertrieux, de l'autre côté du fleuve. Le pont du Sault pouvait permettre à l'ennemi de pénétrer dans l'arrondissement de la Tour-du-Pin. Raverat fit rompre ce pont, dont l'une des arches avait été détruite pendant les guerres de religion du XVIe siècle. Il confia la garde de ce point à un poste nombreux et fit détacher et amener, sur la rive gauche, tous les bateaux qui pouvaient favoriser le passage. Le baron Raverat défendit, avec succès, la ligne du Rhône ; les Autrichiens, qui s'étaient avancés jusque sur les hauteurs de Rillieux et de La Pape, dominant Lyon, furent forcés de se retirer à Montluel ; ils essayèrent d'attaquer le village d'Anthon, mais le passage du Rhône leur étant barré, ils pénétrèrent dans le cœur de la Savoie et s'emparèrent de Chambéry.

Au retour de Napoléon Ier de l'île d'Elbe, le baron Raverat se rendit à Grenoble, au-devant de l'Empereur qui lui pressa la main et l'engagea à le suivre jusqu'à Lyon. Il fit partie du *bataillon sacré* qui entra dans cette ville, le 10 mars 1815, et accompagna Napoléon jusqu'à Paris.

Nommé chef du 10e bataillon des gardes nationales de l'Isère, pendant les Cent-Jours, il ne déposa son épée qu'après la défaite de Waterloo et la deuxième abdication de l'Empereur ; mais il fut l'un des derniers à la remettre au fourreau.

Le général Dessaix avait signé, en juin 1815, une suspension d'armes avec le général autrichien Frimont ; quoique cet armistice ne dut expirer que le 2 juillet suivant, dès le 30 juin, les Sardes s'avançaient sur Frangy, où le commandant Raverat gardait des pièces de canon et des fourgons du train laissés sur la rive gauche, par suite de la rupture du pont de Seyssel. — Grâce à la bonne contenance de nos gardes nationaux, ce matériel fut amené à Bellegarde par le pont de Lucey. Raverat ayant embusqué ses hommes sur la rive droite du Rhône, parvint, à l'aide d'une fusillade bien nourrie, à contenir l'ennemi assez longtemps pour que le convoi put passer. Le pont fut ensuite abattu.

Aux Neyrolles, le commandant Raverat organisa quelques travaux de défense. Après avoir fait abattre plusieurs sapins, il les disposa en forme de redoute et fit ouvrir une large tranchée dans toute la largeur du défilé, afin de multiplier les obstacles sur les pas de l'ennemi. — Le 6 juillet, les Autrichiens apprenant la reddition du fort l'Ecluse, résolurent de s'emparer du défilé des Neyrolles. Nos troupes se défendirent vaillamment contre un ennemi bien supérieur en nombre. Bientôt le général Meynardier, obligé de battre en retraite, envoya au commandant Raverat l'ordre de quitter sa position ; celui-ci se mit en marche au milieu de la nuit, rétrograda lentement, traversa Nantua et rejoignit, au point du jour, la brigade Meynardier et le convoi qui avaient pris position en arrière du pont de Maillat. — Les habitants de ce village avaient pris les armes et s'étaient réunis à la troupe, afin de repousser l'ennemi. Pour les punir de leur patriotisme, les Autrichiens mirent le feu à leur village. — Constamment sur les pas de la petite armée française, les colonnes autrichiennes traversèrent Cerdon, Pont-d'Ain et Meximieux. A Montluel, le général Dessaix rencontra une partie de la division Maranzin, devenue libre par l'évacuation de la ville de Bourg, et Lyon ouvrit ses portes.

Le commandant Raverat, qui licencia son bataillon de garde nationaux à Valence, se retira à Grenoble, puis à Crémieux où il eut à supporter les persécutions et les vexations morales nées de la réaction royaliste. Il fut même arrêté et mis en jugement pour cause politique; cependant, il fut acquitté et mis en liberté.

Le maréchal Soult lui fit obtenir une pension du roi Louis-Philippe, après 1830. Il put encore voir la Révolution de février 1848, et assista à l'élection impériale du 10 décembre 1851. Il s'est éteint à l'âge de 75 ans et 8 mois, au milieu de la considération publique. — D'abord inhumé au cimetière de Loyasse à Lyon, il a été transféré, le 5 août 1856, dans celui de la ville de Crémieux, où un monument digne de sa mémoire a été érigé, par son fils, *Achille Raverat*, homme de lettres distingué, résidant à Lyon, lequel a publié *la Notice historique sur la vie militaire du baron Raverat*. 1 vol. in-8°. Paris et Lyon, 1855.

RAY (Jean), capitaine, chevalier de la Légion d'honneur, né le 2 octobre 1774, à Reyrieux, en Dombes, où il est mort, le 16 mars 1865, à l'âge de 91 ans.

En 1792, le jeune réquisitionnaire Ray, ayant satisfait, avec élan, à l'appel de la patrie en danger, commença ses campagnes, à 18 ans, sous les ordres du général Dumouriez, en Belgique et en Flandre. De là, il passa en Italie, où il combattit vaillamment sous les généraux Masséna et Bonaparte.

Après les campagnes de la République, il fit celles de l'Empire, et se distingua, de nouveau, en Allemagne, en Prusse, en Russie, sur tous les champs de bataille où l'empereur Napoléon Ier promena ses aigles. Ray était *sous-lieutenant* depuis 1809, il fut nommé *lieutenant* en 1812, pendant la retraite de Moscou. — L'année suivante, après Bautzen et Leipsick, il obtint le grade de *capitaine* avec la décoration de *chevalier de la Légion d'honneur*.

A partir de 1812, la fortune était devenue contraire à Napoléon; la dernière heure de la grande lutte allait bientôt sonner, le capitaine Ray remit son épée dans le fourreau et, après 22 ans de services, le vaillant soldat rentra dans ses foyers pour s'y faire laboureur.

Marié et bon père de famille, il a vécu au milieu de ses concitoyens, vénéré et estimé de tous et, lorsque tout à fait infirme, le vieillard s'est éteint, il a conservé, sans agonie, avec toute la lucidité de son intelligence, l'usage de la parole, attendant tranquillement la mort qu'il avait si souvent bravée sur les champs de bataille. — Tout n'a pas été perdu à Reyrieux avec le vieux brave; son fils, capitaine de la compagnie des sapeurs-pompiers, est resté et restera longtemps encore le digne successeur du bien-aimé Jean Ray.

REGARD (Jean-Joseph), capitaine, né à Crassier, dans le pays de Gex, en 1772, mort au même lieu, le 6 octobre 1851.

Enrôlé volontairement comme soldat, dans le 3e bataillon

de l'Ain, devenu 24.e demi-brigade, il était *sous-lieutenant*, l'année suivante, en 1793, et *capitaine*, en 1794. — Blessé au combat d'*Algésiras*, il servait sous les ordres du général Richepanse, dans l'expédition de Saint-Domingue. — Il y souffrit toutes les douleurs de la captivité et celles provenant des maladies du climat. — Proposé pour la réforme, à raison de sa santé, il fut ramené en France ; le ciel de la patrie ranima son ardente nature. Il voulut continuer sa carrière militaire et fut envoyé en Espagne, en 1808.

— Là, il trouva l'occasion de se signaler, par sa bravoure et son audace ; blessé une deuxième fois, il fut fait prisonnier, le 10 juin 1809, à la suite d'un combat, où il avait fallu lutter contre des forces supérieures aux nôtres.

— Détenu sur le fatal îlot de Cabrera, puis sur les pontons anglais, le capitaine Regard ne dut sa liberté qu'à la paix de 1814. — Retiré dans le pays de Gex, il y a passé les 20 dernières années de sa vie, à servir encore honorablement sa patrie dans les fonctions municipales.

(*Journal de l'Ain.* — 1851.)

RENAUD (Antoine-François), baron de l'Empire, maréchal de camp, commandeur de l'ordre de la Légion d'honneur, chevalier de Saint-Louis et de la Couronne de fer, né à Pont-de-Vaux, le 6 février 1771 ; mort à Paris, le 10 mars 1841.

Enrôlé volontairement dans le 1er régiment des chasseurs à pied, formé des *chasseurs d'Alsace*, de l'ancienne armée royale, le jeune Renaud entra, à 19 ans, au service de la première République française, le 1er mars 1791.

Il fit, aux armées du Nord, de la Moselle, de Sambre-et-Meuse, du Rhin, d'Allemagne, du Danube, de l'Helvétie et en France, toutes les campagnes, depuis 1792 jusqu'en 1814.

Brigadier-fourrier, le 18 juillet 1793 ; puis, *adjudant sous-officier*, le 12 nivôse an II (1er janvier 1794), il passa *adjoint aux adjudants généraux*, le 28 fructidor an IV (14 septembre 1796), et *lieutenant-adjoint*, le 28 novembre an V (15 août 1797). — Nommé *capitaine*, sur le champ de bataille de Zurich, le 3 vendémiaire an VIII (25 septembre 1799), il fut blessé d'un coup de feu à l'épaule droite. Il devint capitaine *aide-de-camp* du général Drouet, le 25 juillet suivant, et fut promu *chef d'escadrons* provisoire, le lendemain d'une action d'éclat dans une charge brillante de cavalerie, à la suite de laquelle il fit deux prisonniers et rapporta un étendard. — Confirmé, dans ce dernier grade, au 1er régiment de chasseurs à cheval, le 6 fructidor an IX (24 août 1800), il rentra en France à la paix et tint garnison à Verdun, pendant les années 1801 et 1802. — Promu *major*, au 6e régiment de même arme, le 6 brumaire an XII (28 octobre 1803), il alla rejoindre son régiment à l'armée de Naples, où il servit depuis l'an XIII (1804) jusqu'au 3 décembre 1807, date de sa nomination au grade de *colonel*, du 30e régiment de dragons, alors à l'armée d'Italie. — M. Renaud fut employé en qualité de *chef d'état-major de la cavalerie* de l'armée du Portugal, le 5 mai 1810, et quelques années plus tard, près du maréchal Lefebvre, duc de Dantzig.

Le 8 octobre 1799, à l'armée d'Helvétie, il avait emporté, de vive force, la ville de Constance à la tête de deux compagnies de la 53e demi-brigade de ligne. Il pousuivit l'ennemi jusqu'au pont du Rhin, lui prit un drapeau, fit environ 600 prisonniers et lui tua une grande quantité d'hommes, parmi lesquels se trouvèrent plusieurs officiers supérieurs et un général.

Le 28 frimaire an IX (19 décembre 1800), à l'affaire de Lambach, avec trois compagnies de la 27e demi-brigade de ligne et un escadron du 20e régiment de chasseurs, il enleva le village de Neukirch défendu par deux bataillons des *Manteaux-Rouges* (nom donné à un régiment d'infanterie autrichienne), et trois escadrons de hussards autrichiens. Il mit l'ennemi en pleine déroute, lui fit beaucoup de prisonniers, et, soutenu par le 5e régiment de hussards français, il rentra dans Lambach où il s'empara de 800 chevaux, d'une pièce de canon, et fit prisonnier un général et deux colonels autrichiens. — Cette brillante conduite lui mérita, le 4 germinal an XII (25 mars 1804), la décoration de *chevalier de la Légion d'honneur* ; il reçut encore, le 30 mai 1809, celle de *chevalier de la Couronne de fer*, et le 15 août de la même année, il fut créé *baron de l'Empire*, à la suite de nouveaux faits d'armes opérés à l'armée d'Italie et à la grande armée, en 1809.

L'année suivante, le 1er octobre 1810, il était admis à la retraite pour cause de blessures ; mais choisi par le maréchal duc de Dantzig, comme chef d'état-major, pour diriger, avec lui, les opérations militaires de l'aile gauche de l'armée, dans la campagne de France, en 1814, il se signala à Montmirail, à Arcis-sur-Aube et à Champ-Aubert, où il eut un cheval tué sous lui.

M. Renaud fut même, quelque temps, officier d'ordonnance de l'empereur Napoléon, qu'il accompagna à Montereau-sur-Yonne, et où il fut encore blessé à la main gauche. Il eut deux doigts amputés. — C'est là qu'il fut récompensé, le 3 avril 1814, par le grade d'*officier dans la Légion d'honneur*.

Mis en disponibilité, le 30 mai suivant, après la première abdication de Napoléon Ier, M. Renaud revint dans ses foyers avec la résignation des grandes âmes qui, après avoir accompli leurs devoirs, n'attendent plus, de l'avenir de la patrie, que des adoucissements à leur position. — Au retour des Bourbons, il fut maintenu dans l'armée ; le roi Louis XVIII le fit *chevalier de l'ordre royal et militaire de Saint-Louis*, le 6 novembre 1814 ; il reçut même le brevet de *maréchal de camp*, le 17 janvier 1815. — Mais Napoléon, revenu de l'île d'Elbe, en mars 1815, l'employa au mois de juin, à la défense de Paris, sous les ordres du lieutenant général Grenier. Son obéissance lui fit perdre son dernier grade. Après les Cent-Jours, M. Renaud fut rayé des contrôles de l'armée active, à 44 ans.

A la suite de la révolution de Juillet 1830, le roi Louis-Philippe lui rendit son grade de général de brigade, et lui conféra, en outre, le 4 août suivant, le commandement des chasseurs et des hussards réunis à Melun et à Provins. — Puis, il fut chargé de la réorganisation des régiments de hussards et de dragons, en garnison à Provins et à Fontainebleau. — En octobre 1830, il commandait le département de Seine-et-Marne. — Nommé *commandeur de la Légion d'honneur*, le 29 mars 1831, il fut pourvu du commandement du département d'Ile-et-Vilaine, le 14 mai suivant. Enfin, il fut appelé, successivement, au commandement des départements d'Indre-et-Loire (17 août 1831), et de l'Aube (16 mars 1832). — Il a été admis définitivement à la retraite, le 1er mai 1832.

Le général Renaud fut du petit nombre de ces hommes d'élite qui surent allier à de grandes vertus guerrières un noble désintéressement. La loyauté de son caractère, l'honorable simplicité de ses mœurs et son amour pour la patrie ont rehaussé la gloire qu'il s'est acquise par ses talents et son indomptable courage.

RENAUD de SAINT-AMOUR (Anne - Nicolas - Joseph), colonel de cavalerie, chevalier de Saint-Louis, chevalier de la Légion d'honneur, né à Saint-Amour (Jura), vers 1775, et mort à Paris, en janvier 1869. Il avait pris sa retraite dans cette ville, depuis 1830.

Enrôlé en 1789, encore adolescent, le colonel Renaud a fait presque toutes les campagnes de la République, de l'Empire et de la Restauration. Il assista aux débuts de son neveu, M. le major Cancalon, de Coligny, en 1813, et le fit entrer dans la marine.

M. Renaud de Saint-Amour avait eu de son mariage avec la fille du marquis de Frémery-Plumkett, général hollandais, un seul fils, M. **Charles** de Saint-Amour. Un instant sous-préfet, M. Charles de Saint-Amour épousa la fille du général de Sourdis, qui a commandé le département de l'Ain en 1829. Il est mort, conseiller de préfecture et chevalier de la Légion d'honneur.

Depuis qu'il avait pris sa retraite, le colonel Renaud de Saint-Amour s'occupait de recherches géologiques pour lesquelles il a entrepris de grands voyages en Afrique, en Amérique et en Asie. Il y a employé sa fortune. En dernier lieu, il s'occupait exclusivement de mines qu'il possédait en Allemagne et en Bretagne, et dont plusieurs beaux échantillons ont paru à l'Exposition de 1855.

Le vieux soldat est mort avec les secours de la religion, regrettant de n'avoir pu revoir, avant de mourir, son pays natal, où il eût voulu terminer son existence. Il était le dernier de quatre frères que la république de 1789 appela sous ses drapeaux, et qui soit parvenu à un grade supérieur.

Voyez *Cancalon*.

(*Journal de l'Ain.* — 1869.)

REQUIN (Pierre), colonel, chevalier de l'Empire,

officier de la Légion d'honneur, né à Brénod, en Bugey, le 12 août 1757, mort à Paris, le 31 juillet 1817.

Il était fils de **Jean-Claude** Requin, cultivateur, et de Josephte Massonnet, citoyens honorables, qui lui firent donner une instruction en rapport avec leur modeste fortune.

Le jeune Requin, qui avait une vocation innée pour la carrière des armes, s'enrôla à 18 ans, comme dragon, au régiment de Custines, le 24 juin 1775, et resta dans ce corps jusqu'au 25 juillet 1783. Admis, le 1er avril 1784, dans la compagnie des gardes de la prévôté de l'hôtel du roi, il entra avec le grade de *sergent* de grenadiers dans le régiment d'Angenois, le 1er mars 1785, obtint celui d'*adjudant sous-officier*, le 25 juin 1787 et fut employé en cette qualité à Lyon, comme recruteur pour ce régiment, qu'il quitta le 15 septembre 1789.

Compris dans l'état-major, puis, nommé *lieutenant aide-de-camp* du général Nuce, le 1er novembre 1792, il fit avec lui la campagne de cette année à l'armée des Pyrénées-Occidentales. — Le 1er mars 1793, nommé capitaine adjudant-major de cavalerie dans la légion nationale des Pyrénées-Orientales (devenue 22e chasseurs à cheval), il commanda l'avant-garde de l'armée des Pyrénées-Orientales et se conduisit bravement dans toutes les expéditions qui lui furent confiées : le 22 août 1793, ayant reçu l'ordre de partir à minuit, du camp de Corneilla, à la tête d'un détachement d'infanterie et de cavalerie, pour forcer le passage de la rivière sous Perpignan, s'emparer de Colbert et mettre le feu au château, alors défendu par les Espagnols ; il exécuta sa périlleuse mission avec la plus grande habileté. — Le 3 septembre suivant, il parvint à reprendre la redoute du moulin d'Orle dont s'était emparé un corps de grenadiers Walons. Il reçut, pendant cette action, un coup de feu à la poitrine ; mais il avait eu le bonheur de dégager le général Frégeville fait prisonnier, la veille.

Placé, le 10 du même mois, à l'avant-garde des troupes qui s'étaient repliées sur Salces, il attaqua les Espagnols à la baïonnette, devant Rivesaltes et les mit en fuite. — Il se distingua encore, le 17, à Perestode.

Les représentants du peuple le nommèrent *adjudant gé-*

néral (chef de bataillon), le 22 brumaire an II (13 octobre 1793). — Remarqué au siége de Roses, en l'an III, son intrépidité lui mérita les éloges du général en chef Pérignon.

Cependant, réformé pour cause de blessures, le 25 prairial même année (13 juin 1795), il fut rappelé à l'activité, sur sa demande, et employé, comme *agent militaire de recrutement*, dans le département de l'Aveyron.

Nommé *chef de brigade* (colonel), le 1er frimaire an IV (22 novembre 1795), il rejoignit l'armée des Alpes. — Quelque temps après, M. Requin fut chargé, dans la 19e division militaire, dont Lyon était le chef-lieu, de faire partir les jeunes soldats de la première réquisition. — Sous un prétexte spécieux, les représentants du peuple le suspendirent de ses fonctions, depuis le mois de janvier 1796 jusqu'au 14 avril 1797. — Envoyé à l'armée d'Italie, il y fut employé comme *chef d'état-major* des divisions de cavalerie Dugua et Rey. — Passé à l'armée de Naples, M. Requin se signala, de nouveau, par une brillante charge de cavalerie, qu'il exécuta, le 17 frimaire an VII (7 décembre 1798), à la tête du 7e chasseurs, en avant du passage de Volturne (royaume de Naples), laquelle eut pour résultat de chasser l'ennemi de son quartier-général. Il fut alors blessé d'une balle au côté gauche. — Quinze jours après, il se couvrit de gloire à l'attaque de Frata-Major, près de Naples, en battant complètement l'ennemi, auquel il prit 37 pièces de canons avec leurs caissons. — Le 23 messidor suivant (11 juillet 1799), il força le passage du Tésin, à la tête des 3e, 5e et 21e régiments de cavalerie. Il fut chargé, le 25 de ce même mois, de prendre le commandement d'un détachement de cavalerie et d'infanterie qui devait protéger le vice-amiral Pleville-le-Pelley et le commissaire civil Faypoult, se rendant d'Anvers à Rome; et le 29, il avait reçu, par continuation, l'ordre de prendre le commandement de la troupe qui escorta le même vice-amiral jusqu'à Milan. L'exécution intelligente de ces dispositions lui mérita les éloges des généraux Harville et Victor.

Le 14 juin 1800, le colonel Requin combattit à la bataille de Marengo, où il fut mis à l'ordre de l'armée pour sa belle conduite. — Autorisé à se retirer dans ses foyers avec son traitement d'activité, le 12 messidor an IX (1er juillet 1801), il ne put être compris sur le tableau des adjudants commandants arrêté par le premier consul, le 15 thermidor suivant, et fut réformé à dater du 1ᵉʳ vendémiaire an X (23 septembre 1801). Inscrit sur ce tableau, le 15 ventôse de la même année (6 mars 1802), il fut nommé membre de la Légion d'honneur, le 15 pluviôse an XII (5 février 1804). Réadmis au traitement d'activité et employé à l'armée de Hanovre, commandée par Bernadotte, les 9 et 16 prairial suivants, il fut chargé de l'armement de la cavalerie à cette armée. Promu *officier de la Légion d'honneur*, le 25 du même mois (14 juin), il devint, un peu plus tard, membre du collége électoral du Mont-Blanc, suivit Bernadotte à la grande armée, en 1806, et servit en Silésie, sous Vandamme, en 1807.

Employé dans la 7ᵉ division militaire (Grenoble), le 24 juillet de cette même année, puis, dans le 2ᵉ corps d'observation de la Gironde, le 7 juin 1808, il appartint, ensuite, au 7ᵉ corps en Espagne, et se signala particulièrement aux siéges de Roses et de Girone, où il commanda la tranchée avec beaucoup de succès. Admis à prendre sa retraite, le 24 octobre 1809, il l'obtint, le 12 janvier 1810.

Quoique M. Requin n'appartint plus aux rangs de l'armée, Napoléon ne méconnut point le brave qui, après tant de fatigues et de gloire, se reposait au foyer domestique. Il fut fait chevalier de l'Empire par lettres patentes du 1ᵉʳ janvier 1813 mentionnant les armoiries que voici :

« *Partie d'or et d'azur : l'or, au cheval bai, passant, au naturel, la tête contournée, bridée et harnachée d'or et de pourpre, soutenu de sinople et surmonté d'un sabre en bande, de sable; l'azur, au canon sur son affût; d'or, soutenu de sinople et surmonté d'un casque antique, aussi d'or, ayant pour cimier, un lion couché, de même, le tout soutenu d'une champagne du tiers de l'écu, de gueules, au signe des chevaliers légionnaires. Pour livrées, les couleurs de l'écu, le vert en bordure seulement.* »

Sensible à la disgrâce qu'essuya Championnet, général en chef de l'armée de Naples, lors de ses démêlés avec le commissaire du Directoire exécutif Faypoult, lesquels amenèrent la destitution de ce général et son incarcération dans les prisons de Grenoble, M. Requin lui fit parvenir une missive dans laquelle éclataient les vifs témoignages de la peine qu'il ressentait d'une telle infortune. Voici la réponse qu'il en reçut ; elle jette un nouveau reflet sur les éminents services que notre colonel a rendus, et prouve la haute estime et la sincère affection dont son illustre chef l'honorait :

« Grenoble, le 1er messidor an VII.

« J'ai reçu, mon cher Requin, votre lettre du 16 prairial dernier. Les marques d'amitié et d'attachement que vous m'y témoignez sont celles d'un vrai camarade qui s'est rendu digne, à la campagne de Naples, de toutes les vertus guerrières. L'on me fait espérer, sous peu de jours, des juges; je paraîtrai avec infiniment de plaisir devant eux, avec le calme de l'innocence. Pensez, mon cher Requin, que vous n'avez pas d'ami plus sincère que CHAMPIONNET. »

M. Requin se fixa à Lyon, où il devint entreposeur principal des tabacs, emploi qu'il perdit à la rentrée des Bourbons en France, en 1815.

Tel fut l'un des plus vaillants hommes de guerre du Bugey, dont le souvenir est resté vivant au milieu des populations du département de l'Ain. — Sa dépouille mortelle repose à Paris, au cimetière du Père-Lachaise, où un monument funèbre lui a été érigé, en 1817, par ses enfants, parmi lesquels s'est fait remarquer M. **Achille-Pierre** Requin, médecin distingué, né à Lyon, et auquel on doit plusieurs ouvrages estimés, sur la science médicale

(M. P.-L. Chevalier. *Biographie*. — *Journal de l'Ain*, mars 1850.)

REY (Jean), capitaine, chevalier de la Légion d'honneur, né à Châtillon-sur-Chalaronne, vers 1769, mort dans dans cette ville, en janvier 1848.

Il est entré au service militaire dans le 10e bataillon des volontaires de l'Ain, amalgamé dans la 13e demi-brigade d'infanterie légère, en l'an II (1794), il était *caporal* en mars 1790 ; *fourrier*, en mai de la même année ; *sergent* en 1791 ; *sergent-major* en 1792 ; *sous-lieutenant* le 21 pluviôse an II (9 février 1794). — Il fit les campagnes de 1792 à 1795 à l'armée des Alpes et du Nord ; celles de 1796 à 1805 aux armées de Sambre-et-Meuse, du Rhin et d'Italie. — Blessé, en 1795, à la bataille de Soumagne, il fut nommé *lieutenant*, puis *capitaine* en 1806, et combattit avec son régiment en Italie, à Naples et en Espagne (1808). — Décoré *chevalier de la Légion d'honneur* après la campagne de Russie, en 1812, il se distingua encore sur les champs de bataille de la Saxe, en 1813, et ne rentra dans ses foyers qu'en 1814, après l'abdication de l'empereur Napoléon Ier.

M. Rey avait de nombreux amis dans son pays natal, où il se montra utile et dévoué, soit dans les associations de bienfaisance, soit dans le sein du Conseil municipal de sa commune. — Il est mort à 79 ans, emportant d'unanimes regrets.

REYDELLET (Claude-Charles, de), seigneur de Chavagnat, en Bugey, brigadier de la compagnie des chevau-légers de la garde du roi, chevalier de l'ordre militaire de Saint-Louis, né vers 1674, mort en 1740.

Il était issu d'une famille noble et ancienne de Belley ; son aïeul avait porté l'épée dans les gardes du corps du Roi (maison militaire de Louis XIII).

A 18 ans, le jeune Claude-Charles de Reydellet entra dans la compagnie des chevau-légers de la garde du roi Louis XIV, où il a servi pendant 30 ans. — Il fit toutes les guerres de la fin du xviie siècle et celles du commencement du xviiie. Il débuta par le siége de Namur (Pays-Bas) en 1691, sous le ministère de Barberieux. Le roi commandait en personne, ayant sous lui le marquis de Boufflers. Ce siége fut remarquable par deux particularités intéressantes : premièrement, par la lutte qui s'établit entre les deux premiers ingénieurs de l'Europe, Vauban, qui dirigeait les assiégeants, et Cohorn, qui conduisait les assiégés ; secondement, par la savante position que Luxembourg, qui couvrait le siége, prit sur la Meherigne. Elle fut telle que Guillaume de Hollande et le duc de Bavière, qui avaient réuni 100,000 hommes à l'autre bord de la rivière, se trouvèrent dans l'impossibilité d'attaquer l'armée française forte, seulement, de 70 à 80,000 hommes, sans un désavantage évident, en sorte que, malgré la supériorité de leurs forces, ils eurent la douleur et la honte de voir tomber la place de Namur, sans avoir pu s'en approcher.

Le 4 août 1692, eut lieu la bataille de Steinkerque, où le

jeune de Reydellet se fit remarquer par sa bravoure. — Il en donna de nouvelles preuves, le 28 juillet 1693, à la bataille de Nerwinde, où la maison du roi et une partie de l'infanterie commandées par Villeroy, firent des prodiges de valeur pendant 12 heures de combat. La prise de Charleroi fut le fruit de cette victoire sur le prince d'Orange.

L'année suivante, il fit partie de l'expédition qui eut pour but de s'opposer au passage de l'Escaut par l'armée du roi Guillaume. L'actif maréchal de Luxembourg fit échouer les plans de l'ennemi par une marche célèbre de 40 lieues, depuis son camp de Vignacourt, proche de Louvain, jusqu'au pont de l'Epine, sur l'Escaut, marche faite en 4 jours, malgré de nombreux défilés et le passage de 5 rivières. Toute l'armée française transportée de l'autre côté du fleuve y devança l'ennemi étonné de l'y trouver fortifiée et occupant tous les postes dont il croyait lui-même pouvoir s'assurer.

M. de Reydellet assista encore, de 1695 à 1708, au bombardement de Bruxelles, à l'affaire des Dunes, au siége d'Ath, aux combats de Nimègue et d'Oudenarde. En 1709, il fut blessé à la bataille de Malplaquet, où il reçut une mousquetade à la tête, une autre dans les reins, une troisième dans la poitrine et une quatrième au bras droit, dont il demeura estropié. — Enfin, il combattit, en 1712 et 1713, aux siéges de Douai, du Quesnoy, de Bouchain, de Landau et de Fribourg.

M. de Reydellet, parvenu à l'âge de 50 ans, reçut de Louis XV des lettres de noblesse en récompense de ses honorables services, sans payer *aucune finance, ni indemnité.* Ces lettres furent datées de Versailles, du mois de mai de l'an de grâce 1723.

Il a eu pour descendant, en 1789, messire **Etienne Hyacinthe** de Reydellet, chevalier, qui figure dans le procès-verbal de l'assemblée de la noblesse du Bugey.

(M. Jules Baux. — *Nobiliaire du département de l'Ain.*)

REYDELLET (Jean-Jules-Maxime-Benoît), capitaine de frégate, officier de la Légion d'honneur, né à Dompierre, canton de Pont-d'Ain, vers 1752, mort à Boulogne-sur-mer en 1807.

Il commença sa carrière dans la marine militaire en 1768.

Embarqué sur la *Belle-Poule*, comme enseigne, il combattit vaillamment contre le vaisseau anglais *le Monsuck*, de 72 canons ; mais blessé, il tomba au pouvoir de l'ennemi qui le conduisit prisonnier en Angleterre. — Echangé, bientôt, il vint reprendre son service dans sa patrie et fut nommé *lieutenant de vaisseau* en 1792. Il commandait *le Patriote*, qui faisait partie de l'escadre de l'amiral Truguet. — Envoyé en parlementaire dans la Méditerranée, pour sommer le commandant sarde d'évacuer la presqu'île de San-Antiogo dans le golfe de Palma, il fut victime d'une noire perfidie : à peine eut-il mis pied à terre, que, contre le droit sacré des nations, il fut arrêté et incarcéré. Conduit à Cagliari, dans l'île de Sardaigne, il fut traîné, avec d'autres compagnons d'infortune, de ville en ville ; jetés, ensuite, dans une fosse infecte de 10 mètres de profondeur, tous chargés de chaînes, resserrés dans un espace étroit, respirant des miasmes putrides provenant d'un cadavre oublié en ce lieu ; privés d'air et de lumière, même de nourriture pendant 74 heures, ces malheureux avaient enduré 32 jours de tortures lorsqu'on les retira de ce puits.

Les Sardes, fatigués de la tyrannie piémontaise, avaient résolu d'en secouer le joug ; ils s'adressèrent au lieutenant Reydellet, connu comme un homme ferme et intrépide, capable de diriger leur insurrection. Reydellet refusa. Il n'accepta pas non plus de servir les intérêts du vice-roi qui, de son côté, ne craignit pas de lui offrir sa protection et une somme d'argent considérable dans le but de favoriser son ressentiment contre ses propres sujets.

Cette honorable conduite des marins français qui ne voulaient servir aucun parti à l'étranger, attira sur M. Reydellet une nouvelle vengeance du vice-roi. Il fut réintégré dans les cachots où se trouvaient déjà plus de 200 Français prisonniers de guerre qui, depuis 4 mois, attendaient leur échange. Reydellet tenta de les délivrer : le 31 août 1792, au moment où l'adjudant de place et son escorte venaient visiter la prison, Reydellet se précipita sur la garde, la culbuta, s'élança au dehors, mais il fut maintenu par des soldats piémontais qui le couchèrent en joue : « *Frappez,* « leur cria-t-il, *les coups que vous me porterez retentiront*

« *jusqu'au séjour de la liberté. Frappez, esclaves ! mais*
« *prenez garde d'éveiller ceux qui lancent la foudre !* » Il
fut épargné.

Un prisonnier aussi résolu que l'était notre compatriote, était devenu un sujet d'inquiétude pour le gouverneur, qui n'osait pas le faire fusiller. — Ce gouverneur, craignant les représailles de l'armée française, voulut obtenir de M. Reydellet une attestation régulière qui prouvât que les prisonniers avaient été traités dans l'île, d'une manière compatible avec leur position. M. Reydellet refusa énergiquement de la signer, ce qui lui valut d'être reconduit dans une prison isolée. Cependant, on décida de l'éloigner de l'île, on fréta un bâtiment destiné à porter tous les prisonniers français en Corse, et on débarqua sans accident à Bastia. — Enfin, rendu à la liberté, notre officier ayant fait le voyage de Paris, se présenta au Comité de salut public ; cette Assemblée, instruite de ces persécutions, déclara *que le lieutenant Reydellet avait bien mérité de la patrie.*

Après le traité d'Amiens, il commanda en chef la flotille de la Manche, en remplacement de l'amiral Latouche-Tréville, et tira le dernier coup de canon d'une guerre qu'il avait commencée en 1792, au sac d'Oneille.—Elevé au grade de *capitaine de frégate*, sous le consulat, il reçut le commandement d'une division de la flotille de Boulogne, avec le grade d'*officier dans la Légion d'honneur*. La mort l'a enlevé, en 1807, à la marine française et à ses concitoyens, à l'âge de 55 ans.

Le capitaine Reydellet a laissé un neveu, **Edouard** Reydellet, qui a embrassé la même carrière que son oncle. Il était enseigne de vaisseau en 1820.

(Fastes de la Gloire.)

RIBOUD (**Magdeleine-Philippe**), capitaine adjudant-major, chevalier de la Légion d'honneur, né le 2 janvier 1792, à Bourg, où il est mort le 9 avril 1859. Il était le dernier fils de M. Thomas Riboud, historien de la Bresse et législateur dans nos grandes assemblées politiques.

Après avoir fait de bonnes études au lycée de Lyon et terminé ses classes de mathématiques, il entra à l'école de Saint-Cyr, le 4 octobre 1809, à l'âge de 17 ans. — Deux ans après, le 18 mai 1811, il était nommé *sous-lieutenant* au 10ᵉ régiment d'infanterie de ligne. — Promu *lieutenant* au 105ᵉ régiment de ligne, le 1ᵉʳ avril 1813, il devint *capitaine adjudant-major* dans le même régiment, le 22 août de la même année. —' Il prit part aux dernières campagnes de l'Empire, en Allemagne et en France.

M. Riboud se distingua aux batailles de Fleurus et de Ligny. — A Waterloo, il fut blessé grièvement d'un coup de biscaïen qui le força à prendre sa retraite à l'âge de 22 ans seulement. — Ainsi s'était terminée une carrière militaire, commencée sous d'heureux auspices, mais qui avait fini trop prématurément et dans de fatales conditions, puisque M. Riboud conserva, de sa dernière blessure, une claudication sensible que nous lui avons vue et avec laquelle il a vécu.

Rentré dans sa famille, il s'occupa d'agriculture et du soin d'améliorer ses propriétés. — Cependant, deux fois, en 1830 et en 1848, il fut appelé, par le suffrage de ses concitoyens, au commandement des gardes nationales de l'arrondissement de Bourg. — En 1830, il fut nommé *chef de bataillon*, sous le colonel Armand, et en 1848, il était *colonel* lui-même. M. Riboud reprit donc son épée et salua avec bonheur le drapeau tricolore avec lequel il avait combattu les ennemis de la patrie. — On le vit s'appliquer, avec ardeur, à l'organisation et à l'instruction militaires de la milice citoyenne. — Outre ses généreux efforts qui lui méritaient, alors, une juste récompense, le gouvernement devait une réparation au blessé de Waterloo ; M. Riboud fut décoré de la croix de *chevalier de la Légion d'honneur*, des mains du président de la République (depuis Napoléon III), à son passage à Bourg, en 1850.

Marié, en premières noces, le 28 août 1821, M. Riboud épousa Mˡˡᵉ Isaure Alesmonières, de Montluel, et plus tard, en deuxièmes noces, Mˡˡᵉ Virginie Puvis, sœur du célèbre agronome de l'Ain, et veuve de M. de Monicault.

M. Philippe Riboud, homme de bien et dévoué à son pays, a laissé une réputation des plus honorables.

RICHARDOT (Claude-François), colonel de cavalerie, commandeur de la Légion d'honneur, chevalier de

Saint-Louis et de l'ordre de la Couronne de fer, né à Pont-de-Vaux, le 9 juillet 1776; mort à Dommartin, canton de Bâgé-le-Chatel, le 21 mai 1821.

Engagé volontairement, le 26 avril 1792, dans le 75ᵉ régiment d'infanterie de ligne, il fit, avec ce corps, la campagne des Alpes, et deux ans après, n'ayant encore que 18 ans, il entra au 1ᵉʳ régiment de chasseurs à cheval, le 12 mars 1794, se rendant à l'armée de Sambre-et-Meuse, que commandait en chef le général Jourdan. Il combattit sous les ordres du général de division Lefebvre, et se trouva aux affaires de Lambach et de Gierberg, où il se fit remarquer par son brillant courage. Il montra la même ardeur, à Fleurus, le 26 juin 1794, ainsi qu'aux deux journées de Marimont et de Nivelles. — Le 2 octobre suivant, le brigadier Richardot faisait partie de l'avant-garde de l'armée à la bataille d'Alhenhoven, qui nous ouvrit les portes de Juliers. — A l'ouverture de la campagne de 1797, notre compatriote passa le Rhin avec son régiment, se signala à la bataille de Neuvied, à la suite de laquelle il obtint les galons de *sous-officier*. — Nommé *sous-lieutenant*, le 27 nivôse an VI (16 janvier 1798), il fut promu *lieutenant*, le 19 octobre de la même année, et *capitaine*, le 13 novembre 1799, sur le champ de bataille de Zurich, le plus beau fleuron de Masséna. — Aide-de-camp de Joubert, il avait été le témoin de la mort de cet illustre général, son ami, tué à la bataille de Novi, le 15 août prédédent (1). Passé à l'armée du Danube, il contribua à prendre, de force, les positions de Holtzhirchen, de Zieben et de Bachaüpten, où la résistance des ennemis fut opiniâtre. A Sotckach, le capitaine Richardot fut encore employé activement à repousser les efforts des Autrichiens. — Aide-de-camp du général Marchand, il soutint, sur le Rhin, sa réputation de bravoure pendant les deux campagnes faites avec ce général. Envoyé ensuite au camp de Boulogne, en 1804 et 1805, il suivit Masséna à l'armée d'Italie ; assista aux batailles de Caldiero, de Bassano et d'Austerlitz, et participa à la conquête de

---

(1) Le Musée de Pont-de-Vaux possède le *gant taché du sang de Joubert*, que portait l'aide-de-camp Richardot, à la bataille de Novi, lorsqu'il reçut dans ses bras son général expirant.

Naples, en 1806. Enfin, en octobre 1808, le général Pannetier, qui l'avait aussi demandé comme *aide-de-camp*, pendant la campagne d'Espagne et celle du Portugal, le proposa pour *chef d'escadrons*, en récompense de sa belle conduite à Baylen. Nommé à ce grade par la Convention nationale, le 14 novembre suivant, il combattit encore les Espagnols à Salamanque, et dans toutes les batailles importantes, livrées de 1808 à 1811. — Décoré du titre de *chevalier de la Légion d'honneur*, en 1802, lors de la création de cet ordre par le premier consul Bonaparte, il reçut la croix d'*officier*, en 1810, et fut élevé au grade de *chef de brigade* (colonel), le 8 octobre 1812.

Dans la campagne de Russie, il faisait partie de l'arrière-garde du général Davoust, qu'il accompagna jusqu'à Moscou. Après avoir été blessé plusieurs fois, il revint à la Bérésina et reçut l'ordre de se rendre en Saxe. Là, il fut placé à la tête du 7ᵉ régiment de cuirassiers, le 2 juillet 1813 ; il acquit, avec ce corps, une grande réputation d'intrépidité aux batailles de Lutzen, de Bautzen, de Bunzlau, de Dresde et de Leipzig. — C'est à la fin de cette dernière et malheureuse campagne qu'il reçut le cordon de *commandeur de la Légion d'honneur* et la *décoration de la Couronne de fer*.

Napoléon Iᵉʳ ayant abdiqué, le 11 avril 1814, le ministre Soult fut chargé, par le roi Louis XVIII, de réorganiser l'armée, et d'envoyer au colonel Richardot, par lettres patentes du 26 août suivant, les insignes de *chevalier de Saint-Louis*.

Cette faveur fut commune à tous ceux de nos officiers supérieurs assez valides pour reprendre du service sous le nouveau gouvernement des Bourbons. Quel que fut le secret chagrin que put ressentir M. Richardot de la perte du souverain de son choix, auquel il devait sa fortune et ses grades, il crut devoir continuer, à 38 ans, à tenir l'épée pour la France, quel qu'en fut le drapeau, et il attendit les événements. Ils se précipitèrent d'une manière prodigieuse. On sait le retour inopiné de Napoléon Iᵉʳ de l'île d'Elbe ; son débarquement, le 5 mars 1815, avec 500 hommes, au golfe Juan ; la rapidité de sa marche sur Paris, et comment les destinées de l'Empire se jouèrent à la bataille de Waterloo ! Mais ce qu'on a pu ignorer, ce fut l'attitude du colonel Richardot à la tête du valeureux 2e régiment de cuirassiers. Dans cette funeste journée du 18 juin, la fureur de combattre animait tellement chaque soldat, qu'elle les rendait sourds aux ordres des généraux. On vit 12,000 hommes de notre cavalerie d'élite se mesurer avec les soldats de Wellington et faire des miracles. Ils culbutèrent les masses énormes de la cavalerie d'*Uxbridge;* enfoncèrent plusieurs carrés d'infanterie ; hâchèrent en pièces quatre régiments anglais et écossais ; s'emparèrent de 60 pièces de canon et enlevèrent 6 drapeaux, que trois chasseurs de la garde et trois cuirassiers présentèrent à l'Empereur. Les trois cuirassiers sortaient des rangs du régiment du colonel Richardot, qui avait été le *premier à trouer la cavalerie ennemie, dans une charge commandée par lui.* A ce moment, 9,000 Français avaient battu 12,000 étrangers. — L'instant d'après, nous n'avions plus debout sur le champ de bataille qu'un dernier bataillon de grenadiers de réserve de la garde impériale, illustre débris de cette grande armée, et ces intrépides héros répondaient aux Anglais : *La garde meurt et ne se rend pas !*

D'après une tradition de famille parvenue jusqu'à nous, Napoléon Ier, ému de tant de bravoure, à la vue du colonel Richardot couvert du sang qui coulait de ses blessures, s'approcha de lui, lui pressa les mains, et lui conféra, de vive voix, le grade de *général de brigade;* mais, à la fin de l'action, le désastre fut tel qu'il fit oublier la délivrance du brevet.

Le 15 décembre suivant, les troupes impériales furent licenciées sur les bords de la Loire et M. le colonel Richardot rentra dans son pays natal, chargé de lauriers, mais vaincu par le sort. Rayé des contrôles de l'armée, le 7 avril 1816, malgré 23 ans de services et 20 campagnes, il se décida à vivre retiré à sa campagne de Dommartin (Bâgé-le-Châtel), où il passait la saison d'été. C'est là qu'il est mort, à peine âgé de 45 ans. — On dit, qu'ayant appris inopinément à Mâcon la mort de l'empereur Napoléon, le 20 mai 1821, jour de foire dans cette ville, il en conçut un tel chagrin, qu'il fut atteint presque aussitôt d'une fièvre pernicieuse dont il succomba le lendemain, à Dommartin.

Le colonel Richardot avait la taille élevée, une figure

martiale. Il était robuste, alerte, excellent cavalier. Son âme était ardente et fière. Impétueux au combat, il était doux et humain dans sa vie privée; généreux, charitable pour ses concitoyens. Il cachait un grand cœur et des talents supérieurs, sous un extérieur simple et modeste. Inaccessible à l'esprit de parti, il repoussait ce qui lui paraissait équivoque ou injuste. La droiture et l'amour de l'ordre formaient la base de son caractère. — Son attachement à l'Empereur venait surtout de la reconnaissance qu'il devait à ce monarque, s'il est vrai, comme on l'affirme, que Napoléon Ier, dont il sauva la vie en Russie, le distingua assez pour lui faire présent d'un hôtel qu'il lui avait acheté, sur sa cassette particulière, rue de la Paix, à Paris. Ce sentiment est assez rare pour être compté comme une vertu de plus, parmi celles du colonel. Il a montré un sublime exemple de loyauté et de fidélité militaires dont son nom est resté l'emblème.

ROBIN (Antoine-Joseph), général de division, commandeur de la Légion d'honneur, né à Dortan en Bugey, le 3 juin 1761, mort à Lyon, le 12 juin 1808.

Ses parents voulaient faire de lui un prêtre ; mais son caractère décidé et fougueux lui fit renoncer à la carrière ecclésiastique pour laquelle il n'avait aucune vocation ; il préféra celle des armes.— Il s'engagea, le 6 août 1792, comme simple volontaire, dans le 5e bataillon de l'Ain, où il fut bientôt nommé, par élection, *capitaine*, et quelques jours après *chef de bataillon en second*. Il fit ses premières campagnes à l'armée du Rhin. Il se distingua à la défense d'un pont près Werth, dont il empêcha l'ennemi de s'emparer. — A Kaiserlautern, où il soutint, contre les Prussiens, la retraite de l'armée, il se fraya un passage, à la baïonnette, au travers des troupes qui l'avaient coupé. — Au siége de Mayence, il monta deux fois à l'assaut de la redoute de Merlin et en détruisit les batteries. — *Chef de bataillon titulaire* à la 4e demi-brigade légère, le 19 thermidor an II (6 août 1794), étant à l'armée du Rhin et Moselle, il acquit une nouvelle gloire à Knubis, à Eslingen, à Taxis et à Nersheim.

Au passage du Lech, le brave chef de bataillon Robin, à la tête de la 21e demi-brigade, s'élance dans le fleuve, le traverse sous un feu terrible de l'ennemi, se précipite sur les Autrichiens, les met en fuite, leur enlève 20 pièces d'artillerie, plusieurs drapeaux et fait 2,000 prisonniers. — Témoin de ce brillant fait d'armes, le général en chef Moreau le nomma, sur le champ de bataille, *colonel* de cette 21e demi-brigade, le 7 fructidor an IV (24 août 1796). — Confirmé dans ce grade, le 7 vendémiaire an V (28 septembre 1796), il se trouva au combat de Friedberg et fut fait prisonnier dans cette journée. — Mis en liberté quelques mois après, il passa en Italie avec sa brigade ; se fit encore remarquer aux passages de la Piave et de l'Isonzo ; puis en Egypte, où sous le général Desaix, il contribua aux victoires de Chebreiss et des Pyramides. — A la bataille de Sédiman, le 16 vendémiaire an VII (7 octobre 1798), Bonaparte le nomma *général de brigade* sur le champ de bataille, en récompense de sa belle conduite ; il avait mis en fuite une nombreuse cavalerie de Mamelouks qui avait chargé résolument la 21e demi-brigade formée en carré. En mars suivant, il était gouverneur particulier de Jaffa.

La peste régnait dans cette place. On vit le général Robin se multiplier, porter des secours aux malades et des encouragements aux convalescents. Il accompagna Bonaparte à l'hôpital de la ville et toucha lui-même des pestiférés dans le but de relever le moral abattu de l'armée.

Notre général, étant à Fayoum, dans la Haute-Egypte, donna un rare exemple de sang-froid et de dévouement : privé momentanément de la vue par une ophthalmie, il était à l'ambulance, lorsque les Français s'y virent attaqués par des forces ennemies supérieures. Il se fit conduire à l'attaque, parvint à ranimer, par son exemple, le courage de ses soldats qui remportèrent une victoire inespérée. — Le Directoire confirma sa nomination de général, le 13 pluviôse même année (2 février 1799). — Rétabli de sa maladie, M. Robin continua à rendre d'importants services. Il se fit remarquer surtout aux batailles d'Aboukir, de Saint-Jean-d'Acre et d'Héliopolis. A la prise du Caire, à la tête d'une poignée d'hommes, le général enlève le Santon d'Abousich, crénelé et fortifié, sur une hauteur qui dominait tout ce qui l'environnait. Maître de la redoute, il s'y retranche solidement, sous le feu de l'ennemi, dans des maisons conservées à dessein. Deux fois, les Turcs essayent de reprendre cette position, mais deux fois ils sont repoussés.

Promu *général de division*, le 25 germinal an IX (15 avril 1801), par le général en chef Menou, il revint en France après l'évacuation de l'Egypte. Confirmé dans ce grade par le premier consul, le 23 frimaire an X (14 décembre 1801), il passa, le 15 ventôse suivant (6 mars 1802), à l'armée du Midi. — Lors de la suppression de cette armée, le 1er prairial (21 mai 1802), le général Robin conserva son traitement d'activité et fut employé, le 16 fructidor suivant (3 septembre), dans la République italienne. Le 1er vendémiaire an XI (23 septembre 1802), il prit le commandement de la 27e division militaire. — Nommé *chevalier de la Légion d'honneur*, le 19 frimaire an XII (11 décembre 1803), *commandant de l'ordre*, le 25 prairial (14 juin 1804), M. Robin commanda, le 9 pluviôse an XIII (9 janvier 1805), la 2e subdivision de la 27e division militaire. — Le 1er germinal de la même année, il se rendit à l'armée d'Italie ; mais il n'y put rester longtemps, il quitta cette armée par suite de sa mauvaise santé, le 15 vendémiaire an XIV (7 octobre 1805) ; il obtint sa retraite, le 15 avril 1805, et alla résider à Lyon, où il succomba à l'âge de 47 ans. — Ce général compte parmi les plus célèbres du département de l'Ain.

RODET (**Claude-Louis**), capitaine-trésorier, né le 29 septembre 1768, à Bourg, où il est mort, le 31 octobre 1838, à l'âge de 70 ans.

Il joua un rôle important dans notre département, comme homme politique, pendant la restauration des Bourbons.

Issu de parents estimés dans le pays, mais peu fortunés, M. Rodet s'est élevé, seul, par son travail et son intelligence, au rang distingué qu'il a occupé dans la société. Il fit de bonnes études au collège de Bourg, et n'avait pas encore fait choix d'une carrière, en 1792. Celle des armes se présenta naturellement, à une époque où la France avait besoin de tous ses enfants pour la défendre. Il s'enrôla donc dans le 3e régiment des volontaires de l'Ain. Il partagea l'enthousiasme patriotique qui conduisait nos soldats à la victoire. Il servit en Italie, en Allemagne, et se distingua dans plusieurs affaires, notamment à Lodi, à Crémone, au siége de Mantoue et sur le Rhin, au passage du Lech et à la bataille de Friedberg, le 24 août 1796. — Chaque grade fut la récompense d'une action d'éclat, et lorsque M. Rodet, démissionnaire, quitta le service, en 1800, il était parvenu à celui de *capitaine-trésorier*.

Rentré dans ses foyers, il reprit avec ardeur les études de droit qu'il avait commencées antérieurement. Quoique âgé de plus de 30 ans, il réussit à se faire recevoir avocat, à Dijon, et à conquérir une des premières places au barreau de Bourg. Il plaidait avec facilité et apportait, dans les discussions, une sûreté de jugement qui lui attira promptement une nombreuse clientèle. Il a été, pendant plusieurs années, bâtonnier de l'ordre des avocats de Bourg.

En 1814, M. Rodet qui avait embrassé chaleureusement la cause de notre première révolution, et soutenu, les armes à la main, les droits de la France contre ses ennemis, sous le drapeau républicain, se montra peu favorable au retour des Bourbons, appuyé sur l'invasion étrangère; il fut signalé, en 1816, comme *irréconciliable* au gouvernement nouveau, et obligé de quitter sa ville natale. On lui imposa la résidence de Guéret (Creuse); cependant, lors du passage à Bourg, du duc d'Angoulême, en 1817, ses amis obtinrent de ce prince que cet ostracisme fut levé, et bientôt M. Rodet fut rendu à sa famille et à son pays. — De ce jour il devint un homme politique : en 1818, il fut élu *député de l'Ain* avec MM. Camille Jordan et Girod, de l'Ain. — Deux fois encore, depuis cette époque, il fut choisi par les *libéraux* pour les représenter à la Chambre législative, et siégea toujours dans les rangs de l'opposition avancée, non par des motifs de haine ou d'ambition, mais par suite de convictions profondes et sincères.

Lors des journées de Juillet 1830, M. Rodet acclama la nouvelle dynastie et prêta son serment à la nouvelle Charte. Il cessa de plaider au barreau et ne remplit plus que les modestes fonctions de conseiller de préfecture, jusqu'à sa mort, qui fut un deuil public pour ses concitoyens, au milieu desquels il laissa un grand vide en raison de ses belles qualités et de sa charité aussi constante que discrète. — Il a laissé plusieurs fils, dont l'un d'eux, M. **Horace** Rodet, procureur du roi à Trévoux, décédé en 1832, avant son père,

Ce jeune magistrat, sorti du barreau de Bourg, où il avait laissé de beaux souvenirs, promettait de se faire remarquer par son éloquence.

ROLIN (Jacques), lieutenant, officier de la Légion d'honneur, né le 9 mars 1777, à Pont-de-Vaux, où il est mort, en 1850.

Entré dans le 6e bataillon des volontaires de l'Ain, comme *sergent*, le 22 août 1792, il fit, avec ce grade donné à l'élection, la campagne des Alpes et celle d'Italie, de 1792 à 1797. Le 30 prairial an II (18 juin 1794), il reçut sa première blessure, un coup de feu à la jambe droite, à l'affaire du Petit-Saint-Bernard. — Plus tard, il fit partie de l'expédition du général Berthier, chargé de faire une reconnaissance sur toute la ligne ennemie, depuis Borghetto jusqu'à San-Remo. Cette opération fut exécutée avec autant de difficulté que de précision ; le 17 septembre 1795, les Français furent attaqués par l'armée austro-sarde, dans un poste fortifié sur un rocher, nommé par les troupes, le *Petit-Gibraltar*. La colonne ennemie fut entièrement écrasée. Le sous-officier Rolin se trouva, en 1796, au pont de Lodi, célèbre par le glorieux passage des légions républicaines, et, ensuite, au blocus de Mantoue.

Passé simple dragon au 4e régiment de l'arme, le 26 messidor an VII (14 juillet 1799), il fit la campagne de Hollande, sous le général en chef Augereau. Il assista à la prise de Wurtzburg, au blocus de Marienberg, et combattit audacieusement sur les hauteurs de Burg, qui furent emportées par des forces françaises inférieures à celles de l'ennemi.

Admis dans la *cavalerie de la garde impériale*, Rolin arriva aux chasseurs à cheval, le 18 fructidor an X (5 septembre 1802) ; il fut fait *brigadier*, le 9 fructidor an XI (27 août 1803); *fourrier*, le 27 frimaire an XIV (18 décembre 1805); *maréchal des logis chef*, le 25 août 1808 ; *lieutenant* en 2e, le 20 août 1809 ; *lieutenant* en 1er, le 27 février 1813.

A l'armée du Rhin, sous les ordres du général Moreau, le dragon Rolin, combattit avec intrépidité devant Nuremberg, où il fut blessé d'un coup de baïonnette à la joue gauche, et d'un coup de sabre sur la main droite, le 27 frimaire an VIII (18 décembre 1799). Il se signala à l'affaire d'Engen-Stockach et à Mœskirch. Il entra avec son régiment dans Biberach et dans Memingen. Pendant les années XII et XIII (1803, 1805), le fourrier Rolin fit partie du camp de Boulogne. Il suivit ensuite son régiment en Autriche et en Prusse; se distingua d'une manière particulière à la bataille d'Austerlitz, le 11 frimaire an XIV (2 décembre 1805), où, *lui, deuxième, fit 200 Russes prisonsonniers, après leur avoir fait mettre bas les armes.* Cette belle action lui valut, au mois de mars suivant, et sur la proposition de son colonel, la croix de *chevalier de la Légion d'honneur.*

Devenu officier pendant la campagne d'Espagne, de 1808 à 1814, il eut encore l'occasion de se faire remarquer par son courage, aux batailles d'Oporto, de Séville, de Gébora et de Badajoz, où il eut trois chevaux tués sous lui. — Enfin, lors de la campagne de France, en 1815, il combattit les Russes, à Braine, près de Soissons, où il perdit encore trois autres chevaux tués sous lui. Il reçut, dans cette journée du 17 mars 1814, un coup de sabre sur le nez et trois coups de lance. — Mis en demi-solde, le 15 novembre 1815, il fut retraité, le 23 mars 1816. Il comptait alors 23 années de services effectifs, 18 campagnes et 7 blessures. — A la suite des notes brillantes données, lors des inspections annuelles, à M. Rolin, dont toute la fortune consistait dans son épée, ce brave officier reçut de Napoléon Ier, une dotation sur le *canal de l'Oing;* mais le 14 novembre 1814, cette dotation ayant été supprimée, il fut élevé au grade d'*officier de la Légion d'honneur,* pour en tenir lieu ; puis, sa pension de retraite fut liquidée le 23 mars 1816.

Lors de la formation de la compagnie des vétérans de l'Ain, après la révolution de Juillet 1830, M. Rolin fut reçu lieutenant en 1er dans cette compagnie, en exécution de l'ordonnance royale du 25 mars 1831 ; il passa dans la 9e *compagnie de fusiliers vétérans,* à Bourg, le 16 février 1833 ; et ensuite à la 10e compagnie, même arme, le 29 mai de la même année, jusqu'en 1840. — Il put donc réunir dix ans de services qui furent ajoutés à sa pension de retraite définitivement arrêtée, en 1841.

Le lieutenant Rolin, entouré de l'estime et de la considération publiques, s'est éteint à Pont-de-Vaux, à l'âge de 73 ans, sans avoir connu les infirmités, ni les souffrances de la vieillesse. Une mort si douce était due à une vie si pure et si glorieuse. Sa carrière a été celle d'un homme de cœur, d'un guerrier et d'un bon Français. Il a été de ceux qui ont honoré le plus le département de l'Ain.

ROSTAING (Jean-Antoine, de), baron, intendant militaire, ancien général inspecteur aux revues, commandeur de la Légion d'honneur, chevalier de Saint-Louis, né à Talissieu, le 15 mars 1764, décédé le 11 juin 1846. — Sa famille, noble et ancienne, était connue en Bugey depuis cinq siècles et se trouvait alliée, par les femmes, à celles de Montillet, de Rubat et de Courtine. Elle était aussi alliée aux familles de Rostaing du Dauphiné et du Forez. — Le jeune Rostaing de Talissieu, seul fils de onze enfants, dont quatre seulement ont survécu, fit de bonnes études chez les Oratoriens de Belley, qui développèrent avec soin les heureuses dispositions naturelles dont il était doué. — Il possédait une mémoire si extraordinaire que, même dans un âge avancé, il pouvait réciter des rôles entiers de nos auteurs tragiques et qu'il les déclamait avec talent. Il versifiait, d'ailleurs, avec une grande facilité et n'oublia jamais les langues anglaise et italienne qu'il avait apprises dans ses voyages.

Il y a, on ne saurait le contester, des familles dans lesquelles les vertus publiques sont héréditaires et se manifestent de bonne heure; nous en trouvons ici une nouvelle preuve.

Envoyé à Paris à l'âge de 17 ans, auprès d'un parent, M. le baron Dubois, dont il hérita, plus tard, avec M. Jenin de Montegre, ancien administrateur des finances du duc de Parme, il entra, avec l'appui de ce parent, le 15 août 1781, dans la *Régie générale des aides*, où il passa dix ans de sa première jeunesse. Il résidait tant à Paris qu'à Poitiers, où il fut accueilli par M. le marquis de Rostaing, de Champferrier, du Dauphiné, et par son frère, officiers au régiment de Rouergue. — Déjà, en 1785, il avait fait connaissance de la famille Corbet, dont le chef avait un emploi dans les finances et qui était alliée à celle de M. Mortier du

Parc, devenu son beau-père dans la suite. — Le jeune de Rostaing passa dans *l'administration de la caisse de l'extraordinaire* le 1er avril 1791, et fut nommé, en décembre de la même année, *visiteur principal des rôles* à Bourg, office correspondant, aujourd'hui, à celui de *directeur des contributions directes*. — Il aurait pu se vouer à cette carrière avantageuse ; mais notre jeune compatriote avait une âme ardente, une imagination chevaleresque : à l'appel de la patrie en danger, en 1792, il donna sa démission et s'enrôla, comme soldat, dans l'un des bataillons de nos volontaires de l'Ain, d'où sont sortis tant d'illustres guerriers.

M. de Rostaing avait une taille élevée, un physique agréable, et surtout une instruction solide ; il fut remarqué par ses égaux qui l'appelèrent à exercer un commandement sur eux en le nommant *lieutenant*. Quelques mois après son élection dans ce grade, ses connaissances spéciales en administration et en finances lui valurent les fonctions d'*officier payeur* de l'armée des Alpes, sur laquelle il fut dirigé. Les représentants du peuple à cette armée, sur la présentation de ses chefs, lui délivrèrent une commission provisoire de *commissaire des guerres*, le 19 novembre 1792, et le 30 du même mois, le Comité de salut public confirmait cet emploi. — Sept mois après, le titulaire passait à la *première classe* et atteignait dans l'armée, par assimilation, le rang de *colonel*, n'ayant encore que 29 ans. — Il assista donc aux premières conquêtes faites sur les Piémontais dans la Savoie, sous les ordres du général en chef de Montesquiou.

En 1792, la France était engagée dans une crise politique jusqu'alors sans exemple dans les fastes de la nation. Une révolution avait terrassé, anéanti, emporté la royauté séculaire et dispersé les débris de la vieille société monarchique. — En 1789, de généreux principes sociaux avaient surgi, bons en eux-mêmes, sans doute, mais achetés chèrement, plus tard, au prix de bien des crimes. Après la proscription de la Gironde, le 31 mai 1793, le gouvernement fut appelé le *règne de la terreur*. « L'émigration n'était plus
« une mesure politique, dit Mme de Staël ; on se sauvait de
« France pour échapper à l'échafaud, et l'on ne pouvait y res-
« ter sans s'exposer à la mort pour éviter la ruine. » M. de

Rostaing, comme tant d'autres, prit les hommes et les événements en aversion profonde. Les proscriptions d'alors n'atteignaient pas moins les militaires dans leurs camps que les citoyens dans les cités et les campagnes. Il fallait partout une grande prudence dans le langage, et c'est à tort qu'on a souvent écrit que les rangs de nos soldats présentaient un abri sûr aux enfants des familles nobles qui ne voulaient pas braver l'opinion publique ou fuir leur patrie. M. de Rostaing nous fournit la preuve du danger qu'ils couraient comme les autres citoyens. Avait-il eu le courage ou l'imprudence d'exprimer hautement ses sentiments contre le fanatisme politique de l'époque ? Cela est à croire, puisqu'il fut spontanément suspendu de ses fonctions, le 8 décembre 1793 ; il fut arrêté, emprisonné et conduit devant le tribunal révolutionnaire de Lyon, comme *fédéraliste*, c'est-à-dire *partisan de l'opposition des départements contre la tyrannie factieuse de Paris*. Cependant, les preuves de la culpabilité furent insuffisantes. Il fut acquitté et se retira chez son père, à Talissieu.

Mais un acquittement régulier de la justice n'était pas, alors, un gage de sécurité pour un inculpé. M. de Rostaing en fit bientôt la triste expérience. Une nuit de la fin du même mois de décembre, un ami dévoué, M. du Parc, d'Ambérieu en Bugey, officier du génie, le prévint, par un exprès, qu'il était de nouveau recherché par ses juges ; que des agents poursuivaient sa trace et qu'il allait être arrêté et sans doute condamné s'il ne parvenait pas à fuir promptement. Dans le but de déjouer toute curiosité indiscrète, M. du Parc avait eu la prévoyance d'écrire lisiblement, avec de l'encre noire, des phrases sans portée sérieuse ; mais, entre les lignes, il s'était servi de lait ou de jus d'oignon pour tracer des caractères incolores faisant connaître le but véritable de son message. M. de Rostaing eut la présence d'esprit de deviner le subterfuge : il employa de la poussière de charbon répandue sur le papier et lut avec profit le billet tout entier. Prévenu à temps, il fit guetter l'arrivée des agents qui ne tardèrent pas à se présenter pour le saisir ; mais M. de Rostaing s'échappa en traversant le Rhône, à Lucey, pour gagner Genève et la Suisse, où il fut rejoint, quelques jours après, par M. Brillat-Savarin, le spirituel auteur de la *Physiologie du goût*, son compatriote et son parent. Ils émigrèrent ensemble, en Amérique, dans les premiers jours de juin 1794. Ils s'embarquèrent à Rotterdam, sur un navire marchand hollandais, mauvais marcheur, qui mit quatre-vingts jours de traversée de mer pour les conduire à New-York. Ce souvenir de voyage en Suisse est rappelé avec intérêt dans le livre de M. Brillat-Savarin, page 345, édition de 1825. — Dans son exil volontaire, l'activité de M. de Rostaing avait besoin d'un aliment utile et sérieux. Il apprit la langue anglaise et employa ses loisirs dans les bureaux de la légation de France.

Son nom était connu avantageusement en Amérique; il y avait été précédé d'une renommée imposante due à la bravoure du colonel Just-Antoine, marquis de Rostaing, né en 1740, au château de Vauchette, près de Montbrison, qui avait trouvé l'occasion de déployer sa valeur dans la guerre de l'indépendance américaine, à la prise de la Martinique, comme colonel du régiment de Gatinois, et qui avait obtenu, en 1782, le grade de *maréchal de camp*, en récompense de sa belle conduite à la prise d'York, par Rochambeau et Washington.

Là, notre compatriote fit la connaissance de plusieurs Français de distinction; notamment de M. de Talleyrand, ex-évêque d'Autun, qui s'occupait, alors, de commerce pour vivre, et auquel il prédit sa prochaine rentrée en France et sa future fortune comme *ministre*.

Il se lia d'amitié avec le général du génie baron Vincent, de Bourg, et avec l'ingénieur civil Brunel, devenu célèbre, depuis, par la construction du tunnel de la Tamise, à Londres, et lorsque, vers 1795, il pensa que les plus mauvais jours de notre révolution étaient passés, il se décida à revenir en France. A cet effet, il obtint du consul de France à New-York, un passeport en qualité d'officier de l'armée française, constatant qu'il n'avait pas porté l'épée contre son pays et s'était borné à soustraire, par la fuite, sa tête à la hache révolutionnaire. Embarqué à bord de la frégate la *Sémillante*, il vint débarquer, en quinze jours, au port de Lorient, le 8 juin 1795.

Pendant son séjour en Amérique, M. de Rostaing avait conçu et rédigé un *mémoire relatif à la rétrocession de la*

Louisiane, de la part de l'Espagne, au profit de la France.
— A son arrivée à Paris, il eut la patriotique pensée de faire connaître au gouvernement son œuvre qui avait pour but d'accroître nos possessions maritimes. Il l'adressa au ministre ; malheureusement, cette communication fut intempestive : un traité de paix venait d'être consenti à Bâle, le 22 juillet 1795, avec l'Espagne. Le directeur Carnot regretta vivement de n'avoir pas connu ce mémoire plus tôt, et le conserva pour l'utiliser dans une occasion favorable au milieu des rapports politiques journellement entretenus avec l'Espagne. Le premier consul Bonaparte en prit connaissance, ainsi que des notes de Carnot, dans les archives du Directoire, après la journée du 18 brumaire, et il en profita. Il fit rétrocéder la Louisiane à la France, par un traité secret avec l'Espagne, signé à Saint-Ildefonse, le 1er octobre 1800, et la vendit ensuite, le 30 avril 1803, aux États-Unis, pour quatre-vingts millions, dont le versement n'a pas laissé de traces dans les comptes du Consulat et de l'Empire. M. de Rostaing a écrit, de sa main, une note ainsi conçue : « A mon retour d'Amérique, en 1795, je fus
« nommé chef de bureau aux relations extérieures et chargé
« d'un rapport sur la dette des États-Unis envers la France,
« et relative à la guerre de l'indépendance ; mais ayant re-
« pris du service militaire et quitté les relations extérieures,
« *je n'ai jamais su ce qu'était devenue cette affaire qui dé-*
« *vint, je crois, un tripotage sous le Directoire, car je n'ai*
« *jamais vu figurer le remboursement sur les budgets des*
« *recettes.* »

En citant cette particularité de la vie de M. de Rostaing, on reste convaincu de ses vues élevées en politique et de sa capacité administrative. — Cette question de la rétrocession de la Louisiane, colonie composée de dix États actuels importants (1), question traitée, pour la *première fois*, par lui, est un fait isolé dont, probablement, Bonaparte et Carnot n'ont jamais révélé la source, mais que l'auteur avait confié, lui-

---

(1) La Louisiane du dernier siècle, dont il s'agit, n'était pas l'État actuel restreint dans lequel la ville *la Nouvelle-Orléans* est située ; mais bien la vaste étendue de terres arrosées par le Mississipi et nommées : Louisiane, Arkansas, Missouri, Kansas, Nebraska, Yowas, Illinois, Mississipi et les parties occidentales du Kentucky et du Tennessée.

même, au général du génie Vincent, et qui lui avait valu d'*être employé au ministère des relations extérieures*. On ne peut s'empêcher de remarquer combien la possession de ce vaste territoire eut été avantageuse à la France lors de la guerre de la sécession, en 1860, même dans l'hypothèse où ses habitants se fussent rendus indépendants. En se séparant des autres contrées de l'Amérique, nous pouvions espérer y conserver une influence utile. — En aliénant la Louisiane sans le consentement de la nation, ni même l'avoir consultée, le premier consul a cru, sans doute, pouvoir compter sur la reconnaissance du gouvernement des États-Unis; mais il s'est trompé. Les Américains ont toujours été ingrats envers la France; ils en ont donné une nouvelle preuve lors de notre expédition dernière du Mexique, qu'ils ont fait manquer dans le but de s'approprier eux-mêmes, plus tard, ce riche pays.

Vers la fin de 1796, investi de la confiance du général Hoche, après la pacification de la Vendée, M. de Rostaing fut proposé pour l'accompagner, dans son expédition d'Irlande, comme *commissaire des guerres en chef;* mais il reçut du ministre de la guerre l'ordre de se rendre à l'armée d'Helvétie, commandée par Masséna; il y remplit les fonctions d'*ordonnateur en chef*. Il assista à l'invasion des Russes, en Suisse, et à leur défaite, à Zurich, en septembre 1799.

L'année suivante, compris dans une nouvelle organisation des administrateurs de l'armée, sous le nom d'*inspecteurs aux revues*, il fut nommé *adjoint* dans ce corps, le 18 mai 1800, et *sous-inspecteur*, le 22 décembre 1801. Quatre ans après, il était *chevalier de la Légion d'honneur* et se dirigeait sur l'armée d'Italie. Il emmena avec lui son neveu, Jules-Anthelme La Bâtie, âgé de 18 ans, qu'il employa auprès de lui comme secrétaire et qui est devenu, dans la suite, général de brigade. — Après avoir occupé successivement les résidences de Livourne, de Florence et de l'île d'Elbe, il rentra en France, en 1807. — Reparti pour l'Allemagne, il servit à l'armée du Rhin, sous le maréchal Kellermann, et quitta Mayence pour revenir à Paris, en 1811. — Appelé au ministère de la guerre, sur la proposition de M. le comte Daru, chef de l'administration, le grade de *gé-*

néral inspecteur aux revues (1) devint bientôt la récompense de ses services, le 30 avril 1812. Il fut envoyé ensuite à Grenoble, où il se trouvait encore en mars 1815, au retour de Napoléon Ier de l'île d'Elbe.

Dans son grade de général de brigade, inspecteur aux revues, M. de Rostaing faisait partie, de droit, du conseil de guerre réuni pour aviser à la défense de la place forte de Grenoble. Il se déclara contre l'entrée de l'ex-empereur dans cette ville, et opina pour une vigoureuse résistance à main armée. Il rédigea même une proclamation énergique adressée aux troupes et aux habitants, qu'il invitait à repousser le *parjure*... Ni le commandant de la 7e division militaire, M. le comte Marchand, ni le préfet de l'Isère, M. Fourier, le savant de l'Institut d'Egypte, ne voulurent la faire afficher après l'avoir approuvée, et l'histoire nous a dit comment, après la défection du colonel Labédoyère, Napoléon entra dans les murs de Grenoble. M. Rostaing fut immédiatement destitué, obligé de fuir pour éviter la prison et peut-être la mort. Il se réfugia chez son père à Ameyzieu, canton de Champagne en Bugey.

L'opposition de M. de Rostaing contre Napoléon venait de sa haine contre le despotisme du régime impérial; il abhorrait son ambition poussée jusqu'à l'excès; il combattait son système prétorien contraire à nos institutions mêmes républicaines et refusait de se laisser éblouir par d'éclatantes victoires qu'il pensait voir finir par d'affreux revers, ce qui est arrivé.

S'il avait eu de l'ambition il aurait pu la satisfaire, car il avait pour protecteur le consul Le Brun, devenu duc de Plaisance et prince archi-chancelier de l'Empire, qui était lié avec la famille de sa femme, et avait assisté à son mariage comme témoin et ami, en prairial de l'an IX.

Il se résigna à attendre, dans sa retraite, le dénouement qui se préparait par suite d'une coalition prochaine des nations étrangères contre le *maître de la France* qu'il appelait un usurpateur, et lorsque Waterloo eut prononcé sa

---

(1) D'après l'arrêté des conseils, le 9 ventôse, an VIII (Bulletin des lois, 5 de l'an 8, n° 33), les inspecteurs aux revues avaient le *grade* et le *traitement de généraux de brigade*.

déchéance, M. Rostaing put reprendre sa carrière un moment interrompue.

Lors de la rentrée des Bourbons, sa conduite à Grenoble devait lui assurer les faveurs de la nouvelle cour. Le roi Louis XVIII le nomma *président du collége électoral de Belley*, par une ordonnance du 4 août 1815; puis *chevalier de Saint-Louis*, le 25 du même mois. Enfin, il fut réintégré dans son emploi. Le maréchal Clarke, duc de Feltre, devenu ministre de la guerre, le choisit, le 20 octobre 1815, pour *directeur du personnel, chef de la 2e division* (personnel des états-majors, etc.), puis il passa, sur sa demande, en avril 1816, à la division dite d'administration, du même ministère, qu'il occupa jusqu'au mois d'octobre 1817. Il avait été promu officier de la Légion d'honneur, le 31 janvier précédent.

En récompense de la part considérable qu'il avait prise dans la réorganisation de la nouvelle armée royale et dans celle de l'administration militaire, le duc de Feltre obtint du roi une ordonnance qui fut insérée au *Moniteur universel*, sous la date du 15 février 1817, portant « que Sa Majesté avait « conféré, le 12 du même mois, le titre de *baron* à M. le « chevalier de Rostaing, inspecteur aux revues, chef de « division au ministère de la guerre. » Le brevet rendait au titulaire sa particule nobiliaire et le port de ses armoiries : de *gueules, au lion d'or, au chef cousu d'azur chargé d'une roue d'or*, comme allié à la famille de Rostaing, du Dauphiné.

La position élevée de notre compatriote lui suscita des ennemis politiques. Ils étaient connus sous le nom de *libéraux;* la plupart d'entre eux avaient trahi le serment qu'ils avaient prêté à la royauté, en 1814. Ils formaient une ligue puissante dans le but de contrarier les serviteurs restés dévoués à la monarchie, et même de sacrifier les utiles réformes de nos nouvelles institutions. Il se produisit, dans ce temps, un plan d'organisation militaire qui fut blâmé par M. de Rostaing : il s'agissait de réunir les *commissaires des guerres* qui administraient l'armée, aux *inspecteurs aux revues* qui contrôlaient ses dépenses, pour n'en faire qu'un seul et même corps sous la dénomination d'*Intendance militaire*. Cette mesure présentait évidemment l'inconvénient de rendre ce *contrôle* illusoire (1), et comme M. de Rostaing avait signalé ce vice, l'intrigue et la malveillance se coalisèrent contre le contradicteur. Le 7 octobre 1817, son nom fut inscrit sur la liste de 35 intendants de récente formation qui, du reste, n'avaient plus le grade effectif de *général de brigade*, mais simplement l'assimilation à ce grade, et en même temps, il fut éloigné du ministère et mis en demi-solde, lors de l'avénement au pouvoir de M. le maréchal Gouvion Saint-Cyr, remplaçant, comme ministre de la guerre, M. le maréchal Clarke, démissionnaire.

Cependant, cinq ans après, M. l'intendant de Rostaing fut remis en activité et envoyé à la résidence de Dijon.

Par son ancienneté dans le corps de l'Intendance et par ses services, il avait des droits acquis pour occuper son emploi à Paris ; mais toute réclamation fut inutile et M. de Villèle, chef du ministère, l'engagea à se rendre à Dijon où il trouva l'occasion de permuter avec son collègue de Lyon, en 1824, pour se rapprocher, le plus près possible, du Bugey, son pays natal. Il administra la division de Lyon jusqu'en 1830.

Depuis 1822, par suite d'une modification apportée au cadre de l'intendance militaire, il était classé le 4e sur 25, avec la désignation d'*inspecteur aux revues du 30 avril 1812*. Le roi Charles X l'éleva *au grade de commandeur dans la Légion d'honneur*, le 23 mai 1825.

Lors de l'expédition de l'Algérie, M. le lieutenant général comte de Bourmont lui offrit de l'attacher à son quartier général comme *intendant militaire en chef*. C'était fournir une vaste carrière à son activité et à son intelligence supérieures ; mais il refusa, se croyant plus utile à l'armée et à son pays, en poursuivant un projet d'administration militaire qu'il avait médité pour la direction de la guerre. La ligue se donna carrière dans les bureaux du ministère,

---

(1) C'est précisément ce qu'a fait ressortir, dans la séance du 4 mai 1872, la Commission des marchés du ministère de la guerre en Angleterre, présidée par M. le duc d'Audiffret-Pasquier, et elle a demandé la création d'un *contrôle* sur les services du ministère de la guerre. Son rapport vient donc de donner raison à l'opinion émise, en 1817, par M. de Rostaing et à son mémoire de 1829 inséré dans le *Spectateur militaire*, en 1831.

aussitôt après la révolution de Juillet, et le 12 août suivant, il fut admis à la retraite. Cette circonstance le dispensa de prêter serment et de servir le gouvernement du roi Louis-Philippe.

Rentré dans son château d'Ameyzieu, qu'il avait acheté depuis 1806, de M. Augustin Balme de Sainte-Julie, il n'avait encore que 66 ans et possédait une grande vigueur d'esprit. — Il a écrit, dans sa retraite, un certain nombre d'ouvrages sur les choses et les hommes de son temps, s'occupant, avec une égale facilité, de littérature, de polémique, de politique et d'histoire. Il était membre correspondant de l'Académie de Savoie.

Il avait épousé, le 1er juin 1801, Mlle Mortier du Parc, dont il eut deux fils : l'aîné, M. Alphonse, né en 1802, et le cadet, M. Edouard, né en 1807, capitaine de vaisseau de la marine militaire et commandeur de la Légion d'honneur, aujourd'hui retiré à Montbrison.

M. l'intendant militaire, baron de Rostaing, est mort à à l'âge de 82 ans, dans sa terre de Beyrin, près Yenne (Savoie), qu'il avait achetée, en 1813, en échange de biens provenant de sa femme, et situés dans le Maine.

Cet administrateur militaire habile, probe et intègre, a laissé d'honorables souvenirs parmi ses compatriotes. Son aménité et son urbanité l'ont fait regretter dans l'exercice de ses importantes fonctions. Il savait inspirer le respect et le dévouement du devoir qu'il observa toujours si scrupuleusement lui-même. Et comme écrivain, il a fait preuve du meilleur esprit d'observations uni au talent du savant.

Parmi ses nombreux opuscules sur l'*administration de la guerre, l'état militaire et la politique*, on remarque les suivants :

1º *Mémoire relatif à la rétrocession de la Louisiane par l'Espagne, au profit de la France.* In-8º, 1794.

2º *Entrée de Bonaparte à Grenoble, le 7 mars 1815.* Lyon, in-8º. Kindelem.

3º *L'Anti-Doctrinaire, ou Réponse à M. Guizot, sur les moyens de gouvernement, précédé d'une discussion sur l'égalité et la souveraineté du peuple.* In-8º, 1822.

4º *Opinion sur la nécessité de recréer un ministère du Trésor et de donner à la Cour des comptes toute l'autorité que comporte cette institution.* Par un intendant militaire. Lyon. Rusand. 1824.

5° *Moyens économiques proposés pour améliorer l'état militaire en France.* 1828.

6° *De l'Intendance militaire, ou nouvelles vues sur l'administration militaire*, par un ancien intendant militaire, mai 1829, in-8°, tome XII du *Spectateur militaire.* Décembre 1831.

7° *Esquisse sur un nouveau système militaire par le baron de R.* In-8. Belley. 1834.

8° *Vices du Gouvernement, dit constitutionnel, démontrés par les faits, et théorie de la véritable monarchie par l'antidoctrinaire.* B. D. R. — In-8°. Belley, 1835, chez Verpillon.

9° *Nouveau système militaire*, etc. Paris, 1838. Ancelin.

10° *Origine des institutions et conditions sociales en France dans les temps anciens et modernes,* etc. 1 vol. in-8°. 1843. Paris, chez Dentu.

11° *Armes portatives propres à neutraliser, en campagne, la cavalerie et l'artillerie,* etc. Paris. 1844. Ancelin.

ROUPH de VARICOURT, ancienne et noble famille d'origine anglaise, transportée en Savoie, et depuis, en France, au XII° siècle. Elle habitait Versonnex près Ferney. — Elle a donné beaucoup d'officiers aux armées françaises de l'ancienne monarchie.

François, capitaine dans le régiment de Quercy, fut blessé au siége de Turin, en 1706.

Marin-Etienne, mort en 1779, avait été garde du corps du roi Louis XV, puis lieutenant-colonel de cavalerie et chevalier de Saint-Louis. Il avait épousé *Gilberte Prosper de Prez,* fille du seigneur de *Crassier*, syndic de la noblesse du pays de Gex. — Il eut dix enfants dont les noms de quelques-uns suivent :

Pierre-Marin, l'aîné, qui fut, d'abord, destiné à la carrière militaire et qui embrassa, ensuite, l'état ecclésiastique. Il devint curé à Gex, et plus tard, évêque d'Orléans (1819). Il est mort le 9 décembre 1822. Il avait été député aux Etats-Généraux en 1789.

Etienne, fut garde du corps du roi Louis XVI.

Louis, aussi garde du corps.

Lambert, lieutenant au corps royal du génie.

Marin, sous-lieutenant au régiment royal des Deux-Ponts.

François, garde du corps de Louis XVI, né à Gex, vers 1750.

Dans la journée du 5 ou 6 octobre 1789, il se trouvait en sentinelle à la porte de l'appartement de la reine *Marie-Antoinette*, lorsque les séditieux qui avaient envahi le château de Versailles, demandèrent, à grands cris, la mort de l'infortunée princesse. Ils se présentèrent devant la porte de son appartement : M. François Rouph croisa la baïonnette et n'eut que le temps d'ouvrir la porte de l'antichambre en s'écriant : *Sauvez la reine !* Il fut frappé à l'instant d'un coup de pique et les assassins le massacrèrent.

Au même instant, un de ses camarades, nommé Miomandre, prit sa place et défendit l'entrée des appartements. Il fut aussitôt criblé de coups. La populace furieuse coupa la tête de M. Rouph de Varicourt et la porta en triomphe sur une pique jusqu'à Paris, auprès de la voiture de Louis XVI, prenant plaisir à placer ce hideux trophée sous les yeux de la reine.

M. François de Varicourt était frère de *Reine-Philiberte Rouph de Varicourt*, marquise de *Villette*, née à Pougny (pays de Gex), le 3 juin 1757. C'est elle que Voltaire a nommée *belle et bonne* pour rendre hommage à sa rare beauté et à son caractère plus séduisant encore. — Il la maria, le 12 novembre 1777, au marquis de Villette. — Elle est morte le 13 novembre 1822.

ROUVILLE (Jean-Joseph, de), colonel, officier de la Légion d'honneur, né le 5 octobre 1760, à Trévoux, où il est mort le 20 octobre 1826.

Entré au service dans l'ancienne armée royale, au 5e régiment de chevau-légers, le 14 mai 1784, il fut brigadier, le 14 mars 1785. — Congédié le 17 août 1786, il reprit les armes en 1792. — Nommé à l'élection *capitaine* au 7e bataillon des volontaires de l'Ain, il passa, comme *chef de bataillon*, le 21 septembre suivant, au commandement du 21e bataillon de réserve devenu 61e demi-brigade, et plus tard, 16e régiment d'infanterie de ligne. — M. de Rouville fit les campagnes de 1792 à l'an VII (1799), aux armées du Nord, de Sambre-et-Meuse, du Rhin, d'Angleterre et du Danube. — Le 18 mars 1793, à Nerwinde, son bataillon, entraîné par son exemple, résista, avec avantage, à un corps de cavalerie très-nombreux. — Le 23 prairial an II (11 juin 1794), à l'affaire de Courtrai, s'étant placé à la tête de ses grenadiers, il attaqua vivement l'ennemi et lui enleva plusieurs pièces de canon. — Le 14 brumaire an III (4 décembre 1794), le 21e bataillon étant de tranchée devant Nimègue, en fut délogé par une sortie vigoureuse des Anglais et des émigrés; de Rouville rallie sa troupe, reprend les retranchements et force l'ennemi, qui perdit 300 hommes dans cette action, à rentrer en ville dans le plus grand désordre. — Enfin, le 29 germinal an V (18 avril 1797), à la bataille de Neuwied, il fut blessé d'un coup de boulet à la cuisse droite et au pouce de la main gauche.

Nommé *chef de brigade* (colonel), commandant le 16e de ligne, il fut successivement employé dans le Brisgar et dans la 8e division militaire. — *Chevalier de la Légion d'honneur*, le 19 frimaire (11 décembre 1803), et *officier du même ordre*, le 25 prairial an XII (14 juin 1804), il fit partie du collége électoral du département de l'Ain.

Embarqué, pendant les années XIII et XIV (1804 à 1806), sur l'escadre commandée par l'amiral Villeneuve, il fut envoyé, en 1806, à la grande armée; il prit encore une part active aux guerres de Prusse et de Pologne, et fut, ensuite, admis à la retraite, le 31 mai 1807, à 47 ans.

Le colonel de Rouville fut un de ces officiers que l'amour de la patrie ont grandi au milieu de ses succès. Ces qualités ont rehaussé la gloire qu'il s'est acquise par ses talents et son indomptable courage. Il est du nombre des vaillants enfants de l'Ain qui ont le mieux illustré le pays.

RUDIGOZ (Antoine), sous-lieutenant, né à Pérouges, en 1783, mort à Meximieux, le 30 décembre 1863. Il était fils de **Jean** Rudigoz et de Françoise Paillard, cultivateurs aisés de la Dombes.

Le jeune Rudigoz, réquisitionnaire de 1793, entra comme dragon, le 15 août 1805, dans le 24e régiment de l'arme. Il fut *brigadier*, le 1er janvier 1806; *fourrier*, le 16 novembre

1809; *maréchal des logis*, le 16 janvier 1811 ; *maréchal des logis chef*, le 6 février 1812; *sous-lieutenant*, le 16 octobre 1813. — Il fit les campagnes de 1805 et 1806 en Italie ; celles de 1808 à 1813 en Espagne, et celle de France, en 1814.

N'étant encore que brigadier, en février 1809, il se distingua par une action d'éclat mentionnée dans ses états de services, où on lit : « Je soussigné, chef d'état-major de l'ar-
« tillerie du 7e corps de l'armée d'Espagne, reconnais avoir
« reçu du brigadier Rudigoz, de la 7e compagnie du 24e ré-
« giment de dragons, une *pièce de canon* et son caisson,
« attelés de *huit mulets*, et *treize prisonniers dont un offi-*
« *cier et six soldats blessés par lui*, remis entre mes mains
« ce jourd'hui, 25 février 1809, à la suite de la bataille de
« Valz, où le brigadier Rudigoz fut blessé d'un coup de
« sabre. Signé Hazard, major au 4º régiment d'artillerie. »

Devenu maréchal des logis chef, il se signala, de nouveau, à l'avant-garde de l'armée d'Aragon, à l'affaire de *Jumille* (Espagne), le 5 mai 1812, sous le commandement du général baron Delort, qui le fit citer à l'ordre de l'armée en ces termes : « Quoique blessé, Rudigoz se jeta trois fois
« dans la mêlée où il sabra plusieurs cavaliers espagols, et
« fit cinq prisonniers. »

Pendant le siége de Roses, en Catalogne, il fut atteint d'un éclat d'obus au pied. — Dans les batailles de Cuença, de Belmonte, de Terazona, de Réquena et de Vittoria, il eut 6 chevaux tués sous lui. — Enfin, le 10 avril 1814, à la bataille de Toulouse, il fut complimenté par le maréchal Soult, à l'occasion de son intrépidité.

Tant de brillants succès devaient lui mériter la croix de la Légion d'honneur, cependant elle ne lui fut pas donnée.

Licencié, en 1815, avec un faible traitement de réforme de 600 francs par an, il a perçu ce traitement sans avoir jamais été admis à la retraite, avec pension, ainsi qu'il pouvait y prétendre. — Rentré à Pérouges, son pays natal, n'ayant encore que 32 ans, il se maria avec Marie Sollacier, qui lui donna quatre enfants, dont deux garçons. L'un de ses fils fut tué en duel, à 22 ans, dans un régiment de dragons où il s'était engagé, en 1849.

Devenu veuf, Antoine Rudigoz jouissait du revenu de ses

propriétés, d'une valeur d'environ 30,000 francs ; ce qui l'empêcha peut-être de solliciter du gouvernement une pension de retraite viagère pour ses services militaires. — Après avoir partagé ses immeubles entre ses enfants, il vint habiter Meximieux, chez sa fille, la veuve Moneron, où il s'est éteint à l'âge de 80 ans.

On a lieu d'être surpris, qu'un officier aussi vaillant que l'était M. Rudigoz, n'ait pas été nommé *chevalier de la Légion d'honneur;* il y a lieu de supposer que les événements le servirent mal, et que, lui-même, attacha peu d'intérêt à une récompense qu'il semble n'avoir *jamais voulu demander lui-même.* — Ce serait, à notre avis, des titres nouveaux et bien rares à la considération de ses concitoyens, qu'un pareil désintéressement et une semblable modestie. — Nous tenons, néanmoins, à faire connaître que d'autres que lui, pensaient à la lui faire obtenir, et nous publions les pièces suivantes trouvées dans ses papiers, après son décès :

1° Certificat des officiers du 3e escadron du 24e régiment de dragons, daté de Rennes, du 9 août 1814 :

« Nous soussignés, officiers composant le conseil d'admi-
« nistration du 3e escadron du 24e régiment de dragons,
« attestons que nous avons vu, depuis neuf ans, servir parmi
« nous avec beaucoup de distinction, M. Rudigoz, sous-
« lieutenant au même régiment.

« Le cas distingué que nous faisons de cet officier, nous
« porte à témoigner, avec la plus vive satisfaction, l'intérêt
« qu'il a su nous inspirer par ses qualités personnelles ; sa
« conduite sans reproches, sa bravoure tant de fois recon-
« nue dans nos rangs, et ses talents militaires qui lui ont
« constamment mérité l'estime de tout le corps d'officiers.

« Nous éprouvons en ce moment le plus vif regret de la
« perte que nous faisons de cet officier, et le recomman-
« dons avec le plus parfait intérêt, *vu qu'il n'est pas en-
« core décoré, et qu'il a souvent mérité de l'être.*

« Signés : JEANNET, DUSSEAUX, DE LORRIÈRE, GROSJEAN,
« HAULIER, CRÉTON, capitaine, et DAVOUST, chef d'es-
« cadrons. »

2° Lettre du lieutenant-général baron Delord, commandant la 3e division de cavalerie de réserve de l'armée du Rhin. — Strasbourg, 13 mai 1815 :

« Mon cher Rudigoz,

« Vous avez été constamment l'un des meilleurs soldats
« d'un régiment qui s'est toujours distingué, et je sais que
« vous avez toujours uni *une excellente conduite à la plus*
« *intrépide valeur*. — Je ferai tout ce qui dépendra de moi
« pour vous faire obtenir une récompense que j'ai déjà
« *souvent demandée pour vous, et que vous méritez à tous*
« *les titres*. — Je recommanderai vos états de services après
« les avoir revêtus des attestations les plus sincères et les
« plus honorables.
« Signé : Baron Delord. »

Quoi qu'il en soit, de ce singulier oubli dans la carrière d'un vaillant officier, M. le sous-lieutenant Rudigoz n'en est pas moins recommandable aux yeux de l'histoire militaire de la Bresse, et nous croyons que la plus belle récompense qui soit digne de lui, est celle de vivre dans le souvenir de ses concitoyens, comme un rare exemple de modestie et d'abnégation.

SAIX (du), seigneur de ce lieu, près Bourg en Bresse, d'Arnens et de Rivoire.

Armoiries :
- Écartelé d'or et de gueules.
- Cimier : *Un globe chargé d'une escartelure d'or, et de gueules.*
- Supports : *Deux lions de gueules armés d'or.*
- Devise : *Non mobile saxum.*

L'historien Paradin a donné pour origine à cette maison des gentilshommes de Hollande conduits par Boniface, archevêque de Cantorbéry, en Savoie et en Bugey.

D'après Guichenon, **Hugues** du Saix, chevalier en 1080, serait le premier personnage de cette famille.

Les hommes de guerre les plus remarquables, sont :

Guy, petit-fils du précédent, fait chevalier par l'empereur Henri, en 1188. Il servait dans l'armée de cet Empereur, puisqu'il donna l'ordre au gouverneur de Milan, de rendre à **Guy** *du Saix* ses 10 chevaux et son équipage de guerre retenus dans cette ville.

Josserand, chevalier, fit la guerre aux Albigeois en 1244.

Jean, seigneur de Rivoire, a servi en France contre les Anglais. Il défendit vaillamment la citadelle de Rouen et fit lever le siége de cette ville, en 1435. Le 29 novembre 1453, Louis, duc de Savoie, le choisit pour visiter toutes les places fortes de ses Etats, avec pouvoir de fortifier celles qui en avaient besoin.

Claude, vivant en 1483. Ecuyer et échanson de Philippe de Savoie, comte de Bresse. Ce prince le fit *chevalier*, le 4 juin 1492. — Le duc Philibert le retint en 1498, à Ripaille, comme son conseiller et son chambellan.

Jean II, fils aîné du précédent, fut homme d'armes de la compagnie du seigneur de Saint-André. Il fut tué à la bataille de Pavie avec le maréchal de France La Palice, en 1525.

Claude II, seigneur de Noailly, officier de l'armée française, fut tué aussi à Pavie.

Antoine-François, chevalier, oncle du précédent, gentilhomme de la cour de France, a fait les guerres d'Italie, sous les rois François Ier et Henri II.

Claude III, seigneur de Rivoire, battit le comte de Rendan, chef de la Ligue en Auvergne. Il devint maréchal de camp au service de France.

Lyonnet, seigneur de Beaumont, était homme d'armes de la compagnie de Jean de la Beaume-Montrevel, en 1546.

Antoine, seigneur de la Cras, fut *écuyer*, puis *lieutenant*, et enfin *capitaine* d'une compagnie de chevau-légers en Savoie, sous le marquis de Treffort, en 1526.

Humbert, seigneur d'Arnens, fut longtemps *lieutenant* du commandant du château de Montmeillan, puis *gouverneur de Charbonnière et de Miolans*, en Savoie (1589).

Louis, son fils aîné, a été capitaine de cavalerie en Savoie.

César, frère du précédent, a commandé les troupes du comté de Bourgogne. Il avait le grade de *colonel* d'un régiment de cavalerie en Piémont sous le prince Thomas.

(Guichenon. — *Histoire de Bresse et du Bugey*.)

SAPIN (Claude-Joseph), brigadier au 23e régiment de chasseurs à cheval, né le 24 mai 1774, à Saint-Etienne en Bresse, où il est mort en 1840.

Il entra au service, le 3 novembre 1792 ; il se distingua

au combat de Famars, le 23 mars 1793. — Nommé brigadier, le 1ᵉʳ juin même année, il fit les campagnes de 1793 à 1797 aux armées du Nord et de Sambre-et-Meuse.

Au siège de l'Ecluse, le 9 fructidor an IV (26 août 1796), le général Pichegru ayant demandé des chasseurs de bonne volonté pour enlever une redoute autrichienne dont le canon inquiétait nos troupes, le brigadier Sapin se présente avec 4 hommes; charge cette position, y pénètre et met l'ennemi en fuite. — Une compagnie d'infanterie envoyée, au même instant, en reconnaissance vers une seconde redoute placée à la droite de la division attaquante, ayant été arrêtée, dans sa marche, par l'obscurité de la nuit et le mauvais temps, fut bientôt désarmée par le brave Sapin et ses chasseurs qui, après avoir échangé quelques coups de pistolet, enlevèrent la redoute, en chassèrent l'ennemi et lui prirent ses équipages et ses canons : les deux redoutes renfermaient 18 bouches à feu. Le général Vandame, arrivant avec sa division, informé de la brillante conduite de l'intrépide Sapin, fit mettre son nom à l'ordre de l'armée. — Ce militaire servit encore, avec la même valeur, de 1798 à 1800 en Allemagne, devant Mayence, aux armées du Danube et du Rhin. — Le premier consul lui décerna, le 28 fructidor an X (15 septembre 1802), *un mousqueton d'honneur*. — Congédié, peu de temps après, l'empereur Napoléon Iᵉʳ, le nomma sous-lieutenant aide-garde-magasin des douanes à Hambourg. Il devint électeur de l'arrondissement électoral de Clèves, et rentra en France en 1814. — Retraité à Saint-Etienne, près Bourg, il y a vécu 26 ans au milieu de l'estime de ses concitoyens.

SAVARIN (Marie - César - Stanislas), lieutenant d'infanterie, né à Saint-Jean-le-Vieux, en Bugey, vers 1772, mort victime politique, le 25 octobre 1816. — Son frère, **Jean-Claude** Savarin, était notaire à Jujurieux.

Parti pour l'armée, en 1792, comme volontaire, au 2ᵉ bataillon de l'Ain, César Savarin fit les campagnes du Piémont et d'Italie, celles du Rhin, jusqu'en 1809, et gagna ses grades sur les champs de bataille, depuis la prise de Nice jusqu'à Valmy. Sa réputation de brave soldat était notoire. — Après Wagram, il revint dans son pays natal avec le grade de *lieutenant*, qu'il avait obtenu dans le 2ᵉ régiment d'infanterie légère, son dernier corps. — Il n'avait encore que 37 ans. — Il se maria après 1809 et vivait modestement du produit de ses fermes, lorsque les alliés entrèrent en France, en 1814. — Il vit, avec un véritable chagrin, la première abdication de Napoléon, à la suite de laquelle l'Empereur partait pour l'île d'Elbe. — Enfant de la première révolution française, et officier de l'Empire, il se montra plus dévoué encore à l'Empereur, lors du retour de ce monarque exilé se présentant à Grenoble et à Lyon, après son débarquement de Cannes, en 1815. Après Waterloo, lorsque les Autrichiens revinrent en France, Savarin devint inconsolable de nos revers. — Il commit l'imprudence de manifester hautement son dédain, son antipathie pour le nouveau gouvernement des Bourbons. Ses ennemis ne tardèrent pas à le dénoncer comme un patriote dangereux et un conspirateur prêt à organiser la résistance armée contre le pouvoir royal établi. Son modeste grade de *lieutenant* ne pouvait pas, cependant, lui créer une sérieuse influence politique... Néanmoins, il fut arrêté, le 28 mai 1816, avec dix de ses voisins et amis, au nombre desquels se trouvaient deux anciens militaires de l'Empire, *Femelas père* et *Simon Ravet*, accusés de complicité dans *une prétendue organisation des bandes destinées à commettre toutes sortes d'excès contre la royauté et les royalistes*. On disait que Savarin avait réuni 3,000 hommes, armés et équipés, dans le but d'insurger la province, de s'emparer des aristocrates pour les mettre à mort, et d'incendier leurs châteaux, etc., etc... Cette levée de boucliers imaginaire fut déférée à la justice exceptionnelle de la cour prévôtale, présidée par M. le maréchal de camp, comte de Melfort, prévôt de l'Ain; mais cette formidable insurrection s'étant réduite *à l'état de projet*, d'après l'information minutieuse faite à ce sujet, les éléments de l'accusation furent trouvés tellement insuffisants, que la cour prévôtale rendit un arrêt d'incompétence. — L'affaire fut renvoyée devant la cour d'assises de l'Ain, chargée de juger l'intention des accusés. — La composition du jury laissa peu d'espoir au malheureux Savarin de sauver sa tête. Cette assemblée fut composée d'hommes dévoués à la monarchie ne faisant pas supposer une entière indépendance d'esprit, et quelques-uns des juges furent même soupçonnés d'avoir à venger d'anciennes rancunes... Femelas et Ravet furent condamnés à cinq ans d'emprisonnement pour n'avoir pas révélé le complot attribué à Savarin, complot ayant pour but de *renverser la royauté, en allumant la guerre civile, et en armant les citoyens les uns contre les autres.* Pour ce fait, César Savarin, déclaré coupable sans preuves, fut condamné à la peine de mort. — Les autres accusés, au nombre de sept, furent acquittés et mis en liberté. — Claude Femelas et Simon Ravet furent condamnés, en outre, à 500 francs d'amende, chacun, et à l'expiration de leur peine, ils devaient être placés sous la surveillance de la haute police et fournir une caution de 3,000 francs.

Cet arrêt fut rendu le 4 septembre 1846. — La cour de cassation confirma le jugement, et une demande en grâce fut repoussée, *malgré l'amnistie pour délits politiques, accordée par le roi, sous la date du 12 janvier même année.* — L'exécution de Savarin eut lieu à Bourg. L'échafaud était placé sur le champ de foire, aujourd'hui promenade de la Glacière. On remarqua que le visage du condamné n'éprouva aucune altération à l'aspect de l'instrument du supplice. Il conserva son sang-froid et toute sa présence d'esprit. — D'après les termes mêmes du procès-verbal d'exécution, « *Savarin monta sur l'échafaud, seul avec sa conscience et en* « *présence de Dieu.* S'adressant au peuple, il lui dit : Que, « comme homme, il avait été sujet à l'erreur ; que son cœur ne « lui reprochait aucun crime ; qu'il avait servi sa patrie avec « honneur ; qu'il était victime d'une faction qui avait juré « sa perte et que plusieurs témoins avaient fait dans la « procédure de fausses déclarations ; enfin, qu'il mourait « innocent. » A peine avait-il prononcé ces paroles que sa tête tomba.

Il est resté pour l'histoire, à l'occasion de cette condamnation, un témoignage respectable dû à un homme de cœur que son devoir obligeait à faire exécuter les arrêts de la justice d'alors ; cet homme était le greffier Debost, âgé de 60 ans, qui eut le courage d'ajouter à son procès-verbal, les lignes qui suivent :

« Dieu daigne sécher les larmes d'une famille infortunée !

« ce que je certifie en homme d'honneur, sur le témoignage
« public de personnes présentes... de celles qui plaignaient
« son sort; de celles mêmes qui, dans cette mort, voyaient
« une justice ou un triomphe, *c'est qu'elle a laissé une cons-*
« *ternation presque générale.* »

SÉRULLAS (George-Simon), pharmacien militaire, illustre chimiste, membre de l'Académie des sciences, officier de la Légion d'honneur, né à Poncin, en Bugey, le 2 novembre 1774, mort à Paris, le 25 mai 1832.

Il était issu d'une ancienne famille noble du royaume d'Aragon. Son père, né à Chambéry, vers le milieu du xviiie siècle (1747), après avoir obtenu des lettres de naturalisation en France, se fit recevoir avocat au parlement de Dijon; il vint ensuite se fixer à Poncin, où il exerça, pendant plus d'un demi-siècle, les fonctions de notaire. Son grand-père avait été chirurgien en chef dans les armées espagnoles; il était né à Tolva (Aragon), en 1711; son tombeau portant les armoiries de la famille, se voit encore dans l'église de *San-Julian de los Cabaleros* de cette ville.

Les armoiries de *Zerulla* ou Sérullas sont *d'azur, au chevron d'argent sommé d'un croissant de même*. — Plus tard, il fut accordé au chimiste Sérullas d'ajouter à son écusson un *chef d'or à trois creusets de gueules*, et de substituer la devise suivante : « *Travailler toujours et faire le plus de bien possible* » à l'ancienne de la famille, qui était : « *Amor o guerra valè me Dioz.* »

Le notaire Sérullas avait épousé, en premières noces, Isabelle-Claudine Monin, fille d'un médecin de Ceyzérieu, cousine-germaine du docteur Chaley, l'habile ingénieur qui construisit le pont de Fribourg, et, en secondes noces, Marie-Aimée Champion, proche parente de l'immortel Bichat.

Ce fut du premier mariage que naquit le chimiste George-Simon Sérullas.

En 1783, le jeune enfant fut mis au collége de Nantua, où il se fit remarquer par des succès brillants. Bichat y devint son émule, et tous deux grandirent dans la science, se vouant, par une communauté de sentiments qui ne s'est jamais démentie, une amitié toute fraternelle. — Vers la fin de leurs études classiques survint la première révolution française qui suspendit bien des plans d'avenir dans la jeunesse du temps.

La guerre avec l'étranger éclata, et Sérullas plein d'ardeur, vola aux armes : il s'enrôla, à 17 ans, dans le 3e bataillon des volontaires de l'Ain.

A cette époque, les bras, pour la défense nationale, ne manquaient pas; les jeunes hommes de la science étaient moins faciles à trouver; Sérullas comprit que cette dernière voie n'excluait pas les services à rendre à la patrie. Poussé par un instinct secret, il demanda à continuer momentanément les cours de pharmacie qu'il avait commencés à Bourg. Il obtint d'entrer à l'hôpital de cette ville où il suivit, avec assiduité, les leçons du docteur Buget, pendant deux ans. Il reçut, le 14 prairial an II (le 2 juin 1794), un brevet de *pharmacien sous-aide,* avec ordre de rejoindre l'armée des Alpes. Il réclama contre cette décision par un scrupule généreux : il avait sollicité une place dans la *médecine militaire,* parce qu'il n'avait jamais franchi le seuil d'un laboratoire; sa protestation fut vaine, il fallait obéir, et ce fut là la cause de sa fortune.

Soumis à un examen préalable, à son passage à Chambéry, par ordre du conseil de santé des armées, le professeur Bayen décida de son aptitude et lui fit conférer, le 27 septembre de la même année 1794, le grade de *pharmacien aide-major.*

Un hasard heureux voulut que Sérullas fût placé, tout d'abord, sous les ordres immédiats d'un savant, du nom de Laubert, pharmacien-major, grand admirateur de la théorie nouvelle de Lavoisier. Il alliait les qualités du cœur à celles de l'esprit et savait rendre la science facile. Il reçut, de lui, de précieuses leçons de botanique, de physique et de chimie, et dès lors fut cimentée l'amitié qui unit étroitement, et sans s'affaiblir, ces deux hommes aussi riches d'intelligence que de nobles sentiments.

Après que M. Laubert eut quitté l'armée, Sérullas, à peine âgé de 22 ans, fut nommé *pharmacien-major.* Cette nouvelle position ne fit qu'augmenter son penchant pour l'étude; mais les mouvements de l'armée arrachèrent notre studieux compatriote à ses travaux et le firent assister à la bataille de **Loano (23 novembre 1795), la première qu'il ait vue.**

En passant de la vie du laboratoire à celle de l'avant-garde, Sérullas ne fit que changer de genre d'activité. Mais dans le vaste mouvement de nos conquêtes, parmi tant d'événements tumultueux, la vie errante des camps privait Sérullas de tout moyen d'accomplir ses désirs d'instruction. Cependant, placé à l'ambulance du quartier général de l'armée d'Italie, il s'acquitta à merveille de ses fonctions.

C'était en 1797, au mois d'octobre. Le traité de Campo-Formio mettait fin à la première guerre de la Révolution. Notre compatriote séjournant à Padoue, dans cette ville célèbre par son Université, y fréquenta assidûment les cours, travailla avec ardeur et y obtint le titre de maître ès-arts. Il se disposait à prendre le grade de docteur en philosophie, lorsqu'un ordre l'obligea à se rendre à Alexandrie. — Là, il fut atteint du typhus qui le mit à la porte du tombeau.

Logé dans la maison du général de Clavesane, il y reçut les soins les plus affectueux de la fille aînée de ce général italien. C'était une jeune veuve qui lui inspira une vive passion. Il demanda sa main et l'obtint, malgré une disproportion d'âge très-sensible. Elle avait alors 32 ans, c'est-à-dire 9 ans de plus que lui. Elle est morte en 1826.

Après avoir fait toutes les guerres d'Italie, l'illustre enfant du Bugey suivit les belliqueux drapeaux de la France dans les vastes plaines et les sombres forêts de la Germanie, en Pologne et dans les steppes glacées de la Russie. Ce fut sur les champs de bataille, au milieu des camps et dans les hôpitaux, qu'il passa les plus belles années de sa vie, jaloux de dérober à la mort les victimes de la guerre et des épidémies. Il en fut récompensé par le grade de *pharmacien principal*.

Au temps du blocus continental, il fut chargé avec le célèbre Parmentier, de trouver une matière sucrante capable de remplacer le sucre pour le service des hôpitaux militaires. Le premier, il prépara le *sucre de raisin*, dont les résultats furent des plus satisfaisants.

A la chute de Napoléon Ier, Sérullas assista à nos désastres, en 1814 et 1815. Son cœur gémit sur le sort de notre malheureuse patrie. Cependant il reçut, en récompense de ses longs services et de ses rudes travaux, la croix de *chevalier de la Légion d'honneur.*

Dans les jours de réaction, on doit toujours s'attendre à quelques événements imprévus qui frappent les institutions et les hommes placés en évidence : lors de la seconde restauration des Bourbons, un système malheureux consistait à rabaisser, à persécuter même, ceux qui avaient servi la patrie avec le plus de dévouement. Sérullas fut abaissé ; il descendit d'un grade ; de *chef qu'il était il devint subordonné.* Néanmoins le conseil de santé qui savait apprécier le vrai mérite, demanda et obtint justice pour Sérullas qui fut nommé *pharmacien en chef* et *premier professeur de l'hôpital militaire d'instruction de Metz.*

C'est vers 1816, que libre, enfin, de s'abandonner à ses études chéries, il se précipita dans la carrière où l'entraînait son talent. Il n'avait pu, jusque-là, poursuivre les progrès des sciences chimiques ; on le vit obligé d'*apprendre en même temps à préparer et à faire son cours.* Il recomposa sa vie intellectuelle, à l'âge de 42 ans. Il eut le courage de se remettre à l'étude de la langue grecque et des mathématiques.

Pour lui, les études étaient des passions ; il leur consacrait ses jours et ses nuits ; il ne s'épargnait ni fatigues, ni dépenses, ni santé. Aussi s'éleva-t-il bientôt, non pas seulement au niveau des connaissances acquises, mais au point de devancer ses maîtres.

Ses cours publics à l'hôpital de Metz et ses expériences attirèrent à ses leçons les élèves de l'école d'application du génie militaire tous formés à l'Ecole polytechnique. Ils admiraient la science de Sérullas, et, cependant, ils avaient entendu les plus savants chimistes et physiciens de Paris ; ils avaient étudié avec les plus habiles professeurs de l'Europe.

Dès 1820, Sérullas reconnaît la présence du potassium dans l'antimoine fondu avec le tartre ; il en expose les faits curieux et dénonce l'existence de l'arsenic dans la plupart des préparations antimoniales, excepté l'émétique. Il obtient de ce dernier, chauffé en un vase clos avec un mélange de charbon, un vrai *pyrophore* fulminant par une seule goutte d'eau. — Par ce moyen, il trouve le secret d'*enflammer sous l'eau la poudre à canon*. — Ses beaux travaux sur les per-hydriodure et proto-hydriodure de carbone, ceux sur l'iodure de cyanogène, composé extrêmement délétère, le firent remarquer de l'Institut. Il poursuivit ses découvertes sur le brome, en formant un éther hydrobromique et du bromure de cyanogène. Ses investigations sur l'éther sulfurique ne furent pas moins curieuses ; il en obtint du sulfate d'hydrogène carboné neutre, et une matière cristalline très-remarquable formée d'hydrogène bi-carboné. — Ce fut lui qui démontra que l'acide iodique fait découvrir, dans un liquide, les plus petites quantités de morphine et que les alcalis végétaux, dans leur dissolution alcoolique, sont facilement précipités dans l'acide iodique pur. Cette découverte est devenue de la plus haute importance pour la médecine légale, puisqu'elle permet de reconnaître, dans une liqueur, $\frac{1}{7,000}$ de morphine.

A la mort de l'illustre Vauquelin, en 1829, les yeux se tournèrent, à l'Institut, vers Sérullas. Il y fut admis et la chaire de Fourcroy lui fut assurée par le double suffrage des membres de l'Académie des sciences et des professeurs du Muséum, lorsque la mort vint le frapper. — Dans son ardeur il exposait souvent sa vie jusqu'à la témérité par des expériences dangereuses, soit d'explosion, soit de vapeurs délétères... rien ne l'arrêta jamais. — Ses fatigues aux armées, pendant 20 ans, ses travaux de laboratoire avaient miné sa robuste constitution. Son tempérament bilieux, ardent, son caractère généreux avec brusquerie, se consumaient par leur impétuosité même. Combien de fois, oublieux de sa santé, il se sentit empoisonné ou asphyxié dans ses hasardeuses expérimentations ! De cette négligence il était résulté pour lui une indisposition gastrique chronique qui lui avait fait adopter l'usage du lait et un régime végétal. Une extrême sobriété était, d'ailleurs, sa loi naturelle ; mais ses organes digestifs se trouvaient disposés aux fatales atteintes du choléra qu'il redoutait. — Nommé membre d'une commission qui devait analyser l'air sur plusieurs points de Paris, pendant l'invasion du choléra, il fut encore chargé de faire analyser l'air dans les hôpitaux, mission délicate et périlleuse qu'il accepta avec empressement ; mais il y contracta le germe du fléau. — Son humeur gaie, enjouée, était devenue sombre : l'avenir lui paraissait noir de sinistres orages. Ainsi affecté et souffrant, il se présenta aux funérailles du célèbre Cuvier dont il était l'intime, et 9 jours après, il succombait du choléra.

En considération de ses longs et importants services, comme pharmacien militaire ; en récompense de ses glorieux travaux dans les sciences et de son inépuisable bienfaisance qui absorbait toutes ses économies, les obsèques de ce savant chimiste ont été célébrées aux frais de l'Etat.

Il a été inhumé au cimetière du Père-Lachaise, près du grand naturaliste Cuvier.

Deux bustes ont été érigés à sa mémoire : l'un, à l'hôpital militaire d'instruction du Val-de-Grâce à Paris, par l'intervention du gouvernement et celle des élèves du corps de santé militaire, l'autre à l'Ecole de pharmacie. — En 1867, le Conseil municipal de Bourg, a reçu pour le Musée de cette ville, le buste en plâtre de Sérullas donné par M. Eugène Sérullas, son parent, membre de la Société d'Emulation de l'Ain.

Voici l'indication des ouvrages principaux de George-Simon Sérullas :

1º *Observations physico-chimiques sur les alliages de potassium et du sodium avec d'autres métaux.* In-8º, 60 pages. Metz, Antoine, 1820.

2º *Second mémoire sur les alliages de potassium et sur l'existence de l'arsenic.* In-8º de 44 p. Metz, Antoine, 1821.

3º *Charbon fulminant ou carbure de potassium et d'antimoine.* Metz, Antoine, 1821.

4º *Moyen d'enflammer la poudre sous l'eau, à toutes les profondeurs, par le seul contact de l'eau. Préparations des matières nécessaires pour obtenir ce résultat.* In-8º. Metz, Antoine, 1822.

5º *Notes sur l'hydriodate de potasse et l'acide hydriodique; l'hydriodure de carbone. Moyen d'obtenir, à l'instant, ce composé triple.* In-8º, 40 pages. Metz, Antoine, 1822.

6º *Sur l'iodure de carbone, moyen nouveau de l'obtenir.* 1823.

7º *Nouveau composé d'iode et de carbone ou proto-iodure de carbone.* 1824.

8º *Nouveau composé d'iode et de carbone ou cyanure*

d'iode. (Mémoire présenté à l'Académie des sciences de l'Institut). Metz, Dosquet, in-8º, 1824.

9º *Observations sur la notice historique publiée par M. Davy, concernant les phénomènes électro-chimiques.* 1827.

10º *Nouveau composé de chlore et de cyanogène.* In-8º, Paris, Thuard, 1828.

Tous les résultats des recherches scientifiques de Sérullas sont consignés dans les recueils des sociétés savantes ou dans les journaux consacrés aux sciences, depuis 1810.

(Orfila. *Notice sur Sérullas*, 1833. — M. Lodibert. *Eloge historique.* Paris, in-8º, 1837. — M. Brault. *Discours à l'inauguration du buste de Sérullas au Val-de-Grâce.* — M. Virey. *Notice nécrologique.* — *Biographie universelle.* — M. Eugène Sérullas. *Notice.* — Biog. : le journal l'*Abeille de Nantua et du pays de Gex.)*

SIBELET (Jean-Pierre), capitaine, officier de la Légion d'honneur, maire de Ferney, né le 4 mars 1763, au Grand-Saconnex, mort à Ferney, le 7 mars 1837.

Entré au service dans le régiment de Foix, le 4 janvier 1781, à l'âge de 18 ans, il en sortit congédié, le 26 mars 1783; mais deux ans après, en 1785, il se faisait admettre au 11e régiment de chasseurs à cheval, et n'aurait obtenu que des grades subalternes sans la révolution française qui éclata bientôt.

Il était *brigadier-fourrier*, le 1er janvier 1794 ; *maréchal des logis*, le 1er avril 1793, et *sous-lieutenant*, le 11 août, même année. Cet avancement fut le prix de sa bravoure et de ses belles actions dans les combats. Sous la royauté déchue, il avait déjà fait les campagnes de 1781 et 1782, devant Genève; sous la République, il débuta par la bataille de Jemmapes, le 6 novembre 1792, où il fut blessé à l'épaule d'un coup de sabre. — Le 16 octobre 1793, au déblocus de Maubeuge, il s'empara d'une pièce de canon et fit plusieurs prisonniers. — Le 26 juin 1794, à la deuxième bataille de Fleurus, ayant vu son colonel entouré de cavaliers ennemis, sur le point d'être fait prisonnier, il s'élança auprès de lui et le délivra. Le 18 septembre suivant, à la bataille de Sprinaut, il dégagea également son chef d'escadrons et un lieutenant de son régiment des mains de l'ennemi. — Le 9 juillet 1796, à la prise de Friedberg, cerné par onze hussards de Kaiser, le sous-lieutenant Sibelet se débarrassa d'eux ; il en tua 5, mit les autres en fuite et délivra 5 chasseurs de son régiment, faits prisonniers. Dans cette affaire, il reçut un coup de sabre sur le côté droit de la tête.

L'année suivante, près de Mayence, il reçut une troisième blessure, un coup de feu à la cuisse droite. — Le 5 avril 1800, au passage du Rhin, sous le commandement du général Moreau, son cheval fut tué sous lui. — A la bataille de Mæskirch, il reçut un coup de feu au genou droit. — Récompensé par le grade de *lieutenant*, le 11 messidor an XII (30 juin 1804), Sibelet sembla redoubler de vigueur dans ses différentes rencontres avec l'ennemi. — Nommé *adjudant aide-major*, le 20 frimaire an XIV (11 décembre 1805), il combattit avec une telle intrépidité à Iéna, qu'il fut fait *capitaine* sur le champ de bataille. Il fut blessé de nouveau, en octobre 1806, à l'affaire de Northausen, où il fut frappé de deux coups de biscayen ; plus tard, d'un coup de feu au pied droit, le 10 juillet 1807, à Elsberg.

Il assista aux batailles d'Ulm, d'Austerlitz, d'Eylau, Friedland et Wagram. — Nommé *chevalier de la Légion d'honneur*, le 14 mars 1806, il reçut, trois ans après, la croix d'*officier du même ordre*, le 15 juin 1809.

Le capitaine Sibelet demanda à être retraité pour cause de blessures ; il ne pouvait plus monter à cheval. Il revint dans son pays natal pour y vivre de sa pension, liquidée le 18 septembre 1809 ; mais la vie active des camps convenait mieux à son tempérament que la paix des champs ; la guerre pouvait encore lui faire courir de nouvelles chances favorables ; il n'avait, d'ailleurs, que 46 ans. Il demanda et obtint d'entrer dans le 145º régiment de ligne, comme capitaine. Il fit, avec ce régiment, les campagnes de 1812 et de 1813. — A la bataille de Bautzen, M. Sibelet reçut sa neuvième blessure, un coup de biscayen qui lui fracassa la cuisse droite. Cette fois, estropié, il lui fallut quitter l'armée. Sa pension de retraite lui fut réglée définitivement, le 15 novembre 1813. Il réunissait, alors, 62 ans, 11 mois et 8 jours de services militaires (années et campagnes comprises).

Le capitaine Sibelet, qui a laissé un journal de ses campagnes, raconte qu'ayant été fait prisonnier, à Friedberg, par les Autrichiens, dans une reconnaissance, il fut abordé par un officier de cette nation, qui lui demanda sa montre. Il pliait le bras pour la tirer de son gousset, lorsqu'il reçut, sur la tête, un coup de sabre asséné par un autre officier ennemi. M. Sibelet irrité, dégaîne, blesse au bras le soldat autrichien qui tenait son cheval, frappe à la tête l'officier agresseur, et s'échappe à toute bride jusqu'au camp français. — A quelques jours de là, pendant un armistice, M. Sibelet rencontre l'officier autrichien qui l'avait blessé; il lui reproche sa conduite; celui-ci explique, alors, qu'ayant vu le prisonnier ployer le bras, il avait cru qu'il allait se défendre et qu'il l'avait prévenu en le frappant. — Cette explication paraissait franche et loyale. M. Sibelet et son adversaire se quittèrent réconciliés.

En 1814, M. Sibelet retraité, maire du Grand-Sacconnex, près de Genève, est obligé de pourvoir à la nourriture des *Alliés*. Un détachement d'Autrichiens est envoyé à Collex, à 3 kilomètres, et l'officier qui le commandait est reconnu par M. Sibelet comme étant son ancien agresseur. « Faites-lui « savoir, dit le maire, que l'officier français, auteur de la « cicatrice qu'il porte sur le front, habite ici, et l'attend. » Le messager s'acquitta de sa commission, et les deux officiers se revirent sans aucune rancune.

En 1815, M. Sibelet, dénoncé au feld-maréchal, baron de Frimont, à Genève, comme étant un bonapartiste des plus dangereux, cet officier général le fit appeler et lui reprocha son attachement à l'empereur Napoléon. — « J'ai toujours « agi ainsi, lui répondit M. Sibelet : je suis resté fidèle à « mon ancien souverain, et je n'en exécuterai pas moins « vos ordres avec exactitude, comme au temps où vous « étiez *sous-lieutenant au régiment de Foix.* » M. de Frimont, né en Lorraine, avait jadis servi dans l'ancienne armée royale; il avait émigré de France, en 1792, et commandait actuellement les troupes autrichiennes. Il parut charmé de la franchise et des sentiments énergiques du maire, et s'entendit avec lui pour éviter les désordres de l'occupation étrangère dans le pays.

Le brave Sibelet, comme maire de Ferney, rendit encore

des services importants à cette commune, par son habile administration et par ses sages conseils; mais il renonça à toute espèce de fonctions publiques, en 1830, et il succomba à 74 ans, honoré, comme il méritait de l'être, au milieu de ses concitoyens dont il fut une des gloires militaires les plus pures.

SIBUET (Benoît-Prosper), baron de l'Empire, général de brigade, officier de la Légion d'honneur, né à Belley, le 9 juin 1773, mort dans le Bober (Silésie), devant l'ennemi, le 30 avril 1813.

Il était frère de M. **George** Sibuet, jurisconsulte et député, et de M. **Marin** Sibuet, qui fut maire de la ville de Belley et membre du Conseil général de l'Ain.

Destiné aux ordres sacrés, le jeune Prosper fit de fortes études classiques au collége de Belley, mais, à 18 ans, entraîné par la vocation des armes, il s'engagea volontairement, le 1er décembre 1791, dans le 2e bataillon de l'Ain, d'où il passa bientôt dans un régiment de cavalerie.

Envoyé à l'armée des Alpes, il commença en 1792, par combattre les montagnards de la Savoie et les habitants du comté de Nice, sous le général de Montesquiou. Il suivit l'armée en Italie où il gagna ses premiers grades inférieurs.

Passé avec son régiment sous les ordres du général Custine, et dirigé sur le Rhin, il assista au blocus de Mayence, par les Autrichiens. Il s'y fit remarquer par sa bravoure dans les différentes sorties de cette place. Dans l'une d'elles, il fut nommé *sous-lieutenant* sur le champ de bataille, le 20 août 1793. — Quelques jours après, le 17 septembre, il fut promu *lieutenant* pour action d'éclat : au combat de Pérestole, il s'était signalé en arrêtant les ennemis avec sa compagnie, bien qu'ils fussent en force. Il eut son cheval tué sous lui dans l'action. — L'année suivante, en Espagne, il reçut deux coups de feu au bras droit et dans les reins, à l'assaut donné par les Espagnols, à la place de Puycerda, près de Barcelonne. — Il fut récompensé par le don d'un *sabre d'honneur* qui lui fut remis par ordre du général en chef Moncey, commandant dans la vallée de Bastan en 1794 (armée des Pyrénées-Orientales).

Incorporé au 16e régiment de cavalerie, le 17 germinal

an III (6 avril 1795), et n'étant pas guéri de ses blessures, il fut détaché de son régiment comme *instructeur*, à l'école de cavalerie de Versailles, où il finit l'année, sans vouloir en commencer une nouvelle dans un poste trop paisible pour son ardeur.

A l'ouverture de la campagne d'Italie de 1796, par le général en chef Bonaparte, M. le lieutenant Sibuet qui avait été remarqué par le général Masséna, fut admis auprès de lui comme *aide-de-camp*. — Il n'avait encore que 27 ans.

Trouvant alors un nouveau théâtre digne de sa brillante jeunesse, il combattit, successivement, à Montenotte, à Cairo, à Millesimo, à Dégo, à Mondovi; puis, suivit son général qui conduisait lui-même sa redoutable colonne d'avant-garde composée de grenadiers, avec laquelle il entra dans Pizzighittone, et ensuite dans Milan. — C'est ainsi que notre compatriote apprit le métier de la guerre, faisant une application active et sérieuse des savantes combinaisons des deux plus illustres guerriers de l'époque (Bonaparte et Masséna). — Le jeune Sibuet, infatigable dans ses fonctions d'aide-de-camp, prit encore une part glorieuse aux journées de Lonato, d'Arcole, de Castiglione, de Rivoli, de la Favorite, où, en 48 heures, Masséna se montra avec son invincible division sur deux champs de bataille séparés, l'un de l'autre, par une distance de 48 kilomètres. — Masséna se dirigea, ensuite, sur Longara, Tarvis, Neumarch, ne s'arrêtant qu'à 100 kilomètres de Vienne. Les Autrichiens écrasés par l'ascendant de nos armes victorieuses, furent obligés de demander un armistice. — Ce fut pendant le cours de cette admirable campagne de 1796, que Masséna conquit ce beau surnom d'*enfant chéri de la victoire*, nom qu'il acheva de justifier dans ses brillants engagements ultérieurs avec le prince Charles d'Autriche.

Plus tard, le même général, après sa victoire de Zurich, fut chargé de la défense de Gênes, contre 40,000 Autrichiens et la marine anglaise. Avec 12,000 hommes seulement, il lui fallut se maintenir, dans cette place, jusqu'à la dernière extrémité, pour attendre des secours annoncés par Bonaparte, mais qui n'arrivèrent pas. On sait que ce siége fut poussé avec vigueur par le général Ott et l'amiral Keith, par terre et par mer, dans le but d'enfermer entièrement les Français dans l'intérieur de la place, en leur enlevant les postes extérieurs.

Le 30 avril 1800, le combat commença à 2 heures du matin et ne finit qu'à six heures du soir. Toutes les attaques de l'ennemi furent repoussées victorieusement. Masséna chargea lui-même avec 4 compagnies. Il se jeta dans la mêlée avec ses aides-de-camp, dont M. Sibuet faisait partie, et décida du succès de cette brillante journée qui coûta à l'ennemi plus de 4,000 hommes, dont 1,500 prisonniers.

Cette victoire rassura momentanément les habitants de Gênes frappés d'épouvante, et pour leur rendre le courage, Masséna reprit l'offensive dès le lendemain, et continua pendant plusieurs jours; mais sa situation devint d'autant plus critique que, sur 60 petits bâtiments qu'il avait envoyés en France et en Corse pour en ramener des subsistances, un *seul* put échapper à la vigilance des croiseurs. — De l'enthousiasme, les assiégés passèrent bientôt au désespoir. Des malheureux, en proie aux horribles angoisses de la famine, remplissaient l'air de leurs gémissements et expiraient abandonnés sur la voie publique. On se disputait les cadavres des animaux morts ; quelques légumes verts étaient les seuls soulagements que l'on pût accorder aux malades, aux blessés qui encombraient les hôpitaux. Masséna refusa même de se rendre au général Mélas qui lui proposait une capitulation honorable. Il supposait que l'intention de l'ennemi était de réunir plus promptement ses forces pour les porter contre le premier consul Bonaparte, alors au pied du mont Saint-Bernard et devant arriver, avec son armée, vers le 20 mai, sur la Ligurie. Ce délai étant passé, Masséna refusa encore de capituler. De là, un bombardement des généraux ennemis qui produisit une irritation extrême et des murmures violents parmi les troupes. Dans cette situation il assembla les chefs de corps sous ses ordres et leur dit : « *Camarades, nous avons rempli notre tâche ; mais qu'il ne soit pas dit qu'on a triomphé de nous. Abandonnons ce vaste tombeau, n'acceptons que nos armes et notre gloire et faisons-nous jour à travers nos ennemis.* » Les officiers répondirent qu'ils étaient prêts à périr avec lui s'il l'exigeait, mais que les soldats démoralisés, accablés de misère, exténués de besoins, se livreraient à la discrétion des Autrichiens, plutôt que de combattre et d'abandonner la ville.

Masséna fit une proclamation aux soldats pour les engager à tenter un dernier effort ; ils restèrent silencieux et, dès lors, il fut forcé d'entrer en négociation avec l'ennemi. Cependant, Masséna ne voulut jamais signer un acte où le mot *capitulation* serait employé, et il fut arrêté que Gênes serait évacuée par l'armée française avec armes et bagages, ou qu'elle se ferait jour à la baïonnette, le lendemain de la rupture des négociations. — Dans une entrevue qui eut lieu le 4 juin entre Masséna, le général Ott et l'amiral Keith, celui-ci lui dit *que la défense était trop héroïque pour que l'on pût lui rien refuser*.

Le lendemain de la signature du traité, Masséna, avec son état-major et ses aides-de-camp, fit voile pour Antibes. Le général Gazan fut chargé de l'évacuation de l'armée française couverte de gloire.

M. Sibuet revint à Belley, au milieu de sa famille et y attendit de nouveaux succès. Il avait reçu son brevet de *capitaine*, le 12 prairial an VIII (1er juin 1800), c'est-à-dire trois jours avant sa sortie de Gênes. Cette promotion était une juste récompense de sa belle conduite dans les différentes sorties pendant le siége ; notamment, en se précipitant sur l'ennemi, à la tête des guides, au combat de Togoletto où il fut blessé de plusieurs coups de feu. — Son intrépidité lui avait valu, dès le mois d'avril précédent, la remise *d'une paire de pistolets d'honneur*, de la part du gouvernement consulaire, par la main de Masséna lui-même. — Proposé pour le grade supérieur, le nouveau capitaine reçut, le 3 avril 1804, l'épaulette de *chef d'escadrons* et les insignes de *chevalier de la Légion d'honneur*.

M. Sibuet vota, en mai suivant, pour déférer au premier consul Bonaparte le titre d'Empereur, et bientôt il reprit les armes sous ses drapeaux.

En 1805, le cabinet anglais parvint à renouer les fils d'une troisième coalition contre la France. L'ordre fut donné à tous les corps de la grande armée, réunie sur les côtes de Boulogne, de s'avancer, à marches forcées, sur le Rhin. Masséna reçut la mission de défendre l'Italie et de couvrir les provinces méridionales de France. M. Sibuet reprit sa position auprès du maréchal Masséna, avec la qualité de *premier aide-de-camp*. On le vit combattre, à ses côtés, sur tous les champs de bataille, dans le but d'empêcher les Autrichiens d'entrer dans le Milanais et de les obliger à se renfermer dans les Etats-Vénitiens.

Le 18 octobre, on battit le prince Charles au passage de l'Adige. — A Caldiero on lui enleva 3,500 hommes et 30 pièces de canon. A Campo-Pietro, on s'empara d'une colonne ennemie de 9,000 combattants commandés par le prince de Soubise, émigré français, qui ne put arriver à temps pour assister à la bataille d'Austerlitz. — Puis, l'année suivante, après la paix de Presbourg, le commandant Sibuet accompagna le maréchal Masséna à Naples, dont le royaume était destiné par Napoléon, à son frère Joseph. A son approche, les Russes et les Anglais, auxiliaires du roi Ferdinand, s'embarquèrent avec précipitation. Gaëte seule refusa d'ouvrir ses portes. Cette place capitula du 7 au 18 juillet 1806. — Après avoir chassé les Anglais de la Calabre et pacifié ce malheureux pays, autant par la modération que par la victoire, l'Empereur confia à Masséna le commandement du 5e corps de la grande armée qui combattait en Pologne contre les Russes, afin de les empêcher de tourner notre ligne d'opération, et pour imposer aux Autrichiens qui épiaient tous nos mouvements à peu de distance de Varsovie. Masséna s'acquitta de cette tâche aussi difficile que glorieuse et fut récompensé par le titre de duc de Rivoli, qui fut une solennelle consécration de ses services anciens et nouveaux.

M. Sibuet fut nommé *major*, le 7 octobre 1807, en quittant son illustre chef. Mais l'affection de Masséna ne pouvait cesser avec les services de son premier aide-de-camp. Il le protégea toujours et c'est pour faire rendre justice aux talents militaires de cet officier supérieur, qu'il connaissait plus particulièrement, qu'il le présenta à l'Empereur, en 1810, pour une nouvelle récompense. M. Sibuet obtint le titre de *chevalier de l'Empire* et une dotation en Westphalie, avec le grade de *lieutenant-colonel*.

L'année suivante, après la malheureuse campagne de 1812, il fut appelé à commander le 147e régiment d'infanterie de ligne, l'un de ceux qui s'étaient le mieux montrés en Russie. Il avait été durement éprouvé, comme son nouveau colonel. — Ce régiment, conduit en Saxe, en 1813, M. Sibuet eut l'occasion de se signaler avec lui après la journée de Bautzen. Enfin, le 26 août de la même année, à la bataille de Dresde, son intrépidité fut mise à une nouvelle épreuve, sous les yeux de Napoléon commandant en personne. Notre colonel chargea brillamment à la baïonnette et réussit à s'emparer de nombreuses pièces de canon. Cette conduite héroïque le fit nommer *général de brigade* sur le champ de bataille. Napoléon le créa *baron de l'Empire* et le fit *officier de la Légion d'honneur*. — Il était arrivé à l'apogée de sa gloire militaire, et déjà il touchait au terme prématuré de sa vie...

Désigné, en effet, pour faire partie du corps d'armée de Macdonald chargé de rejeter le général prussien Blucher, sur Jauer, il dut s'établir fortement sur le Bober, avec le reste de la division Puthod, entre Lowenberg et Bunzlau, de manière à empêcher l'armée de Bohême de secourir Berlin que Napoléon menaçait. — L'Empereur ne doutait pas qu'avec 80,000 hommes victorieux, Macdonald ne remplît parfaitement sa mission. Mais les éléments avaient conspiré contre la réussite de cette entreprise. Le général Sibuet fut acculé, avec sa brigade, sur le Bober dont les eaux étaient débordées, les ponts rompus. La division Puthod ayant remonté le fleuve par la rive droite, n'avait pas usé du pont de Hirschberg, lorsqu'il en était temps, et s'était vue séparée, par d'immenses nappes d'eau, de ses compagnons d'armes qui tendaient vainement les mains du haut de la rive gauche. Le 29 août, revenue à Lowenberg près de Zopten, cette division, réduite de 6,000 hommes à 3,000, par la fatigue, la faim, le froid des nuits, fut assaillie par les troupes de Blucher; elle se défendit vaillamment, mais elle fut écrasée, le 30 août, par les Russes commandés par le général ennemi Langeron.

Le général Sibuet illustra ses derniers moments. Tout ce qu'il était humainement possible de faire pour résister avec une poignée d'hommes, à des masses de Russes et de Prussiens, il l'avait fait; se multipliant, se prodiguant tour à tour, chef et soldat, tantôt la tête qui commande, tantôt le bras qui agit; quand il vit que tout était perdu, que le nombre devait accabler le courage, que, fatalement, il fallait se rendre ou périr, il n'hésita point. D'une voix qui ne trahit d'autre émotion que celle de l'enthousiasme, il demande les aigles de ses brigades. On les lui présente ; il se découvre et les salue. — « Varin, dit-il au colonel du 148ᵉ, prenez votre étendard et imitez-moi. » Ce brave officier n'entend pas la fin de ce noble appel ; grièvement blessé, il tombe aux pieds de son général. Celui-ci saisit le drapeau du 147ᵉ, son ancien régiment, brise la hampe sur le pommeau de sa selle et lance l'aigle dans le Bober. — « Vive l'Empereur ! » s'écrient les soldats, dernier défi qu'ils jettent à l'ennemi, dernier adieu qu'ils adressent à César.

Sibuet promène ses regards autour de lui ; il voit ses lignes rompues, les régiments de Falcon dispersés, Puthod rendant son épée ; il brise la sienne et se précipite dans les flots, non dans l'espoir de les traverser, mais avec la résolution de mourir. Percé de vingt balles, il est renversé de cheval et meurt.

Ainsi s'éteignit, dans une mort volontaire, une vie si courte, si pleine et si riche des faveurs du présent et des promesses de l'avenir. Tombe obscure de tant de braves ! le Bober fut pour lui une sépulture aussi glorieuse que l'avait été pour Morand, dont il avait épousé la fille, le champ de bataille de Lunebourg, et pour Montbrun, son beau-frère, la grande route de la Moskowa.

Le général Sibuet était un des plus brillants et des plus jeunes généraux de l'armée. Sa taille élevée, son air imposant, son visage mâle, bronzé par les soleils d'Espagne et d'Italie, son œil fier, sa parole accentuée, son geste énergique, tout en lui annonçait un caractère ferme et résolu, un homme d'initiative et d'action, un de ces courages qui, dans toutes les occasions et à toutes les heures, sont à la hauteur de tous les dangers, et cependant il est mort à 40 ans, n'ayant exercé son commandement de *général de brigade* que pendant quelques jours seulement.

En 1868, sous l'empereur Napoléon III, le gouvernement, en mémoire de cet intrépide général, donna son nom à l'une des rues nouvellement percées dans Paris. — Ce souvenir peut bien être aujourd'hui effacé ; il ne sera durable que parmi les compatriotes du valeureux Sibuet.

Son nom est cité, dans la *Physiologie du goût*, par son ami Brillat-Savarin, pour un souvenir de jeunesse (art. 25).

SIRAND (Jean - Marie - Antoine - Louis), ancien officier d'administration militaire, membre de la Légion d'honneur, avocat et député de l'Ain, né à Ambérieu (Bugey), le 27 décembre 1772; mort à Bourg, le 13 avril 1840.

Il se trouvait à Paris, faisant des études de droit, à l'époque de la formation des bataillons de volontaires dans l'Ain, en 1792. — Rappelé au sein de sa famille, il ne tarda pas à prendre du service dans l'armée, et fut incorporé dans le bataillon de Saint-Rambert, appelé *Mont-Ferme*, avec lequel il fit plusieurs campagnes de mer, notamment sur le vaisseau de l'État le *Ça-Ira*, contre les Anglais, en mai 1794. Nos vaisseaux se battirent avec un courage opiniâtre ; Villaret-Joyeuse fit faire un feu terrible sur l'ennemi, mais nous ne pûmes le poursuivre. Un combat des plus mémorables dont l'Océan fût le témoin, commença le 31 mai. L'amiral Howe s'avança pour couper notre ligne. Une fausse manœuvre du vaisseau français la *Montagne*, lui permit d'y pénétrer, d'isoler notre aile gauche et de l'accabler de toutes ses forces. C'est là que le vaisseau le *Vengeur* démâté, à moitié détruit et près de couler, refusa d'amener son pavillon. Les Anglais rentrèrent dans leurs ports épouvantés de leur victoire, dit M. Thiers, dans son *Histoire de la Révolution française*, et pleins d'admiration pour la bravoure de nos jeunes marins.

Passé dans l'administration militaire, Sirand se distingua à l'armée d'Italie, dans le service des vivres dont il fut chargé, sous le commissaire des guerres Darcombal. L'ordonnateur en chef de l'armée d'Italie, en 1796, M. Dennié, faisait, dans ses rapports d'inspection, les plus grands éloges de l'activité et de l'intelligence du jeune Sirand, qui continua à servir honorablement, en Autriche, en Prusse, en Pologne, en Russie et en Saxe, de 1800 à 1813.

Rentré dans son pays natal après la campagne de France, en 1814, il fut employé dans l'administration civile : appelé par le nouveau gouvernement des Bourbons, comme conseiller de préfecture, à fournir son utile concours à M. Gauthier de Mornans, remplaçant le préfet Rivet absent, il sut, par son énergie, la sagesse de ses mesures, arrêter les violences de l'armée des alliés, restreindre les prétentions des états-majors et faire respecter les personnes et les propriétés. Cette honorable conduite lui mérita les suffrages de ses concitoyens, qui le nommèrent député au Corps législatif. Il reçut la décoration de *chevalier de la Légion d'honneur*. Plus tard, il se voua à l'étude des affaires civiles administratives, d'abord en qualité de secrétaire général, puis comme chef du conseil de préfecture du département de l'Ain, et employa ses heures de loisir à rédiger des mémoires qui ont mis en relief son savoir, sa facilité et ses vues élevées en économie politique.

On a de lui :

Opinion de M. Sirand, député de l'Ain, sur le projet de loi relatif aux journaux : in-8° de 20 pages. Paris, L.-G. Michaud, 1816. — *Opinion du même sur le projet de loi d'amnistie* : in-8°. Paris, 1816. — *Mémoire pour les propriétaires, les cultivateurs et les habitants du territoire rural au sud de Bourg, contre la mesure de défrichement et la mise en ferme de la totalité du pâturage appelé les Vennes* : in-4°. Bourg, Dufour, 1832. — *Selectœ juris sententiœ, ex titulo codicis de locatione et conductione* (thèse), par J.-M.-L. Sirand, *è loco vulgo*. Ambérieu, in partitione ainni. 1 feuille in-f°, Valentiœ, ex-tipog., J.-J. Viret, 1791.

SONGEON (Jean-Marie), général de brigade, chevalier de l'Empire, officier de la Légion d'honneur, et chevalier de Saint-Louis, né dans le pays de Gex, le 3 avril 1771, mort à Maulette (Seine-et-Oise), le 28 septembre 1834.

Apprenti canonnier dans l'artillerie des colonies, le 10 juin 1787, c'est-à-dire à 16 ans, il était canonnier en 1er et artificier en 1789. Il fit les campagnes de l'île Saint-Domingue pendant trois ans et reçut un coup de feu à la jambe droite, à l'affaire de Saint-Marc, le 10 mars 1790, où il commandait 2 pièces de campagne. — Congédié pour cause de blessures, le 15 octobre 1791, il rentra sous les drapeaux, le 1er mars 1793, et fut élu *capitaine* dans le 5e bataillon des volontaires de son département, le 7 juin suivant ; puis, successivement, *chef de bataillon* et *lieutenant-colonel*, à titre provisoire, dans le même mois de juin.

Envoyé à l'armée des Pyrénées-Orientales, il ne tarda pas à se distinguer par son intrépidité : au col de Viel, dans la vallée d'Arran, à la tête de 50 braves, il enleva une redoute espagnole, tua 30 hommes à l'ennemi, s'empara d'une pièce de campagne et de 24 prisonniers. — Le 24 thermidor an II (11 août 1794), au combat de Saint-Laurent-de-la-Monga, il fit prisonnier le duc de Crillon-Mahon, auquel il sauva la vie, malgré le décret de la Convention nationale qui défendait, sous peine de mort, de faire aucun quartier aux émigrés français.

Le 7 prairial an III (26 mai 1795), il fut blessé d'un coup de feu à la cuisse gauche au combat de Bascara. — A l'affaire des Moulins, le 26 du même mois, il reprit sur les Espagnols le drapeau enlevé à son bataillon. — Attaché le 8 floréal an IV (27 avril 1796), à la 20e demi-brigade de ligne, devenue 11e régiment, il servit avec ce corps, en Italie, jusqu'en 1798, et reçut une contusion au côté droit à la bataille de Castiglione, le 18 thermidor an IV (5 août 1796).

M. Songeon, nommé *chef de bataillon titulaire* dans la 14e demi-brigade de ligne, le 23 frimaire an VI (13 décembre 1797), le général Joubert se l'attacha en qualité d'officier d'ordonnance, en l'an VII (1798). — Appelé au commandement du quartier général de Naples, le 7 pluviôse même année (26 janvier 1799), il passa auprès du général Garnier, en mai suivant, comme aide-de-camp. — Employé au camp de Boulogne en l'an XI (1803), il obtint, le 30 frimaire an XII (22 décembre 1803), le grade de *major* du 28e régiment de ligne, et la *croix de chevalier de la Légion d'honneur*, le 4 germinal suivant (25 mars 1804). — *Colonel* du 53e régiment de ligne, le 12 pluviôse an XIII (1er février 1805), il fit, à la tête de ce corps, la campagne d'Italie de l'an XIV (1805-1806). — Le 26 vendémiaire de cette année, au passage de l'Adige, il eut un cheval tué sous lui. — Nommé *adjudant-commandant*, le 30 mars 1809, il se distingua à la bataille de Salice le 16 avril. — Le 21 du même mois, le vice-roi lui donna le commandement supérieur de la place de Rocca-d'Anfo et de la lisière du Tyrol septentrional. L'Empereur lui accorda le titre de *chevalier de l'Empire*, le 15 août suivant; l'envoya, quelques jours après, en Moravie pour exercer les fonctions de *chef d'état-major* du prince d'Essling, et le nomma, le 1er mars 1810, *commandant supérieur des îles de Room, de Drodrecht et de la Brille.* (armée de Hollande).

Revenu en France, M. Songeon fut chargé, en septembre suivant, d'organiser, à Avignon, les bataillons de marche destinés pour la Catalogne. — Nommé, le 21 mars 1811, *gouverneur de Salamanque,* il fut appelé, le 14 septembre, au commandement supérieur de la Province de Zamora ; puis, à celui de Burgos, le 4 février 1812. — Il se fit encore remarquer à la défense de Saint-Sébastien, le 19 juin 1813, et dans les journées des 25 et 27 juillet suivants. A cette dernière date, il fit 180 prisonniers et fut atteint de deux balles. — Il se couvrit de gloire dans une sortie du 31 août ; défendit la brèche attaquée par l'ennemi et le força, après des efforts multipliés, à abandonner le terrain dont il s'était rendu maître. — Prisonnier de guerre, le 9 septembre, avec la garnison, après 77 jours de siége, il dicta lui-même les articles de la capitalution. Conduit dans les prisons d'Angleterre, c'est pendant sa captivité qu'un décret impérial, du 25 novembre 1813, le promut *général de brigade.*

Rendu à la liberté, le 30 avril 1814, les Bourbons le nommèrent *chevalier de Saint-Louis,* le 13 août, et le gouvernement royal lui donna la mission d'aller en Prusse, pour y négocier l'échange des prisonniers de guerre.

Dans les Cent-Jours, Napoléon Ier l'adjoignit à l'inspection générale de la cavalerie des 14 et 15e divisions militaires. — Après la seconde Restauration, le duc de Feltre, ministre de la guerre, repoussa toutes ses démarches pour son maintien dans l'armée royale, et lui fit liquider sa pension de retraite, le 10 septembre 1816, avec permission de la toucher en Savoie, où M. Songeon demandait à se retirer.

En 1831, le roi Louis-Philippe lui donna la croix d'*officier de la Légion d'honneur,* mais il avait atteint l'âge de 60 ans, et il ne pouvait plus être employé dans l'*état-major général.* Il se retira dans le département de Seine-et-Oise, où il est mort trois ans après sa retraite, en 1834, laissant un nom illustré par ses exploits.

TACON (Jean-Louis-Marie), colonel d'artillerie, commandeur de la Légion d'honneur, chevalier de Saint-Louis et de l'ordre de Saint-Ferdinand, né à Oyonnax, vers 1785, mort à Lyon (Rhône), le 30 mars 1848.

Orphelin, dès son enfance, l'un de ses parents, l'ayant conduit à Paris, lui fit faire ses premières études classiques. — Admis au Prytanée français, le jeune Tacon, élève de la République, en 1793, répondit par de brillants succès aux soins de ses professeurs, et fut reçu à l'Ecole polytecnique en 1795. — Envoyé, après son stage, à l'Ecole d'artillerie de Metz, il fut nommé *sous-lieutenant*, en 1796, et incorporé au 1er régiment d'artillerie, avec lequel il commença ses campagnes aux armées d'Italie, d'Allemagne et d'Helvétie. — En 1809, il était *capitaine* et avait pris part aux dangers et aux fatigues des désastreuses campagnes d'Espagne et du Portugal. Il avait assisté aux batailles d'Oporto, de Medellin, d'Eberberg, de Worgel ; il s'était fait remarquer à Essling et à Wagram. Ce fut dans l'une des attaques qui amenèrent la prise du fort de Marborghetto, que le capitaine Tacon donna l'exemple de son sang-froid et du plus parfait dévouement en procédant, au milieu du feu de l'ennemi, à la reconnaissance de la place assiégée. Sa courageuse persistance l'amena à indiquer avec précision les angles des différents bastions de la place, à tracer exactement les fossés de circonvallation et à fixer l'emplacement des batteries de défense, avec un soin remarquable ; ce qui facilita la prise du fort. Il en fut récompensé par sa nomination de *chevalier de la Légion d'honneur*.

Il combatit, avec intrépidité, à Salamanque, à Vittoria ; devint l'aide-de-camp du général Tirlet, commandant l'artillerie du 2e corps de l'armée d'Espagne. — Chargé de la défense de Saint-Jean-Pied-de-Port, M. Tacon s'y maintint pendant l'hiver de 1814 et ne remit la place, après un long siége, qu'au nouveau gouvernement des Bourbons, en 1815, après la première abdication de Napoléon 1er. — Au retour de l'île d'Elbe, en mars 1815, M. Tacon fut employé sous les ordres du général Foy, qui lui confia le commandement d'une batterie à la bataille de Waterloo. Ce général lui conféra provisoirement le grade de *chef d'escadrons* pour récompenser son zèle et sa brillante conduite dans cette journée ;

mais ce grade ne fut confirmé que 8 ans après, en 1823, lors de la campagne d'Espagne, sous le duc d'Angoulême, après la 2ᵉ Restauration des Bourbons. Ce prince lui fit remettre la *croix de Saint-Ferdinand*. Déjà, le roi Louis XVIII l'avait nommé *chevalier de Saint-Louis*, en 1816.— M. Tacon ayant été maintenu dans l'armée, après la révolution de Juillet 1830, le roi Louis-Philippe l'éleva au grade de *colonel* d'artillerie et le désigna pour *directeur des fortifications de Brest*. Il a été fait *commandeur de la Légion d'honneur* quelque temps avant sa retraite, en 1845, sur la proposition du maréchal Soult. — Retiré à Lyon, avec sa pension, après 40 ans d'honorables services, il est décédé dans cette ville, à l'âge de 63 ans, des suites d'une maladie qu'il avait contractée dans les camps et qui l'avait obligé de se rapprocher le plus possible du foyer de la science médicale pour prolonger ses jours.

M. Tacon avait eu deux frères qui ont également servi la patrie dans les premières années de la République, en 1792. Ils ont succombé sur les champs de bataille de l'Italie. L'un d'eux était capitaine d'état-major à 22 ans.

TISSOT (François), lieutenant, chevalier de la Légion d'honneur, né à Coligny, le 19 janvier 1794, mort à Cuisiat, canton de Treffort, le 5 juillet 1841.

Entré au service, le 9 mars 1792, dans le 2ᵉ bataillon de chasseurs du Dauphiné, devenu 12ᵉ régiment d'infanterie légère, ce brave officier n'avait que 18 ans, lorsqu'il s'enrôla volontairement, animé du désir de défendre son pays. — Il eut la singulière faveur, à l'époque de nos guerres continuelles, de faire son avancement dans le même régiment, c'est-à-dire de rester vingt ans consécutifs sous le drapeau du 12ᶜ régiment léger, témoin de sa bravoure et de ses succès.

Le jeune Tissot débuta à l'armée des Alpes, de 1792 à 1794, passa, ensuite, à celle d'Italie, de l'an III à l'an IV (1795 à 1797). — *Caporal*, le 15 germinal an VIII (5 avril 1800), il suivit son régiment sur le Rhin, sur le Danube, en Hollande, à la grande armée, de 1798 à 1804. — Promu *sergent*, le 15 mars 1806, il fut reçu *chevalier de la Légion d'honneur*, le 28 décembre de la même année, pour sa belle conduite dans tous les combats auxquels il avait pris part. — Le 15 mai 1807, il fut blessé d'un coup de feu au bas des reins, sous les murs de Dantzig. — Le 10 juin suivant, il reçut un coup de baïonnette au sein droit, à la bataille d'Heilsberg, et quatre jours après, le 14 juin, un coup de boulet au genou droit, à Friedland.

Récompensé, le 5 juillet 1808, par le grade de *sous-lieutenant*, en Espagne, il assista à l'affaire du pont de Cabézon, aux batailles de Rio-Secco, de Baylen ; fut blessé d'une balle au bras gauche, le 3 octobre, même année, à l'affaire de Bilbao ; d'un autre coup de feu qui lui cassa le bras droit, le 16 mai 1811, à Albuféra. — Nommé *lieutenant*, le 21 juin 1811, il combattit en Prusse et en Pologne, où il reçut sa sixième blessure, consistant en un coup de feu au cou, le 28 septembre 1812, à la bataille de Laucard.

A partir de la fin de 1811, la santé du lieutenant Tissot avait sensiblement périclité, quoi qu'il ne fût âgé que de 38 ans ; ses marches continuelles et ses blessures le forcèrent à se retirer du service militaire ; il sollicita et obtint sa pension de retraite dont il vint jouir à Cuisiat, auprès de quelques parents qui lui restaient. — Il y est mort en 1841, des suites d'une maladie longue et douloureuse, avec la réputation d'un vaillant soldat et d'un patriote accompli.

TISSOT (Jean-Marie), maréchal de camp, commandeur de la Légion d'honneur, né à Saint-Genis (pays de Gex), en 1771, d'une famille honorablement connue dans la science de la médecine, mort à Valence (Drôme), le 4 juin 1832, à 61 ans.

Elevé au collége de Nantua, il en sortit pour entrer au service, dans le régiment de Darmstadt. Il fut nommé *sous-lieutenant*, à Valmy (1792) ; *lieutenant*, à Jemmapes ; *capitaine* et *chef de bataillon* à l'armée d'Italie (1796-1797) ; *colonel* du 37e de ligne, en Espagne (1808). — Après la paix de Campo-Formio, il fut chargé du commandement de la place de Prévéra, sur la côte de l'Albanie, et s'empara de quatre bâtiments anglais richement chargés, poussés dans le port par le mauvais temps. Bientôt la ville fut attaquée par Ali-Pacha, à la tête de 11,000 hommes. Les Français, au nombre de 600 seulement, résistèrent, pendant plusieurs jours ; mais ils succombèrent et la place fut enlevée de vive force (1798). Le pacha, admirant tant de bravoure, ordonna que le chef des Français fut protégé ; il l'envoya prisonnier à Constantinople, et, de là, à Bursa, dans l'Asie-Mineure, où il souffrit toutes les tortures de l'isolement et de la faim. — Le brave Tissot ne revit la France qu'après la paix d'Amiens, en 1802.

Il vota contre le consulat à vie, et fit toutes les campagnes de l'Empire, jusqu'en 1812, sans obtenir d'avancement. Il eut, en Russie, le bonheur de combattre sous les yeux de Napoléon (1812) ; son vote fut oublié, et dans l'espace de six semaines, il fut fait *major*, *colonel* et *officier de la Légion d'honneur*.

Les événements politiques vinrent arrêter le colonel Tissot dans sa carrière militaire et empêchèrent qu'il ne fut confirmé dans le grade de *général* qu'il avait si glorieusement mérité sur l'Adige, et, en dernier lieu, à Waterloo (1815), à la tête du 92e régiment de ligne. Ce ne fut qu'en 1827, sous la deuxième restauration du gouvernement des Bourbons, qu'il fut nommé *maréchal de camp* et *commandeur de la Légion d'honneur*, après avoir bravement enlevé les faubourgs de la Corogne. — Il est resté jusqu'à sa mort l'ami du général Pajol, et a bien mérité de la patrie. Il est aussi l'une des plus parfaites illustrations du département de l'Ain.

(Brossard. — *Histoire du pays de Gex.*)

TOURNIER (Thomas), capitaine, chevalier de la Légion d'honneur, né à Echalon, en 1803 ; mort à Nantua, le 6 mai 1867.

Entré au service militaire, en 1829, il s'engagea comme soldat au 19e régiment d'infanterie de ligne. L'année suivante, il était sous-officier et suivait son régiment en Algérie faisant partie de l'expédition du général de Bourmont, en 1830.

Le sergent Tournier combattit sous d'habiles chefs : les Lamoricière, les Cavaignac, les Bourbaki, et passa au 1er régiment de zouaves, en 1832, lors de sa formation.

Devenu *sous-lieutenant*, en 1839, il porta l'étendard de ce corps d'élite, où il acquit, par sa bravoure, souvent mise à l'épreuve, les grades successifs de *lieutenant*, en 1844, et de *capitaine*, en 1849. — Il fut nommé *chevalier de la Légion d'honneur*, en 1850.

Arrêté dans sa carrière par une maladie des yeux, contractée dans ce climat d'Afrique si peu hospitalier pour les Européens, surtout aux premiers temps de la conquête, M. Tournier qui, dans les expéditions, au milieu des sables brûlants, avait souffert plusieurs fois de l'ophtalmie, demanda sa retraite avant le temps fixé pour l'obtenir. — Il rentra dans son pays, menacé de cécité complète. — Il espérait encore se montrer utile, dans sa commune, comme maire. Il eut voulu continuer à servir son pays, non plus avec les armes, mais par son intelligence des affaires municipales, et en donnant d'utiles conseils à ses concitoyens; il dut renoncer à cette dernière espérance : devenu entièrement aveugle, il fallut recourir à une opération souvent incertaine et toujours douloureuse. Elle fut vainement tentée, et M. Tournier fut forcé de subir, jusqu'à sa mort, 15 années d'agonie.

Ce vaillant soldat, blanchi avant l'âge, digne et résigné dans son malheur, a montré ce que peuvent, dans un sage, et la foi des martyrs qui soutient l'énergie, et la paix de l'âme qui donne la force d'attendre, sans plainte, l'heure de l'éternité. Elle a sonné pour lui à 64 ans. Il a laissé un nom honoré et glorieux à ses compatriotes du Bugey, qui ne l'oublieront pas.

TONDU (Francois-Henri-Benjamin), brigadier, chevalier de la Légion d'honneur, né le 21 mars 1786, à Pont-de-Veyle, où il est mort, le 13 novembre 1872.

Engagé volontairement à 18 ans, dans le 9e régiment de hussards, il fit la campagne de Pologne, en 1807, avec le 5e corps de la grande armée, sous le général Masséna; il combattit vaillamment à la bataille d'Eylau, où il fut blessé d'un coup de feu au bras gauche. — Tombé de son cheval et fait prisonnier, il fut conduit en Russie, où il resta, pendant deux ans, soumis aux mauvais traitements d'une captivité dure et inhumaine. Il allait être transféré en Laponie lorsqu'il fut échangé. — Rendu, à la paix, le jeune Tondu eut à peine le temps de se remettre de ses souffrances. Il

partit pour l'Allemagne, en 1809, et prit part aux batailles d'Ebersberg, de Wagram, d'Essling et de Raab, en Hongrie, où il reçut un éclat d'obus qui lui fracassa une cuisse.
— Dès le début de la campagne, il avait reçu au visage un coup de feu qui ne lui avait fait qu'une légère blessure ; plus tard, un cavalier ennemi lui mutila deux doigts de la main droite, d'un coup de sabre. Cette fois, M. Alphonse d'Escrivieux, son compatriote, alors capitaine au 10e régiment d'infanterie légère, l'ayant reconnu au milieu des blessés et des morts du champ de bataille de Raab, le fit transporter à l'ambulance, où il fut amputé. Le brigadier Tondu, doué d'une constitution forte et d'un moral énergique, était en voie de guérison, lorsque son général de brigade voulut le présenter à l'Empereur, auquel il avait été proposé pour obtenir la croix de la Légion d'honneur. Mais notre brigadier, se rendant sur le terrain où la revue devait être passée, tomba sur le chemin avec ses béquilles et ne put se relever. Il fallut le porter à l'infirmerie, et, pendant ce temps, Napoléon Ier s'éloigna, oubliant la récompense promise. Tondu, aussi modeste que brave, trouva indigne de lui de tenter aucune réclamation ; il songea plutôt à quitter l'armée qu'il ne pouvait plus servir en cavalier dispos et agile ; il demanda et obtint de rentrer dans son pays natal. Il fut autorisé à prendre son congé en 1810, et revint à Pont-de-Veyle, où il se voua bientôt à la carrière du notariat, en succédant à son père, et en continuant ainsi une tradition de famille qui se perpétue de père en fils, depuis plus de trois siècles, comme un noble patrimoine d'honneur et de probité. — Ensuite il se consacra à l'administration de la commune de Pont-de-Veyle, d'abord, comme *adjoint* ; puis comme *maire*, dans une période de trente ans.

Ce n'est qu'en 1840, sous le gouvernement du roi Louis-Philippe, que la décoration vint trouver l'ancien brigadier et l'honorable magistrat populaire, à qui cette récompense était légitimement due depuis 1809. Elle fut accueillie avec reconnaissance par le vieux soldat et par la population qui applaudit à cette réparation tardive.

M. Tondu n'apportait, dans toutes ses relations publiques et privées, que la bienveillance la plus aimable, l'urbanité la plus parfaite, une indépendance de caractère aussi franche que loyale. — En 1848, il conserva ses fonctions de maire, malgré les agitations du moment ; ses concitoyens, pleins de déférence et d'égards pour lui, surent les lui rendre plus faciles qu'ailleurs. — En 1849, déjà vieux, il se retira librement. — Puis, en 1852, il céda son étude à son fils. — Isolé complètement du monde et des affaires, il regarda d'un œil bienveillant et serein la génération présente et passa ses dernières années dans le calme et la douceur de la vie de famille. — Il est mort en homme de bien, la conscience tranquille, avec la résignation d'un sage.

Il a laissé à tous un bon exemple à suivre ; à sa famille une mémoire pure et sans tache ; à son fils, qui le porte dignement aussi, un nom honorable et respecté.

VACHER (Louis-Claude), lieutenant, né à Bourg, le 22 septembre 1842, mort devant l'ennemi, à Amanvilliers (Moselle), le 18 août 1870.

Fils d'un commerçant aisé de la ville de Bourg, qui lui fit donner une bonne instruction au lycée de cette ville, le jeune Vacher, qui désirait se vouer à la carrière des armes, s'engagea, à 19 ans, et entra à l'école spéciale militaire de Saint-Cyr, le 13 novembre 1861, après avoir satisfait aux conditions par de brillants examens. Deux ans après, il sortait de cette école avec le numéro 45 et passait *sous-lieutenant* au 43e régiment d'infanterie de ligne, le 1er octobre 1863. — Promu *lieutenant*, le 10 août 1868, il pouvait prétendre à un avancement rapide, lorsqu'il fut arrêté prématurément par une mort glorieuse à la bataille d'Amanvilliers, sous Metz, le 18 août 1870 : ce brave officier fut atteint d'un boulet à la tête, en conduisant, avec intrépidité, sa compagnie au feu de l'ennemi. Il avait 28 ans.

Le lieutenant Vacher, intelligent, instruit et laborieux, promettait d'être un officier d'avenir. Il s'était fait remarquer, déjà, par un travail de topographie et d'études militaires qui lui avait été demandé par son colonel, pendant le séjour de son régiment au camp de Châlons, en 1869. Ce début lui avait mérité les félicitations du général inspecteur, celles du ministre de la guerre, et une mention honorable au journal militaire. Sa mort a privé fatalement sa famille d'un bon fils qui lui faisait honneur, et son pays a perdu un officier distingué.

VARICOURT (de). Voyez *Rouph de Varicourt*.

VARLET (Jules-Edouard), médecin militaire principal, docteur en médecine, officier de la Légion d'honneur et décoré du Medjidié, né à Solesme (Nord), le 9 décembre 1810, mort à l'Ecole spéciale militaire de Saint-Cyr, le 28 novembre 1868 ; il était allié à une famille honorable de Bresse.

Son père était originaire de Dunkerque et appartenait à la magistrature. — Après avoir fait avec succès de bonnes études classiques qu'il termina en 1827, le jeune Varlet se voua à la chirurgie militaire. — Admis, le 24 mai 1830, en qualité de *chirurgien élève* à l'hôpital militaire d'instruction de Lille, il vint au Val-de-Grâce de Paris en 1834 et y obtint une mention spéciale. — Au mois d'octobre suivant, il fut dirigé, avec le grade de *sous-aide*, sur les hôpitaux de l'Algérie. Il y séjourna jusqu'au mois d'août 1840. — De retour en France, il fut successivement attaché aux hôpitaux de Metz, du Val-de-Grâce, et des Invalides (1840-1841). — Pendant son séjour à Metz, il fut le premier préparateur du laboratoire de chimie de M. Judas, pharmacien principal de l'hôpital d'instruction et il obtint le premier prix au concours de 1840. — Au Val-de-Grâce, il fut attaché au laboratoire de M. Brault et remporta le premier prix (1841). — Nommé *chirurgien aide-major de 2e classe*, en 1842, il fit partie des ambulances de l'Algérie, et passa, en 1843, au 6e régiment d'infanterie légère, où il fut promu, deux ans plus tard (1845), *chirurgien aide-major de 1re classe* et *chevalier de la Légion d'honneur*.

M. Varlet a donc passé en Algérie, et en deux fois, 13 ans, du 28 octobre 1834 au 18 août 1840, et du 2 octobre 1842, au 10 février 1847. — Ces treize années, les plus laborieuses de la conquête, ont été marquées par d'importants services qui l'ont placé parmi les hommes d'action les plus braves, les plus dévoués et les plus utiles par leur science.

Il a mérité *trois citations à l'ordre de l'armée :*

1º En 1840, par le maréchal Vallée, pendant l'expédition de *Milianah;* 2º en 1843, par le maréchal Bugeaud, à la suite du combat de l'Oued-el-Agen, où il enlevait les blessés du champ de bataille, sous le feu de l'ennemi, pour les soigner ; 3º en 1845, par le général de Lamoricière, pour le combat d'*Aïn-Kébina,* où, remarqué pour ses soins vigilants, il fut décoré *chevalier de la Légion d'honneur.*

Après avoir fait le service du dépôt de son régiment à l'île d'Aix, en 1847, M. Varlet fut détaché à l'armée des Alpes en 1848, et c'est de cette époque que date l'union qu'il contracta, le 17 avril 1849, avec Mlle Troccon, fille du docteur de ce nom, né en Bugey et décédé à Bourg en 1829.

Nommé *chirurgien-major de 2e classe*, en 1851, au 31e régiment d'infanterie de ligne, M. Varlet devint *médecin-major* de 2e classe par décret organique du 23 mars 1852. A la suite de son concours pour les hôpitaux, dans lequel il obtint la *première place*, il fut envoyé à l'armée d'Orient, le 25 avril 1854. Là, on le retrouve dans les hôpitaux de Constantinople, luttant contre le typhus avec l'abnégation et le dévouement qui lui sont propres. Atteint lui-même par le terrible fléau, il dut rentrer en France ; mais il y rapportait le germe de l'affection morbide à laquelle il a succombé.

Placé, d'abord, à l'hôpital de Saint-Omer, il changea de poste ensuite, et fut envoyé à l'hôpital de Valenciennes en 1863. — L'année suivante, il obtenait le grade de *principal de 2e classe,* et passait le 24 octobre 1865, à l'Ecole spéciale militaire de Saint-Cyr, comme *chef de service.* Il y reçut la *croix d'officier de la Légion d'honneur,* le 11 août 1867.

M. Varlet était proposé et classé, depuis deux années, pour le grade de *médecin principal de 1re classe* qu'il allait obtenir prochainement, lorsque la mort est venue le frapper, le 20 novembre 1868, à l'âge de 58 ans. — Il s'était résigné avec une ferveur toute chrétienne. Son dernier mot fut un appel à Dieu......

Il réunissait 38 ans de services et 14 campagnes.

Pendant toute sa carrière, praticien aussi instruit qu'habile opérateur ; il a joui, à juste titre, dans toutes les positions qu'il a occupées, de l'estime et de l'affection générales. — D'une honorabilité parfaite, il possédait une qualité plus rare, la *modestie*... Il a doublement fait honneur à la médecine militaire par la considération qui l'environnait et par la confiance qu'il inspirait. Il a été une perte réelle pour l'armée, dont M. le lieutenant-colonel Hanrion, commandant en second de l'École militaire de Saint-Cyr, a été le digne interprète dans le discours que cet officier supérieur a prononcé sur la tombe de M. Varlet.

Il est à regretter que ce savant n'ait pas publié les écrits qu'il avait eu l'occasion de réunir pour en faire bénéficier la science; le temps lui a manqué. Cet héritage appartient à son frère, également médecin, qui réparera, sans doute, ce dommage involontaire.

La dépouille mortelle du défunt, amenée à Bourg par Mme Varlet, née Troccon, a été déposée dans un tombeau de famille au cimetière de Challes. Cette cérémonie a eu lieu le 26 novembre 1868.

VESIN (Jean), sous-intendant militaire, chevalier de la Légion d'honneur, né à Lyon, vers 1768, de parents originaires du Bugey; mort à Gradara (Etats-Romains), le 5 janvier 1838.

En 1793, n'ayant que 25 ans, il s'enrôla sous la bannière de Précy, défenseur de Lyon, et supporta avec courage et fermeté, les privations et les périls du siège entrepris par les troupes de la Convention nationale. Poursuivi, après la reddition de cette ville, le jeune Vesin ne put échapper aux dénonciations qu'en se réfugiant, comme soldat, dans les rangs de l'armée républicaine appelée à défendre le sol menacé de la patrie. Il n'hésita pas à se faire soldat dans le 25e régiment de ligne où il obtint ses grades inférieurs pendant la campagne d'Italie, de 1794 à 1798. — Devenu officier, il fut autorisé à occuper à Milan, dans les bureaux du ministère de la guerre lombard, un emploi de directeur du personnel. — Revêtu d'un caractère officiel dans un emploi de confiance, en pays conquis, M. Vesin s'appliqua à rendre sa mission honorable et intègre. Il demeura ferme et inaccessible aux séductions qui pouvaient satisfaire son ambition et lorsqu'arriva, pour la France, le temps des revers, il rentra dans sa patrie sans avoir augmenté sa fortune, mais avec une conscience pure, ayant acquis des connaissances pratiques très-étendues en administration. M. Vesin fut nommé en France, *inspecteur aux revues.* Il apporta dans ses nouvelles fonctions le même désintéressement et le même esprit d'ordre qui l'avaient fait remarquer en Italie. Il en fut récompensé par la croix de *chevalier de la Légion d'honneur*, avant les derniers jours du premier Empire.

Placé, en 1817, comme *sous-intendant militaire*, dans le nouveau cadre administratif formé des commissaires des guerres, des inspecteurs aux revues et des ordonnateurs réunis en un seul corps, il fut employé au ministère de la guerre à Paris, puis, successivement, dans plusieurs divisions de l'intérieur, où ses talents et son activité, mis à l'épreuve, lui méritèrent, partout, l'amitié et l'estime de ses chefs.

Admis à la retraite en 1825, il se fixa à Bourg, auprès de plusieurs membres de sa famille, et partagea son temps entre les sciences et la littérature qu'il avait toujours aimées. Membre de la société d'Émulation et d'Agriculture de l'Ain, il fut chargé du soin de la bibliothèque et des collections d'histoire naturelle. Il s'y est montré toujours aussi dévoué que laborieux. — Ses connaissances littéraires étaient variées. Il possédait une distinction naturelle qu'une excellente éducation avait rendue aimable pour tous ses confrères. — Le souvenir de M. Vesin est resté cher dans le département de l'Ain, où il n'a laissé que des amis et des admirateurs sincères.

(Garadoz. — *Notice sur M. Vesin, 1839.* — Depery. *Biog. des hommes célèbres du département de l'Ain, 1840.*)

VEZU, famille bourgeoise de Virieu-le-Grand, en Bugey, qui a produit plusieurs hommes de guerre distingués dans la marine et l'armée de terre.

Une branche de cette maison, dont le chef se nommait **André** Vezu s'établit, au XVIIIe siècle, à Montbuisson, commune de Crans, en Dombes ; l'un des fils, **Louis** Vezu, greffier de la justice, devint notaire, en 1780, à Meximieux, et fut *député de l'Ain au conseil des Cinq-Cents*, en l'an VII (1799). — Il eut pour frère **Joseph** qui, s'étant engagé, jeune, dans l'armée royale, parvint au grade de *général de brigade*, au moment de la Révolution française de 1792.

Admis dans l'armée républicaine, il servit dans le Nord, sous les ordres du général en chef Jourdan. Le peu de renseignements parvenus jusqu'à nous, portent que l'ennemi qui s'était concentré entre la Meuse et l'Escaut, en avant de Maubeuge, investi par Vezu, fût vaincu à la journée de Watigny, et que notre général, s'étant jeté résolument sur les Autrichiens, sauva notre frontière et Maubeuge, en portant secours à deux divisions assiégées. Il fut blessé d'une balle au cou, dans cette bataille. — Le général Vezu, dont les principes étaient dévoués à la République, refusa, dit-on, de prêter serment au nouveau gouvernement de Napoléon Ier, après le 18 brumaire, et se retira à Soissons (Aisne), où il se fixa. — En 1814, les alliés qui se jetèrent sur la France, ayant mis le siège devant cette ville, elle fut prise et reprise alternativement quatre fois par les étrangers et les Français; ces derniers furent forcés de capituler pour éviter un bombardement. Le général Vezu s'y distingua, comme *simple soldat*, et lorsque le général Rusca, Piémontais, qui commandait la place assiégée, fut tué, notre compatriote fut acclamé pour commander l'artillerie. Il reçut une blessure grave à la tête et se retira noblement devant les vainqueurs. Il n'a pas quitté Soissons où il est mort en 1827.

Amé-François, neveu du précédent, capitaine de frégate, né à Meximieux, le 13 mai 1772, mort en mer, le 8 juin 1796. — Il était fils aîné de **Louis** Vezu, notaire à Meximieux, et de *Barbe Lavenière*, fille d'un procureur en la justice du marquisat de Meximieux.

Entré, fort jeune, dans la marine militaire, vers 1790, Amé-François avait 24 ans lorsqu'il obtint le commandement de la corvette *la Brillante*, qui devait s'opposer aux Anglais croisant sur les côtes de Bretagne, dans le but de soutenir l'insurrection vendéenne ; le jeune capitaine fut attaqué par des forces supérieures aux siennes, se défendit avec un courage héroïque ; mais sur le point d'être capturé par l'ennemi, il fit sauter son bâtiment plutôt que de se rendre, et disparut dans les flots, le 20 prairial an IV (8 juin 1796).

Jacques-Paul-Clément, frère du précédent, baron de l'Empire, colonel, officier de la Légion d'honneur. Il était l'aîné des fils issus du second mariage de **Louis** *Vezu*, notaire, avec Mlle *Louise Plantier*. — Il naquit à Meximieux, le 25 janvier 1777, et mourut à Vieux-Château en Saxe, le 24 décembre 1813.

Entré, à 20 ans, comme volontaire dans l'armée, il débuta dans la 22º demi-brigade d'infanterie légère en Italie, en 1796. — Il se trouvait, à Paris, avec le corps des grenadiers du général Leclerc, au 18 brumaire an VIII (9 novembre 1799), lorsqu'il fut commandé comme *lieutenant* pour pénétrer, avec son bataillon, dans la salle des Cinq-Cents, au Luxembourg. A la vue des baïonnettes, les députés poussèrent des cris d'indignation ; un roulement de tambours couvrit leurs voix... *Grenadiers, en avant !* commanda l'officier, et les grenadiers entrèrent dans l'enceinte, dispersèrent les députés qui s'enfuirent par les couloirs et par les fenêtres. En un instant, le local fut évacué et Bonaparte resta maître de la place.

Le 2 décembre 1805, le chef de bataillon Vezu assista à la bataille d'Austerlitz et passait *chef de brigade* (colonel) en 1808, commandant le 16º régiment de tirailleurs de la jeune garde impériale. Il suivit, en cette qualité, l'empereur Napoléon Ier au congrès d'Erfurt, où il reçut pour marque de distinction, des mains de l'empereur Alexandre de Russie, une magnifique *bague en diamants*, conservée dans la famille. — Le 2 juillet 1809, le colonel Vezu prit part à la bataille de Wagram, sous les ordres du général Berthier dont la valeur décida du sort de l'action. Notre colonel, qui s'était fait remarquer par de brillantes charges à la baïonnette, fut récompensé par la *croix d'officier de la Légion d'honneur ;* puis il fut nommé, le 26 août 1813, *baron de l'Empire*, sur le champ de bataille de Lutzen, en Saxe. — Le 19 octobre suivant, après une défense désespérée à Leipsig, il eut la douleur de voir son régiment presqu'anéanti, lors de la retraite de nos troupes devant un ennemi de beaucoup supérieur en nombre. Epuisé de fatigues et de chagrins, le colonel atteint du typhus, succomba à l'ambulance, où il était entré couvert de blessures.

Jean-Marie-Louis, frère du précédent, chirurgien militaire, né le 29 janvier 1784, à Meximieux, où il est mort le 14 décembre 1822.

Elève du collége de Lyon, il avait commencé ses études médicales dans cette ville; il alla les terminer à Paris où la conscription le surprit au milieu de ses examens en 1804. Il partit pour l'armée avec le grade de *sous-aide*. Il fit les campagnes d'Allemagne et celles d'Espagne en 1805 et 1808. — Promu successivement *aide-major* et *chirurgien-major*, il fut nommé chef du service de santé au 3e régiment d'infanterie légère et ne cessa de s'y faire remarquer par ses talents et son habileté. — Il se montra aussi vigilant que brave en prodiguant ses soins aux blessés des champs de bataille d'Ulm, d'Austerlitz, d'Iéna, de Friedland et d'Essling, où il fut blessé le 22 mai 1809. — Il se trouvait encore en Espagne en 1811, lorsqu'il reçut une nouvelle blessure au siège de Figuières qui l'obligea à rentrer en France, avec un congé, pour se faire traiter dans ses foyers. — En 1815, le docteur Vezu reprit son service médical à l'armée, pendant les Cent-Jours, au retour de Napoléon, de l'île d'Elbe, et mérita des éloges pour sa belle conduite à Waterloo. — L'Empire s'écroula et notre chirurgien rentra à Meximieux, où il fut retraité en 1816. — Il s'y est marié, le 11 février 1819, avec Mlle Antoinette Georges dont il a eu plusieurs enfants.

M. Jean-Marie-Louis Vezu, mort prématurément à 38 ans, a laissé, dans la contrée, une réputation bien méritée de savant praticien et de bon patriote.

Il avait combattu dans l'armée impériale avec deux de ses frères cadets qui sont morts avant lui :

1º **Louis-François-Agathe**, lieutenant au 5e régiment d'infanterie légère, né le 5 février 1786, fait prisonnier de guerre en Espagne et mort sur les pontons anglais, en 1810.

2º **François-Clément**, lieutenant, né le 2 novembre 1790, tué à la retraite de Moscou, au passage de la Bérésina, en 1812.

VICAIRE (Jules), lieutenant de vaisseau dans la marine impériale, chevalier de la Légion d'honneur, et décoré de l'ordre du Medjidié, né en 1836, à Ambérieu en Bugey, où il est mort le 7 mai 1867. Il était fils d'un notaire et neveu d'un directeur général des forêts, du même nom.

Brillant élève du collége de Bourg, il fut admis à l'école navale à la fin de 1852 ; la guerre de Crimée en fit, avant le temps, le 21 juillet 1854, un aspirant de 2e classe. Embarqué sur le *Valmy*, il contribua, dans la mer Noire, au transport des troupes du camp de Varna, au milieu de la terrible épidémie de choléra qui les décimait. L'année suivante, embarqué sur le *Montebello* devant Sébastopol, il prit part à l'attaque des forts par la flotte, puis à l'expédition de Kinburn, sous l'amiral Bruat, à l'état-major duquel il appartenait et dont il avait conquis toute l'estime et le plus bienveillant intérêt. Décoré de l'ordre du Medjidié sur la proposition de l'amiral, il rentra avec lui en France et eut le chagrin de perdre dans la traversée son chef affectionné.

Bientôt après, en juin 1856, Jules Vicaire, attaché à l'état-major du contre-amiral Jurien de la Gravière, s'embarqua sur l'*Algésiras*, vaisseau faisant partie de l'escadre d'évolutions de l'Adriatique ; il stationna devant Raguse et fut nommé *enseigne de vaisseau* en août 1858. — L'année suivante, embarqué sur la flotte destinée à opérer dans l'Adriatique pendant la guerre d'Italie, il croisait devant Venise, lorsque fut signée la paix de Villafranca.

La même année, sur le transport la *Loire*, Jules Vicaire partit pour la Chine et fit toute la première campagne sous les ordres de l'amiral Charner. L'année suivante, il prit part à l'attaque des forts du Peï-ho, passa l'hiver en Chine, puis, en 1861, arriva en Cochinchine et concourut à la prise de Mytho ; la chaloupe qu'il commandait perdit, en trois jours, quatre hommes du choléra. Il resta dans ces parages meurtriers jusqu'au printemps de 1862, et rentra en France par le Cap, après une longue et difficile navigation.

Le 16 février suivant, notre marin repartit pour la Chine et la Cochinchine sur le *d'Entrecasteaux*, comme *second*. Ici se place un acte de sang-froid qui le fit signaler : dans la station du Cap, les deux chaînes d'ancre du navire cassent pendant la nuit ; le capitaine était absent ; le bâtiment court en dérive sur un vaisseau américain et sur les roches de l'entrée de la baie ; une manœuvre heureuse permet de doubler le phare de Rousan-Rock, et donne à un bâtiment anglais le temps de venir au secours. Jules

Vicaire eut tout le mérite et tous les honneurs de cette conduite courageuse. Il fut pendant cette traversée nommé *lieutenant de vaisseau*. Dans le mois d'août 1863, il prend le commandement d'une canonnière, contribue à la répression des indigènes insurgés et fait, à l'intérieur, plusieurs excursions avec l'amiral de La Grandière. La croix de la Légion d'honneur récompensa de si honorables services ; il n'avait que 27 ans.

Rentré en France par Suez, en septembre 1865, à l'époque où le choléra sévissait en Egypte et dans les ports du midi de la France, Jules Vicaire ressentit les atteintes de ce terrible mal et vint à Ambérieu, son pays natal, pour se reposer de ses grandes fatigues, au milieu de ses parents alarmés de tant d'épreuves. Cependant son courage n'était point affaibli; il repartit, en novembre, en qualité de second sur le *Dragon*, bâtiment-école pour les mousses arabes. Puis sa santé qu'on croyait rétablie, à laquelle on pensait que le climat d'Afrique conviendrait, fut de nouveau atteinte; après un séjour de deux mois à l'hôpital d'Alger, il fait appel à ses forces, prend la mer et vient débarquer à Marseille où l'attendait sa famille... Il arriva le 20 avril à Ambérieu; quinze jours après, il expirait avec une douce résignation et pénétré de la reconnaissance la plus touchante pour ceux qui l'entouraient; il s'est éteint au milieu de l'affection et des témoignages de tendresse de tous les siens et plein d'espérances chrétiennes dans un monde meilleur.

Telle fut, en l'espace de douze années presque entièrement passées à la mer, la vie de Jules Vicaire. Il avait la bravoure, le sang-froid et la résignation qui sont les qualités distinctives du marin ; il avait surtout, comme toutes les âmes bien trempées, l'austère sentiment du devoir et la modestie qui le faisaient se soustraire à l'éloge le mieux mérité.

Il a porté dignement son nom, cher à la contrée qui en conservera le souvenir.

(*Courrier de l'Ain*, 1867.)

VILLETARD de la GUÉRIE, chef de bataillon, officier de la Légion d'honneur, commandant du fort l'Ecluse, en 1815.

Cet officier supérieur, d'une grande bravoure et bien connu du maréchal Suchet, sous les ordres duquel il avait servi dans les campagnes d'Espagne, s'était enfermé dans le fort l'Ecluse, avec un détachement de retraités du pays de Gex, commandé par le lieutenant *Brigad*, de Collonges. Il y avait 15 canonniers sous les ordres du capitaine *Magdelaine;* une compagnie de gardes nationaux mobilisés de la Haute-Saône; le lieutenant du génie *Gauthier;* un garde du génie; un garde d'artillerie et M. *Rendu de Léaz*, médecin. — Les Autrichiens, après avoir forcé le passage de Logras et de Farges, défendu par les corps francs du département de l'Ain, et repoussé trois reconnaissances dirigées par M. Villetard, établirent leur quartier général dans le Pré de la Grange. Ils portèrent leurs pièces de siége sur le mont de Wuache et attaquèrent la redoute du grand *Mauregard*, le 5 juillet 1815. Elle était défendue par une compagnie de gardes nationaux mobilisés, sous les ordres du capitaine *Lélu* et par 12 canonniers commandés par le lieutenant du génie Gauthier. — L'ennemi s'était partagé en 3 colonnes. Il éprouva la plus grande difficulté à s'avancer à travers les broussailles et les rochers. Cependant, après deux heures d'efforts tentés pour opérer une vigoureuse résistance, les défenseurs rentrèrent dans le fort vers les huit heures du soir. Le même jour, l'ennemi avait commencé à tirer sur le fort avec une première batterie établie sur le chemin de la rive gauche du Rhône, composée de 2 pièces de canon et d'un obusier. Il envoya un parlementaire, après la prise de la redoute de Wuache, pour proposer une capitulation. — Cette proposition fut repoussée. Le 6 juillet au matin, une nouvelle batterie ouvrit son feu plongeant sur le fort. A peine 100 obus étaient tombés, que le feu avait pris aux fourrages, gagné le bois de chauffage et l'ancien bâtiment de la chapelle. — Pendant que les uns éteignent l'incendie, les autres veulent forcer le commandant à capituler. Il résiste avec énergie. A la nuit du 6 au 7, le tir des pièces cessa complètement. Le 7 juillet, le combat d'artillerie recommença à la pointe du jour : vers sept heures du matin, le bâtiment de la porte de Genève s'écroula. Toute la charpente tomba en moins de dix minutes, et le bâtiment se trouva en flammes. Trente-deux hommes furent ensevelis dans les ruines et périrent écrasés ou blessés. Deux pièces de canon restèrent sous les décombres. Le capitaine Magdelaine en fut retiré sans connaissance et grièvement blessé d'un éclat d'obus, en cherchant à éteindre le feu. Il n'y avait plus de moyens de défense du côté de Genève et le commandant, sentant l'impossibilité de résister plus longtemps, fit hisser le drapeau blanc. Le feu de l'ennemi cessa.— M. Villetard monta, alors, dans les étages supérieurs pour en réunir les défenseurs; mais à peine avait-il quitté le fort que la petite garnison mit bas les armes et se rendit à discrétion. Le commandant propose à ceux qui l'entourent de se faire jour à travers les postes autrichiens pour regagner l'armée française. Le lieutenant Gauthier et quelques hommes s'offrent à le suivre, et cette petite troupe, après 48 heures de marche dans les monts Jura, parvint, à travers mille périls, à rejoindre les avant-postes français, à Champagnole.

C'était le dernier obstacle qui arrêtait les Autrichiens dans leur marche : dès lors, le département de l'Ain tout entier leur fut ouvert.

(Béatrix. — *Histoire du pays de Gex*. 1851.)

VINCENT (Constant-Louis), capitaine, né à Hauteville en Bugey, vers 1810, mort à Constantinople, le 25 décembre 1855. — Il était neveu du général Baillod. — Entré au service militaire, en 1832, il était *sous-lieutenant*, en 1840, et *capitaine* en 1849, au 98e de ligne (ancien 23e léger).

Resté malade en Grèce, au moment du départ de son régiment, pour la Crimée, en 1864, il s'était hâté de le rejoindre sans que sa santé fut complétement rétablie. — La première nuit passée à la tranchée lui rendit la fièvre, dont il a succombé.

VINCENT (Charles-Humbert-Marie de), baron, maréchal de camp, chevalier de Saint-Louis, né à Bourg, le 21 mars 1753, mort à Bayonne (Basses-Pyrénées), le 27 juillet 1831.

Il était fils de **Louis-Dominique** *de Vincent*, avocat et syndic général du Tiers-Etat, qui avait été récompensé des services rendus à la province de Bresse par des lettres de noblesse, en 1784.

Le jeune Charles-Humbert-Marie entra, comme sous-lieutenant, à l'École de Mézières, le 1er janvier 1773; il en sortit, le 18 janvier 1775, avec le grade d'*ingénieur* (lieutenant en premier), et fut nommé *capitaine*, le 23 mars 1786. — Envoyé, l'année suivante, à l'île Saint-Domingue, comme chef du génie militaire, il y demeura jusqu'en l'an IX (1800), non sans avoir fait en France plusieurs voyages à différentes époques, notamment en 1791, où il reçut la *croix de Saint-Louis*. Il avait déjà fait un séjour de 5 ans dans l'île, où il avait épousé, la même année, Mlle de Magnan, riche héritière, qui mourut en Toscane, près de Pise, le 12 février 1794. — M. de Vincent, témoin de la révolte des noirs, de l'attaque et de l'incendie du Cap, en juin 1793, fut envoyé en France pour porter la nouvelle de ces désastres et fournir des notes diplomatiques sur les événements de notre colonie.

Nommé *chef de bataillon*, le 1er germinal an III (21 mars 1795), et *chef de brigade*, le 21 ventôse an IV (2 mars 1796), il fut chargé du commandement en chef du génie de la colonie, de 1797 à 1799. — Dès 1795, il avait reçu l'ordre de se rendre à Philadelphie pour demander aux États-Unis des explications sur leur traité avec l'Angleterre. Il devait même y rester comme ministre; mais on révoqua la mesure et M. de Vincent revint à Saint-Domingue pour exercer les fonctions de *directeur des fortifications des îles*.

Trois ans après, l'agent français Roume l'envoya à Paris, afin de faire connaître au Directoire la triste situation de la colonie. Il n'avait pu obtenir de résultat satisfaisant, lorsqu'il assista à la révolution du 18 brumaire. — Cependant le premier consul Bonaparte, éclairé par M. de Vincent sur les événements de l'île Saint-Domingue, prit un arrêté portant que le colonel de Vincent, l'ex-commissaire Raynaud et le général Michel, qui avait déjà servi outre-mer, partiraient sans délai, porteurs de la proclamation des consuls énoncée ci-après :

« Citoyens,

« Une constitution qui n'a pu se soutenir contre des « violations multipliées est remplacée par un nouveau pacte « destiné à affermir la liberté; — l'art. 91 porte que les « colonies françaises seront régies par des lois spéciales. —

« Cette disposition dérive de la nature des choses et de la
« différence des climats. — Les habitants des colonies
« françaises, situées en Amérique, en Asie, en Afrique,
« ne peuvent être gouvernés par la même loi. — La dif-
« férence des habitudes, des mœurs, des intérêts, la
« diversité du sol, des cultures, des productions exigent
« des modifications diverses. — Un des premiers actes de
« la nouvelle législation sera la rédaction des lois destinées
« à vous régir. Loin qu'elles soient pour vous un sujet
« d'alarmes, vous y reconnaîtrez la sagesse et la profon-
« deur des vues qui animent les législateurs de la France.
« Les consuls de la République, en vous annonçant le nou-
« veau pacte social, vous déclarent que les principes de la
« liberté et de l'égalité des noirs, n'éprouveront jamais
« parmi vous d'atteinte, ni de modification.
« S'il est dans la colonie des hommes mal intentionnés,
« s'il en est qui conservent des relations avec les puissances
« ennemies, braves noirs, souvenez-vous que le *peuple*
« *français seul reconnaît votre liberté et l'égalité de vos*
« *droits*, etc. »

La députation était, en outre, chargée d'apprendre à Toussaint-Louverture, que le gouvernement consulaire le maintenait dans son emploi de général en chef. Cette mission n'était pas sans danger: M. de Vincent l'accomplit, non sans user de précautions contre la mauvaise volonté des noirs et l'exaltation dont ils étaient animés contre la France. Revenu à Paris, à l'époque de la paix d'Amiens, notre colonel n'y vit pas ses conseils mieux écoutés qu'à Saint-Domingue et, malgré la sagesse de ses vues, les événements s'accomplirent sans qu'aucune mesure prudente en retardât la marche.

Placé en qualité de directeur des fortifications à Amiens (Somme), le 9 pluviôse an XI (29 janvier 1803), il passa à Bayonne avec le même titre. C'est dans cette place qu'il reçut, sous la date du 19 frimaire an XII (10 décembre 1804), la décoration de la Légion d'honneur et, le 25 prairial suivant, celle d'*officier* du même ordre. — Lors de la réunion des troupes françaises à Bayonne, sous les ordres du général Junot, en 1807, il reçut l'ordre de prendre le commandement en chef du génie du nouveau corps d'armée qui devait bientôt pénétrer en Portugal. — Après la prise de Lisbonne (1er décembre 1807), et la conquête du Portugal, le colonel de Vincent fut chargé de pourvoir à la défense des places conquises. Rentré dans sa direction, à Bayonne, au commencement de 1809, il obtint, le 22 septembre 1814, le grade de *maréchal de camp honoraire*. Il fut nommé *maréchal de camp titulaire*, le 28 août 1815, et admis à la retraite, le 18 octobre de la même année.

On raconte qu'en diverses occasions, il eut, dans sa carrière, de vives discussions avec l'empereur Napoléon Ier; ce qui lui valut quelques disgrâces. Lorsque ce monarque se rendit, en 1814, à l'île d'Elbe, il y trouva pour gouverneur, le général de Vincent qui, alors, changeant de caractère par déférence pour le malheur, se montra doux et conciliant. Un jour Napoléon l'aborda en lui disant : *Ah ! général, si je vous avais écouté dans ma prospérité, je ne serais pas ici aujourd'hui.*

M. de Vincent a laissé des écrits remarquables sur l'*art des fortifications*; en outre, des *notes utiles et des observations intéressantes* dans la collection *des mémoires pour servir à l'histoire de France sous Napoléon*, et sur *l'histoire de la révolution de Saint-Domingue*. Paris, 1824, in-4°.

VINCENT (Louis-Charles-Marie de), fils du précédent, baron, ancien officier supérieur, commandeur de la Légion d'honneur, ancien préfet du Rhône, conseiller d'Etat et sénateur de l'Empire.

Né au Cap français, dans l'île Saint-Domingue, le 8 septembre 1793, mort à Passy, près Paris, le 16 avril 1872.

Le jeune de Vincent embrassa, de bonne heure, la carrière militaire. — Admis, à l'âge de 16 ans, à l'Ecole de Saint-Germain, il en sortit, deux ans après, *sous-lieutenant*, et rejoignit la grande armée, en Russie, vers 1812. — Officier dans le régiment de chevau-légers, il prit une part active à toutes les batailles des dernières années de l'Empire, notamment à celles de la Moskowa, de Bautzen, de Lutzen et de la campagne de France. Il combattit héroïquement à Waterloo. — Capitaine en 1816, il fit la campagne de 1823, en Espagne, sous le duc d'Angoulême, et se retira du service actif en 1825.

Après la révolution de Juillet en 1830, il entra dans l'administration ; devint sous-préfet de Toul en 1835. — Révoqué en février 1848, par le gouvernement de la République, il fut réintégré, la même année, comme sous-préfet du Havre ; puis, fut appelé successivement aux préfectures du Lot et du Jura. — En 1851, il fut nommé préfet du Rhône ; l'année suivante, il était conseiller d'Etat; puis sénateur, par décret impérial du 16 août 1859. — Il se montra souvent le défenseur de la cause du pape. — Il avait un fils officier aux chasseurs à pied de la garde, qui fut tué glorieusement à Magenta, pendant la guerre d'Italie, en 1859.

M. le baron de Vincent a laissé, à l'exemple de ses ancêtres, dans le département de l'Ain, une mémoire honorée.

SUPPLÉMENT

Décès survenu pendant l'impression

BAILLOD (Edme), baron, intendant divisionnaire, commandeur de la Légion d'honneur, commandeur de l'ordre de Saint-Grégoire-le-Grand, décoré de Medjidié et de la médaille anglaise de Crimée; né à Valognes (Manche), le 30 août 1814; mort à Rennes (Ile-et-Vilaine), le 3 août 1873.

Il était le fils aîné de **Jean-Pierre** Baillod, baron de l'Empire, général de division, né à Songieu en Bugey, et l'une de **nos** illustrations militaires du département de l'Ain.

Le jeune Edme fut mis, à 9 ans, au collège royal de Louis-le-Grand, à Paris, où il fit de brillantes études ; à 19 ans il était reçu à l'Ecole polytechnique et aurait pu sortir avec l'un des premiers numéros, lorsqu'il y fut atteint d'une terrible maladie des yeux, qui lui fit perdre trois mois d'un temps précieux, dans sa seconde année d'études, par suite du repos absolu prescrit par les médecins. — Edme entra à l'Ecole d'application de Metz, de 1835 à 1837, fut nommé, à cette dernière date, *lieutenant* au 2ᵉ régiment du génie, à Arras, et capitaine à 27 ans. En 1841, il fut chargé de surveiller l'établissement d'un camp retranché près de la place de Vitry-le-Français.

Marié, la même année, M. le capitaine Baillod, recherchant une carrière plus paisible et plus sédentaire que celle d'officier de régiment, se décida à quitter l'arme du génie pour entrer, par voie de concours, dans l'*Intendance militaire*, en 1844. — Dans l'espace de neuf ans, il franchit, dans cette nouvelle carrière, les grades d'adjoint de 2ᵉ et de 1ʳᵉ classe. — En 1852, il était nommé *sous-intendant* de 2ᵉ classe, à Orléans, et *chevalier de la Légion d'honneur*. En 1853, il fut envoyé au corps expéditionnaire de Rome, où il se fit remarquer par la bonne direction du service des hôpitaux et par son dévouement spécial à nos soldats pendant l'épidémie cholérique ; ce qui motiva l'ordre du jour à l'armée dont il fut l'objet, au mois de septembre 1854. — Le pape Pie IX lui remit, de ses propres mains, la croix de *commandeur de l'ordre de Saint-Grégoire-le-Grand*, au moment où M. Baillod prenait congé de Sa Sainteté pour se rendre à l'armée d'Orient.

A son arrivée en Crimée, M. Baillod fut attaché au grand quartier général, sous les ordres de l'intendant en chef Blanchot.

Il fut chargé du lourd service des *transports* de l'armée qui formait l'une des branches de l'administration les plus difficiles à gérer, dans les conditions spéciales où elle se trouvait : notre armée, débarquée sur cette plage déserte, battue par les vents impétueux, bloquée par les troupes russes, plus encore qu'elle ne bloquait la place assiégée, était réduite à faire venir, par mer, tous ses approvisionnements en vivres et munitions, et à évacuer, par la même voie, ses malades et ses blessés. Telle fut la rude tâche qui engagea, pendant 2 ans, l'immense responsabilité de notre sous-intendant. Il en fut récompensé par la décoration d'officier de la Légion d'honneur, que M. le général en chef Pélissier lui remit comme un juste hommage dû à son mérite.

Nommé sous-intendant de 1re classe, en décembre 1857, il fut chargé par le ministre de la guerre, de rédiger le *nouveau règlement des transports en campagne*. — Il fit également un *mémoire sur les pensions de l'armée de terre*, qui a servi à obtenir une partie des réformes proposées et réalisées depuis.

En 1865, M. Baillod fut envoyé de Versailles en Corse; puis, à Perpignan, pour remplir les fonctions d'intendant divisionnaire; enfin à Marseille, où il ressentit les premières atteintes du mal auquel il a succombé plus tard. — Après avoir dirigé l'embarquement de la seconde expédition de Rome, qui devait aboutir à la bataille de Mentana, et surveillé, avec la plus grande activité, l'énorme approvisionnement des blés venant de l'étranger et commissionné par le ministère de la guerre, pendant la disette de 1866, M. Baillod demanda à échanger sa résidence contre celle de Rennes, plus rapprochée de son pays natal. Il l'obtint, en novembre 1868, et il comptait, désormais, soigner mieux sa santé fort altérée; mais, survint la guerre de 1870, avec les Prussiens, et M. Baillod fut demandé pour *intendant en chef* du corps d'armée qui devait être dirigé, sous les ordres du général Trochu, sur la Baltique. L'expédition n'eut pas lieu, et notre intendant fut retenu à Paris, pour administrer le 14e corps d'armée, l'un de ceux formés pour la défense du siége de la capitale. Le 19 septembre 1870, il organisa, avec sang-froid et courage, des approvisionnements importants, pourvut avec zèle à l'installation des ambulances, sous le feu de l'ennemi, et fit recueillir avec soin les blessés du combat de Châtillon; il sauva de la déroute le matériel entier des services administratifs, en perdant, lui-même, son mobilier de campagne. — Il n'avait pas quitté le général Ducrot qui, digne appréciateur de son zèle, le proposa pour la croix de *commandeur de la Légion d'honneur*. — M. Baillod avait fait preuve du même dévouement à la bataille de *Champigny*, le 2 décembre, où son cheval fut blessé à la poitrine d'un éclat d'obus. Il s'était encore fait remarquer à la sortie du *Bourget*, le 21 décembre, et à la bataille de *Buzenval*, le 19 janvier 1871.

La capitulation suivit de près (le 29 janvier), et M. l'intendant Baillod résigna ses fonctions. — Le 12 février suivant, il était nommé *intendant supérieur des secteurs*, chargé de l'administration des troupes réunies dans Paris, sous les ordres du général Vinoy. C'est en cette qualité qu'il fut appelé, par le nouveau gouvernement du 4 Septembre, à remplir une mission diplomatique des plus importantes : l'article 4 des préliminaires de paix portait qu'une convention spéciale réglerait les conditions de l'entretien des troupes allemandes en France, jusqu'à l'évacuation du territoire français. La mission était aussi délicate que difficile à remplir ; M. Baillod *seul* en fut chargé et reçut, à cet effet, les pouvoirs du ministre de la guerre et ceux du ministre des affaires étrangères. — La négociation commencée à Versailles, avec le prince de Bismark, en personne, fut poursuivie à Ferrières, avec le général de Stosche, aujourd'hui ministre de la marine du nouvel empire allemand. Ce fut un combat perpétuel, où la dignité ferme du représentant français venait se heurter, à tout moment, aux prétentions exagérées et à l'orgueil colossal du vainqueur. — Les exigences excessives des Allemands obligèrent M. Baillod à recourir, plusieurs fois, au ministre M. Jules Favre, qui finit par lui donner *carte blanche* pour traiter. Les vainqueurs déclaraient *qu'il fallait statuer définitivement et immédiatement, sinon les réquisitions allaient être remises en vigueur dans tous les pays occupés, aussi durement que par le passé*. — M. Baillod, luttant pied à pied, pendant deux longues journées, finit par obtenir la convention *dite de Ferrières*, qui fut signée le 11 mars 1871.

Détaché à Versailles, pendant 4 mois, auprès du ministre des affaires étrangères, pour l'éclairer dans l'interprétation de la convention, il fut réintégré, en septembre 1871, dans ses fonctions *d'intendant militaire* à Rennes. Deux ans après, il succombait d'une maladie de cœur, dont ceux qui l'entouraient n'avaient pas remarqué le danger. — Il n'avait que 59 ans !

M. l'intendant divisionnaire Baillod ne fut pas seulement un militaire distingué, mais un écrivain de mérite qui aimait les lettres et les cultivait. Il était toujours accompagné de trois livres qui lui étaient chers : la *Bible latine*, un *César* et un *Tacite* elzéviriens. Le choix de ces trois ouvrages n'indique-t-il pas les qualités de cette belle âme, à la fois religieuse, militaire et libérale ! — Il avait étudié à fond César, et, lorsqu'au retour de la campagne de Morée, en juillet 1856, il fut nommé sous-intendant à Versailles, il conçut le plan d'un travail historique qui devait être établi sur des documents originaux ; il dépouilla les auteurs grecs et latins, et se préparait à une publication intéressante, lorsqu'il apprit que l'empereur Napoléon III abordait le même sujet, avec l'aide de M. de Saulcy et d'autres archéologues. Il abandonna son projet, et ne fit paraître qu'une brochure sur la fameuse question d'*Alésia* (1859). — Il a aussi écrit sur l'organisation des *légions romaines* et, en particulier, sur l'*institution des vexillaires*.

Il a laissé des manuscrits sur la nécessité de réformes profondes dans notre *éducation morale, nos mœurs, notre organisation militaire et administrative*. Il a commencé deux brochures : l'une, sur la *Décentralisation provinciale* ; l'autre, sur l'*Organisation de l'armée allemande comparée à la nôtre*. — Enfin, il a fait un travail sur la *Géographie de la Normandie à l'époque romaine*, au moyen duquel il a déterminé l'emplacement si controversé de *Crociatonum*, entre Isigny et Valognes.

Espérons que son digne fils donnera le jour à ces importants travaux qui honorent le fonctionnaire éminent, l'homme érudit et le pays dont il est originaire. — M. Baillod fils, est l'auteur d'une brochure dans laquelle nous avons puisé largement les détails ci-dessus. C'est une œuvre filiale bien pensée, bien écrite, digne d'intérêt et qui lui fait le plus grand honneur. — Elle a pour titre : *Quelques mots sur la vie de M. le baron Edme Baillod, intendant divisionnaire, commandeur de la Légion-d'honneur*. In-8°. Valognes, 1873.

Voyez *Baillod*, général de division.

SUPPLÉMENT

A LA

GALERIE MILITAIRE DE L'AIN

BIOGRAPHIE

DES

PERSONNAGES NOTABLES DU DÉPARTEMENT DE L'AIN

SUPPLÉMENT

A LA

GALERIE MILITAIRE DE L'AIN

DEPUIS LES TEMPS LES PLUS RECULÉS JUSQU'A NOS JOURS

Avec l'indication des hommes de guerre qui, nés hors du Département, s'y sont fait remarquer dans leurs fonctions ou par leurs écrits

PAR

C.-J. DUFAŸ

Chevalier de la Légion-d'honneur et de l'ordre des saints Maurice et Lazare,
Membre de plusieurs Sociétés savantes.

BOURG
FRANCISQUE MARTIN, ÉDITEUR
PLACE D'ARMES

1878

Bourg, imprimerie VILLEFRANCHE, place d'Armes, 1.

AVERTISSEMENT DE L'ÉDITEUR

La GALERIE MILITAIRE DE L'AIN a été publiée en 1874. Le SUPPLÉMENT de ce livre paraît aujourd'hui (1878).

Nous annonçons cet ouvrage complet comme étant le fruit de longues et consciencieuses recherches. Il s'adresse non-seulement aux familles de nos provinces qui sont intéressées à conserver religieusement les souvenirs d'un passé glorieux dans leurs annales, à toutes les époques; mais nous le recommandons spécialement à la jeunesse actuelle, comme un utile enseignement des vertus guerrières qui forment les grands citoyens, fondent les belles réputations et la splendeur des nations. L'homme se survit par la gloire qui ne vient qu'après la vertu et subsiste après elle.

Bourg, le 1ᵉʳ janvier 1878.

FRANCISQUE MARTIN.

SUPPLÉMENT

BALLEYDIER (Claude-Joseph-César), colonel, officier de la Légion d'honneur, né à Annecy (Mont-Blanc), le 22 février 1762, mort en Autriche devant l'ennemi, le 10 décembre 1805.

Admis, comme soldat, dans le régiment suisse de Châteauvieux, depuis le 9 février 1783, il y servit avec honneur jusqu'au 28 février 1787, époque à laquelle il obtint son congé. — Appelé, par le choix de ses concitoyens, au commandement provisoire des volontaires du district, le 23 mars 1793, il fut nommé *chef de bataillon* du Mont-Blanc, le 16 mai suivant, et envoyé à l'armée des Alpes et au siége de Toulon. — Il revint à l'armée d'Italie où il fit la guerre de l'an II à l'an VIII (1794 à 1799). — Promu chef de la 18ᵉ demi-brigade d'infanterie légère, le 6 primaire an III (26 novembre 1794), il devint *chef de brigade* (colonel) de la 29ᵉ de même arme, le 14 brumaire an IV (5 novembre 1795).

Les services importants qu'il rendit à l'arrière-garde de la division Kellermann lui méritèrent le grade de *général de brigade* qui lui fut offert; mais aussi modeste que brave, il ne voulut pas l'accepter. — Le 15 germinal an VII (4 avril 1799), il fit à la bataille de Magnano, 1,500 prisonniers du corps commandé par le général-major autrichien Sommariva. Cité à l'ordre de l'armée dans les campagnes de l'Ouest et gallo-batave, en l'an VIII et l'an IX (1800-1801) il fut nommé commandant d'armes à Porto-Ferrajo (île d'Elbe), le 26 floréal an X (16 mai 1802). — Il ne quitta ce commandement que le 12 vendémiaire an XII (5 octobre 1803) pour prendre celui du 18ᵉ régiment d'infanterie légère au camp d'Utrecht.

Chevalier de la Légion d'honneur, le 19 frimaire an XII (11 décembre 1803), il fut créé *officier* du même ordre, le 25 prairial suivant (14 juin 1804).

En l'an XIII (1805), il faisait partie de la 1ʳᵉ division du 2ᵉ corps de la grande armée, lorsque s'étant mis à la tête d'une reconnaissance au village de Vordenberg, il fut tué aux avant-postes dans la nuit du 18 au 19 brumaire de cette année, laissant une réputation de bravoure incontestable.

(Papiers de famille).

BARET (Marc de), Capitaine de chevau-légers dans le régiment de Créqui, né à Belley, vers 1610, mort à Seyssel en 1689.

Admis d'abord dans les gardes françaises sous le roi Louis XIII, il servit aux siéges de Nancy, de Philisbourg et de la Motte, et combattit ensuite, en Flandre, lors de la guerre avec l'Espagne.

Passé dans la cavalerie, il prit une part active, comme capitaine, aux siéges de Corbie et de Landrecies. — Blessé au bras droit devant Maubeuge, il fut encore atteint de plusieurs coups de feu aux siéges de St-Omer, de Renty, de Thionville. — Ayant reçu un coup de mousquet au bras gauche, au siége de Turin en 1634, il en resta estropié. — Il assista encore aux batailles de Cony, de Collioure, à celles de Lérida, de Tortose ; aux siéges de Train, de Gravelines ; au second siége de la Motte et à ceux de Béthune et Armentières. — Il est resté quarante ans au service.

Admis à la retraite en 1660, il fut anobli par Louis XIV, en récompense de ses blessures et fut nommé gouverneur de Seyssel. Il a été reçu dans les assemblées de la noblesse du Bugey, dès 1662 ; il portait le titre de *gentilhomme ordinaire de la Chambre du roi*, à sa mort.

(M. Ferrand. *Mémoires de Bourgogne*. — M. Baux. *Nobiliaire du département de l'Ain*.)

BERTHOD (Philibert), écuyer, Commissaire extraordinaire des guerres, né en Bresse au XVIIe siècle. Il commença à porter les armes dès l'âge de 18 ans. — Simple soldat au régiment des gardes françaises, il se fit remarquer au siége de la Rochelle et dans le combat de l'île de Rhé. — Ayant suivi le roi Louis XIII en Italie, et, plus tard, le cardinal de la Valette en Allemagne, il prit une part active au siége de Corbie, où il reçut successivement le commandement de plusieurs corps de troupe qu'il conduisit avec intrépidité au combat. Il combattit glorieusement en Flandre aux siéges d'Arras, d'Aire, de Hesdin. — Sa réputation militaire devint telle, que son colonel parlant de lui au roi, s'exprimait ainsi : « *Il est le premier à cheval pour l'assaut, et le dernier pied à terre pour la retraite.* »

Pour le récompenser de ses services, le roi lui accorda la charge d'*exempt des gardes* (1), et comme il n'était pas assez en renom

---

(1) Les fonctions d'exempt des gardes consistaient à *relever le guet* et à *informer contre les délits commis à la Cour*. Ces officiers étaient chargés aussi de notifier les ordres du roi.

pour occuper cet emploi, Sa Majesté voulut bien être sa caution auprès du comte de Trèsnes, chargé de l'installation, en lui disant : « *Ecrivez pour Berthod au comte de Charrots, et dites-lui s'il ne le connaît pas, que je le connais et que j'en réponds.* »

Le roi le nomma, en outre, *Commissaire extraordinaire des guerres*, emploi qui consistait dans la surveillance et l'administration de l'ensemble des corps de l'armée.

Il fut également chargé de conduire le régiment de cavalerie légère d'Enghien dans le Roussillon et de faire escorter les Espagnols et Italiens faits prisonniers de guerre par le maréchal de la Motte, à la journée de Villefranche en Catalogne.

Après le siège de Perpignan qui mit en relief la manière honorable de servir de Berthod, ses belles actions, son intégrité et sa fidélité à ses devoirs, il fut fait gentilhomme et anobli par le roi Louis XIII, quelque temps avant la mort de ce monarque.

Ses armoiries portaient : *d'azur, à une croix d'or cantonnée de quatre lionceaux de même, armés et lampassés de gueules.*

BLOUME (Jacques-Philippe-Joseph), capitaine, chevalier de la Légion d'honneur, maire de la ville de Ferney, né vers 1779, à Arras (Pas-de-Calais) ; mort à Ferney, le 21 février 1850.

Parti pour l'armée comme volontaire en 1795, le jeune Joseph conquit tous ses grades sur les champs de bataille de la première république et de l'empire. Il assista à la prise de Mayence où il reçut un coup de baïonnette à la main gauche. Blessé, de nouveau, à la jambe droite, à Marengo en Italie, il fut plus heureux en combattant à Friedland, en 1807, et en Espagne l'année suivante, où il se signala par son courage et mérita la décoration de la Légion d'honneur.

En 1811, il commandait la compagnie de gendarmerie du Léman, comme capitaine.

Retiré à Ferney, après 1815, avec une pension militaire, il s'y maria avec Joséphine Dunand, décédée avant lui. Il n'a pas quitté le pays de Gex auquel il voua une affection sans bornes et dont il trouva la récompense dans le dévouement de ses concitoyens d'adoption.

Nommé maire de Ferney après la révolution de Juillet 1830, il ne cessa, jusqu'à sa mort, de se rendre utile par une sage administration et par ses généreux conseils.

(Papiers de famille.)

BONIFACE, 11ᵉ comte de Savoie, seigneur de Bugey, né à Chambéry, le 1ᵉʳ décembre 1244, mort à Turin en 1263.

Il n'avait que 9 ans lorsque Amé IV, son père, décéda. Cécile de Baux, sa mère, fit son éducation. Thomas de Savoie, comte de Maurienne et de Flandre, son oncle, fut son tuteur.

Malgré tous les soins apportés pour maintenir la paix dans le Piémont, Turin n'en chercha pas moins à se soustraire à l'autorité du jeune prince. Cette capitale se révolta. Boniface, qui avait atteint sa 22ᵉ année, avait embrassé le parti de Manfred, roi de Naples, son beau-frère, que le Pape ne voulait pas reconnaître pour légitime souverain, il dut s'opposer aux mouvements des armées françaises qui appuyaient le pape Urbain IV. Il assiégea donc Turin pour comprimer la révolte, mais le marquis de Montferart s'y était porté avec des troupes et Boniface succomba dans la lutte ; fait prisonnier en combattant avec bravoure, il fut conduit à Turin même où il mourut de ses blessures à 19 ans.

Son héritage passa à son oncle Pierre, comte de Romont, au préjudice de ses sœurs qui furent exclues en vertu de la loi salique.

Boniface avait été surnommé *Roland* à cause de la force de son corps et de ses inclinations chevaleresques.

BREUL (du), seigneurs de l'Ile et du Châtelard, barons de la Bastie sur Cerdon-en-Bugey.

Armoiries :
Ecartelé au 1ᵉʳ et 4ᵉ d'or, au griffon d'azur qui est le Breul ; au 2ᵉ et 3ᵉ fascé d'or et de gueules de six pièces à l'aigle d'azur sur le tout couronné d'argent qui est le Châtelard.
Cimier : *Un cigne d'argent.*
Supports : *Deux griffons de gueules.*
Devise : *Celare divinum opus.*

La noblesse de cette famille remonte au XIVᵉ siècle ; elle a eu pour chef **Jean** *du Breul*, damoiseau, qui vivait en 1345, lequel eut deux de ses fils, **Pierre** et **Guillaume,** qui servirent dans l'armée du comte de Savoie contre le dauphin de Viennois, étant tous deux *lanciers* et ayant chacun trois chevaux.

Les hommes de guerre de cette maison, les plus remarquables, sont :

Antoine, baron de la Bastie sur Cerdon, gentilhomme ordinaire de la Chambre de Savoie, né vers 1540, mort à Turin en 1601. Charles-Emmanuel Iᵉʳ, duc de Savoie, le créa Conseiller d'Etat, par lettres du 6 septembre 1589, en récompense de ses grands services et *notables assistances* en la guerre de Provence, aux siéges de Briqueras, de Cavours et d'Essiles. Ce duc le nomma *commissaire général des guerres deça les monts*. Voici un éloge rapporté par l'historien Guichenon :

« Bien que tous les courtisans de la cour de Savoie se fussent
« agrandis en bien, lui *seul* eut beaucoup de peine à conserver son
« patrimoine, ayant plutôt lutté à acquérir *de l'honneur que des*
« *biens.* »

Il avait épousé, le 29 avril 1571, Claire Grimaldi, fille de Jacques Grimaldi, comte de Sanpietro *in Arena*, patrice de Gênes. Il épousa en deuxièmes noces, Françoise de Seyturier, veuve de Jean de Montjouvent.

Bérald, écuyer, seigneur de Sacconay, petit-fils du précédent, chef d'une compagnie d'infanterie au régiment de Conti. Il s'est trouvé à plusieurs batailles et a reçu des blessures qui ont justifié de sa valeur militaire. Il s'est allié à la famille de Moyria, en épousant *Emerentiane de Moyria*, fille du seigneur de Maillat et d'Anne Camus. Leur mariage est daté du mois de janvier 1650.

(Guichenon. *Histoire de Bresse et du Bugey.*)

BRIORD (de), seigneurs du lieu et de la Serra en Bugey.

ARMOIRIES :
D'or, à la bande de sable.
Cimier : *Un lion coupé d'or et de sable.*
Supports : *Deux lions de même.*

Les cartulaires de la chartreuse des Portes et du prieuré d'Innimont ont fourni de nombreux témoignages des libéralités de la maison de Briord envers les religieux de ces monastères, dès 1110.

Parmi les hommes de guerre de cette famille, on remarque : **Girard** de Briord qui se croisa en 1112. — **Claude,** grand écuyer, qui suivit Louis de Savoie, comte de Genève, dans son voyage de 1459, en Chypre, pour prendre possession de ce royaume. — **Jean-Jacques,** page du roi de France, François 1er, fait prisonnier, comme son maître, à la bataille de Pavie. — **Gabriel,** capitaine de cavalerie pendant la ligue.

Claude, seigneur de la Serra, de la Cras et de Villette, *mestre de camp* (colonel). A 18 ans, il fut admis comme *cornette* dans la compagnie des chevau-légers de Saint-Julien-Reaumont, lors des siéges de Gavy et de Verrue, aux barricades de Suze et dans la compagnie des gendarmes du marquis de Thianges, lieutenant général en Bresse et Bugey, avec laquelle il assista au siége de Valence sur le Pô, et au siége de Dôle en Franche-Comté.

En 1637, les Comtois, commandés par le marquis de Conflans, étant entrés en Bugey, Claude de Briord fut chargé du commandement des troupes du duc d'Enghien, avec lesquelles il chassa l'ennemi, força le château de l'Isle et prit une part à la victoire de Cornod en Bresse. — Il se distingua encore, en 1640, en défendant les frontières contre de nouvelles attaques de nos voisins. A la tête d'une compagnie de cavalerie (régiment d'Enghien), en 1642, il aida à forcer la place de Perpignan et entra en Catalogne, en 1643, sous le maréchal de la Motte. Il exerçait encore ce commandement, de 1644 à 1648, aux siéges de Fribourg, de Philisbourg, à la célèbre bataille de Nordlinghen où il fut grièvement blessé. Il fut récompensé par le grade de *major*, à l'armée de Flandre; coopéra aux siéges de Courtray, de Furnes et de Dunkerque. — Passé à l'armée de Catalogne, il assista au siége de Lérida et commanda toutes les forces de cavalerie au siége de Tortose où il fut blessé au bras droit. — Au siége de Paris, en 1650, Claude de Briord fut chargé du commandement du régiment d'Enghien. Il battit trois escadrons du duc de Beaufort au village de Vitry, et faillit tuer ce duc d'un coup de pistolet et d'un coup d'épée sur la tête ; mais il fut secouru à temps. Briord fut frappé d'un coup d'épée à la cuisse et ne put s'emparer que de l'épée du duc de Beaufort, laquelle lui resta entre les mains.

En 1660, il était rentré dans ses domaines où il s'était marié avec Jeanne de la Balme, fille du seigneur de Montchalin ; il dirigeait l'avenir de son fils, **Gabriel** de Briord, déjà *cornette* au régiment de son père, lorsque la mort l'a surpris en 1665.

(Guichenon. *Histoire de Bresse et du Bugey.*)

CADENET (Pierre), capitaine, né au château de Villars-en-Dombes, vers 1598, mort à Paris en 1665.

Anobli par Louis XIII en récompense de ses services, il devint gentilhomme ordinaire de la Chambre de ce roi.

Ses armoiries portaient : *d'azur à un taureau effrayé ailé d'or*, avec cette devise : *Nec timeas, nec optes*.

Entré au service militaire à 17 ans, il débuta par le grade d'*enseigne* dans un régiment d'infanterie. Admis, ensuite, *gendarme* dans la compagnie du duc d'Orléans, il fut promu *lieutenant* dans la compagnie du comte de Grandpré. Nommé successivement *cornette* de chevau-légers; *exempt des gardes du corps*; *major* d'infanterie et *capitaine* de cavalerie, il se signala par son courage à la journée de Pont-de-Cé (1618) et au siège de Montauban où périt le duc de Luynes (1621). Il se distingua encore au siège de la Rochelle, place enlevée aux protestants en 1628. Enfin, il contribua à la victoire remportée en Flandre contre les Allemands et les Espagnols et qui imposa la paix de Quérasque (1630). — Fait gouverneur de Dun en Lorraine, il fut appelé à exercer d'honorables charges à la cour de France. Il remplit même les fonctions d'ambassadeur en Hollande. Plus tard, ayant pris en dégoût la vie militaire à laquelle il devait sa fortune, Pierre Cadenet se retira du monde et entra dans la congrégation des Oratoriens de Paris, en septembre 1639. Il y a vécu dans une obscurité complète faisant preuve d'une piété exemplaire et mourut, à 67 ans, aussi fervent religieux qu'il avait été intrépide soldat.

CAPON (Claude-Marin), capitaine, chevalier de St-Louis, né en 1650 à Nantua où il est mort en 1710.

Il été frère de **Guy** Capon, mort capitaine de milice au service du roi Louis XIV, en 1690.

Claude-Marin avait commencé sa carrière dans l'armée, par le grade de *cornette*; ensuite, il devint *lieutenant* dans le régiment de Condé-cavalerie. Il se distingua par sa bravoure à la bataille de Sénef. — Réformé pour cause de blessures après la bataille de Nimègue, il entra dans les chevau-légers; fut nommé *aide-major*, puis *maréchal des logis*. — Il eut un cheval tué sous lui au combat de Lens; reçut, à Nerwinde, un coup d'épée qui, entrant par le menton, lui perça le col et le gosier d'où suivit une extinction de voix qu'il garda jusqu'à sa mort.

Louis XIV auquel il avait été présenté le fit *chevalier de l'ordre de St-Louis* lors de la première promotion de cet ordre, avec une pension de 1,500 livres. Il lui accorda des lettres de noblesse citées dans le *nobiliaire du département de l'Ain*, par M. Jules Baux, tome 1, p. 219 (Bourg 1864).

CARRELET (Gilbert-Alexandre), comte, général de division, grand croix de la Légion d'honneur, chevalier de St-Louis, et des ordres de Pie IX et du Christ, grand officier de l'ordre militaire de St-Georges de la réunion, commandeur de l'ordre des Saints-Maurice et Lazare, né à St-Pourçain (Allier), le 14 septembre 1789. Il est mort au château d'Ahuy (Côte-d'Or), le 22 mai 1874, dans sa 85ᵉ année.

Elève de l'Ecole militaire de Fontainebleau en 1806, il en sortit *sous-lieutenant* de cavalerie et fit la campagne d'Espagne, de 1808 à 1811, où il reçut deux blessures. Il combattit encore, en 1814 et 1815, aux batailles de Montmirail et de Waterloo; puis fut admis, comme *lieutenant*, dans l'armée royale où il servit jusqu'en 1822. Promu *capitaine*, il était passé dans la gendarmerie, lorsqu'il vint commander la *compagnie de l'Ain*, en janvier 1830. — Nommé *chef d'escadron*, après la révolution de juillet, il fut appelé au commandement de la garde municipale de Paris sous le règne du roi Louis-Philippe. Bientôt chargé d'organiser, en Algérie, le service de la gendarmerie, il fit preuve d'activité et de talents militaires qui le firent remarquer ; il fut élevé au grade de *lieutenant-colonel* ; puis, à celui de *colonel* de gendarmerie en 1838.

Fait *maréchal de camp* en 1842, et chargé du commandement du département du Gard, il devint, six ans après, le 10 juillet 1848, *général de division* sous l'administration du général Cavaignac. Appelé d'abord au commandement de la 7ᵉ division militaire ; ensuite, en 1850, au commandement de la 1ʳᵉ division à Paris, il concourut, l'année suivante, à la répression des tentatives d'insurrection qui suivirent le coup d'Etat du 2 décembre 1851.

Créé sénateur, après l'établissement de l'Empire, il fut nommé membre du Comité supérieur de cavalerie et promu *grand croix de la Légion d'honneur*, le 30 décembre 1855. — Il a laissé un fils, M. **Paul** Carrelet, aujourd'hui général de brigade, commandeur de la Légion d'honneur. — Son second fils, **Henri** Carrelet, lieutenant de vaisseau qui avait épousé la fille du major d'Adeler, à Bourg, est mort aux Greffets, le 9 août 1859. (Voir son article biographique dans la *Galerie militaire de l'Ain*.)

(Journal de l'Ain. — 1874.)

CHALEY (Joseph), lieutenant, officier de la Légion d'honneur, né à Ceyzérieu, en Bugey, vers 1797, mort en Afrique le 15 avril 1861.

Il était frère de M. le conseiller Chaley et parent du docteur Récamier.

Admis dans les gardes d'honneur de l'empereur Napoléon I**er**, en 1813, il fit les campagnes de 1813 et de 1814, fut récompensé par le grade de lieutenant et reçut la croix de chevalier de la Légion d'honneur.

Il entra, en 1815, dans la carrière de l'industrie. Son esprit actif, résolu, entreprenant, le disposait aux choses nouvelles. — Le commerce, dans lequel il s'essaya, ne le retint pas. — Il étudia la médecine, et fonda le premier établissement orthopédique qui ait existé à Lyon ; le succès répondit à ses efforts sans satisfaire l'activité de son esprit. — On était, alors, fort ému en France du nouveau système des ponts suspendus essayés en Amérique et en Angleterre, M. Chaley s'associa avec M. Seguin, ingénieur distingué. Sa voie était trouvée. Il construisit les ponts gigantesques de Fribourg (Suisse) et de Roche-Bernard sur la Vilaine. Ces monuments sont restés des entreprises prodigieuses dont l'accident d'Angers et d'autres encore, ont diminué le crédit sans pouvoir en effacer l'utilité et les services.

En 1825, M. Chaley avait épousé *M*^{lle} *Champagneux*, petite-fille de *M*^{me} *Roland*, l'une des plus illustres victimes de la Terreur ; elle lui a donné trois filles.

En 1834, il se conduisit avec énergie pendant les troubles de Lyon ; le roi Louis-Philippe le récompensa par le grade d'*officier de la Légion d'honneur.*

En 1846, il habitait le château de Rosière, près de Bourgoin, lorsque le bey de Tunis lui fit offrir la direction de grands travaux qu'il projetait ; il accepta avec sa confiance et son élan ordinaires ; cependant, les évènements ne le secondèrent point. M. Chaley rentra en France, laissant l'exécution des travaux à l'un de ses gendres.

L'hiver de 1860 éprouva si cruellement sa santé que les médecins lui conseillèrent de retourner sur la terre africaine dont la température sembla lui apporter, d'abord, un soulagement sensible ; mais il fut de courte durée. M. Chaley a succombé loin de sa patrie qu'il aimait avec dévouement et de son pays natal qui lui doit un souvenir de reconnaissance et d'estime.

CHANAL (François), écuyer, capitaine, né à Pont-de-Veyle, vers 1598 ; mort à Rivarole, en Piémont, en 1651.

Il était fils de **Isaac** *Chanal*, avocat fiscal en Bresse, et juge mage à Bourg, en 1571, qui fut anobli par le duc de Savoie Charles-Emmanuel, le 20 novembre 1598.

ARMOIRIES : { *D'azur à une bande ondée d'argent, accompagnée de deux lions de même, l'un dessus, l'autre au-dessous.*

A 18 ans, le jeune *François* fut reçu homme d'armes de la compagnie des ordonnances du duc de Bellegarde, en 1616. S'étant fait remarquer il fut élevé au grade de *maréchal-des-logis* de la compagnie des gendarmes d'*Honoré d'Urfé*, marquis de Château-Morand et de Valromey. Le prince Victor-Amédée l'autorisa même à lever une compagnie de 50 arquebusiers à cheval pour lui servir de gardes d'honneur. Il lui en donna le commandement, avec le grade de *capitaine* qu'il conserva jusqu'à sa mort. Il laissa ses biens à sa sœur, *Catherine Chanal*, femme du sieur *de Saint-Loup* garde scel au bailliage de Mâcon, à la charge de faire porter son nom et ses armes, au second de ses enfants, alors *page* du vicomte de Grandval.

En effet, le jeune **Jean** *Chanal* fut enrôlé dans le régiment de Ragny. Devenu *lieutenant* au régiment de la Grange, pendant le siège de Casale, il fut promu *capitaine* au siège de L'île sur la frontière de Bourgogne. Entraîné par sa bouillante ardeur dans un combat livré en 1680, il fut atteint d'une mousquetade à la tête dont il mourut.

(Guichenon. — *Hist. de Bresse et du Bugey.*)

CHASTEL (Amédée-Pierre), baron de l'empire, général de division, commandeur de la Légion d'honneur, chevalier de Saint-Louis, né à Carouge, pays de Gex, le 29 avril 1774, mort à Genève, le 16 octobre 1826. — Son nom figure sur la partie ouest de l'arc de triomphe de l'Etoile, à Paris.

Entré au service comme *lieutenant* dans la légion des Allobroges, le 13 août 1792, il fit la campagne de cette année, à l'armée des Alpes, et celles de 1793 en Italie et au siége de Toulon. — *Capitaine* le 6 pluviôse an II (25 janvier 1794), et incorporé dans le 15° régiment de dragons, le 17 du même mois, il fut employé à l'armée des Pyrénées-Orientales où il se signala par sa bravoure au siège de Roses. — Revenu à l'armée d'Italie commandée par Bonaparte, il prit part à l'affaire du Tagliamento, le 26 ventôse an V (16 mars 1797); blessé d'un coup de sabre à la tête, il fut récompensé par le grade de *chef de bataillon* et s'embarqua pour l'expédition d'Orient. Il y fit toutes les campagnes, attaché à la division Desaix, dans la haute Egypte, de l'an VI à l'an IX (1798 à 1800). — C'est lui qui, astronome distingué, découvrit le fameux *Zodiaque* de Denderah que l'on voit au *musée des antiques de Paris*.

Rentré en France, il fut employé à divers travaux scientifiques ; puis envoyé, comme *major*, au 24⁰ régiment de dragons, en Italie ; mis à l'ordre de l'armée, à Lodi, pour sa brillante conduite, il fut nommé *chevalier de la légion d'honneur*, le 4 germinal an XII (25 mars 1804). — Il combattit encore avec intrépidité à la bataille d'Austerlitz, et entra dans les grenadiers à cheval, comme *major en second*, le 27 frimaire an XIV (18 décembre 1805). — C'est avec ce même grade qu'il fit les campagnes de Prusse et de Pologne, en 1806 et 1807. Promu *colonel* le 16 février 1807, mais maintenu *major* aux grenadiers de la garde, il reçut de l'Empereur le titre de *baron de l'Empire*, le 17 mars 1808. — Passé à l'armée d'Espagne, M. Chastel se fit remarquer, de nouveau, dans un combat sous les murs de Burgos et cette affaire lui mérita la *croix d'officier de la légion d'honneur*, le 19 octobre de la même année.

Après avoir suivi la grande armée en Allemagne, en 1809 et 1810, il fut distingué encore à Wagram, bataille à la suite de laquelle il fut renvoyé en Espagne, avec le grade de *général de brigade*, le 11 août 1811.

A l'armée de Russie, Napoléon I⁰ʳ lui confia le commandement de la 3⁰ division de la cavalerie légère (3⁰ corps de réserve de la grande armée) et l'éleva à la dignité de *général de division*.

Après la retraite de Moscou, il reçut un nouveau commandement en Saxe où il fut breveté *commandeur de la légion d'honneur*, le 13 septembre 1813.

Mis en disponibilité en 1814, l'empereur lui donna l'ordre de prendre le commandement supérieur de toute la cavalerie qui se trouvait entre Meaux et Paris. Il contribua à défendre vigoureusement la capitale ; mais il dut déposer son épée et attendre la suite des évènements politiques du moment.

Le roi Louis XVIII le fit *chevalier de Saint-Louis*, le 20 août 1814. Au retour de Napoléon de l'île d'Elbe, il fut pourvu, le 31 mars 1815, du commandement de la 10⁰ division et du 2⁰ corps de la réserve de la cavalerie de l'armée du nord ; puis, après Waterloo, il rentra dans la position de non activité, vint résider à Ferney où il employa ses dernières années à la culture des lettres et des sciences, qu'il avait aimées toute sa vie avec passion.

Compris dans le nouveau cadre de l'état-major général, en 1818, il obtint sa retraite le 1ᵉʳ janvier 1825 et succomba, l'année suivante, à 52 ans, d'une débilité prématurée causée par les blessures et les fatigues de la guerre. — Il avait voulu revoir Genève ; il y est mort léguant à cette ville une collection de tableaux évaluée 100,000 fr.

Il est peu de vies aussi glorieuses et aussi bien remplies que celle-ci.

(Papiers de famille.)

CHASTILLON (Hector-Antoine-Emile de), chef de bataillon, né à Treffort, le 29 mars 1800 ; mort à Bourg, le 9 septembre 1869.

Il était issu de la famille noble des Chastillon, seigneurs de Sezilles et de Jalamonde en Bresse, au XVIe siècle.

M. Emile de Chastillon entra au service militaire dans la maison du roi Louis XVIII, comme garde du corps surnuméraire (compagnie de Luxembourg), le 21 février 1817. Il fut nommé *garde titulaire*, la même année (sous-lieutenant) ; puis, *garde de 2e classe*, le 1er juillet 1820 (lieutenant), et *garde de 1re classe*, le 3 janvier 1827 (capitaine).

Lors de la révolution de juillet 1830, M de Chastillon accompagna jusqu'à Cherbourg le roi Charles X partant pour l'exil. — Licencié et breveté *capitaine*, le 11 août de la même année, il fut désigné pour être employé, avec son grade, au 13e régiment d'infanterie de ligne, le 20 avril 1831, et fit, dans ce corps, les campagnes d'Afrique de 1834 à 1836.

Promu *chef de bataillon* au 55e régiment de ligne, le 27 avril de cette dernière année, notre compatriote demanda et obtint sa pension de retraite en mai 1847. — Il s'était marié en Corse, avec demoiselle Fanny-Marie-Anne de Vidau, depuis le 10 juin 1837. C'est là qu'il se retira. Il avait conservé des intérêts de famille en Bresse, il se décida à y faire un voyage après une bien longue absence. A son arrivée à Bourg, il tomba malade et succomba malgré tous les soins qui lui furent prodigués par ses amis, dans l'hôtel où il était descendu. Il est mort à 69 ans au milieu de la consternation publique.

Homme modeste, d'une loyauté chevaleresque, il a laissé d'unanimes regrets.

CHOLIER. — Seigneurs de la Colonge, Fourquevaux et Ars, en Dombes.

ARMOIRIES : *d'or, à trois bandes de sable, au chef d'azur chargé d'un lion passant d'or.*

Les principaux hommes de guerre de cette ancienne maison qui remonte au xiiie siècle, sont :

Joseph de *Cholier*, chevalier, capitaine, né vers 1665, mort le 22 septembre 1704. Il était fils de **Daniel** de *Cholier*, conseiller du roi en la sénéchaussée de Lyon. Il entra au service militaire à 24 ans; assista aux batailles de Lens, de Steinkerque, de Nerwinde, de Chiari; aux siéges de Namur, Charleroy, Ath, Verceil et Yvrée, où il se fit remarquer par son intrépidité. — Le 30 août 1704, le duc de Vendôme, apprenant la défaite de Hochstet, détacha Joseph de Cholier, à la tête du régiment qu'il commandait, pour secourir le *grand prieur* que les Impériaux menaçaient dans le Milanais. Cholier fut tué devant Crémone, d'un coup de feu, au moment où il donnait un ordre qui assurait le succès de sa mission. — Il a été inhumé dans l'église de Saint-Vincent, à Crémone, n'ayant encore que 39 ans.

François, frère du précédent, brigadier des armées, né en 1667 et mort en 1742, servit dans l'infanterie. Il devint *aide-major général* des armées de Moselle et du Rhin, de 1705 à 1713. — Signalé pour sa bravoure, il fut complimenté par le maréchal de Villars qui lui fit obtenir le cordon de *chevalier de Saint-Louis*, en 1712 et le grade de *colonel*, suivi bientôt du titre de *brigadier des armées*.

En dernier lieu, il était *commandant* de la place de Bitche. — Il s'était battu en duel 52 fois dans le cours de sa carrière sans avoir éprouvé aucun revers. — Admis à la pension de retraite, il a succombé de maladie à 75 ans.

Louis-Alexandre, dit le *chevalier de Cibeins*, seigneur de Beaumont, de Saint-Etienne-sur-Chalaronne, etc, fils de **Louis-Hector** de *Cholier*, président en la cour des monnaies de Lyon, né, en 1748, et mort en 1799. Il a fait la campagne de 1792, dans l'armée des Princes, devint *commandant* au régiment colonel-général des dragons, puis *lieutenant des maréchaux de France*, en Dombes, et *chevalier de Saint-Louis*.

Laurent-Gabriel-Hector, frère du précédent, comte de Cibeins, baron d'Albigny, etc., colonel et chevalier de Saint-Louis, né en 1750, mort en 1815.

Entré, jeune, aux mousquetaires du roi, il obtint une compagnie dans le régiment Commissaire-Général de la cavalerie où il devint successivement *capitaine et commandant en premier*, puis *chef d'escadron* de ce régiment. — Il avait étudié, suivant l'usage du temps, la tactique militaire sous le grand Frédéric de Prusse qui l'admit à ses manœuvres de Silésie, en 1774. — Maintenu dans son grade de chef d'escadron, au commencement de notre révolution, on raconte que se trouvant, en 1791, à une parade sur la place de Falaise, en Normandie, la municipalité de cette ville voulut lui offrir la cocarde tricolore comme commandant de son régiment, en l'absence du colonel ; il la refusa, disant : *J'ai reçu du roi la cocarde blanche je n'en prendrai jamais d'autre que de sa main.* Cette fermeté de principes en imposa. Il ne fut pas inquiété jusqu'au 10 mai 1792 ; mais alors il se retira dans ses foyers, prêta son concours à la défense du siége de Lyon formé par la Convention nationale, et ne put échapper à la persécution, après la reddition de cette place, qu'à travers mille dangers pour sa vie. Il dut fuir à l'étranger devant la dévastation de ses domaines et la fureur des révolutionnaires. Il a écrit une relation très-intéressante de ses voyages (voir la *Gazette de France*, mars 1775).

Le comte de Précy écrivait ces lignes, en décembre 1814 : « M. le « comte de Cibeins a servi avec la plus grande distinction pendant « le siége de Lyon en qualité d'officier. Il a concouru avec le plus « grand zèle, à la défense de cette ville, et il a déployé, dans toutes « les occasions, autant de bravoure que de talents militaires. »

Au retour des Bourbons, en 1815, le roi Louis XVIII créa le comte de Cibeins, *colonel de cavalerie* et *chevalier de Saint-Louis*.

Il avait épousé, en 1780, Mlle Marie-Françoise-Suzanne de Drée, fille d'Antoine, baron de Drée, capitaine de vaisseau, chevalier de Saint-Louis, commandant en chef la marine à Minorque en 1758 ; il a eu les deux fils dont les noms suivent :

Jean-Hector-Antoine, fils aîné du précédent, comte de Cibeins, chevalier de Saint-Louis et de la Légion d'honneur, né en 1782, mort en 1843. Il était devenu *chef d'escadron* au régiment d'Angoulême, à l'époque de la *Restauration*, après 1815.

Adolphe-Gilbert-Thérèse, frère cadet du précédent, né en 1784, mort en 1852.

Destiné, d'abord, à l'ordre de Malte, il entra au 4e régiment des gardes d'honneur en 1813. Il prit une part glorieuse aux batailles de Leipsig et de Hanau comme *maréchal-des-logis*, et se distingua dans la campagne de France de 1814, en Champagne.

Le 6 juillet de cette même année, le roi Louis XVIII le fit admettre dans les *gardes du corps* de sa maison, et lui décerna la *croix*

de la *Légion d'honneur*, pour laquelle il avait été proposé pendant la campagne d'Allemagne ; mais le retour de Napoléon Ier, de l'île d'Elbe, força le nouveau chevalier à émigrer pendant les *Cent-Jours*.
— Rentré aux gardes du corps, en 1816, la reconnaissance de M. de Cibeins lui fit un devoir d'accompagner, en 1830, le roi Charles X exilé, jusqu'à la frontière française ; puis, il obtint du gouvernement du roi Louis-Philippe, un brevet de *lieutenant* de dragons, grade avec lequel il quitta l'armée.

Marié en 1817 avec Mlle d'Estampes, cet officier eut trois fils. — Mme veuve de Cibeins est décédée à Paris, le 3 janvier 1870, à 75 ans. Après sa mort, elle a été ramenée à Misérieux, près de Trévoux, au milieu d'une population qui la vénérait pour ses bienfaits et ses vertus.

(Guichenon. — *Hist. de Dombes*, annotée par M. Guigue. Trévoux 1874.)

CHOSSAT de *Saint-Sulpice* (**Jean-Marie-Arthur**), capitaine d'état-major, chevalier de la Légion d'honneur et de l'ordre de Charles III d'Espagne ; né, le 26 août 1793, à Bourg où il est mort, le 15 février 1875.

Il était le fils cadet de M. **Jean-François-Gabriel** *Chossat de Saint-Sulpice*, maire de Bourg sous le premier empire et de dame *de Lippens*, cousine de M. *Paradis de Raymondis*, lieutenant-général au bailliage de Bresse.

Le jeune Arthur entra à l'école militaire de Fontainebleau, par décret impérial du 20 septembre 1810 ; il en sortit avec le grade de *sous-lieutenant* au 16° régiment de chasseurs à cheval, le 25 décembre 1812, corps dans lequel il fit les campagnes d'Allemagne de 1813 ; il assista aux batailles de Lutzen, de Bautzen, de Dresde, de Leipsig, de Hanau où il fut blessé de deux coups de sabre sur les mains ; d'un troisième coup sur la tête, et d'un coup de lance à la hanche droite. — Sa conduite brillante lui mérita la croix de *chevalier de la Légion d'honneur*, sous la date du 24 février 1814, étant à Troyes, lors de la campagne de France commencée à Brienne. Le brevet ne lui fut pas remis par suite des évènements de la guerre ; il ne lui a été délivré que le 20 mars 1820.

Nommé *lieutenant* par ordonnance royale du 30 septembre 1814, il fut attaché comme *aide-de-camp* auprès du maréchal de camp Valette, employé au commandement du département du Doubs.

Rentré dans ses foyers il se fit inscrire, des premiers, dans la garde nationale et fut présenté, en 1818, pour le grade de *lieutenant dans l'état-major général* organisé sous le ministère Gouvion Saint-Cyr, par ordonnance royale du 6 mai de cette année.

Nommé *capitaine d'état-major* au moment de la campagne d'Espagne, en 1823, il se signala au siége du Trocadéro, où il fut récompensé par la *décoration de l'ordre de Charles III.*

M. Chossat était encore au service en 1830. Nous l'avons vu escorter la voiture de madame la duchesse d'Angoulême à Bourg, le *28 juillet*, la première des trois journées de la révolution de cette époque. — Il demanda sa retraite, lors de l'avènement au trône du roi Louis-Philippe et obtint une pension militaire dont il a joui, dans son pays natal, jusqu'à sa mort, à 82 ans. Il a voulu être enterré au château de Pont-d'Ain où ses restes mortels ont été transportés.

Il avait été propriétaire de ce château historique cédé par lui, moyennant une rente annuelle de 6,000 fr., au diocèse de Belley. Cette demeure des anciens ducs de Savoie a été transformée, depuis, en une maison de retraite pour le clergé diocésain.

La famille Chossat de Saint-Sulpice s'est éteinte avec lui, n'ayant pas été marié. Il avait survécu à ses frères, dont l'un, fut sous-préfet de Gex, sous les Bourbons; et l'autre, fut tué, à ses côtés, en Allemagne, comme militaire, en 1813. Sa sœur a épousé M. de Dompsure, de Saint-Amour (Jura).

CLAVEL (Pierre), général de brigade, commandant le département de l'Ain de 1832 à 1835, commandeur de la Légion d'honneur et chevalier de Saint-Louis. — Né à Oris-en-Rattier (Isère), le 7 avril 1773, mort à Montagney (Haute-Saône), le 19 avril 1843.

Volontaire dans le 2ᵉ bataillon de son département, le 26 septembre 1792, il fut élu *capitaine*, le 6 octobre suivant, dans le même bataillon amalgamé dans la 46ᵉ demi-brigade d'infanterie, devenu 39ᵉ demi-brigade de ligne; puis 39ᵉ régiment de même arme, en l'an XII (1804). Le jeune Clavel servit aux armées des Alpes, d'Italie et de Naples. Il se distingua, par sa bravoure, à la bataille d'Alexandrie, en Piémont, où il reçut un coup de feu à la cuisse droite. — Il fut blessé, une seconde fois, au combat de Fossano, le 13 brumaire an VIII (4 novembre 1799).

Nommé *chef de bataillon provisoire*, le 10 prairial (mai) suivant, et confirmé dans ce grade, le 21 thermidor (août), il fut employé sur la flotille impériale, à l'armée des côtes de l'Océan, pendant les années XII et XIII (1803 à 1805).

Envoyé en 1806 et 1807, en Autriche, en Prusse et en Pologne, il fut nommé *major* dans le 24° régiment de ligne, le 18 mars 1807 ; il reçut le brevet d'officier de la Légion d'honneur, le 14 mai 1807, en récompense de sa belle conduite à la bataille d'Eylau. Il était chevalier de cet ordre depuis le 14 juin 1804.

Passé à l'armée d'Espagne, il y commandait un régiment provisoire devant Valence, le 28 juillet 1808, lorsqu'il fut blessé d'un coup de biscaïen à la hanche droite. — En mai 1810, l'Empereur lui confia le commandement du 115° régiment de ligne, dont il le nomma *colonel*, le 2 mars 1811. — Le 19 mai suivant, il fut placé à la tête du 69° régiment de ligne avec lequel il combattit à Bornos (Espagne) ; il y fut blessé d'un coup de feu au pied droit, le 1er juin 1812, l'année suivante, il se couvrit de gloire à Vittoria où il reçut un autre coup de feu à l'épaule droite.

Promu *général de brigade*, le 25 décembre 1813, M. Clavel fit la campagne de France, le 30 mars 1814 ; il se trouvait sur les hauteurs du parc des bruyères à Belleville, lorsqu'il fut atteint d'une balle à la tête et fut renversé de son cheval, en défendant cette position contre les Russes. Fait prisonnier il fut échangé, après l'action, et dirigé sur Rouen après sa guérison, pour prendre le commandement des trois derniers régiments qui restaient du 6° corps d'armée.

Le 19 mai 1814, il lui fallut déposer les armes et subir les conséquences des évènements politiques motivés par le retour des Bourbons.

Placé en demi-solde, le 1er décembre suivant, M. Clavel fut breveté *chevalier de Saint-Louis*, le 17 du même mois. On voulait lui conserver son grade dans la nouvelle armée royale; mais, Napoléon sortant inopinément de l'île d'Elbe et rentrant en France, le rappela à l'activité sur sa route, le 29 avril 1815. Il fut pourvu d'un commandement important, celui du 4° régiment d'artillerie à pied et du 3° régiment du génie qu'il conduisit jusqu'à Paris. Envoyé au corps d'observation du Jura, il fit, avec lui, la campagne du mois de juin même année, et fut blessé une 7° fois, d'un coup de feu au bras droit, le 26 du même mois, devant les Trois-Maisons (Haut-Rhin).

Licencié le 3 août 1815, après les Cent-Jours, il se retira à Montagney, où il fut mis en demi-solde par le nouveau gouvernement des Bourbons; puis, admis d'office à la retraite, le 1er janvier 1825.

Remis en activité, sous le règne du roi Louis-Philippe, le 22 mars 1831, le général Clavel fut appelé à commander successivement les départements de la Lozère et de l'Ain. Il fut créé *commandeur de la Légion d'honneur*, le 5 janvier 1834 et ne quitta la résidence de Bourg que pour aller jouir définitivement de sa retraite, à Montagney, à partir du 1er mai 1835, réunissant plus de 40 ans de services et couvert de cicatrices.

M. Clavel, aussi bon que brave, a laissé d'unanimes regrets dans le département de l'Ain, où son noble caractère et sa loyauté toute militaire, avaient conquis les suffrages publics.

CLÈRE (Marie-Léo), chef de bataillon, officier de la Légion-d'honneur, né à la Basse-Terre (Guadeloupe), le 26 janvier 1798, de parents français, originaires du Bugey ; est mort à Mostaganem (Algérie), le 11 octobre 1845.

Entré à 14 ans, comme aspirant, dans la marine, le 11 septembre 1812, le jeune Clère fut licencié, le 25 mai 1815, après avoir fait trois campagnes sur le vaisseau l'*Ulm*, la corvette la *Victorieuse* et la goëlette l'*Antilope*. Il rentra dans ses foyers n'ayant que 17 ans et tout disposé à tenter les nouveaux hasards de la fortune. Après un séjour d'un an à Belley, il reprit du service militaire et s'engagea dans l'armée de terre. — Envoyé au 5e régiment d'infanterie de la garde royale à Paris, le 26 juin 1816, il suivit ce corps en Espagne où il se fit remarquer pendant la campagne de 1823. Nommé *sous-lieutenant* au 38e régiment de ligne, le 5 juin, même année, il fut promu *lieutenant*, le 27 octobre 1830. — *Adjoint-trésorier* au 19e régiment de ligne ; puis, *capitaine*, le 7 février 1833. — Passé au 21e régiment de ligne, le 29 novembre de cette année, il fut détaché au *bataillon provisoire des chasseurs à pied*, le 15 mars 1839.

C'était l'époque de l'organisation de cette troupe légère par le duc d'Orléans, fils aîné du roi Louis-Philippe. On choisissait, alors, dans l'armée, les jeunes officiers agiles, vigoureux, zélés et intelligents pour les instruire à une nouvelle tactique d'évolutions et de manœuvres à l'aide de la gymnastique ; M. Clère fut admis et devint un instructeur distingué. Il fut récompensé de son zèle par la croix de *chevalier de la Légion-d'honneur*, le 7 mai 1839.

Quatre mois après, il était envoyé au *bataillon des tirailleurs indigènes d'Afrique*, composé d'arabes recrutés au service de la France, et, bientôt, notre officier se signalait, par son intrépidité, à l'enlèvement du col de Teniah, le 12 mai 1840.

Huit jours après le capitaine Clère était cité dans un ordre du jour de l'armée, pour sa brillante conduite à l'arrière-garde de nos colonnes sur le versant méridional de l'Atlas, où il était chargé de protéger notre marche avec sa compagnie. Enfin il se couvrit de gloire avec sa troupe dans l'expédition de Milianah.

Nommé *chef de bataillon* au 3° régiment d'infanterie légère, le 27 août suivant, il ne tarda pas à être placé à la tête du 9° *bataillon de chasseurs à pied*, portant le nouveau nom de *chasseurs d'Orléans*.

De retour en France avec ses chasseurs, notre commandant, qui avait atteint 44 ans, possédait la maturité d'esprit d'un chef de corps expérimenté, il fut choisi pour s'opposer aux mouvements populaires, lors de nos divisions politiques, dans la ville de Toulouse. On lui confia le soin de réprimer l'émeute et il y réussit par son sang-froid, son tact et sa fermeté. Cette honorable conduite lui valut les éloges du duc d'Orléans, le 20 octobre 1841. Ce prince l'avait apprécié déjà personnellement en lui faisant rédiger *l'agenda* ou *aide mémoire* à l'usage des officiers de *chasseurs à pied*, et en le chargeant de formuler les chapitres 18 et 19 de ce livre traitant plus particulièrement *de l'administration et de la législation militaires* de cette troupe spéciale.

Après la mort du duc d'Orléans, M. le commandant Clère reçut du secrétaire des commandements de S. A. R. la duchesse d'Orléans, une lettre datée du 9 octobre 1842, ainsi conçue : « Commandant, « après avoir formé les bataillons de *chasseurs à pied* dont le Roi « avait bien voulu lui confier l'organisation, le Prince Royal se plai-« sait à rappeler les noms des officiers qui commandaient ces nou-« veaux corps et chez lesquels il avait trouvé un dévouement sans « bornes au pays et un concours si puissant, Mme la duchesse « d'Orléans a pensé que vous aimeriez à recevoir un gage de ce « précieux souvenir, et d'après son ordre je m'empresse de vous « faire parvenir le portrait du feu prince. Elle vous prie de le « conserver comme une preuve de l'attachement que S. A. R. vous « portait. »

Revenu en Algérie, le 17 avril 1843, le commandant Clère habitué au métier de la guerre et façonné aux surprises dans les tribus africaines, fut désigné pour prendre une part active à la repression de la révolte de la province d'Oran, contre l'autorité française. Il fit l'expédition des *Portes de fer* qui lui mérita le grade d'*officier de la*

Légion-d'honneur; mais il ne devait plus revoir la France. Envoyé tout-à-coup à Touiza par le gouverneur de la province, il rencontra l'ennemi dans le défilé des bois d'Aïn-en-Sor et fut atteint d'un coup de feu au genou droit. Cette blessure était mortelle.

Dans l'action du 23 septembre 1845, dont il s'agit, les *Flittas*, au nombre de 10,000, combattaient contre 1,500 Français seulement. Le 4ᵉ escadron des chasseurs d'Afrique, commandé par le colonel Berthier, venait d'aborder l'ennemi, ce brave officier supérieur aperçoit le capitaine Roques, du 9ᵉ d'Orléans, aux prises et corps à corps avec des fantassins arabes, il accourt avec cinq chasseurs et le dégage; mais le colonel tombe lui-même percé en pleine poitrine, d'un coup de fusil tiré par l'un des assaillants qu'il venait d'abattre. Le commandant Clère veut à son tour défendre le colonel Berthier, il reçoit une balle qui lui traverse le genou droit. Porté par ses soldats jusqu'à Mostaganem, c'est-à-dire pendant 27 lieues, le brave Clère entre à l'hôpital le 27 septembre; il y est amputé le lendemain et meurt quelques jours après des suites de cette opération. — Il n'avait que 47 ans.

L'armée a perdu, en lui, un excellent militaire; la France un de ses plus dévoués enfants. — *Il était destiné, s'il eût vécu, aux plus hautes distinctions.* Cette appréciation est celle de M. le maréchal Forey qui l'a exprimée publiquement à Belley, en 1850, devant des témoins qui l'ont entendu prononcer par ce chef compétent.

CLERMONT (Jacques), marquis de *Mont-St-Jean*, baron de Flaxieu, maréchal de camp, né, vers 1752, en Bugey, mort à Vichy (Allier), le 27 septembre 1827.

Son grand père avait été commissaire général de la cavalerie en Savoie.

Lui-même embrassa, de bonne heure, la carrière des armes dans l'ancienne armée royale de France. Il fut *colonel* au régiment des hussards de Champagne, en 1783. — Six ans après, il était élu *député* par la noblesse du Bugey, lors de la convocation des Etats-généraux. (Voir le procès-verbal du 24 mars 1789, dans le *Nobiliaire du département de l'Ain*, par M. Jules Baux, page 368.)

Il émigra en 1791, se retira à Turin et devint *aide-de-camp* du roi de Sardaigne. — Revenu en France, en 1800, il vécut dans la retraite jusqu'à la rentrée des Bourbons, époque à laquelle il fut nommé, par le roi Louis XVIII, *maréchal de camp, inspecteur* des *gardes nationales de Seine-et-Marne*. Elu *député* à la Chambre législative de 1815 par notre département, il a fait preuve de capacités administratives.

Il a publié les brochures politiques suivantes :

1° *Exposé des principes et de la conduite de M. de Clermont Mont-Saint-Jean, député du Bugey, adressé à ses commettans et distribué à l'Assemblée nationale*, in-8°, Paris, chez Gironard, 1790. — 2° *Déclarations et protestations de MM. les députés des trois ordres aux Etats-Généraux de 1789, contre les décrets de l'Assemblée constituante*, in-4°, Provins, 1814.

COLLET (Jean-François), chasseur à pied de la garde impériale, chevalier de la Légion-d'honneur, né le 29 juin 1778 à Nantua, mort à Brénod, le 4 décembre 1840.

Volontaire, le 13 octobre 1792, dans le bataillon des chasseurs royaux du Dauphiné, devenu, plus tard, 12° régiment de chasseurs à pied, le jeune Collet n'avait pas atteint l'âge de 15 ans lorsqu'il prit du service dans l'armée. — Il fit toutes les campagnes de la République aux armées du Rhin, d'Helvétie et d'Italie. — Il fit prisonnier un officier autrichien au combat de Montréal, le 10 prairial an VII (29 mai 1799), et fut blessé grièvement à l'affaire de Schwitz le 13 messidor suivant (1er août). — Fait *chevalier de la Légion-d'honneur*, le 14 juin 1804, il fut promu *caporal*, le 6 germinal an XIII (24 mars 1805). — Passé, comme soldat, dans les chasseurs à pied de la garde, le 22 du même mois de germinal, c'est-à-dire le 12 avril 1805, il combattit avec honneur à Austerlitz et à Eylau, contre les soldats de l'Autriche et ceux de la Prusse. — Collet ayant obtenu son congé, le 17 avril 1807, revint dans ses foyers n'ayant encore que 29 ans. — Marié et père de famille, à Brénod, il y est décédé à 62 ans, laissant une réputation justement acquise de bon soldat et d'excellent citoyen.

COLLIER (Claude), sieur de Richemond, capitaine de cavalerie, né à Innimont, en Bugey, vers 1620, mort à Belley, en 1692.

Volontaire dans la compagnie du baron de Langes, au régiment d'Enghien, il fut grièvement blessé à la bataille de Norlinghen, en Bavière.

Employé depuis, dans la première guerre de Paris, et envoyé

ensuite en Catalogne, sous les ordres du maréchal de la Motte-Haudancourt, il se signala par son intrépidité au siége de Stenay. Le roi Louis XIV, voulant lui donner des preuves de sa faveur spéciale, lui octroya des lettres de noblesse, en 1675, avec lesquelles il figura dans les assemblées du Bugey, jusqu'à sa mort.

(*Nobiliaire de l'Ain.*)

CORDON (Jacques de), seigneur d'Evieu, maréchal de l'ordre des chevaliers de Malte et amiral, né le 21 octobre 1568, mort en 1646.

Il était originaire d'une famille noble de Cordon, établie dans le Bugey depuis le commencement du XIIe siècle. La terre d'Evieu avait appartenu à la maison de Duyn de la val d'Isère; elle fut donnée en dot à Marie de Duyn, femme de Rodolphe de Cordon, chevalier seigneur de Cordon et des Marches; le château était situé sur les bords du Rhône à une lieue de Grolée-en-Bugey.

Armoiries:
Ecartelé d'argent et de gueules.
Cimier: *Un lion coupé d'argent et de gueules.*
Supports: *Deux lions de même.*
Devise: *Tout sans contrainte.*

Parmi les aïeux maternels de Cordon, il comptait le chevalier Bayard.

Jacques de Cordon fit ses études à Annecy où il fut le condisciple de saint François-de-Sales. Il se forma entre ces deux élèves une réciprocité d'estime et d'amitié qui dura jusqu'à la fin de leur vie.

Reçu chevalier de Malte, à 18 ans, le jeune Cordon se distingua sous les ordres de M. Montmorillon charmé de sa valeur et de sa modestie. Il se trouva à la prise de Passava, et plus tard, en 1603, il commanda la flotte de son ordre qui s'empara de Lépante et de Patras. — Revenu en Savoie, le duc Charles-Emmanuel le reçut à son service; mais dirigé par un père de la Compagnie de Jésus qui le détacha entièrement des vanités du monde, Cordon embrassa, avec ardeur, la mortification chrétienne: plusieurs fois l'escalier extérieur de sa maison ou même un peu de paille étendue par terre, lui servirent de lit. Il parcourut sans vanité les principales dignités de son institut: il fut successivement auditeur des comptes, chargé du service des esclaves, maître des services, commissaire des pauvres et maréchal de l'ordre des chevaliers de Malte. Six mois après, il renonça à cette dernière dignité, il devint commandeur de Compesières en Savoie, puis de Genève, ayant auparavant exercé le même emploi à Madieu en Limousin, où il avait montré le plus grand zèle par les intérêts spirituels et temporels de sa Commanderie.

Son humilité et sa patience ne furent pas moins parfaites que sa foi ; il disait souvent : « *Mon Dieu, tenez-moi si bas que je ne puisse jamais tomber, ou, du moins, que je ne tombe de haut.* »

Il aida les Jésuites à former plusieurs établissements dans le pays de Gex, entre autres à Ornex, et en Savoie, à Annecy et à la Roche.

CORSANT, comtes de Bereins et de Baneins en Dombes.

ARMOIRIES : *Ecartelé aux 1er et 4e d'azur à 3 étoiles d'or, mises en pal ; aux 2e et 3e bandé d'or et de gueules, qui est de Gourdon ; et sur le tout d'argent à la face de gueules chargée de 3 croisettes d'argent, qui est de Corsant.*
Cimier : *Un lion d'hermines.*
Supports : *Deux lions d'azur.*
Devise : *Altius.*

L'origine de cette maison remonte au XIIe siècle. Les hommes de guerre qu'elle a produits, sont :

Archeric, chevalier qui se croisa, en 1096, avec Bérard, évêque de Mâcon. C'est en mémoire de ce voyage à la terre sainte que les armoiries portent des *croisettes*.

André, fils du précédent, chevalier, accompagna Aimé III, comte de Savoie, en Palestine (1146). Ce comte lui confia le commandement de son armée au siége de Ptolémaïde.

Antoine, capitaine de Pont-de-Veyle en 1453. Il reçut l'ordre du duc de Savoie de présider aux fortifications de cette place qu'il fit établir. Il testa le 24 juillet 1476.

Jacques, écuyer, maréchal-des-logis de la compagnie d'armes de Jean de la Baume, comte de Montrevel, gouverneur de Bresse et Bugey, après la conquête de ces provinces par François Ier, roi de France (1536).

Philibert, fils du précédent. Il fut homme d'armes de la compagnie du seigneur de Saint-Forgeul, lors de la guerre d'Ecosse (1549) et passa, en 1556, dans la compagnie d'Honorat de Savoie, comte de Villars. Il fit preuve de grand courage dans toutes les occasions.

Pierre, maréchal de camp, conseiller du roi Louis XIV, né vers 1613, mort en 1669. — Il servit jeune dans l'armée royale ;

devint *capitaine* dans les régiments de Frémon et d'Auvergne où il fut successivement employé. — A 30 ans, il fut nommé maréchal de bataille, puis, *maréchal de camp* le 29 octobre 1646.

S. A. R. Mademoiselle voulant reconnaître son mérite et ses services, le pourvut de la charge de Bailli de sa souveraineté des Dombes. Il reçut le titre de *capitaine* de Thoissey et de Beauregard. — Louis XIV le pourvut de la charge de *conseiller ordinaire en tous ses conseils d'Etat* (Paris, le 24 août 1643). — Le 23 février 1631, il avait épousé Françoise Andrault de Langeron dont il eut trois enfants.

Jean, son fils unique, devenu *capitaine* au régiment d'Auvergne, et, ensuite, au régiment d'Epernon, fut tué en duel, en Piémont, pour la querelle de l'un de ses amis. Dans un duel précédent, il avait tué lui-même son adversaire.

Cette famille est restée sans postérité. Ses biens vendus, en 1662, sont passés à messire Andrault de Langeron, marquis de Maulevrier, baron d'Oyes.

(Guichenon. *Histoire de Dombes.*)

COSTE (Jean-François), médecin militaire.
(Voir la *Galerie militaire de l'Ain,* p. 158.)

COSTE (Urbain), petit-fils du précédent, médecin militaire, né en Bugey, en 1793, mort à Paris, en 1828.

Il fit la campagne d'Espagne en 1823, comme chirurgien *aide-major.* Successivement employé, comme *médecin,* à l'hôpital de Dunkerque; *professeur adjoint* à l'hôpital d'instruction de Lille; puis, *médecin* à l'hôtel des Invalides, il n'a cessé de donner des preuves de son expérience et de son habileté.

Enlevé à la science trop jeune encore, Urbain Coste a laissé peu d'ouvrages importants; cependant, doué d'un esprit élevé, d'un jugement sain, un peu critique, il a publié de nombreux articles dans la *Bibliothèque médicale;* dans le *Journal universel des sciences médicales.*

On a de lui: 1° *Extrait analytique de l'article fièvre,* dans le 15° vol. du *Dictionnaire des sciences médicales.* — 2° *Observations sur la campagne d'Espagne, en 1823, pour servir à l'histoire de la médecine militaire,* in-8°, Paris 1825.

Il préparait une *philosophie médicale* et une *traduction d'Hippocrate,* lorsqu'il mourut à peine âgé de 35 ans.

(Quérard. *France littéraire.*)

CRÉMEAUX (Charles-Emmanuel de), maréchal de camp de l'armée royale, avant la première révolution française, en 1792. Né au château de Chazey, vers 1741, mort sur l'échafaud révolutionnaire à Lyon, le 16 pluviôse an II (4 février 1794).

Il descendait de la famille des Crémeaux d'Entragues, seigneurs de Chazey-sur-Ain, de Sainte-Julie, dans le marquisat de St-Sorlin.

Cette maison a produit plusieurs hommes de guerre remarquables : 1° **Victor-Amédée** marquis d'Entragues, lieutenant-général au service de France, en 1666 ; 2° **Jules-César** comte de Saint-Trivier, chevalier, lieutenant général au gouvernement du Mâconnais, ex-brigadier des armées en 1764 ; 3° **Louis-César**, mestre de camp de dragons, ancien lieutenant général de la Bourgogne, en 1760.

(Nobiliaire de l'Ain.)

CROZET (Claude-Marie), chef de bataillon, chevalier de la Légion-d'honneur, né le 11 juillet 1769, à Coligny, où il est mort, le 23 août 1837.

Son père, **Eléonor Crozet**, maître charpentier, et assesseur du juge de paix, en 1791, était issu d'une famille originaire du Crozet, hameau de la paroisse de Marboz et dont l'un des membres était venu résider, depuis un demi siècle, à Coligny-le-neuf où il s'était marié avec *Claudine Girard*, dont il eut trois fils qui répondirent ensemble à l'appel de la patrie en danger, en 1792.

Claude-Marie, s'engagea au 3ᵉ bataillon des volontaires de l'Ain en même temps que l'illustre Joubert de Pont-de-Vaux, son compatriote, qui avait à peu près le même âge. Admis *grenadier* au 51ᵉ régiment d'infanterie de ligne, à sa formation, il y comptait comme *sous-lieutenant* depuis le 11 septembre 1791, lorsque Joubert y fut incorporé, avec le même grade, le 23 avril suivant. A ce moment-là, les grades se donnaient par l'élection et les miliciens votaient pour ceux de leurs camarades qui représentaient le mieux, soit par leur instruction, soit par leur physique. Or, Claude-Marie était d'une force physique extraordinaire ; d'une taille élevée d'environ 2 mètres et d'une allure des plus martiales.

Il fut promu *lieutenant*, le 4 octobre 1792, et *capitaine*, le 2 pluviôse an II (21 janvier 1794).

Il fit ses premières campagnes de l'an II à l'an VI (1794 à 1797) aux armées du Nord et d'Italie ; celles des années VII et VIII (1798-1799)

en Hollande, contre les anglo-russes; celles des années IX et X (1800-1801) au corps de la Gironde; celle de 1807, à la grande armée; celle de 1809, en Allemagne, où il fut nommé *chevalier de la Légion-d'honneur*, et quatre jours après, élevé au grade de *chef de bataillon* au 93ᵉ régiment de ligne, le 20 juin 1809.—Il fit encore la campagne de 1811 à la grande armée et celle de 1812 en Russie.
— Fait prisonnier de guerre par les Prussiens à l'affaire de Kaiserlautern, le 4 prairial an II (23 mai 1794), il fut échangé à la paix générale, en 1795.

Passé au 77ᵉ régiment de ligne, il était *commandant d'armes* le 26 août 1812, et commandait la place de l'île de Rhé, sur la côte du département de la Charente-Inférieure, lorsque survinrent les événements de 1814, c'est-à-dire l'invasion étrangère et la Restauration des Bourbons sur le trône de France. M. Crozet, mis en demi-solde, ne fut pas rappelé à l'activité. Il a achevé sa carrière dans les honorables fonctions de conseiller municipal de Coligny, à l'exemple de son père et de son aïeul. — Décédé sept ans après la révolution de juillet 1830, il a laissé à ses concitoyens un souvenir durable comme patriote et magistrat populaire, ayant fait preuve toujours d'un dévouement sans bornes à sa patrie.

Claude-Marie Crozet marié à *Jeanne-Baptiste Taillard*, de Coligny, a eu 6 enfants dont un fils **Paul Crozet**, a été huissier à Bourg. Il est décédé, en 1875, dans sa propriété de *Montagnat-lès-St-Amour* (Jura) où se continue cette branche de la famille Crozet.

Son frère aîné qui fut *sous-officier* dans l'armée, a péri, pendant l'Empire, assassiné dans l'île de Mayorque. — Quant à son frère puîné **Claude-Eléonor Crozet,** capitaine au 51ᵉ régiment de ligne, et chevalier de la Légion-d'honneur, né à Coligny, le 9 mai 1767, il est mort au même régiment, laissant deux fils d'un mariage qu'il avait contracté à Beaufort (Jura).

(M. Clovis Cancalon. *Notice sur le chef de bataillon Crozet.* 1875.)

CROYSON (François), écuyer, seigneur de Silans et de Grés, en Bugey, maréchal de bataille, commandant au fort de la Cluse, né vers 1600 à Seyssel, mort en 1664.

Cette famille disait descendre de celle des *Croyson* de Genève dont elle portait les armoiries : *d'azur à trois grenades d'or, 2 et 1.*

Le jeune François entra, comme volontaire, dans l'armée du duc de Nemours où il devint *capitaine* en 1616. — Cinq ans après, il fut chargé de lever une compagnie d'infanterie pour le régiment de Ragny, dans lequel il servit en Champagne contre le comte de Mansfeld et au siége de Montpellier.

Louis XIII, voulant enlever La Rochelle aux Protestants, en forma le siége en 1627, le prince nomma François Croyson *aide de camp* le 26 août de cette même année, et le 15 février 1630, il lui donna une compagnie dans le régiment de Choin, lors de la guerre en Savoie. C'était à l'époque où le duc de Savoie Charles-Emmanuel attaquait le duc de Mantoue allié de la France. — Le roi, étant au fort Barraux, fit donner l'ordre à notre capitaine d'assembler toutes les troupes cantonnées dans le Bugey, pour les porter sur la frontière vers le Rhône et serrer de près la place de Pignerol qui tomba en notre pouvoir. Croyson coopéra au siége de Châtillon et à celui de Châteaufort où il fut blessé d'une mousquetade au pied dont il demeura estropié. — Pendant cette guerre, il commanda les régiments de Choin et de Langeron et la compagnie des carabiniers de Peyzieux ; nommé commandant du fort de la Cluse, il prit possession de ce poste, le 28 août 1631. — Quatre ans après, il fut promu *lieutenant-colonel* du régiment de Choin et combattit à la journée d'Avain ; puis, en 1636, il fut placé à la tête du régiment de Conty. — Au siége de Dôle, il fut fait prisonnier après avoir été blessé à la tête d'un coup de pistolet. — Dans la même année, il fut envoyé en Suisse pour désarmer le canton de Fribourg qui voulait fournir des troupes aux Comtois. — En 1637 et 1638, aide de camp du duc de Longueville, il s'empara des châteaux de Saint-Amour et de Dortan, et continua les mêmes fonctions, en 1639 et 1640, sous le marquis de Villeroy. — En 1641, il fut chargé du ravitaillement des places conquises dans la Comté. Il fit démolir le château de Poligny et négocia avantageusement la cessation des hostilités dans le duché de Bourgogne, dans le Bassigny, la Comté, et pacifia les cantons suisses avec le comté de Bourgogne, en novembre 1644. — Il servit, en dernier lieu, au siége de la Motte, en Lorraine, dont il dicta la capitulation avec le marquis de Francières. — Ses nombreux et brillants services lui méritèrent le grade de *maréchal de bataille* (1) dont le brevet fut signé le 16 février 1644, après la mort de Louis XIII qui, en 1640, lui avait donné la terre de Vincelles dans la

---

(1) Ce grade, établi en 1614, fut supprimé en 1672. — Le maréchal de bataille était chargé de diriger tous les mouvements de l'armée d'après les ordres du général en chef.

Bresse chalonnaise, en récompense de sa valeur. — Il avait été anobli par le roi dont les lettres patentes sont datées du 13 mai 1617.

Ce vaillant capitaine a laissé trois fils qui ont aussi brillé dans la carrière des armes :

1° **Barthélemy**, devenu gouverneur du château de l'Aubepin en Comté.

2° **Hector**, capitaine au régiment de Conty qu'il commandait à l'attaque de Dunkerque; dans la Catalogne contre les Espagnols et à la bataille de Lens, où il se signala particulièrement. Il fut blessé à la journée de Fribourg, d'une mousquetade à la cuisse.

3° **Antoine**, écuyer, seigneur d'Apremont ; il fut lieutenant de son frère au régiment de Conty. — Marié, le 12 décembre 1646, avec Denise de Brancion, il est mort sans enfants.

(Guichenon. *Hist. de Bresse et du Bugey.*)

DAMAS, seigneurs de Breuil et Buisson en Dombes, barons de Chevrault, comtes de Ruffey et marquis d'Antigny en Bresse.

Cette maison tire son origine du Forez. L'historien Guichenon lui assigne pour chef **Bertrand** Damas, chevalier qui vivait au xi° siècle et qui fut témoin d'une donation faite à l'Eglise de Cluny en 1094. — Ses descendants ont formé plusieurs branches : Celles du *Rousset* et des *Colombettes* représentées en Angleterre ; les *Damas-Digoine* et *de la Clayette*, fondues dans les *Dio* et les *La Guiche*.

Leurs armoiries portaient : *d'or, à la croix nillée ou ancrée de gueules.* — Presque toutes les branches écartelèrent, par suite d'alliances.

Robert, chevalier, se croisa en 1106.

Hugues IV, seigneur de Marcilly, vicomte de Chalon, est mort en Palestine (1365).

Josserand, chevalier, fut fait prisonnier à la bataille de Nicopoly avec Jehan de Bourgogne, comte de Nevers (1397).

Erard, grand chambellan du duc de Bourgogne, devint gouverneur du Nivernais et d'Auxerre. Il fit le voyage de la Terre Sainte où il testa, en 1447.

Léonard, chevalier, seigneur de Thiange, fut capitaine de cent hommes d'armes et lieutenant du duc de Mayenne, en 1550.

François, son fils aîné, fut pourvu du même commandement dans lequel il acquit beaucoup d'honneurs. Il fut aussi gouverneur de Noyon et de Soissons (1580).

Charles, fils aîné du précédent, marquis de Thiange, seigneur de Dio, chevalier des deux ordres, capitaine de cent hommes d'armes, maréchal de camp. Il devint conseiller du roi Louis XIII, et lieutenant-général en Bresse, Bugey, Valromey, Gex et comté de Charollais. Il s'est particulièrement distingué à la *journée de Cornod*, où il défit les Franc-Comtois commandés par le baron de Vatteville, marquis de Conflans en 1637. A cette époque, la Franche-Comté de Bourgogne était une possession espagnole. Le ministre Richelieu qui faisait une guerre sourde à la maison d'Autriche depuis son arrivée au pouvoir, rompit avec elle et fit attaquer Dôle par le prince de Condé. Les impériaux s'approchèrent de la Saône et menacèrent d'envahir la Bresse. Déjà le général espagnol Clinchamp avait ravagé le Revermont et les Comtois étaient descendus par le bassin de la Valouse (affluent de l'Ain) sur Cornod, petit château fortifié occupé par les Français. Ils étaient 2,000 fantassins et 600 cavaliers, avec du canon. Le marquis de Conflans entreprit le siége de la place de Cornod, mais le seigneur de Thiange arrivant avec la milice bressanne, s'empara du pont de la Valouse. Un premier escadron bressan joignit les Comtois, il fut repoussé et feignit de fuir. Une nuée de cavaliers comtois arriva à la rescousse et bientôt les gentilshommes de la Comté battirent en retraite. Ils perdirent plus de 600 hommes d'infanterie tués dans la mêlée. Ce jour fut pour Charles de Damas un éternel monument de gloire.

Marié avec Jeanne de la Chambre, fille de Jean de la Chambre, comte de Montfort, baron de Ruffey, seigneur de Savigny en Revermont, il eut deux fils : **Claude,** marquis de Thiange, mort à l'Académie de Paris, et **Gilbert,** chevalier, qui fut *mestre de camp* de cavalerie (colonel); il a soutenu l'éclat de la famille.

Claude, marquis d'Antigny, seigneur de Breuil, fut gouverneur de la Dombes, en 1660. Ses successeurs ont été chargés du même office, de 1691 à 1740.

François-Joseph, l'un d'entre eux, colonel du régiment de Boulonois, devint *brigadier* des armées du roi Louis XV, en 1732. Il épousa *Marie-Judith*, comtesse de Commarin, le 9 avril 1725. Il est mort aux eaux de Bourbonne, le 30 mars 1736, laissant trois filles et deux fils dont l'aîné *François-Jacques* fut représenté dans l'Assemblée de la noblesse de Dombes, en 1789, par le comte de *Montbrian*, grand sénéchal de cette province.

Parmi les *Damas, barons de Digoine*, on doit citer ici celui qui fit la belle défense de Bourg au xviie siècle.

Jean, lieutenant-général, pour le roi Henri II, au gouvernement de la Bresse, du Bugey et Valromey, en 1533, et gouverneur de la ville de Mâcon en 1552. Il fut chargé, par ce prince, de s'opposer aux entreprises de messire Nicolas Polvillers, confident du duc de Savoie, qui voulut s'emparer de la Bresse, reprendre ses Etats et surprendre même la ville de Lyon en 1557. Dans cette intention, ce capitaine, au service de l'Empereur d'Allemagne, leva en Bohême une armée de 10,000 fantassins et 1,200 chevaux avec laquelle il entra en Alsace ; de là, dans le comté de Ferrette, pour venir attaquer Bourg ; mais le baron de Digoine, informé à temps, organisa la défense de cette ville, en l'absence du comte de La Guiche, gouverneur de la province. Polvillers vint camper aux Sardières et à Challes. Il envoya l'élite de sa cavalerie pour reconnaître le terrain, et employa le canon pour assiéger Bourg. Jean de Damas n'avait avec lui que *sa bande de deux enseignes de pied, l'arrière-ban du Mâconnais, sept enseignes de suisses, et environ 4,000 gascons avec certains gens de cheval qui tinrent bon et firent barbe ès dicts ennemis contre les quels on ne cessa de canonner et de faire sorties.*

Ils furent forcés de se retirer. Leur chef ayant appris que le duc d'Aumale s'approchait venant de Mâcon avec des troupes de France, décampa pendant la nuit du 13 octobre et se retira dans la Franche-Comté. Polvilliers avait renoncé à son projet de se jeter dans Lyon, après avoir acquis la certitude que les peuples ne se révolteraient pas, comme on le lui avait fait espérer.

(Guichenon, de Thou, de La Teyssonnière et *Archives de la ville de Bourg, 1557*).

DELAMARRE (Gaspart-Philibert-Magdeleine), colonel, chevalier de la Légion-d'honneur, né à Bonne (ancien Léman), le 10 juin 1761, mort à Ferney, le 14 mars 1833.

Il était naturalisé français depuis 1816.

Entré dans les gardes du corps du roi de Sardaigne, le 24 septembre 1778, il fut nommé *sous-lieutenant* dans le régiment de Maurienne en 1784, et *lieutenant* dans celui d'Oneille en 1793. — Il fit les premières campagnes de la Révolution avec les troupes Piémontaises contre la République française, et reçut le 9 juin 1793, à l'affaire du Col-de-Brois, un coup de feu qui lui fracassa la jambe.

— Promu *capitaine* au même régiment, en 1794, il se trouva à l'affaire de la redoute de Marthe près de Nice, et fut blessé d'un coup de baïonnette au côté droit de la poitrine, et d'un autre coup à la main droite.

En 1796, il passa, avec son grade, dans le régiment de la marine (division auxiliaire piémontaise) et prit part, dans le service de France, aux opérations de l'armée d'Italie, années VII à IX (1796 à 1799). — Après la bataille de Marengo, le gouvernement Piémontais l'employa auprès du général Seras, pour l'organisation des troupes de son pays; puis, le nomma *chef d'escadron* au 1er régiment de dragons Piémontais.

Il devint *aide-de-camp* du général Pacthod, le 13 vendémiaire an XII (1804), et membre de la Légion-d'honneur, le 25 prairial suivant (14 juin). Il fit les campagnes de l'an XIV (1806 à la grande armée, et passa en qualité *d'adjoint à l'état-major* de l'armée du Nord, où le général en chef l'attacha à la 3e division formée du corps de réserve de Mayence. — Employé à l'état-major de la grande armée, le 8 février 1806; puis à l'armée de Naples, il rendit d'importants services au siége de Gaëte. — Chargé de l'approvisionnement de Raguse et des fonctions de chef d'état-major de la division de la Pouille, le roi de Naples lui fit conférer, par l'Empereur Napoléon, le grade *d'adjudant-commandant*, le 30 septembre 1807. — Il continua ses services à l'armée de Naples jusqu'au 17 février 1810, et fut admis à la retraite sur sa demande, pour motifs de santé.

Cependant, lorsque la coalition européenne vint menacer la France, en 1814, il répondit à l'appel de l'Empereur qui s'était adressé à tous les militaires en retraite; il se rendit auprès du général de division Dessaix chargé de l'organisation et du commandement des levées en masse, dans les départements frontières de l'Est. Il prit une part active à toutes les affaires conduites par ce général, pour la défense de notre territoire de l'Ain. — Rentré dans sa position de retraite, lors de la restauration des Bourbons et rappelé à l'activité, le 12 mai 1815, il quitta définitivement le service militaire, le 15 juillet suivant, et se retira à Ferney où il est décédé à l'âge de 72 ans.

(Papiers de famille.)

DELLARD (Jean-Pierre), baron de l'Empire, maréchal de camp, commandant le département de l'Ain, en 1831, né à Cahors (Lot), le 8 avril 1774; mort à Besançon (Doubs), le 7 juillet 1832.

Volontaire le 31 août 1792, dans une compagnie franche de son département, son instruction le fit remarquer. N'ayant encore que 18 ans et demi, et étant fourrier, il fut incorporé, le 1er octobre suivant, comme *lieutenant*, dans le 23e bataillon de volontaires, amalgamé plus tard, dans la 36e demi-brigade de ligne. — Il fit les campagnes de 1792 et 1793 aux armées de Hollande et du Nord et prit part à toutes les affaires, depuis l'occupation de la place de Gertruydemberg jusqu'à Lille, sous le général Dumouriez. — Dans une reconnaissance qu'il fut chargé de faire sur Lanoix, au mois d'août 1793, il fondit, le premier, sur un détachement d'une centaine d'Autrichiens et les força à prendre la fuite. — Le 29 septembre de la même année, il reçut une blessure à la jambe droite. — Le 29 floréal an II (18 mai 1794), il contribua à la prise de 400 Autrichiens et tomba au pouvoir de l'ennemi, le 3 prairial suivant (22 mai), au combat de Templeuve près de Tournay. Rendu à la liberté dans le mois de frimaire an IV (décembre 1795), il rejoignit son régiment à l'armée de Sambre-et-Meuse. Adjudant-major, le 19 juin 1796, il prit rang de *capitaine en premier*, le 1er messidor an V (19 juin 1797). Commanda à Bâle, le dépôt général des conscrits et rentra à son corps après avoir dirigé sur l'armée, 15,000 jeunes soldats.

Il se fit remarquer à l'armée d'Helvétie, en l'an VI et l'an VII, notamment dans les journées des 27 et 28 thermidor de cette dernière armée (14 et 15 août 1799), à Insielden et au pont du Diable ; à la tête de sa compagnie, il poursuivit 2,000 Autrichiens jusque sur les bords du lac de Zurich où il les força de mettre bas les armes. — Le 10 fructidor suivant (27 août), il concourut à l'attaque du pont d'Uzenach, et enleva, le lendemain, à la tête des grenadiers de son bataillon, celui de Nasel. — Chargé par le général Soult, la veille de la victoire de Zurich (24 septembre 1799), de reconnaître la rivière du Linth, au-dessous du lac, il s'acquitta de cette mission avec autant d'intelligence que de valeur ; organisa lui-même un corps de 200 nageurs armés de piques, de sabres et de pistolets : le jour de la bataille, il franchit la rivière avec ses braves, s'empara des redoutes et des retranchements de l'ennemi ; encloua ses canons, jetta l'épouvante dans ses rangs et tua le général en chef Hotze dans son quartier-général. Avant d'effectuer ce passage avec ses nageurs que devaient diriger les bateaux de débarquement des troupes sur la rive droite de Linth, il leur avait adressé l'allocution suivante :

« Vous allez vous couvrir de gloire en portant dans un instant

« l'épouvante et la mort dans les rangs ennemis; ne faites pas de
« prisonniers; marchez réunis; suivez mes traces en silence.....
« vaincre ou mourir, tel est notre mot d'ordre ! Je vous rallierai sur
« la rive droite par un coup de sifflet. »

Cette action d'éclat valut au capitaine Dellard, le grade de *chef de bataillon* que Masséna lui accorda sur le champ de bataille et le général Soult lui fit présent d'un beau cheval.

Le lendemain, aidé seulement de son ordonnance, il surprit 50 Autrichiens qu'il fit prisonniers et qu'il conduisit au quartier général.

La confirmation de sa nomination de chef de bataillon s'étant fait attendre, il fut promu une seconde fois à ce grade sur le champ de bataille, le 12 floréal suivant (2 mai 1800), par le général en chef Moreau, commandant l'armée du Danube, pour sa belle conduite à la prise du fort de Hoentwill.

Le premier Consul le confirma enfin dans son grade, le 29 vendémiaire an X (21 octobre 1801), pour prendre rang de sa première nomination, 4 vendémiaire an VIII (26 septembre 1799).

Au passage du Rhin, à la tête d'un bataillon de la division Vandamme, il exécuta la première attaque contre la cavalerie autrichienne placée sur le plateau en avant de Stockath, le 15 floréal an VIII (5 mai 1800) et soutint, le lendemain, pendant plus d'une heure, à Mœskirch, le feu d'une batterie formidable placée au centre de l'armée ennemie.

Quelques jours après, à la tête d'un détachement composé d'hommes déterminés, il éclaira la marche de la division Vandamne sur le Lech; passa, ensuite, le Danube près de Dillingen; marcha sur Donawerth et suivit de près le corps autrichien du général Kray. Il repassa le Danube à Donawerth, se porta sur Neubourg et de là sur le Tyrol, dans la direction de Dorneubirch.

M. Dellard coopéra à la prise de Immenstadt : il établit avec son bataillon des communications entre cette ville et la place de Bregentz sur le lac de Constance. Aussitôt qu'il apprit la reddition de Feldkirch et la rupture de l'armistice conclue entre le général Moreau et le commandant de l'armée autrichienne, notre chef de bataillon rejoignit le corps du général Lecourbe qui formait l'aile droite de l'armée et s'empara d'Ober-Anerdorff, point important par sa position dans la vallée de Kustein.

Nommé *major* du 46 régiment de ligne, le 20 brumaire an XII

(12 décembre 1803), il fut fait *chevalier de la légion d'honneur* le 4 germinal suivant (25 mars 1804), et fit les campagnes de l'an XIV (1805-1806). — Au camp de Boulogne il fut nommé *colonel* du 16ᵉ régiment d'infanterie légère; le 10 février 1807, à la tête de ce vaillant régiment, il combattit en Prusse, en Pologne et prit une part glorieuse à la victoire de Friedland.

Après la paix de Tilsitt, M. Dellard rétrograda avec son régiment sur Berlin, où il séjourna pendant un an. — Le 18 août 1808, il quitta le camp de Mitrow et se rendit en poste, avec ses soldats, à l'armée d'Espagne où il arriva le 29 octobre.

Le 11 novembre suivant, le 16ᵉ léger battait, *seul*, l'aile gauche de l'armée espagnole commandée par le général Black : ce régiment, fort de 2,000 hommes et posté d'une manière désavantageuse, dispersa 15,000 Espagnols qui occupaient les hauteurs d'Espina de los Monteros. Atteint d'une balle en abordant les premières colonnes ennemies, il voulut continuer de commander..... et ne se fit panser qu'après l'action.

Le 22 du même mois de novembre, Napoléon Iᵉʳ, passant la revue des différents corps de l'armée à Burgos, accorda au 16ᵉ léger 12 décorations sur la demande du colonel Dellard. — Napoléon se tournant vers lui, lui dit : « *Mais vous ne demandez rien pour vous, colonel ? — Sire, répondit M. Dellard, ma récompense est dans celle que votre majesté vient d'accorder aux braves que je commande.* » L'empereur le nomma, le même jour, *officier de la Légion d'honneur* et, peu de temps après, *Baron de l'Empire*.

Le colonel Dellard se distingua bientôt dans de nouveaux combats : particulièrement au passage du Sommo-Sierra et à la prise de Madrid. — Une balle lui traversa le bras gauche au moment où il prenait d'assaut la caserne des gardes du corps espagnols. Il fut obligé d'aller rétablir sa santé à Aix-la-Chapelle; puis il revint à son régiment cantonné dans Tolède. Il observa et éclaira le pays, manœuvra pour s'opposer au passage du Tage par l'ennemi et s'empara d'Agado; puis il défit les insurgés dans la Sierra-Morena, à la prise de Séville et à Puerto-Santa-Maria. — Sa valeur ayant été remarquée pas le roi Joseph, ce prince lui fit accepter un anneau d'un grand prix.

Après le siége de Cadix, où il tint garnison jusqu'au mois de juillet 1810, il passa, avec 3 bataillons d'élite, sous les ordres du général Latour-Maubourg. — Chargé des reconnaissances sur Gausin et Saint-Roch, le colonel Dellard fut surpris et environné sur les hauteurs de Ximena par 160 insurgés embusqués; il les délogea avec quelques voltigeurs français qui l'accompagnaient et rejoignit sa colonne après avoir reconnu la position de l'ennemi.

Ses nombreuses blessures le forcèrent à rentrer en France, dans les derniers mois de 1810.

Nommé *commandant d'armes* à Ostende, le 23 janvier 1811, l'Empereur le désigna pour faire l'expédition de Russie, en 1812.

Dans la journée du 11 novembre de cette année, il défendit, avec 250 hommes d'infanterie, contre 2,000 cavaliers russes et 4 pièces de canon, les approvisionnements considérables qu'il avait formés dans le château de Clémentina, et qu'il fit parvenir jusqu'à Smolensk. Ces provisions devinrent l'unique ressource de la grande armée, au moment de sa retraite.

De retour en France, il alla commander la place de Bayonne. Il y reçut le brevet de *général de brigade*, daté de Dresde, le 8 août 1813, avec l'ordre de se rendre à Magdebourg.

A peine arrivé sur le Rhin, il y trouva des lettres de service qui le nommait *gouverneur* de Cassel et *commandant supérieur* des forts de Montbello, de Saint-Hilaire, ainsi que des avants-postes chargés de la défense de Mayence. Il conserva le commandement pendant la durée du blocus de cette place.

Après la première abdication de Napoléon Ier, le roi Louis XVIII lui confia le commandement de la place de Valenciennes. — Pendant les Cent-Jours, il contribua à conserver cet important boulevard de notre France, et sous la deuxième restauration, le gouvernement des Bourbons le maintint dans ce commandement. — En 1818 il passa à celui de Cherbourg; il fut envoyé, en 1823, à Besançon où il se retira avec une pension de retraite. Il avait été fait *chevalier de Saint-Louis*, le 11 octobre 1814.

Remis en activité après la Révolution de juillet 1830, il fut envoyé dans l'Ain par le gouvernement de Louis-Philippe, pour commander cette subdivision. — M. le baron Dellard s'y est fait remarquer par ses brillantes qualités personnelles. Il a emporté avec lui d'unanimes regrets.

DESGRANGES (Jean), écuyer, capitaine de l'ancienne armée royale, né à Seyssel, en 1655; mort à Bourg, vers 1715. Il fu anobli par le roi Louis XIV, en 1670.

Enrôlé volontairement dans le régiment du baron de Choin, il commença ses premières armes à la prise de Tirlemont; puis, au siége de Louvain; au blocus du fort d'Elchim, à l'armée commandée par le maréchal de Châtillon.

Il combattit ensuite en Italie en qualité de *gendarme*, dans la compagnie du marquis de Thianges, alors lieutenant général au gouvernement de Bresse, Bugey et Gex. — Il assista à la bataille du Tésin; secourut Montlegrand dans le comté de Bourgogne; prit une part active aux journées de Chavannes, de Montignat, de Dortan et de Cornod (1637).

En Italie, il combattit à la bataille de Montbaldon. — Nommé *cornette*, il contribua à la défense de Turin assiégé par le prince Thomas; il y fut blessé d'un coup de pistolet. — Promu *capitaine* et commandant l'avant-garde aux siéges de Chivasse, de Bène, de Coni, sous le duc de Longueville et le cardinal de la Valette, il fut signalé au roi pour son intrépidité.

Passé sous les ordres du comte d'Harcourt, il assista au siége et à la prise de Turin, au siége et au combat d'Ivrée. — Plus tard il servit pendant trois ans sous le maréchal de Turenne. A la tête de sa compagnie d'infanterie il combattit sur le Rhin et contribua à la prise de la citadelle de Mayence (1674). Enfin il fut nommé gouverneur du château de Corléon par le comte de Montrevel, et défendit cette place importante avec vigueur.

En dernier lieu, il vint établir à Bourg et à Seyssel des *académies* pour l'équitation.

Il avait deux frères qui se firent aussi remarquer comme d'habiles officiers. Ils furent tués devant l'ennemi:

1° **Nicolas Desgranges**, volontaire au régiment de Rambure, qui assista au siége de la Rochelle, à l'affaire de Casal et à la prise de Pignerol (1628). — Nommé *lieutenant* au régiment d'infanterie de Blacons et dirigé sur Saint-Mihiel il y reçut une mousquetade dont il mourut, quatre jours après, à Bar-le-Duc.

2° **Jacques Desgranges**, enseigne au régiment de St-Luc; il se fit remarquer au siége de Perpignan. Nommé *lieutenant* au régiment de Conty, il fut blessé, en Allemagne, de trois mousquetades dont il mourut.

(M. J. Baux. — *Nobiliaire du département de l'Ain.*)

DESSAIX (Joseph-Marie), comte de l'empire, général de division, grand officier de la Légion d'honneur, chevalier de

Saint-Louis, né le 24 septembre 1764, à Thonon (Savoie), où il est mort le 26 octobre 1834.

Son nom se rattache au département de l'Ain par la défense énergique qu'il fit en 1814 et 1815, devant Genève et dans le haut Bugey. — Fils d'un médecin et médecin lui-même, il exerçait à Paris et avait adopté avec châleur les principes de notre première Révolution, lorsqu'il entra, en juillet 1789, dans la garde nationale parisienne. — Il forma, avec Doppet, le projet de créer une légion composée de Suisses, de Savoisiens et de Piémontais qui devait partager, à la frontière, les lauriers des légions françaises. Dessaix fut nommé successivement *capitaine* de cette légion, dite des *Allobroges* et *chef de bataillon*, le 13 août 1792. Un mois après, ce corps entrait à Chambéry avec le général Montesquiou et, en novembre suivant, Dessaix succédait à Doppet dans le commandement de la légion. — En juin 1793, il marcha contre les Marseillais avec l'armée des Pyrénées-Orientales; fut nommé *colonel* le 17 août, entra le 25 à Marseille et se rendit ensuite à Toulon.—Sa belle conduite pendant ce siége lui mérita le grade de *général de brigade* que les représentants du peuple voulurent lui décerner; mais il refusa modestement.

En l'an II (1794), il servit à l'armée des Pyrénées, battit 8,000 Espagnols avec sa légion forte de 1,500 hommes et contribua, le 17 floréal (5 juin), à la prise de Saint-Laurent de la Monga. — Passé à l'armée d'Italie au commencement de l'an III, il enleva la redoute de Saint-Jean, en Piémont, et reçut un coup de baïonnette à la tête. —Blessé de nouveau à la retraite de Salo, il s'empara de 2 pièces de canon, de 2 drapeaux et de 200 Autrichiens et se rendit maître de Rocca-d'Anfô, le 19 thermidor, et de Storo, le 23 du même mois. — Cerné à Rivoli par des forces supérieures, couvert de blessures, il tomba au pouvoir des Autrichiens qui le conduisirent en Hongrie. — Après une captivité de sept mois, il revint en Italie, à la suite d'un échange de prisonniers et fut élu, en germinal an VI (mars 1798), par le département du Mont-Blanc, député au Conseil des Cinq-Cents. — Malgré son opposition au 18 brumaire, le premier consul Bonaparte lui conserva le commandement de son corps devenu 27ᵉ demi-brigade légère et l'envoya en Hollande, où il fut pourvu successivement de postes importants. Le 11 fructidor an XI (29 août 1803), le premier consul lui confia le grade de *général de brigade* et le nomma, en l'an XII, *membre de la Légion d'honneur*, le 19 frimaire (11 décembre 1803), et *commandant* de cet ordre le 25 prairial (14 juin 1804).

M. Dessaix se distingua à Ulm, fut blessé au passage du Tagliamento et créé *comte de l'empire* et *général de division* quelques jours après la bataille de Wagram où il avait reçu une nouvelle blessure à la cuisse droite. — Fait *grand officier de la Légion d'honneur*, le 30 juin 1811, l'empereur Napoléon Ier lui avait confié le commandement d'Amsterdam. — Employé, en 1812, au 1er corps de la grande armée, il fut blessé, le 22 juillet, à Mohilow, concourut à la prise de Smolensk et combattit, le 7 septembre, à la bataille de la Moskowa où il eut le bras fracassé par un biscaien. Il avait alors pour aide de camp M. le capitaine Girod de l'Ain, qui l'accompagna dans son commandement à Berlin, en octobre 1812, et ensuite jusque dans ses foyers, en février 1813.

Le 4 janvier 1814, l'empereur le chargea d'une partie de la défense des Alpes. Obligé de se replier, il rejoignit le corps d'Augereau. — Après la première abdication de Napoléon, le roi Louis XVIII le nomma *chevalier de Saint-Louis* le 27 juin 1814 ; mais, pendant les Cent-Jours, il fut encore appelé au commandement de Lyon, et ensuite à celui d'une division de l'armée des Alpes, sous le maréchal Suchet. — Après la seconde abdication, il se réfugia dans le pays de Gex et revint à Thonon. En 1830, il fut nommé par ordonnance du 12 novembre, commandant de la garde nationale de Lyon.

Son nom, inscrit sur la face nord de l'arc de triomphe de l'Étoile, est resté justement célèbre dans nos fastes militaires et n'a pas été oublié dans le département de l'Ain où sa défense de Nantua et du lac de Silans, rappelle les efforts généreux du brave Béatrix, colonel des corps francs du Bugey, en 1815.

(Voir l'*Histoire de Gex*, par M. Béatrix, avocat, 1 vol in-8°, Lyon 1851.)

DUCIMETIÈRE (Jean), grenadier, chevalier de la Légion d'honneur, né le 29 novembre 1784, à Gex où il est mort le 9 juin 1841.

Conscrit à la 22° demi-brigade de bataille, le 28 ventôse an IX (19 mars 1801), il passa au dépôt colonial de Dunkerque, puis fut incorporé comme tambour, le 6 messidor an XI (25 juin 1803), dans la 8° demi-brigade de bataille, devenue le 8° régiment de ligne en l'an XII.

Sa belle conduite dans l'expédition de Saint-Domingue (1802), lui mérita la croix de la Légion d'honneur. — Grenadier au 1er corps de la grande armée en 1805 et 1806, il fut blessé d'un coup de feu à la cuisse, au siége de Lubeck, le 6 de cette dernière année, et une seconde fois en Espagne (janvier 1808). — Obligé de quitter l'armée par suite de ses blessures il prit sa retraite, le 11 juillet 1810, et se retira dans sa ville natale où il a laissé une réputation méritée de vaillant soldat.

(Journal de l'Ain.)

DU MARCHÉ, famille originaire du duché de la Val-d'Aoste, anoblie au XVIe siècle.

Armoiries : *Partie d'azur et d'argent à un soleil partie d'or et de gueules, l'or sur l'azur, et le gueules sur l'argent.*
Cimier : *Un bras armé tenant une banderolle de synople.*
Devise : *Forti fide.*

Jean-François du Marché, officier d'infanterie en Savoie, né en 1562 ; mort à Marboz en Bresse, en 1634.

Il débuta à l'armée par le siége de Genève et servit au fort de Sainte-Catherine sous les ordres du comte de Montmayeur. Il repoussa l'ennemi dans Villarsalet et du château de la Chambre où il fut grièvement blessé pendant l'action. — Il en fut récompensé par le grade de *cornette* de sa compagnie de cuirasses, et, plus tard, par sa nomination de *sergent-major* du régiment de Dom Amédée, marquis de Saint-Rambert. Son courage et son intrépidité le firent anoblir par Charles-Emmanuel, 11e duc de Savoie, en 1598, avec pension viagère de 200 livres par an. — Estropié par suite de ses blessures, il a laissé une réputation justement acquise de brave soldat et de bon chrétien. Il est décédé à 72 ans.

On lit encore aujourd'hui, sur le registre mortuaire de l'église de Marboz, pour l'année 1634, l'inscription suivante :

« A été inhumé en la chapelle Cornu, Jean-François du Marché, lequel a maladié, tant à cause de la goutte que des blessures autrefois reçues en la guerre, environ quinze ans, avec une notable patience. Il s'est muni des Saints-Sacrements de l'adorable Eucharistie et de l'Extrême-Onction, et a payé le fâcheux tribut de la nature avec constance. Trois jours consécutifs ont été célébrées trois messes à haute voix, chaque jour, à diacre et sous-diacre. »

Jean-François à laissé un fils dont le nom suit :

Claude, écuyer, lieutenant d'infanterie en 1650. D'après l'historien Guichenon, il commandait, à cette date, depuis cinq ans, une compagnie au régiment de l'Église, et servait, depuis deux ans, comme *cornette* dans l'escadron de Savoie. On ignore la date de sa mort.

Il eut deux fils : l'aîné, **Jean-Baptiste**, décédé sans postérité (1). Et le cadet **Jean-Nicolas**, né en 1659, qui a continué la lignée. — Ce dernier eut un fils aîné qui portait les mêmes prénoms, **Jean-Nicolas**, né vers 1711, et qui n'a pas été militaire.

François-René, fils puîné de *Jean-Nicolas* est né en 1712 : il est mort en 1792, capitaine des grenadiers royaux au service de France. Il combattit à Fontenoy, le 11 mai 1745, et à la bataille d'Hassfeld. Il assista au siége de Berg-op-Zoom, en 1747, et fut blessé à la bataille d'Astinbeck. Il fut décoré *chevalier de Saint-Louis*.

Il eut un frère cadet du nom de *Humbert*, né en 1726, qui n'a pas été militaire.

Georges-Henri, fils aîné du précédent, capitaine du génie. Il servit dans l'armée royale jusqu'à la révolution de 1792 et fut porté indûment sur la liste des émigrés dont il eut beaucoup de peine à se faire rayer, sous le consulat de Bonaparte. — Il avait été inscrit, dans l'ordre de la noblesse de Bresse, sur le procès-verbal de l'Assemblée générale du 23 mars 1789, et avait représenté *François-René*, son père, seigneur de la Tour de Marboz.

Dénoncé pendant le régime de la Terreur, à Bourg, il y fut arrêté et détenu comme *suspect* et *aristocrate*, en 1793. — Mis en liberté et ayant rejoint son régiment qui vint tenir garnison à Grenoble (Isère) en l'an IV de la République (1796), M. du Marché parvint à faire accepter sa démission et revint dans ses foyers où il s'est marié. Il a laissé un fils, M. **Alexis** *du Marché*, qui n'a pas été militaire, et pour petits-fils : MM. *Georges et Maurice du Marché*, actuellement vivants : M. **Georges**, sous-intendant militaire, chevalier

---

(1) On lit sur les registres de l'église de Marboz, ce qui suit : En 1712, est décédé noble *Jean-Baptiste du Marché*, écuyer, muni des sacrements, âgé de 45 ans. — Présents à ses obsèques, noble *Philibert de Bescerel*, écuyer, sieur de Malaval et *Claude-Marie de Druays*, écuyer, sieur de Franclieu. — Le corps a été accompagné par les sieur curé et prêtres dudit Marboz, depuis sa maison à l'église, à la prière de *Jean-Nicolas du Marché*, son frère, écuyer, seigneur de la Tour, et par considération de ladite famille, sans conséquence pour l'avenir.

de la Légion d'honneur, compte aujourd'hui 17 campagnes en Algérie, en Italie, et en France. Dans la dernière guerre avec la Prusse, il a pu s'échapper de Sedan et faire partie de l'armée de l'Est, sous les ordres du général Bourbaki. — M. **Maurice**, son frère, capitaine d'artillerie, est élève de l'école polytechnique. Il a aussi fait la campagne de Prusse de 1870, dans laquelle il a partagé le sort de l'armée de Metz.

Claude-Joseph, frère puîné du précédent, 2e fils de *François-René*, capitaine du génie, chevalier de Saint-Louis, décoré de l'ordre du Mont-Carmel et de Saint-Lazare.

Cet officier, très-distingué par ses connaissances en tous genres, a laissé des manuscrits très-propres à l'enseignement des mathématiques : *arithmétique, géométrie, trigonométrie, statique, dynamique, hydrostatique, hydrodynamique, aérostatique, fractions continues, équation indéterminée, calcul infinitésimal, suites récurrentes, maxima et minima, architecture, fortifications*, etc.

Marié avec Mlle de Bolozon qui lui apporta une belle fortune, il en fit un noble usage pendant toute sa vie. — Après 1815, nommé *député du département de l'Ain*, par ses concitoyens, il consacra son dévouement et ses talents à la défense des intérêts de son pays, tout en maintenant avec courage ses convictions politiques jusqu'à la révolution de juillet 1830. — Rentré dans la vie privée, il s'occupa de la restauration de ses propriétés ainsi que de beaucoup de bonnes œuvres, telles que construction d'école, réparations d'église, de presbytère, créations de ressources pour les indigents. — Membre actif de l'administration des hospices de Bourg, pendant de longues années, il se montra toujours dévoué à ses devoirs jusqu'à sa mort survenue dans un âge avancé (85 ans).

Parmi les actes honorables de sa vie, il en est un que nous ne pouvons taire parceque, seul, il fait apprécier l'homme éminent auquel il se rapporte : Pendant l'horrible disette des blés, en 1816, le député *du Marché* fut arrêté, pendant une nuit sombre, dans la ville de Bourg, par un agent de police qui le voyant porter, sur ses épaules et avec un certain mystère, un sac de grains, le conduisit devant l'autorité pour s'expliquer. On apprit alors comment bon nombre de familles qui souffraient de la famine, avaient trouvé, chaque matin, à leurs portes, des provisions en tous genres.

(Ébrard. — *Misère et Charité*. — 1 vol in-8°, Bourg, 1866.)

François-Nicolas, frère cadet du précédent, officier du génie. — Né au château de la Tour de Marboz, en 1764, mort en 1807. — Il était le troisième fils de *François-René*.

Il ne voulut pas non plus émigrer lors de la révolution de 1792, et préféra puiser des ressources contre l'adversité, dans l'instruction solide qu'il avait reçue à l'école royale militaire de Fontainebleau, dont il était élève. Il se plaça comme *professeur* dans une maison particulière où il fit l'éducation de plusieurs jeunes gens et y attendit patiemment la suite des événements politiques. Plus tard, il revint habiter le château de la Tour qui était son patrimoine et se maria. Il a laissé un fils, M. **Gabriel** *du Marché*, qui n'a pas été militaire, et pour petit-fils, M. **Joseph** *du Marché*, lieutenant des mobiles de l'Ain, qui a assisté au siége de Paris, pendant la dernière campagne contre les Prussiens (1870). Il a été nommé *sous-lieutenant auxiliaire* au 23ᵉ régiment d'infanterie de ligne, par décret du 31 juillet 1875. Il est aujourd'hui membre de la Société littéraire, historique et archéologique de l'Ain.

DUMAREST (Laurent), capitaine, chevalier de la Légion-d'honneur, né à Lompnès, en Bugey, en 1788, mort à Belley, le 23 janvier 1874.

Parti comme volontaire, en 1806, dans le 101ᵉ régiment d'infanterie de ligne, il fit, avec l'armée d'Italie, le siége de Gaëte dans le royaume de Naples ; puis, la campagne du Tyrol, sous le commandement du célèbre général Joubert, son compatriote ; celle d'Espagne, de 1808 à 1810, et fut dirigé sur la Saxe, comme *lieutenant*, en 1813. Il combattit partout avec intrépidité. Décoré après la bataille sanglante de Bautzen, il se distingua encore à Leipsick où, gravement blessé, il fut promu *capitaine* sur le champ de bataille.

Rentré en France, en 1814, il vint se fixer à Belley après l'abdication de Napoléon 1ᵉʳ. Il a joui de l'estime publique jusqu'à sa mort dans un âge avancé.

DUPEYROUX (Joseph-René), *baron*, puis *vicomte*, maréchal de camp, commandant le département de l'Ain de 1815 à 1817, officier de la Légion-d'honneur et chevalier de Saint-Louis, né le 21 septembre 1763 à Saint-Pardoux (Creuse), mort à Lyon, le 11 février 1835.

Aspirant de marine, le 1ᵉʳ juillet 1779 ; *garde du pavillon*, le 1ᵉʳ juin 1780, il fit les campagnes d'Amérique de 1780 à 1782, sur les frégates la *Lutine* et la *Providence*, et sur les vaisseaux le *Dictateur* et le *Sceptre* ; l'année suivante 1783, il montait la corvette la *Belette* en station de Terre-Neuve. A 17 ans, il avait pris part à trois combats sous l'amiral de Grasse et, plus tard, il accompagna le célèbre navigateur Lapeyrouse dans sa première expédition autour du monde.

Lieutenant de vaisseau, le 3 janvier 1788, il navigua successivement aux Antilles, sur les côtes d'Alger et de l'ouest de l'Afrique, avec l'*Active*, la *Minerve* et l'*Outarde*. Revenu en France en 1790, il rejoignit l'armée royale des émigrés et fit les campagnes de 1792 et 1793. Après la reddition de Malte aux Français, en 1794, M. Dupeyroux se rangea sous les drapeaux de la République, et suivit, en Egypte, l'armée d'Orient, comme *capitaine* dans la légion maltaise, qui, le 24 messidor an VII (12 juillet 1799), fut incorporée dans la 85e demi-brigade.

Nommé *chef de bataillon*, le 17 messidor an IX, il rentra en France ; passa, le 4 pluviôse an XII (25 janvier 1804), dans le 40e régiment de ligne au camp de Boulogne, où, le 25 prairial (14 juin), il reçut la *décoration de la Légion-d'honneur*. Employé au 5e corps de la grande armée pendant les campagnes d'Autriche, de Prusse et de Pologne, il combattit à Ulm et à Austerlitz, en 1805, et à Iéna, le 14 octobre 1806.

Promu, le 22 décembre suivant, *major du 33e régiment de ligne*, il commandait un bataillon de ce régiment aux batailles d'Eylau et de Friedland. On raconte qu'à Eylau, Napoléon Ier passant la revue de ses troupes, après la bataille, s'arrêta étonné devant Dupeyroux resté presque seul de son bataillon qu'il avait conduit au feu : « Commandant, lui dit l'Empereur, où est votre régiment ? — Il est « mort, Sire, pas un homme n'a été fait prisonnier ; j'ai conservé « mon drapeau et mes aigles. » Cette réponse frappa l'Empereur qui le nomma *colonel* du 115e de ligne, le 28 octobre 1808. Il rejoignit son nouveau régiment en Espagne ; assista aux dernières opérations du siége de Saragosse, en février 1809, au combat de Belchitte, le 18 juin, et fut élevé au grade d'*officier de la Légion-d'honneur*, le 18 juillet suivant. Blessé dangereusement à l'affaire de Caspi, le 6 octobre, il fut récompensé par le titre de *baron de l'Empire*, avec dotation, en Westphalie, le 7 août 1810. Il prit part, en 1811, aux siéges de Tortose et de Taragone ; dispersa, dans une rencontre, 1,500 insurgés espagnols. En 1812, il se trouva à l'expédition de Valence, se signala au combat de Tudella et fut promu *général de brigade*, le 12 avril 1813.

Envoyé, la même année, à l'armée d'Italie, sous les ordres du prince Eugène, il fut *mis à l'ordre du jour*, à la suite des affaires de Villach et de Frestritz, les 24 et 29 août. Il séjourna à Venise pendant le blocus, et rentra en France, avec l'armée, au mois de mai 1814.

Mis en disponibilité par le gouvernement nouveau des Bourbons, le roi Louis XVIII nomma M. Dupeyroux *chevalier de Saint-Louis*, le 20 août suivant. Au retour de l'île d'Elbe, l'Empereur le désigna, pendant les cent jours, pour commander la 3e division d'infanterie à l'armée du nord ; mais il ne rejoignit pas cette destination.

Le 29 novembre 1815, on lui confia le commandement du département de l'Ain qu'il quitta, le 2 juillet 1817, pour passer dans celui de la Lozère. C'est à cette époque qu'il épousa à Bourg, Mlle *Céleste de Revonnas*.

Fait *vicomte*, vers la même époque et mis en non-activité le 1er décembre 1817, il obtint sa retraite le 21 juillet 1819. Il a succombé de maladie à l'âge de 72 ans, ayant laissé dans l'Ain des souvenirs honorables comme chef affectueux et dévoué.

(Journal de l'Ain, 1835.)

DUQUESNE, chasseur au 5e bataillon d'infanterie légère, né à Bourg-en-Bresse, en 1772 ; mort à Valenciennes en septembre 1793.

Volontaire de 1792, il assistait au siège de Valenciennes en juin 1793. Cette place était défendue par le général Ferrand contre un corps nombreux d'Autrichiens et de troupes anglaises commandées par le duc d'Yorck. Le bombardement dura 43 jours sans interruption. Une grande partie des fortifications fut détruite. Les brèches étaient si larges que la cavalerie ennemie pouvait faire son entrée dans la ville. 6,500 soldats de la garnison, sans compter les habitants écrasés sous les ruines de leurs maisons, avaient péri par le feu de l'ennemi, les maladies et les fatigues. Les assiégeants perdirent 20,000 hommes. La capitulation fut signée le 28 juillet.

Dans une des nombreuses sorties, Duquesne avait eu la jambe droite fracassée par un éclat d'obus ; les chirurgiens se disposaient à lui faire l'amputation ; il tint lui-même les bandages de l'officier de santé en disant : « *Ce n'est pas ma jambe que je regrette, c'est de*

« me trouver, en ce moment, dans l'impuissance d'aller secourir
« Valenciennes. » Mots sublimes dignes d'être conservés comme un
témoignage d'héroïsme antique !

(Fastes de la gloire.)

DURAND (Manon), fille, soldat, née à Prégnin, pays de Gex, vers 1781, morte en 1825.

Cette fille qui appartenait à une famille d'honnêtes cultivateurs, ayant vu partir son fiancé pour l'armée, en 1792, voulut le suivre ; elle se décida à prendre des habits d'homme, à Ferney, où elle était en condition, et s'engagea volontairement dans le même bataillon que celui qu'elle aimait. Sa taille élevée, ses membres fortement musclés, lui donnaient une apparence masculine. Elle combattit en Italie. Son fiancé fut tué, le 15 avril 1796, à la bataille de Millesimo. Elle-même avait reçu plusieurs blessures ; la dernière fit découvrir son sexe. Renvoyée dans ses foyers avec une pension militaire, elle revint dans son pays natal où elle se maria avec un gendarme. Son nom y est resté historique et rappelle une bravoure à toute épreuve.

(Béatrix, Hist. du pays de Gex, 1851.)

DURAND DE CHILOUP (Marie-Joseph-Aimé), capitaine, né le 8 février 1850, à Bourg ; mort à Thorignat (Jura), le 1er novembre 1875.

Issu de l'une des plus anciennes et des plus honorables familles de la Bresse, et dont la position militaire et civile est des mieux établies, le jeune Aimé se fit remarquer, de bonne heure, dans ses études classiques à Bourg et à l'Ecole de St-Thomas-d'Aquin, à Oullins, près Lyon, par de brillants succès. Reçu bachelier ès-sciences, en août 1866, à la Faculté de Lyon, il passait, l'année suivante, à l'Ecole préparatoire d'Arcueil (Seine) et entrait, à 17 ans, à l'Ecole spéciale militaire d'où il sortait, le 1er octobre 1869, comme *sous-lieutenant* au 43e régiment d'infanterie de ligne.

Le jeune officier voulait, lui aussi, se faire un nom dans la carrière des armes ; il saisit, avec ardeur, l'occasion qui lui fut offerte de se distinguer. En juillet 1870, la France déclarait la guerre à l'Allemagne ; Aimé Durand de Chiloup suivit son régiment à l'armée du Rhin, où il prit, en effet, une part aussi active que glorieuse dans les différents combats livrés sous les murs de Metz, à Borny, à Gravelotte, et notamment à la bataille de Saint-Privat, où il fut grièvement blessé, d'abord, d'une balle qui traversa l'avant-bras gauche, et, en second lieu, d'un éclat d'obus à la région abdominale fortement contusionnée.

Atteint, en outre, de la petite vérole, pendant son séjour à l'ambulance, il lui fallut supporter encore les soins affectueux, mais trop souvent insuffisants du service de santé, et son état maladif devenant de plus en plus alarmant, les Prussiens le renvoyèrent en France, accompagné d'un chirurgien militaire français. Il rentra dans sa famille, porteur d'un certificat d'incurabilité qui lui épargnait, au moins, la douleur d'une triste captivité en Allemagne.

Le sous-lieutenant Durand de Chiloup au milieu des siens, à Bourg, le 25 novembre 1870, dut à l'énergie de son moral, un rétablissement long et difficile, et avec lui, le regret de son invalidité momentanée. Aussi, dès le 23 janvier 1871, le vimes-nous, quoique très-souffrant encore, faire des démarches auprès de M. le général Crouzat, commandant alors la division de Lyon, pour être employé, comme instructeur des gardes nationaux mobiles, dans l'un des deux camps à former, l'un à St-Etienne (Loire) ; l'autre, à Montélimart (Drôme). Le général, touché d'un si grand dévouement, ajourna cette demande en termes honorables.

Mais l'inactivité lui était insupportable ; il s'offrit spontanément au général, commandant le département de l'Ain, pour organiser un dépôt de soldats isolés appartenant à l'armée de l'Est, assurant, ainsi, par une surveillance active et intelligente, une bonne alimentation et des soins journaliers à un nombreux personnel vivant à l'ordinaire de la caserne de Bourg. L'intendance militaire put, dans cette occasion, constater une notable économie pour l'Etat, et une sage et prévoyante direction, qualités si rares dans un jeune sous-lieutenant.

Enfin, M. Durand de Chiloup rejoignit son régiment à Dunkerque, où il fut promu *lieutenant* au 50° régiment de ligne, par décret du 3 août 1872. Le journal militaire officiel (n° 1) de l'année 1873, mentionne le nom de notre officier parmi ceux honorablement cités en qualité de *directeurs généraux des écoles réglementaires de l'infanterie*, à l'époque de l'inspection générale de 1872.

Nommé *officier d'ordonnance* de M. le général Wolff commandant la division d'Alger, il remplit, auprès de cet officier général, tous les devoirs de son emploi avec un zèle et un dévouement justifiés en termes élogieux ; mais le climat d'Afrique n'était pas aussi favorable à M. Durand de Chiloup qu'on pouvait l'espérer. Il était accessible aux fièvres du pays ; souvent, il lui fallut supporter les étreintes fréquentes d'un mal qui minait ses forces.

Le 11 août 1875, il venait d'être élevé au grade de *capitaine* au 3e régiment de tirailleurs algériens, et désormais, il lui était donné, à 25 ans, de préjuger d'un brillant avenir en marchant sur les traces de ses aïeux ; mais, le sort en avait décidé autrement. Deux mois après, M. Durand était obligé de solliciter un congé pour la France, par raison de santé, et à peine arrivé dans sa famille, il y succombait d'un accès de fièvre pernicieuse.

Brave officier ! modèle des fils et généreux patriote ! de vous, aussi, on pourra dire : *Il est mort pour la France !!!*

EMIN-DAMAS (Jean-Baptiste), sergent, chevalier de la Légion-d'honneur, né vers 1780, à Vaux-Saint-Sulpice, commune de Cormoranche en Bresse, où il est mort le 21 janvier 1867.

Engagé volontairement sous les drapeaux, le 1er janvier 1800, il fit partie de l'armée d'Italie et combattit avec intrépidité à Montebello et à Marengo. Il fit encore avec honneur les campagnes de 1806 à 1813. Passé en Espagne, avec le grade de *sergent* au 101e régiment d'infanterie de ligne, il revint en France, en 1814, et assista à la défense du territoire contre les alliés. Dans la sanglante journée de Brienne, il mérita, par son courage, d'être nommé *chevalier de la Légion-d'honneur*. Admis à la retraite, en 1815, pour cause de blessures, le sergent Emin revint dans son pays natal où il se maria en 1816. Il n'a pas cessé de s'y faire remarquer par ses belles qualités et sa grande charité envers les malheureux.

ESCRIVIEUX (Marie-Joseph-Alphonse d') (1), colonel de cavalerie, commandeur de la Légion-d'honneur, né le 24 avril 1787, à Bourg où il est mort le 3 février 1855.

Son père, **Marie-Jean-Baptiste** *d'Escrivieux*, seigneur des Couardes et de Montmoux, chevalier de Saint-Louis et officier de cavalerie, était conseiller de la noblesse de Bresse et de Dombes, en 1789. — Cette famille, anoblie au XIVe siècle, portait dans ses armoiries : *d'argent au chevron de gueules*.

---

(1). Cette notice remplace celle qui a été insérée à la page 223 de la *Galerie militaire de l'Ain*, et qui contient plusieurs inexactitudes reconnues après l'impression du livre.

A 16 ans, le jeune Alphonse s'engagea volontairement au 9ᵉ régiment de hussards, le 20 juin 1803. — Envoyé à l'armée des Côtes de l'Océan, en 1804, il fut fait *brigadier*, le 1ᵉʳ avril 1808; *maréchal des logis*, le lendemain, 2 avril; *adjudant*, le 30 avril 1809, son régiment faisant partie du camp de Boulogne. Il suivit ensuite la grande armée en Allemagne et prit part aux batailles d'Austerlitz d'Iéna, de Friedland et de Tilsitt.

Le 13 mai 1809, il chargea, dans un faubourg de Vienne (Autriche), un bataillon d'infanterie; fit mettre bas les armes à plus de 200 hommes qu'il fit prisonniers, et les ramena près du maréchal Lannes et du général Colbert. Cette action d'éclat lui valut le grade de *sous-lieutenant*, le 11 octobre 1809.

Resté en Espagne, de 1810 à 1813, M. d'Escrivieux combattit à *Sobral* et à *Albuera*, contre les Anglais. Il reçut un coup de feu à la tête, le 24 décembre 1810. — Blessé, une seconde fois, au bras gauche, le 22 mai 1811, il fut encore atteint d'un coup de bayonnette au bas-ventre, le 14 juin 1811.

Nommé *lieutenant*, le 18 septembre 1813, il fut promu *lieutenant adjudant-major*, le 27 mars 1814, étant à l'armée de Lyon.

Mis en demi-solde après le licenciement de l'armée de la Loire, il fut replacé, avec son grade, au 6ᵉ régiment de lanciers, le 31 décembre 1814, sous le ministère Soult, remplaçant le général Dupont au département de la guerre.

Notre compatriote fit encore la campagne de France en 1815, pendant les Cent Jours. Après la seconde abdication de l'empereur Napoléon Iᵉʳ et le retour de la famille des Bourbons, le lieutenant d'Escrivieux fut admis au régiment des cuirassiers de la Reine, le 20 novembre 1816, et promu *capitaine*, le 14 avril 1817, *pour prendre rang du 27 septembre 1815*.

Passé au 2ᵉ régiment des cuirassiers de la garde royale, le 20 novembre 1828, M. d'Escrivieux fut licencié après la Révolution de Juillet 1830, et mis en congé illimité, avec le brevet de *chef d'escadrons*, daté du 11 août 1830.

Replacé, avec son grade, au 2ᵉ régiment de cuirassiers, le 28 février 1831, il fut admis *lieutenant-colonel* du 9ᵉ régiment de cuirassiers, le 25 avril 1835; puis envoyé au 5ᵉ régiment de même arme, et enfin, élevé au grade de *colonel* du 13ᵉ régiment de chasseurs, le 15 octobre 1840.

M. d'Escrivieux était *chevalier de la Légion-d'honneur*, depuis le 17 juillet 1819. — *Officier* du même ordre depuis le 19 juin 1830, et *commandeur*, du 9 septembre 1845.

Retraité, le 7 juin 1847, à Bourg, où il jouissait paisiblement de sa pension militaire, il y succomba, huit ans après, d'une attaque d'apoplexie foudroyante en revenant du manége où il dressait un jeune cheval. Il tomba affaissé sur lui-même en donnant des ordres à son domestique qui l'accompagnait.

Aimé et estimé de tous ses concitoyens, cette fin inattendue, à 68 ans, a causé un deuil public exprimant les plus touchants regrets.

Jean-François-Nicolas-Gustave, frère puîné du précédent, lieutenant-colonel, officier de la Légion-d'honneur, né à Bourg, le 28 novembre 1788, mort à Strasbourg le 4 septembre 1862.

Entré à l'Ecole spéciale militaire de Fontainebleau, le 8 septembre 1807, il en sortit *sous-lieutenant* au 10e régiment d'infanterie légère, le 23 juin 1808. Nommé *lieutenant*, le 20 août 1809, il fit, avec son régiment, la campagne d'Allemagne de 1809 à 1813, et fut promu *capitaine-adjoint* à l'Etat-major de l'armée de Portugal, le 10 avril 1813.

M. d'Escrivieux suivit le général Clausel lors de sa retraite de ce pays pour passer à l'armée d'Espagne, le 13 octobre de la même année. — Blessé d'un coup de feu à la machoire inférieure à la bataille de Hebersberg, le 22 avril 1809, il fut encore atteint d'une balle à la cuisse droite, le 6 juillet suivant, à la bataille de Wagram. — Il assista ensuite à la prise d'Oporto, à l'évacuation de Walcheren par les Anglais, et reçut une troisième blessure à la cuisse gauche, le 21 août 1812, à la sortie de Madrid, se dirigeant avec son régiment, sur le Tage, étant poursuivi par le général Wellington. Témoin actif de la campagne de France, en 1814, il assista à la bataille de Montmirail où il reçut la *décoration de la Légion-d'honneur*, le 17 février. — Il combattit encore à Laon, à Arcis-sur-Aube et ne déposa l'épée qu'après la première abdication de l'empereur Napoléon Ier.

Mis en demi-solde, le 9 juin 1814, il attendit, dans ses foyers, l'avenir qui se préparait pour la France. A peine le gouvernement des Bourbons essayait-il d'une restauration politique de nos institutions que l'armée fut informée du retour de l'empereur Napoléon Ier, à Paris, venant de l'île d'Elbe, en mars 1815. M. d'Escrivieux reprit du service. Il fut attaché au *grand Etat-major général de l'armée*, le 8 mai suivant ; deux mois après il était promu *chef d'escadron provisoire* par la nouvelle Commission impériale, et se distinguait par son intrépidité à la bataille de Waterloo.

Après la seconde abdication de l'empereur, notre compatriote fut licencié le 31 octobre 1815. Il ne put être maintenu dans son grade de chef d'escadron et fut confirmé dans celui de *capitaine au corps royal d'état-major*, le 12 décembre 1818 ; depuis cette époque il n'a plus été employé que comme *aide-de-camp* du général Puthod, le 5 avril 1820 ; et ensuite, auprès du général Laloyère, le 7 juillet 1830. — Enfin, *chef de bataillon*, le 18 janvier 1831, il fut attaché à l'Etat-major de la 2ᵉ division d'infanterie des corps sur la Meuse. *Aide-de-camp* du général Campi, le 13 novembre 1832, il remplit, l'année suivante, les mêmes fonctions auprès du général Ed. Colbert. — Nommé *officier de la Légion-d'honneur*, le 27 avril 1834, il fut employé, dans la même année, à l'Etat-major de la 7ᵉ division militaire, à Lyon, le 27 juin. Enfin, élevé au grade de *lieutenant-colonel*, le 25 mars 1842, il fut désigné, le 21 octobre suivant, pour occuper l'emploi de *chef d'état-major de la 5ᵉ division militaire*, à Strasbourg. C'est là que, doué d'une activité remarquable, il remplit scrupuleusement ses fonctions de *commissaire du gouvernement auprès des conseils de guerre de cette division*, et qu'il occupa ce poste jusqu'à sa retraite, c'est-à-dire jusqu'au 8 juin 1848, réunissant ainsi 40 ans de services effectifs.

Décédé à 74 ans, M. Gustave d'Escrivieux a laissé de lui un souvenir des plus glorieux dans son pays natal et dans l'armée.

Amédée, frère cadet des précédents, ancien officier de cavalerie, né en 1790, à Bourg où il est mort, le 18 novembre 1868.

Admis en 1815, dans la maison du roi Louis XVIII, comme *garde du corps* (compagnie de Luxembourg), M. Amédée resta, jusqu'à la Révolution de Juillet 1830, attaché au service militaire ; mais après avoir accompagné Charles X, jusqu'à Cherbourg, il sacrifia sa position à ses convictions et se retira dans son pays natal sans revendiquer son grade de *capitaine*. — Il avait peu de fortune personnelle ; il exerça, pendant quelque temps, les fonctions de percepteur des contributions à Louhans (Saône-et-Loire) ; puis, il revint à Bourg pour se livrer à la culture des fleurs et surtout à l'entretien d'une belle collection de camélias qui était la plus riche de la contrée. Il se fit recevoir *membre de la Société d'Emulation et d'Agriculture de l'Ain*, et utilisa ainsi ses loisirs et ses connaissances en botanique, de manière à partager son temps entre la culture des lettres et celle des fleurs.

Administrateur de la Caisse d'épargne de la ville de Bourg, il s'est montré constamment dévoué aux intérêts de cette cité et de ses concitoyens dont il était aimé pour ses belles qualités et ses bonnes œuvres.

Il est mort à 78 ans, léguant à cette ville le capital d'une rente viagère de 2,000 fr. qu'il avait constituée au profit d'une nièce, la seule parente qui lui restât. Ce capital devra être employé, comme celui du legs que M. *Alfred Bon* a fait, depuis plusieurs années, à la restauration ou à la construction du clocher de Notre-Dame. Il a donné aussi une somme de 1,000 fr. au Bureau de bienfaisance et une pareille somme à l'Asile des femmes incurables.

Enfin, la bibliothèque de la ville de Bourg a hérité de lui d'une intéressante collection de *documents administratifs* sur l'histoire locale de 1787 à 1792. Cette précieuse collection renferme, entre autres documents, les cahiers des trois ordres de la Province, dont les exemplaires sont devenus rares.

Cette famille d'Escrivieux est aujourd'hui entièrement éteinte.

(Papiers de famille.)

FANTIN DES ODOARDS (Louis-Florimond). Maréchal de camp, commandant le département de l'Ain, après la révolution de juillet 1830; commandeur de la Légion-d'honneur, grand-croix de l'ordre de saint Ferdinand d'Espagne; chevalier de Saint-Louis et de plusieurs autres ordres; né à Embrun (Hautes-Alpes), le 23 décembre 1778, mort à Paris le 18 mai 1866 et inhumé à Saint-Leu-Taverny (Seine-et-Marne), le 21 du même mois.

Son père signait son nom : *Fantin Desodoards*, avocat, et sa mère, *dame Hélène Gerbier*. Cependant, l'un des parents, qui figure dans l'acte de naissance, a signé *Fantin des Odoards*, comme l'écrivait le général lui-même.

Son oncle, Fantin-Désodoards (Antoine-Etienne-Nicolas), historien et écrivain politique, mort en 1820, est l'auteur de plusieurs ouvrages importants dont le plus estimé est un *Abrégé chronologique de l'histoire de France*, pouvant faire suite à l'œuvre du président Hénault, jusqu'à Louis XVIII (4ᵉ édition in-4°, 1820.)

Le jeune Louis Florimond, après avoir fait d'excellentes études classiques, se consacra, de bonne heure, à la carrière des armes. Il entra au service, le 19 juillet 1800, comme *sous-lieutenant* dans la légion vaudoise, devenu plus tard le 31° régiment d'infanterie légère. Il fit, avec ce régiment, les campagnes de l'an VIII et de l'an IX en Italie; celles de l'an XII et de l'an XIII à l'armée des côtes de l'océan, et celles de 1806 à 1809 dans les rangs de la grande armée.

Blessé d'un coup de feu à la tête, en Italie, il fut nommé *lieutenant*, puis *capitaine* au 31° régiment d'infanterie légère. A Friedland, n'ayant plus de cartouches, il se mit à la tête de ses voltigeurs et chargea à la baïonnette les tirailleurs russes, qu'il jeta dans l'Alle.

Cette action d'éclat lui valut sa nomination de *chevalier de la Légion-d'honneur.* — Cité à l'ordre de l'armée, à Friedland, où il avait été blessé au bras d'un coup de feu, M. Fantin des Odoards vit encore son nom mentionné, en 1809, pour le courage et le sang-froid dont il fit preuve en Espagne et à la prise de Porto, en Portugal.

Passé, comme *capitaine*, dans les grenadiers à pied de la garde, le 24 juin 1811, ce qui donnait le rang de *chef de bataillon*, il fut promu au grade de *major* (lieutenant-colonel), dans le 17° régiment d'infanterie de ligne, le 8 octobre 1812, étant à Moscou.

Sa belle conduite, dans cette funeste campagne de Russie, trouva sa récompense en 1813, à l'armée de Saxe et de Bohême ; il y reçut la croix d'*officier de la Légion-d'honneur* des mains de l'Empereur, et le 19 septembre de la même année, il fut appelé au commandement du 25° régiment d'infanterie de ligne comme *colonel*.

Le 13 octobre 1814, M. Fantin des Odoards fut remplacé dans ce commandement et mis en non-activité par la Restauration. Aux Cent-Jours, il rentra dans les rangs de l'armée et combattit à Fleurus et à Wavres, à la tête du 22° de ligne. Licencié avec l'armée de la Loire, ce ne fut que le 14 avril 1819 qu'il fut rappelé au service par le maréchal Gouvion Saint-Cyr, alors ministre de la guerre.

Colonel de la 2° légion de la Manche, il fut nommé, en 1821, au commandement du 3° régiment d'infanterie de ligne.

Employé dans la campagne de 1823, en Catalogne, il se fit remarquer par son intrépidité. Avec deux bataillons seulement, il attaqua dix bataillons ennemis en position et enleva le Pont-de-Molins de Rey, après avoir eu son cheval tué sous lui par trois balles tirées à bout portant. — Cité une troisième fois à l'ordre de l'armée pour cette action d'éclat, il fut promu *maréchal de camp* le 23 juillet 1823, et peu de temps après, il fut chargé du gouvernement de Taragone.

En 1825, on lui confia les fonctions d'*inspecteur d'infanterie* en France. Il fut appelé à faire partie de la commission mixte de l'armement des places du royaume, de 1826 à 1829.

Le gouvernement de 1830 nomma M. Fantin des Odoards membre du comité permanent de l'infanterie et de la cavalerie au département de la guerre, de 1832 à 1834, puis membre du jury d'examen à l'école militaire de Saint-Cyr et de la commission d'état-major, de 1834 à 1838.

Dans ces diverses positions, le général acquit de nouveaux titres à l'estime de ses frères d'armes par ses connaissances spéciales.

Appelé à commander successivement les départements de l'Ain et de la Marne, il se fit aimer des troupes et des habitants, et le souvenir de son nom, dans nos contrées, est resté vivant comme le type du brave militaire et de l'homme de bien.

Passé dans la réserve, le 24 décembre 1840, le général Fantin des Odoards s'est retiré à Saint-Leu-Taverny où il n'a cessé de jouir de l'estime publique jusqu'à sa mort, à l'âge de 88 ans.

(Papiers de famille.)

FAUSSEMAGNE (Jean), soldat au 4ᵉ bataillon du train d'artillerie, né à Trévoux, en Dombes, vers 1766, mort en 1826.

Dans un engagement devant Malte, pendant lequel une partie des canonniers de la pièce qu'il conduisait furent tués ou blessés, il descendit de cheval et combattit à pied avec un sang-froid imperturbable durant toute l'action.

Cette conduite remarquable lui valut la récompense d'une *grenade d'honneur* décernée le 14 ventôse an XI (4 mars 1798.)

Retiré dans ses foyers, en 1806, avec une pension de retraite, il a fait partie du collége électoral de l'arrondissement de Trévoux.

(Fastes de la gloire.)

FAVIER (Claude), capitaine, chevalier de la Légion-d'honneur. né à Bourg en 1774, mort à Cette (Hérault), le 21 février 1850.

Engagé volontairement à l'âge de 16 ans dans l'artillerie, il suivit son régiment sur le Rhin, en 1793 ; puis en Italie, où il gagna ses premiers grades.

Nommé successivement *lieutenant* d'artillerie, lors de la création de la garde du roi Joseph, à Naples; ensuite, *capitaine* dans la même arme, à Madrid, il resta en Espagne jusqu'à la retraite de Vittoria, et ne revint en France que pour occuper un poste de confiance à l'arsenal de Paris. Il y fut chargé des expéditions de munitions pour l'armée française lors de l'invasion de la Champagne, en 1814.

Après les Cent-Jours, mis en disponibilité, il fut appelé, huit mois plus tard, au commandement de la place de Cette, où il est demeuré 22 ans. Il y a été retraité en 1837, après 47 ans de services. Il était *chevalier de la Légion-d'honneur* depuis le 14 juin 1804.

FAVIER (Louis), caporal au 4° régiment d'artillerie à pied, né en 1785 à Belley, où il est mort en 1835.

Ce militaire a donné des preuves d'une grande valeur au siège d'Aboukir. Il s'est fait remarquer pendant toute la durée de l'expédition d'Egypte, où il fut récompensé de sa bravoure par une *grenade d'honneur*, le 29 prairial an X (18 juin 1802.)

Retraité en 1804, il est mort dans son pays natal, environné de l'estime et de la considération publiques.

(Fastes de la gloire).

FAVRE (Camille), garde d'honneur, né en 1782 à Coligny, où il est mort le 22 mai 1875.

Son père, *Charles-Camille Favre*, avocat au parlement de Bourgogne, officier de justice du comté de Coligny, lui fit donner une instruction solide sous la direction de l'abbé *Claude-Antoine Favre*, son oncle.

Il se fit admettre, à 21 ans, *garde d'honneur* dans le premier régiment de cette arme, créé, en 1813, par l'empereur Napoléon Ier et fit les campagnes de Saxe de cette époque. Il combattit à Dresde, à Leipzig, à Dennewits, à Wachau, et suivit son régiment, en 1814, dans la campagne de France contre les alliés se dirigeant sur Paris.

Licencié après l'abdication première de l'Empereur, il revint, peu après, à Coligny, dans sa famille, qu'il ne quitta plus. — Nommé percepteur des finances, M. Favre a exercé, pendant trente ans, ces fonctions auxquelles il joignit, à plusieurs reprises, celles de conseiller municipal de Coligny.

Marié avec Mlle *Marie-Michel Dupont*, il lui a survécu en 1868. Il avait deux frères, qui ont également servi la patrie :

1° **Jean-Baptiste-Ferdinand** *Favre*, qui a été officier supérieur, chevalier de la Légion-d'honneur et chevalier de Saint-Louis, membre du conseil général de l'Ain, mort juge de paix du canton de Coligny.

2° **Henri** Favre, frère cadet, aussi militaire, mort glorieusement au combat de Wachau, en 1813.

C'est un devoir impérieux de tirer de l'oubli les noms des défenseurs de notre pays, lorsqu'ils ont mérité, comme ceux-ci, une légitime notoriété dans la carrière des armes.

(M. Clovis Cancalon. — *Notice sur les notabilités militaires de Coligny.* — 1875.)

FERRAZ DE COURTINE (Anthelme), lieutenant-colonel en Savoie, chevalier de la Légion-d'honneur, chevalier de l'ordre des saints Maurice et Lazare et de l'ordre de Savoie, né vers 1769, à Belley, où il est décédé en 1856.

En 1789, le jeune Anthelme assistait à la réunion des nobles du Bugey, convoquée pour l'élection des députés aux Etats généraux. Il était alors *sous-lieutenant* dans un régiment d'infanterie de l'ancienne armée royale.

Plus tard, ayant pris du service dans notre armée d'Italie sous le premier empire, il acquit successivement les grades de *lieutenant* en 1805 ; de *capitaine* avec le titre de *chevalier de la Légion-d'honneur* en 1809 et de *major* en 1814.

Lors du licenciement de l'armée impériale, M. Ferraz offrit ses services au roi de Piémont, qui lui confia le commandement de la place de Rumilly avec le grade de *lieutenant-colonel*. Ce prince le récompensa en lui conférant les deux *ordres militaires* de Savoie, comme un témoignage de sa haute estime.

Retiré à Belley avec une pension militaire, il a succombé de maladie à 87 ans, entouré de la considération publique la mieux établie.

(Journal de l'Ain.)

FERRARY (Eusèbe), aumônier, né à Collonges, mort à Constantinople, le 7 décembre 1854.

L'abbé Crétin, qui fut évêque de Saint-Paul (Amérique), dirigea les premières études du jeune Ferrary, au pensionnat de Ferney. Ce fut au séminaire de Saint-Sulpice, à Paris, que se terminèrent ses cours de théologie. Sa vocation l'avait porté au sacerdoce : il fut vicaire successivement dans les paroisses de Saint-Médard, de Saint-Germain-l'Auxerrois et de Saint-Augustin ; il s'y distingua. — Le charme de son esprit et de son éloquence persuadait facilement. Il enseignait au riche le bienfait, au pauvre la reconnaissance, à tous l'amour du bien.

Ce fut ainsi, qu'aidé d'un généreux concours, il fonda dans la paroisse de Saint-Médard, la plus pauvre de Paris, une œuvre dite de Sainte-Elisabeth, destinée à recueillir et à élever chrétiennement des jeunes filles appartenant à de malheureuses familles.

Lors de l'expédition d'Orient, l'abbé Ferrary sollicita la faveur d'aller exercer son zèle pour la religion.

Cet ecclésiastique instruit fut nommé adjoint du père Parabère, aumônier en chef de l'armée d'Orient. Ferrary eut pour mission d'accompagner les convois de nos blessés dirigés de la plage de Kamiesch sur les hôpitaux de Constantinople. Le choléra s'étant manifesté à Varna, le digne aumônier-adjoint fut atteint lui-même de l'épidémie et succomba, comme un martyr, à son poste, n'ayant pas cessé, un instant, de prodiguer ses soins les plus empressés aux militaires malades et ses secours spirituels aux malheureux qui les réclamaient de son zèle religieux. L'abbé Ferrary, simple et modeste, doué surtout d'une énergie peu commune, est mort victime de son pieux et charitable dévouement sur son champ de bataille, en apôtre du Christ. Il avait conquis l'estime et l'affection de l'armée dans tous les grades de la hiérarchie.

Nous citons une lettre qu'il adressait à un ami, prêtre comme lui, pour faire apprécier le noble cœur du ministre de Dieu, et l'utilité de l'institution des aumôniers auprès des soldats de nos armées. — Cette lettre est écrite de Varna, le 29 juillet 1854, six mois avant la mort de l'auteur.

« Depuis le 10 juillet je suis sur le plus lamentable des champs de
« bataille, bravant l'épidémie qui sévit avec une action terrible. J'ai
« chaque jour à confesser et administrer plus de quarante de nos
« soldats. Ils meurent tous comme des saints. Ah ! qu'il est doulou-
« reux d'entendre, sans cesse, ce cri suprême d'adieu qu'ils jettent à
« la patrie et à la famille du sein de leur agonie ; mais aussi qu'il
« est doux pour le cœur de l'apôtre, de pouvoir, au péril de sa vie,
« conduire à Dieu tant d'âmes qui sont devenues *la portion la plus*
« *chère de mon immense troupeau*. — Je suis seul à Varna...

« Je vous quitte pour courir à mon ambulance m'asseoir jusqu'à
« la fin du jour au chevet de mes mourants... La nuit je rentre chez
« moi exténué de fatigue. Le bras d'un infirmier m'est souvent né-
« cessaire. Un peu de sommeil répare tout. Cachez avec soin
« les périls de la situation où je me trouve. Là où le cœur du
« prêtre est tranquille, l'affection de la famille trouverait un sujet
« d'alarme. Le calice du Seigneur, que je prends chaque jour à
« l'autel, soutient et centuple mes forces. — Priez pour moi, pour
« nos soldats, pour notre drapeau. — Combien votre présence me
« serait un doux présent du Ciel. Adieu. Du milieu des plaines de
« la Bulgarie, je vous salue et je vous bénis. Un jour viendra où je
« vous serai rendu.

» Votre ami le plus tendrement dévoué,

« E. FERRARY. »

(Papiers de famille.)

FOURNE (Claude), sergent, chevalier de la Légion-d'honneur, né à Belley, le 17 novembre 1773, mort en 1834.

Volontaire au 1ᵉʳ bataillon des grenadiers de Paris, devenu, en
l'an IV (1796), 13ᵉ demi-brigade d'infanterie de bataille, il fut promu
caporal, le 1ᵉʳ août 1793, et *sergent*, le 1ᵉʳ brumaire an II (22 octobre
même année.)

Après s'être distingué à l'armée des Pyrénées, en l'an III (1795), il
fut incorporé, au commencement de l'an IV (1796), dans le 25ᵉ régiment de ligne, et assista à la bataille de Rivoli, le 26 nivôse an V
(15 janvier 1797.)

Dirigé ensuite sur l'armée d'Helvétie, il en revint en l'an VI (1798)
pour faire partie de l'expédition d'Egypte et de Syrie de l'an VI à
l'an IX (1798 à 1800.)

Pendant le siége de Saint-Jean-d'Acre, le sergent Fourne reçut
un coup de feu qui lui fracassa deux doigts de la main droite ; blessé
une seconde fois, à la tête, pendant cette campagne, le général
Bonaparte lui fit délivrer *un sabre d'honneur*, à titre de récompense nationale, le 17 brumaire an VIII (8 décembre 1799.)

Admis à la retraite, le 25 brumaire an IX (19 novembre 1800),
Bonaparte, devenu premier consul, le fit *chevalier de la Légion-
d'honneur*, par décret du 12 prairial an XII (14 juin 1804), deux
ans après la création de cet ordre.

Ce vaillant militaire est mort à l'âge de 61 ans dans sa famille, jouissant de l'affection des siens et de l'estime générale de ses concitoyens.

(Fastes de la gloire.)

GALE (Jean-Benoît), sergent, chevalier de la Légion-d'honneur, né le 2 juillet 1772, à Varambon, où il est mort le 7 janvier 1814.

Engagé au 4ᵉ bataillon des volontaires de l'Ain, le 2 août 1792, il fut incorporé, plus tard, dans la 201ᵉ demi-brigade de bataille, en 1796, après avoir fait cinq campagnes avec les armées des Alpes et des Pyrénées, lors de la 1ʳᵉ Révolution française. Fait *caporal* de carabiniers, le 5 germinal an V (25 mars 1797), en récompense de sa belle conduite au combat de Bassano en Italie, où il avait été blessé au genou gauche, il fut admis *grenadier dans la garde consulaire*, le 20 ventôse an IX (11 mars 1801), comme s'étant distingué particulièrement en Italie et en Egypte.

Nommé *chevalier de la Légion-d'honneur* au camp de Boulogne, le 12 prairial an XII (14 juin 1804), il servit encore avec intrépidité en Autriche, en Prusse et en Pologne, pendant les campagnes de 1805 à 1807. Promu *sergent* en Espagne, en 1808, il obtint une pension de retraite, le 22 décembre 1809, et revint dans son pays natal où il n'a cessé de jouir de l'estime publique jusqu'à son décès, survenu prématurément à 42 ans, par suite des fatigues de la guerre.

GALIEN (François), major d'infanterie en Savoie, qui fut anobli par le duc Charles-Emmanuel, en mars 1594, en récompense de ses services militaires.

Il était originaire de la Dombes et descendait de *Benoît Galien*, conseiller du roi en l'élection de Bresse.

François Galien servit comme *enseigne* dans la compagnie du seigneur de Beaufort, occupant la citadelle St-Maurice de Bourg, avant la conquête de la Bresse par Henri IV. Il reçut le commandement d'une compagnie de gens de pied, du marquis de Treffort, au combat de St-Genis.

En dernier lieu, le roi Louis XIII lui confia le commandement de la ville et château de Châtillon-les-Dombes, en l'absence du baron de la Bastie (1611).

Les armoiries de cet officier supérieur portaient : *d'azur à un che-*

vron d'or. Ses lettres de noblesse lui avaient été confirmées, le 2 décembre 1602.

Mort vers 1650, il a laissé quatre fils dont l'aîné, **Claude-François**, fut d'abord *enseigne*, puis *lieutenant* au régiment de Conti. Il fut blessé grièvement à la cuisse droite, au siége de Courtray. Il se distingua encore à la bataille de Lens (Pas-de-Calais), en 1647, époque à laquelle cette ville fut reprise sur les Espagnols.

Trois autres frères se sont destinés à l'Eglise.

(Guichenon. *Histoire de Bresse et Bugey.*)

GARBÉ (Alexandre), chef d'escadrons, chevalier de la Légion-d'honneur, chargé de la défense du fort de Pierre-Châtel, en 1814 et 1815. Il était né en 1779, à Hesdin (Pas-de-Calais), où il est mort, en mars 1868.

Lors de la première invasion, en avril 1814, la garnison de ce poste militaire, sur un mamelon isolé qui domine le Rhône, en face d'un chemin taillé dans le roc conduisant à Yenne, petite ville de Savoie, placée au pied du mont du Chat, se composait de 158 hommes, dont 80 vétérans hollandais, mal armés ou infirmes. Avec cette petite troupe, il fallait faire face aux Autrichiens, entrant en France par la Suisse, et contenir *les prisonniers d'Etat*, détenus dans ce fort. L'ennemi arrivait par Genève et Chambéry. M. Garbé envoya un détachement de 50 hommes pour le harceler sur la route de St-Rambert; aidé des gardes nationales du pays, il fit attaquer *les Balmettes* et repoussa les alliés jusqu'à Ambérieu. 7,000 hommes de l'armée du comte Bubna, furent dirigés sur Belley et bientôt sur Pierre-Châtel. M. Garbé répondit à un parlementaire qui se présenta de la part des Autrichiens, qu'il était résolu à se défendre jusqu'à la dernière extrémité. Un feu terrible fut dirigé sur le fort qui ne pouvait répondre qu'avec une pièce de 8. On apprit bientôt la nouvelle de l'abdication de l'empereur Napoléon Ier, et le général en chef autrichien offrit, au commandant Garbé et à sa troupe, de sortir du fort avec les honneurs de la guerre. Il fallut accepter et quitter la place. M. Garbé vit, à Grenoble, le général en chef Bubna, qui lui dit : « *Si tous les Français s'étaient conduits comme vous, peut-être ne serions-nous plus en France!*..... »

Après les Cent-Jours, M. Garbé, revenu sur son rocher de Pierre-Châtel, se prépara de nouveau à la lutte, en juillet 1815. Cette fois, le fort était défendu par 500 hommes et 7 bouches à feu ; il possédait des vivres pour 6 mois. Il résista aux masses autrichiennes et prussiennes, commandées par le général Frimont, et qui le pressèrent de toute part. Un armistice fut conclu pour ne pas verser un sang inutile. L'intrépide Garbé menaçait encore de ne livrer qu'un monceau de décombres, lorsqu'un nouveau commandant vint le remplacer et fit arborer le drapeau blanc. Le chef d'escadrons Garbé se retira dans son pays, emportant l'estime des autorités administratives de Belley, et la reconnaissance des patriotes de l'Ain, qui ont conservé religieusement le souvenir de cet officier distingué, parent du lieutenant-général vicomte *Garbé (Marie-Théodore-Urbain)*, mort à Hesdin, le 10 juillet 1831.

(Journaux de l'époque.)

GAUTHIER (Jean-Joseph), général de brigade, baron de l'Empire, officier de la Légion-d'honneur et chevalier de St-Louis. Il commandait le département de l'Ain, en 1815.

Né à Septmoncel (Jura), le 30 avril 1765, il est mort à Ruffey, le 26 novembre 1815, des suites d'une blessure reçue à Mont-St-Jean.

Volontaire, le 15 août 1791, dans le 7ᵉ bataillon du Jura, devenu 94ᵉ demi-brigade d'infanterie de bataille, il fut nommé *sergent-major*, le 24 novembre suivant. A l'armée du Rhin, en 1792, il s'élança, un des premiers, contre 2 escadrons hanovriens qui furent entièrement pris et détruits au combat de Hondschoote.

Au déblocus de Maubeuge, en 1794, il accompagnait son chef de bataillon (Lecourbe), qui marchait en avant à la tête de ses troupes, un fusil à la main, le jeune Gauthier aperçoit une caisse de tambour abandonnée, s'en empare et bat la charge dans un moment d'hésitation contre l'ennemi ; puis il saute dans les retranchements qui sont emportés en un instant.

Nommé *lieutenant* le 22 floréal an II (10 mai 1794), il fut envoyé, avec des troupes détachées de l'armée du nord, pour faire la guerre en Vendée. Il y fut employé, comme aide de camp, par son compatriote Lecourbe, devenu général de brigade. M. Gauthier le suivit aux armées de Sambre-et-Meuse, du Rhin et de l'Helvétie, de l'an III à l'an VIII (1795 à 1800).

Sa carrière militaire a été marquée par une suite d'actions d'éclat qui lui méritèrent le grade de *chef de bataillon* sur le champ de bataille. Il en est une, surtout, qui témoigne de sa valeur particulière.

Le 3 vendémiaire an VIII, époque à laquelle Souvarow força la division Lecourbe au mont St-Gothard, un corps de 4,000 Autrichiens s'était emparé du village de Steig pour couper la retraite aux Français. L'ennemi, forcé d'évacuer ce village, détruisit le pont jeté sur la rivière du Steig. Pendant que le général Lecourbe le faisait rétablir, l'ennemi exécuta une charge vigoureuse. Nos troupes furent repoussées et mises en désordre. Le général, qui était sur la rive opposée, s'aperçut que son portefeuille était resté de l'autre côté et qu'il allait tomber entre les mains de l'ennemi, il s'écria : *Sauvez ma correspondance !* Son aide de camp, le chef de bataillon Gauthier, s'élance aussitôt, repasse la rivière sur une poutre jetée sur le pont, force les soldats à retourner à l'ennemi, arrive sur l'autre rive, reprend le combat à notre avantage et oblige l'ennemi à se retirer. Le pont rétabli donne passage aux troupes qui étaient réunies au Pont du Diable et à Wessen, lesquelles purent opérer leur retraite en bon ordre sur Altorff.

Le 13 frimaire suivant (4 décembre 1799), M. Gauthier fut promu *chef de brigade* (colonel) et prit le commandement de la 33ᵉ demi-brigade d'infanterie de ligne, avec laquelle il fit les campagnes du Rhin et de l'ouest (1800 à 1802). Nommé *chevalier de la Légion-d'honneur* en 1802, et *officier du même ordre*, le 14 juin 1804, il assista à la réorganisation des troupes : la 33ᵉ demi-brigade devint 37ᵉ régiment de ligne. Le colonel Gauthier fit encore, avec lui, les campagnes de 1805 à 1806, à l'armée d'Italie ; celles de 1807 à 1808 à la grande armée, et celle de 1809 en Allemagne. Sa brillante conduite à Essling lui valut le titre de *baron de l'Empire*, avec une dotation de 4000 fr., et le 6 août 1811, il fut nommé *général de brigade*. Employé dans les provinces Illyriennes, jusqu'à la capitulation de Cattaro, il fut fait prisonnier de guerre avec la garnison. Rentré en France, en 1814, il fut envoyé à l'armée de Lyon, chargé du commandement du département de l'Ain, après l'abdication de Napoléon Iᵉʳ. Louis XVIII lui donna la *croix de St-Louis*. Au retour de Napoléon, en mars 1815, M. Gauthier l'accompagna jusqu'à Paris et fit la funeste campagne de Waterloo. Blessé d'un coup de biscaïen au bas-ventre, à la journée du 15 juin, il fut renvoyé dans ses foyers au licenciement du 2ᵉ corps de l'armée, le 31 août suivant. Cinq mois après, il succombait des suites de sa blessure, à l'âge de 50 ans.

GAUTHIER (Jean-Marie-Roch), chef de bataillon, chevalier de la Légion-d'honneur, né à Coligny, le 15 août 1785, mort à Bourg, le 14 décembre 1848.

Entré au service militaire, sous le 1ᵉʳ empire, comme *vélite* au régiment des chasseurs à pied de la garde, le 2 avril 1806, le jeune Gauthier, qui avait de l'instruction et les qualités physiques propres à faire promptement, dans ce corps d'élite, un bon sous-officier, fut admis à faire immédiatement la campagne de Prusse et de Pologne en 1806 et 1807. Il devint, après trois années, *sous-lieutenant* au 1ᵉʳ régiment d'infanterie de ligne (ancienne légion de l'Ain), le 23 mars 1809, sans passer par les grades inférieurs.

En 1808, il faisait la campagne d'Espagne, puis celles de 1809 et de 1810 en Italie. Retourné en Espagne, avec son régiment, il y fut promu successivement *lieutenant*, le 28 février 1812, et *capitaine*, le 19 juin 1813. Mais le 8 septembre de la même année, après avoir pris part à toutes les affaires glorieuses de notre armée contre les Anglais, commandés par lord Welington, dans la vallée du Bastan et près de Pampelune, il fut fait prisonnier au siége de St-Sébastien, soutenu, avec 2,500 hommes, par le général Rey (Louis-Emmanuel), contre 15 à 18,000 ennemis, siége qui rappelle l'une des plus belles défenses dont l'histoire fasse mention. Le fort Lamothe, réduit à toute extrémité, n'était plus qu'une position à enlever à la baïonnette, lorsque le général Rey capitula après deux mois de siége. Il ne restait vivants que 1,135 hommes et 570 blessés. La garnison française sortit le lendemain 9 septembre, avec les honneurs de la guerre, et le général anglais Graham lui témoigna hautement, en présence de toutes les troupes sous ses ordres, et sa haute estime et son admiration. M. Gauthier, conduit en Angleterre avec son général et les autres officiers, ses camarades, expia son courage par une captivité douloureuse de huit mois sur les pontons anglais, et ne dut qu'aux événements politiques d'alors de revenir sitôt en France, par suite d'échange avec des prisonniers anglais. La famille des Bourbons venait de rentrer en France, à la suite de l'invasion étrangère et la première abdication de l'empereur Napoléon Iᵉʳ.

Mis en non activité avec demi-solde, le 30 juillet 1814, le capitaine Gauthier avait espéré que l'armée royale reconstituée ne se priverait pas d'un officier de 29 ans, d'une bravoure éprouvée, et qui ne voyait que le drapeau de la France au milieu des passions du moment; mais, il ne fut pas rappelé à l'activité et il ne fallut rien moins que le retour de l'empereur de l'île d'Elbe, en mars 1815, pour lui rendre son épée. Cet événement inattendu remplit d'enthousiasme le cœur de notre compatriote qui, à la première nouvelle, brigua avec joie l'honneur de faire partie du *bataillon sacré* formé d'officiers seulement, qui accompagnèrent Napoléon, dans sa marche depuis Lyon, jusqu'à Paris, où il arriva le 20 mars.

Un certificat du 14 avril 1815, délivré par le maréchal de camp Pannetier, commandant ce corps d'officiers, constate ce fait.

Le capitaine Gauthier recevait, quelques jours après, une commission pour le 23e régiment de ligne, avec lequel il fit la campagne de France.

Cependant, Napoléon Ier vaincu, le 18 juin 1815, à Waterloo, fut forcé de déposer une seconde fois sa couronne et de s'exiler.

Le dévouement du capitaine Gauthier pour son Empereur, lui mérita, de la Restauration, son licenciement le 30 août suivant, et un traitement de réforme à partir de 1828.

Mais, après la révolution de juillet 1830, notre capitaine, n'ayant encore que 45 ans d'âge, fut rappelé à l'activité et nommé à un emploi de son grade, au 35e régiment d'infanterie de ligne, le 22 juin 1831. Une réparation lui était légitimement due, il fut fait chevalier de l'ordre royal de la Légion d'honneur, le 30 avril 1835, et bientôt élevé au grade de *chef de bataillon*, au 7e régiment d'infanterie légère. Il a été retraité, comme tel, le 31 mai 1838, réunissant ainsi, plus de 40 ans de services, campagnes comprises.

M. Gauthier a résidé à Bourg jusqu'à sa mort et y a laissé d'unanimes regrets.

Il a eu trois enfants : une fille morte après quelques années de mariage et deux fils dont l'aîné, M. **Jules** Gauthier a été receveur des contributions indirectes, et M. **Louis** Gauthier, qui remplit encore aujourd'hui, les fonctions d'ingénieur des ponts et chaussées, à Belley.

GAUTHIER (Hugues), capitaine, chevalier de la Légion-d'honneur, né, le 3 octobre 1761, à Sathonay-en-Dombes, où il est mort, le 11 novembre 1828.

Engagé, à 17 ans, dans le régiment de Muiron-Suisse (ancienne armée royale), il partit pour les Indes, en 1778 et fut, nommé *caporal*, à son retour en France, le 4 août 1784. Licencié le 10 novembre 1790, il s'enrôla volontairement, le 11 novembre 1791, dans le 3e bataillon de l'Ain, devenu 51e demi-brigade de ligne, en l'an IV (1796), et le 51e régiment de ligne, en l'an XII (1804).

Pendant les campagnes de 1792 à 1794, aux armées du Rhin et de la Moselle, le jeune Gauthier obtint successivement les grades de *sous-lieutenant* et de *lieutenant* des canonniers de son bataillon. Fait prisonnier, il fut rendu en l'an III (1795), et rejoignit son corps à l'armée des Alpes.

Il combattit en Italie et sur le Rhin, de l'an IV à l'an IX (1796 à 1800). Lieutenant à la 199ᵉ demi-brigade de bataille, il fut blessé d'un coup de feu, à la cuisse droite, à l'affaire de Castricum, le 14 vendémiaire an VIII (6 octobre 1799), et servit au camp de Boulogne pendant les années XII et XIII (1804-1805). Nommé *chevalier de la Légion-d'honneur*, le 25 prairial an XII (14 juin 1804), et promu *capitaine*, pendant une seconde captivité, il revint en France, des prisons d'Angleterre, le 22 mai 1814. Il fut admis à la retraite, comme capitaine au 47ᵉ régiment d'infanterie de ligne (ex-54ᵉ), le 4 janvier 1815.

Ce brave officier comptait 50 ans de services.

(Papiers de famille.)

GAYDE (François), sous-lieutenant, chevalier de la Légion-d'honneur, né à Bessan (Hérault), le 13 janvier 1785, mort à Bourg, le 26 janvier 1874.

Engagé volontairement dans le 25ᵉ régiment d'infanterie légère, il entra dans ce corps, comme soldat, le 25 décembre 1806. *Caporal et fourrier*, en 1810, il était *sergent-major*, le 1ᵉʳ mars 1813, et *adjudant sous-officier*, six mois après.

Nommé *sous-lieutenant* le 22 janvier 1814, il fut licencié, en août suivant, et mis en non activité n'ayant encore que 29 ans et comptant 8 campagnes de guerre faites en Italie, en Allemagne et en Espagne.

Au retour de Napoléon Iᵉʳ de l'Ile d'Elbe, en 1815, notre officier demanda à reprendre du service, et sa demande ayant été accueillie favorablement, il fut envoyé au 10ᵉ régiment d'infanterie légère, à Strasbourg; mais le 15 août de la même année, il fut licencié de nouveau par le gouvernement de la Restauration des Bourbons.

M. Gayde vint résider à Bourg, où il se maria, le 6 octobre 1814, avec Claudine Catenod, dont il eut un fils qui s'est fait prêtre.

Après la révolution de 1830, François Gayde entra comme *sous-lieutenant* dans la compagnie des fusiliers vétérans de l'Ain, formée par ordonnance royale du 25 mars 1831, et passa ensuite, le 25 mai 1833, dans la 9ᵉ compagnie, même arme, jusqu'au licenciement de cette compagnie, le 14 novembre 1834. Rentré en activité à la 8ᵉ compagnie de fusiliers vétérans, le 15 janvier 1837, puis employé successivement, avec son grade, dans la 10ᵉ compagnie, en 1839, et, en dernier lieu, à la 1ʳᵉ compagnie de sous-officiers vétérans, le 21 avril 1841, il obtint sa pension de retraite basée sur 20 ans de services effectifs, 10 campagnes et 2 blessures. M. Gayde avait reçu un coup de feu au pied droit à l'affaire de *Tamames*, en Espagne, et un éclat d'obus à la hanche droite à *St-Palais*, pendant la campagne de France, en 1814.

Il fut nommé chevalier de la Légion-d'honneur, le 20 avril 1839. Remarié le 19 juin 1862, il a laissé deux filles de ce second mariage.

(Papiers de famille.)

GAYRAL (Pierre), chef de bataillon, chevalier de la Légion-d'honneur, né à Agen (Lot-et-Garonne), le 1ᵉʳ avril 1774, mort à Bourg, le 13 janvier 1842.

Parti, comme simple volontaire, dans le 51ᵉ régiment, en 1792, il fit les campagnes des Alpes, d'Italie et d'Allemagne, de 1793 à 1797. Tous ses grades furent acquis sur les champs de bataille; notamment, en Espagne (1808), en Russie (1812) et en Saxe (1813). Blessé à Capoue, à Marengo, à Dresde, son nom a figuré plusieurs fois dans les ordres du jour de l'armée, particulièrement, à l'affaire de St-Amboise, en Italie, le 16 prairial de l'an VIII (5 juin 1800), où il entra, le premier, dans le village occupé par l'ennemi, et fit, de sa main, plusieurs prisonniers dont un officier.

Retraité en 1815, après le licenciement de l'armée de la Loire, M. Gayral se maria, à Bourg, avec Mˡˡᵉ Falconnet, et s'y établit. Il n'a pas eu de postérité. Cet officier supérieur a laissé, par son noble caractère, d'unanimes regrets parmi nos concitoyens.

GENEVAY (Antoine-François), colonel, commandeur de la Légion-d'honneur, chevalier de Saint-Louis, né à Montfleur (Jura) en 1776; mort à Coligny le 27 avril 1833.

Volontaire au 10ᵉ bataillon du Jura, le 1ᵉʳ août 1792, le jeune Antoine-François n'avait que 16 ans lorsqu'il répondit à l'appel de la patrie en danger. Entraîné par son ardeur, doué d'un physique avantageux, il fut élu *capitaine* dans ce corps de nouvelle formation, quelques jours après son arrivée.

Versé, le 8 septembre 1793, dans la 69ᵉ demi-brigade, il fit avec elle les premières campagnes d'Italie et celle du Rhin, de 1792 à

1800. Il fut blessé d'un coup de baïonnette à la cuisse gauche, le 18 thermidor an IV (5 août 1796) à la bataille de Castiglione et reçut un coup de feu au bras droit, le 18 octobre 1809, à Tomanies, en Espagne.

Promu *chef de bataillon* au 76ᵉ régiment d'infanterie de ligne, le 16 mai 1807, il fit partie de l'armée de Naples ; combattit glorieusement, ensuite, en Prusse et en Allemagne et fut nommé *chevalier de la Légion-d'honneur*, le 11 brumaire an XIII (2 novembre 1804). Fait *officier* du même ordre, le 18 février 1808, il ne quitta l'Espagne que pour faire partie de la grande armée, dans la campagne de Saxe en 1813. Élevé au grade de *major*, le 28 janvier 1812, il passa, en cette qualité, au 7ᵉ régiment d'infanterie de ligne, le 24 avril 1813, et *colonel*, au 139ᵉ régiment, le 30 août de la même année.

Blessé, pour la troisième fois, à la tête, le 16 octobre 1813, à Wachau, près Leipsig, il fut mis à la suite du 24ᵉ régiment de ligne le 8 novembre 1814 et n'en prit pas moins une part active aux combats de Brienne et de Craonne, sous Paris. Pendant les Cent-Jours, placé à la tête de ce régiment, il fit la campagne de France en 1815, (armée des Alpes, commandée par Suchet.)

Après la première abdication de l'empereur Napoléon Iᵉʳ, les notes parvenues au nouveau gouvernement des Bourbons ayant fixé l'attention du roi Louis XVIII, M. le colonel Genevay fut décoré *chevalier de Saint-Louis*, le 19 juillet 1814. Ces notes portaient que cet officier supérieur jouissait des qualités qu'on doit rechercher dans un chef de corps : « *fermeté de caractère, brillante bravoure, justice inébranlable et loyauté à toute épreuve.* »

Placé en disponibilité, lors de la seconde Restauration, notre colonel acheta le château de *Charmoux* à Coligny, et vint s'y fixer. Il reprit du service militaire après la révolution de juillet 1830 et fut appelé à commander le 17ᵉ régiment d'infanterie légère, en Vendée ; mais une maladie de cœur dont il a succombé à 57 ans, le ramena à Coligny et enleva un digne chef à notre armée et un grand citoyen à notre pays. Il a laissé un fils unique, M. *Antoine Genevay*, homme de lettres, qui a été l'un des collaborateurs du *Dictionnaire de la conversation*.

(M. Clovis Cancalon. — *Notice nécrologique, 1875*.)

GENCU (Jean-Baptiste-Philibert), brigadier au 2ᵉ régiment de chasseurs à cheval, né à Lagnieu, en Bugey, mort sur le champ de bataille de Nohenlinden, le 24 frimaire an IX (15 décembre 1800).

Il a laissé un nom immortel dans les fastes militaires, parmi les plus braves de l'armée républicaine.

Genou, conduisant quelques chasseurs de son régiment, postés à Piétremale, en Toscane, fut assailli par une troupe nombreuse d'Autrichiens ; il fond sur elle sans hésiter, blesse et désarme plusieurs ennemis. Accablé par le nombre, il refuse de se rendre et reçoit une blessure mortelle. — Son audace sauve ses camarades.

(Fastes de la gloire).

GEORGES (Jean-François), Capitaine, chevalier de la Légion-d'honneur, né à Marlieux (Dombes), en 1772, mort le 25 janvier 1850, à Mâcon (Saône-et-Loire).

Entré, à 20 ans, comme soldat, dans le régiment de Bourgogne, il n'en sortit que par suite de la nouvelle réorganisation de l'armée en 1792.

En récompense de ses bons services, de 1792 à 1807, il reçut la croix de *chevalier de la Légion-d'honneur*. Il avait assisté au siége de Toulon ; en Italie, aux batailles de Lodi, de Rivoli, de Saint-Georges ; en Égypte, il s'était signalé aux Pyramides, au siége de Saint-Jean-d'Acre, à ceux du Caire, d'Aboukir et d'Alexandrie.

Enfin, blessé en Prusse et en Saxe, à Ulm, à Austerlitz, à Iéna, à Eylau, il reçut, en Espagne, sa dernière blessure, un coup de feu à la cuisse, à l'affaire d'Almonaced.

Rentré en France en 1815, il fut chargé des fonctions de capitaine d'habillement dans le 75e régiment de ligne où il avait servi constamment depuis 1799.

Ce brave officier comptait 25 années de services, 20 campagnes et 8 blessures lorsqu'il fut admis à la retraite, en 1816.

GIREL (Georges), soldat à la 22e demi-brigade d'infanterie légère, né à Seyssel (Bugey), vers 1770, mort en octobre 1842.

Il gagna, par sa bravoure, un *sabre d'honneur* qui lui fut remis par Bonaparte, premier consul, le 4 pluviôse an XI (24 janvier 1803). Il était parti volontairement en 1793. On lisait dans ses états de services ce qui suit :

« A l'assaut de Jaffa, en Syrie, il monta, l'un des premiers, sur la
« brèche. Il se fit remarquer par son intrépidité.

« Au siège du Caire, dans une nuit obscure, ayant escaladé, avec
« sa compagnie, une petite tour sur laquelle les Turcs avaient placé
« une pièce de canon, il se précipita sur cette pièce et la jeta en bas.
« Quoiqu'atteint, dans la mêlée, d'un coup de sabre à la tête, il con-
« tinua de combattre avec ses camarades jusqu'à ce qu'il ne restât
« plus d'ennemis. »

Retraité en 1815, il était venu s'établir dans son pays natal où il a
fait preuve de dévouement et d'intelligence comme administrateur de
sa commune pendant le reste de sa vie, c'est-à-dire pendant 27 ans.

Cet honorable citoyen a mérité un souvenir immortel dans sa patrie et peut servir de modèle à la jeune génération, à tous les titres.

(*Fastes de la Légion-d'honneur.*)

GIREL (Joseph). Chasseur à pied de la garde des Consuls,
né à Belley vers 1774, mort en 1840.

Il se fit remarquer à Marengo (Italie), par sa bravoure et son intrépidité : il chargea à la baïonnette sur les colonnes autrichiennes et fit plusieurs prisonniers.

Il reçut, le 4 pluviôse an XI (24 janvier 1803), un *sabre d'honneur*, à titre de récompense nationale.

Admis à la retraite en 1804, il devint électeur de l'arrondissement de Belley.

(*Fastes de la gloire*).

GIROD DE L'AIN (Jean-Marie-Félix, baron).
Maréchal de camp, commandeur de la Légion-d'honneur, chevalier de Saint-Louis, né à Gex, le 6 septembre 1789 ; mort à Paris le 14 avril 1874.

Il était le 4e fils du baron **Jean-Louis** Girod de l'Ain, qui fut Maire de Gex en 1791, président du Corps législatif en 1800, conseiller maître à la Cour des comptes, et président du tribunal de 1re instance de Paris.

Le jeune Félix venait à peine de terminer ses études classiques, que, se vouant à la carrière des armes, il entrait, à 16 ans, à l'Ecole militaire de Fontainebleau, au commencement de 1805.

Au mois de novembre de l'année suivante, il était nommé *sous-lieutenant d'infanterie*, et envoyé au 9e léger, alors en Prusse. Félix Girod était, cependant, d'une taille au-dessous de la moyenne et d'un tempérament assez faible ; mais il avait voulu faire comme son frère **Marc,** officier au 1ᵉʳ léger, sorti de la même école militaire, l'année précédente.

Ce régiment surnommé l'*incomparable*, à Marengo, était alors commandé par le colonel Meunier, de Saint-Amour (Jura), presqu'un compatriote. Le jeune sous-lieutenant de 17 ans, bien timide à cause de son peu de prestance militaire, y fut accueilli avec bienveillance, le 1ᵉʳ janvier 1807, et fut reçu dans la compagnie des voltigeurs du 1ᵉʳ bataillon.

Il assista, le 25 de ce mois, au combat de Morumghen où le régiment perdit près de 300 hommes et bon nombre d'officiers. Trois jours après il combattit encore à l'affaire de Grabaü et, bientôt, chaque journée étant comptée par un engagement sérieux avec l'ennemi, le jeune Girod se familiarisa avec le danger et fut signalé pour son intrépidité dans chaque occasion périlleuse ; notamment, à la bataille de Friedland restée si célèbre dans nos fastes militaires.

Le 14 juin 1807, au matin, son colonel lui avait dit : « *Eh bien ! vous allez donc voir ce que c'est qu'une bataille rangée.* » — *Je serais bien fâché de manquer à pareille fête*, lui répondit Félix Girod. Et, de fait, il fit de son mieux, d'après le récit qu'il nous en a laissé dans ses mémoires intitulés : *Dix ans de mes souvenirs militaires, de 1805 à 1815*, ouvrage sincère et modeste, sorte de précieux testament qu'il a laissé à ses enfants dans les derniers jours de sa vie. (Un volume in-8º. Paris, 1873. chez J. Dumaine, libraire).

Le 9ᵉ léger poursuivit l'ennemi sur le Niémen, passa la Prégel et entra dans Tilsitt où l'armistice fut signé.

Vers la fin d'août suivant, le régiment se rendit en Espagne, l'armée s'était dirigée sur Tolosa et Vittoria et les opérations de campagne commencèrent par Balmaseda. Le 11 novembre 1808, eut lieu la bataille d'Espinosa où les positions ennemies abordées vigoureusement furent enlevées en un clin-d'œil par le 9ᵉ léger et le 24ᵉ de ligne formant la brigade commandée par le général Labruyère. Notre officier fut proposé le *premier*, pour une *lieutenance* ; mais l'Empereur le trouva *trop jeune*. « *Il fallait*, dit-il, *avoir de la barbe au menton* ; cependant un travail sur l'avancement, depuis longtemps adressé au Ministre de la guerre, venait d'être signé par Sa Majesté et Félix reçut, quelques jours après, sa nomination datée de Burgos, le 21 novembre 1808 ; d'où il résulte que l'Empereur ne savait pas qu'il l'avait nommé lieutenant, par écrit, la veille du jour où il lui refusait verbalement ce grade.

De Burgos, les troupes furent dirigées sur Madrid. Placé à l'avant-garde, le lieutenant Girod ne tarda pas à rencontrer les tirailleurs espagnols : « Je les chassais, dit-il, de rochers en rochers, « lorsque mes 50 voltigeurs que je commandais, furent jugés dignes « d'une décharge générale de la ligne ennemie. Je perdis à l'instant « *neuf hommes* et je reçus *deux balles dans mes habits.* »

Entré dans Madrid à la suite de l'assaut donné par les Français le 3 décembre 1808, notre nouveau lieutenant, à la tête de ses voltigeurs, fut blessé d'une balle à la cuisse droite, sur la promenade du *Prado*, d'où il fallut débusquer les Espagnols qui capitulèrent le soir même. On avait traité cette capitale avec les plus grands ménagements. Aucun pillage n'y fut autorisé, et le roi Joseph put s'y établir le lendemain.

Le 12 janvier suivant, à la bataille d'*Uclès*, sur la route d'Aranjuez, nos troupes rencontrèrent un corps espagnol très-nombreux, sous les ordres du duc de l'*Infantado*, opposé au maréchal Victor. Le lieutenant Girod fut désigné pour commander provisoirement la 2ᵉ compagnie du 2ᵉ bataillon de son régiment, en l'absence de son capitaine blessé. Il la conduisit vaillamment au feu, sous les yeux du général Barrois et fut proposé, avec plusieurs autres officiers, pour la *croix d'honneur*; mais il ne fut pas du nombre des élus.

Promu *capitaine* en janvier 1812, il fut appelé, en qualité d'*aide de camp*, auprès du général Dessaix, avec ordre de le joindre à *Stettin* en Poméranie, où il était venu prendre le commandement de la 4ᵉ division du 1ᵉʳ corps de la grande armée de Russie, sous les ordres du maréchal Davoust, prince d'Eckmulh. M. Girod quitta donc son régiment vers vers le milieu de février 1812, et toucha le sol de la patrie. Il éprouva la joie d'embrasser ses parents, à son passage à Paris, et rejoignit à Mayence son général se rendant à Kœnigsberg, avec la 4ᵉ division de l'armée de Russie. Cette division passa le Niémen, atteignit Wilna et Minsk et marcha sur Mohilow où elle se trouva tout-à-coup aux prises avec un corps de 25,000 Russes. L'affaire fut meurtrière et préluda la bataille de la Moskowa où le général Dessaix eut l'avant bras droit fracassé. Il ne voulut pas se laisser amputer. L'aide de camp Girod, acteur dans une charge contre la cavalerie ennemie qui voulait s'emparer de nos canons, se distingua par sa bravoure et eut le bonheur de n'être pas atteint par les projectiles. On évalua nos pertes dans cette journée à environ 15,000 hommes tant tués que blessés, et celles de l'ennemi à 20,000.

Le lendemain, l'armée française se porta sur *Mojaïsk*, se dirigeant sur *Moscou*. Dans cette dernière ville, les Russes brûlèrent les églises, les palais, les hôtels, les bazars, le Kremlin et l'arsenal renfermant de grands approvisionnements d'armes et de munitions.

Dans l'opinion de M. Girod, le désastre, dont on a fait tant d'honneur au patriotisme du gouverneur Rostopchin, fut un *sacrifice inutile et gratuit*. — « Plût à Dieu, dit-il, que nous n'eussions trouvé
« à Moscou que des ruines et un désert ; nous n'y serions pas restés,
« comme nous le fîmes, 35 jours ; ce qui fut notre perte. »

L'Empereur ayant nommé le général Dessaix gouverneur de Berlin, celui-ci partit, le 10 décembre 1812, de Moscou avec son aide de camp Girod pour se rendre à sa nouvelle destination où il ne séjourna que quatre mois seulement, pendant lesquels il fallut, chaque jour, calmer des émeutes populaires. M. Girod, surpris une fois par des gens du peuple dans une rue isolée, faillit y être assassiné.

Le 25 février 1813, le général Dessaix céda le commandement de cette place au général Gifflenda, aide de camp du prince Eugène, en suite des ordres de l'Empereur et rentra dans ses foyers pour se remettre de sa blessure. Son aide de camp l'accompagna et revint par Genève dans sa famille à Gex, puis à Paris, pour obtenir une nouvelle destination.

Nommé aide de camp du général Curial qu'il rejoignit à Mayence, en avril 1813, M. Girod suivit son nouveau général à Dresde où Napoléon avait établi son quartier général durant l'armistice du 15 août de la même année, conclu à la suite des victoires de Lutzen et de Bautzen.

Ce jour-là M. Girod reçut des mains de l'Empereur, la *Croix de Chevalier de la Légion-d'honneur*, sur une apostille favorable du général Curial. C'était la *onzième fois* que notre compatriote avait été présenté, par ses chefs, pour cette récompense.

Le 26 août, Dresde fut attaqué sans succès par l'armée des alliés qui occupait, avec des masses d'infanterie et de formidables batteries, toutes les collines dominant la plaine. C'est d'une batterie de la division Curial que partit le boulet qui frappa le général Moreau, auprès de l'empereur Alexandre de Russie, entouré d'un nombreux état-major.

Quel que soit le glorieux et douloureux souvenir de nos désastres de *Leipsig*, pendant les trois fatales journées des 16, 18 et 19 octobre 1813, il faut bien reconnaître, aujourd'hui, avec l'histoire, que l'homme qui a passé pour l'un des plus grands génies de l'humanité, Napoléon Ier, se trompa malheureusement en ordonnant une *retraite à volonté et sans presser le pas*, comme l'a écrit M. Thiers, dans son *Histoire de l'Empire*, devant les 300,000 soldats de la Russie, de l'Autriche et de la Prusse réunis. Une retraite plus précipitée, mais honorable encore, pouvait sauver notre armée. Elle fut, au contraire, lente et incomplètement préparée dans son exécution.

Le 16 octobre, M. Girod fut acteur dans l'évènement qui amena la prise du feld-maréchal de Meerfeld, fait prisonnier ce jour-là. Le général Curial était resté en réserve à la hauteur de Robsthéide, à moitié distance entre Leipsig et Wachau ; il reçut l'ordre de se porter au secours du corps de Poniatowski qui, sur les bords de la Pleiss, était vivement pressé et forcé à la retraite par le corps autrichien du comte de Meerfeld. On se mit en marche dans cette direction et bientôt, à l'entrée d'un petit bois, M. Girod, à la tête de sa compagnie de voltigeurs placés en tirailleurs, vit sortir de ce bois un personnage suivi d'une escorte, qui paraissait être un officier de haut grade. Il arrivait au galop, en criant à ses soldats, en allemand, *ne tirez pas ! ne tirez pas ! ce sont les Prussiens*. Ce personnage était le feld-maréchal comte de Meerfeld en personne. Il tourna bride aussitôt qu'il eût reconnu sa méprise, mais à peine avait-il fait quelques pas que son cheval fut tué sous lui. « A l'instant, dit M. Girod,
« dans *ses mémoires*, cités plus haut, le commandant Bernelle et
« moi, nous nous élançames au galop pour le prendre avant qu'il
« eût le temps d'être secouru. Deux autres officiers, partis de deux
« points différents, avaient eu la même idée ; de sorte que nous ar-
« rivâmes quatre ensemble sur ce pauvre homme. Nous l'atteignîmes
« avant qu'il eût rejoint à pied les hommes de son escorte restés
« sur la lisière du bois, brandissant leurs sabres en signe de mena-
« ces, sans que l'idée leur vînt de nous charger. Le comte de Meer-
« feld, se voyant pris, déboutonna sa capote, et, nous montrant ses
« broderies et ses ordres, nous dit en bon français : *Messieurs,*
« *ayez égard à mon âge et à mon rang !...* Nous l'assurâmes de
« notre intention de ne lui faire aucun mal ; mais comme le temps
« pressait, deux de nous le prirent entre leurs chevaux et, le soule-
« vant légèrement, par ses vêtements, le portèrent, pour ainsi dire,

« jusqu'à une certaine distance, où l'un des deux, mettant pied à terre,
« le fit monter sur son cheval. Nous l'amenâmes ainsi au général
« Curial, qui l'envoya aussitôt à l'Empereur dont il avait été fort
« connu, soit à Vienne, soit à Paris, à l'époque du mariage de l'im-
« pératrice Marie-Louise. Aussi, dès qu'il le vit paraître, l'Empereur
« s'écria : *Quoi ! C'est vous, monsieur de Meerfeld, qui vous faites*
« *prendre ainsi !* Et après avoir eu avec lui de longues conférences,
« il le renvoya prisonnier sur parole.

« L'Empereur, s'adressant au commandant Bernelle, lui demanda
« qui avait pris le feld-maréchal? Bernelle répondit modestement et
« sans se nommer lui-même : *Sire, ce sont les officiers du géné-*
« *ral Curial.* En effet, les quatre officiers auxquels cet officier gé-
« néral se rendit furent le commandant Bernelle, les capitaines
« Stuertz, Pleineselve et moi. Bernelle et moi nous étions *aides de*
« *camp* du général Curial ; Stuertz servait auprès de lui *en qualité*
« *d'officier d'ordonnance*, et Pleineselve était *adjudant-major* de
« l'un des régiments de notre division. »

Le 30 octobre eut lieu la bataille de Hanau. M. Girod aida son général à protéger la retraite des corps français restés en arrière. Puis, le général Curial prit la route de Mayence et ne put se reposer qu'après avoir traversé le Rhin. Envoyé à Metz, il participa à la nouvelle réorganisation des vingt-deux régiments de vieille et de la jeune garde impériale.

En novembre suivant, le capitaine Girod reçut le grade de *chef de bataillon*. Il n'avait encore que 24 ans. Il fit la campagne de France pour s'opposer à l'invasion étrangère et fut obligé de rétrograder de Châlons-sur-Marne, sur Brienne, sur Troyes. Le soir de la bataille de Montmirail, le commandant Girod fut envoyé auprès du maréchal Ney, pour prendre ses ordres. Le Maréchal ordonna de se porter en avant dans la direction de Vauchamp ; mais l'armée du prince Schwartzemberg, sur la route de Meaux, se dirigeait sur Paris et après les combats de Craonne et de Montereau, il fallut se rapprocher de la capitale, qui finit par capituler le 31 mars 1814.

A la fin d'août suivant, M. le commandant Girod se rendit dans sa famille, à Gex et à Montbrillant, près de Genève, pour se marier avec Mlle *Marie Fabry*, fille de M. *François-Gabriel Fabry*, qui fut sous-préfet de Gex. Cette union promettait un long et bel avenir ; il a été de trop courte durée : Mme Girod de l'Ain est décédée en avril 1828, laissant cinq enfants dont l'aîné n'avait pas plus de 10 ans.

Dans les premiers jours de 1815, M. Girod fut breveté *officier de la Légion-d'honneur*. Cette nomination était due à la recommandation spéciale du général Curial.

Pendant les Cent-Jours, M. Girod accompagna, à Lyon, son général nommé commandant de la 7e division militaire ; puis au quartier général du maréchal Suchet, commandant en chef l'armée des Alpes, à Chambéry.

En juin 1815, les hostilités recommencèrent avec les troupes alliées ; mais Waterloo avait dit son dernier mot et les événements politiques se succédant avec rapidité, le maréchal Suchet fit sa soumission et au retour du roi Louis XVIII, M. Girod se retira à Gex, où il fut mis en demi-solde. Il fut, cependant, compris dans le *Corps royal d'état-major*, organisé, en 1818, par le maréchal Gouvion de Saint-Cyr. Dans cette même année, il accompagna le général Curial dans son inspection des troupes dans les départements, et rentra ensuite en disponibilité, jusqu'en 1828. Nommé, alors, aide-de-camp du général Ordonneau, désigné pour commander une division d'infanterie au camp de Saint-Omer, M. Girod resta peu de temps auprès de ce général.

En 1830, devenu le doyen des chefs d'escadrons du corps de l'état-major, après dix-sept ans de grade, il fut appelé à faire partie de l'expédition d'Alger comme *lieutenant-colonel* sans être obligé de s'y rendre ; puis, deux ans après, promu *colonel*, il fut employé successivement : 1° comme *chef d'état-major général* de la division de réserve de l'armée d'Afrique ; 2° à l'état-major de la *1re division* ; 3° à celui du *ministère de la guerre* ; et 4° au *dépôt de la guerre* comme *chef de la section historique*, en remplacement de M. Bory de Saint-Vincent.

Au mois de mai 1842, le colonel Girod fut fait *maréchal de camp*, après dix ans de grade de colonel. Il y avait vingt-neuf ans qu'il était *officier supérieur*, et il comptait trente-sept ans de services, y compris quinze ans passés en disponibilité sous la Restauration.

Légionnaire depuis 1813, *officier de la Légion-d'honneur* en 1815, *commandeur* en 1838, il avait été nommé *chevalier de Saint-Louis* en 1823. Pourvu, en 1843, du commandement du département du Jura, qu'il a exercé jusqu'à la révolution de 1848 ; il fut mis alors à la retraite, quoiqu'il n'eût que *59 ans d'âge*. Il fut relevé de cette position et remis en disponibilité en 1850. Retraité définitivement après avoir atteint la limite d'âge de 62 ans, il a pu encore, dans le calme de la vie civile, se rendre utile à ses concitoyens et à l'agriculture.

M. Félix Girod a représenté plusieurs fois, comme député, à la Chambre législative, les arrondissements de Gex et de Nantua. Lors de l'élévation de son frère Amédée à la pairie, en 1832, il fut élu député par l'arrondissement de Nantua, et siégea, pendant dix ans, dans les rangs de la majorité conservatrice. En 1842, envoyé par ses concitoyens de l'arrondissement de Gex à la Chambre des députés, il s'y montra constamment dévoué aux principes de l'ordre et d'une sage liberté. Parvenu à l'âge de quatre-vingt-quatre ans et six mois, M. le général Girod, qui habitait Paris, a succombé entre les bras de son fils, M. Edouard Girod, ancien député de l'Ain. Il a été inhumé au cimetière de Croissy (Seine-et-Oise), où se trouve le caveau de la famille Girod (de l'Ain).

Il n'est pas hors de propos de rappeler ici que si notre général s'est fait un nom glorieux dans sa carrière militaire, il n'ambitionna pas moins le mérite plus modeste d'agriculteur. Ce fut, pour lui, une seconde manière de servir son pays. Nous dirons donc qu'il se fit une spécialité par l'élevage des *mérinos*. Il contribua avec ardeur à la conservation d'un troupeau de bêtes à *laine fine* tiré, au dernier siècle, des bergeries royales d'Espagne, par sa famille habitant Naz, village de la commune de Chevry, arrondissement de Gex. M. le général Girod a consacré, à l'entretien et au perfectionnement du troupeau de Naz, tous les loisirs dont il a pu disposer dans ses emplois, et il était parvenu à le rendre *unique en France* par la pureté de sa race et la beauté de ses toisons. Elles ont obtenu, de 1823 à 1857, des médailles d'or aux expositions nationales de Paris et de Londres, et le général fut élu *correspondant de la Société centrale d'agriculture* en 1856, comme un hommage rendu à sa science d'agronome.

Tel fut *Jean-Marie-Félix Girod*, l'une de nos illustrations militaires de l'Ain. Il était doué d'un physique agréable, quoique petit de taille. Son caractère était enjoué et bienveillant. Il avait reçu une éducation soignée et pieuse.

Homme de guerre, aussi brave que généreux, il fut aimé de ses chefs, de ses égaux et de ses inférieurs. C'est le plus bel éloge rendu à sa mémoire.

Homme du monde, son caractère affectueux, son exquise urbanité le rendirent aimable jusque dans l'extrême vieillesse.

Enfin sa charité, sa droiture et son honorabilité, dans la vie politique et privée, en ont fait un modèle d'honnête homme et de parfait citoyen.

GOUJON (Jean-Marie-Claude-Alexandre), Marin et homme politique, né à Bourg en 1766, mort à Paris le 29 prairial an III (7 juin 1795). Il était fils d'un directeur des aides et de la poste aux lettres.

Dès ses jeunes années, il montra une âme forte et un caractère résolu. Engagé dans la marine militaire, à l'âge de 12 ans il assista, comme *novice*, au combat d'Ouessant, dont il rendit compte.

Dans la mémorable journée du 27 juillet 1778, 30 vaisseaux de ligne français, sous les ordres du comte d'Orvilliers, se mesurèrent contre ceux de l'amiral anglais Keppel, ayant un même nombre de bâtiments, sans qu'il y eût perte d'un seul vaisseau d'aucun côté.

A 20 ans, il avait atteint le grade d'*enseigne*, après avoir navigué dans les mers de l'Inde et de l'Amérique. Lorsqu'il fit son dernier voyage à l'Ile de France, en 1786, époque à laquelle le spectacle de l'esclavage lui inspira l'amour de la liberté, il embrassa, avec enthousiasme, les principes de la révolution de 1789. Il quitta la marine, déposa l'épée et se fit homme politique et journaliste à Versailles.

Député de Seine-et-Oise, il entra à la Convention, en 1793, en remplacement de Héraut-Séchelles. Il ne prit donc aucune part à la mort du roi Louis XVI. Goujon fut envoyé à l'armée du Rhin et Moselle en qualité de *commissaire*. Il s'y conduisit honorablement. A son retour, la réaction du 9 thermidor était effectuée et rien ne faisait présumer sa triste fin. Cependant, arrêté, en pleine séance, avec six de ses collègues accusés d'être les fauteurs de l'insurrection du 1er prairial (20 mai 1795), il fut incarcéré et livré à une commission militaire qui les condamna tous à mourir sur l'échafaud. En sortant du tribunal, Romme se frappa le premier avec un couteau ; il le remit à Goujon, qui se donna un coup mortel ; Duquesnoi s'en servit ensuite.

Il avait composé pendant sa captivité un *hymne de la mort* que Laïs a mis en musique. La mémoire de ce probe et austère républicain a été célébrée comme celle d'un martyr de la liberté dans le Conseil des anciens en 1798, et M. *François-Pierre Tissot*, son beau-frère et son compagnon d'études, a publié : *Souvenirs de la journée du 1er prairial an III* etc., Paris, 1799, in-12.

On y trouve deux opuscules de Goujon, intitulés : 1° *Discours sur l'influence de la morale des gouvernements sur celle des peuples*; 2° *Damon et Pythias, ou les vertus de la liberté* (drame en trois actes et en prose).

(Depery. — *Biog. des hommes célèbres du département de l'Ain*, 1835).

GOUJON (Alexandre-Marie), frère du précédent, capitaine d'artillerie, chevalier de la Légion-d'honneur, né à Bourg vers 1779, mort à Paris le 9 avril 1823.

Élève de l'école polytechnique, à 16 ans, il en sortit *sous-lieutenant* d'artillerie en 1797.

Il fit les campagnes d'Italie, de Hollande, de Prusse, d'Espagne, de Pologne, de Saxe, et reçut la décoration de *chevalier de la Légion d'honneur* des mains de l'empereur Napoléon Ier sur le champ de bataille d'Eylau, le 7 février 1807. Parvenu au grade de capitaine, il fut licencié en 1815, avec l'armée de la Loire, et embrassa à Paris, la carrière littéraire. Il a succombé des suites d'une phthisie pulmonaire, à 44 ans.

Il débuta par des *poésies légères* dont plusieurs ont été mises en musique et gravées.

On a de lui : 1° *Manuel des Français sous le régime de la Charte*, Paris, 1818, in-8°, 2° édition augmentée, 1820. — 2° *Table analytique et raisonnée des matières*, pour les œuvres complètes de Voltaire, édition Desoër, 1819, in-8°. — 3° *Bulletins officiels de la grande armée*, 1820-21. 4 vol. in-12. — 4° *Pensées d'un soldat sur la sépulture de Napoléon*, 1821, in-8°. — *Tablettes chronologiques de la Révolution française* (non terminé) 1823, 5 liv. in-8°.

Goujon fut un des principaux collaborateurs des *Fastes civils de la France*, 1821-22 in-8° (non achevé). — Il a aussi pris une part à la publication des *Annales des faits et des sciences militaires*, 1817, Paris, in-8°.

(*Biog. des Contemporains*, 1834. — Dépery, *Biog. des hommes célèbres du département de l'Ain*, 1840.)

GRIMONT (Alexis-Antoine-Marie-Dorothée), capitaine adjudant-major, chevalier de la Légion-d'honneur et des ordres de Saint-Louis et de Ferdinand d'Espagne, né à Coligny, le 28 juin 1784, mort à Paris, en avril 1855.

Entré au service militaire, en 1805, le jeune Grimont fit, depuis cette date jusqu'en 1814, toutes les campagnes d'Italie et d'Allemagne.

Blessé, deux fois, à la bataille d'Essling, le 22 mai 1809, il fut fait prisonnier le même jour. Compris dans un échange de prisonniers, il rentra avec son grade de *sous-lieutenant* dans l'armée, sous le commandement du prince Eugène.

A l'affaire du fort Malborghetto, en mai 1813, où il reçut trois nouvelles blessures, il fut récompensé par une nomination de *lieutenant*. Licencié en 1815, après l'abdication de l'empereur Napoléon Ier, il reprit du service, l'année suivante, dans la Légion de l'Ain, devenue 1er régiment d'infanterie de ligne, sous le gouvernement des Bourbons. Promu *capitaine*, en 1818, il fit la campagne d'Espagne, de 1823 à 1825, et fut décoré successivement des ordres de la *Légion d'honneur*, *de St-Louis et de Ferdinand d'Espagne*.

Dix ans après il obtenait sa retraite pour résider à Coligny, mais lors de la révolution de 1848, il vint séjourner, avec sa famille, à Paris, où, 7 ans après, il succomba, à 71 ans, des suites de ses nombreuses blessures.

M. Ferdinand Grimont, homme de lettres, était son neveu. Voir ce nom dans la *Galerie civile de l'Ain*.

(*Courrier de l'Ain*. — 1855.)

GRINAND (Pierre), chasseur à pied de la garde impériale, chevalier de la Légion-d'honneur, né à Saint-Benoît, le 5 août 1774, mort à Ordonnaz-en-Bugey, le 14 février 1825.

Volontaire au 11e bataillon de l'Ain, le 22 septembre 1793, il fit, avec ce corps, les quatre premières campagnes d'Italie et fut amalgamé dans la 22e demi-brigade d'infanterie légère en 1796. Passé à l'armée d'Orient, il fut blessé à la bataille d'Aboukir, le 7 thermidor an VII (25 juillet 1799). Rentré en France, avec l'armée, en l'an X (1802), il fut nommé *chevalier de la Légion d'honneur*, le 14 juin 1804, en récompense de ses services.

Parti pour l'armée d'Italie, en 1805, il fit les campagnes de 1806 et 1807, celle de Calabre en 1808. Il obtint les galons de *caporal*, le 10 janvier de cette année et fut admis, comme soldat, dans les chasseurs à pied de la garde impériale.

En 1809, il prit part aux opérations de l'armée l'Allemagne; combattit glorieusement en 1812, dans la campagne de Russie; en 1813, en Saxe, et en France, en 1814, lors de l'invasion des alliés.

Lors de la restauration du gouvernement des Bourbons, il fut reçu, le 1er juillet 1814, aux chasseurs à pied royaux de France; puis, au retour de Napoléon Ier de l'Ile d'Elbe, il revint aux chasseurs de la vieille garde et se signala par son courage à la bataille de Waterloo, où il fut blessé, et laissé pour mort sur le champ de bataille.

Mis à la retraite, apres la paix, le 16 septembre 1815, il vécut encore dix ans dans son pays natal, où il a su conquérir l'estime de ses concitoyens par ses belles qualités, et ses vertus civiques.

GROBON (Pierre), sous-lieutenant, chevalier de la Légion-d'honneur, né en 1784, à Ruffieu en Bugey, où il est mort le 16 juillet 1870, à 86 ans.

Conscrit de 1805, Pierre, fils d'un honnête cultivateur peu aisé, fut incorporé dans un régiment d'infanterie légère, et conduit en Autriche, en Prusse et en Espagne. N'ayant pu suivre assidûment les leçons de l'école de son village, le jeune soldat ne trouva qu'imparfaitement le moyen de se consacrer à l'étude dans son régiment, au milieu des éventualités de la guerre et des rares loisirs qu'elle pouvait lui offrir; cependant il parvint à se rendre utile dans sa compagnie. Son intelligence lui fit, pour ainsi dire, deviner ce qu'il n'avait pu apprendre, et son énergie au feu l'ayant fait remarquer à Austerlitz, à Iéna et à Friedland, il franchit les grades inférieurs et n'ambitionna plus que l'épaulette d'officier. Elle devait être, pour lui, le prix d'une action d'éclat. En effet, au combat de Salamanque (Espagne), le 12 juillet 1812, s'étant emparé d'un drapeau ennemi, il fut nommé *sous-lieutenant*. — Blessé deux fois, en 1813, à Lutzen et à Bautzen, en Saxe, il fut récompensé par le titre de *chevalier de la Légion-d'honneur*.

Enfin, le 10 août 1814, notre compatriote prit part à la bataille de Toulouse, sous le maréchal Soult, qui, avec des forces très-inférieures, battit lord Wellington à la tête d'une nombreuse armée. — Dans la campagne de France de 1814, Grobon se montra encore intrépide à Bar-sur-Aube, où son colonel qui l'affectionnait lui fit de vives instances pour le retenir dans son régiment; il consentit à rester. Les événements politiques d'alors se chargèrent de réaliser les promesses faites au brave Grobon.

Dirigé sur les Pays-Bas, il tomba à Waterloo blessé à la cuisse droite, et fut laissé pour mort sur le champ de bataille; cependant, il eut le bonheur d'échapper au désastre de cette journée néfaste du 18 juin 1815.

Après le licenciement de l'armée impériale sur les bords de la Loire, il obtint du gouvernement nouveau des Bourbons, une pension pour cause de blessures dont il vint jouir dans ses foyers; il n'avait encore que 31 ans. Il s'y est marié, et s'est montré, dans la vie civile, jusque dans un âge très-avancé, aussi bon citoyen qu'il avait été courageux soldat.

GUILLAND (François-Huningue), colonel d'artillerie, commandeur de la Légion-d'honneur, né à Belley, en 1793, mort à Lyon, le 8 mai 1874. — Son père qui commandait à Huningue les bataillons de volontaires de l'Ain, avait jugé à propos de lui donner le prénom d'*Huningue* pour rappeler ce souvenir.

Le jeune François, auquel on donna une instruction solide, entra, à 17 ans, à l'école polytechnique, il en sortit deux ans après, en 1812, pour faire la funeste campagne d'Espagne de cette époque.

Le jeune lieutenant d'artillerie arriva pour être témoin du siége de Badajoz par les Anglais, en mars de cette année. L'artillerie française, admirablement servie, empêcha longtemps l'ennemi de faire brèche, mais, devenue praticable, l'assaut fut donné le 6 avril, par ordre de Wellington, qui s'empara de cette ville. Les Français durent l'évacuer. Le jeune officier reçut dans cette journée le baptême du feu, et revint en France, pour prendre part bientôt à la campagne de France de 1814. Il combattit à Montmirail, à Vauchamps, à Nangis, et enfin, en 1815, à Waterloo.

Remarqué pour sa bravoure, dans sa batterie, à l'affaire de Craonne, sous les ordres du général La Ferrière, il fut décoré, à 21 ans, de la *croix de chevalier de Légion-d'honneur* sur le champ de bataille.

Les années de paix ayant succédé à celles de guerres continuelles, sous la restauration des Bourbons, M. Guilland aurait pu renoncer à la carrière militaire pour embrasser une autre profession; mais il préférait la vie active et appliqua ses connaissances et ses études à la *partie technique* de son arme; il s'y distingua spécialement comme *métallurgiste* de premier ordre. En effet, il fut employé successivement dans les six arrondissements de forges de France, et, en dernier lieu, fut appelé à la direction de l'artillerie de Toulon, où il a atteint l'âge de la retraite.

Les services qu'il a rendus dans ses fonctions, pour n'être pas ostensibles, n'en sont pas moins considérables. M. Guilland, doué d'une rare modestie, appartenait à cette classe d'hommes utiles qui, sans ambition et quelle que soit leur position, ne trouvent de satisfaction personnelle que dans le travail de l'intelligence et dans les découvertes qu'ils peuvent faire.

On se rappelle, à Bourg, le lumineux rapport qu'il fut chargé de rédiger, pour la justice, à l'occasion du procès Peytel jugé aux assises de 1839, pour assassinat consommé sur sa femme et son domestique au pont d'Andert, sur la route de Belley, crimes commis au moyen d'un pistolet.

M. Guilland eut le mérite, comme expert, d'éclairer les convictions par ses recherches et ses expériences raisonnées sur les blessures d'armes à feu.

Il avait, d'ailleurs, d'autres aptitudes : il aimait les lettres, la botanique, la géologie, la minéralogie.

L'académie de Bordeaux le comptait parmi ses correspondants et il avait reçu une médaille d'or pour un travail géologique important.

Maire de la commune de Béon, canton de Champagne, depuis de longues années, nul de ses concitoyens n'aurait pu nier la sollicitude constante et dévouée qu'il apporta aux intérêts publics et l'on se souviendra longtemps de sa vigilance toute militaire alors qu'il administrait sa commune d'une manière si honnête et si prudente, même dans les jours d'agitations politiques. Il fut la sagesse personnifiée.

M. Guilland s'est éteint à 81 ans, en pleine connaissance de lui-même, et en chrétien résigné. Il a été inhumé dans le tombeau de sa famille à Lyon, où il a laissé un fils, conseiller à la Cour d'appel de cette ville.

GUILLAUMOD (Jean-Baptiste), chirurgien militaire, né à Guynant, canton de Saint-Julien en Bresse, en 1789, mort à Gigny (Saône-et-Loire), le 1er avril 1869, à l'âge de 80 ans.

Son père qui était médecin, voulant lui faire embrasser la même carrière que la sienne, lui fit faire de bonnes études classiques à Bourg et à Lyon,

En 1808, n'ayant encore que 19 ans, le jeune Guillaumod, recommandé par le professeur Dubois, suivit, à Paris, les cours de l'école de médecine et devint un élève assidu du célèbre Dupuytren.

Engagé volontairement dans l'armée, à 26 ans, comme *sous-aide*, le jeune praticien alla porter à nos soldats glorieusement mutilés dans la campagne de France de 1815, les secours de son art, avec un soin, un zèle, un courage qui ne se démentirent pas un seul instant.

Après quatre ans d'épreuves de toutes sortes, et reçu *docteur* à la faculté de Paris, déjà célèbre, le jeune chirurgien revint vers 1820, au pays natal et ses environs qu'il ne quitta plus.

Pendant sa longue et honorable carrière, M. Guillaumod ne s'est jamais laissé détourner des bonnes œuvres et des belles actions de son ministère de bienfaisance. Il est mort avec la réputation bien méritée d'habile docteur et d'ami désintéressé de l'humanité.

GUILLEMANT (Joseph), capitaine, chevalier de la Légion-d'honneur, né à Lhuis en Bugey, vers 1773, mort, au même lieu, le 17 juillet 1867.

Parti comme simple soldat, en 1793, il obtint successivement, en 1795 et en 1800, les grades de *sergent* et *d'adjudant sous-officier*. — En 1804, il gagnait sa première épaulette; enfin, en 1811, il arrivait au grade de *capitaine*. — Il avait débuté par la campagne d'Italie sous la première République; il fit partie de l'armée des Alpes. Il suivit l'expédition d'Egypte et de Syrie, où il se distingua sous les ordres du colonel Guigard, son compatriote. Il prit part à la campagne des côtes de l'Océan de l'an XII, à celle d'Italie en XIV, et à celle de Calabre en 1806. — On ne s'expose pas impunément, pendant de longues années, à d'aussi grands dangers que ceux affrontés par M. Guillemant : il fut blessé à Rivoli; reçut un coup de feu dans la poitrine; fut encore atteint d'un autre coup de feu à la jambe, à San-Martino et d'un biscaïen à Aboukir. — Au passage de l'Adige, il eut une cuisse broyée par un coup de mitraille. Le capitaine demandait du repos, il obtint de rentrer dans ses foyers où il fut accueilli avec enthousiasme par ses compatriotes. Il y épousa la petite fille du *médecin Chirac*, l'une des plus pures illustrations médicales du pays et accepta, quelque temps après, les fonctions de maire de Lhuis. Il s'est voué à l'agriculture et a vécu de la vie du sage, aimé et estimé de tous. — En 1851, le second empire donna à Guillemant, la juste, mais tardive récompense des services qu'il avait rendus au premier Empire, en lui accordant le brevet de *chevalier de la Légion-d'honneur.*

Seize ans après, il s'éteignait doucement, avec le calme du vieux soldat et la ferveur confiante du chrétien. — Son dernier mot fut pour Dieu, sa famille et son ancien colonel. « Brave Guigard, disait-il, je vais donc te rejoindre ! »

Il a été placé dans le cimetière à côté de ce vaillant chef et les habitants du Bugey n'ont jamais oublié ces deux frères d'armes, dont la devise commune fut : *Patrie, Honneur et Courage.*

M. Joseph Guillemant était l'aîné de trois frères qui, tous partis pour la défense de nos frontières et parvenus au grade de capitaine, ont eu des fortunes différentes. — L'un d'eux fut tué à Austerlitz ; l'autre, François, périt sur le champ de bataille de Bautzen, en 1813 ; le quatrième a son article qui suit. — M. Joseph Guillemant a laissé un fils qui est devenu docteur en médecine.

(*Courrier de l'Ain*, 1867.)

GUILLEMANT (Jean-Marie), frère du précédent, capitaine, chevalier de la Légion-d'honneur, né à Lhuis, le 12 janvier 1776, mort le 22 septembre 1866.

Engagé volontaire à l'âge de 16 ans, en 1792, il fut envoyé à l'armée des Alpes. Il assista à la conquête de Nice, au siège de Toulon et à celui de Figuières sur la frontière des Pyrénées.

Embarqué pour l'expédition d'Égypte, il fit partie du détachement que Bonaparte laissa à Malte avec mission de s'en emparer. Le jeune soldat s'y conduisit vaillamment, fut blessé au bras gauche et demeura à Malte après la reddition de la place. Deux ans après, il se trouvait à l'armée des Grisons. Le 1er floréal an X (1802) il obtint son congé de libération, à 26 ans, et comptait déjà 10 ans de services militaires. Quelle autre carrière pouvait-il embrasser ? Guillemant, entraîné par sa vocation, reprit du service actif. Il entra, l'année suivante, au 22° régiment d'infanterie légère, fit les campagnes d'Italie, de 1804 et 1805 ; puis, suivit Joseph et Murat à Naples. — Le 16 mai 1809, il fut nommé *sous-lieutenant* et prit part à toutes les luttes et à tous les triomphes de la grande armée jusqu'au désastre de Moscou. Il traversa la Bérésina, en 1812, et revint de Russie avec le grade de *lieutenant.*

En 1813, à Lutzen, l'empereur Napoléon Ier l'ayant vu intrépide durant la bataille et debout, *lui huitième de sa compagnie entièrement décimée*, l'invita à lui *rappeler cette date du 1er mai*. Le troisième jour, il était nommé *capitaine*, et un mois après il le décorait de sa main *chevalier de la Légion-d'honneur*. — M. Guillemant combattit encore à Leipsik; il y fut blessé de deux coups de feu et de deux coups de lance; le 19 octobre 1813, fait prisonnier, il tomba au pouvoir des Autrichiens.

Rentré en France à la suite d'un échange de prisonniers, il revint au pays natal, s'y maria et vécut longtemps encore de la vie de famille au milieu de ses amis et dans une agréable retraite. Il s'est éteint à l'âge de 90 ans, honoré et respecté de tous pour son noble passé et ses belles qualités personnelles.

(*Courrier de l'Ain*, 1866.)

GUILLET (Pierre), général de brigade employé à la défense du département de l'Ain, en 1815; commandeur de la Légion d'honneur, né à Chambéry (Mont-Blanc), le 3 février 1765, mort au fort de Fenestrelle (Piémont), le 3 mars 1836.

Volontaire dans le régiment des gardes du roi de Sardaigne en 1779, il était, en 1793, *lieutenant* au 1er bataillon du Mont-Blanc au service de la France. — Fait *capitaine* à l'avant-garde de l'armée des Alpes, le 18 mars de la même année, il passa à l'armée des Pyrénées-Orientales; combattit, le 17 septembre, à la brillante affaire de Peyrestortes, et le 23 brumaire an II (13 novembre 1793), à la reprise de Villelongue, où, suivi de deux ordonnances, il fit prisonniers 28 grenadiers portugais et deux officiers. A la retraite du 1er nivôse (21 décembre), il fut mis à l'ordre du jour de l'armée, pour s'être porté *seul* au-devant d'un escadron espagnol qu'il obligea de se replier, après lui avoir tué, à bout portant, deux cavaliers. — *Adjudant-général* (chef de bataillon), le 2 février 1794. Puis, *chef de brigade* (colonel), le 13 du même mois, il obtint sa confirmation dans ce grade à l'organisation du 25 prairial an III (13 juin 1795). — Depuis cette époque jusqu'au 12 thermidor an VIII (31 juillet 1800), date de sa promotion au grade de *Général de brigade*, il servit dans l'ouest et en Italie, et fut employé aux états-majors des 14e et 17e divisions militaires. — Après avoir fait la guerre en Portugal, sous les ordres du général Leclerc, il fut nommé successivement *chef-d'état major* dans les 9e et 10e divisions pendant les années 1801 à 1803.

Commandant de la *Légion-d'honneur*, le 25 prairial an XII (14 juin 1804), sans avoir été préalablement ni chevalier ni officier de l'Ordre, il partit pour l'Italie en l'an XIII (1805), suivit le général Marmont en Dalmatie, et fut envoyé en 1807 aux îles de la Brazza et de la Solta, afin d'y maintenir l'ordre après le départ des Russes, mais il y déploya une rigueur qui motiva son rappel à Milan en septembre 1807, et sa non activité, le 12 février 1809.

Cependant, en 1815, pendant les Cent-Jours, il reprit du service dans les gardes nationales actives de la 7e division de l'armée des Alpes commandée par le maréchal Suchet.

M. Guillet reçut le commandement d'une brigade de la division Maransin qui occupa d'abord le pays de Gex, et ensuite Châtillon-de-Michaille. Il se concerta avec le colonel des corps francs, M. Béatrix, pour la défense du Haut-Bugey et du pays de Gex. Après plusieurs combats, forcé de se replier devant des forces autrichiennes supérieures, il exécuta une retraite honorable sur Nantua, Maillat, Pont-d'Ain, Lyon et Roanne pour rejoindre le quartier général. — Après la deuxième abdication de l'empereur Napoléon 1er, il rentra en Savoie.

HUMBERT (Joseph), sergent-major, chevalier de la Légion-d'honneur, né à Lompnieu en Bugey, le 13 avril 1774, tué devant l'ennemi, le 5 février 1807.

Parti à 19 ans, comme volontaire avec le 11e bataillon de l'Ain, le 22 septembre 1793, il fut incorporé, en l'an IV (1796), dans la 22e demi-brigade d'infanterie légère, et suivit son régiment en Italie. Blessé à la poitrine d'un coup de baïonnette, à la bataille de Rivoli, le 25 nivôse an IV (15 janvier 1796), il reçut encore devant Mantoue, deux coups de feu aux jambes, le 15 pluviôse de la même année (4 février suivant). Promu caporal, le 24 vendémiaire an VI (15 octobre 1797), et sergent le 16 thermidor même année, (3 août 1798), il fit partie de l'expédition de Syrie où il fut blessé d'un coup de feu à l'épaule gauche. Au siège du Caire, le 29 germinal an VIII (19 avril 1800) il reçut un nouveau coup de feu au bras gauche.

Rentré en France avec l'armée, à la fin de l'an IX (1801) il fut nommé *sergent-major* de carabiniers, le 6 brumaire an XII (29 octobre 1803), et décoré *chevalier de la Légion-d'honneur*, le 25 prairial suivant (14 juin 1804).

A la reprise des hostilités en l'an XIII (1805), il partit avec son régiment pour faire partie de l'armée de Naples. Il y combattit dans les campagnes de 1805 et 1806, et fut tué à l'assaut de Damentéa.

(Fastes de la gloire).

JACQUIER (Pierre-Joseph), capitaine, né le 12 janvier 1788, à Torcieu, en Bugey, où il est mort, le 21 mai 1870.

Entré, comme volontaire, au 62e régiment de ligne, le 14 août 1807, il fut fait caporal, le 1er octobre suivant, et *sergent*, le 16 décembre 1808, après la campagne de Calabre.

Embarqué sur le vaisseau le *Danube* pour l'expédition d'Amérique de 1809 à 1811, il était de retour pour faire la campagne de Saxe. Sa belle conduite à la bataille de Lutzen lui mérita les galons de *sergent-major*, le 12 mai 1813 et après la bataille de Dresde, il reçut l'épaulette de *sous-lieutenant*, le 25 septembre suivant.

Pendant la campagne de France, M. Jacquier fut nommé *lieutenant*, le 22 février 1814, et incorporé au 4e régiment d'infanterie de ligne ; mais lors du licenciement de l'armée, il fut renvoyé dans ses foyers avec la demi-solde, le 15 août 1815.

Rappelé à l'activité, deux ans après, il fut admis, avec son grade, au 3e bataillon de la légion du Rhône, le 5 août 1817, et dirigé ensuite sur le 38e régiment d'infanterie de ligne, le 7 mai 1825, où il fut promu *capitaine*, le 13 décembre 1826.

Réformé, sur sa demande, pour cause de santé, le 26 octobre 1828, M. Jacquier est revenu à Torcieu, le 16 novembre suivant, au milieu de ses concitoyens dont il a su captiver l'estime et l'amitié.

Il a accepté, en 1830, après la révolution de juillet, le commandement de la garde nationale du canton pour répondre au vœu exprimé par la population Bugeysienne faisant appel à son patriotisme. En 1832, lors de l'insurrection de Lyon, et, en 1848, élu *chef de bataillon* de la garde civique, il a fait, partout, preuve de dévouement pour défendre nos institutions, dont il s'était montré déjà le protecteur zélé, comme *conseiller municipal de sa commune* pendant 25 ans.

Il est décédé à 82 ans, emportant des regrets unanimes.

(Papiers de famille.)

JOLY (Claude-François de), seigneur de Choin et du Poussey, baron de Langes, lieutenant-colonel, né vers 1579, à Bourg où il est mort en 1640.

Il était fils de *Pierre de Joly*, bailli de Bresse et du Bugey en 1582. Claude débuta dans la carrière des armes, comme capitaine au régiment de Ragny, au siége de Montpellier, et dans la guerre du Languedoc en 1630; puis il commanda un régiment d'infanterie, sous les ordres du seigneur du Halier, chef de l'armée du Roi en Savoie et fut chargé de faire démolir la forteresse de Rumilly, par ordre de Louis XIII, qui avait à se plaindre du duc de Savoie, en raison des secours que Charles-Emmanuel avait fournis au duc de Mantoue. Au voyage de Flandre et à la bataille d'Avain, en 1634, il fut nommé chef de douze compagnies de gens de pied, sous les maréchaux de Châtillon et de Brezé, et trois ans après, il fut élevé au grade de *lieutenant-colonel* du régiment d'infanterie du prince de Conty, fonctions qu'il exerça jusqu'à son décès avec celle de Bailli de Bresse et du Bugey, de 1620 à 1640.

Marié avec D^{lle} Jeanne du Gour, fille de Jean du Gour, seigneur de Valeins, baron de Chaillouvres en Dombes, il en eut deux fils : 1° **Jean** qui fut page du roi Louis XIII, et devint capitaine au régiment de Conty; mort des suites d'un coup de feu reçu au siège de Dôle (1636). 2° **Guillaume-Claude**, qui a servi volontairement sous les ordres du duc d'Enghien, aux sièges de Perpignan et de Thionville. Il était Bailli de Bresse et gouverneur de Bourg de 1641 à 1650.

(Guichenon. — Hist. de Bresse et du Bugey.)

JOURDAN (Nicolas), sous-lieutenant, chevalier de la Légion-d'honneur, né le 14 avril 1772, à Ambronay en Bugey où il est mort en 1840.

Enrôlé volontairement, le 1er septembre 1793, dans le bataillon des grenadiers de *Montferme* (Saint-Rambert), il fit toutes les campagnes de l'armée d'Italie avec la 45e demi-brigade de bataille, devenue le 45e régiment d'infanterie de ligne.

Pendant le blocus de Mantoue, en l'an V (1796 - 1797), chargé, comme sous-officier, de surveiller avec ses escouades, les passages par lesquels on pouvait approvisionner cette place, il aperçoit un convoi de bestiaux escorté par une vingtaine de soldats ennemis dont deux cavaliers. Il s'élance, avec un *seul* de ses camarades, à leur poursuite, enlève le convoi qu'il conduit au quartier-général de Petoli, et reçoit les félicitations de ses chefs.

Remarqué de nouveau, en l'an IX (1801), dans la campagne contre les Grisons, sa bravoure lui mérita la décoration de *chevalier de la Légion-d'honneur*, le 14 juin 1804.

Son régiment ayant été dirigé sur le 1er corps de la grande armée, pendant la campagne d'Autriche en 1805 et 1806, le sergent Jourdan combattit glorieusement aux batailles d'Ulm et d'Austerlitz, et suivit son régiment en Espagne en 1808. C'est là qu'il fut nommé *sous-lieutenant* porte-aigle, le 27 juillet 1809, en récompense de plusieurs blessures graves reçues à la tête et aux pieds, à la bataille de Talaveira de la Reina.

M. Jourdan est rentré, avec une pension de retraite, le 30 juin 1810, dans son pays natal, où il a vécu encore pendant 30 ans, entouré de la considération et de l'estime de ses concitoyens.

JULLION (Antoine), sous-lieutenant, chevalier de la Légion-d'honneur, né en 1779, à Poncin en Bugey, où il est mort en 1820.

Engagé volontairement, comme soldat, le 21 mars 1799, dans le 25e régiment d'infanterie de ligne, il suivit ce corps en Italie, en Allemagne, en Pologne, en Russie etc, et échappa à mille dangers que son courage lui fit surmonter avec bonheur.

Il est peu de militaires dont l'état des services constate plus de témoignages honorables de leur valeur personnelle. C'est ici, le cas de faire remarquer combien le défaut d'instruction est préjudiciable aux vaillants hommes de guerre de notre siècle. A la prise du fort de Barr, dans le Bas-Rhin, par les Autrichiens en 1799, le soldat Jullion atteint d'une balle au bras droit, ne voulut pas quitter le champ de bataille. Il refusa de se laisser conduire à l'ambulance, et se défendit avec acharnement et succès. Quelque temps après, au passage du Mincio, sous le commandement du général Schérer, le 7 avril 1799, il se précipita dans les rangs ennemis et reçut un coup de sabre sur la tête. A la bataille d'Ulm, (19 octobre 1805), il fut blessé d'un coup de feu à la jambe. A Eylau, le 7 février 1807, il eut la main gauche percée d'un coup de lance en luttant avec un cosaque. A Ratisbonne où la ville fut prise après cinq jours de combats, Jullion monte, l'un des premiers, à l'assaut, le 23 avril 1809; il est secouru après avoir été atteint de 3 blessures au bras gauche, d'un éclat d'obus à la jambe droite, et d'un coup de mitraille au corps. Enfin, le 6 juillet 1809, il reçut sa 10e blessure, une balle à la tête qui le mit hors de combat.

Une si brillante conduite, qui lui avait mérité les honneurs de l'*ordre du jour*, à plusieurs reprises, devait être justement récompensé par l'empereur Napoléon 1er qui le décora de sa main, en 1813 pendant la campagne de Saxe, en le nommant, sur le champ de bataille de Dresde, *sous-lieutenant* au 147e régiment d'infanterie de ligne. Enfin, incorporé, en 1814, au 17e régiment même arme, il fit encore la campagne de France et fut congédié avec pension en 1815. Rentré à Poncin, il y a succombé, à 41 ans, des suites de ses fatigues de la guerre. Jullion peut être considéré comme un type guerrier.

(Papiers de famille.)

LE GUAT. Cette famille originaire de la Bresse, fut anoblie par le duc Charles III, de Savoie, en 1511, en la personne de *Pierre Le Guat* qui fit bâtir le château de *Fougère* et en acquit le fief situé à Chevroux, marquisat de Bâgé-le-Châtel, (voir l'*Armorial historique de Bresse, Bugey* etc. par M. Révérend du Mesnil. Lyon 1873).

Les *Le Guat de la Thyre*, descendants de cette souche, ont acheté le fief de Genost, paroisse de Crottet, en 1765, et ils en ont fait reprise, le 9 janvier 1766 (*Nobiliaire de l'Ain*, par M. Jules Baux, Bourg, 1862).

ARMOIRIES : *D'azur, à une fasce d'or accompagnée en chef d'un lion passant, de même, et en pointe de trois molettes d'or percées 2 et 1.*

Parmi les hommes de guerre de cette maison il faut citer :

1° **Nicolas**, capitaine de cavalerie, qui vivait au commencement du XVIIe siècle.

André, son fils, qui, entré dans l'armée en 1661, débuta dans le régiment de Bourgogne, où il gagna ses épaulettes de *sous-lieutenant* et de *lieutenant*, de 1677 à 1689, et celles de *capitaine*, dans le régiment de Picardie, par ordonnance royale, du 15 février 1693.

Lui et cinq de ses frères se distinguèrent dans les guerres de l'époque, notamment au passage du Val et au pays de Julliers, sous les ordres du marquis de Chamilly. L'un d'eux fut tué au siège d'Alicante (Espagne) le 11 décembre 1708.

Brice-Charles, fils du précédent, chevalier de Saint-Louis, devint un officier d'artillerie très distingué.

Brice, son fils, né vers 1720, s'engagea volontairement dans le régiment de marine, en 1745. Après avoir fait campagne, il fut admis *lieutenant provisoire*, l'année suivante, et entra au bataillon de Châlon-sur-Saône.

En 1747, il passait aux grenadiers royaux de Modène avec lesquels il combattit vaillamment; il fut blessé à l'affaire du col de l'assiette et récompensé par le grade de *lieutenant en second*, aux grenadiers royaux de la Reine. Il assista au siège de Maëstricht, en mars 1748, et fut réformé pour cause de blessures et mis à la suite du régiment de Ségur, en février 1749.

Nommé *lieutenant en 1er*, le 20 février 1750, on lui confia le commandement du bataillon de la milice de Châlon-sur-Saône.

Rentré, sur sa demande, à son ancien régiment commandé par le marquis de Bricqueville, il le suivit à l'ile de Minorque où le maréchal de Richelieu lui confia le commandement en chef d'une troupe de volontaires, avec laquelle il se distingua d'une manière particulière : ayant été chargé de protéger, jour et nuit, les travaux du siège du fort Mahon et les ouvrages avancés, ainsi que les chemins couverts du fort St-Philippe, il parvint dans la nuit du 27 au 28 juin 1756, à faire poser les échelles sur le fort de la Reine, et se précipita avec 70 soldats, sur la brèche ouverte; il y parvint lui, *troisième et seul officier*; il ne revint qu'après avoir perdu 48 hommes.

Cette action d'éclat lui valut une gratification pécuniaire de 200 livres accordée par la Cour, avec le grade de *capitaine* qu'il obtint le 13 avril 1761. Pendant l'année 1760, il s'était encore distingué à la bataille de Cloterscamp par son habileté à faire des reconnaissances dans les pays de Clèves et de Munster.

Il combattit glorieusement dans les différentes rencontres de l'ennemi, à Luynen, à Budrick, à Dulmen, à Wolbeck, et mérita le titre de *chevalier de Saint-Louis*, qui lui fut octroyé le 22 avril 1763 avec celui de *capitaine aide-major*, dans le régiment des recrues du duché de Bourgogne, portant le nom de *Dijon*.

Il est mort vers 1786, à Genost, après avoir figuré dans les assemblées de la noblesse de Bresse.

Brice-Charles, fils du précédent, fut pendant quatre années employé en sous ordre dans le régiment de cavalerie du Dauphin ; il obtint une *sous-lieutenance* de Mgr le comte de Puiségur, en 1789 et assista au drame sanglant de la Révolution de 1793. Il avait figuré dans les assemblées de la noblesse de Bresse, depuis 1766, avec

Gabriel-Marie Le Guat des Illettes, chevalier, et *Antoine-Marie*, ancien garde du corps du Roi (1).

(Papiers de famille.)

LÉONARD (François), capitaine, chevalier de la Légion-d'honneur, né le 31 octobre 1761, à Douvres en Bugey, où il est mort vers 1828.

Entré au service, le 23 juin 1782, dans l'ancienne armée royale, au régiment de Couronne-infanterie, devenu 45e de l'arme en 1791, (90e et 33e demi-brigades de ligne en 1796, et enfin 33e régiment de ligne en 1804), le jeune soldat Léonard devint *caporal*, le 10 juin 1791; fit les campagnes de 1792 à 1795, à l'armée du Nord, obtint le grade de *sergent*, le 9 septembre 1792. Il pénétra, *le premier*, dans le fort Camus du château de Namur, dont le siège eut lieu le 5 novembre même année. Le 13 floréal an II (2 mai 1794) il ouvrit, en plein jour, une tranchée, sous le feu le plus vif de l'ennemi, et le 29 du même mois, à l'affaire de Bonsbeck, étant de garde aux pièces d'artillerie de son bataillon, il força à la retraite un corps de cavalerie anglaise qui chargeait ses canons. Employé aux armées de l'ouest et d'Italie, de l'an VI à l'an VIII, (1797 à 1799), il se distingua de nouveau à l'affaire sous Vérone, où malgré deux blessures aux cuisses il fit, avec le détachement qu'il commandait comme sous-officier, 25 prisonniers de guerre, le 6 germinal an VII (26 mars 1799).

Nommé *sous-lieutenant* sur le champ de bataille, le 1er floréal suivant (20 avril 1799), on le vit, à Mondovi, avec 20 hommes, délivrer 12 soldats français de la 106e demi-brigade, tombés au pouvoir de l'ennemi. Prisonnier de guerre, le 21 vendémiaire an VIII (13 octobre 1799), et échangé le 5 brumaire an IX (27 octobre 1800), le vaillant Léonard fut fait *lieutenant*, le 18 prairial an XI (7 juin 1803), et nommé *chevalier de la Légion-d'honneur*, le 14 juin 1804, au camp de Bruges.

Il servit encore au 3e corps de la grande armée, en 1806 et 1807 en Autriche, en Prusse et en Pologne. Après avoir été blessé à Eylau, il fut promu *capitaine*, et combattit, en 1809, en Autriche;

---

(1) Dans l'ordre civil, cette Maison a laissé une célébrité que M. l'abbé Depéry a rappelé dans sa Biographie de l'année 1835 (Bourg, tome 1er, p. 86 sous le nom de *François Léguat*, surnommé le *Robinson français*.

puis en Russie, en 1812. Fait prisonnier à Wilna, il ne rentra en France que le 30 août 1814, époque à laquelle il fut renvoyé en demi-solde dans ses foyers pour y attendre sa retraite qu'il obtint en 1818.

Mort dix ans après, il a laissé une réputation des plus honorables comme homme de guerre et bon citoyen.

(Papiers de famille.)

MACET (Jean de), écuyer, seigneur du Saussey et de Chapponod en Bresse, capitaine au XVII siècle.

Il s'enrôla jeune, dans le régiment des gardes françaises d'où il passa gendarme de la compagnie du Roi. Nommé capitaine d'infanterie au régiment de Blacons, en 1630, il assista au siège de Casale; puis à la journée de Castelnaudary, dans le régiment de Rebé. En dernier lieu, il commandait une compagnie du régiment de Corsant à la bataille d'Avain. Lors du licenciement de ce corps, le roi Louis XIII lui réserva une compagnie au régiment de La Motte Houdancourt avec lequel il combattit vaillamment au siège de Brisack. Son fils aîné **Henri** *de Macet*, écuyer seigneur de Davayé, fut capitaine d'infanterie en 1650, au régiment d'Uxelles.

(Guichenon. — *Hist. de Bresse et Bugey.*)

MAILLET (Jean), lieutenant de gendarmerie, chevalier de la Légion-d'honneur, né vers 1790, à Lyon, de parents originaires de Bresse, mort à Neuville-les-Dames en Dombes, le 10 septembre 1870.

Engagé à 18 ans dans le 24ᵉ régiment de dragons, il partit pour l'armée d'Espagne et combattit sous les murs de Saragosse avec un courage qui fut remarqué. Après avoir assisté, avec son régiment, aux différentes opérations de guerre, sous les ordres du maréchal Soult, en 1808 et 1809, il rendit un service signalé au général Delort, en lui faisant connaître une embuscade où ce chef était prêt de tomber en opérant une reconnaissance militaire.

Nommé, en 1815, brigadier de gendarmerie à Limonest (Rhône), il s'y fit remarquer par son sang-froid en dispersant, avec sa brigade, environ 300 insurgés qui se dirigeaient sur Lyon. En 1823, lors de la campagne d'Espagne, sous le gouvernement des Bourbons; après une brillante sortie au siège du Trocadéro, il fut promu *maréchal-*

des-logis, par le duc d'Angoulême qui lui fit remettre la *croix de la Légion-d'honneur*.

Au siège d'Anvers, en 1831, il obtint du général Gérard l'épaulette de *sous-lieutenant*, et quatre ans après, il passait *lieutenant* dans la compagnie de gendarmerie de l'Ain, puis dans celle de l'Allier.

Parvenu à l'âge de 80 ans, il a eu la douleur de voir les Prussiens fouler le sol français en 1870 ; il sentit revivre en lui l'ardeur de sa jeunesse, mais la mort lui a épargné la connaissance de nos désastres.

Il était oncle des célèbres artistes Nadar et Randon, et parent de M. Vianey, ancien curé d'Ars.

(*Journal de l'Ain*. — N° 108 — 1870.)

MAISSIAT (Michel), ingénieur géographe, chef de d'escadron au corps des ingénieurs militaires, professeur de topographie à l'école d'application du corps royal d'état-major, né à Nantua le 19 septembre 1770, mort le 4 août 1822 à Paris.

Elu, en 1792, lieutenant dans le 5ᵉ bataillon des volontaires de l'Ain, il servit, avec ce corps, à l'armée des Alpes et à celle du Rhin. Parvenu au grade d'*adjoint* des adjudants généraux (capitaine), il fut placé sous la direction de l'adjudant-général Tonnet, qui l'employa en qualité d'ingénieur-géographe jusqu'en 1800. Après la bataille de Hohenlinden, il rentra en France et ne s'occupa plus que de travaux topographiques permanents au ministère de la guerre. Il se fit particulièrement remarquer dans ceux relatifs aux quatre départements réunis du Mont-Tonnerre, de la Sarre, de Rhin-et-Moselle et de la Roër, dont le colonel Tranchot avait eu la direction, et il fut un de ses plus assidus collaborateurs. Celui-ci étant mort en 1815, Maissiat fut chargé de l'achèvement de la carte, et il y travailla jusqu'à la fin de la même année ; à cette époque toutes les minutes, à l'exception de celles qui furent reconnues être sa propriété particulière, furent remises aux Prussiens, conformément au traité. Il travailla depuis à la nouvelle carte de France, et fut nommé en 1818 professeur de topographie à l'école d'application du corps royal d'état-major. *Chef d'escadron* au corps des ingénieurs-géographes militaires, il était décoré des ordres de St-Louis et de Danemark. Il a inventé deux instruments de géométrie : 1° le *nouveau rapporteur*,

2° le *grammomètre ou graphomètre*. M. Augoyat a publié une notice sur sa vie; Paris, Anselin, 1822, in-8°.

On a de lui : 1° *Tables portatives de projections et de verticales pour avoir la réduction des côtés inclinés à l'horizon*, Aix-la-Chapelle, 1806. 2° *Mémoires sur quelques changements faits à la boussole et au rapporteur, suivis de la description d'un nouvel instrument nommé graphomètre*; in-8° 1818. 3° *Tables de projections des lignes de plus grande pente*, etc.; Paris, 2° édition, 1822; in-12. 4° *Notice sur une nouvelle échelle destinée à relever, sur les plans et les cartes topographiques, la mesure des inclinaisons des pentes*; Paris, in-8° 1819. (2° édition in-12, avec planches, 1822; Paris.) 5° *Etudes lithographiées de topographie et des montagnes dans les environs de Duisbourg* (Vosges). 6° *Etudes lithographiées de topographie et des montagnes dans les environs de Cloterscamp, de Limbourg, de Duisbourg et dans les Vosges*. 7° *Plan en relief en plâtre, du Mont-Tonnerre*. 8° *Plan en relief, en plâtre, de la position du couvent des Capucins dans le golfe de la Spezzia*.

(Quérard. — *La France littéraire*.)

MALYVERT (de), seigneurs de Conflens, de Chales et de Vaugrigneuse. Cette famille anoblie dès le XV° siècle est l'une des plus considérables de la Bresse.

Elle a eu pour hommes de guerre :

Claude, capitaine de cavalerie en Savoie, devenu commissaire des guerres deçà les monts, sous le marquis de Treffort. Il testa en 1636 et laissa de sa femme *Etiennette de Bellet*, 12 enfants dont deux fils se sont fait remarquer dans les armes : 1° **Guillaume** qui débuta en 1624, comme *enseigne* dans le régiment du prince Thomas de Savoie. Il se distingua dans la guerre contre les Génois, en faisant prisonnier, à Ostage, le chevalier Cataneo. Volontaire dans la campagne de Suze et au siège de Privas, il fut nommé *lieutenant* au régiment de Choin; puis, passa quatre ans après, avec son grade, dans la cavalerie, à l'armée d'Allemagne. Il fut placé à la tête d'une compagnie du régiment de la Milleraye, et la guerre étant survenue au comté de Bourgogne, il reçut l'ordre de prendre le commandement d'une compagnie d'infanterie pour garder la province de Bresse. Enfin, il commandait encore, en 1650, une compagnie de carabins entretenue au frais de la province et une compagnie d'infanterie du régiment d'Uxelles. Il épousa *Anne de Rovorée*, fille de *Jean-François de Rovorée*, écuyer, seigneur de Montburon et d'Attigna.

2° **Bertrand**, écuyer, enseigne au régiment de Rebé, en 1636; passé au régiment d'Enghien, il fut attaché, comme *cornette* (porte-étendard) au régiment de cavalerie de Senontes. Nommé aide-major, il devint lieutenant dans le régiment de Son Eminence.

Jean-Baptiste-Honoré, comte de Malyvert, lieutenant-colonel de dragons et chevalier de Saint-Louis. Il assistait aux séances de l'assemblée de la noblesse de Bresse en 1789, à l'occasion des États-Généraux. Il était seigneur du Tremblay et du Pommier sous Treffort.

(Guichenon. — *Hist. de Bresse et du Bugey*.)

MAUREL (**Ambroise-Marie**), capitaine, chevalier de la Légion-d'honneur, né à Meillonnas (canton de Treffort) le 12 octobre 1794, mort à Coligny, le 30 mai 1860.

Élève du collège de Bourg, le jeune Maurel fit de bonnes études classiques et voulut se faire médecin, il fut reçu interne de l'hôpital de cette ville, vers 1811. Après 18 mois de séjour dans cet établissement il se préparait à passer ses examens à Paris, lorsqu'il renonça tout à coup à la carrière médicale pour celle des armes.

Admis à l'école de Fontainebleau dans le bataillon d'instruction des tirailleurs de la garde, il fut nommé après deux ans, *sous-lieutenant*, par décret impérial du 29 novembre 1813, dans l'infanterie de la jeune garde.

Blessé à Montereau, dans la campagne de France, en 1814, il fut témoin des évènements politiques qui amenèrent la première abdication de l'Empereur Napoléon 1er; son exil volontaire à l'île d'Elbe; ensuite son retour à Paris, et enfin son départ pour l'île Sainte-Hélène.

Le 11 avril 1816, M. Maurel qui appartenait au 18e régiment de ligne, fut versé dans la légion du Var, et, quatre mois après, dans celle de l'Ain, devenue plus tard, 1er régiment d'infanterie de ligne. Notre officier y fut admis avec son grade et fit la campagne d'Espagne en 1823. Promu *lieutenant*, le 13 novembre de cette même année, il suivit son régiment en Afrique, lors de la conquête d'Alger, par le général Bourmont, où il fut promu *capitaine* et récompensé de son courage par le brevet de *chevalier de la Légion-d'honneur*, sous la date du 5 octobre 1831. Il obtint sa retraite en 1844.

Marié, le 19 novembre 1845, avec Mlle *Rose-Adélaïde-Félicité Neyron*, il s'établit à Coligny où il a vécu encore pendant 15 ans, entouré de l'estime et de la considération publique.

(M. Clovis Cancalon. — *Article nécrologique sur le capitaine Maurel.*)

MERCIER (Jean-Baptiste), soldat à la 94ᵉ demi-brigade d'infanterie légère, né à Saint-Etienne-sur-Reyssouse, vers 1779, tué devant l'ennemi, le 4 vendémiaire an VIII (26 septembre 1799).

Mercier, suivi de deux de ses camarades, s'étant élancé audevant des Autrichiens dans une rencontre en Italie, après la bataille de Novi, le 26 septembre 1799, réussit à faire mettre bas les armes à un détachement ennemi; mais les prisonniers s'étant aperçu qu'il n'y avait que trois hommes pour les désarmer, ressaisirent leurs fusils et tuèrent deux de ces braves, le troisième se fit jour avec sa baïonnette et se sauva.

Mercier périt victime de son intrépidité.

(*Fastes de la gloire.*)

MERME (Anthelme-Marie) (1), capitaine, chevalier de la Légion-d'honneur, né, le 19 mars 1783, à Châtillon-de-Michaille où il est mort le 1ᵉʳ juillet 1858.

Conscrit de 1805, il fut incorporé au 67ᵉ régiment d'infanterie de ligne et fit la campagne d'Italie. Un an plus tard, il suivit la grande armée en Allemagne, avec son régiment, jusqu'en 1809; puis en Hollande (1810) ; en Catalogne (1811 à 1813) ; enfin, à l'armée de Lyon en 1814.

Blessé à la tête, au siège de Stralsand, le 14 août 1807, il fut encore atteint de plusieurs coups de feu à la bataille de Gross-Asspern, le 22 mai 1809. Nommé *sous-lieutenant* sur le champ de bataille de Wagram, le 6 juillet suivant, en récompense de sa bravoure, il fut frappé, de nouveau, d'une balle au siège de Figuières, le 11 mai 1812, et promu *lieutenant* en 1811, puis *capitaine* en 1813. On peut dire que tous ses grades furent conquis au prix de son sang.

Le 11 mars 1814, à l'armée de Lyon, il reçut une dernière blessure à la jambe droite dans le combat d'artillerie livré devant Mâcon, à la *batterie masquée*, dont on se souvient encore dans le pays.

---

(1) Cette biographie remplace celle insérée à la page 348, de notre *Galerie militaire de l'Ain*, comme plus complète.

En 1815, il fut nommé *chevalier de la Légion-d'honneur* par le gouvernement des Bourbons, et présenté pour *capitaine-commandant* d'une compagnie sédentaire de fusiliers vétérans, mais le brave Merme renonça à cette position par suite de ses infirmités résultant de ses nombreuses blessures; il préféra rentrer au sein de sa famille et y vécut entouré de l'estime de ses concitoyens, jusqu'à 76 ans.

Il était l'ami intime du commandant Ducret, son glorieux compagnon d'armes dont il reçut les derniers soupirs en 1838. Comme soldat et comme homme privé, l'intrépide Merme peut servir de modèle aux jeunes défenseurs de notre patrie. Voyez *Ducret*.

MAYNAL (Marie-Félix), capitaine, chevalier de la Légion-d'honneur, né à Chavannes-sur-Suran en Bresse, le 7 novembre 1813, mort à Lyon (Rhône), le 9 mai 1873.

Ses parents l'avaient destiné à l'état ecclésiastique, et dans ce but le firent admettre un an au séminaire de Belley, mais le jeune Félix changea de vocation et se voua à la carrière militaire. Doué d'un caractère énergique; d'une nature facile et ouverte, il joignait à ces qualités une modestie, une réserve, et un désintéressement personnel qui lui valurent les sympathies de tous. Laborieux et actif il a mérité l'avancement qu'il a obtenu de ses chefs et l'affection de ses camarades.

Entré, comme jeune soldat de la classe de 1833, dans l'armée, il fut incorporé au 3ᵉ régiment d'artillerie, le 17 novembre 1834: *artificier*, le 25 mars 1836; *brigadier*, le 1ᵉʳ décembre suivant; puis *maréchal-des-logis*, le 11 octobre 1837; *maréchal-des-logis-chef*, le 4 octobre 1840, et *adjudant sous-officier*, le 23 mai 1844, il fut nommé *sous-lieutenant*, le 29 octobre suivant. Désigné pour *trésorier adjoint* au corps, le 11 novembre 1844, il devint *lieutenant en 2ᵉ*, le 17 janvier 1847, et *lieutenant en 1ᵉʳ*, le 1ᵉʳ février 1849. Passé au 5ᵉ régiment d'artillerie, la même année, il fut promu *capitaine en 2ᵉ*, le 14 février 1854, et un mois après, *adjoint à la Direction de l'artillerie de Lyon*, dans le 13ᵉ régiment.

M. Maynal fit la campagne d'Orient dans le 4ᵉ régiment d'artillerie à pied, comme *adjoint au directeur du parc de siège* de l'armée, et revint au 3ᵉ régiment à pied, le 8 août 1856; il se trouvait à *la direction de Lyon*, le 26 mars 1857. Il avait été décoré *chevalier de la Légion-d'honneur*, le 14 septembre 1855, pendant la campagne. Elevé au grade de *capitaine en 1ᵉʳ*, le 24 décembre 1858, il fut employé à l'*état-major particulier de l'artillerie* de Lyon, le 29 mars 1860. Il a été retraité le 21 décembre 1866, ayant 60 ans d'âge et 33 ans de service.

(Papiers de famille.)

MONSPEY (Jacques de), 2ᵉ du nom, baron de Béost, seigneur de Châtenay en Bresse. Pourvu de la charge de gentilhomme ordinaire du duc de Savoie Emmanuel-Philibert, en 1565, ce duc l'autorisa à servir le roi de France Charles IX, dans les guerres civiles du temps. Il commanda longtemps une compagnie de chevau-légers sous le duc d'Anjou qui l'avait pris en parfaite estime pour ses qualités militaires. Ce prince voulut le recommander particulièrement au duc de Savoie auquel il écrivit ces lignes élogieuses :

« Mon oncle : s'en retournant de là, le sieur de Béost, qui était
« venu deça, au service du Roi, mon frère, avec une aussi belle
« compagnie de chevau-légers qui se soit trouvée en l'armée, et luy
« plein d'aussi bonne volonté de s'employer à faire son debvoir que
« nul autre ayant pareille charge que luy, dont je vous ay bien
« voulu advertir pour ne point faire tort à ce qui mérite, vous priant,
« Monsieur mon oncle, de l'avoir pour recommandé, et s'il se pré-
« sente quelque chose où il ay besoin de votre grâce et faveur, de la
« luy vouloir départir pour l'amour de moy, et aussi *en faveur et
« considération de ses services*, priant Dieu, mon oncle, qu'il vous
« ayt en sa saincte et digne garde.

« Escript à Paris le douzième jour d'apvril 1568. Vostre bien
« affectionné et meilleur nepveu, signé Henry. »

Marié en 1551, avec Guillemette Andrevet de Corsant, fille de Philibert Andrevet, chevalier, seigneur de Corsant et de Huguette du Saix, il n'eut qu'un fils **Jean** qui fut aussi gentilhomme ordinaire de la chambre du duc de Savoie, et capitaine de cinquante chevau-légers de ses ordonnances.

(Guichenon. — *Hist. de Bresse et de Bugey.*)

MONTFORT, seigneur du lieu, de Mionnas en Genevois, et de Montrosat en Dombes, baron de Creste.

On compte parmi les hommes de guerre de cette famille :

Pierre *de Montfort*, petit-fils d'Aimon, qui fut gendarme sous le commandement de Galois de la Baume, grand maître des arbalétriers de France, en 1339.

André, gouverneur de Bard, du château et comté de Nice, conseiller et chambellan de Charles III, duc de Savoie, (1524).

Il fit une résistance opiniâtre contre l'armée de Barberousse qui assiégea Nice, en 1543. Sommé de se rendre, il répondit fièrement qu'il ne fallait pas attendre de lui cet acte de lâcheté puisqu'il s'appelait *Montfort* ; qu'il portait des *pals* dans ses *armoiries* et que sur sa devise il était écrit : *Il me faut tenir.*

Cette attitude courageuse et les sorties nombreuses qu'il fit pour éloigner l'ennemi ayant réussi complètement, Nice fut sauvé. Il en fut récompensé par le duc Emmanuel-Philibert qui lui continua le commandement de cette place, en 1554. Il épousa Aimée de Mionnas dont il eut deux fils : 1° **George**, qui fut chambellan de Son Altesse de Savoie. 2° **Aimé**, qui suivit le duc de Savoie Charles-Emmanuel en France (1599), et continua la lignée. 3° **André**, seigneur de Conzy, chevalier de Malte qui fit branche.

Christophe, écuyer, gentilhomme de la cour d'Emmanuel-Philibert, duc de Savoie. Nommé *lieutenant* au gouvernement de la citadelle de Bourg ; il mourut le 14 février 1573. Il fut inhumé en l'église des Jacobins de cette ville, où il fut représenté à genoux sur son tombeau, avec une épitaphe en vers français.

Claude, frère du précédent, fit la guerre contre les Bernois sous le duc de Savoie Charles-Emmanuel, qui le nomma gentilhomme de sa maison, en octobre 1589.

Claude-René, fils aîné du précédent, fut écuyer, capitaine d'infanterie en Bourgogne, et mourut au siège de Juliers. Il avait épousé, en 1603, Georgine de Thoire, fille de Philippe de Thoire, seigneur de Boussy en Savoie.

Louis-François, son fils, capitaine d'infanterie au régiment du marquis de Dogliani, en Espagne, servit au siège de Ratisbonne et à la bataille de Nortlinguen ; plus tard, il commandait une compagnie de cuirassiers au régiment du marquis de Saint-Martin. Enfin, au siège de Dôle, en 1636, il obtint le grade de *sergent-major.* Il est mort en 1639.

(Guichenon. — *Hist. de la souveraineté de Dombes.*)

MORELLET (Pierre-Joseph), sous-lieutenant, chevalier de la Légion-d'honneur, né le 10 juin 1772, à Torcieu en Bugey, où il est mort, le 2 septembre 1846, à 74 ans.

Ouvrier charpentier à Bourg, il avait vingt ans lorsqu'il répondit, l'un des premiers, en 1792, à l'appel de la patrie en danger. Il s'engagea, le 9 août de cette année, dans le 4ᵉ bataillon des volontaires de l'Ain, versé, bientôt, dans la 201ᵉ demi-brigade d'infanterie de ligne, et incorporé, plus tard, dans la 5ᵉ demi-brigade d'infanterie légère. Cinq ans après, le 8 janvier 1797, le soldat Morellet passait à la 19ᵉ demi-brigade d'infanterie de ligne, devenue le 19ᵉ régiment de ligne, avec lequel il a constamment servi et partagé les dangers de la guerre, depuis sa promotion.

Notre compatriote avait suivi sa compagnie à l'armée des Alpes, de 1792 à 1795; il fut employé aux opérations des camps retranchés de Saorgio, de Rans, d'Aution, de Sospello, du Col de Tende, contre les Piémontais et combattit en Italie, en 1796, à Montenotte, à Millésino, à Mondovi, à Lodi, à Rivoli, jusqu'à la paix de Campo-Formio; puis, il fut conduit en Corse, en 1797 ; fut embarqué pour faire l'expédition d'Egypte, en 1798. Après la prise de Malte, il fit la campagne de Hollande, de 1800 à 1807; celles de Danemarck en 1808, d'Allemagne en 1809, sur les côtes en 1810 et 1811 ; et enfin de Russie, avec la grande armée, en 1812.

Partout, il donna des preuves de courage et de dévouement. Blessé à la jambe droite, d'un coup de feu sur le champ de bataille de Wagram, le 5 juillet 1809, ayant participé à une action d'éclat, en faisant plusieurs prisonniers de sa main, il fut proposé pour la décoration de *chevalier de la Légion-d'honneur*, en récompense de son intrépidité ; mais il fut oublié, et la croix ne lui fut remise qu'en 1813, étant rentré dans ses foyers.

Un heureux évènement devait compenser, pour lui, ce contre-temps fâcheux. Ayant cherché, en vain, l'occasion de se signaler, de nouveau, dans les combats, il reçut l'épaulette de *sous-lieutenant*, sans passer par les grades inférieurs, et cela par un hasard providentiel dont le souvenir, conservé dans sa famille, mérite d'être rapporté ici.

L'Empereur Napoléon Iᵉʳ, passant devant le front du 19ᵉ régiment de ligne, dans la place de Kowno, se rendant en Russie, le 18 juin 1812, demanda au colonel si parmi ses soldats, il ne s'en trouvait pas quelques-uns ayant combattu à Saint Jean d'Acre. Sur la réponse affirmative de ce chef, le sapeur Morellet fut présenté à l'Empereur.
— *Eh bien ! sapeur*, dit Napoléon, *vous vous êtes battu à Saint-Jean d'Acre ?* — *Non, sire, j'étais de l'expédition de Malte dont la prise date du 10 juin 1798.* — *C'est tout comme*, répondit l'Em-

pereur, à *Malte, aussi, on s'est battu bravement.* Puis, se tournant vers un aide de camp, il lui ordonna d'inscrire le nom du sapeur Morellet, en qualité de *sous-lieutenant* à son régiment, et il passa outre....

En effet, le lendemain, le nouvel officier était reconnu au corps dans son grade, et le 24 juin, il traversait le Niémen, pour atteindre Wilna, et marcher sur Moscow, avec sa compagnie.

Mais les destins sont changeants, surtout aux armées ; et Morellet devait en subir fatalement la conséquence.

Après avoir déployé une nouvelle ardeur à Mohilew, le 23 juillet 1812 ; à la prise de Smolensk, et à la bataille de la Moscowa, il fut grièvement blessé au passage de la Bérézina, le 28 novembre suivant, une balle le frappa au visage ; elle lui mutila le nez, le front et le priva de l'œil gauche.

Transporté à l'ambulance, il ne put guérir de longtemps et dut prendre sa retraite pour cause de blessures, position décrétée, le 22 mai 1813. Il n'avait encore que 41 ans et comptait 24 ans de services.....

Sa solde de retraite fut fixée à 500 francs par an et il revint en jouir dans ses foyers à Torcieu. C'est là qu'il reçut aussi son brevet de *chevalier de la Légion-d'honneur*, sous la date du 19 novembre 1813, délivré à la grande Chancellerie, par le ministre d'Etat, comte de Lacépède.

Le 5 juin 1815, le roi Louis XVIII ayant confirmé, par un nouveau brevet, celui du sous-lieutenant Morellet, on a pu constater sur ce document officiel, qu'il était autorisé à *prendre rang de Chevalier à dater du 23 juillet 1809*, c'est-à-dire depuis Wagram.

Le sous-lieutenant Morellet rentré en France avec les glorieux débris de la grande armée, put encore se rendre utile auprès de ses concitoyens dans le temps même où les troupes étrangères, dites *alliées*, pénétraient de toutes parts en Bugey, (1814 et 1815). Ayant appris la langue allemande, pendant ses campagnes, M. Morellet eut le bonheur de servir d'interprète entre les Autrichiens et les habitants de son village pour faire modérer les exigences des premiers et maintenir la bonne harmonie parmi les seconds exaspérés par des réclamations exagérées. Avec une prudence digne d'éloges et une intelligence rare, il parvint à prévenir le désordre et le pillage et contribua, ainsi, à rendre un important service à la contrée reconnaissante. Cette noble conduite n'a pas peu contribué à assurer au bugiste Morellet le souvenir qu'il a laissé parmi ses concitoyens comme glorieux soldat et comme homme de bien.

(Papiers de famille.)

MOYRIA (de), seigneurs du lieu et de Maillat, barons de Châtillon-de-Corneille, en Bugey.

Armoiries :
- D'or à la bande d'azur accompagnée de six billettes en orle.
- Cimier : *Une licorne d'argent.*
- Supports : *Deux griffons d'or.*
- Devise : *Invia Virtuti, nulla est via.*

La généalogie de cette maison remonte au XIII° siècle, d'après l'historien Guichenon.

Les personnages qui ont porté les armes, sont :

Claude-Marin, d'abord *cornette* de la compagnie des Chevau-légers du duc de Nemours, en 1600. Il devint *capitaine* de cavalerie dans l'escadron de Savoie et a laissé un fils, **Louis-Marin**, nommé *lieutenant* dans la même compagnie, en 1650.

Jean-Pierre, baron de Châtillon-de-Corneille, *Maréchal de bataille* (1), né vers 1595, mort en 1665.

A l'âge de 14 ans, il débuta comme *enseigne* d'une compagnie d'infanterie au régiment de Chesney, devint *capitaine* au régiment de la Grange et combattit à Ostage ainsi qu'aux siéges de Gavy, de St-Jean d'Angély, de Royans, de Montpellier, de Privas et aux barricades de Suze. Nommé *colonel* du même régiment au siége de Casal, il y fut blessé d'une mousquetade à la cuisse, dans une sortie. Après la paix, M. de Moyria qu'on désignait sous le nom de *La Tour Châtillon*, fut promu *aide de camp*, puis *lieutenant de roi* de Bellegarde avec une pension de 2,000 livres. A la bataille d'Avain, il fut blessé d'un second coup de feu au bras ; il en reçut un troisième à la tête au siége de Louvain, où il ouvrit la tranchée. Il assista encore au siége de Dôle et à toutes les batailles sous les ordres des généraux de Brézé, de Longueville et du duc de Weimar. Fait *Maréchal de bataille* à l'armée du Piémont, il se fit remarquer de nouveau au siége de Cony où il fut dangereusement blessé à la

---

(1) Ce grade établi au XVII° siècle, portait, dans ses attributions, de diriger tous les mouvements de l'armée, d'après les ordres du général en chef.

tête, ensuite au siége de Turin et à la reprise de la citadelle d'Ast. Enfin, lors de la retraite de Mora, il reçut trois mousquetades, dont l'une lui traversa le corps. Il ne put être pansé que le lendemain.

Marié, le 10 septembre 1621, avec *Madeleine de la Bretonnière*, fille d'*Antoine de la Bretonnière*, capitaine gouverneur du Plessis-lès-Tours, et en secondes noces, en novembre 1649, avec *Christine du Peloux*, fille de *Nicolas du Peloux*, seigneur de Bayard en Vivarais, l'intrépide de Moyria est décédé, par suite de maladie à 70 ans. Il comptait trente-cinq ans de services dans l'armée et vingt campagnes.

Ferdinand, comte de Moyria, seigneur de Châtillon-de-Corneille, *mestre de camp* (colonel) et chevalier de Saint-Louis, né le 19 août 1747, à Châtillon où il est mort en 1815.

A 13 ans, il fut admis page de la grande écurie du roi Louis XV. Nommé *sous-lieutenant* au régiment du Roi-Infanterie, en 1763, il devint *capitaine* au régiment de Monteclère-Dragons, en 1771 ; fait *guidon* des gendarmes de la Reine, il fut breveté *lieutenant-colonel*, le 15 décembre 1772, et *mestre de camp*, le 6 mai 1778. La même année, il fut reçu *chevalier de Saint-Louis*; puis, 1er *lieutenant* des gendarmes anglais (gendarmerie de Lunéville), le 11 novembre 1782; et, 1er *lieutenant des gendarmes écossais*, le 16 avril 1785. Enfin, promu *capitaine* des gendarmes du Dauphin, le 1er juillet suivant.

Il émigra en 1792, et ne revint en France qu'en 1815, époque de son décès à 68 ans. (1)

César-Marie-Gabriel, lieutenant, né le 25 août 1770 à Bourg où il est mort le 22 décembre 1838.

Il fit ses études classiques chez les Oratoriens de Lyon, où il remporta de brillants succès. A 16 ans, il entreprit la carrière des armes sous le patronage de son compatriote M. le baron de Meillonnas, major dans Mestre-de-camp-cavalerie, en 1786. Admis *cadet-gentilhomme*, il fut nommé *sous-lieutenant* en 1788 ; puis *lieutenant* en 1790; mais à son retour chez ses parents, par congé, il voulut donner sa démission ; cependant il n'en fit rien. Devant les évènements politiques de la révolution française de 1792, qui ne lui laissaient d'autre alternative que celle de servir dans l'armée républicaine ou d'aller

---

(1) *Etat des services dans la Gendarmerie.* (Lunéville 1 vol. in, 32 1786).

augmenter le nombre des émigrés contre sa patrie, il préféra l'isolement le plus complet et demanda à l'industrie le moyen de développer en paix son goût pour les études littéraires qui ont fait le charme de sa vie et l'honneur de son pays. Il échappa à la nouvelle réquisition militaire en profitant d'un décret de la Convention nationale en faveur des ouvriers typographes que leur profession faisait surseoir à l'appel. Il se fit admettre dans l'imprimerie de M. Dufour père, à Nantua, lequel lui ouvrit, sa maison et son crédit afin de lui permettre d'attendre des jours meilleurs. En effet, rentré dans sa famille, il se voua à 22 ans, à la culture des lettres et s'éleva bientôt au dessus des auteurs vulgaires par un style varié, imagé et empreint d'une douce philosophie. Comme poëte, nul n'a révélé plus de sensibilité.

En 1793, il fut incarcéré à Nantua avec son père et ses deux oncles, pendant que sa mère et sa sœur aînée étaient enfermées à Bourg, dans la maison de Mme de la Teysonnière, alors convertie en prison supplémentaire *pour les besoins de la liberté*. Sa jeune sœur seule resta libre *par défaut d'âge*.

Ils étaient tous poursuivis pour leurs opinions aristocratiques. Gabriel charma ses loisirs en invoquant sa muse. Il se livra aussi aux études de la peinture et de la musique, et il pouvait espérer de rendre sa captivité moins amère lorsque le représentant du peuple, Boisset, fut envoyé à Bourg, après la journée du 9 thermidor an II de la république (27 juillet 1794) pour mettre un terme aux détentions préventives des *sans-culottes* de l'Ain. Les parents de notre poëte sortirent de prison. Il fut excepté parce qu'il avait commis une imprudence en rédigeant le quatrain suivant :

« Vous qu'une fureur excusable,
« Pousse au crime sans repentir,
« Si vous voulez écrire au diable
« Un courrier va partir...

Dénoncé pour cette allusion politique qui s'appliquait à défunt Robespierre, lequel s'était suicidé à Paris, M. Gabriel ne trouva grâce que devant l'insistance persévérante du général Jeannet qui intercéda auprès des représentants du peuple Dubois-Crancé et Gauthier des Orcières, alors en mission au camp de la Pape, devant Lyon, à l'occasion du siége de cette ville. Cet acte de dévouement du général Jeannet décida de son mariage avec Mlle Hortense de Moyria, le 28 vendémiaire an III (19 octobre 1794.) (1)

Plus tard, M. Gabriel de Moyria, secrétaire de la Société d'Emulation et d'Agriculture de l'Ain, qui ne fut jamais un homme politique, se fit remarquer par de charmantes poésies, et des comptes-rendus restés des modèles d'appréciation équitable, de bon goût et d'urbanité. Ses œuvres principales sont :

Contes et nouvelles en vers, Paris 1808, in 8°. — *Rosemonde*, poëme, Bourg, 1809, in-8°. — *Compte-rendu des travaux de la Société d'Emulation de l'Ain*. Bourg, 1814. — *Le siècle des lumières*, épître, Lyon, 1816 in-8°, et Paris 1816. — *L'église de Brou*, Lyon, 1824, in-8°, réimprimé en 1825, avec une introduction par M. Edgar Quinet, et des stances de MM. Bruys et Marmier. — *Le malheur*, poëme, Lyon, 1824, in-8°, et Paris, 1825, chez Dentu. — *Odilie ou l'ange du bocage*, Lyon, 1827, in-8°. — *Marinella*, poëme élégiaque, Lyon, 1829, in-8°. — *Notice biographique et littéraire sur l'abbé Guichelet*, Bourg, 1834. — *Voyage à la Chartreuse*, mélange de prose et de vers, Bourg, 1836. — *Esquisses poétiques du département de l'Ain, avec portrait*, Bourg 1841 (ouvrage posthume.)

On doit au même auteur, un grand nombre d'articles insérés dans les *journaux de Paris et de Lyon*, ainsi que différentes pièces de vers dans l'*Almanach des Muses*.

Abel, parent du précédent, lieutenant de cavalerie, chevalier de la Légion-d'honneur, né au château de Brion en Bugey, vers 1800 ; mort à Lyon, le 4 février 1863.

Après avoir fait de bonnes études classiques à Nantua, le jeune Abel s'engagea volontairement, comme soldat, dans le 5e régiment de chasseurs à cheval. Admis à l'école militaire en 1820, il entra, à sa sortie, dans la garde royale et devint aide-de-camp pendant la campagne d'Espagne de 1823, où il fut décoré de la Légion-d'honneur par le Duc d'Angoulême.

A la paix M. Abel de Moyria quitta le service militaire et vint habiter son château où il s'adonna à la littérature et plus particulièrement à l'étude de l'archéologie.

Lors de la Révolution de Juillet 1830, élu commandant en chef de la Légion cantonale de Nantua, il apporta dans l'instruction militaire

---

(1) Voir *Jeannet* dans la *Galerie militaire de l'Ain*, p. 259.

des gardes nationales, l'activité et le zèle d'un bon patriote. Après les douloureux évènements qui couvrirent de deuil la Pologne, il donna sa démission et fut envoyé au Conseil général de l'Ain, comme délégué du canton d'Oyonnax. Il y fit preuve d'une grande indépendance de caractère et se fit homme politique. Il fonda même un journal, *Le patriote de l'Ain* qui parut à Nantua, le 1er octobre 1839, et qui cessa de paraître en 1841. On l'accusa de mettre trop souvent en relief la virilité des hommes de l'ancienne constituante; la grandeur et les gloires du premier Empire, et ses articles lui valurent des réponses violentes et des satyres du poëte Rossand.

M. le comte Abel de Moyria fut un homme utile, dévoué, généreux, accessible à toutes les infortunes; ses manières étaient simples, pleines d'aménité. L'un des fondateurs de la société d'Emulation de Nantua, en 1837, il en devint le vice-président et sut encourager les sciences, les lettres et les arts.

Les ouvrages qu'il a publiés sont : *Revue Sébusienne,* journal mensuel de l'indépendance et des progrès, petit in 4°, Nantua, Arène, 1839, où figure une série d'articles biographiques. Les *Monuments Romains du département de l'Ain,* in 4°. Dufour, Bourg, 1836. *Manuel des usages et des manières adoptés par les personnes de la haute société, ouvrage dédié aux dames,* in 12, Lyon, Boursy fils, 1847. *Manuel du travailleur républicain,* in 32, Lyon, Boursy, fils, 1848.

On lui doit aussi : *Lettre à un ami de Lyon sur le prêt à intérêts chez les anciens et les modernes,* in 8° de 15 pages, Bourg, Dufour, 1838. *Dissertation sur les anciennes monnaies et médailles trouvées dans le département de l'Ain.* Nantua, 1840. *Avis au peuple, sur les nouveaux projets d'envahissement du clergé romain,* in 8° de 36 pages, Nantua, Arène, 1844.

(Journal *l'Abeille du Bugey et du pays de Gex,* 1863.)

PALUAT, seigneurs de Jalamondes, originaires de la ville de Bourg. Ils descendent d'**Etienne Paluat,** conseiller de Charles II, duc de Savoie, et juge mage en Tarentaise, en 1490.

ARMOIRIES : *D'or à trois œillets de gueules, tigés de sinople.*

Cette maison compte plusieurs hommes de guerre remarquables :

Thomas qui vivait en 1618. Il était *capitaine* d'infanterie dans le régiment du comte de St-Trivier, lors de la guerre du Montferrat.

Passé *gendarme* de la compagnie de Thianges, il fut tué au siége de Valence sur le Pô. Marié avec Isabeau de Fautrières, il en eut un fils du nom de **Georges**, qui fut *capitaine* au régiment de Bois-David en Savoie, en 1650.

René, frère du précédent, porta les armes dès sa jeunesse ; blessé d'un coup de pique à la jambe au siége d'Albe, il reçut une coup de feu à l'épaule au siége de Nice-de-la-Paille et une autre mousquetade à la cuisse au siége d'Ast. Au combat de la Villatte, il fut frappé de trois coups d'épée au corps et mérita d'être signalé pour sa bravoure. Employé par les Vénitiens au siége de Gradisque, il y fut fait prisonnier. Revenu en Savoie, René fut admis dans la garde ducale ; puis, nommé *lieutenant* d'infanterie lors de la guerre avec Gênes. En 1630, il commandait neuf compagnies d'infanterie et fut récompensé par le grade de *capitaine* au régiment de Bois-David. Blessé, une septième fois, d'un coup de mousquet au pied, au combat du Tessin, le duc de Savoie Charles-Emmanuel, le nomma *son aid de camps et armées, tant deçà que delà les monts*, titre qu'il a conservé jusqu'à sa mort.

Claude-Marie-César, chevalier, seigneur des Sardières, chef d'escadron au 1ᵉʳ régiment de carabiniers de *Monsieur*, frère du roi, chevalier de St-Louis, né en 1731, à Bourg, où il est mort le 11 mai 1822.

Incorporé dans l'ancienne armée royale, comme cadet-gentilhomme dans le régiment de Lowendalh, puis, nommé trois ans après, enseigne dans Royal-Bavière, il fit ses premières armes pendant la guerre de sept ans, en Allemagne, où ses talents et son courage le firent distinguer, à la bataille de Bergen. César Paluat devenu *capitaine en second* eut l'honneur d'être cité dans les rapports sur cette journée. Il avait été blessé d'une balle qui lui avait traversé les deux chevilles.

La croix de St-Louis dont l'obtention fut longtemps considérée dans l'armée, comme la faveur la plus insigne, devint la récompense de sa belle conduite. Un peu plus tard, il obtenait la décoration des Sts-Maurice et Lazare, de la main même du roi de Sardaigne.

En 1793, M. Paluat émigra en Suisse et ne reparut en France qu'après la promulgation de l'amnistie du 26 avril 1802, décrétée par le premier consul Bonaparte.

Sa fille cadette épousa, en 1794, le général républicain Bonnard qui, étant mort six ans après, lui laissa deux fils. Elle se remaria avec M. **Louis César**, marquis de *Brosse de la Barge* maréchal des logis des gardes du corps du roi, (Compagnie du Luxembourg) ayant rang de *chef d'escadron*. Cet officier supérieur fut autorisé judiciairement à faire ajouter son *nom* à celui de ses deux beaux-fils qu'il avait adoptés. Voir dans la *biographie militaire* : *Bonnard*, page 101. *Bonnard de Brosse de la Barge*, p. 104, et *Brosse de la Barge*, p. 121.

(Guichenon, — *Hist. de Bresse et du Bugey*).

PALUD (La) de *Palude*, seigneur de Varambon, comte de la Roche et de Varax, vicomte de Salins.

L'origine de cette famille remonte au XIIe siècle.

ARMOIRIES :
De gueules à la croix d'hermine.
Cimier : *Une licorne d'argent.*
Supports : *Deux licornes de même.*
Devise : *Mourir plutôt que se souiller.*
Cri : *Hé Dieu ! aidez-moi.*

Les personnages militaires les plus marquants ont été :

Pierre III, fils aîné d'*Aymé de la Palud*, chevalier, et de *Jeanne de Montbel*, fut sénéchal de Carcassonne et de Béziers, en 1336. Désigné par le comte Aymon de Savoie pour conseiller de son fils Amé VI, dit le *comte Vert*, Pierre accompagna ce jeune prince dans le Valais pour combattre les ennemis de l'évêque de Syon qu'ils avaient chassé de son siége. Il devint dans la suite, maître des requêtes de l'hôtel du roi de France Philippe de Valois et gouverneur d'Amiens (1341). Nommé capitaine des frontières de Flandre, il administra avec sagesse et termina sa carrière comme *lieutenant de Roi*, en Picardie, en 1361, laissant six enfants de Marie de Luyrieux, sa seconde femme.

François, fils aîné de *Guigue de la Palud* et de *Aynarde de la Beaume*. Il débuta comme ambassadeur de Philippe-le-Bon, duc de Bourgogne en 1418 ; puis, ce prince le chargea de secourir la ville de Crevant-sur-Yonne assiégée, en 1423, par le bâtard de la Beaume-Montrevel, pour le duc de Savoie. Plus tard, Amé VIII confia le commandement de son armée à François de la Palud qu'il envoya en Chypre au secours de Janus de Lusignan ; mais ce roi fut vaincu, à la journée de Domy, le 6 juillet 1426, par le Soudan d'Egypte. Les troupes du seigneur de Varambon et celles de Jean de Compeys, seigneur de Gruffy échappèrent seules au désastre. En 1430, le duc de Bourgogne honora François de la Palud d'une charge de Conseiller et Chambellan de sa maison et lui donna le commandement de 50 hommes d'armes dans le Charollais. Ensuite il l'employa à la reprise du château de Chappes et le chargea de s'emparer de Tournus sur la Saône, ce qu'il fit avec le concours de Louis de Vienne. Vers le même temps, le duc de Savoie ayant promis au prince d'Orange de l'assister dans son entreprise sur le Dauphiné, lui envoya 3,000 hommes d'infanterie, et 500 lances sous la conduite de François de la Palud ; mais ces troupes furent défaites et le seigneur de Varambon eut le nez abattu d'un coup d'épée. Fait prisonnier, il donna 8,000 florins pour sa rançon. Depuis cette blessure, François porta un nez d'argent.

En 1431, ce guerrier ayant à se venger du duc de Bourbon Jean, seigneur de Dombes, s'empara par escalade de la ville de Trévoux, à la tête de 2,000 hommes d'armes, pendant que le duc était prisonnier en Angleterre; il commit différents actes d'hostilités qui furent désavoués par le duc de Savoie et donnèrent lieu à un procès dont le résultat fut que les dommages seraient remboursés par ce duc, bien qu'on feignît de sévir contre François de la Palud dont on instruisit le procès. Cette affaire était à peine terminée que le duc l'envoya demander au roi de Chypre Janus de Lusignan, la main de sa fille, Anne, qu'il destinait à son fils Louis I*er*, comte de Genève. A son retour le duc de Bourgogne le chargea d'assiéger Calais en 1436; il était en route et se trouvait à Pontoise, près Paris, lorsqu'il fut surpris par les Anglais et eut peine à s'échapper.

En 1445, il fut accusé de trahison envers le Pape, l'Empereur, le roi de France et le duc de Savoie, par *Guillaume Bolomier*, chancelier de Savoie. Cette accusation n'ayant pas été prouvée, Bolomier fut condamné à mort et jeté dans le lac de Genève avec une pierre au cou. Enfin impliqué, quelques années après, dans une intrigue de palais en Savoie, contre *Jean de Compeys*, ses biens furent confisqués et il fut contraint de s'expatrier. Rentré en grâce par l'intercession puissante du roi de France, il fut rétabli dans ses biens, honneurs et charges. Cependant, le seigneur Charles de Grolée seigneur de Châteauvilain s'étant plaint de nouveaux méfaits attribués à François La Palud, celui-ci fut contraint, pour sa sûreté personnelle, de se réfugier à Mâcon en 1455. Il fut même ajourné par un héraut de la cour de Savoie qui le trouva malade et alité; il ne put aller se justifier et mourut l'année suivante en novembre 1456.

Guillaume, chevalier, seigneur de Bouligneux, dit *Alegret*, tué à la bataille de Verneuil en 1424.

Il servait dans l'armée française contre les Anglais, sous le roi Charles VII.

Hugues, chevalier, comte de Varax, fut d'abord conseiller et chambellan du duc Philippe de Bourgogne; plus tard, il devint *maréchal* de Savoie en 1494, puis *lieutenant général* pour le roi Charles VIII, en Dauphiné. C'est avec cette dernière qualité que Hugues intervint avec des troupes pour combattre les Vaudois et les forcer à abjurer leur hérésie dans les vallées de Loyse et de l'Argentière.

Son fils, **Jean-Philibert,** *lieutenant général* du gouvernement de Bresse, en 1515, fut ambassadeur du duc de Savoie au Concile de Latran. Le 22 novembre 1520, il confirma aux habitants de Tossiat en Bresse, leurs anciennes franchises. Il accompagna l'empereur Charles V, en son voyage en Angleterre en 1526, et testa en 1527.

Richard, seigneur de Meilly, chevalier, commandait un régiment d'infanterie au siége de Perpignan en 1542.

Charles, petit-fils du précédent, fut *enseigne* de la compagnie des hommes d'armes de M. Legrand, prieur de France. Son frère **Joachim,** chevalier de l'ordre de St Jean de Jérusalem, fut *lieutenant-colonel* du régiment du marquis de St-Reran, pour le service du duc de Savoie.

François, seigneur de Bouligneux, chevalier, a été tué à la bataille de Marfée, en 1641. Il était *lieutenant-colonel* du régiment de Bourgogne sous le comte de Chalencé, de la maison de Damas son oncle, et n'avait que 23 ans. Son tombeau se trouvait dans l'église de Bouligneux, portant une inscription rédigée par l'historien Guichenon.

Jacques-Claude, frère du précédent, fut d'abord chanoine en l'église et comte de Lyon. Après la mort de son frère, il quitta l'état ecclésiastique auquel il n'était pas lié, et se voua à la carrière des armes. Il a été *cornette* de la compagnie Colonelle de la cavalerie légère de France et servit en Italie. Depuis, il a été *volontaire* dans l'armée de Flandre, sous le duc d'Enghien, en 1647; il était encore en activité à Paris en 1650.

Etienne, son frère cadet, l'a remplacé comme *cornette* dans la compagnie Colonelle de la cavalerie légère de France. Il a servi, ensuite, à l'armée navale commandée par le prince Thomas et, en dernier lieu, en Catalogne, sous le duc de Mercœur.

Louis, un des derniers descendants des comtes de Bouligneux, a été *maréchal de camp*, le 29 janvier 1702. Promu *lieutenant général*, le 10 février 1704, il fut tué au siège de Verne le 14 décembre de cette dernière année. Il a laissé un fils **Jacques-Claude**, chevalier, *capitaine* de 200 hommes d'armes des ordonnances du roi, qui fut *maréchal de camp* dans l'armée française en 1740.

(Guichenon, — *Hist. de Bresse et du Bugey*.)

PARADIS (Pierre-François), capitaine, officier de la légion d'honneur, né le 5 septembre 1774 à Bourg-en-Bresse, mort le 10 mai 1813, à Leipzig (Saxe).

Entré au service le 4 septembre 1791 dans le 3e bataillon des volontaires de l'Ain devenu 99e et 51e demi brigades, et en dernier lieu, 51e régiment d'infanterie de ligne, cet officier s'est distingué par une grande bravoure aux armées du Rhin et de Rhin et Moselle, en 1792 et 1793.

Il fut nommé *sergent-major*, le 1er janvier 1793.

Passé à l'armée de la Moselle il fit les guerres des années II et III (1794-1795), et servit ensuite en Italie, de l'an IV à l'an VI (1796-1798). A Dégo en Piémont, le 26 germinal an IV (15 avril 1796), quoique grièvement blessé d'un coup de feu au ventre, il ne quitta point le champ de bataille, voulant toujours porter le drapeau qui lui avait été confié.

Sous-lieutenant, le 1er ventôse an V (19 février 1797), il passa en l'an VI (1798), à l'armée *dite d'Angleterre* et fit partie, en l'an VII (1799), de l'expédition contre les insurgés de la Belgique. Employé, de l'an VIII à l'an IX (1800-1801), aux armées Gallo-Batave et du Rhin, il coopéra, pendant la journée de Hohenlinden, à la prise sur l'ennemi de 4 pièces de canon, et démonta un cavalier autrichien qu'il fit prisonnier. Il reçut un *sabre d'honneur*, le 28 fructidor an X (15 septembre 1802) et fit partie, en l'an XII et en l'an XIII (1803 à 1805), des troupes réunies au camp de Bruges.

Lieutenant, le 11 prairial an XII (31 mai 1804), il fut promu *officier de la légion d'honneur* le 25 du même mois (14 juin 1804),

En 1807, il prit une part active aux opérations de la grande armée en Autriche, en Prusse, en Pologne et fit la campagne d'Espagne en 1808.

Passé *lieutenant en 2e* dans les chasseurs à pied de la garde impériale, il fut nommé *lieutenant en 1er* en avril 1809, grade dans lequel il se distingua encore à Wagram. En 1810 et 1811, il était en Espagne sous les ordres du général Dorsenne.

Nommé *capitaine* au 2e régiment des voltigeurs de la garde, le 17 février 1811, il fit l'expédition de Russie en 1812, et combattit en Saxe en 1813 ; mais grièvement blessé, le 2 mai, à la bataille de Lutzen, il mourut des suites de ses blessures, à l'ambulance de Leipsick laissant la réputation d'un vaillant militaire.

(Fastes de la gloire.)

PELLIAT (Pierre-Louis) chef de bataillon, officier de la légion d'honneur, né à Villars-sous-Dampjoux (Doubs), le 15 avril 1797 ; mort à Bourg le 14 août 1858.

Entré au service à l'Ecole spéciale militaire, le 26 août 1813, il en sortit, le 26 août 1815, par suite de licenciement de cette école, et entra, comme *fourrier*, à la légion départementale du Jura, devenue 7e régiment d'infanterie légère, le 28 décembre 1820.

Pierre-Louis avait été fait *caporal*, à St-Cyr, le 20 mars 1815 ; il fut nommé *caporal-fourrier* le 1er janvier 1816 ; *sergent*, le 1er juillet 1819 ; *sergent-major*, le 6 janvier 1820 ; *adjudant sous-officier*, le 23 août 1823 ; *sous-lieutenant*, le 6 novembre de la même année ; *lieutenant*, le 30 décembre 1827 ; *capitaine*, le 30 décembre 1831, et *chef de bataillon*, le 30 mai 1848, au 23e régiment d'infanterie légère.

M. Pelliat fit la campagne d'Espagne de 1823 où il reçut l'épaulette d'officier en récompense de sa bravoure. Plus tard, le 18 avril 1834, il était nommé *chevalier de la légion d'honneur* ; puis *officier du même ordre* par décret du 23 mars 1851.

Marié, le 11 février 1833, avec Mlle Louise-Gasparine Pigou, fille du chirurgien militaire de ce nom (1), il fut admis à la pension de

---

(1) *M. Louis-Henri-Joseph Pigou*, chirurgien-major, né le 29 décembre 1770, à Bapaume (Pas-de-Calais), est mort à Bourg, le 8 septembre 1853. Il avait servi, comme élève en chirurgie au régiment de Brie-infanterie, depuis le 10 mars 1791 jusqu'en 1793. Nommé chirurgien de 3e classe à l'armée du Nord, le 25 janvier 1793, il passa à la 2e classe, le 3 novembre 1795 et

retraite par décret du 7 août 1853 et rayé des contrôles le 16 du même mois. Il avait un frère cadet (Adolphe Pelliat) qui fut officier de la garde nationale, à Bourg, après la révolution de 1830, et un deuxième frère (Eugène-Hippolyte), officier d'administration du service des hôpitaux militaires, en 1840.

(Papiers de famille.)

PELOUX (Jean-Baptiste), lieutenant, né le 5 mars 1784 à Montrevel où il est mort en mai 1873, à 89 ans.

Entré au service, comme soldat, dans le 101ᵉ régiment de ligne, le 10 pluviôse an XI, (30 janvier 1803), il fut nommé *caporal*, le 20 messidor de l'année suivante, (9 juillet 1804); *fourrier*, le 16 fructidor an XIII (3 septembre 1805); puis, *sergent* le 1ᵉʳ janvier 1810; *sergent-major*, le 11 août suivant; *adjudant sous-officier* le 14 mars 1811, et *sous-lieutenant* le 5 mai 1812. Il suivit nos armées en Italie, où il assista au couronnement de l'empereur Napoléon Iᵉʳ à Milan, le 28 mai 1805; puis il se rendit à Naples, l'année suivante. Il combattit à Yéna, à Breslau et à Dantzig en 1807; se distingua en 1808 et 1809 en Espagne, où il fut blessé à l'épaule droite et mérita les éloges de ses chefs pour sa bravoure.

Promu *lieutenant*, il fit la campagne de France et se distingua de nouveau à Bar-sur-Aube, en 1814, où il fut encore blessé grièvement à la cuisse gauche d'un coup de feu; il demanda et obtint sa retraite en janvier 1815, pour en jouir à Montrevel où il a exercé, plus tard l'emploi de percepteur des finances, de 1817 à 1848, avec une remarquable ponctualité.

On se rappellera longtemps à Montrevel qu'il osa, par dévouement pour la chose publique, donner sa démission de percepteur en 1848, pour ne pas percevoir l'impôt des 45 centimes, qu'il jugeait illégal. Ses amis s'étant interposés, il demeura à son poste.

Marié et père de quatre enfants il pouvait espérer, depuis 1821, d'obtenir des différents gouvernements qui se sont succédés, une amélioration à sa pension de retraite de 225 francs par an; mais il

---

à la 1ʳᵉ, le 15 mars 1813. Admis dans la maison militaire du roi, le 24 août 1814, il fut retraité le 25 mars 1821, après 30 ans d'exercice de la médecine, comptant 18 campagnes de guerre. Il était chevalier de la légion d'honneur depuis le 4 avril 1807.

ne voulut pas la solliciter. Il s'est éteint à 89 ans, au milieu d'une population qui l'affectionnait pour ses belles qualités.

(Papiers de famille.)

PÉROUX (Louis), grenadier à la 44ᵉ demi-brigade de ligne, né dans le département de l'Ain. Il se distingua pendant les campagnes de la République et de l'Empire. A l'affaire de Torquemada, dans le royaume de Naples, en 1806, après avoir pris une pièce de canon qui retomba ensuite au pouvoir de l'ennemi, il parvint avec trois de ses camarades, après de grands efforts, à reprendre cette même pièce qu'il ramena à l'état-major de son régiment.

Cette action d'éclat lui mérita, le 27 vendémiaire an IX (19 octobre 1800) *un fusil d'honneur*. Compris dans la 7ᵉ cohorte de la Légion-d'honneur, il continua à servir avec distinction. Il est mort sous les drapeaux en 1807.

(Fastes de la gloire.)

PERRET (François), maréchal des logis, chevalier de la Légion-d'honneur, médaillé de Sainte-Hélène ; né à Collonges, arrondissement de Gex, le 17 mars 1788, mort à Coligny, le 2 juin 1861.

Entré, à 21 ans, comme réquisitionnaire, dans le 7ᵉ régiment de cuirassiers, le 15 mars 1809, il fit avec ce corps la campagne d'Italie et d'Autriche. Il combattit avec vigueur sous les ordres du général Nansouty à Wagram, le 6 juillet 1809. *Brigadier*, le 13 janvier 1812, il fit partie de la grande armée de Russie. Dans cette campagne il fit prisonnier un colonel russe, au passage de la Bérézina. Renversé de son cheval tué sous lui, au combat de Orazinski, près Wilna, il fut fait prisonnier à son tour, et conduit en Prusse. Détenu dans la citadelle de Kœnigsberg, il parvint à s'échapper de nuit en franchissant les remparts ; mais, arrêté par une patrouille prussienne, il fut conduit à Pillow, et dirigé bientôt sur la frontière de la Sibérie, traversant des contrées inhospitalières, les pieds nus dans la neige, en haillons et vivant d'une paie de 15 centimes par jour.

Parti de Riga (Livonie), pour la France, par suite de l'échange des prisonniers de guerre, en 1814, le brigadier Perret s'embarqua sur mer, le 14 octobre de cette même année et débarqua à Brest (Finistère) un mois après ; il rentra dans son régiment de cuirassiers, au retour de Napoléon Iᵉʳ de l'île d'Elbe.

Promu *maréchal des logis*, le 20 mai 1815, il prit part à la bataille de Waterloo, le 18 juin : aux prises à la Haye-Sainte avec la brigade Travers composée des 7e et 12e régiments de cuirassiers, contre les dragons écossais de Ponsonby, il reçut, dans cette affaire, dix coups de sabre en pénétrant dans une batterie anglaise. Atteint grièvement au bras droit et à la tête, le maréchal des logis Perret porté à l'ambulance, rentra avec les débris de nos troupes licenciées sur la Loire en 1815. Au retour des Bourbons, il fut congédié avec une gratification une fois payée, le 19 décembre de cette année, étant à Chinon.

Rentré dans son pays natal, à peine guéri de ses blessures, il ne put s'habituer à l'inaction, et se trouvant en même temps dans l'impossibilité de reprendre du service dans un régiment, il sollicita de l'activité dans la Gendarmerie. Il fut admis, le 16 avril 1816, dans la *Compagnie de l'Ain*, n'ayant encore que 28 ans. Dans cette nouvelle condition, Perret homme dévoué, énergique et courageux, devait se trouver bientôt exposé à de nouveaux dangers. Le 12 mai 1817, appelé à procéder à l'arrestation d'une bande de dix malfaiteurs qui avaient tenté de voler, à main armée, aux environs de la ville de Bourg, Perret se fit remarquer parmi les plus dévoués de sa brigade en arrêtant ces malfaiteurs à la suite d'un combat opiniâtre où le chef de la bande fut tué de la main de Perret qui n'avait cherché cependant qu'à défendre sa vie. Le gendarme Perret fut nommé *maréchal des logis*, le 20 octobre 1827, et reçut la *croix de la Légion-d'honneur*, le 30 avril 1835.

Une autre fois, le 27 janvier 1837, à 10 heures du soir, sept détenus condamnés aux travaux forcés, renfermés dans la prison de Bourg, s'étant débarrassés de leurs fers pour se soustraire par la fuite, à la vigilance du concierge et des gardiens, se précipitèrent sur ceux-ci, pour s'emparer des clefs des portes ; mais le brave Perret et son camarade Guillemin ayant été prévenus assez à temps, luttèrent immédiatement corps à corps contre quatre de ces redoutables condamnés et parvinrent à les contenir. Perret, avec un courage à toute épreuve, avait réduit le chef des assaillants, Mazuir, à l'impuissance complete de se défendre, et le malheureux succomba même, le lendemain, à ses blessures.

Cette belle conduite mérita à son auteur les éloges du Ministre de l'intérieur duc Decazes ; les félicitations du lieutenant général Baron Aymard et celles du Ministre de la guerre Bernard (1837).

Quatre ans après, le 5 février 1841, Perret était admis à la pension de retraite, comptant 36 ans de services effectifs, campagnes comprises. Nommé Commissaire de police, à Bourg, par ordonnance royale du 20 novembre 1840, il a exercé cet emploi jusqu'en 1848, date à laquelle il s'est retiré à Coligny, où il fut reçu *garde* de cette commune. Il y a terminé sa carrière, en 1861, à 73 ans, entouré de l'estime et de la considération publiques; il avait été, pendant toute sa vie, la personnalité la plus accomplie du devoir militaire.

Nous terminons cette biographie en citant la lettre suivante de l'un de ses chefs, trouvée dans ses papiers et qui est un témoignage de l'honorabilité irrécusable de celui auquel elle est adressée :

« La décoration que vous venez d'obtenir, mon cher Perret, a dû
« vous causer une joie que personne ne partage à un plus haut degré
« que moi. Je vois en effet, que cette tardive faveur est venue, enfin,
« récompenser votre excellente conduite et le zèle infatigable dont
« vous avez toujours fait preuve dans le service difficile, pénible et
« souvent dangereux de la gendarmerie. Ces titres ne sont pas les
« seuls qui vous honorent, car il me semble encore vous voir dans
« le malheureux défilé de Crazinsky, arracher, sous la mitraille,
« jusqu'au dernier lambeau du harnachement de votre cheval tué
« par un éclat d'obus. Ce temps est déjà bien reculé et ne reviendra
« plus pour nous, car si vous recevez votre retraite, la mienne ne
« saurait tarder beaucoup. Adieu, mon cher Perret, etc.

« *Le chef d'escadron de gendarmerie,*

« DESMAISONS.

« Pau, le 17 septembre 1835. »

(Papiers de famille.)

PERRIN (Denis-Joseph), dit *Grandjean*, lieutenant, chevalier de la Légion-d'honneur, né à Saint-Trivier-de-Courtes, le 30 mai 1775, décédé à Bourg, le 21 juin 1836.

Entré, comme volontaire, au 57e régiment d'infanterie de ligne, le 11 fructidor an II (28 août 1794), le jeune Denis, fils d'un cultivateur peu fortuné, prit du service à 19 ans, sans avoir fréquenté l'école de sa commune; mais il avait le courage, la force et l'intelligence, qualités indispensables pour faire un bon soldat. Il suivit son régiment à l'armée des Alpes et en Italie ; combattit au château de la Favorite à Mantoue, où il fut blessé d'un coup de feu à la jambe droite, en 1796.

Caporal, le 11 frimaire an XI (2 décembre 1802), à l'armée de la Vendée et dans celles de Suisse et du Rhin, il fut blessé, une seconde fois, au pied droit, au passage de Limas, devant Zurich, le 5 juin 1809. Passé *sergent*, le 26 août 1809 et nommé *sous-lieutenant* le 10 octobre 1812, il se trouvait à Konn, en Bohême, lorsqu'il fut atteint d'un coup de feu à la jambe gauche, le 10 juin 1813. Promu *lieutenant*, le 1er août 1813, il reçut un quatrième coup de feu au genou gauche, à la bataille de Dresde, le 30 août de la même année. Cette blessure détermina une claudication qui força Perrin à solliciter une pension de retraite. Elle lui fut accordée par décision royale du 28 juin 1814. Il n'avait que 39 ans. Le repos ayant amélioré sa santé, notre officier demanda à reprendre son épée. Il fut remis en activité au 14e régiment d'infanterie de ligne ; mais bientôt il fut contraint de rentrer dans ses foyers, avec sa pension de retraite, le 18 août 1815, après, toutefois, avoir été récompensé par un brevet de *chevalier de la Légion-d'honneur* accordé par le roi Louis XVIII, sous la date du 30 décembre 1820, pour prendre rang du 17 mars 1815. Ce digne officier, qui comptait 21 ans de services militaires et 16 campagnes, est mort dans un âge très-avancé, à 81 ans, emportant l'estime publique et laissant un bon exemple de son dévouement à la patrie.

(Papiers de famille.)

POCHET (Louis), capitaine, né en 1829, à Champagne (Bugey), où il est mort, le 28 juin 1874.

Propriétaire marié et père de famille, M. Pochet pouvait rester dans ses foyers lors de la guerre entreprise par la France contre la Prusse, en 1870. La loi ne lui imposait aucun sacrifice à ce sujet ; mais son patriotisme ardent et les nobles traditions de famille le décidèrent à courir aux armes et à combattre pour la défense de la patrie. Il s'engagea volontairement, au mois d'août 1870, dans la *garde mobile de l'Ain*, bien qu'il fût alors âgé de 41 ans : il se fit admettre dans le régiment commandé par M. *le Comte d'Angeville*, où il fut élu capitaine à la 4e compagnie du 1er bataillon. Il a fait, en cette qualité, toute la campagne de la Loire, et, fut blessé d'un coup de feu devant l'ennemi au Mans (Sarthe), le 11 janvier 1871.

Rentré dans ses foyers après de cruelles souffrances, sa santé ne put se rétablir ; il a succombé après trois ans de soins dévoués, au milieu de ses jeunes enfants et de ses amis.

« C'est dans les camps, a dit M. le colonel d'Angeville, c'est au
« feu que ses soldats, ses camarades, ses chefs ont appris à aimer,
« à estimer le capitaine Pochet. Par son humeur toujours égale, par
« son commandement d'une bienveillante fermeté, il s'imposait à

« l'affection de ses soldats. Par la loyauté de ses relations il s'était
« concilié l'amitié des officiers. Par son courage devant l'ennemi, il
« avait gagné l'estime de tous. C'est au nom du régiment tout entier
« que je viens apporter sur cette tombe un témoignage d'estime et
« d'affection; que je viens dire un dernier adieu à l'officier. »

Une si noble conduite ne saurait passer inaperçue ; il faut la signaler au pays qui produit de tels hommes, afin d'y entretenir le feu sacré du patriotisme.

Voir les frères *Pochet* dans notre *biographie militaire de l'Ain*, pages 401 et suivantes.

(Journal l'*Abeille du Bugey et du pays de Gex*, 1874.)

POIRIER (Jules), capitaine, chevalier de la Légion-d'honneur, né à Coligny le 15 décembre 1792 ; mort, le 15 août 1839, à Metz (Moselle).

Il était fils de *André-Jean-Charles Poirier*, chirurgien des armées de la République française (1), et de dame *Louise Lyvet*.

Le jeune Jules entra à l'école militaire, le 21 avril 1809 ; il en sortit *sous-lieutenant*, le 30 janvier 1812, pour entrer au 8e régiment d'artillerie à pied, où il fut promu *lieutenant en second*, le 18 juin de la même année. Il fit la campagne de 1812 sur les côtes de Hollande. Nommé *lieutenant en premier* dans l'artillerie de la 5e cohorte, à l'Ecole de Douai, le 21 février 1813, il passa *capitaine en second* dans le 7e régiment d'artillerie à pied, le 9 décembre 1813, faisant alors partie de la grande armée avec les 6e et 14e corps. Il assista en Saxe et en Allemagne aux batailles de Dresde, de Kulm et de Dohna ; aux combats de Gieshübel, d'Hollendorf et Nolendorff ; fut fait prisonnier de guerre, la même année, et ne rentra en France que le 10 juillet 1814. Mis en demi solde, le 1er septembre 1814, il reprit du service dans le 5e régiment d'artillerie dit *de Strasbourg*, le 18 juin 1817. Nommé *capitaine en premier* au même corps à Auxonne (Côte-d'Or), le 19 juillet 1823, il fut détaché à la manufacture royale d'armes de St-Etienne (Loire), et récompensé de ses travaux assidus par le grade de *capitaine des Pontonniers*, le 23 juin 1825. Neuf ans après, désigné pour l'avancement, en 1834, par

---

(1) Cet homme de science, médecin attaché à l'ambulance de Spire (Bavière), le 6 prairial an 11 (25 mai 1794), est mort à Belheim, victime de son dévouement à ses malades, à la suite d'une épidémie qui dévastait cet établissement.

le lieutenant général comte d'Anthouard, président du comité de l'artillerie, M. Poirier fut envoyé à la direction des poudres et salpêtres de Metz, où il fut fait *capitaine, commandant*; puis *inspecteur* et *chevalier de la Légion-d'honneur*.

Il s'était marié, le 5 février 1834, avec Mlle *Virginie du Hamel d'Udesert*, fille du capitaine de vaisseau le *Thémistocle*, au siège de Toulon et de Mlle *Gabrielle Leroy de la Tournelle*. De ce mariage sont issus cinq enfants dont deux filles seulement ont survécu.

(M. Clovis Cancalon. *Notice nécrologique*.)

POLEINS (de), famille noble de Bresse qui a donné plusieurs hommes de guerre distingués. Son blason portait : *d'azur à une bande d'or, accompagnée d'une étoile aussi d'or en chef et d'un croissant d'argent en pointe.*

Les noms connus sont ceux-ci :

Samuel, capitaine du régiment de Nemours ; il eut trois fils qui suivirent également la carrière des armes. Ils sont mentionnés ci-après :

François, fils aîné du précédent s'enrôla, jeune, au régiment des gardes ; servit au siège de Privas et aux barricades de Suze. Il est mort à 22 ans.

Charles-Emmanuel, frère du précédent, écuyer, seigneur de la Jaclière. Il fut incorporé dans le régiment des gardes de Savoie. Volontaire en France, dans l'armée de Flandre, sous les généraux de Châtillon et de Brézé, il combattit courageusement à la bataille d'Avain. Nommé *enseigne* au régiment de Conty ; puis *lieutenant* à l'armée du duc de Weimar et du cardinal de la Valette, il se porta au secours de Saint Jean de Losne ; coopéra à la prise de Bletterans, d'Orgelet, de Saint-Amour (comté de Bourgogne), et attaqua la place de Gy, où il fut blessé de deux mousquetades au côté droit et à l'abdomen.

Nommé *capitaine* au même au corps, il reçut encore une mousquetade au bras droit, pendant le siège d'Ivoy. Il se signala aux affaires d'Elne, de Parpinan et de Sales.

En combattant à Fribourg, puis à Philisbourg, il fut encore blessé d'un coup de pique à la jambe. Au siège de Courtray, il fut renversé d'un coup de pierre à la tête et laissé pour mort. Il se fit encore remarquer dans les guerres du Palatinat, à la prise des Bergues, aux siéges de Mardik, de Furnes, de Dunkerque où il commandait le régiment de Saint-Point.

Ce vaillant officier supérieur retiré du service militaire, criblé de de blessures est mort en Bresse, vers 1650.

Alexandre, troisième fils de Samuel, débuta par le grade d'*enseigne* au régiment de Conty, pendant la guerre du comté de Bourgogne, sous le duc de Longueville. Nommé *lieutenant* au siége d'Ivoy, il combattit en Roussillon et en Catalogne sous le maréchal de la Motte. Au retour de ces expéditions, il fut récompensé par le grade de *capitaine* dans le même régiment; suivit le duc d'Enghien en Allemagne ; fut blessé au bras droit d'un coup de feu à l'attaque de Fribourg. Il est mort des suites de cette blessure, à Soleure, au milieu des regrets de ses compagnons d'armes admirateurs de son courage. Le duc d'Enghien en exprima même son chagrin par une lettre qu'il adressa à son père Charles-Emmanuel.

(Guichenon. *Histoire de Bresse et du Bugey.*)

PUTHOD (Jacques-Joseph-Marie), vicomte, baron de l'empire, lieutenant général, grand officier de la Légion-d'honneur, chevalier de Saint-Louis et de l'ordre du mérite militaire de Pologne, né à Bâgé-le-Châtel le 28 septembre 1769 ; mort à Paris, le 31 mars 1837, et inhumé à Mondespit, près Libourne (Gironde).

ARMOIRIES :
Coupé, au 1er parti d'azur, à la croix d'or cantonnée de quatre étoiles de même et de gueules, au signe de baron militaire ; au 2e de gueules, au chevron d'or posé à dextre, senestrée d'un lion contre rampant d'argent.

La croix, cantonnée de quatre étoiles, rappelle les armes du Terrail.

Son aïeul, issu d'une ancienne famille noble de Bresse, avait épousé *Marie-Bonne du Terrail*, de la maison du célèbre Bayard. Il exerçait à Bourg, la charge de capitaine, châtelain royal.

Son père *Claude-Gabriel Puthod*, officier d'infanterie, Chevalier de Saint-Louis, avait servi dans les gardes françaises. Il s'était marié avec *Marie-Françoise Long-Jarret*. Leur fils eut pour parrain *Claude Puthod*, curé de Montfalcon, syndic du clergé de Bresse, et pour marraine, D^{lle} *Marie-Philiberte Gonnet* de Bourg.

Entré à 16 ans, dans le régiment de la Couronne (infanterie) devenu le 45e régiment d'infanterie de ligne, le 26 octobre 1785, il fut admis *gendarme* de Lunéville (sous-lieutenant), dans la compagnie du Dauphin, le 17 mars 1787. Licencié quatre ans après, il fut nommé *lieutenant* au 1er bataillon de l'Ain, le 12 décembre 1791 ;

puis, au 1ᵉʳ régiment d'infanterie (ancien *Colonel-général*), le 20 mai 1792.

Le 22 août suivant, *adjoint aux adjudants-généraux* (capitaine), il comptait à l'Etat major général, lorsqu'il fut fait a*djudant-général provisoire* (chef de bataillon), le 3 octobre 1792. Il coopéra à la défense de Lille, alors assiégée par les Autrichiens commandés par le duc Albert de Saxe. Remarqué pour son courage, le général Duhoux, le fit confirmer dans son grade de *chef de bataillon*, le 30 juillet 1793, avec lequel il fit la campagne du nord, sous Dumourier, et prit sa part de gloire à Jemmapes, à la prise de Mons, à celles d'Ath, de Bruxelles et de Tirlemont.

Chargé, par le ministre de la guerre Beurnonville, du recrutement dans le département de la Côte-d'Or, en qualité de *commissaire supérieur du pouvoir exécutif, près l'armée du Rhin*, il organisa la levée en masse des 300,000 hommes, décrétée le 24 janvier (1793) et s'en acquitta avec dévouement.

Revenu à Lille parmi les défenseurs de cette place, le général Ruault le nomma, en récompense de sa belle conduite, *adjudant général, chef de brigade* (lieutenant-colonel), le 3 octobre 1793. Nommé *colonel*, le 25 prairial an III (13 juin 1795) M. Puthod fit avec distinction les campagnes du Rhin, de Naples et d'Italie. Il traversa audacieusement le fleuve du Rhin, sous le canon de l'ennemi ; s'empara, de vive force, de la rive opposée et fit de nombreux prisonniers. En Italie, le général Macdonald l'éleva provisoirement au grade de *général de brigade* sur le champ de bataille de la Trébia, le 28 prairial an VII (16 juin 1799) grade qui fut confirmé le 19 octobre suivant.

Appelé auprès de son compatriote et ami, le général en chef Joubert, quelques jours avant la bataille de Novi, comme aide-de-camp, il eut la douleur d'assister à sa fin tragique, le 15 août même année, dès le commencement de l'action à laquelle il prenait une part vigoureuse en chargeant les Autrichiens de Souvarow. Le 17 juin 1800, revenu à l'armée du Rhin, sous Moreau, il effectua le passage du Danube, après avoir fait 4,000 prisonniers, pris 28 pièces de canon, leurs caissons, et les bagages de l'ennemi.

On raconte, à cette occasion, que le général Kray ayant fait détruire trois ponts du Danube jusqu'à Donanwerth, le général Puthod effectua la reconnaissance du fleuve, indiqua les ponts de Blindhem et de Greusheim comme pouvant être facilement réparés; qu'il le traversa à la nage, et se jeta sur l'ennemi. Un hussard du 8ᵉ régiment, employé comme son ordonnance, passa le Danube dans une nacelle qui avait servi à porter des armes; parvenu sur l'autre rive, monté sur un cheval qu'il avait trouvé au village de Greusheim, il commanda *en avant !* L'ennemi surpris, croyant que le pont était rétabli, opéra sa retraite en désordre et Puthod, profitant du moment favorable, s'empara des deux villages avec quelques compagnies françaises seulement.

Le 11 juillet suivant, dans une charge à la baïonnette, avec trois bataillons, il emporta d'assaut le débouché du Tyrol, entra dans la ville de Fussen, fit 1,100 prisonniers et enleva 7 pièces de canon. Le 8 frimaire an IX (28 novembre 1800), au passage de la Sala, il ramena 900 prisonniers et saisit à l'ennemi 9 pièces de canon, à l'affaire de Valtz. Le lendemain, il se distingua, de nouveau, devant Salzbourg, où il prit 3 pièces d'artillerie.

Employé successivement dans les 5ᵉ et 6ᵉ divisions de l'Intérieur en 1802 et 1803, le général Puthod fut fait *chevalier de la Légion-d'honneur* le 19 frimaire an XII (11 décembre 1803), puis, *commandant du même ordre*, le 25 prairial suivant (14 juin 1804). Passé au 2ᵉ corps de réserve du nord, le 24 septembre 1805, il commanda à Colmar, et fut dirigé le 22 octobre 1807, comme chef d'avant-garde au combat de Dirschaw; il s'empara de cette ville.

Le 10ᵉ corps de la grande armée était destiné au siége de Dantzick et des places de Grandentz et de Colbert, M. Puthod se distingua dans ces différentes rencontres avec l'ennemi qu'il mit en déroute. Le général Gardanne, qui avait sous ses ordres les généraux Mesnard et Puthod, établit son quartier général à Pietzkendorf, et fit ouvrir la tranchée à 800 toises des palissades du faubourg de Dantzick. Le 13 avril, les Saxons, chargés de la défense de la redoute, furent repoussés par notre général à la tête d'un bataillon du 44ᵉ régiment d'infanterie de ligne. L'ennemi culbuté s'enfuit en désordre. Les généraux Michaud et Dufour, ayant également réussi dans leurs attaques, la capitulation fut signée, entre le général Drouot et le gouverneur de Dantzick Kalkreuth.

L'année suivante, le général Puthod entra en Espagne, où il soutint sa brillante réputation. Il fut promu, le 16 novembre 1808, au grade de *général de division*, après l'affaire de Spinosa. Créé *baron de l'Empire*, il prit, le 15 octobre 1809, le commandement de la 4ᵉ division d'infanterie du 4ᵉ corps de l'armée d'Allemagne, avec laquelle il emporta le village de Neusiedel et celui de Wagram, enlevés à la baïonnette, tandis que le prince d'Eckmühl (Davoust) et le général Oudinot chassaient l'ennemi de ses positions à droite et au-dessus du village.

Le 21 avril 1810, M. Puthod reçut le commandement de la 25° division militaire de l'intérieur. Remplacé, le 4 octobre 1811, il fut désigné pour la 31° division ; puis, le 30 janvier 1813, il passa à la 2° division du corps d'observation de l'Elbe. Le 31 mai, il combattit la garde royale prussienne et la força d'évacuer Breslau. Du 19 au 22 août suivant, le général Puthod soutint de glorieux combats aux environs de Goldberg ; mais, après la perte de la bataille de Katzbach, forcé cette fois, de se retirer sur le Bober, dans la nuit du 26 au 27, il voulut en vain passer ce torrent accru par des pluies subites. Le pont avait été rompu ; le général éprouva un revers de fortune malgré ses talents avérés. Quoiqu'il eût affaire à un ennemi dix fois plus nombreux que ses troupes, il s'engagea avec une opiniâtreté inouïe, déterminé à se frayer un passage. Il gagna les hauteurs de Plagwitz devant Lawenberg, décidé à vaincre ou à mourir. Sa division, forte d'abord, de 9,000 hommes, se trouva bientôt réduite à 3,000. Attaqué par l'armée ennemie tout entière, de trois côtés à la fois, et manquant de munitions, cette division fut entamée et précipitée dans le Bober, où périt volontairement le brave général *Sibuet*, de l'Ain, qui ne voulut pas se rendre. Le général Puthod, son ami, allait imiter son exemple lorsqu'il fut fait prisonnier et traîné captif en Hongrie, le 29 août 1813. On dit que, conduit à Breslau, il y fut reçu par le commandant de cette place avec une hauteur insultante ; mais que le maréchal Kalkreuth, gouverneur de la province, se rappelant les bons procédés de notre compatriote, lors de la prise de Dantzick, monta à cheval, quoique âgé de 82 ans, et vint lui faire visite pour lui témoigner sa sympathie.

Cette courte campagne de 5 jours, coûta à l'armée française 10,000 hommes tués et blessés et 15,000 prisonniers.

Le général Puthod ne revint en France qu'après la première abdication de l'Empereur. Il fut nommé par le roi Louis XVIII, *chevalier de Saint-Louis, vicomte et inspecteur général d'infanterie*, dans le département du Haut-Rhin, le 29 juillet 1814. Au retour de Napoléon Ier de l'île d'Elbe, il fut appelé, le 9 mai 1815, au commandement des gardes nationales de la 19° division militaire, à Lyon.

Après la deuxième abdication de l'Empereur, il fut suspendu de ses fonctions et mis en non activité, le 14 août 1815. Cependant, compris plus tard, dans le cadre d'organisation de l'état-major général, comme disponible, le 30 décembre 1818, il reçut le commandement de la 14e division militaire, le 30 mars 1820, et obtint le titre de *grand officier de la Légion-d'honneur*, le 1er mai 1821. Mis en disponibilité, le 1er octobre 1829, et compris dans le cadre de réserve, le 7 février 1831, il fut remis en activité, le 12 août suivant. Enfin, admis à la retraite, le 10 décembre 1834, le général Puthod est décédé à 68 ans, le 31 mars 1837. Son nom est inscrit sur l'Arc de triomphe de l'Etoile (côté nord).

Marié deux fois, le Général, commandant le département du Haut-Rhin, en 1805, avait épousé en premières noces, la fille unique du baron Schirmer, premier président de la Cour de Colmar. Il en eut quatre filles dont trois sont décédées en bas âge, la survivante a été *Caroline-Joachim*, née le 28 juin 1805, qui a été mariée à M. le baron Doyen, receveur général du département de l'Aube. Elle est morte le 1er juillet 1856.

Le général s'est remarié, en 1829, avec Mme veuve de Limoges, propriétaire du domaine de Mondespit près Libourne (Gironde), propriété qui appartenait jadis au célèbre philosophe Montaigne.

La ville de Bâgé-le-Châtel a fait élever, sur l'une de ses places publiques, une fontaine surmontée du buste en bronze de ce guerrier, en costume de lieutenant-général. Ce monument a été posé le 4 septembre 1842.

Le manteau ouvert et drapé sur les épaules laisse voir trois décorations sur la poitrine; la tête nue est couverte d'une chevelure abondante et bouclée; les traits de la figure sont fidèlement reproduits.

Le buste de grandeur colossale (1m 60 de hauteur), est l'œuvre de M. Barre fils, sculpteur à Paris; il a parfaitement répondu à la confiance de la famille qui l'avait chargé de ce travail.

On lit sur la face de ce monument :

« *A Jacques-Joseph-Marie Puthod, né à Bâgé, le 28 septembre 1769, mort à Libourne, le 30 mars 1837; sa ville et sa famille, le 4 septembre 1842.* »

Sur le côté droit est écrit : « *Engagé volontaire, en 1791. Général de brigade, à la Trébia, 1799. Général de division, à Spinosa, 1808. Baron de l'Empire, grand officier de la Légion-d'honneur; inspecteur général d'infanterie, commandant des divisions militaires.* »

Et sur le côté gauche sont inscrits ces mots :

« *Digne descendant de Bayard, il a mérité que son nom fût
« inscrit avec honneur au front du monument consacré à la
« gloire des illustres compagnons d'armes de Napoléon.* »

Enfin, le dernier côté porte : « Lille — Trébia — le Danube —
Nochstedt —Feldkirch — Dirschau — Dantzig — Spinosa — Wagram
— Katsbach —Breslaw, furent témoins de sa bravoure. »

Le lieutenant-général Puthod est une des illustrations militaires
les plus pures du département de l'Ain. Vénérons sa mémoire qui est
celle d'un homme de bien, d'un soldat valeurenx, dont l'âme était
fortement trempée, et qui, au milieu des hasards de la guerre, a su
faire dignement emploi de ses heureuses facultés. Il est un des meilleurs modèles à suivre par la jeune génération actuelle (1).

(Papiers de famille.)

PUVIS (Marc-Antoine), lieutenant d'artillerie, chevalier
de la Légion d'honneur, né à Cuiseaux (Saône-et-Loire), le 27 octobre
1776, mort à Paris, le 29 juillet 1851, à l'âge de 75 ans.

Issu d'une ancienne famille de robe du parlement de Bourgogne,
le jeune Marc-Antoine, qui avait fait de brillantes études classiques
à Dijon, entra en 1796, à l'école polytechnique. Il faisait partie de la
quatrième promotion de cet établissement qui a donné à la France
tant d'hommes distingués dans toutes les branches des connaissances
humaines. Peu de temps après, il passait à l'école d'application de Metz
d'où il sortait, deux ans plus tard, avec le grade de *sous-lieutenant
d'artillerie.* Il servit sous les ordres du colonel Foy, en Allemagne
(1800); puis sous ceux du général Drouot pour lequel il conserva
toujours une vive affection. Il en a écrit la biographie. M. Puvis fit
partie du camp de Boulogne, comme *lieutenant*, en 1803 à 1804, et
renonça ensuite, au service militaire. Il donna sa démission en 1806,
et déposa l'épée qu'il avait noblement portée.

Rentré dans ses foyers, il se consacra à l'agriculture, et partagea
avec son frère **Ambroise,** la direction d'une famille nombreuse
et d'une belle fortune territoriale. Il s'occupa de sciences agricoles,
de voyages, d'essais économiques, de méthodes nouvelles et com-

---

(1) Cette biographie rectifie celle portée dans la *Galerie militaire de
l'Ain*, page 410, et qui contient plusieurs inexactitudes reconnues depuis
l'impression du livre.

mença la série de ses ouvrages qui ont marqué son passage parmi les plus féconds et les plus laborieux adeptes de la science.

Marié, en 1810, avec Mlle Gaillard, il s'établit à Bourg qu'il n'a pas quitté. Il fut admis dans la Société d'Emulation et d'Agriculture de l'Ain, le 6 mars 1811. Il y débuta par des ouvrages de littérature et d'histoire sur la Bresse ; bientôt il introduisit chez nous les améliorations réalisées avec succès en agriculture dans Saône-et-Loire et ne cessa de les propager, par son exemple et ses écrits.

En 1817, époque de disette, on le vit signaler les moyens les plus propres à remplacer les grains nécessaires à la subsistance du pays. Il enseigna l'emploi de la marne et de la chaux; et les nombreux mémoires qu'il a publiés à ce sujet pour amender les sols argileux et siliceux l'ont fait nommer *Correspondant de l'Académie des sciences* (1840). Il a résumé la question dans un livre précieux, le *traité des amendements* dont la dernière partie, celle qui concerne les divers engrais salins ou organiques, a paru le jour même de sa mort ; les deux premières parties intitulées : *Essai sur la chaux*, et *Essai sur la marne* étaient publiées depuis plusieurs années.

Il a été l'initiateur des progrès en arboriculture, qui ont transformé les jardins de Bourg et de la pépinière de la Société d'émulation de l'Ain, créée à Brou et transplantée, plus tard, à Challes. Il a propagé un bon nombre de fruits nouveaux. On se souvient, avec reconnaissance, qu'il fit, pendant de longues années, un cours aux élèves de l'école normale. Son but était de faire des professeurs qui devaient propager ses leçons parmi leurs élèves.

M. Puvis avait aussi fait paraître des ouvrages importants, sur l'*Emploi des eaux en agriculture* ; sur la *taille et la conduite des arbres fruitiers* et sur la *Conduite des étangs* ; des *Lettres sur l'éducation des vers à soie*, un *Essai de code rural*, en collaboration avec M. Chevrier-Corcelles. Les articles qu'il a publiés dans la *Maison rustique du XIXe siècle*, sont rangés parmi ceux qui donnent le plus de prix à cet ouvrage célèbre.

Au moment où la mort est venu le frapper, M. Puvis revenait d'un voyage en Angleterre ; il avait voulu visiter l'Exposition universelle de Londres par ardeur pour la science.

Le 15 juillet 1851, il assistait au concours de bétail de la société d'agriculture, à Windsor. Ce voyage lui fut fatal : assailli, durant la traversée, par le mauvais temps ; pris par le froid, saisi d'un rhume qui devint, à son retour à Paris, un catarrhe suffocant, il voulut encore aller visiter les plantations de pêchers de Montreuil, pour compléter la seconde édition du *Traité des arbres fruitiers*. Mais, le 20 juillet, le mal le domina et il succomba, assisté seulement d'un de ses neveux.

Son corps a été transporté à Bourg pour y être inhumé, le 8 août suivant, dans le cimetière de cette ville.

Membre de la Commisston consultative d'agriculture de l'Ain ; membre du Conseil général d'agriculture de France (1842); membre correspondant de l'Institut; membre du Conseil municipal de Bourg; maire de cette ville depuis 1830 ; conseiller général (1833) ; député de l'Ain (1832); secrétaire, puis président pendant 20 ans, de la commission de surveillance de l'Ecole normale ; secrétaire et ensuite président de la Société d'émulation et d'agriculture de l'Ain ; partout, il fut l'âme des assemblées dont il faisait partie par l'étendue de ses lumières et par l'activité de son intelligence.

Rappelons aussi ses bienfaits, comme homme privé. Le village d'Attignat lui doit sa maison d'école de filles en 1814, et la commune de St-Martin-du-Mont fut également favorisée du même avantage. Enfin, il a fait des donations importantes à divers établissements de Bourg, notamment au premier orphelinat agricole de Bel-Air, auquel a succédé l'institution des sourds-muets.

Son buste, dû au talent de notre compatriote, M. Cabuchet, statuaire de Paris, a été remis à la Société d'émulation de l'Ain.

Ses ouvrages nombreux sont mentionnés dans la *Bibliographie de l'Ain*, par M. Sirand. Bourg, in-4°. 1851.

(M. Barral : *Notice nécrologique*. — M. Vincent : *Notice insérée dans la* Revue du Lyonnais, *1851.)*

ROBELIN (Joseph), capitaine d'infanterie, chevalier de la Légion-d'honneur, né à Montpellier (Hérault), en 1783, mort à Bourg, le 29 avril 1855.

Entré au service dans l'armée impériale, en 1803, comme enrôlé volontaire, le jeune soldat acquit promptement ses grades inférieurs. Parvenu à l'épaulette de *sous-lieutenant* dans le 21e régiment d'infanterie de ligne, il fit les campagnes d'Allemagne, d'Italie et d'Espagne, prenant sa part des dangers et des succès de nos armes, de l'an XI (1803) à 1814.

Licencié avec l'armée de la Loire comme *lieutenant*, après 1815, il fut rappelé, en 1816, lors de la formation de la légion de l'Ain, devenu plus tard, le 1er régiment d'infanterie de ligne, sous la restauration des Bourbons. Promu au grade de *capitaine* et *membre de la Légion-d'honneur*, M. Robelin, doué de beaucoup d'activité et d'intelligence administrative, s'adonna plus particulièrement aux connaissances spéciales sur le recrutement et fut désigné pour commander le dépôt du département de l'Ain qu'il a dirigé depuis 1819 jusqu'en 1845, époque de son admission à la retraite. Il avait adopté la Bresse pour son pays; il est décédé à 72 ans, à Bourg où il a laissé d'excellents souvenirs.

(Papiers de famille.)

ROLLAND (Joseph), soldat, chevalier de la Légion-d'honneur, né le 14 janvier 1775, à Hauteville en Bugey, où il est mort le 8 mars 1867.

A 18 ans, il entra comme *carabinier* dans le 11e bataillon de l'Ain. Il fit les campagnes d'Italie de l'an III à l'an V (1795 à 1797). En Egypte, de l'an VI à l'an IX (1798 à 1801). Il se distingua aux Pyramides, à l'attaque d'une batterie ennemie, en s'emparant d'une pièce de canon. On le récompensa, en 1806, en lui accordant la décoration de *chevalier de la Légion-d'honneur*.

Passé dans la garde impériale, il ne quitta le service militaire qu'en avril 1807. Rentré dans son pays, il s'y maria et éleva une nombreuse famille à laquelle il a servi de modèle de probité et d'honneur.

(Papiers de famille.)

ROUSSOT (Jean), grenadier à la 3e demi-brigade de ligne, né dans le département de l'Ain, mort en 1808.

Le 1er floréal, an IX (21 avril 1801), il obtint un *fusil d'honneur* pour sa brillante conduite à l'affaire du 22 germinal (12 avril) sur les hauteurs de Savone, pendant le blocus de Gênes, où il prit un drapeau à l'ennemi. Décoré de droit, *chevalier de la Légion-d'honneur*, à la création de l'ordre, en 1802, il fit partie de la 7e cohorte commandée par le maréchal Ney.

(Fastes de la gloire.)

ROUX (Alphonse), capitaine d'artillerie, chevalier de la Légion-d'honneur, né vers 1831, à Belmont en Bugey, où il est mort, le 4 octobre 1873.

Après avoir fait de bonnes études au collége de Belley, le jeune

Alphonse fut envoyé, à 17 ans, à l'école polytechnique d'où il sortit deux ans après pour entrer dans l'artillerie, comme *sous-lieutenant*.

Embarqué pour la Crimée, le 14 juin 1855, avec le 3ᵉ régiment d'artillerie, il prit une part active à cette campagne mémorable cachant sous des apparences d'indifférence, une grande fermeté de caractère et une bravoure à toute épreuve.

En Italie, il assista comme *lieutenant*, en 1859, aux grandes batailles de Magenta, de Solférino, et supporta les fatigues et les dangers avec une admirable résignation, toujours prêt à faire le sacrifice de sa vie pour accomplir ses devoirs.

Nommé *capitaine* au 2ᵉ régiment d'artillerie et décoré de la croix de *chevalier de la Légion-d'honneur*, il commandait une batterie en 1870, lors de notre dernière guerre avec la Prusse.

Appelé à faire partie du corps du général Vinoy, il quitta Vincennes où il commençait à être malade, et pendant huit jours ses soldats le virent debout, refusant de quitter son poste malgré la fièvre et des crachements de sang. Enfin à bout de forces, tombant de cheval, il lui fallut s'arrêter; on le transporta à l'hôpital de Mézières, et depuis ce moment, sa vie n'a été qu'une lutte désespérée contre la mort.

Rentré dans son pays natal, il est décédé à Belmont entouré de l'estime générale que lui avait conquis son esprit charmant et sa haute capacité militaire. Ses camarades de l'armée vinrent lui apporter un dernier témoignage de leur affection et de leurs regrets pour une fin si prématurée. Il n'avait que 42 ans.

(*Journal de l'Ain*, 1873.)

ROUYER (Gaspard), lieutenant, chevalier de la Légion-d'honneur, né à Ambronay, en 1774, mort à Poncin, le 23 avril 1854, à 80 ans.

Il se destinait à l'étude du droit lorsqu'il s'enrôla dans le 3ᵉ bataillon de l'Ain, en 1792, pour défendre le pays menacé de l'invasion étrangère. Il fit les campagnes des Alpes et d'Italie sous les généraux de Montesquiou et Macquard ; obtint ses grades subalternes assez facilement par suite de son instruction et de son courage. Il assista au siége de Toulon en 1793 ; combattit à Lodi, à Lonato, à Mantoue, en 1796, et rentra dans ses foyers, en 1800, avec le grade de *lieutenant*. Il n'avait encore que 26 ans.

M. Rouyer continua ses études pour se faire recevoir avocat à Dijon. Il exerça quelque temps cette profession et passa dans la magistrature assise. Il était juge d'instruction à Nantua et chevalier de la Légion-d'honneur lors de son décès. Il a laissé d'unanimes regrets parmi ses concitoyens.

(*Journal de l'Ain*, 1854.)

RYBET (Philibert), sergent-major, chevalier de la Légion-d'honneur, né le 24 avril 1793, à Coligny, où il est mort le 9 octobre 1857.

Il était fils de Jean-Baptiste Rybet, huissier de la justice de paix du canton de Coligny et de Marie Thévenin.

Engagé volontairement, à 20 ans, dans le 7e régiment d'infanterie de ligne, il y fut promu *caporal* et plus tard *sergent*. Il suivit son régiment en Saxe et fit la campagne de 1813. Il assista à la bataille de Leipzig, et combattit encore, en 1814, à Brienne, à Montmirail, à Vauchamps et à Craonne, dans la campagne de France.

Admis, en 1815, dans la garde royale, avec son grade, il servit avec son régiment en Belgique, en 1832; réengagé, il fut nommé *sergent-major*, le 23 juin 1841, et chevalier de la *Légion-d'honneur*, le 14 avril 1844.

Retraité le 4 janvier 1850, Rybet est rentré dans son pays natal où il fut nommé *sous-lieutenant* de la compagnie des sapeurs-pompiers de Coligny, par un décret impérial du 11 juillet 1853.

Son souvenir est resté cher à ses concitoyens.

(M. Clovis Cancalon. — *Notice nécrologique*.)

SEYTURIER (de), Seigneurs de la Verjonnière, barons de Cornod et de Montdidier en Bugey.

ARMOIRIES : *D'azur à deux faux d'argent manchées d'or posées en sautoir.*
Cimier : *un pélican d'or.*
Devise : *si Mieux, non Pis.*

Cette famille anoblie en 1390, a produit les hommes de guerre désignés ci-après :

Jean, seigneur de Cornod, conseiller d'Etat et chambellan du duc de Savoie, Emmanuel-Philibert.

Il suivit d'abord, en 1542, plusieurs seigneurs du comté de Bourgogne, au service de l'empereur Charles V, dans son voyage d'Alger. Ensuite, il assista, dans l'armée espagnole, au siège de Landrecy.

Revenu en Savoie, il fut pourvu en 1564, de la charge *d'écuyer ordinaire* du duc; puis, de celle de *commissaire général des guerres*, deça les monts, avec laquelle il fut envoyé en ambassade auprès du Pape. Pour le récompenser du succès de sa mission, son Altesse lui donna le gouvernement de la citadelle de Bourg, le 17 mai 1589 et le retint pour son premier écuyer. — Son fils aîné **Gaspard-Pierre** fut tué au siége de Bourg, en 1600.

Charles-Emmanuel, 2º fils du précédent, combattit au siége de Dôle où il fut tué d'un coup de fauconneau (1) qui lui emporta la jambe gauche, en 1636.

Claude II, écuyer, seigneur du Tillet. Il débuta à 20 ans dans l'armée du duc de Savoie, comme *cornette* des gendarmes; il devint *capitaine* de carabins et chef d'une compagnie d'infanterie dans le régiment de Trémont. En dernier lieu, il fut chargé de lever un régiment d'infanterie avec rang de *colonel*.

Marié avec Polixène Livet, il n'a pas laissé d'enfants.

Cet officier s'est fait remarquer par son courage et son érudition.

Il est l'auteur d'un ouvrage estimé sur le duel, sous le titre : *Point d'honneur*.

Parmi les descendants de cette famille, au XVIIe siècle, il faut compter encore :

Claude Melchior de Seyturier, baron de Béost, volontaire au siége de Montauban où il fut tué.

Jean-Louis, seigneur de Beauregard qui fut *enseigne colonelle* dans la citadelle de Bourg, pendant le siége, et plus tard *capitaine* d'une compagnie d'infanterie au régiment du seigneur du Tillet, son frère, capitaine au régiment d'Urfé.

Jean, seigneur de Lyonnières, page du comte de Soissons; puis *enseigne colonelle* du régiment de la Mothe-Houdancourt, tué en combattant sur la brèche, à l'assaut de Poligny, et en arborant son drapeau. Il avait un frère du nom de **Pierre**, écuyer, qui fut aussi *cornette*; puis *lieutenant* de la compagnie de chevau-légers du seigneur de Briord, au régiment d'Enghien.

(Guichenon. — *Histoire de la Bresse et du Bugey*.)

SUCHET (Vincent), soldat au 7e régiment de chasseurs à

---

(1) Pièce d'artillerie qu'on appelait aussi *bombarde allongée*, dont la balle pesait de 500 grammes à 3 kilog.

cheval, né à Virieu-le-Grand en Bugey, vers 1770, mort au champ d'honneur dans la guerre de la Vendée, en 1796.

Ce militaire qui n'avait que 26 ans à peine, fut fusillé par ordre du chef vendéen Charette, auquel il avait porté des dépêches pendant l'amnistie, et qui, au mépris de la suspension d'armes, le retint prisonnier avec son camarade **Durit**, bugiste comme lui. Il voulut les contraindre à servir contre leur pays. Ils préférèrent la mort à l'infamie.

(Fastes de la gloire.)

TEYSSONNIÈRE (de la), seigneur du lieu en Bresse, (paroisse de Buellas.)

Armoiries : *Parti emmanché d'or et de gueules.*

Cette famille vint se fixer en Bresse au XIII° siècle. Ses hommes de guerre, aux deux derniers siècles, sont :

Jean-Philibert, écuyer, fils aîné de *Claude* et de *Claudine du Clos*. Il fut tué d'un coup de mousquet au siége de Dôle, en 1636. Il était *lieutenant* de la compagnie du baron de Chaillouvres au régiment d'infanterie du prince de Conti, et chargé de l'attaque de la contre-escarpe d'Arans avec deux autres lieutenants du même corps.

Claude-François, frère du précédent. D'abord *cornette* (porte-étendard) d'une compagnie de chevau-légers du régiment de Monseigneur le Prince, cet officier fit deux campagnes en Catalogne où il se fit remarquer pour sa bravoure. Il a été élu syndic de la noblesse de Bresse, le 20 août 1665. Marié, le 7 mai 1648, avec *Anne-Marie de Falaise*, fille d'*Alexandre de Falaise*, baron de Pérouges, lieutenant-criminel au bailliage de Bresse et siége présidial de Bourg, il en eut une fille et deux fils, dont l'aîné *Charles-François* fut père de *Joseph-Marie* qui suit.

Joseph-Marie, lieutenant au régiment d'infanterie de Conti, le 24 janvier 1720, fut nommé *capitaine*, le 19 novembre 1722, et *chevalier de Saint-Louis*, le 28 mars 1741. Il comptait environ 26 ans de service lorsqu'il fut tué en combattant vaillamment sur les retranchemens de Pierre-longue, en Piémont, le 19 juillet 1744. Il avait épousé, le 17 janvier 1737, *Marie-Nicole de Bondoire*, fille de messire *Joachim de Bondoire*, chevalier de Saint-Louis, major de la citadelle de Tournay.

Charles-Claude, fils du précédent, *mestre de camp* (colonel) de cavalerie, *chevalier des ordres royaux et militaires de Saint-*

Louis et de Saint-Lazare, était né le 27 mars 1738. Il est mort le 19 août 1782. Il avait été admis à l'école royale militaire, à l'âge de 15 ans, le 20 août 1753; il en sortit quatre ans après, comme *cornette*, à la compagnie de Mauduit, dans le régiment Royal-Dragons, le 1er février 1757.

Il fut élevé successivement aux grades de *lieutenant* de la compagnie de la Blache, même régiment, le 6 août 1759; puis *aide-major* (1) le 27 septembre 1760; *capitaine*, le 1er février 1763; *major* du régiment de dragons d'Autichamp, le 17 juin 1768 et, en dernier lieu, *mestre de camp*, le 15 février 1771.

Il épousa en premières noces, en 1762, *Marie de Chatenay de Lanty, comtesse de Saint-Vincent*, et en deuxièmes noces, en 1768 *Marie-Claudine-Constance Marron de Belvey* qui lui a survécu.

Agricole-Charles-Nestor, fils du précédent, historien du département de l'Ain, archéologue distingué, ingénieur hydrographe, chevalier de la légion d'honneur, né le 1er septembre 1777, à Bourg où il est mort le 19 décembre 1845.

Après avoir commencé ses études au collège royal militaire d'Auxerre (Yonne) le jeune élève vint les terminer à Paris où il se trouvait encore en 1793, au milieu des agitations politiques de notre première Révolution. Entré à l'école polytechnique en 1794, il en sortit en 1797 avec le grade de *sous-lieutenant* du génie et fut employé dans les grands travaux de canalisation de Paris et chargé des ateliers du canal de Lourcq. Revenu à Bourg, en 1799, M. de la Teyssonnière ne se mêla point aux affaires politiques et assista, sans passions, aux transformations gouvernementales du Consulat, du premier Empire et de la Restauration des Bourbons. Il se voua tout entier aux progrès des arts et de l'industrie. Il consacra sa plume au bien public en développant, par les organes de la presse de son département, les améliorations progressives qu'il étudiait sans bruit et sans ostentation.

C'est à partir de l'année 1825 qu'on le vit s'occuper plus intimement des *études historiques de son pays*. Il a publié, de 1838 à 1844, cinq volumes de matériaux curieux sur la Bresse, le Bugey, le pays de Gex et la Dombes, sous le titre de *Recherches historiques du département de l'Ain*. Les connaissances variées dont il a fait preuve

---

(1) Adjudant-major chargé de tous les détails du corps et de l'instruction des sous-officiers.

lui ont mérité les suffrages de l'Institut royal de France, qui lui décerna, en 1844, une des trois médailles d'or votées pour récompenser les meilleurs ouvrages historiques.

La croix de la Légion d'honneur fut encore décernée à notre laborieux archéologue qui se délassait des travaux sérieux par des articles littéraires non moins utiles. Il a réuni des notes intéressantes concernant les *traits de bravoure de nos montagnards Bugeysiens, pendant 1814 et 1815*. Il a rédigé, pour l'*almanach Bressan*, des *conseils à un jeune berger*, reproduits dans les journaux agricoles. Enfin, il a fait imprimer, dans les derniers jours de sa vie, un livre traitant *de la religion et de la conduite à tenir dans toutes les classes sociales* (1).

Les intérêts publics étaient bien placés entre les mains d'un tel homme. Aussi fut-il, pendant 27 ans, maire de la commune de Buellas; membre du Conseil général de l'Ain de 1821 à 1830; vice-président de la Société d'émulation et d'agriculture de l'Ain, où il ne voulut plus assister aux séances qu'avec la qualité de *simple membre résidant* lorsque sa santé lui fit un devoir de quitter son fauteuil dans cette assemblée.

Le souvenir de ce savant restera durable dans l'Ain.

Philibert, cousin germain de **Joseph-Marie,** est né le 9 février 1701, à Coligny ; il est mort à Paris, vers 1778. Entré au service, le 1er avril 1720, comme volontaire dans le régiment de marine, il devint sergent en mai 1721, et demeura dans ce corps jusqu'en 1734. Après le siège de Philisbourg où il assista, il fut pourvu d'une *lieutenance* dans le régiment de Damas-Marcilly (milice du duché de Bourgogne) et la commanda jusqu'à son licenciement à Bourg, en 1736. Passé ensuite au service de la Bavière, le 23 mars 1742, il y fut reçu *lieutenant* dans le régiment des grenadiers à cheval de l'Impératrice régnante, dans lequel il fut nommé *capitaine* en 1744. Rentré en France, il fut admis au bataillon de la milice d'Autun (duché de Bourgogne), le 12 septembre 1756 ; puis à la seconde *lieutenance* des grenadiers royaux, le 14 juillet 1757; enfin il fut commissionné *capitaine* au bataillon d'Autun, le 15 octobre 1762. Il assista à plusieurs siéges, notamment à celui de Philisbourg et se fit remarquer par sa bra-

---

(1) *Conseils de religion et de morale, pour tous les jours de l'année* 1 vol. in-8, Bourg, Milliet-Bottier 1845.

voure dans les campagnes de 1742 à 1745. A l'affaire de Branaud, le mai 1743, il eut un cheval tué sous lui, et ses équipages pillés par les Autrichiens. Au combat d'Orffen, six semaines après, il fut blessé l'attaque de Donavert, en septembre 1744, et fut atteint d'une seconde mousquetade, le 20 octobre suivant.

Il obtint son admission à l'hôtel des Invalides à Paris, où il est décédé à l'âge de 62 ans, réunissant 43 ans de services militaires.

(Papiers de famille.)

VANARET (Benoît), lieutenant, né le 16 mars 1772, à Ambérieu (Bugey), mort à Ambronay, le 19 janvier 1843.

Soldat au 57e régiment d'infanterie de ligne, le 26 juillet 1792, il fit un congé dans ce corps et entra ensuite dans celui de la gendarmerie de l'Ain, d'où il fut congédié le 3 messidor an VIII (22 juin 1800). Ses parents, cultivateurs peu aisés, n'avaient pu lui faire donner qu'une instruction élémentaire; ce brave militaire n'est parvenu à obtenir l'épaulette d'officier qu'après 18 ans de services actifs et de nombreuses preuves de bravoure.

Vanaret débuta à l'armée des Alpes, en 1792, dans son régiment qu'il suivit en Italie et aux Pyrénées-Orientales. Sa vocation militaire très-arrêtée le poussa à se rengager volontairement le 7 frimaire an X (28 novembre 1801). Il avait si bien employé ses courts loisirs dans les camps à apprendre sa langue, qu'il obtint enfin ses grades subalternes qu'il a su gagner par son énergie naturelle et son dévouement ses devoirs. Il fut fait *caporal*, le 14 floréal an XI (14 mai 1803); *sergent*, le 2 vendémiaire an XIII (24 septembre 1804); *sous-lieutenant* le 8 mars 1807 et *lieutenant* le 10 octobre 1812.

Le 1er août 1814, il obtint une pension de retraite pour cause de blessures, il avait reçu dix coups de feu et comptait 22 ans de services et 18 campagnes. Il n'avait alors que 42 ans.

Parmi les traits du courage dont il a donné si souvent des preuves irrécusables, on cite notamment celui-ci :

En Pologne, dans la nuit du 3 au 4 mars 1807, le maréchal Soult arrêté derrière la rivière la Passarge, dont le lit était large et profond, ayant essayé de dissimuler sa marche aux Russes, sur la rive droite, donna l'ordre d'établir avec des madriers, des chevalets et des planches un pont de bois mais il fallait traverser la rivière à la nage, malgré la glace. Cette opération eut lieu néanmoins avec le ccours de quelques forts nageurs volontaires parmi lesquels se trouvait le sous-lieutenant Raverat (1). Le sergent de sapeurs Vanaret traversa deux fois la rivière, sous le feu de l'ennemi, poussant un radeau chargé de fusils et de munitions destinés à un poste français occupant la rive opposée. Cette noble audace qui avait coûté la vie de huit hommes, fut récompensée par le grade de *sous-lieutenant* accordé par l'empereur Napoléon Ier.

Vanaret, aimé de ses concitoyens, a succombé à 71 ans.

(Papiers de famille.)

VERDET (Philippe), chasseur à cheval, né en 1772 à Ochiaz, en Michaille.

Entré, à 20 ans, au service militaire, le 13 mars 1792, il fit avec distinction toutes les guerres de la Révolution. Le 16 ventôse an VIII (7 mars 1800), les Autrichiens avaient laissé une garnison à Alkemaer pour protéger leur retraite, Verdet, cavalier au 4e régiment de chasseurs à cheval, partit en tirailleur et arriva seul, à six heures du matin, à l'une des portes de la ville. Un piquet de 5 hommes prit la fuite à son approche. Verdet les poursuit jusque sur la place où une garde de 30 hommes s'avance pour les protéger. Verdet fond sur eux, les sabre et leur fait mettre bas les armes. On le croyait soutenu par une troupe française; l'ennemi épouvanté prend la fuite et le commandant de la place est fait prisonnier.

Le 13 frimaire an IX (4 décembre 1800), Verdet faisant partie d'une expédition contre le village de Stellata dont les Autrichiens s'étaien emparé, fut envoyé en éclaireur avec 4 hommes pour reconnaître la position. Il marche sur le poste le plus avancé, essuie, sans tirer, le feu de la première sentinelle, la renverse d'un coup de sabre, s'avance sur celle qui était devant les armes, s'en empare et fond sur le poste composé de 9 hommes qu'il fait prisonniers.

Il reçut, le 28 fructidor an X (15 septembre 1802) *un mousqueton d'honneur*. Il est mort sous les drapeaux en l'an XIII (1804-1805.)

(Fastes de la gloire.)

VERGUET (Joseph-Marie), sous-lieutenant, né à Nantua en 1774. Il a laissé une réputation de bravoure peu ordinaire.

Volontaire en 1792, il entra au service dans le 4e régiment de ligne

---

(1) René Raverat est devenu *baron de l'Empire*. (Voir la *Galerie militaire de l'Ain* p. 417.)

avec lequel il fit toutes les guerres de la Révolution et dans chacune desquelles il se fit remarquer par son sang-froid et son courage. En 1807, à la bataille d'Eylau, il fut nommé *caporal*. Deux ans après, à Essling, il fut mis à l'ordre de l'armée pour action d'éclat. En 1812 à Majaisk, où il était sergent, il reçut un coup de feu au bras gauche. Nommé *sous-lieutenant* dans le 17º de ligne, il fit la campagne de France et se retira dans ses foyers en 1815.

(Fastes de la Gloire.)

VIGNOD (Galois de), seigneur de la Dorche et de Chanay en Michaille, capitaine, né vers 1528, mort en 1586, à Bourg.

Il était fils aîné de *Georges de Vignod* maître d'hôtel du duc Charles III de Savoie, en 1531. Ce duc confia à Galois le commandement de 100 arquebusiers à cheval pour la défense de la citadelle de Bourg. Cet officier est mort dans ce poste, sous le duc Charles-Emmanuel.

Son fils puîné, **Louis** *de Vignod*, écuyer seigneur de Biolea, fut aussi *capitaine* au service de son Altesse de Savoie. Il devint *sergent-major* de la citadelle de Bourg, lors du siége, en 1600.

(Guichenon. —*Histoire de Bresse et du Bugey*.)

VUCHER (Louis), grenadier à la 3ᵐᵉ demi-brigade de ligne, né dans le département de l'Ain, vers 1773.

Il servit à l'armée d'Orient, de l'an VI à l'an IX (1798 à 1801) et se fit remarquer principalement à la prise de Jaffa et au siége de Saint-Jean-d'Acre. Vucher s'était déjà signalé dans les guerres de la Révolution, de 1793 à 1797. Il fut récompensé de sa brillante conduite, le 10 prairial an XI (30 mai 1803) par le don qui lui fut fait, *d'un fusil d'honneur.*

En quittant le service en l'an XIII (1805) il devint membre du collége électoral de l'arrondissement de Belley où il se retira.

(Fastes de la Gloire.)

OFFICIERS MORTS DEPUIS L'IMPRESSION
ET NOMS OMIS

AMARD (Benoît-Éléonor), sous-lieutenant, né à Coligny, le 11 juin 1774, mort subitement à Bourg, le 1ᵉʳ janvier 1845.

Il était le 22ᵉ fils de *Pierre-Joseph Amard*, chirurgien-juré, et de *Georgette Buffet*, père et mère descendants d'une nombreuse famille originaire du Dauphiné, établie à Coligny depuis le commencement du xviiiᵉ siècle.

Enrôlé volontairement au 13ᵉ régiment de chasseurs à cheval, le 13 brumaire an ii (3 novembre 1793), Amard fit partie de la brigade du général Lannes dans la campagne de Prusse de 1806, et en Pologne, de 1807 à 1809. Passé au 7ᵉ régiment de la même arme, le 29 juillet 1811, avec le grade de *maréchal-des-logis*, il entra dans l'escadron du train des équipages de la garde impériale, de nouvelle formation, le 4 février 1812, où il fut promu *maréchal-des-logis chef*, le 25 mars 1813. Nommé *sous-lieutenant*, à ce corps, le 3 juin de la même année, il fit les campagnes de Russie (1812), de Saxe (1813) et de France (1814).

Blessé deux fois, il reçut à Pulstulk, une balle au bras gauche, et fut atteint à Wagram d'un coup de feu à la cuisse droite, ayant eu deux chevaux tués sous lui.

Licencié avec l'armée, après la première abdication de l'empereur Napoléon Iᵉʳ, il rentra dans ses foyers ; puis rappelé à l'activité dans l'armée royale, il y reçut la *décoration du lis* (1), le 30 juillet 1814. Il comptait, alors, 10 campagnes et 22 ans de service. Marié avec mademoiselle *Félicité Midan*, fille de *Louis-Antoine Midan*, officier de cavalerie en retraite à Jasseron, M. Amard s'est retiré à Coligny où il a été inhumé. Il a eu deux filles : Mˡˡᵉ *Victorine* qui a épousé M. *Claude Delacroix*, notaire à Montrevel, mort juge de paix à Saint-Claude (Jura) en 1875, et Mˡˡᵉ *Joséphine* mariée avec M. *Avict*, percepteur à Septmoncel (Jura).

---

(1) Cette décoration a été instituée en faveur de la garde nationale de Paris, par ordonnance royale du 5 août 1814. *(fleur de lis, en argent, suspendue à un ruban blanc liseré bleu de roi et large de deux millimètres.*

(Voir : *Midan, Louis-Antoine* page 351 de la *Galerie militaire de l'Ain*. Bourg. 1874.)

(M. Clovis Cancalon. —*Notice nécrologique* 1875).

ANDRÉ (Claude-Marie-Prosper), général de brigade, commandeur de la Légion-d'honneur, commandant de 1re classe, de l'ordre du Lion du Zaenhringen de Bade, médaillé de Ste-Hélène, né à Pont-de-Vaux, le 20 mars 1792, mort, le 18 janvier 1876, chez son fils, au château de Sennecé (Saône-et-Loire).

Le général André était fils de *Charles-Joseph André*, avocat, qui fut longtemps juge de paix de Pont-de-Vaux, et de *Marie-Charlotte-Denise Joubert*, sœur aînée du célèbre général en chef Joubert, dont il était ainsi le neveu.

Admis élève à l'Ecole militaire de Saint-Cyr, le 7 mai 1809, le jeune Claude-Marie-Prosper en sortit, trois ans après (1) pour entrer, comme *lieutenant en second*, au 1er régiment d'artillerie à cheval, le 1er février 1812.

Promu *lieutenant en premier*, le 1er avril 1813, il fut nommé *capitaine en second*, à l'état-major de l'artillerie, le 9 décembre suivant. Il fit, avec la grande armée, du 1er juin 1812 au 30 mai 1814, les campagnes de Russie, de Saxe et de France. Il combattit à Smolensk, à la Moscowa, au passage de la Bérézina, assista aux batailles de Lutzen, de Bautzen, de Leipsick, de Hanau, de Montmirail et de Nangis.

Mis en non-activité après la première abdication de Napoléon Ier, il fut rappelé, au retour de l'empereur de l'île d'Elbe, et attaché, comme *adjoint*, à *l'état-major du 1er corps d'occupation*, le 6 avril 1815. Il prit une part active au combat de Fleurus, le 15 juin suivant, et échappa, trois jours après, aux désastres de Waterloo, où il perdit deux chevaux tués sous lui.

Bientôt remis en non-activité, lors de la deuxième Restauration des Bourbons, le capitaine André se décida à donner sa démission, le 9 mai 1817. Il n'avait encore que 25 ans ! — A cette date, il épousa Mlle *Caroline Legrand de Mercey*, fille du général *Legrand baron de Mercey*, son compatriote (2).

---

(1) A cette époque, les élèves de St-Cyr, qui se destinaient au service de l'artillerie, faisaient à l'école une année de plus que leurs camarades.
(2) Voir la *Galerie militaire de l'Ain*, p. 302.

Devenu veuf sans enfants, le 11 février 1819, M. André s'est remarié, le 17 mai 1824, avec Mlle *Marie-Constance André*, sa cousine, fille de M. *Sébastien-Marie André*, chef d'escadrons de gendarmerie en retraite (1), et de Mlle *Cécile-Gertrude Joubert*, sœur du général (2).

De ce second mariage est né un fils unique, M. *André, Emile-Sébastien*, marié avec la fille de M. le colonel d'artillerie *Duhamel* (3), autre illustration militaire du département de l'Ain.

M. le capitaine André était encore trop jeune, en 1819, pour ne pas regretter ses services passés et un avenir quelqu'incertain qu'il fût dans l'armée royale. Il obtint, par ses amis, du Ministre de la guerre, une nomination de son grade à la *6ᵉ compagnie des canonniers sédentaires*, et deux ans après, le 14 mai 1821, sa réintégration dans l'artillerie active ; il passa au 5ᵉ régiment d'artillerie à pied, le 8 mars 1823, et fut détaché à St-Etienne (Loire), pour surveiller les commandes d'armes à feu faites dans cette manufacture par le gouvernement royal reconstituant notre matériel de guerre. Il sut mériter, par son zèle, son activité et ses connaissances, *la 1ʳᵉ classe de son grade* qui lui fut conférée le 21 janvier 1829.

Dès le 15 mai 1815, l'empereur Napoléon Iᵉʳ avait ordonné de le comprendre dans un décret, comme *chevalier de la Légion-d'honneur* ; mais les événements politiques ne permirent pas de lui en expédier le brevet, et ce ne fut qu'après la révolution de 1830 que cette nomination fut confirmée par le roi Louis-Philippe, le 21 mars 1831.

Nommé *chef d'escadrons* au 3ᵉ régiment d'artillerie, le 11 février 1840, et *officier de la Légion-d'honneur*, le 23 avril 1843, il fut promu *lieutenant-colonel*, le 3 avril 1845, et désigné, comme *adjoint au commandant de l'école d'artillerie de Lafère*, jusqu'au 22 mars 1846, époque à laquelle il dut rejoindre le 5ᵉ régiment d'artillerie et faire partie d'une commission chargée d'étudier la révision de l'habillement de l'artillerie.

Enfin, élevé au grade de *colonel*, le 9 décembre 1847, il fut appelé à la direction d'artillerie de Douai (Nord), et, ensuite, *au commandement du 5ᵉ régiment d'artillerie*, le 8 mars 1848.— Ce régiment était fort attaché à son chef qui s'était fait remarquer par son esprit

---

(1) Voir la *Galerie militaire de l'Ain*, p. 25.
(2) *Idem*, p. 266.
(3) *Idem*, p. 206.

de loyauté et de justice. Il fut envoyé en garnison, à Grenoble, dans un moment où l'on avait lieu de craindre une émeute populaire sérieuse. Le colonel André maintint l'ordre et la discipline avec une fermeté et une prudence dignes des plus grands éloges. Cette noble conduite fut récompensée par le titre de *commandeur de la Légion-d'honneur*, le 22 août 1850, et l'empereur Napoléon III le fit *général de brigade*, le 3 janvier 1852, en lui confiant, le 12 du même mois, le *commandement de l'artillerie de la 6ᵉ division militaire*, à Strasbourg.

Parvenu à la limite d'âge de 62 ans, le général André demanda lui-même d'être classé dans la 2ᵉ section (réserve) de l'état-major général, et se retira dans ses foyers, le 20 mars 1854, comptant 43 ans de services et 12 campagnes.

Tous les officiers qui ont approché le général André ont conservé de lui un souvenir particulièrement distingué. Son caractère franc et serviable le faisait chérir. Il lui valut l'honneur que lui fit le 5ᵉ régiment d'artillerie, en lui offrant *une épée d'honneur* au moment de sa nomination de général. — Par un sentiment de délicatesse qu'on ne peut trop louer, il s'abstint toujours de rien demander pour lui, dans les grades et les honneurs auxquels il pouvait prétendre. Il ne voulut jamais devoir l'avancement et les faveurs, ni à sa parenté avec l'illustre Joubert, ni à aucune protection quelconque. Aussi cette noble réserve explique-t-elle comment sa carrière fut peu rapide. Elle n'a pas été sans gloire puisqu'elle fut pure et honorable jusqu'à la fin.

BADOULIER (Claude-François-Joseph-Thérèse), dit *Badouiller*, sous-lieutenant de cavalerie, né à Coligny, le 20 septembre 1779 ; mort le 31 octobre 1805, devant l'ennemi.

Il était fils aîné de *Joseph-Marie-Thérèse Badoulier*, ancien avocat au parlement de Bourgogne, qui fut le premier maire à Coligny, lors de la Restauration des Bourbons, mort en 1815, à 82 ans. Sa mère se nommait *Marguerite-Charlotte Piquet*, de Bourg.

Claude-François s'engagea à 17 ans, dans le 4ᵉ régiment de hussards pour ne pas se séparer de son ami *Anne-Nicolas-Joseph Renaud de Saint-Amour*, devenu colonel de cavalerie dans la suite. (Voir ce *nom* dans la *galerie militaire de l'Ain* p. 427.)

Les deux volontaires partis ensemble pour l'armée, ont parcouru l'Italie. Ils assistèrent aux victoires de Montenotte, de Millésimo, de Diégo et de Mondovi. Claude-François fait *brigadier*, le 18 germinal an VII (7 avril 1799), fut promu *maréchal-des-logis*, le 26 ventôse an VIII (17 mars 1800); puis, *maréchal-des-logis chef*, le 16 floréal suivant (6 mai), et *sous-lieutenant provisoire*, le 4 frimaire an IX (25 novembre 1800). Il fut confirmé dans ce dernier grade, le 10 vendémiaire an XII (3 octobre 1803.) après s'être distingué particulièrement aux avant-postes de Mascaria, en chargeant un escadron de hussards autrichiens auxquels il fit, *seul*, quatre prisonniers montés.

Lors de la reprise des hostilités contre l'Autriche, en 1805, sous le général Masséna, notre compatriote combattit avec intrépidité à Caldiéro, sur l'Adige, le 9 brumaire an XIV (31 octobre 1805), dans les redoutes de cette place. Renversé et atteint de plusieurs blessures à la tête, il succomba regretté de ses frères d'armes témoins de sa bravoure. Il n'avait que 26 ans.

Son frère cadet **Claude-Etienne-François**, né à Coligny, le 9 mai 1781, aussi volontaire en 1797 avait déjà péri, à l'âge de 17 ans, par suite de ses blessures reçues, en Italie, pendant la campagne de 1798.

(M. Clovis Cancalon. — *Nécrologie* 1876.)

BAUME (Etienne II, de la), dit **Le Galois**, lieutenant général et grand maitre des arbalétriers de France, au XIV° siècle. Il fut le premier seigneur du château de Montrevel et pour ainsi dire le fondateur de cette maison la plus considérable de Bresse (1).

Il était fils de *Pierre de la Baume*, bailli de Bresse et du Bugey, et de *Marguerite de Vassalieu*. A peine âgé de 20 ans, le comte de Savoie, Aimé V, lui confia la charge de bailli du Chablais. Après la mort de ce souverain, son fils Edouard faisant la guerre à Guillaume, comte de Genève, confia à Le Galois la conduite de son armée au siège de Sessains, dans le pays de Gex, en lui adjoignant les seigneurs de Grandmont, d'Entremonts et Jean de Chalant. Mais, en 1326, après la prise de Sessains, il fut mis à la tête de la moitié des troupes et dirigé sur le château de Balon appartenant à Hugues de Genève, pour en faire le siège. Etienne s'en empara d'assaut après quatre jours de combats et contraignit les ennemis du comte Edouard à lui jurer fidélité. Cette brillante conduite lui mérita une récompense pécuniaire de 50 livres de rentes.

---

(1) Voir la *Galerie militaire*, page 70.

L'expérience des affaires l'ayant mis dans le cas de conseiller, en 1329, aux membres de l'assemblée des Etats de Savoie, de donner la succession du comte Edouard au prince Aimon, à l'exclusion de sa fille Jeanne de Savoie, duchesse de Bretagne, il fut élevé au rang de *conseiller* à la Cour de Savoie.

Mais il lui fallait un horizon plus étendu; il se rendit en France et mit son épée au service du roi Philippe VI, dit de Valois, qui lui fit promettre de l'accompagner en Terre-Sainte, avec douze hommes d'armes, ses principaux vassaux (1335).

Le roi devait les embarquer à ses frais et leur fournir de bons chevaux au retour. Il accorda même à Le Galois une rente de 200 livres à prendre sur la recette de Mâcon.

Le voyage d'Outre-Mer n'eut pas lieu et Louis 1er duc de Bourbon, comte de Clermont et de la Marche, le choisit pour compagnon d'armes (1336).

Fait *grand maître des arbalestriers de France*, à la suite de la guerre contre les Anglais, en 1339, le roi lui donna le gouvernement de la ville de Penne en Agenois; puis celui de Cambrai où il fut assiégé par Edouard, roi d'Angleterre, avec une armée de 40,000 hommes; mais il se défendit si bien qu'il contraignit les Anglais à lever le siége. Ses exploits pour repousser l'ennemi du pays d'Ostrevant, de Lille, de Douay et de la Bretagne lui valurent encore pour récompense une rente de 1,000 livres sur les revenus du château de l'Ecluse et assurée par lettres patentes du roi de France étant à St-Germain, le 3 mars 1340.

L'année suivante, ce prince nomma Le Galois *Lieutenant général ès parties de Bretagne*, et le chargea de ramener les Bretons à son obéissance ainsi que leur Duc; ce qui eut lieu.

Enfin le monarque français ne put reconnaître plus dignement les services du guerrier qu'en le créant *lieutenant général* des gouvernements du Languedoc et de Saintonge (1348).

Rentré deux ans après en Savoie, le comte Amé VI institua Le Galois son *lieutenant général deçà les monts*, grade avec lequel il présida à la confirmation des anciens priviléges en Bresse et en Bugey et s'employa à la concession des nouvelles franchises faites en 1352.

Au mois d'août de cette même année, le roi de France, Jean, lui ayant écrit de venir le secourir contre les Anglais, Le Galois lui amena bon nombre de chevaliers pour tenir campagne; mais l'historien Guichenon n'en a pas fait connaître l'issue, bien qu'elle ait retenu Le Galois en France pendant plusieurs années. Il ne reparut en Savoie que vers le 14 septembre 1356, date d'une mission d'Amé VI auprès du pape Benoît XII.

Etienne II de la Baume qui ne possédait alors d'autre Seigneurie en Bresse que celle de Valufin, héritage paternel au commencement de sa carrière militaire, devint seigneur du château de Montrevel par son mariage avec *Alix de Châtillon*. Il n'y avait point alors d'habitants autour du château. Il y fonda la ville de Montrevel qui compte aujourd'hui environ 900 habitants et fit de nombreuses acquisitions jusqu'à sa mort en 1363.

Il a laissé deux enfants légitimes : *Guillaume et Lucie* et deux enfants naturels : *Etienne et Guillaume.*

Le fils légitime fut élevé à la cour de France. Il est devenu conseiller et chambellan du roi Philippe de Valois (1345.) Il a été appelé comme *tuteur et administrateur* des Etats d'Amé VI et passait pour *l'un des plus sages chevaliers de toute la Gaule*. Enfin, homme de guerre habile et vaillant, il assista le prince de Morée *Jacques de Savoie*, dans son entreprise contre la ville de Quers dont il s'empara. Il assiégea aussi Marles, qui se rendit; battit les Dauphinois aux Abrêts. En France, il se signala dans les guerres de Bretagne, de Gascogne et de Flandre. Blessé mortellement, en 1360, au siège de Carignan en Piémont, il fut enseveli à Rivoli.

Etienne est devenu *maréchal de Savoie*, puis *amiral*. Après avoir délivré l'empereur Alexis fait prisonnier du roi des Bulgares, dans la guerre de Grèce, il se distingua aussi en faisant lever le siège d'Ast entrepris par Galéas, seigneur de Milan (1383), et mérita, par ses talents et ses vertus, d'être nommé *conseiller ordinaire* de Bonne de Bourbon, veuve d'Amé VI, pendant la tutelle de son fils (1393). Décédé après 1402, il a été inhumé dans l'église Notre-Dame de Bourg où il avait fondé une chapelle.

(Guichenon. — *Histoire de Bresse et du Bugey*).

BAUME (Jean-Baptiste de la) seigneur de Saint-Romain et de Tornans, marquis de Saint-Martin-le-Châtel, de la famille des comtes de Montrevel. Il est le 3ᵉ fils d'**Antoine de la Baume**, maréchal de camp et lieutenant-général du comté de Bourgogne, sous le roi Charles IX. Né en 1593, à Pesmes, (Haute-Saône), il est mort à Gray, en Comté, vers 1650, avec une brillante réputation de bravoure.

Voué, dès son jeune âge, à l'état ecclésiastique, ses premiers bénéfices furent les Prieurés de Marboz, de Dompsure et de Neuville en Bresse ; puis un canonicat en l'église de Besançon ; mais renonçant bientôt à cette carrière pour embrasser celle des armes pour laquelle il se sentait une inclination toute spéciale, il prit du service militaire sous le nom de *baron de la Baume*, et suivit le marquis de Spinola dans le Palatinat. Il y fut fait prisonnier de guerre et après sa rançon, il fut placé à la tête d'une compagnie de cuirasses. En suite le roi catholique lui donna une compagnie de cent hommes d'armes, entretenue, avec laquelle il se distingua au siége de Berg-op-zoom. Il y fut blessé au bras droit. Fait *capitaine* et *gouverneur de Dôle*, il demanda à suivre le comte d'Embden, son parent, général de l'armée et vint secourir la place de Franckendal assiégée par les Suédois, et celle de Spire. Il se fit remarquer dans la retraite mémorable du Palatinat à Trèves, en présence du roi de Suède. Plus tard, il fit prisonnier le comte de Nassau, *de sa propre main* ; et cette circonstance lui mérita de l'empereur, le commandement d'un régiment de quatre mille cuirasses, avec lequel il secourut le comte de Kronemberg qui s'étant hasardé à traverser le Danube, à la vue du vaillant capitaine suédois Horn, faillit perdre ses troupes sans l'arrivée de la Baume.

Employé au siége de Donavert, il monta, le premier, sur la brèche, à la tête de l'infanterie espagnole et bourguignone, et fut blessé à la tête d'un coup de pierre. La veille de la bataille de Nordlingen, de la Baume eut à combattre vigoureusement le prince Aldobrandini qui fut tué, et lui-même reçut encore plusieurs blessures.

Chargé d'escorter le cardinal infant jusqu'aux Pays-Bas avec des troupes fournies par le roi de Hongrie, de la Baume parvint jusque sur les bords du Rhin où il mit en déroute quatre compagnies de cavalerie et un régiment de dragons, à Andernack. C'est alors qu'il prit congé de Son Altesse Royale qui lui fit présent *d'une riche enseigne de diamans* et *d'un cordon*. En même temps, il reçut de l'empereur les lettres patentes de *sergent général de bataille en ses armées*, office qu'il remplit à la bataille de Waldrevange où il fut atteint d'un coup de pistolet à l'épaule droite. Bientôt, promu *capitaine des gardes du corps du cardinal infant*, en 1637, il fut nommé gouverneur du comté de Bourgogne et lieutenant général des armées espagnoles en Franche-Comté. Il était revêtu de cette dignité à la journée de Cornod, à laquelle il dut joindre celle de *général d'artillerie* en Allemagne.

Marié en 1640, avec sa belle sœur *Lambert Deligne*, dame de Villiers, il est décédé dix ans après, à Gray. On comptait sur son corps 33 blessures. (11 coups de pique et 22 coups d'épée ou d'armes à feu.)

Guichenon. — (*Histoire de la Bresse et du Bugey.*)

CHOSSAT (Claude-François-Marie, de) seigneur de Montburon, Lieutenant en 1er, né le 2 juin 1760, à Bourg, où il est mort le 11 janvier 1808.

Il était fils de messire *François-Marie de Chossat*, de Montburon, chevalier et de dame *Marie-Reine Bernard*.

Entré à 16 ans, au régiment d'Auvergne-infanterie, en 1776, *Claude-François-Marie* fut admis *cadet gentil-homme* (1) dans ce corps, le 1er février 1778. Nommé *sous-lieutenant*, le 7 juillet 1779, il fit les campagnes d'Amérique de 1782 et de 1783. Promu *Lieutenant en 2e*, le 10 août 1785, et *Lieutenant en 1er*, le 10 juin 1789, M. de Chossat se maria, en octobre de cette même année, avec Mademoiselle *Justine Mantellier*, dont il eut un fils.

Sans les événements politiques de la première Révolution française dont M. de Chossat fut le témoin, cet officier distingué, qui s'était fait remarquer dans l'expédition de la Jamaïque sous les ordres de MM. de Grasse et de Bouillé, fût parvenu indubitablement aux grades supérieurs dans notre armée. Sa belle conduite fut telle qu'il reçut, le 1er avril 1791, un brevet de *chevalier de Saint-Louis*, délivré par anticipation, c'est-à-dire à la condition de n'en porter *les insignes*, aux termes des réglements d'alors, qu'après avoir atteint sa 24e année de service, lui conservant, à cet effet, l'activité, bien qu'il fût légalement autorisé à quitter la place de Lieutenant dont il était pourvue dans le 17e régiment d'infanterie, ci-devant *Auvergne*, pour se retirer dans ses foyers. En 1791, M. Chossat de Montburon comptait 31 ans d'âge et 19 ans de services. Il a figuré dans les assemblées de la noblesse de Bresse, notamment le 23 mars 1789.

---

(1) Les *Cadets Gentils-hommes* étaient de jeunes volontaires appartenant à des familles *nobles* et qui servaient, autrefois, sans paye de l'Etat, de 15 à 20 ans; ils faisaient le service de simple soldat, sauf les corvées, en passant par tous les grades de bas officier; ils portaient une petite aiguillette pour marque distinctive. Il en était attaché un par chaque compagnie d'infanterie et de cavalerie, par ordonnance royale du 25 mars **1776**.

Il est décédé prématurément à 48 ans avec la réputation d'un brave officier.

(Papiers de famille).

DULUAT (Jean-Baptiste) *dit de Saint-Léon*. Colonel, commandeur de la Légion d'honneur, chevalier de Saint-Louis, né à Bâgé-le-Châtel, le 6 novembre 1784 ; mort, le 4 juillet 1876, au château Bonnet, commune de la Chapelle-de-Guinchay (Saône-et-Loire).

Entré aux Vélites de la garde impériale (1) le 6 mars 1806, il fit ses premières armes en Prusse. Il combattit à Iéna, le 14 octobre de la même année, et à Eylau, le 7 février 1807. Cinq mois après, lors de la paix de Tilsitt, notre Vélite de 23 ans était *brigadier-fourrier* aux chasseurs de la garde.

En 1808, ayant suivi son régiment en Espagne, il y fut nommé *sous-lieutenant*, en récompense de sa bravoure à la bataille de Vittoria.

Passé à la division du général Bonet, dans les Asturies, en 1809, il accomplit une action d'éclat qui le fit décorer *chevalier de la Légion d'honneur*. Il surprit, à Oviédo, à la faveur d'un bois, un corps de troupes commandé par le célèbre partisan *Porlier*, dit le *Marquesito*, qu'il attaqua résolûment avec 25 chasseurs à cheval et une compagnie de voltigeurs du 120ᵉ régiment d'infanterie de ligne n'ayant plus d'officiers tous tués au feu de l'ennemi. Duluat mit en déroute 2,500 Espagnols, leur fit 560 prisonniers, s'empara de dix canons et des bagages de cette colonne dispersée.

Promu *lieutenant*, deux mois après, il fut nommé *aide de camp* du général Valentin qu'il accompagna en Russie. Attaché à la division Verdier, il combattit, avec intrépidité, à la bataille de Polotsk, le 18 août 1812 ; il fut blessé d'un coup de feu, au bras droit, dans cette journée, et eut un cheval tué sous lui.

Le général Valentin étant rentré en France par suite de ses blessures, Berthier, prince de Neufchâtel, major général de l'armée, retint à son service le brave Duluat, et lui conféra le grade de *capitaine*, après la désastreuse retraite de Moscow.

---

(1) Sous le règne de Napoléon 1ᵉʳ, on avait créé des bataillons de jeunes gens qui, sous la dénomination de *Vélites*, étaient attachés aux régiments de la garde et destinés à fournir des sous-officiers aux corps de la ligne. C'était une imitation des Vélites romains.

L'année suivante, pendant la campagne de Saxe, en 1813, M. Duluat fut fait prisonnier à Pirna : chargé de porter des dépêches de l'Empereur au maréchal Macdonald, notre capitaine tenta de traverser un bataillon de Landsturms prussiens, à la tête de 25 lanciers qui lui servaient d'escorte, l'entreprise échoua ; tous les cavaliers français furent pris ou blessés, et leur chef lui-même fut saisi sous son cheval frappé de trois balles.

Rendu à la liberté par suite du traité de Paris, en 1814, le capitaine Duluat de Saint-Léon resta sans emploi jusqu'au retour de Napoléon de l'Ile d'Elbe. Il fut mis immédiatement à la disposition du major général Bertrand.

Le 18 juin de cette année, lors de la bataille de Waterloo, il fut placé sous les ordres du maréchal Grouchy. A la retraite à Villers-Cotterets, cet officier général ayant demandé un officier de bonne volonté pour porter au général Vandamme qui entrait dans la forêt, l'ordre de rétrograder sur La Ferté et Meaux, le capitaine Duluat se présenta ; il traversa, avec 25 chasseurs de l'escorte du Maréchal, l'armée ennemie qui occupait cette forêt, et arriva lui, *cinquième*, auprès du général Vandamme, sauvant ainsi cette division d'une destruction certaine.

Ce nouvel acte de bravoure lui valut le brevet de *chef d'escadrons* et le grade d'*officier de la Légion d'honneur*.

Compris en 1818, dans le corps royal d'état-major réorganisé par le maréchal Gouvion Saint-Cyr, il fut employé aux inspections d'infanterie près des généraux Molitor et Fririon. Il fit partie, en 1827, du camp de Saint-Omer, où il reçut, en considération de ses anciens services, la croix de *chevalier de Saint-Louis*, par ordonnance du roi Charles X.

En 1830, nommé *premier aide-de-camp* du lieutenant-général, comte d'Erlon, il se trouvait en congé dans son château Bonnet, près Mâcon, lorsque la première insurrection de Lyon éclata en 1832. Sans attendre d'ordres, il vint aussitôt se mettre à la disposition du duc d'Orléans qui, pour le récompenser de ce dévouement, l'attacha à la 7e division militaire, en qualité de *sous-chef d'état-major*. Au mois d'avril 1834, il prit encore une part active aux graves événements qui se passèrent à Lyon, et fut proposé pour le grade de *lieutenant-colonel*; mais il n'obtint cette récompense qu'en 1840, époque à laquelle il fut envoyé, sur sa demande, en Algérie. Le général Bugeaud, juste appréciateur du mérite des officiers sous ses ordres, confia au lieutenant-colonel Duluat, le commandement supérieur de Gigelly. Celui-ci eut à soutenir plusieurs attaques des tribus hostiles, et sut aussi se concilier l'amitié des tribus soumises; mais en 1842, ayant atteint la limite d'âge du service actif, il se résigna à jouir, du repos forcé. Il sollicita et obtint, après 37 ans de services, le grade de *colonel* et le titre de *commandeur de la Légion d'honneur*.

Il se retira dans ses foyers à la Chapelle de Guinchay, pour vivre de ses souvenirs, avec la conscience d'avoir payé utilement sa dette à la patrie.

Il n'a compté que des amis au milieu de ses compatriotes qui honoraient son patriotisme. Ils l'appelèrent en 1848, au commandement de la garde nationale du canton, où, par sa bienveillance et son énergie, il a su maintenir l'ordre et la tranquillité.

Il sut encore se rendre utile dans plusieurs fonctions civiles qu'il remplit successivement. Il avait accepté celle de *vice-président du Comice agricole*; il *présida le bureau de bienfaisance* (août 1856.) et nous ne devons pas omettre qu'il lui légua, en mourant, la somme de 5,000 francs pour les pauvres.

Il a légué également 10,000 francs pour la construction de l'église neuve de la Chapelle-de-Guinchay dont il restera l'un des bienfaiteurs.

M. Duluat de Saint-Léon, aimé et estimé de ses concitoyens, pour son affabilité et son heureux caractère, malgré même son grand âge de 91 ans, est décédé, emportant un nom immortel dans les fastes de l'armée.

(Papiers de famille.)

GRIPPIÈRE (de), famille originaire de Normandie, au XVIe siècle, dont le chef, **Scipion de Grippière**, seigneur de Colemont et du Quesnay, fut capitaine d'une compagnie de cent hommes d'armes, en 1538. Elle est la souche des autres branches établies en Agénois et en Bresse.

ARMOIRIES : *De gueules, à la croix d'argent cantonnée de quatre molettes d'éperon d'or.*

Louis-Gaston de Grippière de Montcroc, résidant à Saint-Amour (Jura), eut, par donation du 30 juillet 1747, de *Jeanne-Nicole Desbois de Frettière*, sa cousine germaine, les seigneuries de

Montsimon, Vescours et Montalibord, en Bresse. **Nicolas-Maximilien de Grippière de Montsimon**, son fils, en fit reprise, le 20 juillet 1768 ; mais il les revendit, avec la seigneurie de Chavannes, de concert avec *Barbe Fevret de Fontette*, sa femme, à *Dominique Vouty*, écuyer à Lyon, le 8 décembre 1773.

Les descendants de cette maison ont figuré dans les assemblées de la noblesse de Bresse, dès le 14 avril 1739 jusqu'en 1789 (1).

Louis-Eugène, seigneur *de Montcroc*, capitaine de la Gendarmerie de l'Ain, né à Saint-Amour (Jura), le 30 juillet 1741, mort à Bourg en 1805.

Entré à 17 ans, comme *cadet* dans le régiment de Condé (Infanterie), le 15 juin 1758, il fut nommé *lieutenant* au même corps, le 13 mars 1760 ; passé dans l'artillerie, il était *capitaine* de cette arme à Besançon, le 8 juin 1788. Admis dans la gendarmerie nationale, (Comp^{ie} de l'Ain), en qualité de *lieutenant*, le 26 août 1791, il y fut promu *capitaine*, le 21 frimaire an VIII (12 décembre 1799). Ayant pris sa retraite, par ancienneté de service, le 20 brumaire an X (11 novembre 1801), il réunissait alors 43 ans de services effectifs, 7 campagnes et 2 blessures.

Il s'était marié en 1780 avec *Elisabeth Gaude* dont il eut quatre fils qui ont tous suivi la carrière des armes, ainsi que le constatent les articles ci-après.

Louis-Eugène-Alexandre, fils aîné du précédent, né à Pont-de-Vaux, en 1782, est mort au *cap Français*, le 15 prairial an XI (4 juin 1803).

Employé dans l'administration maritime, il avait atteint sa 21e année lorsqu'il s'embarqua à Toulon, en 1802, pour faire l'expédition de Saint-Domingue, confiée au général Leclerc.

A peine arrivé en Amérique, il tomba malade et succomba des suites de la fièvre jaune.

Jean-Nicolas-Maximilien, frère du précédent, lieutenant-colonel, né le 29 novembre 1785, à Pont-de-Vaux où il est mort, le 8 octobre 1877.

Enrôlé volontairement à 18 ans, dans le 21e régiment de chasseurs à cheval, le 14 novembre 1803, il fut fait *brigadier*, le 2 juillet 1804. Il combattit avec son régiment à Ulm, à Austerlitz, à Iéna, à Puls-

---

(1) M. Jules Baux, *nobiliaire du département de l'Ain*. 1862. — Edmond Révérend du Mesnil, *Armorial historique de Bresse, Bugey*, etc. 1873.

tosk, à Eylau, à Otrolenska et à Friedland, de 1804 à 1807. — Ce furent là ses premières étapes.

Nommé *maréchal-des-logis*, le 31 janvier 1806, il fut mis à l'ordre du jour de l'armée, pour sa belle conduite à l'affaire de Tikotzine en Pologne, le 26 juin 1807. Elle lui valut, le 1ᵉʳ octobre suivant, le titre de *Chevalier de la légion d'honneur*, sur la présentation du général Montbrun, commandant la cavalerie légère du 5ᵉ corps de la grande armée. Il n'avait encore que 22 ans.

En 1809, il fit partie de l'armée d'Espagne avec son régiment. Blessé de plusieurs coups de lance à la bataille de Villa-Garcia, en Estramadure, le 10 août 1810, il fut proposé pour officier de la légion d'honneur; mais son grade subalterne *d'adjudant sous-officier* dont il était pourvu depuis le 25 avril précédent, s'opposa à la délivrance de cette croix, et notre jeune compatriote ne s'en montra que plus déterminé à gagner l'épaulette de sous-lieutenant qu'il obtint un an après. On le vit à la bataille de Gebora, sous Badajoz, entrer l'un des premiers dans un carré d'infanterie espagnole, le 19 février 1811, et blessé, pour la troisième fois, d'un coup de feu à la cuisse gauche, à la bataille d'Albuera, le 16 mai suivant, se laisser porter forcément à l'ambulance de son régiment. Il fut admis *sous-lieutenant*, le 20 août suivant.

Deux mois après, il se distinguait encore par une nouvelle action d'éclat: à la tête de 8 chasseurs, il défit entièrement une compagnie de la milice portugaise forte de 70 hommes, à Zafara (Portugal), le 15 octobre 1811, et après les combats de Salamanque, de Burgos et de Pamplona, auxquels il prit une part active, il fut récompensé par le grade de *lieutenant adjudant-major*, le 25 août 1813. C'est avec son même régiment, le 21ᵉ chasseurs à cheval qu'il fit la *campagne de France*, sous le maréchal Soult, à Orthez et Toulouse, les 20 mars et 10 avril 1814. De cette dernière année date l'abdication de l'Empereur Napoléon Iᵉʳ et le retour du lieutenant de Grippière dans ses foyers à Pont-de-Vaux.

Monsieur, comte d'Artois, frère de Louis XVIII, ayant fait son entrée solennelle dans Paris, réorganisa l'armée: le 1ᵉʳ août, notre officier reçut un brevet de son grade, pour servir aux chasseurs d'Angoulême (5ᵉ régiment de l'arme) et une nomination de *capitaine instructeur* à l'école de cavalerie de Saumur, le 7 janvier 1815. Après la seconde abdication de l'Empereur, du 25 juin suivant, il revint au 5ᵉ régiment de chasseurs et fut nommé bientôt *capitaine-*

commandant, au 9ᵉ régiment de même arme, le 1ᵉʳ juillet 1816.

Admis *adjudant aux gardes du corps de Monsieur*, le 22 décembre 1819, il fut envoyé comme *capitaine* au 11ᵉ régiment des chasseurs de l'Isère, le 6 janvier 1821 ; deux mois après, il était promu au grade de *chef d'escadrons*, aux chasseurs de la Dordogne, pour prendre rang du 7 mars 1821.

Enfin désigné pour *chef d'escadrons instructeur* à *l'Ecole de cavalerie de Saumur*, le 10 décembre 1824, il s'y fit remarquer, par son enseignement, avec tant d'éclat, qu'il devint l'idole d'une *jeune génération militaire* d'où sont sortis les *Marrin*, les *Tartas*, les *Cassagnole* et tant de noms qui brillent dans les annales de la guerre d'Afrique.

M. de Grippière remit en vigueur les bonnes méthodes de M. de la Guérinière ; celles du *cours d'équitation militaire* de MM. Cordier et Flandrin ainsi que les remarquables *traités* du vicomte d'Aure.

Les fatigues de l'enseignement le forcèrent à demander son admission à un traitement de réforme pour infirmités temporaires ; mais après avoir passé quelques mois dans cette position, pendant les deux années 1825 et 1828, il reçut l'ordre de se rendre au 7ᵉ régiment de dragons, le 11 septembre 1830, et fut élevé au grade de *lieutenant-colonel* au 5ᵉ régiment de même arme, le 25 avril 1835.

Il avait été décoré de la *croix de Saint-Louis*, le 23 mai 1825 ; il fut fait *officier de la Légion-d'honneur*, le 27 mai 1827 ; puis *commandeur du même ordre*, le 21 décembre 1854, à la suite d'un envoi, au ministère de la guerre, de ses importants travaux sur la *cavalerie en campagne*.

Retraité, sur sa demande, le 26 juin 1838, il réunissait alors 53 ans d'âge, 35 ans de services, 13 campagnes et 3 blessures. Il avait assisté à 16 batailles, 52 combats et 7 sièges, notamment à celui de Sarragosse.

Rendu à la vie civile, M. de Grippière fut élu maire de Pont-de-Vaux, à deux reprises différentes, et membre du conseil d'arrondissement qu'il a présidé pendant plusieurs années.

Marié, le 5 juillet 1830, avec Mˡˡᵉ Joséphine Lucrèce Renaud, il en eut deux filles, dont l'une est morte en bas âge et l'autre a épousé, le 11 septembre 1853, M. Wolff, général de division, aujourd'hui commandant la division d'Alger.

Homme profondément religieux, parvenu à 92 ans, M. de Grippière a fait une fin exemplaire, recommandant la *foi*, comme un soutien dans le danger, suivant sa longue expérience aux armées.

Vrai type d'honneur et de bravoure, le nom de cet officier supérieur restera respecté parmi ses concitoyens et son exemple servira, dans nos annales glorieuses du département de l'Ain, de sublime exemple à imiter par la jeunesse de nos jours.

Louis-Gaston-Antoine, lieutenant, frère du précédent et troisième fils de *Louis-Eugène*, né à Pont-de-Vaux, le 2 février 1789, et mort à Sedan (Ardennes) le 6 mai 1822.

Engagé volontairement, à 17 ans, au 101e régiment d'Infanterie de ligne, le 16 juillet 1806, il fut successivement nommé *caporal*, le 10 septembre, même année; *sergent-fourrier*, le 1er janvier 1807 ; *sergent-major*, le 1er novembre suivant, et *sous-lieutenant* au 104e régiment de ligne, le 7 juin 1814. Licencié avec l'armée impériale trois mois après, il ne put reprendre de l'activité que sous la Restauration des Bourbons, le 7 janvier 1816. Il fut envoyé *sous-lieutenant* à la légion de l'Ain, devenue 1er régiment d'infanterie de ligne. Il y reçut le brevet de *lieutenant*, le 24 février 1819. Il pouvait espérer un avancement certain que lui présageaient les campagnes faites sous le premier Empire, en 1806, dans la Roumanie; en 1807 jusqu'en 1811, à Naples, en Calabre, et en 1812 en Espagne; mais fait prisonnier le 22 juillet de cette dernière année, à l'affaire de Salamanque, aux Arapyles, il fut conduit en Angleterre et détenu sur les pontons jusqu'en mai 1813. Rentré en France, sa santé atteinte gravement par suite de cette séquestration humide et malsaine causa sa mort à son régiment à l'âge de 33 ans seulement, comptant 16 ans de service et 7 campagnes.

Charles, sous-officier, frère cadet des précédents et 4e fils de *Louis-Eugène*, est né à Pont-de-Vaux le 2 juillet 1790. Il s'était engagé volontairement le 3 mai 1808 dans le 30e régiment de dragons. Fait *brigadier*, le 4 août suivant, *maréchal des logis*, le 16 mai 1809 et *maréchal des logis chef*, le 14 mai 1812, il a disparu pendant la campagne de Russie. Il est présumé avoir péri étant prisonnier de guerre.

Il n'avait que 22 ans, et comptait déjà 5 ans de service et 4 campagnes.

LA MOTHE-HOUDANCOURT (Philippe de),

Duc de Cardone, maréchal des camps et armées du roi Louis XIII.

Il fut pourvu de l'office de lieutenant-général en la Haute et Basse-Bresse, Bugey, Valromey et Gex, par provisions données à Saint-

Germain-en-Laye, le 20 avril 1639, en remplacement de messire Damas *de Thianges*. Il résigna ses fonctions, deux ans après, en 1641, en faveur de messire *Ferdinand de la Baume*, comte de Montrevel.

Il avait commandé les troupes françaises en Catalogne. Il battit plusieurs fois les Espagnols, et fut récompensé par le grade de *maréchal de France*, le titre de *Duc de Cardone*, et la qualité de *Vice-roi de Catalogne* ; cependant ayant subi un échec devant Lérida, en 1644, il fut arrêté, détenu au château de Pierre-Encise à Lyon et déféré au parlement de Grenoble. On reconnut son innocence (1648) et on lui rendit ses honneurs. Rappelé en Catalogne il s'y distingua par la défense de Barcelonne, rentra en France, en 1657, et y mourut la même année.

Guichenon. — *Histoire de Bresse et du Bugey*. (1ʳᵉ partie p. 26.)

ERRATA

Pages.	Lignes.	Au lieu de :	Lisez :
1	2	(Montblanc)	(Haute-Savoie.)
	25	1851.	2 décembre 1852.
	28	1855.	1855 et créé *Comte de l'Empire*, le
	8		21 mars 1866.
8	30	Son second fils HENRI	Son fils, l'aîné, HENRI
10	21	CHASTEL (*Amédée-Pierre*)	CHASTEL (*Pierre-Louis Aimé*)
10	23	Né à *Carouge*, pays de Gex	né à *Veigny-Fonconex* (Savoie).
50	28	M. Amédée resta jusqu'à la Révolution de juillet 1830, attaché au service militaire.	Il ne resta attaché au service militaire que peu de temps et se retira dans son pays natal.
81	35	Saint-Julien-en-Bresse.	*Saint-Julien-en-Comté* (Jura).
81	36	Gigny (Saône-et-Loire).	*Gigny* (Jura).

AVIS.

L'errata du 1ᵉʳ volume, tiré isolément, sera remis aux personnes auxquelles il manque, et qui en feront la demande à l'éditeur de ce supplément, à Bourg.

Contraste insuffisant

NF Z 43-120-14

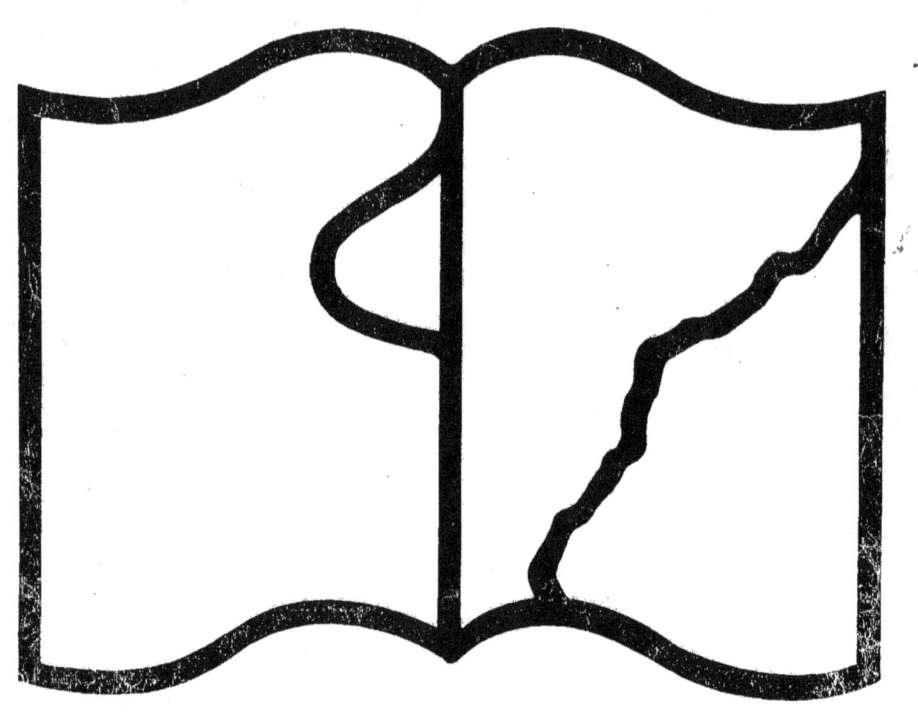

Texte détérioré — reliure défectueuse

NF Z 43-120-11

www.ingramcontent.com/pod-product-compliance
Lightning Source LLC
Chambersburg PA
CBHW052335230426
43664CB00041B/1380